U0564724

知识产权司法保护论

理论阐释·政策解读·案例评析

冯晓青／著

中国政法大学出版社

2024·北京

图书在版编目（CIP）数据

知识产权司法保护论 ： 理论阐释·政策解读·案例评析 / 冯晓青著. -- 北京 ： 中国政法大学出版社，2024. 12. -- ISBN 978-7-5764-1866-8

Ⅰ. D923.404

中国国家版本馆 CIP 数据核字第 20246MC105 号

出 版 者	中国政法大学出版社
地　　址	北京市海淀区西土城路 25 号
邮寄地址	北京 100088 信箱 8034 分箱　邮编 100088
网　　址	http://www.cuplpress.com (网络实名：中国政法大学出版社)
电　　话	010-58908441(编辑室) 58908334(邮购部)
承　　印	固安华明印业有限公司
开　　本	720mm×960mm　1/16
印　　张	40.5
字　　数	660 千字
版　　次	2024 年 12 月第 1 版
印　　次	2024 年 12 月第 1 次印刷
定　　价	169.00 元

作者简介 ◼

　　冯晓青，北京大学法学博士、中国人民大学法学博士后，中国政法大学二级教授、博士生导师，知识产权法国家重点学科学术带头人，中国政法大学无形资产管理研究中心主任，加拿大温哥华英属哥伦比亚大学法学院访问学者。兼任国家知识产权专家咨询委员会委员、中国法学会知识产权法学研究会副会长，中国知识产权研究会副理事长、学术顾问委员会委员暨高校知识产权专业委员会副主任委员与学术研究部主任；最高人民法院案例指导工作专家委员会委员、最高人民法院知识产权司法保护研究中心研究员、最高人民法院知识产权案例指导研究（北京）基地专家咨询委员会委员、上海法院特聘教授、世界知识产权组织（WIPO）仲裁与调解中心专家、中国国际经济贸易仲裁委员会网上争议解决中心专家，南京、长沙、淄博、焦作仲裁委员会仲裁员，以及北京恒都律师事务所高级法律顾问暨兼职律师、北京盈科律师事务所专家顾问、北京环世知识产权诉讼研究院院长等。

　　在学术研究方面，主持国家社科基金项目三个（其中重大项目两个），独著出版《知识产权法利益平衡理论》《知识产权法哲学》《知识产权法学》《知识产权诉讼研究》《知识产权保护论》《知识产权法律制度反思与完善 法理·立法·司法》《企业知识产权战略》《企业知识产权管理》《技术创新与企业知识产权战略》等专著十余部，主编"知识产权法专题判解与学理研究丛书"、《中国知识产权审判实务与案例评析》、《知识产权法》等著作与教材三十余部，在《法学研究》《中国法学》等 CSSCI 刊物发表论文百余篇，在国外发表英文论文二十余篇，其中 SSCI 多篇。论文被《新华文摘》《中国社会科学文摘》《中国人民大学复印报刊资料》《高等学校文科学术文摘》转载二十余篇，著作等成果获得省部级二等奖五项。在知识产权相关法律实务工作方面，以专家、律师、仲裁员身份处理了数百起重大、疑难、复杂和前沿性知识产权案件，部分案例入选最高人民法院公布的十大知识产权案件和五十件典型知识产权案例，以及高级人民法院公布的十大典型知识产权案例。

获得第二届全国十大杰出中青年法学家提名奖、教育部新世纪优秀人才支持计划学者、首批国家知识产权专家库专家、首批全国知识产权领军人才、国家百千万人才工程国家级人选暨有突出贡献中青年专家、享受国务院政府特殊津贴专家、中宣部文化名家暨"四个一批"人才以及国家高层次人才特殊支持计划（国家"万人计划"）哲学社会科学领军人才等荣誉。创办新浪微博号、微信公众号"冯晓青知识产权"。

前　言

　　知识产权司法保护是知识产权保护体系中最重要的内容，在我国知识产权保护体系中占据主导地位。我国知识产权司法保护，是人民法院根据法律规定的程序和要求，审理知识产权民事、行政和刑事案件，定分止争，充分、有效地维护知识产权人和相关当事人合法权益以及社会公共利益，促进社会主义市场经济健康发展，实现社会和谐的重要形式和手段。司法保护是社会正义的底线，知识产权司法保护则是实现知识产权制度运行的正义目标、正义秩序和正义模式的基本手段。基于知识产权司法保护的重要性，改革开放以来，随着我国知识产权法律制度的不断健全，我国日益加强知识产权司法保护，并通过建立和完善以知识产权审判为中心的知识产权审判体制机制，在及时、有效地解决各类知识产权纠纷，维护知识产权人和相关当事人合法权益，保护和鼓励创新，促进知识产权有效运用，以及维护公平竞争秩序，为社会主义现代化建设保驾护航等方面，发挥了极为重要的作用。

　　近些年来，我国各级人民法院不仅依法审理了大量知识产权纠纷案件，而且进行了知识产权审判体制机制的多项改革。这些改革措施涉及案件管辖、法官员额制、专门法庭和法院建设、"三审合一"改革、案例指导制度，以及提高知识产权审判效率、程序优化等多方面。为推动我国知识产权审判体制机制完善、提高我国知识产权司法保护水平，最高人民法院等相关部门还先后发布了具有司法政策性质的指导意见，有力地促进了我国知识产权审判水平的提高。其中，近些年来最高人民法院发布的部分重要司法指导意见有：《关于全面加强知识产权审判工作为建设创新型国家提供司法保障的意见》（法发〔2007〕1号）、《关于当前经济形势下知识产权审判服务大局若干问题的意见》（法发〔2009〕23号）、《关于充分发挥知识产权审判职能作用推动社会主义文化大发展大繁荣和促进经济自主协调发展若干问题的意见》（法发

〔2011〕18 号）、《关于全面加强知识产权司法保护的意见》（法发〔2020〕11 号）、《关于加强新时代知识产权审判工作 为知识产权强国建设提供有力司法服务和保障的意见》（法发〔2021〕29 号）。2017 年 11 月 20 日，十九届中央全面深化改革领导小组第一次会议则审议通过了《关于加强知识产权审判领域改革创新若干问题的意见》，自 2018 年 2 月 27 日发布之日起实行。毫无疑问，深入理解和把握知识产权司法政策，对于各级人民法院依法、高效审理知识产权案件，具有重要意义。

应当说，我国知识产权司法保护也积累了不少审判经验，这些宝贵经验为进一步加强我国知识产权司法保护注入了新的活力。同时，也应看到，基于知识产权纠纷案件的专业性、复杂性和前瞻性，我国知识产权司法实践也暴露了一些问题，尤其是取证难、周期长、赔偿低、相关类型案件衔接不畅等问题较为突出。在当前强化知识产权保护的背景下，亟需对我国知识产权司法保护问题，从理论层面、政策层面和司法实践层面加以深入探讨。

正是基于上述考虑，笔者以知识产权司法保护作为主题，撰写了本书。本书分为理论阐释、政策解读和案例评析三部分，力图立足于我国知识产权司法保护政策规范和法律制度，以我国知识产权司法保护现状为基础，遵从知识产权司法保护规律，探讨我国知识产权司法保护中的相关理论、政策规范和实践问题，并适当地借鉴他山之石。本书力图具有以下特点：第一，理论性。知识产权司法保护问题尤其是涉及知识产权司法实践问题，最终需要从知识产权法理论的高度加以认识和把握，以此指导知识产权司法实践。本书对诸多知识产权司法实践问题，如个案中如何认定知识产权侵权、明确不同类型的法律关系，以及司法适用问题，以知识产权法原理和理论为指导，以公平合理地解决知识产权纠纷为目标，进行了较为详细的分析和探讨，从而使本书具有较高的学术品位。第二，政策性。本书对于我国知识产权司法政策，尤其是《最高人民法院关于全面加强知识产权司法保护的意见》进行了全面剖析和解读，旨在使读者特别是知识产权司法人员准确地把握我国知识产权司法政策精神，便于正确地理解法律和司法解释。第三，实践指导性。本书对知识产权司法保护，从司法实务角度进行了探讨，注重司法可操作性和应用性，如关于翻译作品剽窃的认定，对如何应对基于同一原作翻译实质性相似难以避免的主张提出了系统对策。应当说，本书相关实践应用观点，除得益于研究和学习司法实务经验以外，也得益于笔者在理论研究和人才培养之余长期从事知识产权律师实务工作和大量参与知识产权重大、疑难、复杂案件的研究和处理。

此外，关于本书，还需要说明一下：为了使读者对书中相应的专业理论或实务问题有更深入的了解与把握，作者以注释形式补充了很多文献资料信息和典型案例判决书案号，其中也包括部分英文资料和案例信息。读者在阅读本书的同时，如能够结合补充文献资料或案例学习与研究，相信会取得更好的效果。

关于知识产权司法保护，还有很多问题需要研究。囿于研究水平和时间，本书难免存在各种错漏之处，敬请广大读者批评指正。

作者

2024 年 5 月 16 日

目 录

CONTENTS

▶ 下编　典型案例评析 ◀

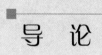

导　论

知识产权司法保护的基本理念

　　司法被认为是社会正义的底线。定分止争、公正高效地解决各类纠纷，维护当事人合法权益和社会公共利益，促进社会和谐与进步，是司法的基本使命。知识产权司法保护是我国司法制度和司法保护体系中不可分割的重要组成部分。我国知识产权司法保护制度的建立与完善，与改革开放具有同步性。在当代，随着知识产权成为国家发展的战略性资源和国际竞争力的核心要素，知识产权司法保护越来越重要。对于我国知识产权司法保护的认识与理解，需要掌握知识产权司法保护的基本概念、功能和特点，基本理念和内容，以及现状与解决对策等问题。

一、知识产权司法保护的概念、功能和特点

(一) 知识产权司法保护的概念

　　知识产权司法保护，是指审判机关按照法定程序，审理知识产权民事、行政和刑事案件，维护当事人利益和社会公共利益，确保知识产权法律能够得到有效实施。我国知识产权司法保护的目的就是要通过及时、公正地审理知识产权案件，维护当事人的合法权益，保障知识产权制度在我国的有效执行。其主要内容有：通过民事诉讼、行政诉讼或者刑事诉讼程序，责令侵权人停止侵权，赔偿损失，确认知识产权的归属，对知识产权行政机关的错误决定予以纠正，对构成知识产权犯罪的行为人判处徒刑和罚金。[1]

　　知识产权司法保护强调审判机关通过适用知识产权诉讼程序提供司法救济的形式有效解决知识产权纠纷。有观点认为，"知识产权司法保护，指司法机关依法适用法律对知识产权侵权纠纷进行审理和裁判，以及采取临时保护

---

〔1〕　冯晓青：《知识产权诉讼研究》，中南工业大学出版社 1996 年版，绪论，第 2 页。

和其他相应的救济措施。知识产权司法保护是全球通行的国家为保护知识产权而设立的知识产权侵权救济程序，主要是民事诉讼程序和救济，也包括对严重侵权行为的刑事制裁和对行政裁决提供的司法程序救济。"[1]有观点则从狭义和广义两个角度界定知识产权司法保护。其中，狭义的知识产权司法保护是指"应知识产权权利人的请求，审判机关通过履行知识产权民、刑事案件的审判职责，或通过知识产权行政诉讼，审查具体行政行为的合法性等审判活动，实现对权利人和利害关系人合法利益的保护。""广义的知识产权司法保护，除了审判机关的司法保护之外，还包括公安机关、检察机关通过对知识产权刑事案件的立案侦查、侦查监督、提起公诉等诉讼活动，以及由检察机关代表国家对知识产权民事诉讼案件、行政诉讼案件进行的司法监督活动。"[2]该观点强调知识产权司法保护和知识产权诉讼不是同一概念，两者既有联系也有重要区别。从两者的联系看，知识产权诉讼是实现知识产权司法保护目的的手段，故而知识产权司法保护和知识产权诉讼构成目的和手段的关系。从两者的区别看，知识产权司法保护强调最终的保护效果，具有侧重于结果的倾向，而知识产权诉讼侧重于从程序法的角度解决实体问题，强调诉讼的过程和状态。此外，知识产权司法保护涵盖实体法和程序法内容，而知识产权诉讼尽管目的是解决实体问题，但其主要体现的是程序法的内容，强调程序的公平和正义。[3]

本书认为，知识产权司法保护和知识产权诉讼确实是两个具有十分密切联系但又存在区别的概念。由于知识产权司法保护主要是通过人民法院按照知识产权诉讼程序审理知识产权案件，定分止争、解决知识产权纠纷的活动和行为，知识产权诉讼构成实现知识产权司法保护目的的基本手段和形式。也正是基于此，有关知识产权司法保护研究内容很大部分涉及知识产权诉讼问题，如知识产权诉讼管辖、主体资格、证据规则、诉讼程序等。本书后面对知识产权司法保护相关问题的研究，也能够证实这一点。当然，基于知识产权司法保护内容的丰富性，对于知识产权司法保护的研究不能完全局限于

---

〔1〕 管育鹰：《关于我国知识产权司法保护战略实施的几点思考》，载《法律适用》2018年第11期。

〔2〕 杨树林：《知识产权司法保护的内涵探析》，载《中原工学院学报》2015年第5期。

〔3〕 杨树林：《知识产权司法保护的内涵探析》，载《中原工学院学报》2015年第5期。

知识产权诉讼问题。

（二）知识产权司法保护的功能

认识知识产权司法保护的功能，可以从一般意义上的司法功能的角度加以理解。一般认为，定分止争是司法的初始功能和基本功能。其原因在于，司法以审判为基本的形式和实现司法目的的手段，而法院的审判即诉讼活动则源于当事人向审判机关提起诉讼，要求维护自身合法权益，对于案件是非曲直作出裁断。法院需要立足于个案的事实和证据，依照法律进行裁断，从而实现定分止争的目的。从"实践主义司法哲学"的观点〔1〕看，定分止争本身也具有深刻的内涵。其不仅在于解决个案的纠纷，使当事人服判，而且在于通过个案彰显司法正义，构建社会秩序。从司法制度是国家制度的重要组成部分，也是建设社会主义法治国家的重要制度这一方面看，司法的功能远不限于在个案中定分止争，而是包含了更为丰富的内容，如维护私权、保障公权、彰显公共政策、维护法治、参与国家治理等多重延伸功能。〔2〕

知识产权司法保护作为司法制度和司法保护体系的重要内容，定分止争自然也是其初始功能和基本功能。具体而言，人民法院通过审理各类知识产权纠纷案件，维护当事人合法权益，从而能够实现解决纠纷、定分止争的目的。知识产权司法保护定分止争的功能，同样不限于解决知识产权方面的个案，而是在解决个案的同时，彰显知识产权司法的价值观，形成良好的知识产权保护生态，达到预防知识产权侵权和其他纠纷的效果，从而营造有利于知识产权纠纷解决的法律环境。知识产权司法保护作为我国知识产权保护体系的核心内容，其同时承载着保护知识产权这一私权、维护公共利益、维护社会主义法治和促进国家治理体系和治理能力现代化的重要功能。其中，保护私权是知识产权司法保护的应有之义，如何充分、有效地保护知识产权是

〔1〕 "实践主义司法哲学是对中国司法实践经验的提炼和归纳。它是一种以实践为出发点，并最终回归于实践的司法哲学。在世界观层面，它强调司法存在的主观见之于客观的本质；在认识论层面，它主张透过司法过程、司法个案、司法评价等视域达成司法认知，并揭示司法之本质及其内在规律；在方法论层面，它注重法官的主体性和职业性的统一，要求法官裁判案件时既像法学家那样去思考，也要像政治家那样去思考，还要像老百姓那样去思考；在价值论层面，它主张司法的核心价值不仅要解决问题，而且要公平公正地解决问题，有尊严有关怀地解决问题。"江国华：《论中国实践主义司法哲学》，载《法律科学（西北政法大学学报）》2023年第1期。

〔2〕 卞建林：《司法在国家治理现代化中的地位和作用》，载《法制与社会发展》2014年第5期。

知识产权司法保护的关键和核心内容。知识产权保护尽管存在多种形式和方式，但如下面还将讨论的，知识产权司法保护在知识产权保护体系中占据主导地位。基于此，检验知识产权保护的成效，最重要的是审视以司法手段保护知识产权的效果。然而，在知识产权司法保护中，维护公共利益的功能和作用也不可忽视。这是因为，知识产权法律制度不仅要保护知识产权人和相关当事人的合法权益，而且要维护公共利益，维护公共利益也是知识产权立法的重要价值取向和目标。在知识产权人创造的知识产权中，除权利人外，社会公众的合法需求在知识产权法中同样需要得到充分的保障。知识产权法律制度中维护公共利益的价值取向和目标，在知识产权司法保护中也应当得到彰显和保障。从本书关于知识产权司法保护的专题探讨中也可以看出，除维护知识产权人利益外，案件涉及的相关公共利益也得到了充分考量。在更高的层面上，知识产权司法保护是维护社会主义法治和促进国家治理体系和治理能力现代化的重要保障。2021 年初中共中央印发的《法治中国建设规划（2020—2025 年）》，提出要"围绕加强社会主义文化建设，完善发展文化事业和文化产业、保护知识产权等方面的法律法规。"知识产权法律制度的实施，显然也需要通过知识产权司法保护的形式加以实现。知识产权司法保护之所以具有实现国家治理体系和治理能力现代化的功能和作用，是因为包括知识产权司法制度在内的国家制度是国家治理体系和治理能力现代化的根本保障。有观点即认为，"司法体系和司法能力现代化属于国家治理现代化的重要组成部分"。[1]

还值得指出的是，基于知识产权本身属于创新性成果的产权化和法律化，以及知识产权制度保护创新、激励创新的本质，知识产权司法保护的功能还体现于其他诸多方面。例如，通过知识产权司法保护，以保护创新作为手段，实现鼓励创新和促进创新成果转化运用的目的。激励创新也是我国知识产权司法保护政策的重要内容。例如，早在 2007 年 1 月 11 日，最高人民法院即发布《关于全面加强知识产权审判工作为建设创新型国家提供司法保障的意见》，指出"全面加强知识产权审判工作必将促进创新型国家建设。"又如，知识产权制度还是一个高度国际化的法律制度。在当代，随着我国改革开放

---

[1] 刘强：《国家治理现代化视角下的知识产权司法审判体制改革》，载《法学评论》2015 年第 5 期。

和加入世界贸易组织，知识产权国际保护日益重要。我国知识产权司法保护不仅是履行国际知识产权保护义务的需要，而且有助于形成良好的法律环境，促进对外开放和合作。

（三）知识产权司法保护的特点

知识产权司法保护的特点与知识产权本身作为一种无形财产权的特点和属性有关。知识产权是民事主体对创造性智力成果和工商业标记所享有的专有权利，具有专有性、地域性和时间性特点，同时也具有私权性、法定性、无形性和社会性等属性。[1]基于知识产权司法保护与知识产权诉讼千丝万缕的关系，知识产权司法保护的特点还与知识产权诉讼的特点密切相关。就知识产权诉讼而言，其具有较强的专业技术性、法律关系复杂性、证据难以取得性、侵权与合法边界难以确定性以及侵权损害赔偿难以界定性等特点。以下不妨结合知识产权和知识产权诉讼的特点，揭示知识产权司法保护的特点。

一是专业技术性强。知识产权包括专利权、著作权、商标权、集成电路布图设计权、植物新品种权、地理标志权以及商业秘密等内容，对此我国《民法典》[2]第123条第2款作了明确规定。这些权利内容，大致可以分为创造性成果权利和标识性成果权利两大类。在创造性成果权利类别中，专利权、集成电路布图设计权、植物新品种权、技术秘密和计算机软件等具有很强的技术性。知识产权本身的上述内容，使得知识产权纠纷案件的专业技术性很强。即使是非技术性知识产权纠纷案件，如著作权纠纷案件和商标权纠纷案件，由于权利边界界定困难、侵权判定难度大，专业性也较强。正是基于此，从改革开放后建立知识产权制度以来，我国知识产权司法保护日益强调以审判为中心，逐步建立了体系完备的知识产权司法保护体制，尤其体现于在法院中设立知识产权审判庭，培养了一大批知识产权专业审判人员。近些年来，我国还通过成立专门的知识产权法院以及在最高人民法院设立专门审理技术类知识产权纠纷案件的知识产权法庭的形式，进一步推进了知识产权纠纷案件的专业化审判。此外，部分城市还设立了知识产权法庭。针对知识产权司法保护专业技术性强的特点，为了推进我国知识产权审判工作，加强知识产

---

[1] 冯晓青主编：《知识产权法》（第四版），中国政法大学出版社2024年版，第9—19页。
[2] 全称为《中华人民共和国民法典》，为行文方便，本书涉及我国的法律法规全部省去"中华人民共和国"前缀，统一使用简称，在此说明。

权司法保护，近些年来最高人民法院先后发布了相关司法政策和司法解释。例如，《最高人民法院关于技术调查官参与知识产权案件诉讼活动的若干规定》于 2019 年 1 月 28 日由最高人民法院审判委员会第 1760 次会议通过，自 2019 年 5 月 1 日起施行。技术调查官制度有利于协助人民法院法官查明技术类型案件事实，正确适用法律。

二是案件裁判结果对当事人和社会影响大。这一特点与知识产权在当代经济社会中地位不断提高、作用越来越重要有关。就知识产权诉讼案件而言，很多当事人代表作为市场经济主体的企业的利益。在知识产权确权纠纷案件中，一些使用多年的商标特别是注册商标一旦被宣告无效，该商标商品市场将受到极大影响，一些取得市场竞争优势的专利被宣告无效，则同样面临市场丧失的风险。在知识产权侵权纠纷案件中，一旦被诉侵权人被法院认定成立侵权，则不但相关信誉将受到影响，而且会因承担较大的侵权损害赔偿额而带来经济负担。特别是一些新兴、重大、疑难案件，例如涉及新业态和新商业模式是否应当受到保护的问题，社会影响较大，甚至有些案件具有涉外因素，判决的结果可能具有国际影响。知识产权纠纷案件处理和司法保护上述特点表明，人民法院审理这类案件应当本着公平公正原则，合理确定知识产权的保护范围和侵权与否的界限，防止错案的发生，否则将对相关当事人的合法权益造成重大损害。

三是知识产权的权利边界和侵权判定难。尽管知识产权和物权、债权一样同属民事权利，但其权利边界远不如后者那样较易明确。特别是在知识产权侵权纠纷案件处理中，人民法院判定被诉侵权人涉案行为是否落入涉案知识产权的保护范围，难度很大。例如，在发明和实用新型专利侵权纠纷案件中，尽管我国《专利法》第 64 条第 1 款明确规定了"发明或者实用新型专利权的保护范围以其权利要求的内容为准，说明书及附图可以用于解释权利要求的内容"，但在专利侵权纠纷案件中，无论是适用全面覆盖原则还是等同侵权规则，都存在较大的不确定性。又如，在商标授权确权与侵权纠纷案件中，要准确地判定"相同商品或服务""类似商品或服务""同一种商标""近似商标"，以及是否存在"容易导致混淆"也存在较强的主观性。这也就是同一案件在行政处理机关和不同审级司法部门存在不同认识的重要原因。还如，在著作权侵权纠纷案件中，如何判定"实质性相似"也存在难度，因为不仅需要排除不受著作权保护的公共领域元素，而且需要从独创性方面认定受著

作权法保护的范围。除上述情况外，在存在在先权利和权利限制制度适用的
场合，以及侵权纠纷与权属纠纷交织的情形中，知识产权保护边界和侵权在
个案中判定难度更大。也正是基于我国知识产权司法保护实践中知识产权保
护边界不易明确、知识产权侵权与否难以判定，近些年来最高人民法院先后
发布了一些相关司法解释和司法政策，旨在帮助人民法院审理这类案件时正
确适用法律。例如，2020 年 12 月 29 日，最高人民法院发布《关于审理侵犯
专利权纠纷案件应用法律若干问题的解释（二）》《关于审理著作权民事纠
纷案件适用法律若干问题的解释》以及《关于审理商标民事纠纷案件适用法
律若干问题的解释》等。

　　四是案件复杂，时常涉及不同法律关系。在知识产权司法保护中，知识
产权纠纷案件复杂体现于多方面：首先，知识产权主体具有一定的复杂性。
知识产权既可以由一个主体享有，也可以由多主体共有。知识产权还可以通
过许可、转让等方式利用，在发生知识产权纠纷时存在其他相关主体的情况。
不同性质的知识产权客体，其权利归属也不同，如关于职务与非职务发明创
造专利权归属，关于一般性职务作品、特殊性职务作品和法人作品的著作权
归属。在发生知识产权纠纷时，正确认定适格的主体十分重要。其次，知识
产权纠纷案件时常涉及民行交叉和民刑交叉问题，案件涉及的法律关系复杂，
加大了正确适用法律的难度。例如，在专利侵权纠纷案件处理中，被诉侵权
人经常利用专利权无效宣告制度提出无效宣告请求，从而启动专利权无效宣
告行政审查程序，进而引发行政诉讼程序。尽管专利侵权和授权确权二审案
件统一由最高人民法院知识产权法庭审理，但最高人民法院并无宣告专利权
无效的权力。如何协调专利侵权纠纷案件和专利权无效宣告案件，始终是我
国专利法理论、立法和司法实践中的重大课题。又如，在商业秘密纠纷案件
中，民刑交叉现象也十分突出，是先民后刑还是先刑后民也存在争议。这类
案件在认定是否构成受法律保护的商业秘密、被诉侵权人是否构成侵害商业
秘密等方面也具有复杂性。

　　五是取证和固证难，管辖地确定存在特殊性。知识产权纠纷案件特别是
侵权纠纷案件取证难和固证难，原因也在于知识产权侵权具有专业性、复杂
性和隐秘性。特别是在当代社会，信息网络技术发展日新月异，信息网络环
境下著作权等知识产权的侵权隐秘性更强，被侵权人很难发现，发现了也难
以及时固定证据。也正是基于此，知识产权司法保护中，"举证难"成为一个

"老大难"问题，而当事人举证是支持其诉讼主张的关键和基础。在当事人不能有效举证的情况下，其将面临败诉的风险。为了更好地规范知识产权司法保护中的证据行为，最高人民法院发布了《关于知识产权民事诉讼证据的若干规定》，自 2020 年 11 月 18 日起施行。在个案中，如何正确审查和认定证据，需要结合案情、证据规则和当事人提供的证据综合判定。在知识产权司法保护中，对于知识产权纠纷案件的审理还存在确定管辖法院的问题。由于知识产品具有自然流动的特点，知识产权纠纷案件特别是侵权纠纷案件的管辖具有特殊性。对此，我国相关知识产权司法解释也作了具体规定。例如，《最高人民法院关于审理著作权民事纠纷案件适用法律若干问题的解释》第 2 条规定，著作权民事纠纷案件，由中级以上人民法院管辖。各高级人民法院根据本辖区的实际情况，可以报请最高人民法院批准，由若干基层人民法院管辖第一审著作权民事纠纷案件。随着信息网络技术及其产业化发展，知识产权纠纷案件的诉讼管辖也面临挑战，如涉及电商平台的知识产权侵权纠纷案件的地域管辖问题就值得探讨。至于知识产权授权确权纠纷案件则实行专属管辖。

六是知识产权侵权损害赔偿额难以界定。这同样源于知识产权作为无形财产权的特性。知识产权是一种独占性权利，这种专有权利体现为对相关知识产品市场的独占，但也会受到合法替代品的挑战。知识产权侵权对权利人造成的经济损害体现于权利人的市场份额因侵权行为而被挤占。在知识产权司法保护中，对于侵权人造成被侵权人损失的计算和界定则并非易事，因为在很多情况下知识产权人并未行使其享有的知识产权。在另外一些情况下，即使权利人行使了该知识产权，但侵权造成的权利人市场份额的减少也难以计算。原因在于权利人市场份额的减少并不限于侵权的因素，还包括市场上合法的替代品的存在、权利人经营管理水平和市场策略等诸多因素。尽管我国专利法、著作权法、商标法等知识产权法律以及相应的司法解释均规定了知识产权侵权损害赔偿额的计算方法，但知识产权侵权损害赔偿额的界定依然是我国知识产权司法保护实践中的一个难点。当前我国知识产权司法保护实践绝大多数案件都适用法定赔偿标准，实际上是不完善的。无疑，这方面有待加强研究，特别是建立基于知识产权市场价值导向的知识产权侵权损害赔偿制度。

二、我国知识产权司法保护的基本理念

所有的法律规范都承载和蕴含着特定的价值目标。[1]"如果没有清晰的、系统的价值导向，法律工作者就不能担当法学研究和法律实践的责任。"[2]司法保护作为定分止争、维护社会公平正义的守护神，必然有其自身的价值导向。这种价值导向体现于司法保护的一些基本理念。毫无疑问，在不同内容的司法保护中，既存在公平正义与效率等共同的价值导向与理念，也存在具有个性化特色和内容的价值导向和理念。以下即以知识产权司法保护为研究对象，探讨其基本理念。这些基本理念具有丰富的内容，涵盖了知识产权司法保护的基本原则、指导思想和价值构造，因而对于我国加强知识产权司法保护具有极其重要的意义。

（一）公平正义与效率理念

公平正义，是法律制度隐含的最根本和最重要的价值目标与原则，本质上也是人们所追求的朴素的价值观和社会观念。人们向往一个公平正义的社会，在很大程度上也是因为基于社会关系的复杂性和利益冲突的现实性，缺乏公平正义的现象时常可见。公平正义作为法律制度的终极理念，其需要在司法审判和司法保护中予以落实和充分体现。换言之，公平正义也是司法制度和司法审判的灵魂、最重要的价值目标和根本性的要求。正如有观点指出："作为调整社会关系的基本制度设计，公平正义是法律的终极价值追求。肩负法律实施职责的司法审判工作，需要将蕴含于法律规范之中的公平正义落实于个案，实现于个案，并通过适用法律和裁判个案，发挥司法审判对社会行为的规范、引导、保障和促进作用，从而实现公平正义。""司法将公平正义作为终极价值，并且努力在裁判中体现出来。把公平正义因素纳入考量范畴是确保法律正确实施和司法裁判正当性的根本保障。"[3]就我国社会主义司法制度和司法保护而言，"公平正义是中国特色社会主义司法的内在要求，也是司法审判的核心价值追求。"[4]习近平总书记即指出，要"努力让人民群众

---

〔1〕 钱海玲：《知识产权审判中的价值判断与选择》，载《法律适用》2013 年第 8 期。

〔2〕 ［德］伯恩·魏德士：《法理学》，丁晓春、吴越译，法律出版社 2013 年版，第 175 页。

〔3〕 钱海玲：《知识产权审判中的价值判断与选择》，载《法律适用》2013 年第 8 期。

〔4〕 刘强：《国家治理现代化视角下的知识产权司法审判体制改革》，载《法学评论》2015 年第 5 期。

在每一个司法案件中感到公平正义"，表达了广大人民群众对于司法公正的美好愿景，也对我国广大司法审判人员公正司法提出了明确的要求，应当成为我国司法工作者特别是司法审判人员的座右铭。

知识产权司法制度和司法保护作为中国特色社会主义司法制度和司法保护的重要组成部分，毫无疑问，需要遵循公平正义理念，将公平正义作为知识产权司法保护的核心价值目标和终极价值追求。2007 年 1 月 11 日，《最高人民法院关于全面加强知识产权审判工作为建设创新型国家提供司法保障的意见》从"为建设创新型国家提供司法保障"角度，指出要"坚持公正司法。始终把公正司法作为知识产权审判的灵魂和生命，通过依法公正高效权威的知识产权司法，最大限度地维护和实现知识产权领域的公平正义。"2017 年，最高人民法院发布《中国知识产权司法保护纲要（2016—2020）》，对我国知识产权司法保护的基本原则、主要目标以及重点措施都作了详细的规定，是当前我国知识产权司法保护重要的纲领性文件，也是指导我国各级人民法院知识产权审判活动，进行知识产权司法体制改革，服务于国家经济社会发展和创新型国家建设的重要的司法政策性文件。[1]该文件也明确指出，"必须打造一支司法为民、公正司法的审判队伍"；"坚持司法为民、公正司法"；"公正高效审理各类知识产权案件"。这些规范，无不体现了我国知识产权司法保护对公平正义的要求。

法理学认为，公正与效率是正义的两个重要维度。[2]除了上述公平正义理念，效率也是包括知识产权司法保护在内的司法制度和司法审判相关的重要理念。有学者考察近些年来党和国家关于中国特色社会主义司法制度的政策规范，指出党的十六大以来建设"公正、高效、权威"的社会主义司法制度一直是中央作出司法改革部署时所追求的目标。并且，在"公正与效率"的要求中，公正始终处于优先地位，而司法效率在具体工作中也体现出极为重要的作用。[3]我国司法效率理念的重要性，体现于中国特色社会主义司法服务于经济社会发展，需要以尽量少的司法成本和社会资源实现司法保护的目

---

〔1〕 冯晓青：《知识产权法律制度反思与完善 法理·立法·司法》，知识产权出版社 2021 年版，第 351 页。

〔2〕 齐树洁主编：《英国民事司法改革》，北京大学出版社 2004 年版，第 7—8 页。

〔3〕 蒋惠岭：《论传统司法规律在数字时代的发展》，载《现代法学》2023 年第 5 期。

标。如果司法程序不够合理，导致司法程序冗长，效率低下，在实质上也难以实现公平正义目标。

就知识产权法律制度而言，"效率是知识产权法产生的思想基础，也是知识产权法追求的价值目标……在制度设计方面体现为合理与有效的权利配置，也就是使各方主体在权利体系中达致一种均衡状态。"[1]本书认为，知识产权制度蕴含保障和鼓励知识创新及传播的价值追求，其内核在于效率价值。这一效率的首要原则在于建构确保知识产权人专有权的产权制度。知识产权制度通过专有领域与公共领域的人为安排，构造了专有权与自由公地。在专有权的安排上体现了知识界分、沟通与转换的机制，进而形成了知识生产与传播的效率逻辑。[2]

知识产权司法保护中，确立效率理念，贯彻司法效率原则，与前述公平正义一样具有重要意义。知识产权司法效率，意味着以有限的知识产权司法保护资源，获取最大的法律效果和社会效果，实施知识产权司法保护的效益大于知识产权保护投入的成本。知识产权的司法效率理念要求优化知识产权审判程序，设置简繁分流的诉讼机制，方便当事人诉讼，节省诉讼成本。知识产权司法保护的效率原则符合司法经济学理念和原则，也有利于实现公平正义价值目标。

（二）严格保护与平等保护理念

严格保护，又称为"严保护"，是指依法严格保护知识产权。知识产权具有法定性，奉行法定主义。知识产权的客体、内容和范围均由法律规定。《中国知识产权司法保护纲要（2016—2020）》指出："严格保护知识产权是实施创新驱动发展战略的必然要求，是我国当前和今后一个时期知识产权司法保护的基本方向。必须以充分实现知识产权价值为导向，以有利于激励创新为出发点，严格执行法律，切实提高知识产权司法保护的针对性和有效性。"

知识产权的严格保护，应当避免两个极端，即保护不足和保护过度。保护不足，会造成知识产权制度激励机制失灵，无法实现通过实施知识产权法律实现保护和鼓励创新的目的。知识产权保护不足，既可以体现为知识产权立法保护水平较低，也可以体现为未严格执行知识产权法，以致造成保护水

---

[1] 吴汉东：《知识产权法价值的中国语境解读》，载《中国法学》2013 年第 4 期。
[2] 冯晓青：《知识产权制度的效率之维》，载《现代法学》2022 年第 4 期。

平较低的现象。在当前知识产权国际保护环境下，主要体现为后者。知识产权保护过度，则同样背离了知识产权制度宗旨，有损于社会公共利益。这类情况常见于排除、限制竞争的知识产权滥用行为，以及滥用知识产权诉讼行为等。

知识产权的严格保护，在很大程度上体现为知识产权司法保护中的公正司法。从我国知识产权司法保护相关政策看，知识产权理论界有专家认为，我国知识产权司法保护政策从"加强保护"到"严格保护"意义深远，后者比前者内涵更为丰富，因为"严格保护"不限于保护强度，还包括保护范围、质量、效果等多方面的内容。同时，"严格保护"和"加强保护"相比更能体现司法公正，因为"加强保护"强调保护的效率，而"严格保护"强调保护的基础和标准，更强调公正保护。[1]实务界专家则认为，"坚持知识产权'严格保护'司法政策的实现路径应当是：其一，注重效率导向，探索符合知识产权审判规律的诉讼程序，优化审判资源配置；其二，坚守知识产权市场价值，加大损害赔偿力度，让侵权者付出沉重代价；其三，推进诉讼诚信建设，加大证据审查力度，依法处罚伪证行为。"[2]依前述观点，知识产权司法保护中适用严格保护原则，既要防止知识产权保护不足，也要防止知识产权保护过度现象，按照涉案事实和证据，正确适用法律。

平等保护理念显然是"法律面前人人平等"的法治原则在知识产权司法保护中的适用。平等保护体现了我国社会主义法治原则，也是贯彻前述公平正义理念之所需。如果不能做到平等保护，要在知识产权司法保护中实现公平正义事实上也是不可能的。基于平等保护原则和理念的重要性，我国相关知识产权政策性规定对此都有体现。例如，2007 年 1 月 11 日公布的《最高人民法院关于全面加强知识产权审判工作为建设创新型国家提供司法保障的意见》提出"坚持平等保护。依法平等保护中外当事人的合法权益，坚决抵制地方保护和部门本位，克服地方封锁和行业垄断。"《中国知识产权司法保护纲要（2016—2020）》指出："要平等保护不同所有制经济主体和不同国别当事人之间知识产权的合法权益。必须坚持权利平等、机会平等和规则平等，无论是公有制经济，还是非公有制经济，无论是本国当事人，还是外国当事

---

〔1〕 王国柱：《知识产权"严格保护"司法政策的法理解析——边界、强度、手段、效果的四维视角》，载《华东师范大学学报（哲学社会科学版）》2020 年第 1 期。

〔2〕 靳学军：《科技创新体系中知识产权司法的守正创新》，载《知识产权》2022 年第 12 期。

人，都要切实保障当事人在知识产权诉讼中享有平等的程序权利和实体权利。"我国知识产权司法保护实践也体现了遵循平等保护的理念。例如，《中国法院知识产权司法保护状况（2023 年）》指出："人民法院坚持统筹协调理念，妥善审理与国际经贸活动有关的重大知识产权纠纷，依法平等保护中外当事人及各类市场主体合法权益，积极参与知识产权领域国际合作，为全球知识产权治理贡献中国司法智慧。"当然，在涉外知识产权司法保护中，平等保护也需要根据个案实际情况处理，包括对于对等原则的适用条件等的考虑，而不是绝对按照国民待遇原则适用。

（三）保护创新与激励创新理念

2015 年 3 月，中共中央和国务院发布的《关于深化体制机制改革加快实施创新驱动发展战略的若干意见》，是实施创新驱动发展战略的重要政策性规范。其提出，要"营造激励创新的公平竞争环境"。知识产权制度就是营造这一环境的重要法律制度，同时也是一个保护创新和激励创新的法律制度。知识产权法通过赋予知识产权人对其知识产权享有的专有权利，禁止他人未经许可的使用，能够实现对其创新成果的充分而有效的保护。由于享有这一专有权利，知识产权人不仅能够通过独占市场而收回成本，而且能够获得必要的经济利益与其他利益，从而会更加积极地从事知识和技术创新工作。正因如此，2018 年 4 月 10 日，习近平总书记在博鳌亚洲论坛年会开幕式上发表的重要讲话中指出，要"加强知识产权保护。这是完善产权保护制度最重要的内容，也是提高中国经济竞争力最大的激励。"[1] 习近平总书记在十九届中央政治局第二十五次集体学习时发表的重要讲话中则指出，"保护知识产权就是保护创新"，"当前，我国正在从知识产权引进大国向知识产权创造大国转变，知识产权工作正在从追求数量向提高质量转变。我们必须从国家战略高度和进入新发展阶段要求出发，全面加强知识产权保护工作，促进建设现代化经济体系，激发全社会创新活力，推动构建新发展格局。"[2]

知识产权制度保护创新和激励创新的功能，需要在知识产权司法保护中

---

〔1〕 习近平：《开放共创繁荣 创新引领未来——在博鳌亚洲论坛 2018 年年会开幕式上的主旨演讲（2018 年 4 月 10 日，海南博鳌）》，载《人民日报》2018 年 4 月 11 日，第 3 版。

〔2〕 习近平：《全面加强知识产权保护工作 激发创新活力推动构建新发展格局》，载《求是》2021 年第 3 期。

予以体现。"知识产权司法能够有效保障创新主体依法获得的产权，实现创新成果的产权价值，促进创新成果的创造与转化，为权利人提供了全方位的产权保障。"[1]这种保障不仅是对创新成果的保护，而且是对创新的激励。保护创新与激励创新均为知识产权司法保护的重要理念和原则。

（四）以人民为中心与司法为民理念

党的二十大报告指出，要"坚持以人民为中心的发展思想。维护人民根本利益，增进民生福祉，不断实现发展为了人民、发展依靠人民、发展成果由人民共享，让现代化建设成果更多更公平惠及全体人民。"一切为了人民的利益，以人民为中心，是马克思主义的基本立场。"法治的根基在人民。"[2]以人民为中心是我国包括知识产权司法保护在内的司法发展的重要原理和立场。我国相关知识产权司法保护的政策性文件对于以人民为中心的原则作了明确的规范。例如，《人民法院知识产权司法保护规划（2021—2025年）》在"指导思想"中指出，要"紧紧围绕'努力让人民群众在每一个司法案件中感受到公平正义'目标，坚持以我为主、人民利益至上、公正合理保护，不断深化知识产权审判领域改革，不断强化知识产权司法保护，不断优化知识产权法治环境"。其在"基本原则"部分则指出，要"坚持以人民为中心，更好满足人民群众对公平正义的更高需求，切实增强人民群众获得感幸福感安全感。"人民是国家的主人，我国社会主义现代化建设的根本目的在于人民的幸福。就知识产权司法保护而言，习近平总书记指出，知识产权保护关系到人民生活幸福。根据以人民为中心的思想和要求，我国知识产权司法保护应当立足于人民日益增长的美好生活需要和不平衡不充分的发展之间的矛盾，以人民利益至上，坚持公正司法，正确处理好知识产权司法保护激励创新和维护社会公共利益的关系，以及保护知识产权与满足人民日益增长的美好生活需要的关系，增强人民对于科技创新和司法公正的获得感与安全感。

根据以人民为中心的思想和要求，在我国知识产权司法保护中，应当切实引入司法为民、司法便民的理念。仅以司法便民为例，在知识产权诉讼活

---

〔1〕 靳学军：《科技创新体系中知识产权司法的守正创新》，载《知识产权》2022年第12期。

〔2〕 中共中央宣传部、中央全面依法治国委员会办公室：《习近平法治思想学习纲要》，人民出版社、学习出版社2021年版，第28页。

动中，应当为诉讼当事人出席诉讼活动以及诉讼程序中相关行为提供便利，充分为当事人着想。

（五）比例原则与利益平衡理念

比例原则源自行政法，指的是行政主体在进行相关行政行为时应兼顾实现行政目标和维护相对人权益，防止行政行为对行政相对人合法权益造成损害。根据这一原则，当行政行为对行政相对人造成不利影响甚至损害时，应当将这一影响、损害限制在最小的范围和程度内。比例原则在行政法上具有重要意义，其有利于维护公民的基本权利和自由，防止行政行为损害公民的基本权利和自由，实现公权行使与维护行政相对人利益的合理平衡。比例原则是行政法上限制行政主体行使自由裁量权的重要原则，体现了公权行使对私权保障的意旨。根据行政法的观点，比例原则还包括以下三个子原则：一是适当性原则，即行政行为以实现行政目的为基准或者至少有助于实现行政目的。二是必要性原则，即行政行为不能超越实现目的而采取手段和方式，在存在多种手段实现行政行为目标时，应当采取损害最轻微的手段。基于此，该原则又被称为最小损害原则。三是狭义比例原则，即为实现行政目的采取的手段可能造成的损害应小于获得的社会利益，在造成损害与社会利益之间实现均衡。如果某种行政行为造成的损害超越了社会公众获得的社会利益，就难以认定该行为具有合法性。[1]

基于行政法上比例原则的合理性，该原则被拓展到所有公法中，并被认为是公法的"帝王原则"，其与私法中具有同样地位的"诚实信用原则"相呼应。不仅如此，随着该原则基本理念和内涵的扩张，在私法领域，比例原则也逐渐被接受并被认为是一项重要原则。就知识产权法领域而言，由于知识产权行政执法本身属于行政执法的范畴，其适用上述比例原则顺理成章。对于知识产权司法保护和知识产权法实施的其他领域，该原则同样具有适用价值。根据现有研究，知识产权保护的比例原则，是指"根据适当性原则和均衡性原则的要求，基于知识产权保护激励创新的目的，知识产权的保护范围和强度应与特定知识产权的创新和贡献程度相适应。"[2]比例原则在我国知识产权司法保护中适用也具有合理性和必要性。其是公平正义原则在知识产

---

〔1〕　参见宋晓明：《新形势下我国的知识产权司法政策》，载《知识产权》2015年第5期。

〔2〕　参见宋晓明：《新形势下我国的知识产权司法政策》，载《知识产权》2015年第5期。

权法治实践中的体现与运用，也是实现知识产权法宗旨之所需。

《中国知识产权司法保护纲要（2016—2020）》提出要"坚持比例协调。统筹兼顾保护权利和激励创新，坚持知识产权保护范围和强度与其创新和贡献程度相协调，侵权人的侵权代价与其主观恶性和行为危害性相适应，知识产权保护与发展规律、国情实际和发展需求相匹配，依法合理平衡权利人利益、他人合法权益和社会公共利益、国家利益，实现保护知识产权与促进技术创新、推动产业发展和谐统一。"该政策规范即体现了比例原则。当然，其同时也体现了知识产权司法保护中的利益平衡理念。实际上，在该规范颁行之前的 2016 年 7 月，最高人民法院副院长陶凯元在全国法院知识产权审判工作座谈会上也明确提出了我国知识产权司法保护的司法政策的基本定位——"司法主导、严格保护、分类施策、比例协调"，[1]其中就包含比例原则的内容。

上述比例原则和知识产权司法保护中的利益平衡理念与原则也是一脉相承的。利益平衡作为一种法学方法论，既对知识产权法学研究具有重要的理论意义，也对知识产权立法和司法实践具有十分重要的指导作用。以知识产权司法保护实践而论，从形式上看，法院在每个具体的案件中只是对当事人间的是非曲直作出评判，对个体间利益进行衡量和裁断；但实际上，法院除应以利益平衡原则为指导公平合理地分配当事人之间的举证责任外，还需要进一步透视案件背后的利益导向，特别是个人利益和公共利益间的平衡。因为知识产权法尽管在直观上主要是对私权的保护，但它还具有重要的公共利益因素，堪称国家基于公共利益的需要而作出的私法上的制度安排。知识产权保护只是手段，激励创新和促进知识扩散与信息传播，进而实现社会进步，才是知识产权法的真正要旨。因此，法院在审理知识产权案件时贯彻利益平衡原则，应站在个人利益与公共利益平衡的高度进行考察，这对于其正确适用法律，特别是在司法实践中缺乏具体的法律规则或者法律规则比较抽象的情况下，从总体上把握当事人之间的权利义务分配，公平合理地维护当事人的合法权益，具有重要意义。[2]

〔1〕 刘婧：《陶凯元：充分发挥司法保护知识产权主导作用》，载《人民法院报》2016 年 7 月 8日，第 1 版。

〔2〕 冯晓青：《知识产权法利益平衡理论》，中国政法大学出版社 2006 年版，前言，第 4 页。

　　我国知识产权司法保护政策明确提出了利益平衡的原则。例如,《最高人民法院关于全面加强知识产权审判工作为建设创新型国家提供司法保障的意见》规定,要"坚持利益平衡。正确处理保护知识产权和维护公众利益的关系、激励科技创新和鼓励科技运用的关系,既要切实保护知识产权,也要制止权利滥用和非法垄断。"在我国知识产权司法实践中,利益平衡原则得到了充分体现和运用。例如,最高人民法院的相关判决指出:专利法的立法宗旨是"既要明确受保护的专利技术方案,又要明确社会公众可以自由利用技术进行发明创造的空间,把对专利权人提供合理的保护和对社会公众提供足够的法律确定性结合起来。"[1]在知识产权司法保护中,和比例原则实现公平正义目标一样,利益平衡理念和原则同样是实现公平正义价值目标之所需。司法实践中,利益衡量的目的是追求当事人之间利益的平衡,实现社会正义和公平。[2]

　　(六)服务大局理念

　　如前所述,我国知识产权司法保护的功能远不限于定分止争,其还承载着更加重要的促进法治、服务于创新型国家建设、推进国家治理体系和治理能力现代化等多重功能。为充分发挥我国知识产权司法保护功能,需要树立服务大局的理念和意识。近些年来,我国相关知识产权司法保护政策对此即作了明确规范。例如,2009年4月底,最高人民法院发布《关于当前经济形势下知识产权审判服务大局若干问题的意见》,提出要"努力增强知识产权审判服务大局的针对性和有效性"等措施。《最高人民法院关于全面加强知识产权审判工作为建设创新型国家提供司法保障的意见》提出,要"坚持服务大局。牢固树立大局观念和服务意识,克服就案办案的单纯业务观念,实现个案处理的法律效果与社会效果的有机统一。"《中国知识产权司法保护纲要(2016—2020)》指出,要"坚持服务大局。服务大局是人民法院审判工作的根本使命,是知识产权审判的重要职责。必须切实增强大局意识,增强历史责任感和使命感,紧紧围绕党和国家发展大局,积极适应国际形势新变化,找准知识产权审判工作着力点。"《最高人民法院关于全面加强知识产权司法保护的意见》提出,要"准确把握知识产权司法保护服务大局的出发点和目

────────────

　　[1]　参见最高人民法院(2001)民三提字第1号民事判决书。

　　[2]　参见孟勤国:《也论电视节目预告表的法律保护与利益平衡》,载《法学研究》1996年第2期。

标定位，为创新型国家建设、社会主义现代化强国建设、国家治理体系和治理能力现代化提供有力的司法服务和保障。"其中，在"总体要求"中也提出，要"坚持服务大局、司法为民、公正司法"。为在知识产权司法保护中贯彻服务大局理念，本书认为，知识产权司法审判人员应当强化责任和担当意识，提高思想政治觉悟，深刻把握当前党和国家路线、方针和政策，特别是与知识产权保护有关的政策规范，站在国家发展的大局思考和研究知识产权案件，努力做到在解决个案的同时，实现个案背后维护公平正义的目的。

三、知识产权司法保护在知识产权保护体系中的主导地位

我国知识产权保护体系涵盖了丰富的内容，除知识产权行政执法和司法保护外，还包括和解、调解、仲裁、行业协会自律、社会治理等多种方式和手段。这也是我国对知识产权保护实行"大保护"策略的体现。[1]知识产权大保护体现了我国推进知识产权国家治理体系和治理能力现代化的考量，也是实现知识产权制度现代化的重要保障。

在我国知识产权保护体系中，知识产权司法保护则处于主导地位。知识产权司法保护是最为重要的保护知识产权的方式。其原因在于知识产权司法保护的国家强制性、权威性和确定性。"司法最终解决"，是法治社会的基本定位。知识产权司法保护借助于国家强制力，能够保障知识产权法切实得到贯彻实施，进而彰显司法的权威性和确定性。知识产权司法保护的主导地位，尤其体现于和知识产权行政保护的比较之中。在过去，我国知识产权保护体系侧重于行政执法和司法保护。随着国家治理体系和治理能力现代化的深入推进，知识产权保护体系内容更加丰富。但是，其基本的形式不变，知识产权司法保护仍然处于主导地位，行政保护则提供有力支撑。

确立知识产权司法保护的主导地位，在国家知识产权战略和相关司法政策中有充分体现。例如，《国家知识产权战略纲要》提出，要"发挥司法保护知识产权的主导作用"。《中国知识产权司法保护纲要（2016—2020）》指出："发挥知识产权司法保护的主导作用是司法的本质属性和知识产权保护规律的内在要求，是全面推进依法治国的重要体现。必须强化司法主导理念，充分发挥司法保护的体制机制性优势，妥善处理司法保护和行政保护之间的

---

〔1〕 参见冯晓青：《知识产权保护论》，中国政法大学出版社2022年版，第96—140页。

关系，强化对行政执法行为的程序审查和执法标准的实体审查，在依法支持行政执法行为的同时，加强监督，严格规范。"近些年来对于相关知识产权法律实施情况的执法检查结论也明确了司法保护主导作用的重要意义。例如，针对《专利法》实施情况的检查，认为"要充分发挥司法保护的主导作用，切实加大对侵权行为的判赔力度，以司法判决来规范市场竞争秩序，提升司法保护公信力。"[1]

为确保知识产权司法保护的主导地位和作用，需要严格保护知识产权，充分凸显知识产权司法保护的权威性和确定性。有研究认为，我国知识产权司法保护主导作用的立足点和着力点包括："一是加强对知识产权法律标准的明晰，充分发挥行为标准的指引作用，标准的主导权是司法保护主导作用的灵魂；二是切实加大保护力度，要让知识产权司法保护的实效性、影响力和权威性充分发挥出来，被全社会感受到。"[2]对此，本书表示赞同。知识产权司法保护是在认定事实和适用法律基础上解决知识产权纠纷的过程，明确相应的裁判法理、法律适用标准和裁判规则，能够为解决同类案件提供明确的规范指引，也能够"充分发挥司法保护的规则引导优势""切实提高知识产权保护的可预期性"。[3]通过知识产权司法保护，形成同类型知识产权纠纷案件解决的法律适用标准，这也有利于维护我国知识产权法治的统一。至于加强知识产权的保护力度，显然是发挥知识产权司法保护主导作用的应有之义，因为知识产权司法保护力度不够，就无法通过知识产权司法保护有力惩治知识产权侵权行为，无法维护知识产权司法保护的权威性和裁判标准的一致性。当然，强化知识产权司法保护主导作用，还需要加强知识产权司法监督，包括对知识产权行政执法行为的司法监督和知识产权审判监督等内容，以确保知识产权司法保护沿着法治轨道前行。

四、我国知识产权司法保护的重要作用与成就

知识产权司法保护既是我国占主导地位的知识产权保护方式，也是我国

---

[1] 陈竺：《全国人民代表大会常务委员会执法检查组关于检查〈中华人民共和国专利法〉实施情况的报告——2014年6月23日在第十二届全国人民代表大会常务委员会第九次会议上》。

[2] 孔祥俊：《当前我国知识产权司法保护几个问题的探讨——关于知识产权司法政策及其走向的再思考》，载《知识产权》2015年第1期。

[3] 参见宋晓明：《新形势下我国的知识产权司法政策》，载《知识产权》2015年第5期。

司法制度的重要内容。我国知识产权司法保护制度的建构和运行，对于充分有效地维护知识产权人和相关当事人合法权益，激励技术创新和文化创新，维护社会主义市场经济公平竞争秩序，促进经济社会发展等方面发挥了重要作用。近些年来，我国各级人民法院通过审理各类知识产权案件，有力地践行了知识产权法治，取得了巨大成就。以下不妨以近几年最高人民法院发布的《中国法院知识产权司法保护状况》的内容作为素材和基础，对我国知识产权司法保护的重要作用与成就进行探讨。

（一）知识产权司法保护促进创新驱动发展战略和创新型国家建设

党的十九大报告提出，"创新是引领发展的第一动力"，要"强化知识产权创造、保护、运用"。党的二十大报告则指出，要"坚持创新在我国现代化建设全局中的核心地位"，"深化科技体制改革，深化科技评价改革，加大多元化科技投入，加强知识产权法治保障，形成支持全面创新的基础制度。"知识产权司法保护与创新驱动之间具有密切联系。"加强知识产权保护是发展新质生产力的内在要求和重要保障，知识产权司法保护的力度和水平，直接关系保护创新成果、激发创新活力的效果，直接影响创新驱动发展战略的实施和推进。"[1]实际上，知识产权司法保护水平是创新型国家的一个重要标志。[2]

近些年来，人民法院在知识产权司法保护中，通过审理各类技术类型知识产权纠纷案件，有力地保护了创新成果，激励了创新，为促进创新驱动发展战略和创新型国家建设提供了重要的司法保障。以下不妨对最高人民法院发布的 2021 年至 2023 年《中国法院知识产权司法保护状况》的相关介绍加以说明。

2021 年，人民法院知识产权司法保护注重"加强科技创新保护，服务创新驱动发展"，在"提升案件审判质效""加强原始创新成果保护"等方面取得进展。例如，在涉"高温微波膨化炉""指纹识别"等专利权属案中，明确职务发明权属争议的判断标准，激励科研人员创新创造，依法保护科技创新主体合法权益。在水稻"金粳 818"、玉米"隆平 206"等品种权案中，加强

---

〔1〕《中国法院知识产权司法保护状况（2023 年）》。

〔2〕 曹建明：《加快建设激励和保障自主创新的知识产权审判制度》，载《科技与法律》2008 年第 3 期。

种业知识产权保护，促进种业科技自立自强。[1]

2022 年，人民法院通过审理技术类型案件，激励保障科技创新，促进科技自立自强，在持续推动技术类案件裁判标准统一、着力服务保障基础研究及原始创新等方面取得进展。例如，审理"气化炉除尘装置及系统"专利权权属案，合理界定技术来源方和技术改进方获得权利的基础；审理齐鲁制药与四环制药专利无效行政纠纷案，明确药品专利创造性和说明书充分公开的判断标准；审理"整体式土工格室"侵害实用新型专利权纠纷案，明确合法来源抗辩中是否尽到合理注意义务的审查思路。[2]

2023 年，"人民法院充分发挥知识产权审判对科技创新的激励和保障作用，充分发挥发明专利等技术类案件集中管辖和审理的优势，总结提炼科技创新司法保护规则，统一技术类案件裁判尺度，强化对创新成果保护的规则引领和价值导向，激发自主创新的信心和活力，有力服务高水平科技自立自强，助力我国经济高质量发展。"在审理技术类型案件方面，"加强科技创新保护，支撑科技强国建设"，通过推动技术类案件审判质效提升，加大技术创新成果保护力度。[3]

在知识产权司法保护中，技术类型案件具有专业性强、疑难程度高等特点。为统一裁判标准，提高审判质效，最高人民法院设立知识产权法庭，专门负责技术类型案件二审，在世界上开创了由最高司法裁判机关审理技术类型二审案件的先例。我国技术类型知识产权案件审判体制还将随着形势发展而不断改革和优化。

（二）知识产权司法保护促进商标规范使用和商标品牌强国建设

商标权的司法保护，对于促进商标尤其是注册商标规范使用，助力商标品牌强国建设意义重大。近些年来，我国各级人民法院通过审理商标案件，不断完善商标案件审理裁判规则和法律适用标准，促进商标规范使用和实际使用，依法制止滥用权利行为，保护合法经营者和竞争者的利益，在维护商标注册制度和秩序，构筑社会主义市场经济公平竞争的法治基础以及促进商标品牌经济发展等方面发挥了重要作用。最高人民法院近年发布的《中国法

〔1〕《中国法院知识产权司法保护状况（2021 年）》。
〔2〕《中国法院知识产权司法保护状况（2022 年）》。
〔3〕《中国法院知识产权司法保护状况（2023 年）》。

院知识产权司法保护状况》的介绍即可见一斑：

2021 年，人民法院通过审理商标案件，"加强注册商标保护，助力品牌强国建设"。在"维护商标注册秩序""规范注册商标使用"和"积极回应社会关切"方面予以着力。例如，针对滥用注册商标权、恶意维权甚至"碰瓷式维权"，维护商标使用秩序，明确商标权利边界，保护正当使用和诚信经营。[1]

2022 年，人民法院通过审理商标案件，加强商标司法保护，助推品牌培育发展。在提升商标授权确权质量、加大商标司法保护力度等方面取得进展。例如，审结"陈麻花"商标无效行政案，为判断其他缺乏显著特征的标志提供了有效指导；审理"BIODERMA"商标申请驳回复审案，明确英文商标显著性的判断标准；审理"友联"商标无效宣告案，阐明违反诚信原则，未合理避让他人在先商标的商标不应予以注册；审理"一品石"商标侵权案，依法制止恶意取得商标并提起侵权诉讼的权利滥用行为；处理"青花椒"商标维权案，维护商标使用秩序，保护诚信经营。[2]

2023 年，人民法院通过商标案件审判，有力地维护了商标注册秩序、依法保护了诚信经营。例如，审结"洋河"商标撤销复审行政纠纷案，明确不应因《类似商品和服务区分表》项目变更，而限缩此前商标注册人的权利范围或作出对注册人不利的解释，贯彻商标法鼓励商标实际使用的立法精神；审结"金银花"商标侵权案，明确注册商标中含有本商品主要原料名称，注册商标专用权人无权禁止他人正当使用，充分保护正当、诚信经营。[3]

当前，随着我国经济社会进入高质量发展阶段，商标品牌在市场经济和中国式现代化建设中的作用日益突出，商标权的司法保护地位也日益重要。电商平台和信息网络技术发展也给商标权司法保护带来了诸多挑战。为此，我国对商标权的司法保护还需要与时俱进，不断完善商标权司法保护规则，统一法律适用标准，以便更好地服务于品牌强国建设的需要。

（三）知识产权司法保护促进文化强国建设

著作权司法保护，涉及文化精神领域的作品的创作、传播和有效利用，

---

[1]《中国法院知识产权司法保护状况（2021 年）》。
[2]《中国法院知识产权司法保护状况（2022 年）》。
[3]《中国法院知识产权司法保护状况（2023 年）》。

事关我国社会主义科学文化事业的发展与繁荣。在当前我国建设文化强国的背景下，需要更好地发挥著作权司法保护的功能和作用，促进文化产业发展和科学文化事业的大发展与大繁荣。

近些年来，我国各级人民法院通过审理著作权纠纷案件，实现了鼓励创作和促进优秀作品传播，促进文化事业发展的目的。仅以近几年为例，也可见一斑：

2021 年，人民法院通过著作权案件审判，"加强著作权保护，促进文化强国建设"。在"大力弘扬社会主义核心价值观""促进新兴业态规范健康发展""规范审理诉讼维权案件"等方面予以着力。例如，在 KTV 经营者侵害著作权纠纷系列案中，明确电子证据认定问题，减轻当事人举证负担，切实维护权利人合法权利。[1]

2022 年，人民法院通过著作权案件审判，强化著作权审判，服务文化强国建设。在大力弘扬社会主义先进文化、提升新时代著作权司法水平方面取得成效。例如，依法审理涉及红色经典传承和英烈合法权益保护案件，大力弘扬社会主义核心价值观。加强遗传资源、传统文化、传统知识、民间文艺等著作权保护，促进非物质文化遗产的整理和利用。[2]

2023 年，人民法院通过著作权案件审判，"促进作品传播利用，助推文化强国建设"，在"探索新类型著作权案件裁判规则"与"保护文化传承创新发展"方面取得重要成果。例如，审结酒店提供影视作品点播服务著作权侵权案，明确信息网络传播权侵权界限，为酒店、民宿经营者合法提供观影服务作出规则指引；审结"自助创建网站"侵害计算机软件著作权系列纠纷案，合理确定判赔标准，引导权利人溯源维权。[3]

当前，随着信息网络和人工智能等技术发展，著作权保护面临新挑战，各类新型著作权案件也不断涌现。这使得著作权司法保护也需要与时俱进，不断完善既有的著作权司法裁判规则和法律适用标准，并针对新类型案件总结著作权司法实践经验。如何更好地通过著作权司法保护实现我国文化强国建设的目标，是我国著作权司法保护的重要课题。

---

〔1〕《中国法院知识产权司法保护状况（2021 年）》。
〔2〕《中国法院知识产权司法保护状况（2022 年）》。
〔3〕《中国法院知识产权司法保护状况（2023 年）》。

（四）知识产权审判维护公平竞争秩序，激发创新创造活力

知识产权制度本质上是一种维护公平竞争的法律制度。维护公平竞争秩序，实现公平竞争和自由竞争，也是知识产权司法保护的重要功能和作用。近些年来，我国各级人民法院通过审理不正当竞争和反垄断案件，充分保护了经营者和消费者的合法权益，营造了诚实守信的公平竞争环境和氛围，对于维护社会主义市场经济秩序和形成全国统一大市场，维护商业道德和诚信精神，发挥了重要作用。

仍以最高人民法院近年发布的《中国法院知识产权司法保护状况》为例，人民法院通过审理竞争案件，实现了维护公平竞争秩序、激发创新创造活力的目的：

2021年，人民法院通过审理不正当竞争和反垄断纠纷案件，"加强公平竞争保护，维护市场法治环境"，在"加强反垄断、反不正当竞争审判工作"，"促进裁判标准统一"等方面取得进展。例如，坚决制止仿冒混淆、虚假宣传、诋毁商誉等不正当竞争行为，净化市场环境，引导经营者通过技术创新等方式进行良性竞争；加强商业秘密保护，妥善处理保护商业秘密与自由择业、竞业限制和人才合理流动的关系，促进人才合理流动；明确诉讼中商业秘密保护的具体举措，打消权利人对诉讼中"二次泄密"的顾虑，鼓励权利人依法维权。[1]

2022年，人民法院通过审理不正当竞争和反垄断纠纷案件，维护竞争法治环境，激发创新创造活力，在加强反垄断、反不正当竞争司法，依法促进数字经济健康发展等方面取得进展。例如，审理"张百年"商标侵权及不正当竞争纠纷案和柏瑞润兴不正当竞争纠纷案，明确反不正当竞争纠纷案件中销售者责任；审理"爬虫平台数据信息"技术秘密侵权案，明确平台数据信息可以作为技术秘密保护客体，强化对平台经营者通过合法经营形成的具有竞争优势和竞争价值的数据权益保护。[2]

2023年，人民法院通过审理不正当竞争和反垄断纠纷案件，在"规范市场竞争行为""加强数据创新权益保护"等方面取得重要成果。例如，审结涉"枸地氯雷他定"原料药滥用市场支配地位案，妥善处理专利权保护与反垄断

---

〔1〕《中国法院知识产权司法保护状况（2021年）》。

〔2〕《中国法院知识产权司法保护状况（2022年）》。

的关系，兼顾鼓励创新与保护竞争；审结"新骨瓷"虚假宣传不正当竞争案，明确行业协会作为适格原告的资格条件，厘清在特定商品名称前冠以"新"字进行宣传构成不正当竞争的考量因素；审结"刷宝 App"不正当竞争纠纷案，探索明确非独创性数据集合的法律性质，依法有力保护平台经营者收集、存储、加工、传输数据形成的合法权益。[1]

维护公平竞争，不仅事关经营者和消费者合法权益和公共利益的保护，而且对于培育良好的创新生态，激发创新创造活力，形成崇尚创新、诚信守法的创新文化也具有重要意义。随着信息网络和电商平台技术及其产业化发展，各类新型不正当竞争和反垄断案件层出不穷。这也要求人民法院应当与时俱进，不断探索审理新型不正当竞争和反垄断案件的司法裁判规则和法律适用标准，实现"以创新的方式保护创新"。

五、我国知识产权司法保护面临的问题与对策建议

（一）我国知识产权司法保护面临的问题

如前所述，我国知识产权司法保护已取得巨大成就。但是，与建设社会主义法治国家的目标和高质量发展要求相比，仍然存在诸多挑战和问题。明确这些问题，对于采取有针对性的完善对策十分必要。根据笔者的研究，当前我国知识产权司法保护面临的主要问题如下。

1. 案件数量增长迅猛，"案多人少"问题日益突出

近些年来，随着知识产权在国家经济社会发展中地位的不断提升和我国知识产权事业发展，人们的知识产权法律意识不断增强；相应地，知识产权纠纷案件也不断增长，逐渐呈现飙升态势。然而，在当前人民法院法官员额制的背景下，知识产权审判人员并不能随着案件数量增加而相应地增长。这样就导致逐渐出现"案多人少"现象。仅以北京知识产权法院为例，2021年法官人均结案数量已超过 370 件。[2]很多法院知识产权法官疲于完成结案任务，随着案件数量飙升，必然会在一定程度上影响案件审理质量和司法效率。这一现象也凸显了"诉源治理"的紧迫性和必要性，因为员额制背景下不可能通过大量增加法官人数的方式解决上述问题。

---

〔1〕《中国法院知识产权司法保护状况（2023 年）》。

〔2〕 靳学军：《科技创新体系中知识产权司法的守正创新》，载《知识产权》2022 年第 12 期。

2. 裁判标准有待统一

裁判标准统一是司法统一的要求，也是充分发挥知识产权司法保护主导作用的保障。《最高人民法院关于全面加强知识产权审判工作为建设创新型国家提供司法保障的意见》即要求"坚持司法统一。严格依法办案，确保法律规范和司法解释在知识产权审判中的统一适用，努力实现司法标准和裁判结果的协调。"只有做到裁判标准统一，才能保障同案同判和法治统一。就同一类型知识产权纠纷案件而言，尽管每个案件都具有个性化特色，但依然存在统一的裁判法理。裁判标准的统一要求针对同一类型案件提炼其裁判法理。在知识产权司法保护实践中，由于这类案件专业技术性较强、涉及法律关系复杂，而现行知识产权相关法律和司法解释的规定又相对原则化和抽象化，从而导致其在法律适用时存在裁判标准不一的现象。基于知识产权权属纠纷案件和知识产权侵权纠纷案件的交织性，上述裁判标准不统一现象还体现于知识产权行政执法标准和司法裁判标准不统一上。

3. 新技术、新业态、新商业模式对现行知识产权审判的挑战

知识产权制度是科学技术和商品经济发展的产物，深受技术发展及其产业化的影响。当前，随着以大数据、算法、人工智能、区块链等技术及其产业化为标志的第四次信息革命和产业革命的来临，新技术、新业态、新商业模式层出不穷，给现行知识产权保护规则和制度带来了极大挑战。例如，关于数据知识产权司法保护问题，由于人们对数据产权认识本身存在分歧，如何妥善地处理涉及数据的利益关系、建立数据知识产权司法保护规则，亟待加强研究和总结司法实践经验。又如，随着以 ChatGPT、文心一言为代表的生成式人工智能技术的发展，人工智能生成作品和发明创造的知识产权问题已成为知识产权保护领域的新课题，如何建立人工智能生成物知识产权司法保护规则也亟待加强研究和总结司法实践经验。新技术发明和应用，还会形成新业态和新商业模式。对新业态和新商业模式中出现的知识产权纠纷如何处理，同样需要加强研究，探索建立相应的知识产权司法保护规则。

4. 商业维权、批量维权和恶意诉讼对知识产权审判的挑战

如前所述，当前我国知识产权诉讼案件数量日益飙升。造成这种现象的原因固然有很多，但其中商业维权、批量维权现象日益增多值得被高度重视。本书认为，随着市场竞争日益激烈，拥有知识产权能够获得市场竞争优势，

以及经济利益的驱使、法律服务中介机构的推动等都是形成商业维权和批量维权的动力。商业维权和批量维权本身不是同一个概念,但两者之间也具有密切联系。例如,商业维权数量通常较大,会形成批量维权案件;批量维权则具有商业维权的特征。商业维权和批量维权本身只要符合行使知识产权的条件,相关知识产权诉讼请求就应当得到支持。但是,需要注意的是,实践中由于并不考虑案件的商业维权或批量维权性质,法院在作出较高赔偿额判决后,客观上存在变相鼓励商业维权、批量维权的效果。并且,司法实践中还存在一种现象,即在同一原告较早的案件判决支持其主张后,原告将其作为后续案件的"证据",后续案件几乎一边倒地判决原告胜诉。对于确实构成侵权的,自然应当如此。但是,对于初期判决确实存在错误认定的,就可能导致出现错案。如"金银花"案、"逍遥镇胡辣汤"案、"潼关肉夹馍"案等就值得思考。至于知识产权恶意诉讼,则更是知识产权司法保护中危害极大的问题。其不仅与知识产权司法保护宗旨背道而驰,而且严重违背诚信原则,破坏了知识产权保护环境,因而必须予以惩处。近些年来,我国专利权、商标权和著作权诉讼中均出现过一些恶意诉讼案件。存在的问题主要是,由于法律规制手段不够,司法惩处力度也很有限。

5. 知识产权审判监督问题

我国法院设立了四级审判体制,在很大程度上发挥着审判监督职能,也在司法实践中发挥了重要作用。但是,从有效加强司法监督、纠正案件错误判决、更好地维护社会公平正义的角度来说,仍然存在诸多有待完善之处。例如:其一,知识产权诉讼案件二审、再审改判率很低,抗诉案件立案数量和改判案件数量更少,是否存在一些应当改判而未予改判的案件,值得研究。其二,在一审程序中,一审合议庭事先与二审沟通,并按照沟通的观点进行判决是否违背诉讼法定程序,值得研究。同时,在我国,人民检察院是法定的监督机关,但是,其在知识产权案件检察保护和监察监督方面力度仍然不够。整体上,我国检察机关对于包括知识产权案件在内的民事和行政案件的检察保护和监察监督方面,无论是从专业队伍、进入抗诉的案件和改判的案件的情况看,都存在很大发展空间。此外,知识产权诉讼案件的社会监督机制也有待完善。

6. 知识产权司法保护中的协同保护问题

如前所述,知识产权纠纷案件涉及较复杂的法律关系,既包括民事法律关系，也包括行政法律关系，乃至刑事法律关系。在知识产权司法保护中，经常涉及民行交叉和民刑交叉问题，如何实现不同类型知识产权案件的有机衔接，目前在程序法设计和司法实践中都存在较多问题。为加强知识产权案件处理的协同性，最高人民法院和最高人民检察院分别与国家知识产权局联合发布了《关于强化知识产权协同保护的意见》，旨在整合知识产权保护资源，推进知识产权协同保护。

7. 知识产权审判体制机制问题

我国知识产权审判体制机制的形成具有渐进性。总体上，这一体制机制的构建是为了更好地加强知识产权审判工作，确立以审判为中心的体制机制。目前，我国知识产权审判体制机制的突出问题有：一是"三审合一"审判机制正在逐渐推进，但无论是在相关配套立法修改和完善方面和实践层面都存在需要克服的困难。二是知识产权专门化审判体制问题。迄今我国在地方层面建立了四个知识产权法院、二十多个知识产权法庭，还在众多法院设立了知识产权审判庭。并且，在知识产权诉讼案件管辖上，逐步大规模向基层人民法院放开。现行设立的知识产权法庭的未来走向，尤其是是否有必要发展为独立的知识产权法院，值得研究，大规模放开基层人民法院对知识产权案件的管辖权，其实施效果也有待评估。三是最高人民法院作为二审裁判机关的技术类型案件问题。最高人民法院自设立知识产权法庭专门审理技术类型二审案件以来，迄今已有五年之久，在保护技术类创新成果、激励创新、统一裁判标准等方面均发挥了重要作用。但是，随着技术类型上诉案件日益增多，前述"人少案多"问题也日益凸显。不仅如此，作为最高司法裁判机关，最高人民法院对于二审案件的再审如何更好地发挥审判监督职能，以及更好地发挥最高司法裁判机关对于技术类型知识产权案件审判指导的职能，现有的审判体制机制也面临着该如何改进的问题。

8. 知识产权司法保护政策与党和国家经济社会发展政策的融合问题

从根本上说，我国知识产权司法保护政策服务于国家发展大局、服务于经济社会高质量发展。我国知识产权司法保护政策必须立足于国家和人民的需要，符合党和国家经济社会发展政策和方针。只有这样，才能使我国知识产权司法保护向着正确的方向前进。从近些年来最高人民法院发布的一系列相关知识产权司法保护政策来看，实质上都是特定时期党和国家经济社会发展的方针、政策和规划在知识产权司法保护领域的体现。例如，2008 年 6 月国务院出台《国家知识产权战略纲要》后，最高人民法院即发布《关于认真学习和贯彻〈国家知识产权战略纲要〉的通知》。从本书对相关知识产权司法政策的介绍和解读看，知识产权司法政策紧跟我国经济社会发展需要，对于指导人民法院及时把握党和国家的政策精神、促进知识产权司法保护更好地服务于国家发展大局，发挥了十分重要的作用。从这一角度来说，这也是本书选择较大篇幅研究和探讨我国知识产权司法保护政策的重要原因。但是，也应看到，党和国家一定时期方针和政策切实落实到知识产权司法保护中需要克服诸多困难，不仅相关知识产权司法政策需要与时俱进，及时提出应对策略，而且因为知识产权司法政策的原则性和抽象性，最终需要通过制定和实施司法解释和完善知识产权司法裁判规则和法律适用标准等方式予以推进。

（二）完善我国知识产权司法保护的对策建议

1. 强化知识产权司法保护，严格落实公正司法理念和严格保护原则，贯彻分类施策策略

知识产权司法保护以知识产权审判为中心，最重要的是需要严格落实公正司法理念和严格保护原则。在司法实践中，如果知识产权保护力度不够，知识产权司法制度的功能和作用就无法实现，知识产权制度的价值目标也将无法实现。只有做到公正司法和严格保护，才能充分激励知识产权人从事知识创造，促进创新成果转化运用，实现知识产权的经济社会价值。正是基于此，最高人民法院在 2020 年发布了《关于全面加强知识产权司法保护的意见》。全面加强知识产权司法保护，是我国知识产权司法保护政策的基本定位，也是充分发挥司法保护知识产权的职能、确立司法保护知识产权的主导地位的重要保障。强化知识产权司法保护、实现全面加强知识产权保护的目的，还有利于增强社会公众对于知识产权司法保护和知识产权制度的高度认同感，形成自觉保护和尊重知识产权的文化观念。强化知识产权司法保护，不能简单地理解为加大对知识产权侵权的惩处力度，如大量适用侵权惩罚性赔偿政策，而是应当更好地发挥知识产权司法保护的法律调整功能和社会治理功能，在个案中正确确立知识产权保护边界，同时引入比例原则和利益平衡理念，最终实现个案中对知识产权的公平合理的保护。从知识产权公共政策角度看，应当恪守自身权力职责，在实现政策目标的过程中对司法自由裁

量权和能动性进行严格规范。[1]

强化知识产权司法保护，需要引入知识产权司法保护策略。采用这类策略，应当遵循知识产权保护规律，符合知识产权保护的要求，贯彻公平正义和效率理念。其中，前述分类施策就是一个重要的策略。对此，《中国知识产权司法保护纲要（2016—2020）》提出，要"正确把握技术成果类、经营标记类等不同类型知识产权的保护需求和特点，妥善界定不正当竞争和垄断行为的判断标准，不断加强对关键环节、特殊领域以及特定问题的研究和解决。根据知识产权的不同类型和领域分类施策，使保护方式、手段、标准与知识产权特质、需求相适应。"这一原则要求对不同类型和性质的知识产权，需要根据自身的特点采取合理的保护方式。知识产权可以大致分为创造性成果的权利和标志性成果的权利，其中前者尤其以技术类成果的权利为特色。在知识产权司法保护实践中，需要根据技术类成果和经营标记类成果的不同的保护需求、方式和特点，确定合适的知识产权保护范围、保护程度，包括侵权损害赔偿中的赔偿额的确定。分类施策原则还要求，立足于不同类型和性质的知识产权，在知识产权的保护方式、手段和标准方面与特定知识产权的保护需求相适应。还需要关注关键环节、特定领域、特定问题以及特定阶段的知识产权保护。[2]

2. 加强诉源治理，解决"人少案多"问题

前述我国知识产权审判中存在人少案多的问题，这一问题在一定时期内还将十分突出，故应当研究解决的对策。适当增加法官队伍的数量固然是一种可行的办法，但在当前法官员额制背景下这一措施的效果很有限。为此，本书认为应当通过加强诉源治理的形式，一方面从源头上减少不符合知识产权保护要求的知识产权数量，另一方面，完善知识产权大保护格局，分流知识产权诉讼案件，彻底减轻知识产权诉讼的压力。

当前我国知识产权申请和授权数量急剧飙升，尤其是每年专利申请与授权、商标注册申请和核准数量急剧增加，均超过了其他国家和地区的总和，

---

[1] 参见施小雪：《公共政策理论视角下我国知识产权司法保护的实践逻辑》，载《知识产权》2022年第2期。

[2] 参见冯晓青：《知识产权法律制度反思与完善 法理·立法·司法》，知识产权出版社2021年版，第353—354页。

这显然是不正常现象，如非正常专利申请和不以使用为目的的恶意商标注册申请。尽管国家知识产权局等相关部门在采取措施加以处理此问题，但与每年几百万件专利申请和商标注册申请相比，采取相关措施的效果也很有限。上述知识产权申请和授权数量的飙升也造成了"水涨船高"的后果，即进入知识产权诉讼的案件也越来越多，致使人民法院不堪重负。为此，本书建议对我国《专利法》《商标法》等知识产权法进一步作出修改，从法律制度上铲除非正常知识产权申请和授权现象。

当前我国知识产权治理体系和治理能力现代化过程中，构建知识产权大保护格局是一个十分重要的方向。大保护格局要求在发挥知识产权司法保护主导地位的同时，借助于行政执法提供有力支撑，同时充分发挥和解、调解、仲裁、行业自律、社会治理等的职能，并在纠纷解决程序上进行优化，如引入简易程序、优化程序衔接机制等。在知识产权大保护格局构建中，在重视公平正义和严格保护知识产权的同时，需要以提高纠纷解决效率为重点，实现公平与效率的均衡。

3. 强化知识产权纠纷案件裁判标准和法律适用标准的统一

知识产权纠纷案件裁判标准和法律适用标准的统一，不仅是保障同案同判和法治统一的根本性要求，而且是确立知识产权司法保护主导地位的重要保障，有利于树立知识产权司法保护的权威性、增强社会公众对于知识产权司法保护的认同感。过去，造成一些知识产权纠纷案件存在裁判标准和法律适用标准不统一现象的原因有很多。为实现知识产权纠纷案件裁判标准和法律适用标准的统一，本书认为，需要重视以下措施：①加快知识产权纠纷案件司法解释与相关司法政策的制定与修改工作。近些年来，最高人民法院颁行了一系列相关知识产权案件审理的司法解释和政策，对于保障知识产权纠纷案件裁判标准和法律适用标准的统一发挥了重要作用。但是，仍然存在较多领域的空白，且随着修改后法律的实施和形势变化，既有的司法解释和政策也需要及时修正。为此，最高人民法院应强化对知识产权司法保护的审判指导的职能，及时出台和修订相关司法解释和司法政策。②强化知识产权指导案例的遴选和发布，以及对同类型典型案件的研究与裁判指引。我国已建立包括知识产权纠纷案件在内的指导案例制度，近些年来发布了一些知识产权指导案例。但是，这些案例数量非常有限，且覆盖领域较窄，无法充分担当统一知识产权纠纷案件裁判标准和法律适用标准的重任。为此，建议改革指导案例制度，加快知识产权指导案例的遴选和发布进程，并通过配套制度加以完善。③强化知识产权纠纷案件裁判的说理。《最高人民法院关于加强和规范裁判文书释法说理的指导意见》第7条中规定："法官行使自由裁量权处理案件时，应当坚持合法、合理、公正和审慎的原则，充分论证运用自由裁量权的依据，并阐明自由裁量所考虑的相关因素。"知识产权诉讼实践中，一些裁判文书说理非常简单，不仅不能使当事人信服，而且也不利于裁判标准和法律适用标准的统一。因此，应采取提高知识产权法官政治业务水平、强化裁判文书说理等措施加以解决。

4. 建立和完善新技术、新业态、新商业模式知识产权司法保护规则和法律适用标准

当前，随着第四次信息革命和产业革命的凸显，新技术、新业态和新商业模式层出不穷，给现行知识产权制度带来了前所未有的挑战。近些年来我国知识产权司法实践中也不断涌现新型、前沿、疑难和复杂的知识产权纠纷案件，考验着人民法院法官的智慧和经验。很多相关案件涉及权利客体、主体、侵权责任与权利限制等判定问题，如关于信息网络、数据、算法、人工智能、区块链等技术及其产业化应用场景下的知识产权纠纷案件中即有体现。由于法律和司法解释均缺乏明确规定，实践中就容易出现同案不同判现象。为此，需要加紧研究新技术、新业态、新商业模式知识产权司法保护规则和法律适用标准。对于这类新技术、新业态和新商业模式引发的知识产权纠纷案件裁判标准和法律适用的规定，需要本着利益平衡原则，既要充分保护这些新型知识产权，也要明确合法的保护边界，促进新技术、新业态和新商业模式健康发展，营造良好的创新生态。

5. 完善知识产权商业维权、批量维权和恶意诉讼司法政策和司法解释

如前所述，商业维权和批量维权助长了我国知识产权诉讼案件数量的飙升。知识产权司法保护对于这类维权现象的态度和处理，也会进一步影响商业维权和批量维权的走势。例如，如果这类案件的判赔额和一般单个的案件一样，就势必会在客观上起到鼓励商业维权和批量维权的作用。如何对待知识产权纠纷案件的商业维权和批量维权现象，并从知识产权司法保护政策的角度加以考量，需要加强研究。本书认为，可以借助于大数据分析，明晰我国知识产权纠纷案件中商业维权和批量维权的现实情况，并将其与单个案件情况进行对比，进而制定相应的司法政策。

知识产权恶意诉讼，是当前我国知识产权司法保护中的一个值得关注的严重问题。如前所述，知识产权恶意诉讼具有极大的危害性，规制知识产权恶意诉讼刻不容缓。为此，需要从知识产权法律制度改革和知识产权司法保护规制两方面着手。就知识产权法律制度改革而言，本书认为，我国现行《专利法》《著作权法》《商标法》应专门针对恶意诉讼行为作出新的规定，以便为人民法院审理知识产权恶意诉讼案件提供直接的法律依据。例如，建立恶意诉讼反赔制度，可以在法律制度层面对知识产权恶意诉讼行为人保持威慑，使其不敢实施这类违背诚信的行为。同时，在最高人民法院相关知识产权司法解释制定和修正时，应当重视对恶意诉讼行为的规制，规定知识产权恶意诉讼行为的定义、构成要件和行为表现，以及应承担的法律后果。这样可以为人民法院审理涉及知识产权恶意诉讼的纠纷案件提供统一的规范指引，也有利于人民法院统一裁判标准和法律适用标准，明确知识产权保护边界。

6. 加强知识产权审判监督，完善知识产权审判监督机制

加强审判监督，是建设社会主义法治国家的重要内容。加强知识产权案件审判监督，也是强化知识产权司法保护、完善知识产权法治的重要环节和内容。如前所述，当前我国知识产权审判监督存在的重要问题是在知识产权纠纷案件二审、再审乃至抗诉程序中，立案和改判的案件数量比例极低，在一定程度上影响了审判监督功能和作用的发挥。实际上，近些年来发布的相关知识产权司法政策也强调了加强知识产权审判监督的重要性，并提出了相应的要求。例如，《关于当前经济形势下知识产权审判服务大局若干问题的意见》要求"对于法律问题相同、裁判定性不一的案件，强化审级监督，充分发挥二审和再审的纠错功能。"《最高人民法院关于全面加强知识产权审判工作为建设创新型国家提供司法保障的意见》针对"加强知识产权审判监督和案件协调"，提出要"畅通知识产权案件申请再审渠道，严格依法审查当事人和社会反映强烈的案件，发现确有错误的裁判，及时予以再审改判"，"加强对知识产权行政授权争议案件的审判监督"。《最高人民法院关于贯彻实施国家知识产权战略若干问题的意见》（法发〔2009〕16 号）针对"加强知识产权审判监督，保障当事人申诉权，维护知识产权司法公正"，提出"既要充分维护正确生效裁判的既判力，又要让符合法定条件的案件及时进入再审，确保公正司法和维护法制统一。"为此，笔者提出以下建议，以改进我国知识产

权审判监督工作，加强知识产权司法保护：其一，强化知识产权审判监督理念，提高人民法院、人民检察院对知识产权审判监督职能和重要性的认识水平。其二，对于二审、再审和抗诉案件改判率过低的现象进行认真调查和研究，总结经验。同时，本着有错必纠的社会主义法治原则，破除因任务考核、绩效等非法治因素而影响审判监督职能的做法。其三，坚决杜绝一审案件审理寻求二审法院提前定调的"事先沟通"的做法，履行人民法院独立审判的职能和职责。其四，强化人民检察院对知识产权纠纷案件的检察监督职能和职责。尽管近些年来我国各级人民检察院加强了对知识产权民事和行政案件检察监督的力度，不断重视对相关抗诉案件的处理，但总体上成效不够突出。为此，需要从检察机关知识产权法专业领域人员配备、知识产权检察机构数量充实、知识产权检察保护制度完善等多方面予以着力。

7. 完善知识产权协同保护

知识产权协同保护是协同学原理在知识产权司法保护中的运用。基于我国知识产权保护体系立足于行政执法和司法保护的现实，知识产权协同保护的重点是知识产权行政保护和司法保护的有机衔接。国家知识产权局局长申长雨即指出，加强知识产权协同保护包括加强行政保护与司法保护的衔接，推动审查确权标准、侵权判断标准、行政执法标准和司法裁判标准的有机统一。如前所述，为推进知识产权协同保护，最高人民法院和最高人民检察院分别与国家知识产权局联合发布了相关意见。仅以最高人民检察院和国家知识产权局发布的《关于强化知识产权协同保护的意见》为例，其提出了以下推进知识产权协同保护的措施：建立常态化联络机制、建立健全信息共享机制、加强业务支撑、加大办案协作力度、加强人才交流培训、深化研究合作、加强宣传配合和国际合作、建立奖惩机制。这些措施有利于实现知识产权行政保护和司法保护的衔接。本书认为，还需要在知识产权行政保护和司法保护衔接的具体制度方面加以完善。例如，知识产权行政执法与司法审查的衔接、行政处罚与民事诉讼中侵权损害赔偿的衔接，以及案件管辖和跨地知识产权保护区合作等。

8. 优化知识产权审判体制机制

知识产权审判体制机制，是知识产权司法保护的组织形式和运行方式的体现，在知识产权司法保护中也占据重要地位。近些年来，我国知识产权司法保护注重改革现行知识产权审判体制，提高审判效能。最高人民法院近年公布的《中国法院知识产权司法保护状况》即有介绍。例如，2021 年，人民法院"深化审判领域改革，推动形成保护合力"，在"优化中国特色知识产权专业化审判体系""完善符合知识产权案件规律的诉讼制度""积极参与构建知识产权大保护工作格局"等方面取得进展。2022 年，人民法院深入推进司法改革，提升整体保护效能，在推进审判体系现代化和提升司法能力、参与构建知识产权大保护格局等方面着力。2023 年，人民法院针对"深化审判理念变革，引领保护效能提升"，在"深化审判体制机制改革""能动参与知识产权治理"等方面取得成效。结合前面分析的相关现状和问题，本书认为，优化我国知识产权审判体制，应重视采取以下对策：其一，继续推进知识产权民事、刑事、行政案件的"三审合一"改革，制定和完善相关法律和司法解释，如加快拟议中的知识产权诉讼特别程序法的制定，针对不同类型的知识产权案件，在证据规则、证据认定、诉讼管辖、法律责任等方面的协调和衔接作出规定。其二，总结地方一级知识产权法庭的经验，推进专门知识产权法院的建设。其三，在大规模向基层人民法院赋予诉讼管辖权后，对于基层人民法院审理知识产权案件提供有效指导，提高基层人民法院知识产权法庭对知识产权纠纷案件的审判水平。其四，改革技术类型知识产权上诉案件审判体制机制，加快研究设立国家知识产权上诉法院的可行性和具体方案，更好地发挥最高人民法院知识产权法庭对于全国范围的技术类知识产权案件的审判指导职能和作用。

9. 强化知识产权司法保护政策与党和国家经济社会发展政策的融合性，提高知识产权司法保护的政策水平

我国知识产权司法保护以知识产权审判为中心，其服务于人民的根本利益，具有很高的政治站位。时任最高人民法院院长周强即指出：知识产权审判工作事关创新驱动发展战略实施，事关国家发展大局，地位重要，责任重大。[1]实务界专家也认为，"作为以保护创新为己任的知识产权司法审判需要对标高质量发展的新要求，回应科技创新的新需要，以更加积极的历史担当和历史主动，提升和丰富具有中国特色的知识产权司法审判制度，为科技创

---

〔1〕　克楠、张勇：《充分发挥司法保护知识产权主导作用 为建设创新型国家提供有力保障 第三次全国法院知识产权审判工作会议召开》，载《法律适用》2013 年第 5 期。

新提供优质的法治保障。"[1]我国知识产权司法保护需要不断提高政策水平，保持与党和国家经济社会发展政策的融合性。为此，本书认为，我国知识产权司法保护应重视以下对策：其一，紧跟党和国家一定时期经济社会发展方针和政策，及时制定和实施促进经济社会发展的知识产权司法政策，通过司法手段贯彻党和国家经济社会发展方针和政策。例如，发布实施促进高质量发展和新质生产力发展的知识产权司法政策性文件，有利于通过知识产权司法保护形式助推高质量发展和新质生产力发展。其二，根据特定时期党和国家经济社会发展现状和目标，对现行知识产权司法解释及时进行修订，并出台新的司法解释，以指导人民法院知识产权审判保持与党和国家经济社会发展方针政策的适应性。

---

[1] 靳学军：《科技创新体系中知识产权司法的守正创新》，载《知识产权》2022 年第 12 期。

上　编

理论探析

知识产权滥用：概念意蕴、表现形式及其规制

一、问题的提出

知识产权滥用是与知识产权保护密切相关的一个概念。近些年来，随着我国经济社会发展，知识产权保护水平不断提高，知识产权也逐渐成为国家发展的战略性资源和国际竞争力的核心要素。我国早在 2008 年即将知识产权纳入国家战略就是充分体现。加强知识产权保护，实施"严保护""大保护""快保护"和"同保护"，已成为当前我国知识产权保护的重要政策规范。[1]然而，知识产权保护制度不单是保护知识产权人的法律制度，其同时肩负维护社会公共利益的价值目标，保护知识产权也是实现知识产权法律制度的重要手段和直接目的。从国内外知识产权保护实践看，随着知识产权地位的不断提高，特别是其在开展市场竞争方面作用的提升，知识产权人滥用知识产权的现象逐渐增多。英美等国家很早就形成了关于知识产权滥用的概念，并在司法实践中积累了相关典型案件。就我国而言，随着我国知识产权保护的加强，知识产权滥用的现象也开始显现。习近平总书记在中央政治局第二十五次集体学习时，就加强知识产权保护工作发表的重要讲话中指出，当前我国知识产权保护工作存在的问题之一是"有的企业利用制度漏洞，滥用知识产权保护"。

从立法角度看，鉴于知识产权滥用存在的现实，2008 年实施的《反垄断法》第 55 条对知识产权滥用问题作出了规定。同年 6 月国务院公布的《国家知识产权战略纲要》针对"加强知识产权保护"，也提出"制定相关法律法

---

〔1〕 2019 年底中共中央办公厅和国务院办公厅联合发布的《关于强化知识产权保护的意见》；冯晓青：《知识产权保护论》，中国政法大学出版社 2022 年版。

规，合理界定知识产权的界限，防止知识产权滥用，维护公平竞争的市场秩序和公众合法权益。"随着我国加入世界贸易组织以及贸易自由化、经济全球化的深入，知识产权作为竞争资源的作用也日益凸显，知识产权滥用现象特别是跨国公司在我国滥用知识产权的问题日益严重。在新形势下，如何加强对知识产权滥用的法律规制，有效遏制损害他人合法权益和公共利益的知识产权滥用行为，就成为当前我国知识产权法研究中的重要课题。

也正因如此，2020年11月30日，习近平总书记在十九届中央政治局第二十五次集体学习时，在就加强知识产权保护工作发表的重要讲话中，针对"强化知识产权全链条保护"，提出"要统筹做好知识产权保护、反垄断、公平竞争审查等工作"；针对"深化知识产权保护工作体制机制改革"，提出要"研究制定防止知识产权滥用相关制度"；针对"维护知识产权领域国家安全"，则提出"要完善知识产权反垄断、公平竞争相关法律法规和政策措施，形成正当有力的制约手段"。[1]2021年9月，中共中央和国务院公布的《知识产权强国建设纲要（2021—2035年）》在"建设面向社会主义现代化的知识产权制度"部分，明确提出要"完善规制知识产权滥用行为的法律制度以及与知识产权相关的反垄断、反不正当竞争等领域立法。"

因此，本书在考察知识产权滥用的概念和规制原则的基础上，将揭示相关知识产权滥用行为的表现，以国内外司法实践典型案例为重点素材和考察对象，提出对知识产权滥用的法律规制对策和建议。

二、知识产权滥用的概念辨析与构成特征

知识产权属于民事权利的范畴，具有私权属性。世界贸易组织《与贸易有关的知识产权协议》明确规定知识产权为私权。《民法典》第123条也明确了知识产权的民事权利属性。基于此，关于知识产权滥用的概念与属性，可以从禁止民事权利滥用的相关法理和规定方面加以理解。禁止权利滥用，不仅是长久以来的一项法律原则，也是民事等法律制度中的重要依据。例如，《欧盟基本权利宪章》第54条规定，禁止权利滥用。我国《民法典》第132条也规定："民事主体不得滥用民事权利损害国家利益、社会公共利益或者他

---

[1] 习近平：《全面加强知识产权保护工作 激发创新活力推动构建发展格局》，载《求是》2021年第3期。

人合法权益。"这一原则奠定了民事主体行使民事权利的基础，也为确立民事权利行使的合法边界提供了重要依据。实际上，在 19 世纪后期的欧洲国家，禁止权利滥用原则作为法律中的一项重要原则，伴随着个人本位主义被社会本位主义替代而逐渐成为法律活动的行为准则。[1]应当说，这一原则的确立也为知识产权法中适用禁止知识产权滥用提供了法律准则。有学者以著作权为例，认为著作权属于私权，与其他民事权利一样也存在着被滥用的可能。[2]因此，可以从禁止权利滥用的一般原则出发认识和研究知识产权滥用问题。

禁止权利滥用是一个十分抽象的概念。根据我国学者史尚宽先生的观点，构成权利之滥用，应满足以下三个条件：存在相关的权利；须权利人有积极或消极行为；其行为有堪称滥用之违法性。[3]笔者认为，这一界定同样适用于知识产权滥用。知识产权的滥用须存在知识产权这一权利，权利人积极或消极行使知识产权，并且行为具有违法性。按照这一观点，现实中基于并不存在的知识产权的欺诈行为，不能纳入知识产权滥用的范畴。

从国外看，知识产权滥用这一概念较早见于《英国专利法》中关于滥用垄断权的规定，随后这一概念在美国专利等知识产权司法实践中作为被告侵权抗辩事由适用。美国司法实践中首先发展了专利权滥用抗辩原则。[4]此后，这一原则在著作权司法实践中也得到了运用，逐渐形成了关于知识产权滥用的基本理念和原则。同时，随着知识产权在市场竞争中重要性的增强，对于知识产权滥用的界定和法律适用越来越与反垄断法挂钩，以致司法实践中出现了认定构成知识产权滥用行为是否需要以违背反垄断法为要件的争议。深刻认识知识产权滥用的法律规制问题需要首先对知识产权滥用的基本概念和内涵加以理解。

关于知识产权滥用的定义，我国《反垄断法》和相关知识产权法律均未予以明确规定，学术界则从不同视角进行了定义。根据国内外现有成果，大致可以归纳为以下几种观点与表述。笔者拟对这些观点予以介绍和评价，并提出个人观点。

---

〔1〕　费安玲：《论防止知识产权滥用的制度理念》，载《知识产权》2008 年第 3 期。

〔2〕　杨惠玲：《著作权滥用的反垄断法控制研究》，载《现代经济探讨》2009 年第 2 期。

〔3〕　史尚宽：《民法总论》，中国政法大学出版社 2000 年版，第 715 页。

〔4〕　张以标：《知识产权滥用概念的反思与重构》，载《科技与法律》2019 年第 2 期。

　　第一种观点认为，知识产权滥用是知识产权人行使权利时超越了权利的界限，从而损害他人利益与社会公共利益的不法行为。例如，有学者主张，知识产权滥用是"权利人在行使其权利时超出了法律允许的范围或者正当的界限，导致对该权利的不正当利用，损害他人利益和社会公共利益的行为。"[1]这种观点又被称为"超越界限说"。[2]对此，另有学者认为，超越权利界限的使用属于无权行为，而知识产权滥用以有效的知识产权为前提，因此不宜纳入知识产权滥用范畴。

　　第二种观点认为，知识产权滥用是违背知识产权设定目的的不当行使知识产权的行为。这种观点属于主流观点。有学者认为，知识产权滥用是指权利人"以违背社会与经济目的（该目的是法律对之进行保护的缘由）的方式来利用行使被法律确认的权利"的行为。[3]根据该观点，知识产权滥用也是行使权利的一种状态，只是权利人追求的目标与法律预设的目标以及法律制度的价值相悖。换言之，知识产权滥用行为意味着知识产权人行使知识产权的行为违背了知识产权立法宗旨和价值追求。有学者认为，知识产权滥用是指超出或违背权利创设的社会目的和经济目的，或者超出社会所允许的界限行使权利。[4]还有学者以版权滥用为例，认为版权滥用应当是指版权人违背版权法的立法目的，超越法律所允许的范围或界限，以不公平合理的方式行使版权，损害他人和社会公共利益的行为。[5]这类观点突出了知识产权滥用的不合目的性，即行为违背知识产权立法宗旨。不过，这种表述稍显抽象。而且，仅从违背立法宗旨与价值追求的角度界定知识产权滥用，很难将其与其他相关行为进行严格区分。当然，作为法律的否定性评价的结果，知识产权滥用行为毫无疑问地违背知识产权立法宗旨。

　　第三种观点从行为违背知识产权制度的相关公共政策角度界定知识产权滥用行为的内涵，这在国外学者的主张和司法实践中也很常见。例如，"Morton

---

　　〔1〕 王先林：《我国反垄断法适用于知识产权领域的再思考》，载《南京大学学报（哲学·人文科学·社会科学版）》2013年第1期。

　　〔2〕 张以标：《知识产权滥用概念的反思与重构》，载《科技与法律》2019年第2期。

　　〔3〕 费安玲：《论防止知识产权滥用的制度理念》，载《知识产权》2008年第3期。

　　〔4〕 李顺德：《知识产权保护与防止滥用》，载《知识产权》2012年第9期。

　　〔5〕 王先林：《知识产权与反垄断法——知识产权滥用的反垄断问题研究》（第三版），法律出版社2020年版，第89页。

Salt Co. v. G. S. Suppiger Co. "案是美国法院适用专利权滥用抗辩具有里程碑意义的案件。在该案中，美国联邦最高法院从专利权人的搭售行为是否违背授予专利权背后的公共政策方面进行了考虑和评判。法院指出：相关公共政策是"专利垄断特权"固有的政策，其内容包括专利权"被授予垄断内的发明，但排除该发明中没有被包含的其他发明"。[1]在该案中，法院并没有从专利权人的行为是否符合反垄断法角度进行评判，而是基于专利权人的行为不符合专利法授予专利权的公共政策而认定其构成了专利权滥用，从而在该案中不予保护。法院还指出，专利权人试图拓展其法定垄断权而超越该权利的合法界限，或者从事违背上述公共政策的行为时，滥用行为就会导致该专利权不能被行使。[2]国外学者也基于类似观点主张从公共政策的角度评判和认定知识产权人是否构成权利滥用。例如，有学者主张，如果著作权人进行著作权交易的行为违背了著作权法赋予著作权这一法定权利背后的一些重要的"公共政策"，被告提出权利滥用抗辩就能够获得支持。[3]还有学者从专利权滥用、著作权滥用方面分别探讨了知识产权滥用与知识产权立法宗旨和公共政策等方面的问题。[4]

上述三种观点可以说是当前关于知识产权滥用的主流观点。不过，以下几种观点和表述也值得重视。

第一种观点主张将知识产权滥用作广义的理解，即其不仅包括知识产权人不当行使自己的权利，还包括"行使"根本不存在的"知识产权"。例如，有学者认为，知识产权滥用"不仅是指知识产权权利持有人超出法定范围行使其权利，或者利用其权利从事违法活动，还包括行使以不正当手段取得的权利，或者将原本不存在的'权利'作为知识产权行使。"[5]根据这种观点，实践中存在的与知识产权保护有关的欺诈行为，如近年发生的某图片公司将进入公共领域的图片通过加上水印等技术措施对外宣称其具有著作权，他人使用应当获得许可并付费，也属于知识产权滥用的范畴。

---

〔1〕 Morton Salt Co. v. G. S. Suppiger Co. , 314 U. S. 492 (1942).

〔2〕 Morton Salt Co. v. G. S. Suppiger Co. , 314 U. S. 488, 492-94 (1942).

〔3〕 Roǵer Arar, "Redefining Copyright Misuse", 81 *Colum. L. Rev.* 6 (1981).

〔4〕 E. Lipscomb, Walker on Patents §§ 28：32-28；36, at 335-67 (3d ed. 1989); M. Nimmer & D. Nimmer, Nimmer on Copyright § 13. 09, at 13-142. 1 to 13-148 (1990).

〔5〕 李顺德：《知识产权保护与防止滥用》，载《知识产权》2012 年第 9 期。

第二种观点除了主张前述知识产权滥用的"超越界限说"和"违反权利本旨说"[1]，还提到"主观恶意行使说"这一观点。[2]这种观点强调知识产权滥用行为的主观可责难性，可以视为主观归责的观点。

第三种观点则提出了知识产权滥用是滥用知识产权这一权利还是滥用知识产权制度的问题，并将滥用诉讼权利也纳入知识产权滥用范畴。具体而言，其认为"知识产权滥用，包括权利滥用、制度滥用和诉讼滥用，在本质上是以追逐利益为目的，以保护或合理利用知识产权的名义进行的，背离知识产权制度宗旨的行为。"[3]

对于上述主流观点，笔者认为：

第一种观点强调知识产权滥用是超越权利界限行使知识产权的行为，在法律逻辑上存在一定的局限性。因为知识产权是一种法定权利，但凡超越其权利边界，就已经不存在知识产权，难以称得上权利滥用。

第二种观点和第三种观点相似，解释了知识产权滥用的本质，即知识产权滥用行为违背了知识产权这一专有权利设置的目的或者违背了知识产权保护的公共政策。笔者认为，这两种观点确实揭示了知识产权滥用的本质特征，符合知识产权法理学对于知识产权滥用行为的认知。但是，从对知识产权滥用的概念界定来说，这两种观点仍显得过于抽象和概括，且难以与其他和知识产权侵权有关的行为相区别。因此，这两种观点需要进行改造和优化。

至于后面的几种观点，笔者认为：

第一种观点将并未取得知识产权的行为人虚假行使权利也视为知识产权滥用行为，在法律逻辑自洽性上值得商榷。原因在于，但凡滥用知识产权，滥用人首先应当拥有某种知识产权。如果知识产权不存在，行为人就会失去

---

[1] 在一般的权利滥用研究中也存在这种观点。例如，有学者认为，"权利滥用是违背权利本旨……的行为，这是权利滥用的实质特征"。汪渊智：《论禁止权利滥用原则》，载《法学研究》1995年第5期。

[2] 张以标：《知识产权滥用概念的反思与重构》，载《科技与法律》2019年第2期。

[3] 王岩云、杜娟、赵树文：《知识产权滥用的法哲学思考》，载《学术交流》2009年第5期。此外，还有一种观点主张知识产权滥用概念本身存在问题，甚至认为"著作权、商标权和制止不正当竞争的权利基本不存在滥用的问题"。笔者不认同该观点。李明德：《"知识产权滥用"是一个模糊命题》，载《电子知识产权》2007年第10期。

滥用知识产权这一权利的"资本"和"资格"。

第二种观点强调知识产权滥用行为的主观过错，且强调行为的主观恶意。对此，笔者认为，一方面，该观点正确揭示了知识产权滥用行为的主观恶性，对于司法实践中认定知识产权滥用行为的构成具有重要的理论意义。因为现实中知识产权滥用行为确实在主观上存在故意，强调主观恶意体现了规制知识产权滥用行为的必要性和重要性。另一方面，知识产权滥用行为是一种事实行为，在个案中，某一知识产权人的行为是否构成知识产权滥用需要根据诸多因素加以确定，也就是需要结合主观状况和客观事实加以判定。基于此，仅强调主观恶意的观点还不够全面。

至于第三种观点提出知识产权滥用是否涉及滥用知识产权制度的问题，笔者认为，知识产权滥用和知识产权制度滥用显然是两个不同的概念，不能相提并论。其中，前者属于具体的行为，典型的如滥用知识产权排除、限制竞争，从而构成反垄断法规制的违法行为；后者则是从抽象层面探讨与知识产权制度有关的滥用行为。不过，笔者应当指出，知识产权滥用行为必然会影响到知识产权制度的有效实施和价值目标的实现。正如前面所述，知识产权滥用是违反知识产权制度宗旨和价值目标的行为。此外，第三种观点还涉及诉讼滥用问题。对此，笔者认为，在知识产权诉讼中，知识产权人滥用诉讼权利，如恶意发起诉讼、滥用诉讼权利恶意打击竞争对手，符合知识产权滥用的本质特性，也应当纳入知识产权滥用范畴。关于这一问题，后面还将进一步探讨。

实际上，关于知识产权滥用的概念界定，可以置于知识产权法和与此相关的竞争法分析框架中予以研究和评判。知识产权滥用并不只是知识产权单行法律所能解决的问题。基于知识产权在当代社会中地位的不断提升，特别是对于市场经济主体拥有和获取市场竞争优势日益重要，[1]知识产权保护及相关的知识产权滥用问题和竞争法，包括反不正当竞争法、反垄断法等之间具有十分密切的联系。从竞争法的角度看，知识产权滥用行为显然构成了损害公共利益的行为。基于此，对于知识产权滥用的概念界定，不能完全拘泥于知识产权法"制度内"的框架，还应当兼顾知识产权法"制度外"的

---

〔1〕　参见冯晓青：《企业知识产权战略》（第 4 版），知识产权出版社 2015 年版；冯晓青：《技术创新与企业知识产权战略》，知识产权出版社 2015 年版。

框架。

结合前述现有观点和讨论，笔者认为，可将知识产权滥用定义为：知识产权人违背诚实信用原则，不当行使权利，违背知识产权制度的宗旨和知识产权保护公共政策，损害他人合法权益和社会公共利益的违法行为。

通过上述定义可以概括和总结出司法实践中认定知识产权人行使权利的行为是否构成知识产权滥用的标准。具体而言，可以从以下几方面加以分析。

第一，以知识产权有效存在为前提。在逻辑上，滥用权利以有权利供其滥用为前提。[1]知识产权滥用也必须存在被滥用的权利。在与知识产权保护相关的司法实践中，如果主张"知识产权"的人并不拥有实体权利，或者其过去获得的知识产权已被撤销或者被宣告无效，则不能将行为定性为知识产权滥用，而应当根据行为的欺诈等违法性质加以认定。例如，将进入公共领域的图片一类作品宣称为自己享有著作权的作品并通过标记水印等技术措施主张著作权，该行为构成了对消费者和社会公众的欺诈。在有的国家，这种行为可以被认定为侵害公共领域而被追究民事侵权责任甚至刑事责任。我国法律和司法解释尽管对于这类侵害公共领域的行为未予规定，但从行为的违法性和损害社会公共利益的角度看，应当对此类行为给予处罚。又如，在注册商标早已被依法撤销的情况下，原告依然瞒着被告发起一系列商标侵权诉讼，这种情况属于典型的恶意诉讼，[2]但仍然难以归入知识产权滥用行为的范畴。笔者认为，在认定知识产权滥用行为时强调知识产权的有效性具有必要性，这能更好地划分权利边界，对于违法行为给予相应的处罚。

第二，行为人存在主观过错。如前所述，知识产权滥用行为存在主观上的故意性，并且一般属于恶意的范畴。实际上，禁止对自己财产的恶意使用在古罗马法中即已存在。在罗马法上，有"任何人不得恶用自己的财产，是国家利益之所在"[3]之说法。知识产权滥用的主观恶性体现于该行为违背了诚信原则和禁止权利滥用原则。诚信原则是民法的重要原则，这在我国原

---

〔1〕 郭禾：《关于滥用知识产权问题的法律逻辑推演》，载《知识产权》2013 年第 5 期。

〔2〕 参见王静、张苏柳：《知识产权恶意诉讼疑难问题探析——以腾讯诉谭发文案为例》，载《法律适用》2021 年第 4 期。

〔3〕 〔古罗马〕优士丁尼：《法学阶梯》，徐国栋译，中国政法大学出版社 1999 年版，第 37 页。

《民法通则》《民法总则》和现行《民法典》中都得到了充分体现。"权利的
行使未依诚实及信用方法，构成权利滥用时，不受法律保护。"〔1〕知识产权作
为私权和民事权利，自然也不例外。"滥用知识产权首先是与知识产权法本身
维护社会公共利益的目标相抵触的，同时也与民法上的公平、诚实信用和权
利不得滥用等基本原则相违背"〔2〕就禁止权利滥用原则而言，其作为民事法
律的基本原则，也同样适用于知识产权法领域。由此可以认为，给予知识产
权滥用行为否定性评价、禁止知识产权滥用的合理性基础也在于该行为违背
了禁止权利滥用原则。〔3〕

　　第三，行为存在不当性。这一构成特征表明，知识产权滥用行为体现为
实施了有关行为，并且该行为具有不当性。从一般意义上的权利及其行使的
原理看，权利是指法律赋予权利主体作为或不作为的资格。〔4〕权利行使是权
利滥用的前提和基础，也是权利滥用产生法律后果的条件。基于此，有学
者从形式逻辑上评判和研究知识产权滥用的概念内涵。一方面，"滥用"以
"用"为基础，这样就可以和未予使用划清界限；另一方面，滥用行为不同
于正常使用行为，其"存在着不适度、不适当或者不正当等价值评定因
素"。知识产权滥用的判定可以从以上两方面进行。〔5〕笔者认为，上述把握
中需要着重强调行为的不当性，这也是知识产权滥用行为与合法行使知识
产权行为的重要边界。这里的不当性，指的是行为具有损害他人或者社会
公共利益的不当目的，在法律上不存在合法依据且不能获得肯定性评价，
因为该行为与保护知识产权的制度宗旨相悖，并且有损于实现其制度宗旨。
实际上，从国外对一般民事权利滥用的规定来看，其也强调了行为的不当
性。例如，《荷兰民法典》第三编关于财产法通则部分规定，行使权利的行
为符合以下条件之一者，即构成权利滥用行为：①以损害他人为唯一目的；
②和授予该权利的宗旨不符；③被服务的利益与被损害的利益之间存在不合

---

〔1〕　王泽鉴：《民法总则》，北京大学出版社 2009 年版，第 446 页。

〔2〕　王先林：《我国反垄断法适用于知识产权领域的再思考》，载《南京大学学报（哲学·人文
科学·社会科学版）》2013 年第 1 期。

〔3〕　参见江苏省高级人民法院（2021）苏民终 2452 号民事判决书（不正当竞争纠纷案）。

〔4〕　中国社会科学院法学研究所法律辞典编委会编：《法律辞典》，法律出版社 2003 年版，第
1129 页。

〔5〕　郭禾：《关于滥用知识产权问题的法律逻辑推演》，载《知识产权》2013 年第 5 期。

理差距。

从知识产权法的规定看，知识产权是知识产权法赋予知识产权人的专有性权利。未经许可，且没有法律的特别限制，他人不得行使只能由权利人行使的知识产权。但是，知识产权法又是社会本位法，其在充分、有效保护知识产权人的合法权益的同时，也承载着巨大的公共利益。[1]如何实现知识产权人利益与社会公共利益的平衡，是知识产权法的永恒主题。[2]为了实现这一平衡，知识产权法对知识产权人行使权利也规定了诸多限制，如著作权法中的合理使用、法定许可制度，专利法中的侵权例外、现有技术（设计）抗辩制度，商标法中的正当使用制度，[3]商业秘密保护中的反向工程例外[4]等。如果他人是根据知识产权权利限制制度使用知识产权人的知识产权，知识产权人就无权加以阻止，除非他人的行为超越了权利限制的范围而受到权利限制的限制（反限制）。也正是在这一层面，有学者主张，知识产权滥用是"权利人的行为进入了狭义的权利限制所规定的范围"，即这种行为在形式上表现为权利人行使权利，但违背了法律赋予其权利的目的。滥用知识产权的行为即是权利人披着行使权利的外衣，进入权利限制规范所界定的领域而主张权利的行为。[5]不过，笔者认为这只是在知识产权法的"制度内"框架中界定知识产权滥用行为。实际上，结合下面还将讨论的"行为的损害性"，知识产权滥用由于有可能破坏自由竞争和公平竞争，还可能存在于知识产权法"制度外"的框架中，尤其是反垄断法中。在这种情况下，知识产权滥用的不当性更加明显，危害也更大。

第四，行为的损害性。从一般的法理的角度看，权利人行使权利，不得损害他人合法权益和社会公共利益，不得以损害他人为目的。有观点主张，"权利乃法律分配一部分社会利益与权利人，行使权利之结果固不免使他人发

---

〔1〕 冯晓青：《知识产权法律制度反思与完善 法理·立法·司法》，知识产权出版社 2021 年版，第 78—79 页。

〔2〕 冯晓青：《知识产权法利益平衡理论》，中国政法大学出版社 2006 年版，第 362—544 页。

〔3〕 William Mcgeveran, "Rethinking Trademark Fair Use", 94 *Iowa L. Rev.* 1 (2008).

〔4〕 参见费艳颖、周文康：《商业秘密反向工程的功能、关系与路径探析》，载《科技与法律（中英文）》2021 年第 1 期。

〔5〕 郭禾：《关于滥用知识产权问题的法律逻辑推演》，载《知识产权》2013 年第 5 期。

生损害。然专以损害他人为目的，则属权利之滥用"。[1] 这在国内外立法中都得到了充分体现。例如，根据《西班牙民法典》第7.2条规定，对第三方造成损害是评价滥用权利的重要标准。我国《著作权法》第4条规定："著作权人和与著作权有关的权利人行使权利，不得违反宪法和法律，不得损害公共利益。国家对作品的出版、传播依法进行监督管理。"我国《专利法》第20条第1款规定："申请专利和行使专利权应当遵循诚实信用原则。不得滥用专利权损害公共利益或者他人合法权益。"在司法实践中，判断一种行为是否属于知识产权滥用行为，除了考虑前述几个因素，还应重点评价和认定行为是否存在损害性。这里的损害性，既可以体现为对消费者和社会公众合法权益的损害，也可以体现为对公共利益的损害。当行为存在排除、限制竞争的后果时，会破坏自由竞争这一重要公共利益。当然，公共利益是一个较为抽象的概念，在具体认定涉嫌知识产权滥用的行为是否存在损害公共利益后果时，需要结合行为人的主观意图、具体情节与行为方式等综合考量。

三、知识产权滥用的产生与发展

在我国，知识产权滥用这一概念是权利不得滥用这一基本原则在知识产权法领域的自然延伸。由于知识产权属于民事权利的范畴，而在民事法律中很早就确立了权利不得滥用原则，随着知识产权在当代经济社会生活中地位的不断提升，知识产权人滥用权利的现象也日渐增多，在客观上提出了规制知识产权滥用行为的要求。特别是随着2008年实施的我国《反垄断法》第55条[2] 明确规定了对排除、限制竞争的知识产权滥用行为的规制制度，有关知识产权滥用的研究与理论逐渐成熟。

从知识产权滥用理论的产生来看，国外关于知识产权滥用概念的提出和适用来自司法实践，特别是涉及"不洁之手"理论在知识产权诉讼中的运用，并且通常是作为被告对知识产权侵权诉讼所提出的抗辩理由。一般认为，美国1917年"Motion Picture Patents Co. v. Universal Film Co."案首次提出了专利权滥用抗辩问题并被法院接受。从美国涉及专利侵权或著作权侵权的案例中可以发现，这些案件的侵权诉讼被告基于"不洁之手"原则提出了不构成

---

[1] 胡长清：《中国民法总论》，中国政法大学出版社1997年版，第386页。
[2] 现行《反垄断法》第68条。

侵权的抗辩。[1]在这些案件中，只要法院能够确认专利权人或者著作权人的行为缺乏情理或者不具有正当性，如"在有些方面影响了当事人在法院审理案件上的公平"[2]或者被告能够证明其因原告和诉争事件直接相关的不合理行为而受到损害，法院就可以基于上述"不洁之手"原则对原告主张的专利权或者著作权不予保护。例如，在"Keystone Driller Co. v. General Excavator Co."案[3]中，美国联邦最高法院指出：由于原告故意隐瞒了不能授予专利权的相关证据，法院对其主张的专利侵权救济请求不予支持。法院认为，其应当维护衡平法上的"不洁之手"原则。在"Mitchell Bros. Film Group v. Cinema Adult Theater"案[4]中，法院则认为，如果原告的行为"在某种程度上违背了著作权法的立法宗旨"，其主张的著作权侵权救济就可能被驳回。

从知识产权滥用理论在美国知识产权司法实践中的适用看，美国通过判例法逐渐确立了禁止知识产权滥用的原则，并且首先在专利法领域得到确认，随后在著作权领域也逐渐被接纳。国外有学者甚至认为，"权利滥用原则在专利法领域根深蒂固"。[5]在专利法领域，如前所述，专利权滥用抗辩原则最初是通过适用衡平法中的"不洁之手"原则而被法院接受的。除了前述1917年的案件，1942年由美国联邦最高法院判决的"Morton Salt Co. v. G. S. Suppiger Co."案[6]也是极具影响力的判例。在该案中，涉案的专利技术是萨平格（G. S. Suppiger）公司生产的一种设备。专利权人在出租其专利产品时附加了一个条件，即承租人只能从其处购买该设备需要使用的沉淀罐装食品的盐片剂，不得从其他渠道购买。法院认为，萨平格公司的搭售行为会对非专利产品的自由竞争产生损害，因此认定该行为构成了不受保护的专利权滥用行为。法院基于专利权人行使专利权超过了专利法授予的有限的权利范围而认定专

---

〔1〕 Keystone Driller Co. v. General Excavator Co. , 290 U. S. 240（1933）; Republic Molding Corp. v. B. W. Photo Utils. , 319 F. 2d 347（9th Cir. 1963）; Mitchell Bros. Film Group v. Cinema Adult Theater, 604 F. 2d 852, 863（5th Cir. 1979）; F. E. L. Publications, Ltd. v. Catholic Bishop of Chicago, 506 F. Supp. 1127, 1137（N. D. Ill. 1981）.

〔2〕 Keystone Driller Co. v. General Excavator Co. , 290 U. S. 240, 245（1933）.

〔3〕 Keystone Driller Co. v. General Excavator Co. , 290 U. S. 240（1933）.

〔4〕 Mitchell Bros. Film Group v. Cinema Adult Theater, 604 F. 2d 865（1979）.

〔5〕 David Chisum, Patents § 19. 04［2］（1988）.

〔6〕 Morton Salt Co. v. G. S. Suppiger Co. , 314 U. S. 488, 492（1942）.

利权人不能获得专利法的保护。[1]因此，法院未支持原告的诉讼请求。该专利侵权诉讼案明确适用了专利权滥用抗辩原则，也是美国联邦最高法院首次确立禁止专利权滥用原则的案件。此后，在专利侵权诉讼中，被告时常将专利权滥用作为不侵权抗辩的手段和武器。例如，在1957年的"United States Gypsum Co. v. National Gypsum Co."案[2]中，被告即提起专利权滥用抗辩。不过，法院也同时指出，当专利权滥用行为被消除后，专利权人仍然能够提起专利侵权诉讼。

上述专利权滥用概念的提出和其在专利司法实践中的适用，也影响了著作权法领域中权利滥用抗辩原则的适用。从国外特别是英美国家著作权滥用理论及其在司法实践中的适用来看，著作权滥用理论同样源于英美衡平法，作为对著作权侵权案件中原告"不洁之手"行为的回应。[3]例如，在"Massie & Renwick Ltd. v. Underwriters' Survey Bureau Ltd. et al."案[4]中，加拿大最高法院已经考虑到了适用著作权滥用原则的问题。尽管早期的这些案件与当代技术迅猛发展背景下出现的诸如软件许可之类的许可协议[5]引发的著作权滥用问题相比显得有些陈旧，[6]但显然司法实践中已经注意到了著作权滥用原则的适用问题。又如，在美国联邦最高法院审理的"Broadcast Music, Inc. v. Columbia Broadcasting System, Inc."案中，法院认可了美国联邦第二巡回上诉法院关于原告本身存在反托拉斯法违法行为的认定，暗示其可以接受著作权滥用抗辩原则。

在著作权滥用理论及其适用方面，值得探讨的是1990年的"Lasercomb America, Inc. v. Reynolds"案，[7]其具有里程碑意义。该案涉及原告许可被告使用其计算机软件的行为。在该案中，原告和被告签署了计算机软件合同，

---

〔1〕　Morton Salt Co. v. G. S. Suppiger Co. , 314 U. S. 488（1942）.

〔2〕　United States Gypsum Co. v. National Gypsum Co. , 352 U. S. 457, 465（1957）.

〔3〕　Goldstein v. California, 412 U. S. 546（1973）.

〔4〕　Massie & Renwick Ltd. v. Underwriters' Survey Bureau Ltd. et al. , ［1940］SCR 218, ［1940］1 DLR 625.

〔5〕　参见重庆市第一中级人民法院（2022）渝01民初3254号民事判决书（计算机软件开发合同纠纷案）.

〔6〕　Martin Twigg, "Copyright Misuse: Protecting Copyright in Canada from Overreach and Abuse", 21 *Dalhousie J. of Legal Stud.* 6（2012）.

〔7〕　Lasercomb America, Inc. v. Reynolds, 911 F. 2d 970（4th Cir. 1990）.

原告要求被告在一百年内不得在现有软件基础上进行后续开发、生产竞争性产品。在该案中，被告提出了著作权滥用抗辩，认为原告行使著作权的行为超越了著作权保护的范围，其企图在著作权保护范围之外限制竞争。美国联邦第四巡回上诉法院认为，该案的许可协议中期限达到 99 年，且在合同期限届满后 1 年内不允许被告设计和原告软件进行竞争的软件，使原告的著作权保护期限被变相延长。因此，其接受了被告提出的著作权滥用抗辩，否定了地方法院关于被告构成著作权侵权的认定结论。上诉法院强调，该案的实质在于原告行使著作权的行为是否违背了著作权许可所蕴含的公共政策，而不在于原告是否以不符合反垄断法的方式行使自己的权利。[1]该案被认为是美国著作权侵权诉讼中首次适用著作权滥用原则、首次基于著作权滥用的原则驳回著作权人侵权主张的诉讼。关于该案，还值得指出的是，上诉法院澄清了著作权滥用抗辩与著作权人在正常情况下行使诉权的关系，认为法院并非否认原告享有的著作权，其在不滥用著作权的前提下，仍然可以提起著作权侵权诉讼。由此可见，著作权滥用的认定是基于个案进行的，[2]在个案中认定某著作权人存在滥用著作权行为而对其指控被告著作权侵权的主张不予支持，不等于该著作权人的权利在其他案件中也不受保护。

在美国，专利权滥用和著作权滥用等知识产权滥用行为在司法实践中的存在，推动了美国司法部加强对知识产权滥用行为的规范指引。例如，美国司法部于 1975 年颁布了专利权滥用的"九不规则"，明确了九种"本质滥用行为"，具体包括：①搭售行为，即在许可协议中要求被许可人购买非专利产品；②不合理回授条款；③限制购买者转售专利产品；④限制被许可人在专利权范围之外从事经营活动；⑤专利权人与被许可人签订不再授权予第三方的协议；⑥强制性一揽子许可；⑦不合理地将许可使用费与被许可人的销售额绑定；⑧限制被许可人使用通过专利方法制造的产品；⑨限定专利产品的最低转售价格。[3]上述采用列举的方式，明确了专利权滥用中常见的可以直接认定的行为，能够为司法实践中认定专利权滥用行为提供指引。

值得进一步指出的是，美国专利权滥用和著作权滥用理论及其司法适用

---

〔1〕 Lasercomb America, Inc. v. Reynolds, 911 F. 2d 970, 978（4th Cir. 1990）.

〔2〕 参见广东省高级人民法院（2023）粤民终 315 号判决书（著作权侵权纠纷案）。

〔3〕 易继明：《禁止权利滥用原则在知识产权领域中的适用》，载《中国法学》2013 年第 4 期。

中，对于权利人滥用知识产权的认定逐步引入了公共政策标准。众所周知，知识产权法具有独特的公共政策目标，其与知识产权法意图实现的公共利益和公共福利密切相关。以美国知识产权法为例，宪法赋予美国国会制定授予作者和发明者在一定期限内享有专有权利的法律的权力，旨在促进科学和有用技术的进步，这被解释为"为公共福利而创作和传播知识"。[1]在美国知识产权法中，其高度重视通过有效保护知识产权而形成的激励创作和创造的激励机制，同时也重视知识产权保护背后维护公共利益的公共政策目标。例如，在 1948 年的 "United States v. Paramount Pictures, Inc." 案[2]中，法院主张知识产权法 "对知识产权人的报偿是作第二位考虑的"。在 "Mazer v. Stein" 案[3]中，法院更是指出：《美国宪法》著作权和专利权条款背后的经济哲学是，授予著作权和专利权是通过作者和发明者的天资增进公共福利的最佳手段，应当对作者和发明者付出的努力给予报偿。在 "United States v. Paramount Pictures, Inc." 案[4]中，法院认为著作权法和专利法一样，其激励作者的目的次于增进公共福祉的目标。如果说，著作权法的主要目的在于增加社会公众接触独创性作品的可能性，法定著作权垄断制度所带来的作者私人收益则是实现这个目标的手段。在更早的 1909 年关于美国著作权法的国会委员会报告则指出："国会根据宪法的条款制定著作权法，不是基于作者在他的创作物中存在的自然权利，而是基于要服务于公共福利……手段是保障作者对其创作物享有有限保护期的专有权。"[5]

考察美国等国家知识产权滥用理论及其司法适用的发展可以看出，公共政策标准逐渐受到重视，特别是在认定涉案知识产权人的行为构成权利滥用时。不过，这里的公共政策标准的内涵和一般意义上的知识产权法的公共政策的内涵相比，更侧重于促进正当、有效竞争和提高创新效率等方面。在后面还将着重分析的反垄断意义上，知识产权滥用行为涉及对竞争政策的违反，主要表现为限制、排除竞争，从而损害竞争者利益和公共利益。这在美国相关

---

〔1〕　U. S. Copyright Office, General Guide to the Copyright Act of 1976 1：1 (1977).

〔2〕　United States v. Paramount Pictures, Inc., 334 U. S. 131 (1948)；Twentieth Century Music Corp. v. Aiken, 422 U. S. 151, 156 (1975).

〔3〕　Mazer v. Stein, 347 U. S. 201, 219 (1954).

〔4〕　United States v. Paramount Pictures, Inc., 334 U. S. 131, 158 (1948).

〔5〕　H. R. Rep. No. 2222, 60th Cong., 2d Sess 7 (1909).

典型案件中也得到了体现。例如，美国联邦第九巡回上诉法院审理的"Practice Management Info. Corp. v. American Medical Association"案[1]中，被告美国医学会在美国卫生保健融资管理局（HCFA）许可协议中明确提出了限制性措施，要求原告承诺不使用其他竞争性的编码系统，原告认为该措施构成著作权滥用行为。该上诉法院一方面肯定了对于著作权滥用的抗辩不需要提供违反反托拉斯法的证明，另一方面则明确了对著作权滥用的判定需要结合有关竞争效果的公共政策。在判决书中，针对著作权滥用抗辩是否适用的问题，法院着重考虑了作为被告的著作权人的许可行为对竞争效果的影响。法院认为，著作权人"阻止被许可人使用其他竞争性的产品"，使著作权人从竞争对手处获得了"实质性不公平的优势"，并且这一行为违反了著作权法所体现的公共政策。[2]

　　知识产权滥用理论的出现及其在国外司法实践中的适用，反映了知识产权在经济社会中地位不断提高的现实，也反映了在市场经济发展导致市场经济主体竞争加剧的背景下，知识产权制度的运行需要合理规制的迫切需求。如前所述，知识产权已经成为国家发展的战略性资源和国际竞争力的核心要素，市场经济主体更加注重运用知识产权开展国内外市场竞争，并借此赢得市场竞争优势。知识产权人为了开展竞争并在竞争中胜出，难免会利用其受法律保护的独占权利，采用排除、限制竞争的手段实施知识产权滥用行为。这一现实使得在当前市场经济发展过程中，知识产权滥用现象不仅没有得到禁止，反而出现了诸多新的表现和特点。特别是随着当前数字和信息网络技术的发展，平台经济日益繁荣，知识产权滥用行为也拓展到网络平台和电子商务环境中。对于知识产权滥用的规制，也越来越注重其对知识产权法促进公平和有效竞争的目标的违反方面。当然，知识产权滥用行为的产生和发展也存在于知识产权法律制度框架内，并非都来自反垄断法领域，从下文对知识产权滥用行为的表现及其认定的探讨中可以深刻认识到这一点。

---

[1] Practice Management Info. Corp. v. American Medical Association, 121 F. 3d 516 (9th Cir. 1997).

[2] 陈剑玲：《论版权滥用之判断标准》，载《新疆大学学报（哲学·人文社会科学版）》2012年第3期。

四、知识产权滥用的表现及其认定

（一）知识产权滥用行为表现概述

知识产权滥用，不仅是一个理论上针对知识产权人不适当行使权利的法律概念，而且是知识产权保护实践中一个实实在在的问题。知识产权是一类概念的总称，在研究知识产权滥用问题时，需要立足于不同类型知识产权的特点，研究不同类型知识产权滥用的特点和表现形式，尤其是专利权滥用和著作权滥用。不过，无论属于何种知识产权，知识产权滥用的表现形式都具有一定的规律性和共通性。此外，知识产权滥用的表现还可以以是否构成反垄断法意义上的排除、限制竞争行为的标准分为一般意义上的违反权利设定目的、构成对他人合法权益侵害的知识产权滥用行为与构成排除、限制竞争的反垄断法意义上的知识产权滥用行为。本部分关于知识产权滥用行为的分类，也主要按照这一标准进行。当然，在研究知识产权滥用问题时，也有很多成果并不严格区分一般意义上的知识产权滥用行为与构成排除、限制竞争的知识产权滥用行为，而是认为两类行为同时存在。

关于知识产权滥用行为的表现，现有研究在结合司法实践中存在的各式各样的知识产权滥用行为的基础上进行了归纳和总结，具有一定的启发意义。例如，有观点认为，知识产权滥用现象主要表现为拒绝许可或不实施专利、采取过度的技术措施、专利联营、滥用市场优势地位的行为（如搭售）、延长保护期（如将专利期限延长至法定期限之外）、滥发警告函、滥用诉权等，并大致将其分为以下三类：一是基于权利的绝对性而拒绝许可、不实施或者不充分实施以及滥用技术措施等；二是基于权利的相对性而排除或者限制竞争的市场行为；三是以程序性权利为基础的规则滥用。[1]从上述观点可以看出，上述对知识产权滥用的分类包含了一般意义上的知识产权滥用和构成排除、限制竞争的知识产权滥用行为。

关于知识产权滥用行为的表现，国外学者基于对司法实践的总结，也进行了归纳。仅以著作权滥用为例，有学者将著作权滥用概括为以下四种较为典型的类型：①利用著作权迫使被许可人让步；②限制被许可人与著作权人的竞争对手进行交易；③限制被许可人以外的其他人的交易；④司法制度中

---

[1]　易继明：《禁止权利滥用原则在知识产权领域中的适用》，载《中国法学》2013 年第 4 期。

的反竞争性使用。[1]还有学者将著作权滥用归纳为以下四种情况：①搭售，即将受欢迎的电影或者计算机软件等受著作权保护的作品与其他作品捆绑在一起；②利用在合同谈判中的优势地位，在合同及许可协议中约定反竞争条款；③强制性一揽子许可；④拒绝向竞争对手发放许可证。[2]

同样是著作权滥用行为，我国有学者则认为，典型的著作权滥用行为体现为"利用版权限制被许可人开发竞争性产品、超出版权保护期限行使权利、滥用诉权、不正当行使版权致损害消费者合法权益、其他有损公共政策的行为以及垄断行为等。"[3]

从上述关于知识产权滥用行为的类型和表现看，著作权等知识产权滥用行为涉及权利人以许可等方式行使权利、以许可合同作为实现权利的手段时，利用许可合同谈判中的优势地位而排除、限制竞争的行为。除此之外，还存在属于一般意义上的知识产权滥用行为，如针对本来可以合理使用的行为进行不适当限制以及滥用诉权的行为。以下将分别对一般意义上的知识产权滥用行为和构成排除、限制竞争的反垄断法意义上的知识产权滥用行为的类型和表现进行探讨。

（二）一般意义上的知识产权滥用行为

如前所述，知识产权滥用行为属于广义上的权利滥用行为，这些行为并非都涉及排除、限制竞争从而构成反垄断法规制的知识产权滥用行为。以下几种情况即属于较为典型的一般意义上的知识产权滥用行为。

1. 属于知识产权法律制度内的限制、本可以正当使用的知识产权滥用行为

从知识产权法的基本原理来看，知识产权是一种专有性权利。未经知识产权人许可，也没有法律特别的规定时，其他任何人不得擅自使用知识产权人的知识产品。专有性也是知识产权的本质特征，只有保障知识产权的专有性，才能通过赋予知识产权而调动知识产权人从事知识创造活动的积极性，实现知识产权制度激励创新和促进创新性成果传播和利用的目标。也正因如

---

[1] John T. Cross, Peter K. Yu, "Competition Law and Copyright Misuse", 56 *Drake L. Rev.* 427（2008）.

[2] Aaron Xavier Fellmeth, "Copyright Misuse and the Limits of the Intellectual Property Monopoly", 6 *J. of Intell. Prop. L.* 1（1998）.

[3] 卢海君、任寰：《版权滥用泛在之证伪》，载《知识产权》2022年第1期。

此，所有国家和地区的知识产权法律制度以及知识产权国际公约都以维护知识产权人对其知识产品的独占和垄断作为重要目的。这也是我国知识产权法律制度和政策构建中"言必称保护"的原因所在。

然而，对于知识产权法律制度的认识不能仅停留在保护知识产权人的利益的层面，还必须从利益平衡的角度出发，立足于知识产权法律制度的宗旨，认识到知识产权法律不仅保护知识产权人的私权，而且需要维护社会公众的利益和公共利益，在知识产权人利益和社会公共利益之间实现有效平衡。基于此，受知识产权法保护的知识产权都有其合法的边界范围，知识产权法在规定知识产权人可以享有的专有权利的同时，也对知识产权作出了一定限制。据此，当社会公众的行为符合知识产权限制制度的条件时，知识产权人即无权禁止他人使用。知识产权法律中都规定了相应的权利限制。例如，我国《著作权法》中规定了合理使用、法定许可等制度，《专利法》中规定了专利侵权例外、权利穷竭制度，《商标法》中规定了正当使用制度等。此外，知识产权法还规定了权利保护期限制度和地域性原则。根据这些规定，在权利保护期限届满以及不受知识产权保护的地域范围内，社会公众都可以自由使用相应的知识产品，而不受原有的知识产权人或者知识产权保护地域范围内的知识产权人限制。

基于此，如果知识产权人明知或者应知他人的使用具有合法性与正当性而仍然主张权利，就有可能构成知识产权滥用。应当说，知识产权司法实践中这类案件并非罕见，这里不妨略举几例加以说明。

在张某与韩某著作权权属、侵权纠纷案〔1〕中，韩某向张某预订鲜花花束，张某同时提出购买该花束后不得在公开场合发布传播该花束的要求，如果韩某公开传播，则需要取得张某授权，并且注明该花束由张某设计。韩某购买张某的花束后，未经张某许可，在韩某的微信朋友圈中进行了展示。张某遂以韩某未经其许可为由向人民法院提起著作权侵权诉讼。该案法院判决被告不构成侵犯原告的著作权。在理论上，该案需要探讨的是原告主张的花束是否构成著作权法意义上的作品。不过，此处重点在于，如果花束构成作品，被告的行为是正当行为还是侵犯著作权的行为。该案原告主张的是公开场合不得发布和传播，而被告韩某展示的范围限于朋友圈，其由于对象特定

---

〔1〕 山东省济南市中级人民法院（2017）鲁 01 民终 998 号民事判决书（侵害著作权纠纷案）。

难以被认定为公开传播。退一步说，假定这一发布仍然属于公开传播，被告行为也难以认定为著作权侵权行为。这就需要从权利正当行使与权利滥用方面加以考量和评价。就本案而言，原告张某在交易花束时限制被告不得在公开场所传播，其主张缺乏正当性，本质上属于权利滥用。因为被告购买该花束后，已取得物权意义上的花束所有权，可以进一步自由处置，包括在公开场所发布和传播。根据笔者的认识，原告之所以提出上述主张，可能是考虑到其设计的花束具有一定的独创性，在公开传播时容易被他人抄袭、模仿。[1]但是，原告不能基于这一担心而对购买者提出不合理要求，否则将构成权利滥用。

通过技术措施，将进入公共领域的作品和尚未进入公共领域的作品一起纳入保护，这种情况也涉及权利滥用。现行《著作权法》第49条第1款、第2款规定："为保护著作权和与著作权有关的权利，权利人可以采取技术措施。未经权利人许可，任何组织或者个人不得故意避开或者破坏技术措施，不得以避开或者破坏技术措施为目的制造、进口或者向公众提供有关装置或者部件，不得故意为他人避开或者破坏技术措施提供技术服务。但是，法律、行政法规规定可以避开的情形除外。"这里所称的技术措施，是指用于防止、限制未经权利人许可浏览、欣赏作品、表演、录音录像制品或者通过信息网络向公众提供作品、表演、录音录像制品的有效技术、装置或者部件。显然，技术措施是为了更好地保护著作权人和与著作权有关的权利人的合法权益，防止他人故意避开或者破坏技术措施而接触、使用受著作权法保护的作品、表演、录音录像制品。[2]如果著作权人和与著作权有关的权利人在对作品、表演、录音录像制品采取技术措施保护时，将保护期限届满或者因其他原因而失效的作品、表演、录音录像制品也纳入技术措施保护范围，从而使他人通过正常途径无从获得这些本可以自由接触和使用的知识产权客体，就可以认定其存在权利滥用行为。实际上，针对技术措施的保护，现行《著作权法》还规定了相应的例外限制，如为学校课堂教学或者科学研究，提供少量已经发表的作品，供教学或者科研人员使用；或者不以营利为目的，以阅读障碍者能够感知的无障碍方式向其提供已经发表的作品，而该作品无

---

〔1〕 Bridgeport Music, Inc. v. UMG Recordings, Inc., 585 F. 3d 267 (6th Cir. 2009).

〔2〕 参见上海市第三中级人民法院（2023）沪03刑初23号刑事判决书（侵犯著作权罪案）。

法通过正常途径获取时，只要不向他人提供避开技术措施的技术、装置或者部件，也不侵犯权利人依法享有的其他权利，就可以避开技术措施。[1]在现实中，利用技术措施阻碍社会公众合理使用受著作权保护的作品的案例也并非罕见。同时，现实中也存在滥用技术措施排除和限制竞争者自由竞争的现象。

2. 不适当延长知识产权保护期限

众所周知，知识产权具有一定的保护期限，这是平衡知识产权人利益与社会公共利益所必需的。同时，这也使得社会公众在知识产权期限届满后能够自由、免费地使用知识产权客体，而不再受到知识产权人的限制。知识产权保护期限制度本身也具有很强的合理性。例如，防止知识产权人以有限的智力投入而享有无限的利益，避免知识产权保护的社会成本过高。[2]基于知识产权保护期限的重要性，在司法实践中，违背知识产权保护期限制度的设立宗旨、不适当延长知识产权保护期限或者在知识产权保护期限届满后仍然主张知识产权的行为，均涉嫌对知识产权的滥用，不应获得支持。

在知识产权司法实践中，以下几种情况即属于与知识产权保护期限或权利滥用相关的典型案例。

第一种情况是，权利人试图通过作品的演绎创作形式或者改进发明形式，延长相关知识产权的保护期限。例如，演绎作品是在已有作品基础上进行再创作而产生的作品。我国现行《著作权法》第13条规定："改编、翻译、注释、整理已有作品而产生的作品，其著作权由改编、翻译、注释、整理人享有，但行使著作权时不得侵犯原作品的著作权。"从著作权保护期限的角度来看，演绎作品是否受著作权保护与原作品是否处于著作权保护期限之内没有必然联系。换言之，针对著作权保护期限届满的作品创作演绎作品，演绎作品作者享有独立的著作权。在司法实践中，确实存在相关主体对著作权保护期限届满的作品进行一定程度的改动或者改编而主张著作权的案例。例如，在桂林某技术有限公司（本编以下简称"某技术公司"）申请再审的商标异

---

[1]　现行《著作权法》第50条第1款第1项、第2项。

[2]　冯晓青：《知识产权法律制度反思与完善 法理·立法·司法》，知识产权出版社2021年版，第114—116页。

议复审行政纠纷案[1]中，某技术公司主张，米高梅公司的雄狮标识作为受著作权保护的作品，其著作权已经超过《著作权法》规定的 50 年保护期限。在该案中，法院对比了米高梅公司 1987 年的"雄狮标识"作品和其 1924 年使用的雄狮图形的相同点和不同点，认定两者"均由狮子形象、环绕在外的圆圈、电影胶片形式的飘带图案及文字组合而成，只是雄狮的神态动作及其周边的文字设计等细节略有不同"，支持了某技术公司的再审申请。但作品表达形式的修改和作品独创性的判断并没有清晰的界限，需要在个案中进行认定。而二次创作当中新的独创性表达的认定，直接影响着作品适用新的保护期限和保护范围。[2]值得指出的是，随着当前文化创意产业的蓬勃发展，以已有作品为基础进行二次开发的衍生作品日益增多，特别是在已有作品具有较高的市场生命力时，这种情况更加普遍。在已有作品著作权保护期限届满后，衍生作品是否受到著作权保护，则需要判定其与已有作品相比，是否存在独创性表达空间。上述案件之所以认定支持某技术公司的再审申请，也是因为后续作品与著作权保护期限届满的雄狮图形相比实质相同。如果给予在后作品著作权保护，就可能变相延长在先作品著作权保护期限。当然，衍生作品是否受到著作权保护，仍然需要根据个案的情况予以判定，而不能一概肯定或者否定。

第二种情况是，权利人在知识产权保护期限内，利用在签订协议中的优势地位，通过许可协议约定在知识产权期限届满后仍然需要向许可人支付使用费。毫无疑问，根据知识产权保护期限制度的基本原理，某一知识产权保护期限一旦届满，任何人都可以自由使用，并且不用支付任何费用。在上述情况中，作为知识产权人的许可人显然不适当地利用了自己在签署合同时的优势地位，迫使对方接受在知识产权保护期限届满后继续支付费用的要求。实际上，前述美国涉及知识产权滥用的判例就认定这类行为缺乏法律的正当性依据，相关约定不受法律保护。

第三种情况是，知识产权人在其享有的一种知识产权保护期限届满后，寻求另一种知识产权保护，或者主张不正当竞争保护。上述情况是否应认定为知识产权滥用也不能一概而论，而应当根据个案分析。根据笔者的认识，

〔1〕 最高人民法院（2017）最高法行再 11 号行政判决书（商标异议复审行政纠纷案）。

〔2〕 闻汉东：《版权滥用的表现和判定标准初探》，载《数字版权观察》2022 年第 1 期。

原则上说，基于知识产权复合保护的特点，知识产权人在其一种知识产权保护期限届满后，只要满足受其他知识产权保护的条件或者指控的被告符合不正当竞争行为的条件，就可以主张其他知识产权保护或者制止不正当竞争。原因在于，不同类型的知识产权具有不同的保护条件，基于同一客体，知识产权人可以获得不同类型的知识产权。例如，针对某一外观设计专利产品，在该专利保护期限届满后，原专利权人可以基于该专利产品中具有独创性和个性化特色的包装、装潢主张著作权保护，或者基于该包装、装潢具有一定影响而主张不正当竞争保护。[1] 法律所要禁止的则是，当某一知识产权保护期限届满后，原权利人针对原有的知识产权再主张保护。当然，在这种情况下，原来的知识产权人也不属于权利滥用，因为此时原来的知识产权人已无知识产权可言，不存在主张权利的法律基础。

3. 与欺诈和掠夺在先权利有关的知识产权滥用行为

在形形色色的知识产权侵权纠纷案件中，其中一类涉及通过法定程序获得某一知识产权的主体，其取得知识产权的行为违反了法律规定，如剽窃他人作品、技术成果或者"抢注"他人未在中国注册的驰名商标，然后进行著作权登记、申请并获得专利或者申请注册商标，再向目标群体发起相应知识产权侵权诉讼。应当说，这种行使权利的行为，看似基于获得相关的权利或者权利证书而具有合法基础，但由于其获得权利本身就侵害了他人的在先权利，对于社会公众而言，行为人以侵害他人在先权利作为手段，对于相关授权机关和社会公众构成了欺诈。因此，对于这类本身缺乏权利正当性基础的知识产权，其权利人行使权利本身即已构成知识产权滥用行为。对此，可以从以下几点加以认识。

首先，行为人获得的知识产权侵犯了他人在先的知识产权，不仅不应受到知识产权法的保护，反而应当承担侵权责任。从知识产权法的基本原理和理论来看，保护在先权利是知识产权法的基本原则。相对于在先权利而言，在后取得的权利可被称为"在后权利"。在后权利的取得和行使，不能侵害在先权利。在后权利的取得及其行使的合法边界是明确的，即在先权利构成了

---

　　[1]　参见山东省高级人民法院（2023）鲁民终 1035 号民事判决书（擅自使用与他人有一定影响的商品装潢相同或者近似的标识纠纷案）；江苏省高级人民法院（2023）苏民终 986 号民事判决书（侵害商标权及不正当竞争纠纷案）。

其权利边界的"分水岭"，一旦越过这一"分水岭"，就会构成权利取得的瑕疵或者在行使权利的过程中侵害在先权利。当然，从广义上说，在先权利并不限于某一知识产权，像姓名权、肖像权等人格权意义上的民事权利也可以成为涉及知识产权保护的在先权利。近年人们熟知的"乔丹注册商标纠纷案"[1]就涉及相关的民事权利保护问题。同时，在后权利的取得并非一定侵害在先权利。在有的情况下，在后权利的取得本身不存在法律上的障碍，特别是程序法上的障碍，但在后权利在获得后，其权利人行使权利时可能会构成对在先权利的侵害，此时就需要对在后权利的行使予以限制。例如，在早年的计算机类商品上"恒升"注册商标所有人诉同类商品上"恒生"注册商标所有人的商标侵权诉讼中，[2]被告在申请注册"恒生"商标过程中，原告曾提出异议，但在异议复审阶段，原告放弃程序性权利，从而使得被告"恒生"商标得以注册。原被告商标适用于相同商品，商标存在近似，且容易导致消费者混淆，"恒生"注册商标在注册后继续在计算机类商品上使用，就会造成对"恒升"注册商标专用权的侵害。该案留下了一些思考，例如，如何处理在后权利和在先权利的关系，特别是当在后权利属于合法取得但其行使又必然侵害在先权利的情况下，应如何对待在后权利？

在近年来我国知识产权司法保护实践中，针对上述以侵害他人知识产权为手段获得某种知识产权的案件不在少数。更值得注意的是，这些所谓的"知识产权人"在获得权利后，大肆向相关群体发起侵权诉讼，彻底暴露了其侵吞他人劳动果实、披着合法的外衣从事损害他人合法权益的行为目的。这类行为完全违背了知识产权法律制度的宗旨，构成对知识产权的滥用。以下笔者将分别从著作权、专利权和商标权的司法实践加以简要探讨。

在著作权案件中，涉及上述权利滥用的，包括以下情况：一是在剽窃、抄袭他人作品的基础上，对被剽窃、抄袭人以外的第三人提起著作权侵权诉讼。我国《著作权法》第 52 条第 5 项明确规定，剽窃他人作品构成著作权侵权。因此，在剽窃、抄袭他人作品的基础上形成的"作品"，不仅不能获得著作权保护，反而应当承担侵害他人著作权的法律责任。上述向第三方"行使

---

〔1〕 最高人民法院（2016）最高法行再 27 号行政判决书（商标争议行政纠纷案）。

〔2〕 北京市第一中级人民法院（2001）一中知初字第 343 号民事判决书（侵犯商标专用权及不正当竞争纠纷案）。

著作权"的行为，构成权利滥用。在司法实践中，还存在这样一种特殊的情况，即剽窃、抄袭他人作品的被告为"甩掉"侵权的"帽子"，故意伪造一本出版时间在原告图书出版日前且和原告图书实质性相似的图书，然后指控原告侵害其"在先"图书的著作权。由于被告的这一行为系伪造证据的违法行为，严格地说，其向原告主张著作权侵权的行为算不上著作权滥用行为，而是不折不扣的违法行为，甚至构成刑法意义上的犯罪行为。

二是"捷足先登"，利用著作权自愿登记制度，将他人享有著作权的作品据为己有，并取得登记证书，然后以此向相似作品的作者提起著作权侵权诉讼。关于著作权的取得，我国《著作权法》和《保护文学和艺术作品伯尔尼公约》（本编以下简称《伯尔尼公约》）都实行自动保护原则，作品著作权的获得无需履行任何登记手续。但是，我国对著作权的获得也实行自愿登记制度。现行《著作权法》第 12 条第 2 款规定："作者等著作权人可以向国家著作权主管部门认定的登记机构办理作品登记。"在著作权登记实践中，不排除个别不法行为人故意将他人享有著作权的作品登记在自己的名下，然后向相似作品的作者提起著作权侵权诉讼的行为。这种情况，对于著作权登记机关和社会公众来说都构成了欺诈行为。这种提起著作权侵权诉讼的行为由于缺乏合法的权利基础，不应当受到保护。严格地说，与其将其视为著作权滥用行为，不如将其定性为侵害被登记作品作者著作权的侵权行为，因为原告主张著作权的作品来自他人，并非其创作而成或通过其他合法途径获得。

关于著作权滥用，这里还值得注意的一种现象是：行为人将进入公共领域的作品通过加上水印等"权利管理信息标记"，谎称是自己享有著作权的作品而向第三方主张权利。笔者认为，上述情况不宜视为著作权滥用行为。因为涉案作品已进入公共领域，原告根本不享有著作权。这种情况应当视为对社会公众的欺诈行为，原告向第三方主张权利自然不能获得保护。针对这种情况，如前所述，在有些国家甚至规定了刑事责任。我国也确实出现了将已经进入公共领域的作品向多人主张权利的案例。我国现行《著作权法》和相关法律对此种情况应如何适用未作规定，笔者认为建立侵害公共领域的民事责任制度具有必要性。[1]

---

[1] 杜爱霞、冯晓青：《论侵害知识产权法中公有领域的民事责任》，载《中南大学学报（社会科学版）》2022 年第 3 期。

在专利权案件中，涉及上述权利滥用行为，典型的如明知为现有技术或者现有设计，而将其申请为实用新型或者外观设计专利，并利用这类专利申请不需要进行实质审查的机会，在获得专利权后，立即对众多使用现有技术或者现有设计的目标群体批量提起侵权诉讼。在上述情况下，专利权人获得专利权显然也是缺乏合法的权利基础的，其行使具有瑕疵的专利权的行为损害了社会公共利益和消费者利益，因为对于现有技术或者现有设计，任何人都可以自由使用，并不需要获得许可与支付费用。当然，针对上述情况，应注意明确相应的边界，因为很多专利确权和侵权纠纷案件在涉及现有技术或现有设计的判定时，不同层级的法院认识也可能不一致。[1]

在商标权案件中，涉及上述权利滥用的案件常见于将他人在先的相近似的标识抢注为商标，然后通过高价转让的形式逼迫目标企业就范，在转让不成功时即通过商业维权等形式发起批量商标侵权诉讼，企图获取高额侵权赔偿并夺取被告的市场。这种行为明显违背市场主体应当遵守的诚实信用原则，[2]构成对商标专用权的滥用。例如，在某商贸有限公司与广州市某会展服务有限公司（本编以下简称"某会展公司"）、广州某企业管理咨询服务有限公司（本编以下简称"某管理咨询公司"）、某商贸有限公司上海某店侵害商标权纠纷案[3]中，最高人民法院指出，某会展公司、某管理咨询公司以不正当方式取得商标权后，目标明确指向某商贸有限公司等，意图将该商标高价转让，在未能成功转让该商标后，又分别以某商贸有限公司、迅某商贸有限公司（本编以下简称"迅某公司"）及其门店侵害该商标专用权为由，以基本相同的事实提起系列诉讼，在每个案件中都以某商贸有限公司或迅某公司及作为其门店的一家分公司为共同被告起诉，利用某商贸有限公司或迅某公司门店众多的特点，形成全国范围内的批量诉讼，请求法院判令某商贸有限公司或迅某公司及其众多门店停止使用商标并索取赔偿，主观恶意

---

〔1〕 参见北京某网讯科技有限公司与北京某科技发展有限公司、北京某信息服务有限公司侵害发明专利权纠纷案，北京市高级人民法院（2018）京民终 498 号民事判决书（侵害发明专利权纠纷案）；罗某、永康市某五金制造厂侵害外观设计专利权纠纷案，浙江省高级人民法院（2018）浙民终 551 号民事判决书（侵害外观设计专利权纠纷案）。

〔2〕 我国现行《商标法》第 7 条第 1 款明确规定："申请注册和使用商标，应当遵循诚实信用原则。"

〔3〕 最高人民法院（2018）最高法民再 396 号民事判决书（侵害商标权纠纷案）。

明显，其行为明显违反诚实信用原则，对其借用司法资源以商标权谋取不正当利益之行为，依法不予保护。上述案件中，原告违背了诚实信用原则，大规模抢注与他人知名商标近似的商标，并且有意通过批量诉讼获得不正当利益，不可能得到法院的支持。

又如，在王某诉深圳某服饰股份有限公司、杭州某百货有限公司侵害商标权纠纷案〔1〕中，法院明确指出，在构成权利滥用的前提下，注册商标权利人的权利不应受到保护。法院深刻地阐释了在权利滥用认定中对于诚实信用原则的理解："诚实信用原则是一切市场活动参与者所应遵循的基本准则。一方面，它鼓励和支持人们通过诚实劳动积累社会财富和创造社会价值，并保护在此基础上形成的财产性权益，以及基于合法、正当的目的支配该财产性权益的自由和权利；另一方面，它又要求人们在市场活动中讲究信用、诚实不欺，在不损害他人合法利益、社会公共利益和市场秩序的前提下追求自己的利益。民事诉讼活动同样应当遵循诚实信用原则。一方面，它保障当事人有权在法律规定的范围内行使和处分自己的民事权利和诉讼权利；另一方面，它又要求当事人在不损害他人和社会公共利益的前提下，善意、审慎地行使自己的权利。任何违背法律目的和精神，以损害他人正当权益为目的，恶意取得并行使权利、扰乱市场正当竞争秩序的行为均属于权利滥用，其相关权利主张不应得到法律的保护和支持。"

在商标纠纷案件中，还有一种较为特殊的情况，即原告明知其主张权利的注册商标专用权已不复存在，却仍然委托律师事务所进行批量维权，相关法院在未查明事实的前提下则依然判决被告构成商标侵权并承担停止侵害和损害赔偿责任。这类案件是否可以被视为商标权滥用之诉？对此，笔者认为其不应被视为商标权滥用，因为原告根本不拥有受法律保护的商标专用权。例如，在涉及消毒用品的侵害某公司注册商标专用权系列案中，原告委托上海一家律师事务所进行打包式维权，先后将某省生产、销售消毒用品的60多家企业告上了法庭。后来被告查询到原告主张商标侵权的注册商标早在1995年就因注册不当而被依法撤销。在该案中，原告明知其主张被告侵权的注册商标早已被依法撤销，却依然以此提起侵权诉讼，显系违背诚实信用原则。但由于其主张权利的基础不存在，并不能将原告提起系列侵权诉讼的行为定

---

〔1〕　最高人民法院（2014）民提字第24号民事判决书（侵害商标权纠纷案）。

性为权利滥用的行为，而应当认定为违背诚实信用原则、损害被告合法权益的欺诈行为。

其次，本身缺乏权利正当性基础的知识产权，其知识产权申请与获得者在主观上具有故意甚至恶意。这里也不妨通过一个典型案例加以说明。

在宁波某液压有限公司（本编以下简称"某液压公司"）与邵某侵害商标权纠纷再审案〔1〕中，最高人民法院认为，本案双方当事人再审期间的争议焦点为某液压公司的被诉行为是否侵害邵某涉案商标的商标专用权。法院首先查明某液压公司是否享有合法的在先权利。经查明，某厂使用"赛克思"作为企业字号的时间早于邵某申请注册涉案商标近九年，某液压公司的前身建工某公司成立并将"赛克思"作为其企业字号主要部分的时间亦早于邵某申请注册涉案商标一年多。某厂与某液压公司两家企业还一并使用其字号（或字号主要部分）"赛克思"、字号的拼音"SAIKESI"及企业名称简称"赛克思液压"对外进行广告宣传，经营同样的产品，取得了一定的知名度，且某厂字号的知名度已经辐射到某液压公司，因此，可以认定某液压公司享有合法的在先字号权。就本案域名而言，域名所有人注册域名之后，商标注册人才对该域名具有标识性部分申请注册商标并取得商标权的，其商标专用权不能延及该域名。某液压公司与某厂存在一脉相承的历史渊源关系，且某厂的在先域名已变更注册至某液压公司名下，因此，可以认定某液压公司享有合法的在先域名权。某液压公司的使用行为不会导致相关公众的混淆和误认，其被诉行为具有正当性。即便邵某对涉案商标享有商标专用权，但其商标专用权的排斥力因其商标不具知名度而应受到一定的限制，其亦无权禁止某液压公司在原有的范围内继续使用商标。〔2〕

最高人民法院还专门针对邵某注册涉案商标是否具有正当性的问题进行了认定：利用职务上的便利或业务上的优势，恶意注册商标，损害他人在先权利，为自己谋取不正当利益的行为，属于违反诚实信用的行为，不应受法律的保护。本案中，邵某原系某工商行政管理局某分局工作人员，于2003年辞去公职。因某厂的企业字号"赛克思"、注册商标"SKS"及域名"saikesi.

---

〔1〕 最高人民法院（2014）民提字第168号民事判决书（侵害商标权纠纷案）。

〔2〕 参见上海知识产权法院（2023）沪73民终191号民事判决书（确认不侵害知识产权纠纷案）。

com”在 2003 年邵某辞职之前均已注册使用，作为与某厂、某液压公司同处一地的工商部门工作人员，邵某在辞职时应当知悉某厂、某液压公司商标的实际注册情况、字号（或字号主要部分）及企业名称简称的实际使用状况[1]等相关信息资料。其于辞职后在与某液压公司经营范围同类的商品上，注册与某液压公司企业字号主要部分中文及拼音相同的商标，直至本案二审结束仍未使用，却针对在先权利人提起侵权之诉，行为有违诚实信用原则，不具有正当性，不应受法律保护。因此，邵某以非善意取得的商标权对某液压公司的正当使用行为提起侵权之诉，属于对其注册商标专用权的滥用，其诉讼请求不应得到支持。最高人民法院判决撤销浙江省高级人民法院（2012）浙知终字第 306 号民事判决，维持浙江省宁波市中级人民法院（2012）浙甬知初字第 41 号民事判决。该案涉及权利滥用行为，从邵某的主观动机看，显系具有注册和他人在先标识相近似的商标，并通过诉讼途径获取不正当利益的主观故意。

最后，上述知识产权滥用行为，对于市场竞争者和社会公共利益具有损害性。上述知识产权滥用行为侵害了他人的在先权利或者在先权益，因此必然会对市场竞争者和社会公共利益产生损害。这里不妨再以司法实践中的典型案例作为素材加以讨论。

在广州市某贸易有限公司（本编以下简称“广州某贸易公司”）、义乌市某贸易有限公司侵害商标权纠纷案[2]中，一审法院认定的事实如下：某（香港）实业有限公司系涉案商标的注册人，商标注册有效期为 2011 年 4 月 7日至 2021 年 4 月 6 日，核定使用商品为第 18 类，包括（动物）皮、伞、动物用套、背包、家具用皮装饰、仿皮革、手提包、公文包、旅行用具（皮件）、手杖（截止）。2014 年 5 月 27 日，某（香港）实业有限公司经核准受让该注册商标。2018 年 8 月 17 日，某（香港）实业有限公司授权广州某贸易公司为第 7733151 号注册商标中国地区唯一总代理，并进行维权打假和授权许可等，双方签订《授权委托书》一份。

本案二审浙江省金华市中级人民法院认为争议焦点在于：一是被诉侵权

---

〔1〕　参见最高人民法院（2022）最高法民终 146 号民事判决书（侵害商标权及不正当竞争纠纷案）（企业名称合法权利基础的判断）。

〔2〕　浙江省金华市中级人民法院（2019）浙 07 民终 2958 号民事判决书（侵害商标权纠纷案）。

产品上使用的标识是否构成商标性使用；二是被上诉人使用被诉侵权标识的行为是否侵害了上诉人第 7733151 号注册商标专用权；三是如果侵权成立，被上诉人应如何承担民事责任。

关于焦点一，法院认为：其一，该标识出现在商品本体，而非交易文书、广告宣传册上；其二，涉案标识中的文字"ASSASSIN'SCREEDIII"对于一般消费者并不具有介绍商品或指代游戏的明确含义；其三，没有证据表明被诉侵权产品在《刺客信条》系列游戏中作为道具或场景出现过。故法院对被上诉人主张描述性使用的意见不予采纳，其在被诉侵权产品上使用标识应当属于商标性使用。

关于焦点二，申请注册和使用商标，应当遵循诚实信用原则。案外人育某公司早在 2007 年就发行了第一部《刺客信条》游戏，并在此后平均一年到两年发行《刺客信条》游戏续作。截至目前，育某公司在主机、PC、移动等平台共发行了 15 部《刺客信条》游戏。虽然在 2015 年之前的大部分《刺客信条》游戏因审批等原因，未在中国市场发售，但国内的玩家群体仍可以通过其他方式接触或体验游戏内容。虽然涉案第 7733151 号商标注册在第 18 类商品上，与《刺客信条》游戏所涉及的类别属于不同的大类，但游戏产品的发行商通常会在游戏大量发行或者积累一定的粉丝群体后，通过发行游戏周边产品，如在服饰、箱包、配饰上发行联名款等形式，获得持续性的收益，因此购买周边产品的消费群体与游戏玩家具有较大的重合度，[1]很大一部分消费者是本着对游戏的热爱去购买相关产品。而某（香港）实业有限公司将《刺客信条》游戏的图标注册在服饰、箱包等产品上，明显具有攀附《刺客信条》游戏知名度的故意。虽然上诉人广州某贸易公司系经商标权人排他性许可获得涉案商标在内地的专用权，但广州某贸易公司的法定代表人和某（香港）实业有限公司的唯一董事身份重合，两个公司必然存在相应的意思联络。某（香港）实业有限公司放弃了通过诚实劳动创造和积累自身商标独立价值的机会，转而通过攀附《刺客信条》系列游戏的知名度，企图垄断《刺客信条》文字、图标的商标权利，这种试图不劳而获、有违公平竞争原则的行为不应予以鼓励。此外，广州某贸易公司于 2018 年取得涉案商标的专用权后，

---

[1] 参见江苏省高级人民法院（2023）苏民终 280 号民事判决书（侵害商标权及不正当竞争纠纷案）。

没有形成充分的商标宣传或实体销售的依据，而是利用商标禁用权及损害赔偿制度，针对广大游戏周边产品卖家提起了大规模侵权诉讼，主观恶意明显。综上，广州某贸易公司以第 7733151 号商标为权利基础，主张义乌市某贸易有限公司侵犯其商标权并要求承担侵权责任的诉请，既缺乏合法的权利依据，也不符合我国《商标法》的基本立法原则，其借用司法资源谋取不当利益的行为，属于权利滥用，依法不予保护。在该案中，二审法院明确认定原告大规模提起诉讼的行为主观上存在恶意，而且损害了其他竞争者公平竞争的权利，因此认定其构成权利滥用而不予保护。

4. 涉及知识产权维权与诉讼的知识产权滥用行为

近些年来，随着我国知识产权事业的迅猛发展，人们的知识产权保护意识不断提高，知识产权保护和战略运用在促进市场经济主体市场竞争力提升方面的作用也不断提高。与此同时，越来越多的知识产权人和利害关系人拿起法律武器积极进行维权。其中，向涉嫌知识产权侵权人发出侵权警告函和向人民法院提起知识产权侵权诉讼就是十分常见的维权形式。知识产权作为一种受法律保护的专有权利，除非存在法律的特别规定，否则未经许可其他任何人不得行使。发侵权警告函和提起知识产权侵权诉讼也是知识产权人行使权利的正常体现。

但是，近些年来，一些知识产权人在进行知识产权维权时，存在滥发侵权警告函或者滥用诉权恶意起诉等滥用知识产权的现象，有的案件还相当严重。尤其值得注意的是，当前知识产权保护实践中商业维权现象十分普遍。[1]商业维权固然存在其合理性，但如果滥用商业维权，也同样会造成权利滥用的不良后果。[2]下文将立足于当前我国知识产权保护实践，对上述现象和问题略加考察，揭示当前包括商业维权在内的知识产权维权和诉讼中存在的滥用程序权利和实体权利的现象，以便使人们重视对这类行为的有效规制。

（1）侵权警告函的滥用

侵权警告函是知识产权人或者利害关系人向涉嫌侵权人发出的书面信函，

---

〔1〕　参见最高人民法院（2022）最高法民再 274、275、276、277、278 号民事判决书（侵害商标权纠纷案）（批量维权案件中对于赔偿合理开支主张合理性的认定）。

〔2〕　参见最高人民法院（2023）最高法知民终 235 号民事判决书（侵害发明专利权纠纷案）（滥用知识产权的认定和处理）。

一般需要指出涉嫌侵权人可能存在的侵权行为及其后果，并提出通过协商和解等方式解决存在的侵权问题。对于被警告的单位或个人而言，收到侵权警告函后，既不要完全漠然视之，也不要感到害怕，而应当冷静地进行分析，判断自身是否存在警告函中主张的侵权行为。在现实中，警告函的滥用体现为：权利人在侵权事实和证据不够充分的前提下，通过大范围、大批量滥发警告函的方式，使被警告的单位或个人的生产经营处于时刻受到威胁的状态。[1] 很多权利人在发出侵权警告函后，既不撤销警告函，也不向有关知识产权行政部门投诉或者向人民法院起诉，以致被警告人无所适从。

为了维护社会关系的稳定，使被提出侵权警告的单位或者个人从侵权威胁的漩涡中摆脱出来，最高人民法院发布的《关于审理侵犯专利权纠纷案件应用法律若干问题的解释》第 18 条规定："权利人向他人发出侵犯专利权的警告，被警告人或者利害关系人经书面催告权利人行使诉权，自权利人收到该书面催告之日起一个月内或者自书面催告发出之日起二个月内，权利人不撤回警告也不提起诉讼，被警告人或者利害关系人向人民法院提起请求确认其行为不侵犯专利权的诉讼的，人民法院应当受理。"该规定明确了收到侵权警告函时被警告人可以提起确认不侵权之诉的变被动为主动的诉讼途径。当然，法院在处理知识产权侵权警告函问题时，一方面需要防止权利人滥发侵权警告函扰乱正常的社会秩序，影响被警告的单位或者个人的正常生产经营活动；另一方面也同样应当注意防止被警告人针对侵权警告函滥用不侵权之诉。以下不妨通过两个典型案例略加阐述。

在重庆某某实业有限公司（本编以下简称"某实业公司"）诉重庆某啤酒股份有限公司（本编以下简称"重庆某啤酒公司"）确认不侵害商标权纠纷案[2]中，某实业公司诉称：2018 年底，重庆某啤酒公司以某实业公司生产的"重庆崽儿"系列啤酒侵害其注册商标专用权为由，数次向工商管理部门举报投诉，但未诉请法院解决其商标权争议。本案中，"重庆"是地名，"啤酒"是商品通用名称，被告无权禁止他人正当使用。被告主张原告侵权的相

---

[1] 还有一种情况是，发出侵权警告的知识产权人获得的知识产权本就存在瑕疵，如知识产权人以不公平竞争为目的，窃取他人在先成果或者将现有技术、现有设计申请专利，在获得权利后即迫不及待地向众多生产经营者滥发警告函。这种情况属于更明显的权利滥用行为。

[2] 重庆市第三中级人民法院（2019）渝 03 民初 34 号民事判决书（确认不侵害商标权纠纷案）。

关商标非驰名商标，且"重庆"作为直辖市地名的知名度远远高于"重庆"啤酒商标的知名度，被告商标具有"弱保护性"。被告的投诉举报给原告的生产经营造成困扰，对产品的销售产生不良影响，因此原告请求法院依法确认原告在"重庆崽儿啤酒"商品、包装及相关广告宣传中使用"重庆崽儿""重庆崽儿啤酒"字样不侵害被告的注册商标专用权。重庆某啤酒公司则辩称，其是一家生产啤酒的大型合资上市企业，依法注册了"重庆图文"以及"重庆啤酒"等系列商标。经过几十年的发展，其商标中的"重庆"字样已经具有了区分商品来源的第二含义。根据《商标法》及相关规定，以地名作为文字商标进行注册的，商标专用权人有权禁止他人将与该地名相同的文字作为商标或者商品名称等商业标识在相同或者类似商品上使用来表示商品的来源。

重庆市第三中级人民法院认为：确认不侵权之诉的立法目的在于规制权利人滥用权利，在被警告人遭受侵权警告而权利人怠于行使诉权使被警告人处于不安状态的情形下，被警告人能够获得司法救济的途径。但是，由于侵权之诉在举证和事实查明上优于确认不侵权之诉，为了尽量促使当事人之间通过侵权之诉解决争议，防止被警告人动辄提起确认不侵权之诉，对于被警告人提起确认不侵权之诉，有必要设置被警告人向权利人催告行使权利的程序，并留给权利人提起侵权之诉的合理期限。[1]最高人民法院发布的《关于审理侵犯专利权纠纷案件应用法律若干问题的解释》第18条明确规定了确认专利不侵权之诉的条件，对于确认不侵害专利权之外的其他确认不侵害知识产权之诉，也应当首先参照上述规定，审查该起诉是否具备法定条件以及是否符合法定程序。[2]即确认不侵害知识产权之诉在符合《民事诉讼法》第122条规定的民事案件受理条件的基础上，还须符合以下四个条件：一是权利人已发出了警告，而被警告人或者利害关系人不承认自己的行为构成侵权；二是被警告人或者利害关系人书面催告权利人行使诉权；三是权利人无正当理由未在合理期限内依法提起侵权之诉；四是权利人的此种延迟行为可能对

---

〔1〕 参见最高人民法院（2022）最高法知民终1744号民事裁定书（确认不侵害专利权纠纷案）（侵权警告未明确具体产品时被警告侵权产品的确定）。

〔2〕 参见杭州互联网法院（2021）浙0192民初10369号民事判决书、浙江省杭州市中级人民法院（2023）浙01民终453号民事判决书（确认不侵害著作权纠纷案）。

被警告人或者利害关系人的权益造成损害。具体到本案，被告重庆某啤酒公司先后向重庆市某区市场监督管理局和重庆市市场监督管理局投诉的行为可视为警告，且该警告已经重庆市某区市场监督管理局书面告知原告某实业公司的法定代表人，但原告某实业公司未经书面催告程序径行提起确认不侵害商标权之诉，不符合起诉的要件。该院遂依法裁定驳回原告某实业公司的起诉。

从上述裁定可以看出，针对权利人发出侵权警告函问题，司法解释明确了确认不侵权之诉的目的在于防止权利人滥用权利，维护社会关系的稳定，并使被警告人从受到侵权警告的不安定中解放出来。[1]同时，为了防止滥用确认不侵权之诉，当事人需要严格遵守司法解释规定的提起诉讼的条件，除满足《民事诉讼法》规定的条件外，法院还要审查侵权人发出警告的事实、被警告人或者利害关系人是否书面催告权利人行使诉权、权利人在合理期限内是否依法提起诉讼或者请求知识产权主管部门加以处理，最后还要考虑权利人的延迟行为对于被警告人或者利害关系人所造成的影响。上述条件兼顾了警告人和被警告人或者利害关系人的利益，实现了在处理涉及侵权警告问题时多方当事人之间的利益平衡。

又如，在某荷兰公司、某（昆山）轮胎有限公司（本编以下简称"某轮胎公司"）与某机械（苏州）有限公司（本编以下简称"某机械公司"）确认不侵害专利权纠纷案[2]中，某荷兰公司、某轮胎公司向江苏省苏州市中级人民法院起诉请求确认某荷兰公司制造、许诺销售、销售、进口以及某轮胎公司使用 MAXX 型号半钢子午胎一次法成型机及相关产品的行为不侵害某机械公司 ZL201420660550.1 号实用新型专利权。法院认为，最高人民法院《关于审理侵犯专利权纠纷案件应用法律若干问题的解释》第 18 条并未对"侵权警告"进行明确界定，何为"侵权警告"需结合确认不侵权诉讼的制度本意来理解。在专利法语境中，侵权警告应是指权利人通过直接或间接的方式向相对方主张侵权，但又怠于通过法定程序解决纠纷，致使相对方对是否侵权问题长期处于不确定状态。根据《专利法》（2008 年修正）第 60 条规定，司

〔1〕 参见陕西省西安市中级人民法院（2021）陕 01 知民初 3224 号民事判决书（确认不侵害商标权纠纷案）。
〔2〕 最高人民法院（2019）最高法知民终 5 号民事裁定书（确认不侵害专利权纠纷案）；江苏省苏州市中级人民法院（2018）苏 05 民初 1453 号民事裁定书（确认不侵害专利权纠纷案）。

法保护和行政保护都属于解决专利纠纷的法定形式，只要权利人的行为足以在其与相对方之间形成争议的事实，且权利人怠于诉诸法定的纠纷解决程序，或虽启动了行政投诉程序，但因权利人的过错或原因导致行政投诉程序未能或无法就双方争议的事实作出确定性的裁决，致使当事人双方陷入法律关系不确定的状态，就应当被认定为实质上构成对相对方的侵权警告。某机械公司认为某荷兰公司和某轮胎公司涉嫌侵害其专利权，并通过直接向知识产权局投诉的方式对其权利予以救济。知识产权局对于某机械公司的投诉予以立案受理，并组织了专门的行政执法人员进行行政调查。某机械公司和某荷兰公司、某轮胎公司之间的专利侵权纠纷已经进入了法定的纠纷解决程序，且未有证据显示某机械公司有不配合或阻碍行政程序正常开展的情形，故某荷兰公司和某轮胎公司可以通过该行政程序确定其是否构成侵权。此种方式与专利法意义上的"侵权警告"有本质区别，即便行政调查程序因某轮胎公司向专利复审委员会申请宣告涉案专利无效而中止，中止的原因和结果也均非某机械公司所掌控和推动的。就确认不侵权诉讼的初衷和定位而言，其是为了制止知识产权的滥用，保障和明确当事人的诉权。在某机械公司依法行使其法定维权行为，未有滥用知识产权的情况下，其向知识产权局进行行政投诉不构成专利法意义上的"侵权警告"。

此外，一审法院还就本案原告提起诉讼的时点判断问题进行了分析和认定。法院认为，其关键在于如何正确理解我国设定"提起诉讼"为知识产权确认不侵权之诉受理条件的立法理由。上述司法解释将权利人未在合理期限内撤回警告或提起诉讼作为确认不侵权之诉的受理条件之一，原因是确认不侵权之诉本身的制度定位在于将被警告人或利害关系人从法律权利义务的不安定状态中解救出来，制止权利人对知识产权的滥用，实现当事人之间的利益平衡。这也决定了确认不侵权之诉是当事人的一种辅助救济手段。如果权利人在合理期限内撤回了警告，或提起了诉讼，则被警告人或利害关系人已从不确定状态中解脱，无需再通过这一制度来解决当事人之间的纷争。因此，当权利人提起诉讼，请求公权力机关行使公权力救济自己的权利时，请求的意思表示到达法院即发生法律效力，即应认定权利人积极主张了权利。因此，此处的"提起诉讼"是指权利人起诉的行为，而非法院受理的行为，"提起诉讼"的时点应为权利人主张权利、提起诉讼的时间，而非法院受理的时间。某机械公司在收到催告函之后一个月内积极请求人民法院对其权利进行救济，故在权利人在合理期限内启动诉讼程序的情形下，某荷兰公司和某轮胎公司不应当就相同的法律关系再提起确认不侵权诉讼。

基于上述认定和理由，一审法院裁定驳回某荷兰公司、某轮胎公司的起诉。

某荷兰公司、某轮胎公司不服上述一审裁定，向最高人民法院上诉请求撤销原审裁定。最高人民法院认为，本案二审阶段的主要争议焦点有三：其一，某机械公司提起的专利侵权纠纷处理请求是否构成专利法意义上的侵权警告；其二，某机械公司提起侵权诉讼的时间应当如何确定；其三，上诉人提起的确认不侵权之诉的请求是否超越涉案专利侵权纠纷处理请求的范围。

关于某机械公司提起的专利侵权纠纷处理请求是否构成专利法意义上的侵权警告，最高人民法院认为，如果权利人主张相对方侵权，但又不通过法定程序予以解决，会使相对方处于不确定状态。确认不侵权诉讼的制度目的在于赋予相对方诉权，使其有途径消除这种不确定状态。其一，本案中某机械公司向专利行政部门提起处理专利侵权纠纷的请求，表明其认为涉案的型号为 MAXX 的轮胎成型机侵害其涉案专利权。本案中行政处理程序对某荷兰公司经营的影响是客观存在的。其二，某机械公司提起的专利侵权纠纷处理请求，被请求人仅为设备使用者某轮胎公司，而设备的制造者某荷兰公司并非被请求人，某荷兰公司没有参与该行政处理程序的机会，无法在该行政处理程序中主张相应权利。对于某荷兰公司而言，其所制造、销售的被控侵权设备是否会被专利行政部门认定构成侵权，已经处于一种不确定的状态，其产品销售市场可能因此受到影响，并且其权益在相应行政处理程序中无法得到保障。某荷兰公司提起本案确认不侵害专利权之诉的目的是尽快通过司法程序确认其生产、销售的 MAXX 型号轮胎成型机未落入某机械公司涉案专利权的保护范围，从而从可能面临侵权指控的不确定状态中解脱出来并稳定其相应市场。无论如何，尽快确定 MAXX 型号轮胎成型机是否落入某机械公司涉案专利权的保护范围，既符合本案各方的利益，也有利于节约行政和司法资源。本案中权利人请求专利行政部门处理专利侵权纠纷，处理结果可能直接影响未作为被请求人的某荷兰公司的利益，可认为其已受到侵权警告。因此，本案中对于某荷兰公司而言，其应将某机械公司提起的专利侵权纠纷处理请求认定为《最高人民法院关于审理侵犯专利权纠纷案件应用法律若干问题的解释》第 18 条所称的侵权警告，某荷兰公司关于某机械公司专利侵权纠纷处理请求属于侵权警告的上诉理由具有合理性，原审法院适用法律不当，本院予以纠正。

此外，专利权人是否滥用其权利并非认定其行为是否构成侵权警告的前提，确认不侵害专利权之诉本身并不处理专利权人是否滥用其权利的问题，原审法院并未对某机械公司是否滥用其知识产权进行单独认定，某荷兰公司、某轮胎公司关于原审法院未认定某机械公司滥用知识产权属于事实认定错误的上诉理由不能成立。

关于某机械公司提起侵权诉讼的时间应当如何确定，最高人民法院认为，确认不侵害专利权之诉与同一范围的专利侵权之诉，实质上均为处理被诉侵权人所实施的技术方案是否落入涉案专利权保护范围的问题。如专利侵权之诉在先，则相对方可提出不侵权抗辩，并无必要进行相应的确认不侵害专利权之诉。专利权人未在合理期限内撤回警告或提起诉讼是确认不侵害专利权之诉的受理条件之一，如权利人在合理期限内撤回警告或提起诉讼，则被警告人或利害关系人已从不确定状态中解脱，或者可在专利侵权诉讼中解决纠纷，而无需再通过确认不侵害专利权之诉来解决纠纷。本案中，虽然某机械公司请求专利行政部门处理侵权纠纷的行为属于侵权警告，但某机械公司作为专利权人已在合理期限内提起侵权诉讼，某荷兰公司、某轮胎公司提起的确认不侵害专利权之诉并不符合专利法司法解释规定的相应受理条件。综上，某荷兰公司、某轮胎公司关于某机械公司提起诉讼的时间应以法院受理时间为准、确认不侵权之诉应独立存在的上诉理由不能成立。

关于本案确认不侵害专利权之诉的请求是否超越涉案专利侵权纠纷处理请求的范围，最高人民法院认为，根据确认不侵害专利权之诉的制度目的，其请求确认的范围不应超出权利人侵权警告的范围，否则其将是无本之木，即专利权人的侵权警告是相对方提起确认不侵害专利权之诉的基本前提。凡相对方超出专利权人侵权警告范围的诉讼请求，均不应纳入确认不侵害专利权之诉的审理范围。本案二审中，各方当事人均确认 MAXX 型号轮胎成型机与某荷兰公司增加诉讼请求申请书中的 VMI245 全自动一次法轮胎成型机属于不同的设备。本案中某机械公司的专利侵权纠纷处理请求仅涉及 MAXX 型号轮胎成型机，其所使用的"包括但不限于"一语，并不意味着其请求处理事项可无限扩展至其他设备，且相关专利行政部门亦仅针对 MAXX 型号轮胎成型机展开相应处理程序，这意味着某机械公司的侵权警告仅指向 MAXX 型号轮胎成型机。当事人不能提起超出侵权警告范围的确认不侵害专利权之诉，因此某荷兰公司增加的诉讼请求不应在本案中予以处理。如某荷兰公司认为其 VMI245 全自动一次法轮胎成型机受到了其他侵权警告，可另行寻求救济。据此，某荷兰公司、某轮胎公司关于其增加的诉讼请求不应被驳回、原审法院违反法定程序的上诉理由，本院不予支持。

基于上述认定与理由，最高人民法院二审裁定驳回上诉，维持原裁定。

该案对于涉及侵权警告函问题时确认不侵权之诉的适用条件和程序进行了较为全面的分析和认定，为审理知识产权案件中的确认不侵权之诉提供了较为重要的裁判法理。在该案一审中，法院根据最高人民法院的司法解释，明确了被警告人或者利害关系人提起确认不侵权之诉的受理条件，即：权利人发出了侵权警告；被警告人或利害关系人提出了书面催告；权利人未在合理期限内撤回警告或提起诉讼。该案一审、二审法院对于专利案件中确认不侵权之诉的意义和价值，从防止权利滥用和利益平衡的角度进行了阐释，肯定了这类诉讼在这方面的意义。该案中，两审法院对于"侵权警告"的内涵均进行了认定，其中二审法院纠正了一审法院针对某荷兰公司关于某机械公司专利侵权纠纷处理请求不属于侵权警告的认定，同时明确了确认不侵害专利权之诉的请求不得超越涉案专利侵权纠纷处理请求范围的原则。还值得注意的两个问题是：其一，本案专利权人在合理期限内向知识产权行政部门请求处理，在解决纠纷目的上与向人民法院提起侵权诉讼具有类似效果，因此法院认定某荷兰公司、某轮胎公司提起确认不侵权之诉不符合司法解释规定的条件。其二，二审法院明确了专利权滥用并非认定其行为是否构成侵权警告的前提。这是因为，侵权警告是权利人通过正常途径向涉嫌侵权人提出的要求，属于权利人正当行使权利的范畴。[1]

（2）滥用维权手段实施恶意投诉

当前，随着知识产权对于市场经济主体开展市场竞争活动的重要性不断提高，与知识产权保护宗旨背道而驰的各式各样的不正当竞争行为也时

---

[1] 与侵权警告相关的一个问题是，当知识产权人或者利害关系人以诉讼作为威胁时，是否存在知识产权滥用行为。国外即有相关案例反映了这类情况。Online Policy Group v. Diebold, Inc., 337 F. Supp. 2d 1195, 1197-1205（N. D. Cal. 2004）；New Era Publ'ns Int'l, ApS v. Key-Porter Books Ltd., [1987] 18 C. P. R. 3d 562, 566（Fed. Ct.）（Can.）在这两个涉及著作权滥用抗辩的案件中，原告提出了著作权人利用著作权扼杀言论自由问题。

常出现，[1]以维权为名、行恶意投诉之实的现象和案例也并非少见。在有的涉及商标侵权的诉讼案件中，原告会在胜诉后，急不可耐地向被告的合作伙伴、销售门店甚至有关行政管理部门实施大范围投诉。这里不妨以几个真实案例为例略加阐述。

在某商标侵权纠纷案件中，原告在一审胜诉后、二审被告提起上诉期间以及二审判决之前，为了达到尽快将被告同类产品全线赶出市场的目的，向被告所在地的市场监管部门进行举报，并且故意用模糊的语言表达，将案件审理情况说成是被告被法院认定为侵害商标权，要求该市场监管部门和被告在全国范围内的经销商和合作伙伴所在的地市一级市场监管部门对这些经销商和合作伙伴进行行政查处；同时，又向上述全国范围内的市场监管部门直接投诉，指出被告产品被法院认定为商标侵权，要求进行行政查处。这一系列投诉发生后，被告及其在全国范围内的经销商和合作伙伴囿于侵权风险，纷纷中止和被告的合作，致使被告受到了极大经济损失。后来，二审判决最终认定被告并不构成商标侵权，一审被告遂以原告不正当竞争为由提起相关不正当竞争之诉。对于该案，即使最终二审法院维持一审侵权判决，原告在二审判决之前的上述行为依然涉嫌构成滥用维权手段实施恶意投诉行为。这是因为，在二审判决之前，一审判决认定商标侵权并未发生法律效力，原告以尚未发生法律效力的一审判决为依据且在投诉时故意模糊用语，使相关经销商、合作伙伴和地方市场监管部门误以为其是发生法律效力的判决而采取了行政处罚等措施，引发了更多的诉讼。

在某注册商标无效宣告案件中，某注册商标在二审和再审判决中均被认定系抢注他人未在中国注册的驰名商标，应当宣告无效。在该案一审到再审过程中，注册商标人为了报复无效宣告请求人，先后针对无效宣告请求人在国内的约两百家门店向当地市场监管部门进行投诉。不仅如此，在该案中，注册商标人还先后将承办案件的法官、对方律师及所在的律师事务所、为案件提供专家咨询的专家都一一投诉。这一系列投诉的处理，耗费了大量的审

---

〔1〕 参见天津市第三中级人民法院（2023）津03民终11555号民事判决书（不正当竞争纠纷案）；四川省成都市中级人民法院（2023）川01民初635号民事判决书（不正当竞争纠纷案）；四川省高级人民法院（2022）川知民终1939号民事判决书（不正当竞争纠纷案）；浙江省高级人民法院（2023）浙民终1113号民事判决书（不正当竞争纠纷案）。

查资源和人力资源，也对被投诉的相关单位和个人产生了极大的负面影响。然而，投诉人并没有因这些投诉不成立而承担任何法律责任。上述案件具有典型性，反映了滥用维权手段、行一己私利之行为。鉴于这类恶意投诉行为的恶劣性质及其危害后果，相关部门应当研究对这类滥用维权手段、损害他人合法权益的行为进行规制的措施和此类行为应承担的法律责任。

在天津市某金属制品有限公司（本编以下简称"某金属制品公司"）与徐某、邓某等不正当竞争纠纷案[1]中，原告某金属制品公司于2016年12月9日在天猫平台开设了名称为"嘉瑞宝旗舰店"的店铺，主要进行地毯销售。被告赵甲、天津甲地毯有限公司、天津乙地毯有限公司也分别在2015年、2016年和2015年开设了淘宝店铺，销售同类商品。自2019年6月起，被告邓某作为知识产权代理人，就登记为被告徐某名下的涉案三幅美术作品，以著作权侵权为由在阿里巴巴知识产权保护平台对原告的"嘉瑞宝旗舰店"先后发起五次投诉，导致原告店铺所售两种商品的三个链接下架。徐某自述本案进行著作权登记的三幅美术作品并非其本人创作，也不知道原告被投诉的事情，其从未在任何文件上签字。本案中，原告被投诉事宜实为邓某接受天津甲地毯有限公司法定代表人赵乙委托，通过赵乙取得了徐某的身份证照片、授权委托书及用于证明销售在先的订单截图等资料，对涉案三幅美术作品进行了版权登记并用于投诉。邓某认可因投诉成功三个链接，按照每个链接1000元的标准收取赵乙3000元费用的事实。

法院认为该案的焦点问题为：一是被告在阿里巴巴知识产权保护平台对原告实施的投诉行为是否构成不正当竞争；二是如果被诉行为构成不正当竞争，被告应承担何种法律责任。

法院首先对于原告在本案是否具有反不正当竞争法保护的权益进行了认定。其认为，作为电商平台经营者，阿里巴巴为保护知识产权设立了高效、便捷的平台投诉机制，权利人可以由此实现快速制止侵权从而减少损失的目的，但恶意利用该机制打压竞争对手、获取不当利益的投诉也时有发生。有鉴于此，权利人利益得以维护的同时，商家不受干扰、正常经营的合法权益亦应受到保护。本案中，原告店铺销售的地毯种类较多、图案丰富、数量较大，即使原告所售商品存在侵害他人作品著作权的可能，如果其认为被告实

---

[1] 天津市滨海新区人民法院（2019）津0116民初5880号民事判决书（不正当竞争纠纷案）。

施的投诉行为构成不正当竞争，仍有权提起诉讼。同时，现有证据不能证明原告在被投诉前知道或者应当知道被投诉商品存在著作权侵权的事实，且其在申诉过程中随即通过"我图网"查询了相关作品的权属并获得了授权。至于其是否实际侵害了他人著作权并非本案审查范围，也不影响其制止被告不正当竞争行为的权利。

关于被告的投诉行为是否构成恶意投诉，法院认为：被告赵甲、天津甲地毯有限公司在明知徐某并非涉案三幅作品著作权人的情况下，为利用平台投诉机制打击竞争对手，由赵甲出面借用徐某的身份证，利用赵甲、天津甲地毯有限公司和天津乙地毯有限公司店铺的销售记录，并由赵乙委托邓某以徐某的名义办理了相关版权登记，发起了对原告的投诉事宜。2019年6月20日至7月3日，邓某以徐某知识产权代理人的身份，以三幅美术作品为权利基础，对原告在售的三款商品先后发起五次投诉，而赵甲、天津甲地毯有限公司和天津乙地毯有限公司店铺亦有与该三款商品图案相同的商品销售。经过原告申诉、平台审核等程序，上述投诉致原告两款商品的三个链接被删除。值得注意的是，其中针对原告销售最好的灰色格子地毯进行的首次投诉，曾在原告申诉成功后撤销，后邓某又针对该款商品的两个链接继续投诉，直至商品下架。由此可见，赵甲与天津甲地毯有限公司存在利用虚假作品登记证书投诉原告著作权侵权的共谋，其借助平台投诉机制使原告经营的同类商品链接被删的主观意图明显。

综上，作为原告的同业经营者，赵甲、天津甲地毯有限公司在明知其不具有投诉资格且不能证明被投诉商品存在侵权的情形下，仍然通过伪造权利依据的方式，利用阿里巴巴知识产权保护平台机制对原告多款销量较大的商品发起数次投诉，其通过打击竞争对手、破坏原告竞争优势以获取自身利益的主观恶意明显，可以认定赵甲、天津甲地毯有限公司实施的被诉行为属于典型的"恶意"投诉。被告赵甲、天津甲地毯有限公司恶意利用阿里巴巴知识产权保护平台规则进行投诉致原告商品链接被删除，以此为己谋取不当利益的行为，直接损害了原告的经营利益和竞争优势，也破坏了网络交易平台的良好秩序和竞争生态，有违诚实信用原则和公认的商业道德，具有明显的不当性，构成对原告的不正当竞争。被告天津乙地毯有限公司参与的对原告大红色欧式图形地毯的投诉行为，亦构成不正当竞争。

关于被告邓某，法院认定其既了解平台投诉规则，也知晓发起侵权投诉可能导致的后果，故其在受托办理平台投诉的过程中，应当妥善尽注意义务。邓某虽提供了显示有徐某签名的《知识产权投诉授权委托书》，但其并没有对徐某作为涉案作品权利人、知识产权投诉委托人的身份及该授权委托书的真实性进行核实，未尽合理审查义务，主观上存在一定过错。同时，邓某明知赵乙为淘宝店铺的地毯商品经营者，也知晓被投诉的原告与赵乙是淘宝平台的同业竞争者，理应预见存在恶意投诉之嫌。其在此种情况下仍接受赵乙的有偿委托，为投诉目的办理了涉案作品的版权登记，并以徐某的名义在阿里巴巴知识产权保护平台实施了对原告的投诉，以致原告商品下架、利益受损，客观上对被告赵甲、天津甲地毯有限公司及天津乙地毯有限公司的不正当竞争行为提供了帮助，构成共同侵权。

至于被告徐某，法院认为其与原告既无竞争关系，又无主观过错，亦未实际参与版权登记及投诉行为，未从中获益，故原告主张徐某构成不正当竞争的请求，不予支持。

基于上述认定与理由，法院判决被告赵甲、被告天津甲地毯有限公司、被告天津乙地毯有限公司、被告邓某赔偿原告经济损失和合理开支共计35万元。

上述案件是天津法院首例涉及电商平台恶意投诉的知识产权纠纷案件，具有一定的典型性。该案明确了原告具有反不正当竞争法保护的权益，认为其经营的地毯即使构成著作权侵权，也不影响其主张被告构成不正当竞争行为。何况本案赵甲、天津甲地毯有限公司是通过进行虚假的著作权登记、伪造权利依据的方式，利用阿里巴巴的知识产权侵权投诉机制进行的恶意投诉，原告并不存在侵害被告著作权的问题。法院从被告的主观恶意、共同实施不正当竞争行为及其损害后果等方面认定除徐某外的几名被告构成不正当竞争。值得指出的是，本案被告以虚假的著作权登记作为"维权"的基础，实质上并不存在受保护的著作权，因此难以构成真正意义上的知识产权滥用行为。不过，从徐某以外的几名被告实施的行为看，其实施的不正当竞争行为具有违背诚信原则、主观具有恶意等特点，这与知识产权滥用行为又具有共通性。

在申请人徐某与被申请人田某、刘某、山东某文化传播有限公司（本编以下简称"山东某公司"）申请诉前停止侵害知识产权案〔1〕中，申请人徐

---

〔1〕 浙江省杭州市余杭区（市）人民法院（2019）浙0110行保1号民事裁定书（申请诉前行为保全案）。

某称：申请人与被申请人之间具有竞争关系，三被申请人是团伙性的恶意投诉行为，目的是帮助被申请人田某的店铺清除竞争对手，占领市场份额。徐某向浙江省杭州市余杭区人民法院申请诉前停止侵害。法院根据《最高人民法院关于审查知识产权纠纷行为保全案件适用法律若干问题的规定》第7条的规定，对以下问题进行了分析和认定。

第一，申请人的请求是否具有事实基础和法律依据。法院认为，申请人徐某提供的初步证据显示，申请人徐某以会员名"有名小黑店"在淘宝网上开设淘宝店铺"阿胶糕包装盒礼品盒"销售阿胶糕包装盒产品，被申请人田某以会员名"阿胶吧"开设淘宝店铺"阿胶吧"同样销售阿胶糕包装盒产品，二者具有同业竞争关系。

法院对被申请人田某、刘某和山东某公司通过阿里巴巴知识产权保护平台针对申请人徐某的淘宝店铺以著作权侵权为由提起的多次投诉及其依据的进行著作权登记的作品进行了分析和对比，发现了三被申请人提交的作品存在的问题。例如，被申请人田某通过阿里巴巴知识产权保护平台针对申请人徐某的淘宝店铺以著作权侵权为由发起十七次投诉，其使用的分别为著作权登记号"国作登字-2015-F-00237557"（作品名称：阿胶糕正标）、"国作登字-2016-F-00244536"（作品名称：阿胶糕盒子标签）、"鲁某字-2015-F-037588"（作品名称：阿胶糕标签设计）的美术作品，其中"阿胶糕正标"和"阿胶糕盒子标签"在阿里巴巴知识产权保护平台先后注册登记三次，提交的作品图片均存在先后不一致的情形，而且"阿胶糕正标"所附的部分公开发表订单创建时间与浙江淘宝网络有限公司（本编以下简称"淘宝公司"）后台数据显示的订单真实创建时间不一致，涉嫌伪造作品公开发表时间；"阿胶糕标签设计"在阿里巴巴知识产权保护平台先后注册登记四次，提交的作品图片却存在三个不同版本。此外，被申请人田某向阿里巴巴知识产权保护平台提交的另一著作权登记号为"鲁某字-2018-F-038583"的作品，法院未在山东省版权局查询到该作品的登记信息。被申请人田某涉嫌使用伪造的权属信息向阿里巴巴知识产权保护平台登记投诉。

申请人提交的材料显示，被申请人刘某、山东某公司与被申请人田某之间存在关联关系，三被申请人使用部分变造、伪造的权属证明、发表证明、授权证明等材料分别多次针对申请人徐某的淘宝店铺进行著作权侵权投诉，致使申请人的部分商品链接被淘宝公司下架删除，从而达到清除竞争对手、取得竞争优势、抢占市场份额的目的，涉嫌共同构成不正当竞争。故申请人请求对三被申请人采取诉前行为保全措施具有相应的事实基础和法律依据。

第二，不采取行为保全措施是否会使申请人的合法权益受到难以弥补的损害。法院认为，不采取保全措施会对申请人造成难以弥补的损害，理由如下：一是涉案店铺销售的商品具有时令性。申请人徐某开设的淘宝店铺主要销售阿胶糕包装盒，而即将到来的秋冬季节正是阿胶糕的销售旺季，随着阿胶糕的大量销售，阿胶糕包装盒的需求也将大幅提升。如果不采取保全措施，会影响申请人的正常销售，造成申请人的销售损失。二是销售链接被删除导致的损失不可逆。网络销售不同于线下销售，一旦商品链接因涉嫌侵权被下架删除，即使之后发现系权利人恶意投诉所致，链接再被恢复时其排名、引流能力也将不复从前。三是侵权处罚影响全店销量。根据淘宝公司制定的规则，一旦侵权投诉成立，除了删除链接，往往还触发店铺扣分、临时监管、限制发布商品或参加活动等处罚措施，这将对整个店铺的流量引入、营销活动产生影响，从而影响整个店铺的销量。综上，如果不采取保全措施，三被申请人的"恶意"投诉行为会给申请人的店铺造成销量减少、竞争能力削弱、市场份额降低等难以弥补的损害。

第三，不采取行为保全措施对申请人造成的损害是否超过采取行为保全措施对被申请人造成的损害。法院认为，虽然阿里巴巴知识产权保护平台设有投诉申诉机制，但是鉴于伪造著作权登记权属或变造订单成交时间等行为具有隐蔽性，不通过向版权局或者淘宝公司申请调查的方式无法知悉，申请人因不知晓权属有误或无法及时取得有效证据而导致申诉失败、链接被删的风险客观存在。相反，三被申请人因行为保全被限制投诉产生的后果主要是：在行为保全期间内，三被申请人将无法通过阿里巴巴知识产权保护平台针对申请人的淘宝网店进行投诉，及时制止真实的侵权行为，但这并不影响其通过诉讼方式起诉要求申请人停止侵权，其未能及时制止侵权导致的损失也可以通过侵权商品链接在此期间的销量被具体量化。故不采取行为保全措施对申请人造成的损害明显超过采取行为保全措施对三被申请人造成的损害。

第四，采取行为保全措施是否损害社会公共利益。法院认为，三被申请人针对申请人的投诉主要是基于申请人淘宝店铺内销售的阿胶糕包装盒上印制的图案侵犯了其著作权，未有证据显示申请人销售的商品存在产品质量问题等可能损害社会公共利益的情形。

此外，法院还根据前述司法解释的规定，考虑到双方当事人之间的不正当竞争纠纷审理期限可能较长，为平衡双方利益，参考涉案商品销售旺季，确定本案行为保全措施截止时间为 2020 年 2 月底。

基于上述认定与理由，法院裁定被申请人田某、刘某、山东某公司立即停止针对申请人徐某在淘宝网上以会员名"有名小黑店"开设的淘宝店铺内的商品链接向淘宝公司提起知识产权侵权投诉的行为，保全期限至 2020 年 2 月 29 日，驳回申请人徐某的其他保全申请。

该案属于诉前停止不正当竞争行为的案件，也是电商领域首个"反向行为保全"裁定。在该案中，针对申请人徐某提出的诉前禁令请求，浙江省杭州市余杭区人民法院依据《最高人民法院关于审查知识产权纠纷行为保全案件适用法律若干问题的规定》规定，紧密结合人民法院审查行为保全申请应当考虑的因素，逐一进行了分析和认定，[1]并通过裁定的形式明确诉前停止侵害的行为保全手段。该案可谓是侵害知识产权和不正当竞争领域适用行为保全的典型案例。[2]但是，由于该案中三被申请人存在利用部分变造、伪造的权属证明、发表证明、授权证明等材料分别多次针对申请人徐某的淘宝店铺进行著作权侵权投诉的行为，致使申请人的部分商品链接被淘宝公司下架删除，从而达到清除竞争对手、取得竞争优势、抢占市场份额的目的，涉嫌共同构成不正当竞争。三被申请人"主张权利"和"侵权投诉"的行为，实为以维权为名的滥用权利和滥用投诉的违法行为，因此也可以从制止权利滥用和恶意投诉方面加以认识和研究。

（3）恶意诉讼

在知识产权诉讼特别是知识产权侵权诉讼中，也存在知识产权滥用问题。这种情况尤其体现为恶意诉讼。[3]这类恶意诉讼体现为行为人提起知识产权

---

〔1〕　参见广东省深圳前海合作区人民法院（2022）粤 0391 民初 7842 号之一民事裁定书（不正当竞争纠纷行为保全案）。

〔2〕　参见浙江省杭州市中级人民法院（2023）浙 01 民初 1411 号民事裁定书（行为保全案）。

〔3〕　参见王活涛、郑友德：《专利恶意诉讼及其法律应对》，载《知识产权》2009 年第 5 期；江西省高级人民法院（2023）赣民终 516 号民事判决书（因恶意提起知识产权诉讼损害责任纠纷案）；陕西省西安市雁塔区人民法院（2023）陕 0113 知民初 409 号民事判决书（因恶意提起知识产权诉讼损害责任纠纷案）；陕西省西安市雁塔区人民法院（2023）陕 0113 知民初 409 号民事判决书（因恶意提起知识产权诉讼损害责任纠纷案）。

诉讼具有恶意，在客观上存在对被提起诉讼行为人的损害后果。恶意诉讼的本质特点是提起诉讼的知识产权人具有追求损害他人合法权益、实现自身不正当利益的恶意。毫无疑问，知识产权诉讼案件中的恶意诉讼违背了诚实信用原则和禁止权利滥用原则，其本身构成了知识产权滥用，与知识产权司法保护宗旨相悖。因此，针对知识产权人恶意提起诉讼的行为，人民法院不仅不应当支持，反而应对恶意诉讼行为人造成的损害后果追究相应的法律责任。

我国知识产权诉讼领域中恶意诉讼并非罕见，以下摘取近些年来相关典型案件进行简要阐述。

在山东某智能科技股份有限公司（本编以下简称"某智能科技公司"）与江苏某数码电子有限公司（本编以下简称"某电子公司"）因恶意提起知识产权诉讼损害责任纠纷再审案[1]中，最高人民法院认为：本案所涉为恶意提起知识产权诉讼损害责任纠纷，其本质上为侵权责任纠纷的一种具体类型。某智能科技公司在本案中应当承担侵权责任的前提是，其提起（2009）锡知民初字第 57 号诉讼（本编以下简称"第 57 号诉讼"）的行为属于恶意提起知识产权诉讼。法院从一般意义上的侵权行为构成要件上界定了某智能科技公司是否存在恶意诉讼行为，即从侵害行为、损害结果、侵害行为与损害结果之间的因果关系以及行为人的主观过错等几方面进行审查。

在该案中，最高人民法院明确了通过民事诉讼途径依法保护知识产权人的合法权益的重要性以及知识产权人行使诉权应当遵循的基本原则。法院指出，民事诉讼是知识产权人维护自身权益的重要途径，人民法院应当依法保障知识产权人在其权利范围内获得充分和严格的保护。但民事行为的实施、民事诉讼程序的启动同样应当遵循诚实信用、禁止权利滥用的原则。基于上述考虑，最高人民法院对于判断某智能科技公司提起第 57 号诉讼是否具有主观恶意，提出了应当考虑的如下因素：其一，某智能科技公司在第 57 号诉讼中的权利基础及其对该种权利基础的认识能力。行为人在明知系争商标为他人在先使用并具有一定影响力的情况下，[2]抢先注册系争商标并获得的商标

---

〔1〕 最高人民法院（2019）最高法民申 366 号民事裁定书（因恶意提起知识产权诉讼损害责任纠纷案）。

〔2〕 参见陕西省西安市雁塔区人民法院（2022）陕 0113 知民初 226 号民事判决书（侵害商标权纠纷案）。

权不具有实质上的正当性。其二，某智能科技公司提起第 57 号诉讼的目的。诉讼目的正当、合法是排除恶意诉讼的重要因素。在该案中，某智能科技公司自涉案商标获得注册后，先后通过发送警告函、提起诉讼、进行工商举报等方式向某电子公司主张权利，难以认定其是以依法维权为目的、正当行使其诉讼权利的行为。

法院还进一步明确了知识产权案件构成恶意诉讼的以下条件：一是行为人提起知识产权诉讼无事实或者法律依据。这常常表现为行为人没有知识产权或者行为人虽然享有形式上"合法"的知识产权，但因该知识产权系恶意取得等多种原因而不具有实质上的正当性。二是行为人提起诉讼主观上具有恶意。行为人的恶意表现为两个方面：一方面为认识因素。即行为人提起知识产权诉讼时，要明知其提起知识产权诉讼无事实或者法律依据。在行为人恶意取得知识产权的情况下，尤其要明知其取得知识产权不具有实质上的正当性。另一方面为目的因素。即行为人提起知识产权诉讼要以损害他人合法权益或者获取非法利益为目的。判断行为人恶意的时间节点是行为人提起知识产权诉讼时。在行为人恶意取得知识产权的情况下，其取得知识产权时的恶意，自然可以作为认定其提起诉讼时具有恶意的依据。这是因为行为人明知其获得知识产权不具有实质上的正当性而有意提起诉讼，损害他人合法权益或者获取非法利益，其提起诉讼时主观上必然是恶意的。因此，如果行为人在恶意取得知识产权后，以损害他人合法权益或者获取非法利益为目的提起知识产权诉讼，就可以直接判定行为人在提起诉讼时即具有恶意。三是行为人恶意提起知识产权诉讼给他人造成了损失，且损失与行为人恶意提起知识产权诉讼具有因果关系。

根据以上分析，最高人民法院结合该案事实，认定某智能科技公司提起诉讼的行为属于恶意诉讼：其一，某智能科技公司提起第 57 号诉讼不具有实质上正当的权利基础。某智能科技公司提起第 57 号诉讼时，虽然表面上拥有 TELEMATRIX 商标权，但该商标权是某智能科技公司"以不正当手段抢先注册他人已经使用并有一定影响的商标"[1]而取得的，其并不享有实质上正当的权利基础。2013 年 7 月 22 日，商标评审委员会作出〔2013〕第 23303 号争

---

[1] 参见夏君丽：《商标授权确权案件"不正当手段"的司法探究》，载《法律适用（司法案例）》2018 年第 16 期。

议裁定书，裁定争议 TELEMATRIX 商标予以撤销。上述裁定亦得到了人民法院的维持，其商标专用权视为自始不存在。因此，某智能科技公司提起第 57 号诉讼时实质上并不享有 TELEMATRIX 商标权。其二，某智能科技公司提起第 57 号诉讼时主观上具有恶意。该案中，某智能科技公司在申请注册 TELEMATRIX 商标时具有恶意。即某智能科技公司在申请注册时，已经明知 TELEMATRIX 商标系他人已经使用并有一定影响的商标，自己是以不正当手段予以抢注，具有恶意。客观上，某智能科技公司作为相关行业的经营者，对 TELEMATRIX 商标具有较高知名度和影响力确实知晓，应当预知其以不正当手段抢注 TELEMATRIX 商标属于可被依法撤销的情形。事实也证明，某智能科技公司抢注的 TELEMATRIX 商标最终被撤销。此外，某智能科技公司提起第 57 号诉讼时具有恶意。某智能科技公司在明知其实质上不应当享有 TELEMATRIX 商标权的情况下，恶意申请获得注册，[1]并以损害某电子公司合法权益和获取非法利益为目的，公然针对某电子公司提起第 57 号诉讼，显属恶意。其三，某智能科技公司提起第 57 号诉讼造成了某电子公司的损失，且该损失与其提起第 57 号诉讼具有因果关系。

基于上述分析和认定，最高人民法院认为：某智能科技公司在明知 TELEMATRIX 商标系抢注他人在先使用并有一定影响的商标的情况下，以损害某电子公司合法权益和获取非法利益为目的，提起第 57 号诉讼，符合恶意提起知识产权诉讼的构成要件，已构成恶意诉讼。基于此，最高人民法院驳回某智能科技公司的再审申请。

在上述案件中，针对知识产权案件的恶意诉讼，最高人民法院强调了界定恶意诉讼的条件，尤其是知识产权人提起诉讼的不正当目的，并且实施的诉讼行为对被提起诉讼一方造成了损害。法院认为，恶意提起知识产权诉讼是指行为人明知自己提起知识产权诉讼无事实或者法律依据，仍以损害他人合法权益或者获取非法利益为目的，故意针对他人提起知识产权诉讼，造成他人损害的行为。由此可见，恶意诉讼行为本质上缺乏主张权利的合法基础，或者说其主张权利的行为缺乏正当性。恶意诉讼行为还是一种侵权行为，原因是该行为的实施损害了他人的合法权益。这无疑有助于人们深化对恶意诉

---

[1] 参见余俊、廖慧姣：《"不以使用为目的的恶意商标注册申请"的解释与适用》，载《法律适用》2022 年第 8 期。

讼行为的认识，特别是认识到该行为的危害性。

在谭某与腾讯公司因恶意提起知识产权诉讼损害责任纠纷上诉案〔1〕中，二审广东省高级人民法院认为，恶意提起知识产权诉讼本质上属于侵权行为。依据《民事诉讼法》（2017 年修正）第 13 条的规定，民事诉讼应当遵循诚实信用原则。当事人应当依法善意地行使法律赋予的诉讼权利，不得违反诚实信用原则，恶意利用诉讼程序，达到损害他人权益、牟取非法利益的目的。在该案中，谭某利用外观设计专利不进行实质审查的制度，将他人拥有在先权利的 QQ 企鹅形象申请为外观设计专利，其涉案专利权缺乏正当的权利基础。从谭某的诉讼行为分析，谭某在明知腾讯公司拥有 QQ 企鹅形象在先权利、其涉案专利权不具备合法权利基础的情况下，仍起诉腾讯公司侵害其涉案专利权，在腾讯公司对涉案专利提起无效宣告程序后，仍继续参与无效宣告程序和（2016）粤 03 民初 236 号（本编以下简称"236 号案"）诉讼程序，而且在上述程序中，谭某均委托了专业律师参与相关程序，能够预见其行为的结果，该行为不属于善意行使诉讼权利，具有损害他人权益的故意。综上，谭某提起 236 号案的行为违反了诚实信用原则，具有主观恶意，存在过错。

该案和前述某智能科技公司申请再审案有相似之处，即原告提起外观设计专利侵权诉讼缺乏主张权利的合法基础，获得的专利权涉及侵害他人在先权利，不应当受到法律保护。从形式上看，知识产权人行使权利固然具有权利基础，因为其已通过正常的知识产权申请程序获得了某一知识产权，如本案中的外观设计专利权，以及前一案件中的注册商标专用权，但还必须考虑知识产权获得的合法性。如果某一知识产权的获得是建立在侵害他人知识产权或者其他权利的基础上的，该知识产权就是一种存在瑕疵的权利，其行使必然会侵害他人的在先权利。实际上，我国相关知识产权法律对于尊重和保护在先权利有明确的要求。以该案涉及的外观设计专利权的获得为例，现行《专利法》第 23 条第 3 款即规定："授予专利权的外观设计不得与他人在申请日以前已经取得的合法权利相冲突。"在专利司法实践中，当外观设计专利申请人申请的外观设计专利侵害了他人的在先权利时，专利申请审查部门应驳

---

〔1〕 广东省高级人民法院（2019）粤民终 407 号民事判决书（因恶意提起知识产权诉讼损害责任纠纷上诉案）。

回其专利申请。即使申请人获得了专利，根据现行《专利法》第 45 条规定，任何单位或者个人认为该专利权的授予不符合《专利法》有关规定的，可以请求国务院专利行政部门宣告该专利权无效。[1] 在该案中，腾讯公司即对涉案专利提起无效宣告程序。

该案还需要进一步从知识产权滥用的角度加以思考和评价。由于专利权人明知其获得的专利权侵害了他人的在先权利，该外观设计专利权人当初在申请外观设计专利时就存在恶意。当专利权人获得外观设计专利权后，其反而向在先权利人提起侵权诉讼，该起诉行为的恶意性质更是昭然若揭。这种行为必然会进一步损害在先权利人的合法权益，因此不能获得法律保护。结合前述英美国家关于知识产权滥用的"不洁之手"原则，实施在侵害他人合法权利基础上获得的知识产权，也属于"不洁之手"，通过"不洁之手"控告他人侵害其知识产权，自然也不能获得法律保护。不仅如此，由于恶意诉讼行为损害了被提起恶意诉讼的另一方当事人的合法权益，恶意诉讼行为人还应当给予"反赔"。2007 年，最高人民法院《关于全面加强知识产权审判工作为建设创新型国家提供司法保障的意见》提出："禁止知识产权权利滥用……防止权利人滥用侵权警告和滥用诉权，完善确认不侵权诉讼和滥诉反赔制度。"2021 年 5 月 31 日，最高人民法院审判委员会第 1840 次会议审议通过的《最高人民法院关于知识产权侵权诉讼中被告以原告滥用权利为由请求赔偿合理开支问题的批复》则明确了原告承担相关开支的规定。

在重庆某农业开发有限公司（本编以下简称"某农业公司"）诉纪某恶意提起知识产权诉讼损害责任及不正当竞争纠纷案[2] 中，某农业公司成立于 2018 年 4 月 28 日，长期使用"颐和果园"标识从事水果等农产品网络销售，

---

〔1〕 最高人民法院（2022）最高法知行终 132 号行政判决书（实用新型专利权无效行政纠纷案）；最高人民法院（2021）最高法知行终 422 号行政判决书（实用新型专利权无效行政纠纷案）（包含方法特征的实用新型专利新颖性、创造性判断）；最高人民法院（2022）最高法知行终 858 号行政判决书（实用新型专利权无效行政纠纷案）（权利要求撰写明显错误对保护范围是否清楚的影响）；最高人民法院（2022）最高法知行终 716 号行政判决书（实用新型专利权无效行政纠纷案）（专利代理机构、专利代理师借用他人名义请求宣告专利权无效的法律后果）；最高人民法院（2022）最高法知行终 836 号行政裁定书（实用新型专利权无效行政纠纷案）（专利权属纠纷当事人在专利确权行政纠纷案件中的原告资格）。

〔2〕 江苏省常州市中级人民法院（2021）苏 04 民初 13 号民事判决书（恶意提起知识产权诉讼损害责任及不正当竞争纠纷案）。

并积累了较高的品牌信誉。2017 年 10 月 16 日以来，纪某先后在第 35 类、第 9 类、第 38 类、第 41 类商品上申请注册"颐和果园"商标，并于 2018 年 10 月 21 日经核准注册第 27019779 号"颐和果园"商标，核定使用商品/服务项目为第 9 类。

纪某以陈某、某农业公司为被告，于 2019 年 2 月向重庆市第四中级人民法院提起侵害第 27019779 号"颐和果园"注册商标权的商标侵权诉讼。2019 年 12 月 14 日，该院作出判决，认定陈某对"颐和果园"商标使用在先，享有合法在先权利，陈某和某农业公司对"颐和果园"的使用主要是为了识别其销售的农产品，与纪某注册的商标核定使用范围不相同或近似，不会导致相关消费者产生混淆；纪某注册"颐和果园"并非为了用于正常生产经营，其目的就是针对陈某和某农业公司并以此获得不正当利益。故法院对纪某所提的陈某、某农业公司侵害其第 27019779 号商标权的诉讼主张不予支持，判决驳回纪某的诉讼请求。纪某不服一审判决，向重庆市高级人民法院提起上诉。二审法院驳回上诉，维持原判。

2021 年 1 月 20 日，江苏省常州市中级人民法院立案受理某农业公司诉纪某因恶意提起知识产权诉讼损害责任及不正当竞争纠纷案，后被告纪某提出管辖权异议，该管辖权异议最终被驳回。常州市中级人民法院将本案的争议焦点归纳为：一是被告的行为是否属于恶意诉讼，若构成恶意诉讼，被告应如何承担赔偿责任；二是被告的被诉侵权行为是否构成不正当竞争，若构成不正当竞争，被告应如何承担民事责任。

关于被告的行为是否属于恶意诉讼，法院首先界定了什么是恶意和恶意诉讼。所谓恶意，是指提出请求的一方当事人明知其请求缺乏正当理由，以有悖于权利设置时的目的，不正当地行使诉讼权利，意图使另一方当事人受到财产或信誉上的损害。所谓恶意诉讼，是指当事人以获得非法或不正当利益为目的而故意提起的法律上和事实上的无根据之诉，并致使相对人在诉讼中遭受损失的行为。恶意诉讼行为表现为滥用权利，目的是获得非法或不正当利益，同时亦使相对人在诉讼中遭受损害。法院认定陈某在先使用"颐和果园"标识在线进行水果等农产品的推广和销售，而纪某的妻子曾作为代理加入陈某的水果销售团队。纪某在明知陈某有在先权利的情况下，仍在第 9 类、第 38 类、第 41 类、第 35 类商品上申请注册"颐和果园"商标，具有恶意抢注的嫌疑。纪某最终仅在第 9 类商品上获准注册，其据此享有相应的注册商标专用权。随后纪某与陈某及其丈夫磋商，提出以 138 万元价格转让"颐和果园"注册商标，意图利用抢注的商标谋取利益，但被拒绝，陈某等人还在微信中多次提醒纪某法律保护在先使用者的权利。法院认为：在纪某明知其诉讼请求缺乏正当理由的情况下，其仍然以陈某、某农业公司侵犯其注册商标专用权为由向重庆市第四中级人民法院提起索赔额高达 947 万元的商标侵权诉讼，还申请采取了财产保全措施。为达到其诉讼目的，纪某还提交了虚假增值税发票，即其提交的用于证明在先使用"颐和果园"商标的三张增值税发票的内容，与纪某诉成都某开发有限公司侵害商标权诉讼中其提交的三张增值税专用发票内容，除备注内容不同外（分别为"颐和果园"和"趣彩果"），其他内容完全一致，属于虚假增值税发票。综合上述分析，法院认为纪某明知其诉讼请求缺乏正当理由，仍提起（2019）渝 04 民初 2234 号商标侵权之诉，属于不正当行使诉讼权利的行为，具有损害他人权益的故意，主观具有恶意。最终，常州市中级人民法院判决被告纪某于判决生效之日起十五日内赔偿原告某农业公司经济损失及合理费用共计 60 万元。因纪某未缴纳上诉费用，江苏省高级人民法院裁定按自动撤回上诉处理。

该案是一个涉及恶意提起侵害知识产权诉讼反赔的典型案例。其至少提供了以下几点重要启示。

第一，维护诚信关系、遵循诚实信用原则既是民事主体进行各种民事行为应当遵守的基本原则，[1]也是申请注册和使用商标的基本原则。在商标案件中，对于相关当事人行为性质的界定，需要根据该原则加以判定。[2]这里的诚信原则，按照上述一审法院的观点，"要求人们在市场活动中讲究信用、诚实不欺，在不损害他人合法权益、社会公共利益和市场秩序的前提下追求自己的利益。"就本案而言，纪某申请注册商标的行为本身即违背了这一原则。《商标法》第 15 条第 2 款规定："就同一种商品或者类似商品申请注册的商标与他人在先使用的未注册商标相同或者近似，申请人与该他人具有前款规定以外的合同、业务往来关系或者其他关系而明知该他人商标存在，该他人提出异议的，不予注册。"在该案中，纪某的妻子曾与陈某一起工作，事先

---

〔1〕《民法典》第 7 条规定："民事主体从事民事活动，应当遵循诚信原则，秉持诚实，恪守承诺。"
〔2〕 参见张凌寒、胡泽宇：《商标恶意注册行为规制中的诚实信用原则适用》，载《法律适用》2020年第 6 期；吴汉东：《恶意商标注册的概念体系解读与规范适用分析》，载《现代法学》2023 年第 1 期。

知悉"颐和果园"商标使用及其相关信誉情况。基于此,纪某不可能不知"颐和果园"的相关情况,其却为了追求不正当利益而在相关类别申请注册"颐和果园"商标。在申请注册商标被核准后,纪某即向对方提出转让,意图利用抢注的商标谋取不正当利益。纪某通过主张高额赔偿的形式向陈某和某农业公司提起商标侵权诉讼的行为,本身也缺乏事实和法律依据,本质上属于滥用权利的恶意诉讼行为。同时,该行为也属于违背诚信原则的行为。由于该行为还损害了陈某和某农业公司的合法权益,对其造成经济损失,法院支持了原告损害赔偿的诉讼请求。

第二,该案还可以从维护商标法中在先使用人合法权益的角度加以理解和认识。《商标法》第 59 条第 3 款规定:"商标注册人申请商标注册前,他人已经在同一种商品或者类似商品上先于商标注册人使用与注册商标相同或者近似并有一定影响的商标的,注册商标专用权人无权禁止该使用人在原使用范围内继续使用该商标,但可以要求其附加适当区别标识。"在本案中,在纪某申请注册"颐和果园"商标以前,陈某和某农业公司已经在相关类别商品和服务上使用了相同标识,并在使用中逐步积累商誉,形成了一定影响力。在重庆市第四中级人民法院诉讼案件中,陈某和某农业公司提出了抗辩。在该案中,常州市中级人民法院也充分考虑到了这一事实。实际上,赋予在先使用人在原使用范围内继续使用该商标的权利,体现了商标法对在先使用人和商标注册人之间利益平衡的维护,[1]也反映了我国商标法在注册在先制度下对于使用在先原则的兼顾和有条件地适用。

(三)构成排除、限制竞争的知识产权滥用行为及其认定

对于一般意义上的知识产权滥用行为,上文结合我国知识产权保护实践进行了探讨。下文将从反垄断法规制的角度,研究构成排除、限制竞争的知识产权滥用行为。为此,下文先从知识产权保护与反垄断法之间的关系入手,探讨反垄断法意义上的知识产权滥用行为的表现及其认定。

1. 知识产权法与反垄断法之间的关系

知识产权法保护的知识产权属于法定的具有独占性的权利。根据知识产权法原理和规定,除非法律存在特别规定,未经知识产权人许可,他人不得行使只能由知识产权人行使的权利,否则将构成侵害知识产权,知识产权人

---

[1] 参见彭学龙:《寻求注册与使用在商标确权中的合理平衡》,载《法学研究》2010 年第 3 期。

有权要求侵权人停止侵害、赔偿损失。也正是基于此，2008 年施行的《反垄断法》第 55 条、2022 年作出修正的《反垄断法》第 68 条前半部分均规定"经营者依照有关知识产权的法律、行政法规规定行使知识产权的行为，不适用本法"。国外相关立法也有类似规定，例如，《加拿大竞争法》规定，基于本节的目的，只有依据《著作权法》《工业设计法》《集成电路设计法》《专利法》《商标法》或其他国会关于著作权或工业产权立法行使权利和享有利益的行为，不属于反竞争行为。[1]

不仅如此，从立法宗旨和功能看，知识产权法和反垄断法之间还存在很强的契合性。以我国知识产权法为例，《著作权法》《专利法》《商标法》等知识产权单行法第 1 条都规定了相应的立法宗旨。从这些规定来看，其体现了知识产权法鼓励和保护创新以及促进技术、文化和商品流通领域公平竞争秩序构建的立法意旨。再以我国《反垄断法》为例，2008 年施行的《反垄断法》第 1 条规定："为了预防和制止垄断行为，保护市场公平竞争，提高经济运行效率，维护消费者利益和社会公共利益，促进社会主义市场经济健康发展，制定本法。"2022 年修正的《反垄断法》则将第 1 条作了适当修改，即在"保护市场公平竞争"和"提高经济运行效率"之间，增加了"鼓励创新"，使知识产权法和反垄断法之间的联系更为紧密。

实际上，2023 年 6 月 15 日国家市场监督管理总局第 11 次局务会议通过的《禁止滥用知识产权排除、限制竞争行为规定》第 2 条以及 2019 年 1 月 4 日国务院反垄断委员会印发的《关于知识产权领域的反垄断指南》（本编以下简称《知识产权领域反垄断指南》）第 1 条，都强调反垄断与保护知识产权具有共同的目标，即保护竞争和激励创新，提高经济运行效率，维护消费者利益和社会公共利益。笔者认为，这可以分别从以下几方面考察。

第一，保护竞争。这里的保护竞争，实际上是指保护公平竞争、正当竞争和自由竞争；反过来说，是要反对和制止不正当竞争、反对危害公平和自由竞争的行为。[2]从知识产权法的角度看，其隐含着既限制竞争，又在更大

---

[1] Competition Act § 79 (5).
[2] 参见广东省高级人民法院（2022）粤民终 4541 号民事判决书（不正当竞争纠纷案）；浙江省温州市中级人民法院（2023）浙 03 民初 423 号民事判决书（不正当竞争纠纷案）；天津自由贸易试验区人民法院（2022）津 0319 民初 23977 号民事判决书（不正当竞争纠纷案）。

程度和更高层面促进竞争、增进有效竞争的制度机制。一方面，如前所述，受知识产权法保护的知识产权具有独占性、专有性，对于同行竞争者来说无异于是对相关竞争行为的抑制或者限制。例如，我国《专利法》第11条规定，发明和实用新型专利权人有权禁止他人为生产经营目的制造、使用、许诺销售、销售、进口其专利产品，或者使用其专利方法以及使用、许诺销售、销售、进口依照该专利方法直接获得的产品；[1]外观设计专利权被授予后，专利权人有权禁止任何单位或者个人为生产经营目的制造、许诺销售、销售、进口其外观设计专利产品。[2]而在缺乏知识产权保护制度时，技术发明一旦公开，就可以被任何人自由利用。从这里的对比可以看出，从静态的角度看，专利制度会限制竞争，不利于技术扩散，甚至造成技术封锁。改革开放之初，我国在进行第一部专利法立法时，就曾存在这种观点。但是，知识产权法律制度在有限抑制甚至限制竞争的基础上，在更大程度和更高层面上促进了公平竞争、正当竞争和自由竞争。知识产权法通过其制度设计和安排，特别是对于仿冒、假冒、剽窃等侵害知识产权的行为的有效制裁，维护了公平竞争秩序，对于制止不正当竞争行为具有重要的制度价值。[3]从反垄断法的角度来说，其重要的立法目的则是通过预防和制止垄断行为，保护市场公平竞争，维护公平竞争秩序。在理论上，反垄断法被视为竞争法的范畴，其以维护公平、自由竞争为己任，以排除、限制竞争行为为重点规制对象。由此可见，知识产权法和反垄断法都具有保护竞争的功能和使命。这在我国知识产权法和反垄断法体系中都有充分体现。需要进一步指出的是，在保护竞争、维护公平竞争秩序方面，知识产权法和反垄断法毕竟属于不同性质的法律，其中前者定位于私法且侧重于在维护私权与制止知识产权侵权方面保护竞争，后

---

[1]　参见青海省西宁市中级人民法院（2023）青01知民初15号民事判决书（侵害发明专利权纠纷案）。

[2]　参见上海市高级人民法院（2022）沪民终281号民事判决书（侵害外观设计专利权纠纷案）；西藏自治区高级人民法院（2023）藏知民终1号民事判决书（侵害外观设计专利权纠纷案）；上海市高级人民法院（2023）沪民终551号民事判决书（侵害外观设计专利权纠纷案）；吉林省高级人民法院（2023）吉民终159号民事判决书（侵害外观设计专利权纠纷案）；江苏省高级人民法院（2023）苏民终114号民事判决书（侵害外观设计专利权纠纷案）；广东省高级人民法院（2022）粤民终2773号民事判决书（侵害外观设计专利权纠纷案）。

[3]　参见北京知识产权法院（2022）京73民终4318号民事判决书（不正当竞争纠纷案）；浙江省高级人民法院（2022）浙民再256号民事判决书（不正当竞争纠纷案）。

者定位于公法且侧重于从维护公共利益角度保护竞争。此外，在知识产权保护方面，除了知识产权单行法，与反垄断法具有紧密联系但并不属于其范畴的反不正当竞争法也有重要的功能和作用。反不正当竞争法一般被认为能够对知识产权提供附加和补充的保护，甚至被认为是知识产权保护的特别法。[1]

第二，鼓励或者激励创新。就知识产权法而言，其被公认为是鼓励创新或者激励创新的制度机制。2008 年 6 月 5 日国务院发布的《国家知识产权战略纲要》指出："知识产权制度是开发和利用知识资源的基本制度。知识产权制度通过合理确定人们对于知识及其他信息的权利，调整人们在创造、运用知识和信息过程中产生的利益关系，激励创新，推动经济发展和社会进步。"习近平总书记在 2020 年中央政治局第二十五次集体学习时就加强知识产权保护工作发表的重要讲话中指出，"创新是引领发展的第一动力，保护知识产权就是保护创新"。2021 年 9 月中共中央和国务院发布的《知识产权强国建设纲要（2021—2035 年）》则在"总体要求"部分指出，要"牢牢把握加强知识产权保护是完善产权保护制度最重要的内容和提高国家经济竞争力最大的激励"。从制度层面而言，知识产权法是通过确认知识产权人对其知识产品享有专有权利、保护对创新的投资、促进创新成果推广运用等制度性机制实现鼓励创新的立法目标的。[2]基于知识产权法鼓励创新的重要立法目标和制度设计，知识产权法甚至被有些学者称为"创新之法"。就反垄断法而言，如前所述，在 2008 年施行的《反垄断法》第 1 条中并无"鼓励创新"的内容，2022 年该法修正后才在第 1 条增加了上述内容。应当说，这一修正在当前我国实施创新驱动发展战略、建设创新型国家以及信息网络和数字技术发展使得创新型经济在经济社会发展中的地位日益提高的背景下具有重要意义。这里的鼓励创新，其中也包括了创新效率的内容。当然，鼓励创新还有更丰富的内容，对于反垄断法而言，其需要通过维护公平竞争促进创新成果扩散，而不是通过排除、限制竞争形式抑制创新活动和创新成果扩散。这在与知识产权保护相关的反垄断问题方面表现得更加突出，从后文的反垄断法意义上的知识产权滥用的认定因素中可以更加深刻地理解。

---

[1] 参见刘银良：《知识产权法与反不正当竞争法关系重探》，载《中国法学》2023 年第 6 期。

[2] 冯晓青：《知识产权保护论》，中国政法大学出版社 2022 年版，前言，第 1 页。

第三，效率。从产权制度的效率来看，它强调的是如何最合理地利用有限的资源，并实现最大化的产出和最佳的效用。即以所有权为核心的产权制度能够实现资源的优化配置，充分调动人们利用有限资源的积极性，从而使资源在动态利用中获得最佳经济效益，提高资源使用效率。就知识产权法而言，它本身是一种涉及知识资源分配和有效利用的产权制度。知识产权制度的效率目标不仅体现于通过产权界定确立产权关系，而且体现为基于知识产品财产权的确保而形成的激励创新的制度激励机制。这一机制能实现对知识创新和技术创新的激励，最终通过提高知识生产和创新效率来促进技术进步和经济增长。[1]就反垄断法而言，"经济运行效率"也是其追求的目标。在鼓励创新的价值导向下，反垄断法还存在追求创新效率的内涵。由于垄断行为有碍公平竞争，其不仅会破坏竞争效率，而且也不利于提高创新效率。这些都不利于经济运行效率的提高，因此反垄断法需要以提高效率为目标，预防和制止垄断行为。

第四，维护消费者利益和社会公共利益。就知识产权法而言，尽管其是以维护和保障知识产权人的利益作为基础，但基于其立法目标，特别是实现知识产权人利益与社会公共利益平衡的价值取向，知识产权法中还存在维护消费者利益与社会公共利益的价值取向和制度安排。当然，不同类型知识产权法基于特定的调整对象和功能，在维护消费者利益和社会公共利益的具体内容和实现机制方面有所区别。例如，著作权法在维护消费者利益方面，更多体现为维护广大作品使用者使用作品的便利和自由。[2]专利法在维护消费者利益方面，体现为通过规定侵权例外制度[3]等确保专利产品的自由流通以及通过建立以公开换保护的制度机制促进技术信息的分享和流动。商标法在维护消费者利益方面则更加显著，这是因为其通过制裁造成消费者混淆之虞

---

〔1〕 冯晓青：《知识产权制度的效率之维》，载《现代法学》2022年第4期。

〔2〕 我国《著作权法》第24条关于合理使用的规定，就是保障社会公众自由使用受著作权保护作品的重要制度安排。在相关司法政策层面，2020年11月16日，最高人民法院印发的《关于加强著作权和与著作权有关的权利保护的意见》指出，要"依法处理好鼓励新兴产业发展与保障权利人合法权益的关系，协调好激励创作和保障人民文化权益之间的关系"，体现了如何处理好著作权保护与维护社会公共利益之间关系的政策考量。

〔3〕 Merck KGaA v. Integra Lifesciences I, Ltd., 545 U. S. 193 (2005); Adams v. Burke, 84 U. S. 453 (1873); McClurg v. Kingsland, 42 U. S. 202 (1843).

的形形色色的商标侵权行为[1]而直接维护了消费者利益。在我国《商标法》中，"保障消费者和生产、经营者的利益"被明确纳入立法宗旨条款中。

从知识产权法的规定看，尽管其保护的知识产权为私权，在私权保护中却依然存在十分重要的社会公共利益。我国知识产权法律都明确规定了维护公共利益的原则和具体制度。例如，《著作权法》第4条规定："著作权人和与著作权有关的权利人行使权利，不得违反宪法和法律，不得损害公共利益。国家对作品的出版、传播依法进行监督管理。"第53条还针对同时损害公共利益的著作权侵权行为，作出了需要承担行政责任乃至刑事责任的规定。《专利法》第5条第1款规定："对违反法律、社会公德或者妨害公共利益的发明创造，不授予专利权。"第20条则规定："申请专利和行使专利权应当遵循诚实信用原则。不得滥用专利权损害公共利益或者他人合法权益。滥用专利权，排除或者限制竞争，构成垄断行为的，依照《中华人民共和国反垄断法》处理。"此外，其第24条第1项对不丧失新颖性例外的规定、第49条关于指定许可的规定以及第54条和第57条关于强制许可的规定都涉及基于维护公共利益的考量。

对于反垄断法而言，维护消费者利益和社会公共利益则更是其中的应有之义与立法目标。这是因为，反垄断法所规制的垄断行为，在很大程度上涉及了损害消费者利益与社会公共利益。具体来说，垄断行为破坏了公平竞争原则，造成市场和竞争的无序，不仅会损害相关当事人合法权益，而且对消费市场和消费需求有直接影响。不仅如此，垄断行为排除、限制竞争的后果还会直接破坏公平竞争秩序和自由竞争，损害社会公共利益。

正是因为知识产权法和反垄断法在保护竞争、鼓励创新、提高市场经济运行效率以及维护消费者利益和社会公共利益方面具有共同的目标，对于知识产权人实施的排除、限制竞争行为，反垄断法才需要介入，以实现维护公平竞争和自由竞争的目标。还需要指出的是，由于上述共同目标在实现知识

---

[1] 参见甘肃省武威市凉州区人民法院（2023）甘0602知民初17号民事判决书（侵害商标权纠纷案）；广东省深圳市中级人民法院（2023）粤03民终33308号民事判决书（侵害商标权纠纷案）；天津市第三中级人民法院（2022）津03民终7672号民事判决书（侵害商标权纠纷案）；天津市第三中级人民法院（2022）津03民终2395号民事判决书（侵害商标权纠纷案）；最高人民法院（2022）最高法民终146号民事判决书（侵害商标权及不正当竞争纠纷案）（举证妨碍规则下酌情确定赔偿数额的适用）。

产权保护和预防与制止垄断行为中具有重要性，在司法实践中认定某一特定知识产权行使行为是否为反垄断法意义上的排除、限制竞争的垄断行为，也需要充分考虑和评估行为对于竞争、创新和效率以及维护消费者利益和公共利益方面的影响。从后文对知识产权滥用行为的判定所考虑的因素分析中也可以进一步认识到这一点。

2. 排除、限制竞争的知识产权滥用行为的表现

关于反垄断法意义上的知识产权滥用行为，我国 2008 年施行的《反垄断法》第 55 条、现行《反垄断法》第 68 条后半部分明确规定"经营者滥用知识产权，排除、限制竞争的行为，适用本法"。从该规定看，受反垄断法规制的知识产权滥用行为，应当具备"排除、限制竞争"的特征。值得注意的是，关于什么是滥用知识产权排除、限制竞争行为，《禁止滥用知识产权排除、限制竞争行为规定》和《知识产权领域反垄断指南》都作了明确界定。其中，前者第 3 条规定："本规定所称滥用知识产权排除、限制竞争行为，是指经营者违反反垄断法的规定行使知识产权，达成垄断协议，滥用市场支配地位，实施具有或者可能具有排除、限制竞争效果的经营者集中等垄断行为。"后者第 1 条第 2 款中规定："经营者滥用知识产权，排除、限制竞争的行为不是一种独立的垄断行为。经营者在行使知识产权或者从事相关行为时，达成或者实施垄断协议，滥用市场支配地位，或者实施具有或者可能具有排除、限制竞争效果的经营者集中，可能构成滥用知识产权排除、限制竞争的行为。"〔1〕

以下将根据《禁止滥用知识产权排除、限制竞争行为规定》和《知识产权领域反垄断指南》的规范指引，对受我国《反垄断法》规制的滥用知识产权排除、限制竞争行为的表现及其认定进行详细的探讨和研究。

（1）利用强势地位签订垄断协议而排除、限制竞争

如前所述，达成垄断协议被认为是垄断行为的重要体现。根据现行《反垄断法》第 16 条规定，垄断协议是指排除、限制竞争的协议、决定或者其他

---

〔1〕　2008 年施行的《反垄断法》和现行《反垄断法》第 3 条规定："本法规定的垄断行为包括：（一）经营者达成垄断协议；（二）经营者滥用市场支配地位；（三）具有或者可能具有排除、限制竞争效果的经营者集中。"滥用知识产权排除、限制竞争行为属于上述垄断行为的范畴。上述规范显然立足于《反垄断法》对垄断行为的界定。

协同行为。[1]

　　根据《禁止滥用知识产权排除、限制竞争行为规定》第 6 条的规定，经营者之间不得利用行使知识产权的方式，达成《反垄断法》第 17 条、第 18 条第 1 款所禁止的垄断协议。经营者不得利用行使知识产权的方式，组织其他经营者达成垄断协议或者未其他经营者达成垄断协议提供实质性帮助。但是，经营者能够证明所达成的协议符合《反垄断法》第 20 条规定的除外。垄断协议直接针对的是对市场的分割、垄断，因此需要界定相关市场的含义。针对滥用知识产权排除、限制竞争而言，相关市场具有特定指向性。《禁止滥用知识产权排除、限制竞争行为规定》第 5 条即规定："本规定所称相关市场，包括相关商品市场和相关地域市场，根据反垄断法和《国务院反垄断委员会关于相关市场界定的指南》进行界定，并考虑知识产权、创新等因素的影响。在涉及知识产权许可等反垄断执法工作中，相关商品市场可以是技术市场，也可以是含有特定知识产权的产品市场。相关技术市场是指由行使知识产权所涉及的技术和可以相互替代的同类技术之间相互竞争所构成的市场。"由此可见，涉及知识产权滥用排除、限制竞争行为的相关市场的界定，包含技术市场以及含有特定知识产权的产品市场。

　　从知识产权滥用排除、限制竞争的司法实践看，通过垄断协议排除、限制竞争的垄断行为多表现为许可合同、搭售、排除及限制竞争的回授条款等。吴汉东教授认为，横向协议"具有限制竞争的天然嫌疑"，具体表现在五个方

---

　　[1]　现行《反垄断法》第 17 条规定："禁止具有竞争关系的经营者达成下列垄断协议：（一）固定或者变更商品价格；（二）限制商品的生产数量或者销售数量；（三）分割销售市场或者原材料采购市场；（四）限制购买新技术、新设备或者限制开发新技术、新产品；（五）联合抵制交易；（六）国务院反垄断执法机构认定的其他垄断协议。"第 18 条规定："禁止经营者与交易相对人达成下列垄断协议：（一）固定向第三人转售商品的价格；（二）限定向第三人转售商品的最低价格；（三）国务院反垄断执法机构认定的其他垄断协议。对前款第一项和第二项规定的协议，经营者能够证明其不具有排除、限制竞争效果的，不予禁止。经营者能够证明其在相关市场的市场份额低于国务院反垄断执法机构规定的标准，并符合国务院反垄断执法机构规定的其他条件的，不予禁止。"第 19 条规定："经营者不得组织其他经营者达成垄断协议或者为其他经营者达成垄断协议提供实质性帮助。"第 20 条规定，经营者能够证明所达成的协议属于"为改进技术、研究开发新产品"等五种情形的，不适用本法第 17 条、第 18 条第 1 款、第 19 条的规定。但是，经营者还应当证明所达成的协议不会严重限制相关市场的竞争，并且能够使消费者分享由此产生的利益。以上规定自然也适用于对基于知识产权的垄断协议是否存在排除、限制竞争行为的认定。下文阐述的《禁止滥用知识产权排除、限制竞争行为规定》及《知识产权领域反垄断指南》规定的垄断协议范畴中的知识产权滥用行为就是如此。

面：一是搭售非必要专利；二是收取不合理的许可费；三是联合定价；四是限制竞争的回授条款；五是限制技术改进条款。[1]《知识产权领域反垄断指南》第二章则对"可能排除、限制竞争的知识产权协议"进行了详细列举。以下拟以该规范为研究对象，探讨涉及知识产权领域垄断协议的排除、限制竞争行为。在详细介绍和研究这些行为表现之前，需要指出的是，对于以联合开发和许可协议为核心内容的知识产权协议，其是否具有反垄断法意义上的排除、限制竞争的后果需要个案分析，而不能当然地认定这类行为存在排除、限制竞争的知识产权滥用问题。实际上，从下文的介绍和分析可知，《知识产权领域反垄断指南》已明确指出，相关行为本身甚至具有促进竞争和创新的效果，只是在特定情形下行使知识产权的行为或者相关行为会产生排除、限制竞争的后果，此时才需要反垄断法的介入。

《知识产权领域反垄断指南》指出："涉及知识产权的协议，特别是联合研发、交叉许可等，通常具有激励创新、促进竞争的效果，不同的协议类型产生的积极影响有所不同。但是，涉及知识产权的协议也可能对市场竞争产生排除、限制影响，适用《反垄断法》第二章规定。"以下将结合其规定，针对与垄断协议相关的涉及联合研发、知识产权许可和标准执行等的相关问题进行研究。

第一，联合研发。《知识产权领域反垄断指南》第7条规定，联合研发是指经营者共同研发技术、产品等，以及利用研发成果的行为。在发明创造和技术创新活动中，研发是实现技术进步和技术追赶、提高技术能力和水平的基本途径。在当代，随着技术的迅猛发展，研发的难度以及投入的人、财、物成本越来越大。加之研发作为探索利用自然规律解决技术问题的活动和过程，本身充满了风险和不确定性，为了整合研发资源，分散技术开发风险，提高研发效率，"联合研发"这一合作创新形式日益普遍。联合研发也是合作攻关和技术开发的重要形式。从司法实践中联合研发涉及的知识产权问题看，其往往涉及联合研发成果的知识产权权属与利益分配方面的纠纷，同时也涉及联合研发成果的进一步开发、权属及利益分配等问题。除此之外，滥用知识产权排除、限制竞争的反垄断问题也值得关注。《知识产权领域反垄断指南》一方面肯定了"联合研发通常可以节约研发成本，提高研发效率"，另一方面也指出其"可能对市场竞争产生排除、限制影响"。为此，在涉及联合研

---

〔1〕　吴汉东：《知识产权法价值的中国语境解读》，载《中国法学》2013年第4期。

发的垄断纠纷中，需要根据联合研发协议的内容和具体实施情况，判定是否存在排除、限制竞争的情况。

《知识产权领域反垄断指南》提供了分析时可以考虑的以下因素：一是是否限制经营者在与联合研发无关的领域独立或者与第三方合作进行研发；二是是否限制经营者在联合研发完成后进行后续研发；三是是否限定经营者在与联合研发无关的领域研发的新技术或者新产品所涉知识产权的归属和行使。[1] 从上述规定可以看到，联合研发涉及排除、限制竞争问题时，需要考虑是否存在对与联合研发无关的研发或者联合研发后续成果进行的不适当限制。这种认定需要考虑对公平竞争和创新及相关的效率的影响。如从知识产权保护与反垄断法共同目标看，限制经营者在联合研发完成后进行后续研发显然不利于后续创新，这对被限制的经营者来说也构成了对竞争的不适当限制，因此是不允许的。

第二，交叉许可。《知识产权领域反垄断指南》第 8 条规定，交叉许可是指经营者将各自拥有的知识产权相互许可使用。知识产权领域的交叉许可可以从多方面加以认识。从知识产权行使来看，交叉许可是实施许可的一种形式；从知识产权战略的角度来看，交叉许可是实施知识产权战略的一种形式。在企业专利实践中，交叉许可战略通常在企业间的专利比较接近，而专利权的归属又错综复杂或相互依存的情况下适用。如对于改进发明与原发明、从属发明与基本发明，企业间有必要相互许可对方利用自己的专利，订立专利交叉许可合同。[2]

无论从何种角度研究知识产权交叉许可问题，一般都明确认可这一许可形式具有积极意义。《知识产权领域反垄断指南》也指出，"交叉许可通常可以降低知识产权许可成本，促进知识产权实施"。但其同时强调，交叉许可"也可能对市场竞争产生排除、限制影响"。关于交叉许可带来的反垄断问题，学者也逐渐开始关注。如有学者以专利交叉许可为例，认为"交叉许可是指由两个相互依存、互为条件的许可合同实现的技术授权。其作为专利法中一种特殊的许可形式，具有共享性，能够促成企业间在技术创新和收获利润上

---

〔1〕 Christopher O. B. Wright, "The National Cooperative Research Act of 1984: A New Antitrust Regime for Joint Research and Development Ventures", 1 *Berkeley Tech. L. J.* 133 (1986).

〔2〕 冯晓青：《企业知识产权战略》（第 4 版），知识产权出版社 2015 年版，第 132 页。

的双赢甚至多赢局面。但是，随着跨国企业的逐渐增加，交叉许可合同带来的垄断问题日益受到人们的关注。"[1]交叉许可涉及的知识产权滥用问题在专利领域更为常见。国外文献指出，在专利司法实践中，专利权滥用理论已被运用于交叉许可领域。[2]

《知识产权领域反垄断指南》针对交叉许可涉及的反垄断问题，指出分析时可以考虑以下因素：一是是否为排他性许可；二是是否构成第三方进入市场的壁垒；三是是否排除、限制下游市场的竞争；四是是否提高了相关商品的成本。该规范表明，衡量交叉许可是否具有反竞争效果，或者说是否构成排除、限制，需要评判许可性质及其对第三方进入市场、下游市场和相关商品成本等方面的影响。至于是否为排他性许可，只是考虑因素，并非属于排他性许可的知识产权交叉许可都属于知识产权滥用。[3]

第三，排他性回授和独占性回授。在知识产权许可合同中规定独占性回授条件，是有关知识产权国际公约和涉及知识产权反垄断规定的重要内容。[4]

《知识产权领域反垄断指南》第9条规定了排他性回授和独占性回授。该条规定，回授是指被许可人将其利用被许可的知识产权所作的改进，或者通过使用被许可的知识产权所获得的新成果授权给许可人。回授通常可以推动对新成果的投资和运用，但是排他性回授和独占性回授可能降低被许可人的创新动力，对市场竞争产生排除、限制影响。如果仅有许可人或者其指定的第三方和被许可人有权实施回授的改进或者新成果，这种回授就是排他性的。如果仅有许可人或者其指定的第三方有权实施回授的改进或者新成果，这种

---

[1] 舒予：《论企业专利交叉许可的对内共赢与对外垄断》，载《创新》2007年第5期。

[2] Aaron Xavier Fellmeth, "Copyright Misuse and the Limits of the Intellectual Property Monopoly", 6 *J. of Intell. Prop. L.* 1 (1998).

[3] "Monopolies, Patents Validity of Cross-Licensing Agreements Under Sherman Anti-Trust Act", 31 *Columbia Law Review* 6 (1931); "Monopolies, Patents, Cross License Agreements and the Anti-Trust Law", 39 *The Yale Law Journal* 2 (1929).

[4] 世界贸易组织《与贸易有关的知识产权协议》第40条规定：各成员方一致认为，与限制竞争的知识产权有关的一些专利权使用做法或条件对贸易可能产生不利影响，可能妨碍技术的转让和传播。本协议中无任何规定阻止成员方在其立法中详细载明在特定情况下可能构成对有关市场中的竞争具有不利影响的知识产权滥用的专利权使用做法或条件。如上述所规定，一成员方可按照本协议的其他规定，根据国内有关法律和规定采取适当措施阻止或控制此种做法。这些做法可能包括例如独占性回授条件、阻止对许可效力质疑的条件和强制性的一揽子许可证交易。

回授就是独占性的。通常情况下，独占性回授比排他性回授排除、限制竞争的可能性更大。

该条进一步规定，分析排他性回授和独占性回授对市场竞争产生的排除、限制影响时可以考虑以下因素：一是许可人是否就回授提供实质性的对价；二是许可人与被许可人在交叉许可中是否相互要求独占性回授或者排他性回授；三是回授是否导致改进或者新成果向单一经营者集中，使其获得或者增强市场控制力；四是回授是否影响被许可人进行改进的积极性。如果许可人要求被许可人将上述改进或者新成果转让给许可人或者其指定的第三方，分析该行为是否排除、限制竞争，同样应当考虑上述因素。由此可见，这些因素主要考虑回授对市场竞争、经营者集中、被许可人对技术改进的积极性等方面的影响。[1]

第四，不质疑条款。《知识产权领域反垄断指南》第 10 条规定了不质疑条款。该条规定，不质疑条款是指在与知识产权许可相关的协议中，许可人要求被许可人不得对其知识产权有效性提出异议的一类条款。分析不质疑条款对市场竞争产生的排除、限制影响，可以考虑以下因素：一是许可人是否要求所有的被许可人不质疑其知识产权的有效性；二是不质疑条款涉及的知识产权许可是否有偿；三是不质疑条款涉及的知识产权是否可能构成下游市场的进入壁垒；四是不质疑条款涉及的知识产权是否阻碍其他竞争性知识产权的实施；五是不质疑条款涉及的知识产权许可是否具有排他性；六是被许可人质疑许可人知识产权的有效性是否可能因此遭受重大损失。从上述规定看，不质疑条款是否对市场竞争产生排除、限制影响，需要考虑许可的性质、对许可人和被许可人的影响、对下游市场的影响和竞争性知识产权实施的影响。[2]

第五，标准制定。随着经济社会发展，标准日益成为实现同质化产品的共通性、方便消费者的重要范式。《知识产权领域反垄断指南》第 11 条指出，标准制定有助于实现不同产品之间的通用性，降低成本，提高效率，保证产品质量。随着知识产权在当代经济社会中地位的不断提升，标准与知识产权之间的联系日益紧密，特别是当前标准必要专利法律问题日益突出，而其中

---

〔1〕 参见刘沐霖：《专利许可协议中回授条款的反垄断经济学分析》，载《当代经济》2016 年第 17 期。

〔2〕 参见张海涛：《美欧"不质疑条款"效力比较及其借鉴》，载《知识产权》2011 年第 8 期。

围绕"公平、合理和无歧视原则"（FRAND 原则）和禁令引发的反垄断诉讼案件也日益增多。[1]《知识产权领域反垄断指南》第 11 条即规定了标准制定中涉及的排除、限制竞争的认定。其所称的标准制定，是指经营者共同制定或参与制定在一定范围内统一实施的涉及知识产权的标准。该条规定，具有竞争关系的经营者共同参与标准制定可能排除、限制竞争，具体分析时可以考虑以下因素：一是是否没有正当理由，排除其他特定经营者；二是是否没有正当理由，排斥特定经营者的相关方案；三是是否约定不实施其他竞争性标准；四是对行使标准中所包含的知识产权是否有必要、合理的约束机制。上述规定表明，判断标准制定中是否存在排除、限制竞争，需要考虑是否存在对特定经营者或其相关方案的排除，以及对行使相关知识产权的约束机制。

第六，其他限制。基于知识产权的独占性与专有性，知识产权人在行使许可使用权时，很可能对被许可人利用其知识产权施加一定的限制性条件。除了前面可能存在排除、限制竞争的一些情形和因素，在涉及知识产权使用范围、相关商品市场和数量、具有竞争关系的技术或者商品的限制等方面都可能涉及排除、限制竞争问题。《知识产权领域反垄断指南》第 12 条列举的即有以下四种典型形式：一是限制知识产权的使用领域；二是限制利用知识产权提供的商品的销售或传播渠道、范围或者对象；三是限制经营者利用知识产权提供的商品数量；四是限制经营者使用具有竞争关系的技术或者提供具有竞争关系的商品。[2]

上述这些限制形式在一般情况下有利于实施知识产权，提高知识产权利用效率，通常也被认为具有商业合理性，《知识产权领域反垄断指南》第 12 条对此即予以肯定。但同时，上述限制也有可能是排除、限制竞争的反竞争行为。根据该条规定，在对上述行为进行分析时可以考虑以下因素：一是限制的内容、程度及实施方式；二是利用知识产权提供的商品的特点；三是限制与知识产权许可条件的关系；四是是否包含多项限制；五是如果其他经营者拥有的知识产权涉及具有替代关系的技术，其他经营者是否实施相同或者类

---

〔1〕　参见王晓晔：《标准必要专利反垄断诉讼问题研究》，载《中国法学》2015 年第 6 期。

〔2〕　从国外司法实践看，限制经营者开发具有竞争性的产品也属于知识产权滥用的范畴。例如，在有的著作权滥用案件中，法院认为限制被许可人开发竞争性作品属于著作权滥用行为。Practice Management Info. Corp. v. American Medical Association，121 F. 3d 516（1997）.

似的限制。总体上说，如果上述限制行为有利于许可方和被许可方，且对于其他经营者市场竞争无甚损害，就不需要予以禁止。当然，这里存在如何界分知识产权人合法行使许可权与构成滥用知识产权排除、限制竞争的问题，需要结合个案认定许可性质和目的以及许可协议对于其他经营者和竞争市场的影响。

（2）滥用市场支配地位

滥用市场支配地位也是典型的垄断类型。[1]滥用市场支配地位具有明显的排除、限制竞争的反竞争后果，因此无一例外地被各国反垄断法禁止。我国现行《反垄断法》第7条规定："具有市场支配地位的经营者，不得滥用市场支配地位，排除、限制竞争。"第22条则对具有市场支配地位的经营者从事的滥用市场支配地位的行为类型作了详细列举。[2]这些规定，同样适用于知识产权人行使知识产权时可能存在的滥用市场支配地位行为。

《禁止滥用知识产权排除、限制竞争行为规定》第8条规定，具有市场支配地位的经营者不得在行使知识产权的过程中滥用市场支配地位，排除、限制竞争。市场支配地位根据《反垄断法》和《禁止滥用市场支配地位行为规定》的规定进行认定和推定。经营者拥有知识产权可以构成认定其具有市场支配地位的因素之一，但不能仅根据经营者拥有知识产权推定其在相关市场具有市场支配地位。认定拥有知识产权的经营者在相关市场是否具有支配地位，还可以考虑在相关市场交易相对人转向具有替代关系的技术或者产品的可能性及转移成本、下游市场对利用知识产权所提供商品的依赖程度、交易相对人对经营者的制衡能力等因素。

在界定经营者实施知识产权行为是否构成滥用市场支配地位时，首先需要界定"相关市场"。《知识产权领域反垄断指南》明确指出，通常情况下，首先界定相关市场，认定经营者在相关市场是否具有市场支配地位，再根据个案情况，具体分析行为是否构成滥用知识产权，排除、限制竞争的行为。其第4条规定："知识产权既可以直接作为交易的标的，也可以被用于提供商品或者服务（以下统称商品）。通常情况下，需依据《关于相关市场界定的指南》界定相关市场。如果仅界定相关商品市场难以全面评估行为的竞争影响，

---

〔1〕 参见最高人民法院（2021）最高法知民终1398号民事判决书（滥用市场支配地位纠纷案）。

〔2〕《反垄断法》第22条第2款系2022年修法时新增的内容，旨在适应信息网络和数字技术发展需要，规制信息网络环境和数字技术发展背景下出现的新型垄断行为。

可能需要界定相关技术市场。根据个案情况，还可以考虑行为对创新、研发等因素的影响。相关技术市场是指由需求者认为具有较为紧密替代关系的一组或者一类技术所构成的市场。界定相关技术市场可以考虑以下因素：技术的属性、用途、许可费、兼容程度、所涉知识产权的期限、需求者转向其他具有替代关系技术的可能性及成本等。通常情况下，如果利用不同技术能够提供具有替代关系的商品，这些技术本身可能具有替代关系。在考虑一项技术与知识产权所涉技术是否具有替代关系时，不仅要考虑该技术目前的应用领域，还需考虑其潜在的应用领域。界定相关市场，需界定相关地域市场并考虑知识产权的地域性。当相关交易涉及多个国家和地区时，还需考虑交易条件对相关地域市场界定的影响。"从上述规范可以看出，界定与知识产权行使有关的市场涉及经营者所处的产品市场或技术市场、知识产权人能否形成市场优势地位、替代品和市场应用前景等多方面因素。[1]

《知识产权领域反垄断指南》第三章对于涉及知识产权的滥用市场支配地位行为的认定作了明确规范。需要指出的是，尽管知识产权是一种独占权和专有权，经营者拥有知识产权与其具有市场支配地位却不能等同。《反垄断法》第22条第3款规定了拥有市场支配地位的定义，即"经营者在相关市场内具有能够控制商品价格、数量或者其他交易条件，或者能够阻碍、影响其他经营者进入相关市场能力的市场地位。"经营者拥有和行使知识产权能否形成市场支配地位，显然也应当根据这一定义判定。此外，根据《知识产权领域反垄断指南》第14条，还可结合知识产权的特点，具体考虑以下因素：一是交易相对人转向具有替代关系的技术或者商品等的可能性及转换成本；二是下游市场对利用知识产权所提供的商品的依赖程度；三是交易相对人对经营者的制衡能力。[2]在认定经营者具有市场支配地位的前提下，才有必要

---

〔1〕 参见戴某与重庆某公司、某电信公司及某电信重庆公司垄断纠纷案，重庆市高级人民法院（2013）渝高法民终字第00151号民事判决书（垄断纠纷案）（涉及市场支配地位中相关市场的界定）。

〔2〕 研究司法实践的相关案例有利于对该规范的理解。例如，在北京某科技有限公司诉腾讯公司滥用市场支配地位纠纷案中，最高人民法院针对腾讯公司的QQ软件，从市场份额、相关市场的竞争状况，被诉经营者控制商品价格、数量或者其他交易条件的能力，该经营者的财力和技术条件，其他经营者对该经营者在交易上的依赖程度，其他经营者进入相关市场的难易程度等方面进行判定，认定腾讯公司不具有市场支配地位。最高人民法院（2013）民三终字第4号民事判决书（滥用市场支配地位纠纷案）。

进一步判定其是否存在"滥用"市场支配地位的行为。正如有学者以著作权滥用为例，主张"是否构成版权滥用，取决于权利人是否基于版权资产的产权而获得市场支配地位，进而限制竞争，损害整体自由和公平竞争的环境。"[1]

从知识产权法保护原理来看，由于知识产权的独占性和知识产权人自行实施其知识产权的局限性，作为知识产权人的经营者通常需要以许可、转让等方式行使知识产权，其中许可更是十分普遍的行使权利的方式，这也是滥用知识产权排除、限制竞争在很大程度上与知识产权许可行为相关的原因。当然，在知识产权司法实践中，需要甄别权利人以许可方式正常行使权利与权利滥用，防止两者的错位。在构成权利滥用时，作为知识产权人的经营者通常与相关主体特别是企业之间存在竞争关系，经营者通过排除、限制竞争，实现排挤竞争对手、独占市场的目的，其中多数是"基于确保和加强其市场支配地位之目的，以滥用或不合理限制行为，打乱市场的正常竞争秩序，形成垄断竞争的模式。"[2]仅就知识产权许可而言，除前述涉及垄断协议的知识产权滥用行为外，还涉及本部分探讨的滥用市场支配地位的行为。《知识产权领域反垄断指南》总结了司法实践中存在的通过行使知识产权滥用市场支配地位的行为，包括不公平的高价许可、拒绝许可、搭售、附加不合理交易条件、限定交易行为、差别待遇等。此外，在司法实践中还存在强制性一揽子许可、价格垄断等行为，[3]以下将结合上述指南的规范分别进行探讨。

第一，不公平的高价许可。《知识产权领域反垄断指南》第15条规定，具有市场支配地位的经营者，可能滥用其市场支配地位，以不公平的高价许

---

〔1〕 卢海君、任寰：《版权滥用泛在之证伪》，载《知识产权》2022年第1期。

〔2〕 邓林：《滥用知识产权及市场支配地位的法律规制》，载《对外经贸》2019年第7期。

〔3〕 参见某技术有限公司与某数字技术公司、某数字通信有限公司、某数字公司滥用市场支配地位纠纷上诉案，广东省高级人民法院（2013）粤高法民三终字第306号民事判决书（滥用市场支配地位纠纷上诉案）（涉及市场支配地位及其滥用的认定）；刘某与湖南某实业有限公司、某汽车有限公司某乘用车公司垄断纠纷案（涉及相关市场的界定以及滥用市场支配地位的认定），湖南省高级人民法院（2012）湘高法民三终字第22号民事判决书（垄断纠纷案）；唐山市某信息服务有限公司与北京某网讯科技有限公司垄断纠纷案，北京市高级人民法院（2010）高民终字第489号民事判决书（垄断纠纷上诉案）（涉及搜索引擎服务中滥用市场支配地位的判定）；广西某汽车运输集团有限公司等与邹某滥用市场支配地位纠纷上诉案，广西壮族自治区高级人民法院（2011）桂民三终字第9号民事调解书（垄断纠纷案）（涉及自然人可作为经营者提起诉讼）等。

可知识产权，排除、限制竞争。分析其是否构成滥用市场支配地位行为，可以考虑以下因素：一是许可费的计算方法以及知识产权对相关商品价值的贡献；二是经营者对知识产权许可作出的承诺；三是知识产权的许可历史或者可比照的许可费标准；四是导致不公平高价的许可条件，包括超出知识产权的地域范围或者覆盖的商品范围收取许可费等；五是在一揽子许可时是否就过期或者无效的知识产权收取许可费。此外，分析经营者是否以不公平的高价许可标准必要专利，还可考虑符合相关标准的商品所承担的整体许可费情况及其对相关产业正常发展的影响。

在上述考虑因素中，涉及一揽子许可时，如果知识产权人就过期或者无效的知识产权收取许可费，这种行为显然不符合知识产权法的基本原理和规定。因为对于过期和无效的知识产权，任何人都可以自由利用，经营者无权收取费用。在国外相关专利判例中，针对一揽子许可协议，法院也强调了专利权的保护范围限于授予专利权的范围。[1]例如，在"Mercoid Corp. v. Mid-Continent Investment Co."案[2]中，美国联邦最高法院重申了莫顿盐业（Morton Salt）公司案的观点，认为尽管专利权人有权拒绝许可实施其专利，但这并不意味着专利权人可以施加不合理条件扩张其垄断权。此外，在涉及标准必要专利的场合，判断是否存在不公平的高价许可则需要考虑行业内相关许可费收取的整体情况及其对产业发展的影响，其中"公平、合理和无歧视原则"就是公认的重要的评判标准。

第二，拒绝许可知识产权。《知识产权领域反垄断指南》第16条对此作出了规定。拒绝许可是经营者行使知识产权的一种表现形式，一般情况下，经营者不承担与竞争对手或者交易相对人进行交易的义务。由此可见，拒绝许可本身并非当然地构成滥用市场支配地位排除、限制竞争，而是属于知识产权人自由行使权利的范畴。但是，在特定情况下，拒绝许可知识产权则会产生排除、限制竞争的后果。该条即进一步指出，具有市场支配地位的经营者，没有正当理由拒绝许可知识产权，可能构成滥用市场支配地位行为，排除、限制竞争。

---

[1] 参见天津市第三中级人民法院（2021）津03知民初193号民事判决书（侵害发明专利权纠纷案）。

[2] Mercoid Corp. v. Mid-Continent Investment Co., 320 U. S. 661 (1944).

现行《反垄断法》第22条第1款第3项规定，具有市场支配地位的经营者"没有正当理由，拒绝与交易相对人进行交易"属于经营者滥用市场支配地位的行为。该规定同样适用于知识产权人拒绝许可知识产权的情形。根据《知识产权领域反垄断指南》第16条规定，在个案中，分析某一知识产权人拒绝许可知识产权的行为是否属于滥用市场支配地位，可以考虑以下因素：一是经营者对该知识产权许可作出的承诺；二是其他经营者进入相关市场是否必须获得该知识产权的许可；三是拒绝许可相关知识产权对市场竞争和经营者进行创新的影响及程度；四是被拒绝方是否缺乏支付合理许可费的意愿和能力等；五是经营者是否曾对被拒绝方提出过合理要约；六是拒绝许可相关知识产权是否会损害消费者利益或者社会公共利益。在我国知识产权司法实践中，尽管基于拒绝许可知识产权的案件比例不高，但仍然存在。[1]以下不妨对一个典型案例简要介绍和探讨。

在上诉人广州市某饮食娱乐有限公司（本编以下简称"某饮食娱乐公司"）与被上诉人中国音像著作权集体管理协会（本编以下简称"音集协"）滥用市场支配地位纠纷二审案[2]中，某饮食娱乐公司上诉认为，音集协滥用市场支配地位，拒绝与某饮食娱乐公司签约，拒绝许可某饮食娱乐公司除放映权和表演权[3]外的其他权利，并且拒不提供曲库，违背了《反垄断法》的规定。[4]在该案中，一审法院认定音集协作为音像节目的集体管理组织，以自己的名义提供音像节目的使用许可等服务，属于反垄断法规制的经营者。音集协所从事的相关类电影作品或音像制品的集体管理，应为其特有的业务范

---

〔1〕 有研究以著作权滥用为例。我国被诉的著作权滥用行为的表现形式主要为滥用诉权，占总数的95.5%；著作权行使超出法定范围仅占总数的4%，主要涉及权利人拒绝许可权利。卢海君、任襄：《版权滥用泛在之证伪》，载《知识产权》2022年第1期。

〔2〕 最高人民法院（2020）最高法知民终1519号民事判决书（滥用市场支配地位纠纷案）。

〔3〕 参见重庆市渝中区人民法院（2023）渝0103民初15289号民事判决书（侵害作品表演权、信息网络传播权纠纷案）。

〔4〕 我国著作权集体管理组织具有垄断性，不允许针对同一类型作品设立两个或者两个以上同类型著作权集体管理组织。基于此，在著作权集体管理实践中，难免存在滥用市场支配地位的行为。对此，《知识产权领域反垄断指南》第28条规定："著作权集体管理通常有利于单个著作权人权利的行使，降低个人维权以及用户获得授权的成本，促进作品的传播和著作权保护。但是，著作权集体管理组织在开展活动过程中，有可能滥用知识产权，排除、限制竞争。具体分析时，可以根据行为的特征和表现形式，认定可能构成的垄断行为并分析相关因素。"

围，具有唯一性的特点，但法院认为其行为不构成滥用市场支配地位，遂驳回原告诉讼请求。[1]

在该案二审中，针对音集协在管理的权利范围内拒绝许可 KTV 经营者除表演权、放映权外的其他著作财产权，并且不提供音像节目载体的行为是否构成滥用市场支配地位的行为，最高人民法院认为：著作权等知识产权作为无形财产权，保护客体具有易于复制传播的特征，因此，著作权人和与著作权有关的权利人授权他人行使著作权时可以不签订一揽子许可协议，而是根据被许可人的实际需要在有限的范围内给予许可。著作权集体管理组织在代表权利人行使权利时，也应当注意许可使用的方式和范围，以最大限度保护权利人的利益。本案中，根据在案证据，KTV 在向消费者提供音像节目点唱服务时，按照行业惯例，KTV 经营者首先需要购买包含有卡拉 OK 曲库的 VOD 点播设备。为了有效控制音像作品的复制传播，将音像节目复制权、发行权等许可给 VOD 歌曲点播系统内容提供商，并要求歌曲点播系统内容提供商通过技术手段，防止音像作品未经许可的复制传播，更有利于保护著作权人和与著作权有关的权利人利益。而 KTV 经营者从 VOD 歌曲点播系统内容提供商处购买带有曲库的点唱系统后，其在提供卡拉 OK 服务的过程中，主要涉及的是音像节目的表演权和放映权。取得这两项授权后，KTV 经营者已经可以从事正常经营活动。故，某饮食娱乐公司要求音集协许可其复制权、信息网络传播权等著作财产权，不符合行业惯例，也不利于有效维护著作权人和与著作权有关的权利人的利益。此外，著作权人和与著作权有关的权利人授权音集协管理音像节目著作权，并不以提交音像节目载体为必要条件。在音集协都不能获得所管理音像节目全部载体的情况下，某饮食娱乐公司以要求音集协提供音像节目载体为签约条件，不具有合理性。在上述二审判决中，最高人民法院注意到作为著作权集体管理组织的音集协，应当考虑到著作权行使的方式，本着最有利于保护著作权的原则行使权利。法院认为其拒绝许可的行为符合行业惯例并具有合理性，因此驳回了上诉人此项诉讼请求。

从国外知识产权司法实践看，拒绝许可一类的滥用市场支配地位的知识产权滥用案件也时常发生。例如，在有的案件中，法院主张若被拒绝的产品或者服务对于被许可人的业务开展至关重要，但又无从找到任何潜在的替代

---

[1] 北京知识产权法院（2018）京 73 民初 781 号民事判决书（垄断纠纷案）。

品时，著作权人的拒绝许可行为构成著作权滥用。[1]在有的案件中，如果著作权人拒绝许可使用其享有著作权的作品，被告会明确地提出著作权滥用抗辩。[2]对于拒绝许可知识产权的行为，法院会结合涉案知识产权及其行使是否具有市场支配地位等因素加以分析。[3]

第三，涉及知识产权的搭售。根据我国现行《反垄断法》第 22 条第 1 款第 5 项规定，具有市场支配地位的经营者没有正当理由搭售商品，构成经营者滥用市场支配地位的行为。这种行为，也涉及与知识产权有关的搭售。

《知识产权领域反垄断指南》第 17 条对此作出了规定。涉及知识产权的搭售是指知识产权的许可、转让，以经营者接受其他知识产权的许可、转让，或者接受其他商品为条件。知识产权的一揽子许可也可能是搭售的一种形式。具有市场支配地位的经营者，没有正当理由，可能通过上述搭售行为，排除、限制竞争。分析涉及知识产权的搭售是否构成滥用市场支配地位行为，可以考虑以下因素：一是是否违背交易相对人意愿；二是是否符合交易惯例或者消费习惯；三是是否无视相关知识产权或者商品的性质差异及相互关系；四是是否具有合理性和必要性，如为实现技术兼容、产品安全、产品性能等所必不可少的措施等；五是是否排除、限制其他经营者的交易机会；六是是否限制消费者的选择权。结合上述因素可以判定与知识产权行使有关的行为是否属于滥用市场支配地位的搭售行为。

《禁止滥用知识产权排除、限制竞争行为规定》第 12 条则规定："具有市场支配地位的经营者没有正当理由，不得在行使知识产权的过程中，违背所在行业或者领域交易惯例、消费习惯或者无视商品的功能，从事下列搭售行为，排除、限制竞争：（一）在许可知识产权时强制或者变相强制被许可人购买其他不必要的产品；（二）在许可知识产权时强制或者变相强制被许可人接受一揽子许可。"该规定强调了知识产权行使行为遵循交易惯例、消费习惯，以及不得排除、限制竞争的必要性，对于认定与知识产权行使有关的搭售行为具有重要的适用价值。换言之，如果知识产权人实施的搭售行为具有正当

---

〔1〕 IMS Health GmbH v. NDC Health GmbH, Case C-418/01 (2004).

〔2〕 Dir. of Investigation & Research v. Warner Music Can. Ltd. , [1997] 78 C. P. R. 3d 321, 324 (Competition Trib.) (Can.).

〔3〕 Thomas M. Susman, "Tying, Refusals to License, and Copyright Misuse: The Patent Misuse Model", 36 *J. Copyright Socy U. S. A.* 300 (1989).

目的，符合交易惯例、消费习惯或者符合商品的特有功能，并且搭售行为也没有使权利人将其在搭售品市场的支配地位延伸到被搭售品市场，没有排除、限制市场竞争，则搭售行为不构成知识产权滥用。由此可见，知识产权行使中的搭售行为并非一概构成滥用知识产权的行为，还需要从多方面判定是否存在排除、限制竞争的行为。

从国外知识产权司法实践看，涉及知识产权滥用行为的搭售属于较早和较典型的类型。例如，在前述"Morton Salt Co. v. G. S. Suppiger Co."案中，法院认为专利权人在许可其专利时要求被许可人一并购买其非专利产品的行为构成专利权的滥用。[1]在"Alcatel USA, Inc. v. DGI Tech., Inc."案[2]中，操作系统软件著作权人作为许可人，要求被许可人在使用该操作系统时必须与许可人的微处理器卡一起使用，否则将不允许其使用该操作系统。在该案中，美国联邦第五巡回上诉法院认为，微处理器卡不存在专利权和著作权，著作权人的许可行为滥用了其操作系统软件著作权。在涉及搭售的知识产权司法实践中，往往存在"捆绑销售协议"。在美国的相关案件中，法院将捆绑销售协议定义为卖方销售一种产品的协议，在该协议中约定买方必须同时购买另一种（或捆绑）产品。例如，在"Northern Pac. R. Co. v. United States"案[3]中，法院提出了捆绑产品本身违法的观点，即当销售者"对于捆绑产品具有充分的经济实力，能够明显限制该捆绑产品在市场上的自由竞争"，在无相反证据证明不存在反竞争效果的情况下，捆绑产品销售的行为构成权利滥用行为。[4]在著名的"United States v. Microsoft Corp."案中，美国政府指控微软公司存在将其网页浏览器"Internet Explorer"与其视窗系统非法捆绑的行为，[5]认为这一行为会排除、杜绝浏览器市场的自由竞争行为，因此违反了《美国谢尔曼法》。

第四，附加不合理交易条件。我国现行《反垄断法》第22条第1款第5项还规定，具有市场支配地位的经营者"在交易时附加其他不合理的交易条件"构成经营者滥用市场支配地位的行为。《知识产权领域反垄断指南》第

[1]　Morton Salt Co. v. G. S. Suppiger Co., 314 U. S. 488 (1942).
[2]　Alcatel USA, Inc. v. DGI Tech., Inc., 166 F. 3d 772 (5th Cir. 1999).
[3]　Northern Pac. R. Co. v. United States, 356 U. S. 1, 5-6 (1958).
[4]　Jefferson Parish Hosp. Dist. No. 2 v. Hyde, 466 U. S. 2, 14-15 (1984).
[5]　United States v. Microsoft Corp., 253 F. 3d 34, 47 (D. C. Cir. 2001).

18 条对于涉及知识产权交易中的上述行为作了规范。即具有市场支配地位的经营者，没有正当理由，在涉及知识产权的交易中附加下列交易条件，可能产生排除、限制竞争效果：一是要求进行独占性回授或者排他性回授；二是禁止交易相对人对其知识产权的有效性提出质疑，或者禁止交易相对人对其提起知识产权侵权诉讼；三是限制交易相对人实施自有知识产权，限制交易相对人利用或者研发具有竞争关系的技术或者商品；四是对期限届满或者被宣告无效的知识产权主张权利；五是在不提供合理对价的情况下要求交易相对人与其进行交叉许可；六是迫使或者禁止交易相对人与第三方进行交易，或者限制交易相对人与第三方进行交易的条件。上述行为明显缺乏合理性与正当性，其中有些行为还明显具有排除、限制竞争的效果，因此也需要进行规制。

在涉及知识产权行使的附加不合理交易条件的案件中，需要查明和认定一方当事人施加的条件是否合理、必要且符合交易对象的特性与行业惯例等因素。仍以上述某饮食娱乐公司与被上诉人音集协滥用市场支配地位纠纷二审案为例，在该案中，某饮食娱乐公司主张音集协在签约时提出的"补交前两年许可费"及"补交签约前的管理费和签约费"等交易条件，属于反垄断法禁止的附加不合理交易条件的行为。对此，最高人民法院认为：反垄断法规制的附加不合理交易条件的行为是指具有市场支配地位的经营者，违背交易相对人的意愿，在提供产品或服务时强迫交易相对人购买其不需要、不愿意购买的商品或服务，或者接收其他不合理的交易条件的行为。具有市场支配地位的经营者实施附加不合理交易条件的行为会导致经营者利用其现有市场支配地位，不正当地扩大其在其他领域的竞争优势，导致其他经营者的合法权益受到损害。在判断经营者附加的交易条件是否合理时，应主要考虑交易条件的必要性与合理性，结合交易对象的特性、行业惯例综合判断。本案中，音集协管理的作品数量较大，KTV 经营者为了满足日常经营需要必然会使用由音集协统一管理的作品，故音集协要求相关 KTV 经营者补交签约前许可使用费与 KTV 经营者的实际经营需要相符。同时，音集协作为非营利性的著作权集体管理组织，其有义务为著作权人争取最大利益，在明确相关 KTV 经营者在签约前未经许可使用了其所管理的类电影作品和音像制品的情况下，音集协有权代表权利人收取相应的许可使用费。音集协在签约前要求相关 KTV 经营者补交许可使用费，可以避免权利人提起著作权侵权诉讼，节约了诉讼成本，且对于其他经营者也有良好警示作用。此外，某饮食娱乐公司提交的现有证据不能证明音集协对于该项费用的收取采取差别待遇。故，音集协要求某饮食娱乐公司补交签约前两年的许可使用费系其对著作权集体管理权利的正当行使，不属于反垄断法所规制的附加不合理交易条件的垄断行为。从法院上述认定看，涉案交易条件符合著作权集体管理行业惯例，也符合充分、有效保护著作权的原则，在排除差别待遇的前提下，音集协采取的措施具有必要性和合理性。

第五，限定交易行为。我国现行《反垄断法》第 22 条第 1 款第 4 项规定，没有正当理由，限定交易相对人只能与其进行交易或者只能与其指定的经营者进行交易，属于滥用市场支配地位的行为。在知识产权行使中，涉及对相关交易限制的行为也可能构成滥用市场支配地位的行为。对此，《禁止滥用知识产权排除、限制竞争行为规定》第 11 条作出了明确规定，即具有市场支配地位的经营者没有正当理由，不得在行使知识产权的过程中，从事下列限定交易行为，排除、限制竞争：一是限定交易相对人只能与其进行交易；二是限定交易相对人只能与其指定的经营者进行交易；三是限定交易相对人不得与特定经营者进行交易。这种限制交易行为，有纵向限制交易和横向限制交易之分。[1] 毫无疑问，上述限制交易对象的行为具有明显的排除、限制竞争的反竞争效果，因此也应纳入知识产权滥用行为的范畴。

第六，涉及知识产权的差别待遇。我国现行《反垄断法》第 22 条第 1 款第 6 项规定，具有市场支配地位的经营者"没有正当理由，对条件相同的交易相对人在交易价格等交易条件上实行差别待遇"，属于滥用市场支配地位的行为。在知识产权行使中，也可能存在上述情况。对此，《知识产权领域反垄断指南》第 19 条规定，在涉及知识产权的交易中，具有市场支配地位的经营者，没有正当理由，可能对条件实质相同的交易相对人实施不同的许可条件，排除、限制竞争。分析经营者实行的差别待遇是否构成滥用市场支配地位行为，可以考虑以下因素：一是交易相对人的条件是否实质相同，包括相关知识产权的适用范围、不同交易相对人利用相关知识产权提供的商品是否存在替代关系等。二是许可条件是否实质不同，包括许可数量、地域和期限等。除分析许可协议条款外，还需综合考虑许可人和被许可人之间达成的其他商业安排对许可条件的影响。三是该差别待遇是否对被许可人参与市场竞争产

〔1〕 陈华丽：《论知识产权滥用的法律规制》，载《知识产权》2017 年第 9 期。

生显著不利影响。《禁止滥用知识产权排除、限制竞争行为规定》第 14 条则规定："具有市场支配地位的经营者没有正当理由，不得在行使知识产权的过程中，对条件相同的交易相对人实行差别待遇，排除、限制竞争。"上述规定表明，为实现公平竞争，知识产权人行使权利、与经营者进行交易时，要对交易条件相同的相对人同等对待，而不能基于排除、限制竞争的目的区别对待。

第七，具有市场支配地位的经营者利用数据、算法、技术以及平台规则等从事滥用市场支配地位的行为。我国现行《反垄断法》第 22 条第 2 款规定："具有市场支配地位的经营者不得利用数据和算法、技术以及平台规则等从事前款规定的滥用市场支配地位的行为。"当前，随着大数据产业的发展和数字经济的兴起，人类进入数字时代和智能社会。信息网络和数字技术的发展及其产业化，伴随着人工智能、算法等技术的革新，使得电子商务、平台经济迅猛发展。[1]在当前如火如荼的平台经济中，一些大型平台取得了市场支配地位。从近些年来发生的一些涉及数据、算法、[2]平台规则的知识产权纠纷案件的情况看，除了一般的知识产权侵权纠纷，也存在具有市场支配地位的经营者利用数据、算法、技术以及平台规则等实施不公平的高价许可、拒绝许可知识产权、搭售、附加不合理交易条件、限定交易行为、实施差别待遇等行为。[3]值得指出的是，上述规定是 2022 年《反垄断法》修改时专门增加的内容，旨在适应信息网络和数字技术发展的需要，应对新技术发展背景下新出现的滥用市场支配地位的行为，维护信息网络和数字技术发展环境下的公平和自由竞争秩序。

---

〔1〕 参见蒋惠岭：《论传统司法规律在数字时代的发展》，载《现代法学》2023 年第 5 期；陈罗兰：《论法院数字共同体的构建：以人工智能辅助司法为视角》，载《法学》2024 年第 1 期。

〔2〕 参见张欣：《生成式人工智能的算法治理挑战与治理型监管》，载《现代法学》2023 年第 3 期。

〔3〕 参见北京甲科技有限公司诉北京乙科技有限公司侵害作品信息网络传播权纠纷案，北京市海淀区人民法院（2018）京 0108 民初 49421 号民事判决书（侵害作品信息网络传播权纠纷案）；广州某网络技术有限公司与某（北京）文化传媒有限公司侵害作品信息网络传播权纠纷案，北京知识产权法院（2021）京 73 民终 4295 号民事判决书（侵害作品信息网络传播权纠纷案）；陶某与敖某侵害作品信息网络传播权纠纷案，杭州互联网法院（2019）浙 0192 民初 4122 号民事判决书（侵害作品署名权、信息网络传播权纠纷案）。

（3）经营者集中

我国现行《反垄断法》规定了经营者集中这一垄断行为。[1]在知识产权人行使权利时，也可能存在反垄断法意义上的经营者集中问题。对此，《知识产权领域反垄断指南》第四章规定了"涉及知识产权的经营者集中"问题，"涉及知识产权的经营者集中有一定特殊性，主要体现在构成经营者集中的情形、审查的考虑因素和附加限制性条件等方面。审查涉及知识产权的经营者集中，适用《反垄断法》第四章规定。"其第 20 条则规定，经营者通过涉及知识产权的交易取得对其他经营者的控制权或者能够对其他经营者施加决定性影响，可能构成经营者集中。其中，分析知识产权转让或许可构成经营者集中情形时，可以考虑以下因素：一是知识产权是否构成独立业务；二是知识产权在上一会计年度是否产生了独立且可计算的营业额；三是知识产权许可的方式和期限。在实践中，知识产权的利用通常是与有形商品的生产和销售一揽子进行的，尤其在知识产权的产品化、市场化过程中，能够充分体现知识产权在经营者技术创新过程中的贡献和作用。也正因如此，对于涉及知识产权的经营者集中，需要考虑知识产权许可方式、知识产权利用是否可以构成独立的业务并可以独立计算相关营业额。

针对经营者集中等滥用知识产权的行为，从立法的层面来说，知识产权法与反垄断法的规制手段尽管不同，但具有相通性。如有学者指出，"反垄断法和著作权法在实现'限制市场经营者集中、超竞争定价及排他许可'这些既定目标时所采取的手段是相通的"。[2]这其实也反映了前述知识产权法和反垄断法在实现公平竞争、创新、效率以及维护消费者利益与公共利益方面具有共同的立法目标。

（4）其他滥用知识产权的行为

除上述涉及知识产权滥用的行为外，《知识产权领域反垄断指南》还规定

---

[1]　现行《反垄断法》第 25 条规定："经营者集中是指下列情形：（一）经营者合并；（二）经营者通过取得股权或者资产的方式取得对其他经营者的控制权；（三）经营者通过合同等方式取得对其他经营者的控制权或者能够对其他经营者施加决定性影响。"第 26 条则规定了经营者集中达到以及未达到国务院规定的申报标准时的处理程序和措施。

[2]　Ramsey Hanna, "Misusing Antitrust: The Search for Functional Copyright Misuse Standards", 46 *Stan. L. Rev.* 2 (1994).

了专利联营、标准必要专利涉及的权利滥用问题。[1]《知识产权领域反垄断指南》第五章指出："一些涉及知识产权的情形可能构成不同类型的垄断行为，也可能涉及特定主体，可根据个案情况进行分析，适用《反垄断法》的相关规定。"以下将对专利联营和标准必要专利涉及的权利滥用问题进行简要探讨。

第一，专利联营。《知识产权领域反垄断指南》第26条规定，专利联营是指两个或者两个以上经营者将各自的专利共同许可给联营成员或者第三方。专利联营各方通常委托联营成员或者独立第三方对联营进行管理。联营具体方式包括达成协议，设立公司或者其他实体等。在企业知识产权战略[2]中，专利联营又称为专利联盟。通过联盟形式运营专利，对联盟内企业和其他专利权主体而言有一定的优势。正如《知识产权领域反垄断指南》第26条第2款中所言，"专利联营一般可以降低交易成本，提高许可效率，具有促进竞争的效果。"但由于专利联盟在经营专利时有可能对参与专利联营的经营者或者第三方施行排除、限制竞争行为，其也有可能涉及权利滥用问题，需要进行规制。

《禁止滥用知识产权排除、限制竞争行为规定》第17条即规定：经营者不得在行使知识产权的过程中，利用专利联营从事排除、限制竞争的行为。专利联营的成员不得交换价格、产量、市场划分等有关竞争的敏感信息，达成《反垄断法》第17条、第18条第1款所禁止的垄断协议。但是，经营者能够证明所达成的协议符合《反垄断法》第18条第2款、第3款和第20条规定的除外。该条还对具有市场支配地位的专利联营实体或者专利联营的成员利用专利联营从事滥用市场支配地位的行为作了具体列举，包括：一是以不公平的高价许可联营专利；二是没有正当理由，限制联营成员或者被许可人的专利使用范围；三是没有正当理由，限制联营成员在联营之外作为独立许可人许可专利；四是没有正当理由，限制联营成员或者被许可人独立或者与第三方联合研发与联营专利相竞争的技术；五是没有正当理由，强制要求被许可人将其改进或者研发的技术排他性或者独占性地回授给专利联营实体

---

[1] 如前所述，《知识产权领域反垄断指南》针对著作权集体管理可能涉及的权利滥用问题进行了规范。前面已结合典型案例加以探讨，本部分不再赘述。

[2] 冯晓青：《企业知识产权战略》（第4版），知识产权出版社2015年版，第61—82页。

或者专利联营的成员；六是没有正当理由，禁止被许可人质疑联营专利的有效性；等等。

以上列举的行为限制了联营成员或者被许可人自由开展专利许可或研发竞争性技术，或者实施差别待遇等行为，违背了反垄断法的公平竞争原则，因此需要予以规制。《知识产权领域反垄断指南》第 26 条规定，在个案中判定某一专利联营行为是否涉嫌构成排除、限制竞争的权利滥用行为，可以考虑以下因素：一是经营者在相关市场的市场份额及其对市场的控制力；二是联营中的专利是否涉及具有替代关系的技术；三是是否限制联营成员单独对外许可专利或研发技术；四是经营者是否通过联营交换商品价格、产量等信息；五是经营者是否通过联营进行交叉许可、进行独占性回授或者排他性回授、订立不质疑条款及实施其他限制等；六是经营者是否通过联营以不公平高价许可专利、搭售、附加不合理交易条件或者实行差别待遇等。由此可见，界定专利联营的性质，需要结合经营者联营的专利的状况、联营中是否对联营成员或第三方实施了相关限制并且这种限制是否具有排除、限制竞争的反竞争效果等综合考虑。

第二，标准必要专利制定和实施中的滥用行为。前面在分析垄断协议部分讨论了标准制定中的知识产权滥用问题，与此相关的是标准必要专利制定中也会涉及专利权滥用问题。随着新技术及其产业化的迅猛发展，标准与专利的结合日益凸显，形成了"标准必要专利"这一新问题。《知识产权领域反垄断指南》第 27 条规定，标准必要专利是指实施某项标准必不可少的专利。2013 年 12 月 19 日，国家标准化管理委员会和国家知识产权局联合发布了《国家标准涉及专利的管理规定（暂行）》，也明确了标准必要专利的定义。拥有标准必要专利的经营者可能利用其市场支配地位实施排除、限制竞争行为，为此，《禁止滥用知识产权排除、限制竞争行为规定》第 18 条规定：经营者没有正当理由，不得在行使知识产权的过程中，利用标准的制定和实施达成下列垄断协议：①与具有竞争关系的经营者联合排斥特定经营者参与标准制定，或者排斥特定经营者的相关标准技术方案；②与具有竞争关系的经营者联合排斥其他特定经营者实施相关标准；③与具有竞争关系的经营者约定不实施其他竞争性标准；④国家市场监督管理总局认定的其他垄断协议。

《知识产权领域反垄断指南》第 27 条规定，认定拥有标准必要专利的经营者是否具有市场支配地位，应依据第 14 条进行分析，同时还可以考虑以下因素：一是标准的市场价值、应用范围和程度；二是是否存在具有替代关系的标准或者技术，包括使用具有替代关系的标准或者技术的可能性和转换成本；三是行业对相关标准的依赖程度；四是相关标准的演进情况与兼容性；五是纳入标准的相关技术被替换的可能性。从这些因素可以看出，在判定标准制定和实施中是否存在滥用行为时，需要考虑标准本身的情况、标准在行业中地位、替代产品或者技术等因素。此外，《知识产权领域反垄断指南》第27条还规定，在实践中拥有市场支配地位的标准必要专利权人通过请求法院或者相关部门作出或者颁发禁止使用相关知识产权的判决、裁定或者决定，迫使被许可人接受其提出的不公平高价许可费或者其他不合理的许可条件，可能排除、限制竞争。具体分析时，可以考虑以下因素：一是谈判双方在谈判过程中的行为表现及其体现出的真实意愿；二是相关标准必要专利所负担的有关承诺；三是谈判双方在谈判过程中所提出的许可条件；四是请求法院或者相关部门作出或者颁发禁止使用相关知识产权的判决、裁定或者决定对许可谈判的影响；五是请求法院或者相关部门作出或者颁发禁止使用相关知识产权的判决、裁定或者决定对下游市场竞争和消费者利益的影响。上述情况，在理论上被称为禁令"劫持"。根据以上规定，对于这种情况是否涉嫌滥用禁令措施，需要结合双方谈判意愿、行为表现和许可条件等涉及谈判的情况，涉案标准必要专利承诺以及颁发禁令的相关影响，特别是对下游市场竞争和消费者利益的影响来判断。这些因素能够反映标准必要专利权人申请禁令的行为的主观目的及其客观后果，有利于在司法实践中界定相关行为的性质。[1]

3. 滥用知识产权排除、限制竞争的认定

以上对滥用知识产权排除、限制竞争行为的表现进行了详细分析。在实践中，对于某一特定经营者是否存在滥用知识产权排除、限制竞争行为，还需要进一步明确认定的步骤和方式。对此，《禁止滥用知识产权排除、限制竞争行为规定》和《知识产权领域反垄断指南》分别作了相应规定，值得研究。

---

〔1〕 参见某移动通信有限公司、某移动通信有限公司深圳分公司与夏某株式会社、某日本株式会社标准必要专利许可纠纷案，广东省深圳市中级人民法院（2020）粤03民初689号之一民事裁定书（标准必要专利许可纠纷案）。在该案中，一审法院裁定，夏某株式会社在本案终审判决作出之前，不得向其他国家、地区就本案所涉专利对原告公司提出新的诉讼或司法禁令。

《禁止滥用知识产权排除、限制竞争行为规定》第22条第1款规定："分析认定经营者涉嫌滥用知识产权排除、限制竞争行为，可以采取以下步骤：（一）确定经营者行使知识产权行为的性质和表现形式；（二）确定行使知识产权的经营者之间相互关系的性质；（三）界定行使知识产权所涉及的相关市场；（四）认定行使知识产权的经营者的市场地位；（五）分析经营者行使知识产权的行为对相关市场竞争的影响。"该条第2款则规定："确定经营者之间相互关系的性质需要考虑行使知识产权行为本身的特点。在涉及知识产权许可的情况下，原本具有竞争关系的经营者之间在许可协议中是交易关系，而在许可人和被许可人都利用该知识产权生产产品的市场上则又是竞争关系。但是，如果经营者之间在订立许可协议时不存在竞争关系，在协议订立之后才产生竞争关系的，则仍然不视为竞争者之间的协议，除非原协议发生实质性的变更。"由此可见，认定经营者是否存在滥用知识产权排除、限制竞争行为，需要明确行使知识产权的情况、相关经营者的关系、相关市场和经营者的市场地位以及行使知识产权的行为对市场竞争的影响等因素。这些因素考虑到了知识产权行使本身、相关市场、经营者之间的关系以及行使知识产权的行为与相关市场竞争的关系，能够较为全面地判定知识产权行使行为构成滥用与正当行使的界限。

《知识产权领域反垄断指南》则从分析原则，分析思路，分析排除、限制竞争影响的考虑因素等方面进一步作出了规范。其第2条明确了分析原则，即分析经营者是否滥用知识产权排除、限制竞争，应遵循以下基本原则：①采用与其他财产性权利相同的规制标准，遵循《反垄断法》相关规定；②考虑知识产权的特点；③不因经营者拥有知识产权而推定其在相关市场具有市场支配地位；④根据个案情况考虑相关行为对效率和创新的积极影响。应当说，这些原则在遵循认定排除、限制竞争一般原则的同时，还注意到了知识产权行使的特点和特殊性，并考虑到在个案中相关行为对创新和效率的积极影响。之所以如此，是因为在反垄断法视野中，知识产权行使具有一定的特殊性，即知识产权这一权利本身具有独占性、排他性和垄断性，天然地具有排除竞争的秉性。[1] 在知识产权人正当行使的情况下，权利人行使知识产权往往对创新和效率具有积极影响。因此，在确立分析原则方面，需要根据个案的情

---

〔1〕冯晓青：《论知识产权的专有性——以"垄断"为视角》，载《知识产权》2006年第5期。

况考虑涉案行为对创新和效率的积极影响。当然，鉴于不正当行使知识产权的危害，在有些个案中需要着重考虑相关行为对创新和效率的负面影响。

《知识产权领域反垄断指南》第3条还提出了具体的分析思路：①分析行为的特征和表现形式。经营者滥用知识产权，排除、限制竞争的行为，可能是行使知识产权的行为，也可能是与行使知识产权相关的行为。通常会根据经营者行为的特征和表现形式分析可能构成的垄断行为。②界定相关市场。界定相关市场，通常遵循相关市场界定的基本依据和一般方法，同时考虑知识产权的特殊性。③分析行为对市场竞争产生的排除、限制影响。分析行为对市场竞争产生的排除、限制影响，通常需要结合市场竞争状况，对具体行为进行分析。④行为对创新和效率的积极影响。经营者行为对创新和效率可能产生积极影响，包括促进技术的传播利用、提高资源的利用效率等。上述思路和前述《禁止滥用知识产权排除、限制竞争行为规定》第22条第1款的分析步骤大同小异，体现了在滥用知识产权排除、限制竞争判定中对于关键问题的把握。

《知识产权领域反垄断指南》第5条则规定了分析排除、限制竞争影响的考虑因素。其一，评估市场的竞争状况，可以考虑以下因素：行业特点与行业发展状况，主要竞争者及其市场份额，市场集中度，市场进入的难易程度，交易相对人的市场地位及对相关知识产权的依赖程度，相关技术更新、发展趋势及研发情况等。其二，对具体行为进行分析，可以考虑以下因素：经营者之间的竞争关系，经营者的市场份额及其对市场的控制力，行为对产量、区域、消费者等方面产生限制的时间、范围和程度，行为设置或者提高市场进入壁垒的可能性，行为对技术创新、传播和发展的阻碍，行为对行业发展的阻碍，行为对潜在竞争的影响等。判断经营者之间的竞争关系，根据个案情况，可以考虑在没有相关行为的情况下，经营者是否具有实际或者潜在的竞争关系。从实践中知识产权行使的具体情况看，基于知识产权作为独占权的权利属性以及对竞争的有限抑制和更高程度的促进的双向机制，对于个案中的特定知识产权行使行为是否涉嫌排除、限制竞争的认定，自然需要充分考虑市场竞争格局以及经营者的相关行为对于其他经营者、市场格局、行业发展和潜在竞争等因素的影响。这些影响可以根据个案的情况从积极影响或消极影响方面加以界定。还值得一提的是，《知识产权领域反垄断指南》第6条专门针对竞争积极影响需要满足的条件作出了规范。具体而言，通常情况下，对创新和效率的积极影响需同时满足下列条件：①该行为与促进创新、提高效率具有因果关系；②相对于其他促进创新、提高效率的行为，在经营者合理商业选择范围内，该行为对市场竞争产生的排除、限制影响更小；③该行为不会排除、严重限制市场竞争；④该行为不会严重阻碍其他经营者的创新；⑤消费者能够分享促进创新、提高效率所产生的利益。从这些因素看，知识产权行使行为对于创新和效率的积极影响是该权利正当行使的应有之义。在否定个案中的权利行使行为具有排除、限制竞争后果时，需要从涉案行为对市场选择、对其他经营者的积极影响、对消费者利益保护等方面的效果加以判断。

五、知识产权滥用的规制：立法、司法、行政及行业监管

在当前知识产权作为竞争性资源和获取竞争力的核心要素的背景下，知识产权的地位和作用日益重要。也正是基于此，在市场经济活动特别是开展市场竞争的过程中，知识产权人为了最大化地谋取自身利益，可能会违背知识产权立法宗旨和公共政策，实施滥用知识产权排除、限制竞争的行为。这些滥用行为具有共同的特点，都是违背了知识产权法中的公共政策目标的不当行使知识产权的行为，与正当行使知识产权的目的背道而驰。对此，采取有效措施有力规制形形色色的知识产权滥用行为就成为值得进一步探讨的问题。这些措施体现为从立法、司法、行政监管和治理方面多管齐下，以下分别进行探讨。

（一）立法应对

2021年10月，国务院公布了《"十四五"国家知识产权保护和运用规划》。其在"加强知识产权行政保护"部分，提出要"依法规制知识产权滥用行为，不断完善防止知识产权滥用相关制度"；在"完善知识产权法律政策体系"中，提出要"完善知识产权反垄断、公平竞争相关法律法规和政策措施。"从完善立法角度规制知识产权滥用行为，是应对知识产权滥用行为的关键之一。前述知识产权滥用涉及知识产权制度内的滥用行为与知识产权制度外构成反垄断意义上的排除、限制竞争行为，因此在立法应对方面，应当分别从完善知识产权立法和反垄断立法入手。

1. 以知识产权法规制滥用知识产权行为

由于相当一部分知识产权滥用行为直接违背了知识产权法立法宗旨和规

定，在知识产权法中完善关于知识产权滥用方面的规定，是立法应对的重要措施。2008 年 6 月 5 日，国务院公布的《国家知识产权战略纲要》即将"防止知识产权滥用"列入实施国家知识产权战略的重点之一，强调要"制定相关法律法规，合理界定知识产权的界限，防止知识产权滥用，维护公平竞争的市场秩序和公众合法权益。"我国现行知识产权立法对于相关知识产权滥用行为也有规定。例如，《专利法》第 20 条第 1 款即规定："申请专利和行使专利权应当遵循诚实信用原则。不得滥用专利权损害公共利益或者他人合法权益。"此外，《专利法》第 47 条第 2 款关于专利权人因恶意给他人造成损失应当予以赔偿的规定以及第 53 条关于无正当理由未实施或者未充分实施其专利的强制许可和专利权人行使专利权的行为被依法认定为垄断行为，为消除或者减少该行为对竞争产生的不利影响的强制许可的规定，也体现了对于滥用专利权的规制。2019 年第四次修正的《商标法》也有多处涉及与"恶意"相关的滥用程序和实体权利的行为规定。[1] 笔者认为，针对不具有排除、限制竞争的一般性滥用知识产权的行为，在知识产权立法中作出原则性规定或者针对具体的恶意行使知识产权的行为规定相应的法律责任具有必要性。就上述《专利法》和《商标法》的规定看，除现有规定外，在以后进一步修改法律时还可以增加对权利滥用的类型和表现形式的规定，明确知识产权保护边界。[2] 例如，对于权利限制或例外的规定，适当增加相关内容。以《商标法》为例，其可增加权利穷竭制度。对于恶意提起专利诉讼或者商标诉讼的行为，则可以增加相应的法律责任方面的规定。

值得注意的是，就我国著作权立法进程而言，2020 年 4 月 30 日公布的《著作权法修正案（草案）》第 4 条和第 50 条规定了"著作权滥用"。其中，第 4 条增加规定，著作权人和与著作权有关的权利人"不得滥用权利影响作品的正常传播"，并在第 50 条为这种原则性规定增加了行政责任，即"滥用著作权或者与著作权有关的权利，扰乱传播秩序的，由著作权主管部门责令改正，予以警告，没收违法所得，非法经营额五万元以上的，可以并处非法经营额一倍以上五倍以下的罚款；没有非法经营额、非法经营额难以计算或

---

〔1〕《商标法》第 4 条、第 45 条、第 47 条、第 68 条。

〔2〕 参见易继明、李春晖：《知识产权的边界：以客体可控性为线索》，载《中国社会科学》2022 年第 4 期。

者不足五万元的，可以并处二十五万元以下的罚款。"然而，最终通过的现行《著作权法》删除了以上规定，这意味着针对著作权滥用问题，我国著作权立法仍然处于空白状态。为此，笔者先针对上述草案规定的合理性进行评述，然后提出下一步修改《著作权法》的建议。

笔者认为，上述草案增加权利人不得滥用权利影响作品的传播的规定具有合理性。这一规定实际上是总则中的原则性规定，明确了著作权法中权利正当行使的原则和要求。与现行《专利法》第20条第1款规定一样，这种原则性规定具有重要的立法意义和价值。原因在于，其体现了立法对于规制和打击知识产权滥用行为的鲜明态度；同时，该规定对有关知识产权的司法实践也有重要的指引作用和适用价值。如前所述，近些年来，我国涉及滥用知识产权的案件数量有增长的态势，在知识产权立法中明确禁止滥用知识产权的原则，能够为人民法院处理涉及滥用知识产权的案件提供直接的法律依据。基于此，笔者建议在下一轮《著作权法》修改时，原则上保留上述规定，同时作出一定的修改。即将上述增加的"不得滥用权利影响作品的正常传播"修改为"不得滥用权利影响作品的正常传播和利用"。之所以作出如上修改，是因为著作权法作为文化创新之法，在充分有效保护著作权的基础上应强调作品利用，而不仅限于作品传播。

此外，上述草案中，第50条的规定具有很大的局限性和问题，笔者建议在未来修改《著作权法》时不宜采用。具体理由如下。

第一，该条规定违背著作权法的立法目标与知识产权政策。著作权是民事权利，这是我国改革开放以来的法律实践形成的共识，也是《伯尔尼公约》《与贸易有关的知识产权协议》等与著作权有关的国际公约的基本立场，我国《民法典》也确认了这一共识。著作权法是确认、调整与保护著作权这一民事权利的法律，保护以作者权利为核心的著作权是该法的根本宗旨、原则和内容。著作权法规范应当围绕充分、有效保护著作权而进行配置。

不可否认，平衡私人利益与公共利益是著作权立法、执法与司法的核心原则与立场。我国《著作权法》立法目的条款包括了著作权法所要调整的利益主体、对象、基本权利、基本目标等内容，其首要特点也是保护著作权人利益与维护公共利益的"二元目标"。我国对著作权法的定位是部门法、成文法、民事权利的特别法，应当强调对私权的充分保护。《著作权法》第1条也先表述"保护文学、艺术和科学作品作者的著作权，以及与著作权有关的权益"，这与在整个法律体系上强调公共利益优先并不矛盾。

当前，我国知识产权保护政策是实施严保护政策，为激励创新、促进创新发展提供了良好的制度环境。草案第 50 条的规定则与著作权立法宗旨格格不入，背离了著作权法所要解决的根本性问题，容易异化为严格保护的对立面，成为侵权的保护伞与悬在著作权人头上的达摩克利斯之剑。

第二，该条违背权利限制法定原则。著作权限制是实现著作权人利益和社会公共利益平衡的重要制度设计。著作权限制制度的宗旨是在为作品的作者、出版者、其他传播者与使用者提供竞争性利益与非竞争性利益的基础之上实现利益的分享和公平分配。从国际公约与各国规定的著作权限制制度来看，著作权限制必须是具体、明确与例外性的，《与贸易有关的知识产权协议》就将权利限制限定在一定特例中。

对权利限制作出要求是因为著作权法的基本立场是保护权利。著作权作为财产权应当获得保护是基本原则，非必要不得作出限制。这种限制的必要性体现于以下三个方面：一是通常出于公共利益、市场失灵、基本权利保障等价值需求；二是限制所造成的损害应当是最低限度的；三是限制的程度与范围也应当是必需的，不得扩大到非必要方面。反观著作权滥用条款，关于何为"扰乱传播秩序"、何为"滥用"的规定并不清晰，很容易妨碍权利的正常行使。在未来的司法实践中，如何界定著作权这一专有权利的合法行使与构成"扰乱传播秩序"的权利滥用会成为难题，这无疑会加大司法实践中适用法律的难度，导致裁判标准不统一。由于缺乏有效的、可操作的规范以及对法律规范认识的偏差，赋予执法者在性质认定与罚款数额上缺乏实质限制的裁量权，会大大增加行政执法机关寻租的风险以及滥用该条打压著作权人、相关权人正当行使权利的风险，也会大大增加被告滥用此条抗辩侵权、逃脱侵权责任的风险。正如有学者指出，赋予行政机关对"著作权滥用"行为的处罚权，可能会导致行政权力在著作权领域的过度扩张。[1]

第三，该条违背权利滥用的基本法理。在目前的知识产权司法实践中，权利滥用并非伪命题，也非对越权行为、非法行为的另一种称谓，实际上其是指一种违背诚实信用原则的行为。在歌力思案中，最高人民法院就认为：

---

〔1〕 卢海君：《论著作权法的体系化——以〈著作权〉第三次修订为中心》，载《社会科学》2019 年第 6 期。

诚实信用原则是一切市场活动参与者所应遵循的基本准则。任何违背法律目的和精神，以损害他人正当权益为目的，恶意取得并行使权利、扰乱市场正当竞争秩序的行为均属于权利滥用，其相关权利主张不应得到法律的保护和支持。在民事程序中适用权利滥用条款的本意是防范启动行政程序的资源浪费，提高诉讼效率。[1]

但是，著作权并不存在确权的行政程序。只要是通过实际的创作行为产生的作品，就具有存在的实质正当性，应当予以保护。对于以侵权"作品"或不享有权利的作品来恶意起诉的行为，可以直接定性为恶意诉讼行为。

在著作权司法实践中，容易出现将传播者利益视为公共利益的代表，以传播者利益为中心，取代对创作者的激励，从而背离禁止权利滥用初衷的现象。在文化领域，我国一直以来的观念就是传播者是服务文化传播、促进作品利用与使用者利益的关键，具有道义上的优势。传播者的利益诉求更容易获得支持。在我国，如果不对使用者进行区分，就容易陷入一个误区，即将所有使用者的利益等同于公共利益，为使用者的上传下载等侵权行为提供"公益"的幌子。因此，草案第50条很容易成为传播者利用著作权法肆意侵犯著作权人权益的合法依据。即使有必要规定著作权滥用，也不应当将滥用的法律后果等同于该法规定的侵犯著作权的法律责任，而是应当认定著作权人的权利在个案中不受保护。

第四，该条违背著作权法的体系设置。现行《著作权法》规定的合理使用与法定许可已经表明了鼓励传播的意旨。草案第50条将权利行使的正当性作为一项义务强加给著作权人，并规定了相应的行政责任，形成了一种权利行使的不确定负担。这种模式会损害著作权人维护权利的积极性与预期，妨碍权利自身包含的自由实现本质。为了传播秩序的维护而动摇著作权法鼓励创作的基石，无疑是不合理的。

第五，该条违背反垄断执法的权力配置。即使需要规制著作权领域的垄断行为，草案第50条规定仍然不具有必要性。在《著作权法》这部法律中，不应强化著作权主管部门对权利滥用的行政处罚权。否则，反垄断执法机构与著作权主管部门的著作权滥用执法权限就会存在重叠，而且县级以上地方主管著作权的部门也具有执法权限，会增加履行职责的协调难度。这

---

〔1〕　最高人民法院（2014）民提字第24号民事判决书（侵害商标权纠纷案）。

种权限配置不利于建立统一、有效的著作权市场，也不利于文化经济的创新与发展。

总体而言，草案第 50 条规定破坏了著作权法制度构架的基本定位和风格，有违著作权法以维护作者的著作权为核心的基本价值取向，违背了权利滥用在知识产权法上存在的基本法理，打破了反垄断权力的立法配置，也存在执法依据裁量空间过大的弊端。因此，为贯彻《关于强化知识产权保护的意见》中"加强知识产权保护"与《中共中央关于全面深化改革若干重大问题的决定》提出的"使市场在资源配置中起决定性作用……着力解决市场体系不完善、政府干预过多和监管不到位问题"的政策，需删除草案第 50 条规定。

基于此，笔者建议在下一步修改《著作权法》时，确立禁止著作权滥用的原则性规定，同时针对著作权限制与例外制度作出完善，确立著作权保护的清晰边界。

2. 反垄断法规制

前文对于知识产权滥用的概念及表现形式的研究表明，以反垄断法规制知识产权滥用行为是知识产权滥用法律规制中重要的内容。[1]人们对知识产权滥用的概念的认识在直觉上也倾向于认为其属于反垄断法规制的范畴。不过，正如前面所讨论的，知识产权滥用并非都构成反垄断法意义上的反竞争行为。在相关知识产权行使行为不构成排除、限制竞争时，只需要在知识产权法律制度内加以规制。实际上，在美国专利司法实践中，尽管有法院基于专利权滥用行为对竞争的影响而强调专利权的滥用必然会违反反垄断法，[2]但更有法院主张需要遵循莫顿盐业公司案的观点，即专利权滥用的认定不以违反反垄断法为依据。[3]易言之，只有当相关知识产权行使行为构成排除、限制竞争时，其才落入反垄断法规制的范畴。[4]毫无疑问，构成反垄断法意义上的知识产权行使行为必然也是知识产权滥用行为。美国有的法院指出，

---

〔1〕 参见吕明瑜：《知识产权垄断呼唤反垄断法制度创新——知识经济视角下的分析》，载《中国法学》2009 年第 4 期；王先林：《竞争法视野的知识产权问题论纲》，载《中国法学》2009 年第 4 期。

〔2〕 Automatic Radio Co. v. Hazeltine Research, Inc., 339 U. S. 827, 832-33 (1950).

〔3〕 Senza-Gel Corp. v. Seiffhart, 803 F. 2d 661, 668 (Fed. Cir. 1986).

〔4〕 参见王晓晔：《滥用知识产权限制竞争的法律问题》，载《中国社会科学》2007 年第 4 期。

专利权行使行为违反反垄断法可能构成专利权滥用；[1]有的法院认为，专利权人从事的反垄断行为不限于捆绑销售等，只要其违反反垄断法行使专利权，就不能阻止他人的使用行为。[2]

从立法规制的目的看，如前所述，知识产权保护和反垄断法均具有促进公平竞争、创新、效率以及维护消费者利益、公共利益的目标。单纯地在知识产权法律制度框架内的知识产权滥用，不一定直接违反公共利益标准。不过，知识产权法律制度基于其特有的立法宗旨，既包含了充分有效保护知识产权这一私权的基本考量，也包含了涉及维护公共利益的公共政策考量。有学者以著作权为例，认为要判断某一行使著作权的行为是否超出著作权保护的范围，判定标准应体现著作权制度背后有关公共利益的深层次政策考量。[3]其以1988年《专利权滥用修改法案》的通过为例，考察了20世纪80年代以来美国关于专利权滥用标准的变化，认为相关标准有从公共政策标准向反垄断法标准转变的趋势。[4]

比较知识产权立法与反垄断法对知识产权滥用行为的法律规制，知识产权立法强调实现知识产权制度立法宗旨的公共政策，反垄断法则强调以维护自由竞争为核心的公共利益。由于知识产权滥用大部分都不涉及排除、限制竞争行为，可以在知识产权法律制度内部进行规制，国外即有学者对以反垄断法为基础规制知识产权滥用的做法表示怀疑，并以著作权滥用为例，认为"严格遵守反垄断标准与著作权法所依据的公共政策原则相悖。著作权政策与反垄断公共政策存在潜在的不相容性，其佐证了采取独立的权利滥用原则的合理性，而这一原则有利于实现作品创作和作品传播的著作权制度目标"。[5]这一观点表明，对于著作权滥用之类的知识产权滥用行为的规制，需要赋予权利滥用原则独立地位。不过，还需要进一步看到，无论是在知识

---

〔1〕　American Securit Co. v. Hamilton Glass Co. , 254 F. 2d 889, 895 (7th Cir. 1958).

〔2〕　Hartford-Empire Co. v. United States, 323 U. S. 386 (1945).

〔3〕　陈剑玲：《论版权滥用之判断标准》，载《新疆大学学报（哲学·人文社会科学版）》2012年第3期。

〔4〕　陈剑玲：《论版权滥用之判断标准》，载《新疆大学学报（哲学·人文社会科学版）》2012年第3期。

〔5〕　Ramsey Hanna, "Misusing Antitrust: The Search for Functional Copyright Misuse Standards", 46 *Stan. L. Rev.* 2 (1994).

产权法律制度框架内规制知识产权滥用行为，还是在反垄断法框架内规制构成排除、限制竞争的知识产权滥用行为，两者在增进消费者福利和社会福祉方面具有相同的目的。尤其是针对构成了排除、限制竞争的反垄断行为，适用反垄断法的规制能够弥补知识产权法律制度框架内的不足。有学者以著作权滥用的规制为例，指出著作权法的规制和反垄断法的规制的目标均在于提高社会福祉。进言之，"反垄断法旨在打击垄断行为、寻租行为，促进竞争性定价，通过增加消费者获得受著作权保护作品的机会来实现公共福利。基于这一观点，使用反垄断相关原则明确著作权这一专有权利的范围，有助于实现著作权法促进创新和最大程度地增进利用作品带来的公共利益的立法目标"。[1]

从反垄断法的角度看，对于滥用知识产权排除、限制竞争的行为，适用反垄断法能够很好地弥补知识产权法律制度框架内解决问题的不足和局限性，特别是基于反垄断法的立法宗旨和基本功能与定位，能够针对知识产权滥用造成的反竞争效果进行有力规制。国外学者以美国《谢尔曼法》和《克莱顿法》为例，认为其是为了维护竞争过程中整体上的正当性，在保护消费者福利的同时提高经济效率，才确立了有效遏制反竞争行为的终极目标。[2]

就我国反垄断法规制的滥用知识产权排除、限制竞争的反竞争行为而言，现行《反垄断法》第68条专门针对行使知识产权的行为进行了规制。第9条新增的"经营者不得利用数据和算法、技术、资本优势以及平台规则等从事本法禁止的垄断行为"也在很大程度上涉及了知识产权滥用行为。除此之外，前述国务院反垄断委员会发布的《知识产权领域反垄断指南》和国家市场监督管理总局发布的《禁止滥用知识产权排除、限制竞争行为规定》也是专门针对知识产权滥用行为进行的规定。鉴于上述规范均是在现行《反垄断法》颁行之前公布实施的，为完善我国知识产权滥用的反垄断法规制，还需要在现行《反垄断法》规定的基础上进行适当的修改和完善。笔者认为，对于上述部门规章的改革，既要注意正当、合法行使知识产权的行为与知识产权滥

---

〔1〕 Ramsey Hanna, "Misusing Antitrust: The Search for Functional Copyright Misuse Standards", 46 *Stan. L. Rev.* 2 (1994).

〔2〕 John J. Flynn, James F. Ponsoldt, "Legal Reasoning and the Jurisprudence of Vertical Restraints: The Limitations of Neoclassical Economic Analysis in the Resolution of Antitrust Disputes", 62 *N. Y. U. L. Rv.* 5 (1987).

用行为的界限，也要注意区分尚未构成反垄断法意义上的排除、限制竞争的知识产权滥用行为与构成了反垄断法意义上的排除、限制竞争的知识产权滥用行为。在设计和完善相关制度时，一方面需要考虑行使知识产权对于实现权利人利益、促进创新与效率、维护消费者利益的作用与影响，另一方面也要考虑行使知识产权行为对于经营者、消费者、市场竞争格局以及潜在创新的影响，特别是是否会形成垄断协议、滥用市场支配地位或者经营者集中等为反垄断法所禁止的情形。此外，总结近些年来我国司法实践中对于知识产权滥用规制的经验，将成熟的审判经验和做法吸收到规则的制定和完善中，也有利于推动我国知识产权滥用法律规制制度的完善。

（二）强化知识产权滥用的司法审查

从法理学角度看，有权利就可能存在权利滥用，知识产权也不例外。近些年来，无论从国外还是国内看，如何规制知识产权滥用行为已成为知识产权保护领域维护公平竞争的热门话题，时常可以见到典型案例。鉴于知识产权滥用行为存在的客观性及其危害性，我国相关司法政策也对这种行为给予了否定性评价并进行了规范。例如，最高人民法院 2007 年 1 月 11 日发布的《关于全面加强知识产权审判工作为建设创新型国家提供司法保障的意见》指出，要"正确处理保护知识产权和维护公众利益的关系、激励科技创新和鼓励科技运用的关系，既要切实保护知识产权，也要制止权利滥用和非法垄断。"其针对禁止知识产权权利滥用的具体内容则指出："准确界定知识产权权利人和社会公众的权利界限，依法审查和支持当事人的在先权、先用权、[1]公知技术、禁止反悔、[2]合理使用、正当使用等抗辩事由；制止非法垄断技术、妨碍技术进步的行为，依法认定限制研发、强制回授、阻碍实施、搭售、限购和禁止有效性质疑等技术合同无效事由，维护技术市场的公平竞争；防止权利人滥用侵权警告和滥用诉权，完善确认不侵权诉讼和滥诉反赔制度。"

在涉及知识产权滥用的司法实践中，笔者认为应重视以下几方面问题。

---

〔1〕 参见最高人民法院（2023）最高法知民终 1214 号民事判决书（侵害实用新型专利权纠纷案）；最高人民法院（2023）最高法知民终 1106 号民事判决书（侵害实用新型专利权、侵害外观设计专利权纠纷案）。

〔2〕 参见刘紫微：《专利禁止反悔原则适用范围的再思考》，载《华东政法大学学报》2023 年第 4 期。

第一，重视案件反映的知识产权保护公共政策。

知识产权法律制度有其特有的公共政策，并且与反垄断法在促进公平竞争、创新、效率，保护消费者利益，以及维护公共利益方面具有共同的目标。基于此，在涉及知识产权滥用的司法实践中，无论是仅构成知识产权法律制度框架内的滥用行为，还是构成了排除、限制竞争的垄断行为，都应当审视涉案知识产权行使行为背后的知识产权保护公共政策。对此，国外涉及知识产权滥用的相关案例即有明确态度，其对我国相关知识产权司法实践具有一定的借鉴意义。例如，在前面提到的"Morton Salt Co. v. G. S. Suppiger Co."案中，美国联邦最高法院认为："无论被告是否遭受滥用专利权之害，原告此种违反授予专利权公共政策的行为，使其不再有资格主张侵权诉讼，且不能主张对所授予的专利权的保护。"[1]在后来的"Lasercomb"案中，法院依旧重申了公共政策的考量标准，即问题并不在于利用著作权的方式是否违反反垄断法，而是在于其是否违反了著作权保护所体现的公共政策。[2]美国在著作权法理论与实践中形成了促进知识传播、保留公共领域和保护创作者的"3P"[3]政策，这些政策背后反映了著作权立法的宗旨和功能。在涉及知识产权滥用的案件处理中，要求重视案件反映的知识产权保护公共政策，本质上是要求行使知识产权的行为的性质符合知识产权立法保护宗旨，不能以违背知识产权法律制度宗旨的方式谋求自身利益最大化。就我国知识产权保护立法而言，相关的公共政策涉及鼓励创新、维护公平竞争与正当竞争以及促进创新成果推广运用等内容，最终体现为通过知识产权法律制度促进经济社会发展和科学文化事业的发展与繁荣。在涉及与知识产权滥用相关的案件的处理时，对于相关行为的定性，从知识产权保护的公共政策出发，有利于法院正确认定事实和适用法律。

第二，注意区分一般意义上的滥用知识产权的行为与滥用知识产权构成排除、限制竞争的垄断行为，正确适用法律。

从前面的讨论可知，知识产权滥用并非一定违反反垄断法，只有滥用知

---

〔1〕　Morton Salt Co. v. G. S. Suppiger Co.，314 U. S. 488（1942）.

〔2〕　Lasercomb America, Inc. v. Reynolds，911 F. 2d 970, 978（4th Cir. 1990）.

〔3〕　The promotion of learning, the preservation of the public domain and the protection of the author.（促进学习、保护公共领域和保护作者。）

识产权行为构成排除、限制竞争时，才需要反垄断法介入。换言之，当滥用知识产权行为能够在知识产权法律制度框架内解决时，可以直接依据知识产权法律相关规定解决，而不必按照反垄断法的规定处理。从国外司法实践来看，20 世纪 80 年代至 90 年代，在美国存在一种观点，即被告若利用著作权滥用理论获胜，必须证明原告行使著作权的方式违背了反垄断法的规定。[1]有学者认为，在美国，知识产权滥用通常被认为属于反垄断法领域，并且主要通过《谢尔曼法》和《克莱顿法》进行规制。[2]另有学者认为，无论是否接受基于公共政策对知识产权侵权行为的抗辩，美国很多法院都接受直接基于反垄断法的抗辩，不同之处则在于反垄断法抗辩援用的是传统的竞争法原则。[3]不过，也有法院认为，如果缺乏违反反垄断法的证据，法院认定著作权人滥用其权利时，应当认定其以某种方式非法扩大了其法定的垄断权或者通过其他方式违背了著作权法赖以实现的公共政策。[4]

就我国涉及知识产权滥用的司法实践而言，笔者认为应注意区分一般意义上的滥用知识产权的行为与滥用知识产权构成排除、限制竞争的垄断行为，正确适用法律。实际上，如前所述，我国相关立法对于两者进行了区分，只不过前者规定较为分散，后者集中体现于现行《反垄断法》第 68 条以及有关知识产权滥用界定的部门规章中。对于前者，适用知识产权相关法律规定，明确有关当事人的法律责任即可，如针对限制社会公众合理使用权利的一般的滥用著作权案件，法院可以直接判决被告侵权不成立。对于后者，则需要结合个案中行使知识产权的行为对竞争、创新和效率的影响，尤其是是否存在通过垄断协议或者滥用市场支配地位不公平地排除、限制竞争的行为及其后果进行判断。这种在司法实践中的"二分"，有利于明确滥用知识产权行为

[1] Orth-O-Vision, Inc. v. Home Box Office, 474 F. Supp. 672, 686 (S. D. N. Y. 1979); Saturday Evening Post Co. v. Rumbleseat Press, 816 F. 2d 1191, 1200 (7th Cir. 1987); United Tel. Co. of Mo. v. Johnson Publishing Co., 855 F. 2d 604, 612 (8th Cir. 1988); Basic Books, Inc. v. Kinko's Graphics Corp., 758 F. Supp. 1522 (S. D. N. Y. 1991).

[2] John T. Cross, Peter K. Yu, "Competition Law and Copyright Misuse", 56 *Drake L. Rev.* 427 (2008).

[3] Aaron Xavier Fellmeth, "Copyright Misuse and the Limits of the Intellectual Property Monopoly", 6 *J. of Intell. Prop. L.* 1 (1998).

[4] Lasercomb America, Inc. v. Reynolds, 911 F. 2d 970, 978 (4th Cir. 1990); National Cable Television v. BMI, 772 F. Supp. 614, 652 (D. D. C. 1991).

的性质和定位，从而更准确地适用法律。

第三，慎重对待案件中被告的知识产权滥用抗辩。

前面对于知识产权滥用的历史考察表明，包括专利权滥用、著作权滥用等知识产权滥用是在知识产权司法实践特别是知识产权侵权诉讼中产生和发展的被告侵权抗辩的主要理由之一。[1]一旦被告提出原告滥用知识产权并且获得法院支持，在个案中相关知识产权将不再予以执行。当然，这种抗辩也只具有个案的效力，在其他案件中，知识产权人仍然能够根据侵权证据主张被告侵权。[2]从国外知识产权案件中涉及知识产权滥用抗辩理由的情况看，这一原则首先在专利案件中得到适用。[3]后来，权利滥用抗辩逐渐在著作权保护领域被引进，并且日益普遍化，甚至成为侵权诉讼中被告对抗原告的一大武器。例如，在"United States v. Paramount Pictures, Inc."案[4]以及"United States v. Lowe's, Inc."[5]案中，法院都支持了被告提出的原告滥用著作权的抗辩。在前面提到的"Lasercomb America, Inc. v. Reynolds"一案中，法院明确将禁止权利滥用原则应用于著作权领域。法院认为这一原则"天然地"存在于著作权法中，并认定原告在行使著作权时企图突破权利保护范围会构成对竞争的限制。[6]

值得指出的是，在被告主张作为知识产权人的原告存在滥用知识产权行为时，法院对于原告是否真正存在滥用知识产权的行为应当慎重把握。在相关学术研究中，国内外学者均提出了知识产权滥用抗辩主张可能被"滥用"的可能性以及这一主张为知识产权制度带来的不确定性影响。以著作权滥用为例，国内有学者指出，"版权滥用"一般仅为被告的抗辩事由，如果其成为独立的诉讼理由，则极有可能导致版权相对人滥诉。[7]国外学者则认为，著作权滥用抗辩理论的发展不仅打破了作者私人利益与公共利益的动态平衡，

---

〔1〕 Melville B. Nimmer, David Nimmer, *Nimmer On Copyright*, Matthew Bender & Company (2009), § 13.09; Nicoson, "Misuse of the Misuse Doctrine in Infringement Actions", 9 *UCLA L. Rev.* 76, 77 (1962).

〔2〕 Alden-Rochelle, Inc. v. ASCAP, 80 F. Supp. 888, 904 (S. D. N. Y. 1948).

〔3〕 Walker Process Eqpt., Inc. v. Food Mach. Corp., 382 U. S. 172, 176 (1965).

〔4〕 United States v. Paramount Pictures, Inc., 334 U. S. 131 (1948).

〔5〕 United States v. Lowe's, Inc., 371 U. S. 38 (1962).

〔6〕 Lasercomb America, Inc. v. Reynolds, 911 F. 2d 970 (4th Cir. 1990).

〔7〕 卢海君、任寰：《版权滥用泛在之证伪》，载《知识产权》2022 年第 1 期。

而且为著作权领域带来了较大程度的不确定性。著作权滥用抗辩主张成功后，会排除权利人对任何侵权人行使禁止权的权利，而这可能导致著作权价值降低。[1]上述对著作权等知识产权的滥用抗辩可能被滥用及其负面影响的担忧不无道理，不过，在知识产权司法实践中，对于被告提起的某一知识产权滥用的抗辩主张，法院只要能够明确知识产权行使的性质，结合行为对竞争、创新、效率以及对不同主体的影响，就能够判别这一抗辩主张是否成立。总体而言，对于被告提出的某一知识产权滥用的抗辩主张，法院应当慎重对待，既要防止被告滥用这一抗辩，也要排除真正滥用知识产权的行为，维护当事人合法权益与社会公共利益。

（三）强化行政监管与行业协会监管

由于知识产权滥用行为会构成排除、限制竞争的垄断行为，对于这类行为，除了在前述立法和司法适用中进行规制，按照法律规定强化行政监管与行业协会监管也十分重要。从2022年修正的现行《反垄断法》规定看，在新增的内容中，一个重要方面就是强化了对公平竞争的审查，强化了反垄断监管力量以及增加了对涉嫌垄断行为的依法调查。[2]例如，《反垄断法》第5条规定：“国家建立健全公平竞争审查制度。行政机关和法律、法规授权的具有管理公共事务职能的组织在制定涉及市场主体经济活动的规定时，应当进行公平竞争审查。”第11条规定：“国家健全完善反垄断规则制度，强化反垄断监管力量，提高监管能力和监管体系现代化水平，加强反垄断执法司法，依法公正高效审理垄断案件，健全行政执法和司法衔接机制，维护公平竞争秩序。”关于对涉嫌垄断行为进行调查，《反垄断法》第54条规定：“反垄断执法机构依法对涉嫌滥用行政权力排除、限制竞争的行为进行调查，有关单位或者个人应当配合。”这些新增加的规定，连同其他规定，构成了对垄断行为行政监管的制度体系。对于滥用知识产权排除、限制竞争而言，上述规定同样适用。强化对滥用知识产权排除、限制竞争的行政监管，利用行政强制力，必能在一定程度上规制和遏制这类行为。

---

〔1〕 Ramsey Hanna, "Misusing Antitrust: The Search for Functional Copyright Misuse Standards", 46 *Stan. L. Rev.* 2 (1994).

〔2〕 参见最高人民法院（2023）最高法知行终29号行政判决书（垄断协议固定价格认定）；最高人民法院（2021）最高法知民终2131号民事判决书（特定行为垄断认定）。

此外，在规制垄断行为方面，发挥行业协会的作用也不容忽视。《反垄断法》第 14 条规定："行业协会应当加强行业自律，引导本行业的经营者依法竞争，合规经营，维护市场竞争秩序。"就规制知识产权滥用行为特别是滥用知识产权排除、限制竞争行为而言，发挥行业协会的作用同样应当重视。

六、结语

权利滥用现象早已有之，作为权利滥用范畴的知识产权滥用则是伴随知识产权法律制度而生的"副产品"。知识产权滥用既是一个在理论上越来越受到关注的重要课题，也是知识产权立法和司法实践中值得关注的重要现象。在正常情况下，知识产权人行使自己的权利受到法律的充分保护，其他任何人在未经权利人许可也没有法律特别规定时，都不得行使这一专有权利。但是，在滥用知识产权的情况下，行使知识产权的行为直接违背了知识产权法律制度宗旨，并且有损于其他相关主体的合法权益，乃至消费者利益与社会公共利益。此时就需要对这一行为进行干预，在个案中否定行使权利的效力。基于知识产权滥用对市场竞争的不同影响，知识产权滥用行为可以从一般意义上在知识产权法律制度框架内的知识产权滥用行为和反垄断法意义上排除、限制竞争的垄断行为两个层面加以考量，这两种类型的知识产权滥用行为均具有相应的表现形式和认定条件。在当前信息网络和数字技术迅猛发展的背景下，知识产权滥用行为还涉及数据、算法和平台规则中的权利滥用问题。基于知识产权保护与反垄断法在促进公平竞争、创新、效率以及维护消费者利益、社会公共利益等方面的价值目标共通性，无论何种类型的知识产权滥用行为，都可以基于公共政策目标加以界定。总的来说，在知识产权保护特别是司法保护中，需要合理界定行使知识产权的边界范围，[1]在充分、有效保护知识产权与防止滥用知识产权之间实现平衡，实现知识产权的立法宗旨。

---

〔1〕 参见管育鹰：《关于我国知识产权司法保护战略实施的几点思考》，载《法律适用》2018 年第 11 期。

网络环境下著作权司法保护研究

——以短视频著作权侵权问题为考察对象

在当代，随着技术特别是信息网络技术的迅猛发展，作品的创作、存储、传播和利用形式日新月异，这种变化深刻地反映了技术发展与著作权保护之间的互动关系。其中，人们耳熟能详的短视频就是当下十分普遍地出现于互联网环境下作品的创作、存储、传播和利用形式。短视频的出现具有一定的必然性。在当前，短视频已成为一个巨大的产业，围绕短视频也产生了诸多法律问题，特别是侵害著作权的法律纠纷。短视频法律纠纷是当前互联网环境下著作权纠纷的重要类型。围绕短视频可以产生十分复杂的法律关系，尤其是短视频制作者、著作权人、用户以及相关短视频平台之间的法律关系。如何妥善地解决围绕短视频所产生的著作权问题，平衡和协调相关主体之间的利益关系，既是在信息网络空间有效地保护著作权人所享有的著作权以及相关权人享有的相关权所必需，也是促进我国短视频行业健康发展必须解决的问题。[1]基于此，笔者将对围绕短视频所产生的相关著作权问题及其司法保护进行系统的研究与探讨，希望对有效解决短视频著作权纠纷，促进我国短视频产业的发展有所裨益。

一、短视频产生的必然性及其重要意义

短视频，即"短片视频"，是当前信息网络空间创作和内容传播的重要方式。短视频是与长视频相对而言的，[2]其通常在互联网媒体上播放的时间不

---

〔1〕 参见冯晓青、许耀乘：《破解短视频版权治理困境：社会治理模式的引入与构建》，载《新闻与传播研究》2020 年第 10 期。

〔2〕 参见殷继国：《长视频平台版权滥用行为的反垄断法规制》，载《政治与法律》2023 年第 2 期。

超过十分钟。短视频是当代信息网络技术发展的产物。不过，这仅是从技术层面所作出的简单结论，短视频的产生及其意义可以从多方面加以理解。

从技术层面来讲，短视频是运用信息网络技术进行创作的一种短、平、快的作品形式。没有当代信息网络技术的支持，也不会有短视频的产生。技术发展当然是短视频出现的客观原因。

从人们的生活和消费习惯来说，短视频契合了信息网络环境下信息爆炸、人们生活节奏加快的特点。短视频内容制作及其产业的发展，很好地契合了网络文化作为"快餐文化"的特征。网络技术发展的特点之一是作品可以在很短的时间内在全世界范围内传播，当前人们正面临着所谓的信息爆炸。在这种环境下，人们的生活节奏加快，如何在短时间内获取较为丰富的信息，就成为广大社会公众对于精神文化需求的重要关注点。短视频则正好切合了这一需要。短视频最大的特点是时间短，但信息量并不少。借助短视频，人们可以在很短的时间内了解感兴趣或关注的问题，而不需要在通常的情况下花费一定的时间去阅读、欣赏。这种消费习惯的改变，在客观上为短视频的制作和投资提供了动力。

从经济学的角度来说，有需求就有市场。人们对在短时间内迅速获得相关信息的需要为短视频的开发与投资提供了重要激励。

短视频存在的重要性，还可以从著作权法促进精神文化产品的创作与传播的角度加以理解。随着社会的发展，在满足基本的物质生活需要的前提下，人们对精神文化生活的需求日益提高。在受著作权保护的作品领域，这体现为作品的形式日益丰富多彩，能够更好地满足人们对精神文化产品的个性化需求。

二、短视频的特点与分类

如前所述，短视频是与长视频相对而言的一种视频形式。人们平常欣赏的电影、电视剧就是典型的长视频。在我国 2020 年 11 月修改《著作权法》之前，长视频在法律上被称为电影作品和以类似摄制电影的方法创作的作品，其中以摄制电影的方法创作的作品在著作权法理上又被称为"类电作品"。在当代信息网络技术条件下，短视频也是利用视听技术手段创作的作品，只不过其需要通过信息网络传播。传统的电影、电视剧则并非一定需要通过信息网络传播。

（一）短视频的特点

与通常意义上的视听作品相比，短视频具有以下特点。

第一，作品播放时间短。短视频，顾名思义，其播放时间非常短，很多都在一分钟之内。即便有一部分在一分钟之上，但也仅有几分钟而已，最长一般不会超过十分钟。正是因为短视频播放时间短，其才能够很好地满足信息网络环境下人们生活节奏日益加快的同时对于信息产品和精神文化的需求。在笔者看来，也正是播放时间短这一特点，使得短视频颇受消费者欢迎，并随着其在创作和传播功能方面的多样化以及承载信息方面的丰富性最终成为一个发展前景巨大的产业。

这一特点可以从某种意义上体现出信息网络社会中的无限商机。从市场营销的角度来说，其可以为广大消费者创造新的市场。同时，这一特点也反映出了技术的发展可以创造新的消费需求，原因是技术的发展能够形成前所未有的新技术产品，而该产品能够为消费者带来新的价值。市场营销中的所谓价值创新战略，也可以从这里得到启发。当然，这已经是一个经济学问题和市场营销学问题，它深刻地反映了技术特别是信息技术的发展为市场竞争格局和市场消费需求带来的极大影响。[1] 所谓互联网经济，就是在当前信息网络环境下，充分利用互联网平台提供为消费者所需要的新技术产品和服务，并通过率先推出新产品、新服务占领市场，获得市场竞争优势。当初阿里巴巴、京东、腾讯等互联网巨头的成长和发展无不如此。这些问题已经不是纯粹的法律问题，在此不予以赘述。

第二，作品创作形式简单，投资较小。通常，制作一部电影和电视剧，需要制作人进行巨额的投资。不仅如此，由于对市场定位把握得不准确，一部投资巨大的电影或者电视剧在市场上能否成功还存在一定的风险。在笔者看来，这也是 2020 年 11 月《著作权法》第三次修改以后，将原来的第 3 条关于电影作品和以类似摄制电影的方法创作的作品修改为视听作品，并且对其著作权的归属作了重大改革，专门规定电影和电视剧作品著作权由制片人享有，电影和电视剧以外的视听作品著作权则通过约定的形式加以确定，只是在没有约定或者约定不明的情况下，才规定著作权属于制片者的原因之一。

---

〔1〕 参见冯璐菲、陈新荣：《浅谈电视剧短视频营销的特点、问题及对策》，载《中国广播电视学刊》2022 年第 6 期。

相较于电影、电视剧这一类视听作品，短视频的创作者则没有特定的要求。在信息网络时代，人人都可以成为作者，短视频的作者也可以是普通的非影视制作专业的人士。应当说，这也是当前短视频数量大幅增长的重要原因。不仅如此，短视频的制作成本非常小，并且也不存在电影、电视剧那样可能承担巨大风险的问题。进一步来说，短视频一旦受到消费者欢迎，其也可能为制作人带来巨大的经济效益。这里也不存在收益和投资成正比的问题，因为短视频的制作和传播能否成功，关键是其内容是否受消费者欢迎。短视频制作投资少，且可能存在相当可观的收益的特点进一步推动了短视频行业的兴旺。当然，从创造心理学的角度来说，制作短视频并非纯粹为了获得经济利益。制作和发布短视频的形式能够很好地满足人们创作的欲望，[1]短视频的制作和发布也能够为制作人带来相应的声望。这些情况也能够说明短视频受到消费者的欢迎。

第三，短视频不仅创作形式多样，而且题材十分广泛，多以当下热门或者人们所关注的问题为基本题材。短视频题材的广泛性以及结合时事性，与这类作品主要通过短视频平台，借助互联网技术手段广泛传播密切相关。短视频制作者为使其作品在播放与传播中受到受众的关注，需要对其制作的内容进行相关的市场定位。基于此，就短视频的制作而言，其选择的题材十分重要。一般而言，越是热门的选题越容易受到关注。当然，从短视频制作的内容来讲，基于制作者的不同知识背景和兴趣爱好以及广大公众对于短视频内容需求的多样性，实践中短视频也存在很多知识型以及并非当下热门关注的选题内容。短视频制作内容的广泛和多元化，能更好地满足信息化时代社会公众对于作品多元化的要求，也能够使当下相关知识、信息和新闻等及时地传播，繁荣和发展我国科学文化事业。

第四，短视频播放时间虽然较短，但制作者一般会高度重视其标题以及内容展现的娱乐性、知识性和趣味性。从人们大量欣赏的短视频的情况来看，很多短视频的标题非常吸引人，而不只是通常的作品内容的表达。这一现象可以从多方面加以认识。从短视频制作者的动机来说，其显然是希望通过新颖别致、饶有趣味的标题吸引公众播放该视频。很多短视频的制作者在明确

---

〔1〕 参见陈曦、吴晓艳：《短视频平台的用户心理分析及其规制——以抖音为例》，载《传媒》2019 年第 3 期。

短视频的标题时，往往采取悬念或者提出疑问的方法，以吸引公众尽快点开短视频，并耐心地将该短视频播放完毕。从著作权法的角度来讲，短视频的标题本身是可以具有高度个性化和独创性的。当然，从著作权法的一般原理的角度来说，作品的标题本身能否具备作品独创性而受著作权保护，还值得进一步探讨。[1]从国外立法来看，除了《法国知识产权法典》等少量立法规定，很少有国家的著作权法或者相关法律明确规定作品的标题本身可以作为具有独创性的作品而受著作权法保护。我国《著作权法》和《著作权法实施条例》对作品标题是否受著作权保护并没有明确规定。当然，即使在《著作权法》中对于作品的标题没有明确规定，也不排除在司法实践中有个性化特色的作品标题可以受到《反不正当竞争法》等法律的保护。在司法实践中，有时作品名称并不完全相同，而是高度相似，这种情况也会受到法律的规制。例如，在最高人民法院公布的1978—2008年改革开放30周年100个经典案例中，其中一个案件被告的作品名称和原告的作品名称尽管不是完全相同，但高度相似。该案法院结合被告在出版发行该图书时使用的广告语，最终认定被告的行为构成了不正当竞争。在国外也有类似案件。如在二战期间，原告作品标题是"独裁者"，被告作品是"大独裁者"，两者的内容也基本相似，法院判决被告作品对原告作品构成著作权的侵害。此外，在英美普通法中，作品标题的相似也可能被作为侵权案件中仿冒之诉受到追究。

回到短视频这一类特殊的作品，其新颖别致的标题同样可以受到法律的保护。总的来说，从法律的标准评判作品的标题是否可以受到著作权法、反不正当竞争法等相关法律的保护，应当注意判断该作品标题是否具有个性化特色，或者说具有独创性。[2]在具体的案件中，如果作品标题具有上述特点，结合被告使用该作品标题的方式和场景，可以认定被告使用该作品标题的行为构成不正当竞争。[3]需要进一步探讨的是，作品的标题如果属于惯常的用法，与其他同类作品的标题相比并不具有个性化特色，就不能禁止他人使用

---

〔1〕 参见最高人民法院（2016）最高法民申2136号民事裁定书（侵害著作权纠纷案）。

〔2〕 参见北京互联网法院（2018）京0491民初1号民事判决书（侵害作品信息网络传播权纠纷案）。

〔3〕 参见江苏省高级人民法院（2018）苏民终130号民事判决书（不正当竞争纠纷案）。

相同或者相似的作品标题，也谈不上给予法律救济。

这里其实也体现了知识产权法理论中的一个重要内容，即知识产权法的公共领域问题。[1]公共领域是指知识产权法中不受知识产权保护、他人可以自由利用的公共知识财富。就如同每个人可以自由呼吸空气一样，在知识产权法中，公共领域具有公共性，任何人都可以自由使用。公共领域这一概念的提出和适用，在知识产权法中具有十分重要的意义。就短视频相关著作权问题而言，公共领域保留也是下面需要继续探讨的涉及短视频内容是否侵害他人著作权的问题所需要把握的一个十分重要的原则。从公共领域保留原理来看，短视频标题的法律保护问题很容易理解。也就是说，来自公共领域的惯常的表达，不受任何权利的限制，可以被任何人自由利用。在包括著作权法在内的知识产权法中，公共领域其实是和著作权等知识产权专有权相对而言的。公共领域保留原则的适用，能够很好地保障社会公众的利益，特别是促进包括短视频在内的作品的自由创作。毫无疑问，作品的创作需要利用已有的相关材料，就正如在当前技术条件下建房子需要基本的建筑材料一样。处于公共领域的不受著作权保护的知识、信息和思想等也就是社会公众进行创作的基本建筑材料。这些保障创作的基本建筑材料，为作品的创作提供了免费的资源，能够在很大程度上节省创作成本，有利于实现著作权法所追求的激励创作和表达多样性的目标。从后面对短视频著作权侵权等相关问题的探讨可以进一步理解，正是因为公共领域保留原则的适用，广大公众才能够十分便捷且低成本地创作出人们所喜爱的多样化的短视频。

探讨短视频的著作权保护问题，需要对这类作品进行大致的分类，以便针对不同类型的短视频就其著作权侵权相关问题进行有针对性的解决。

在笔者看来，不论何种方式创作的短视频，都具有一些共同的特点，但创作方式特别是使用先前作品来源情况的不同，会导致其与原作的关系发生变化，从而对著作权侵权的认定产生不同的影响。

（二）短视频的类型

就短视频的类型而言，其当然可以从不同的视角加以分类，例如从技术制作的角度进行分类。不过，从著作权及相关法律保护的角度来说，从短视

---

[1] 参见冯晓青：《知识产权法中专有权与公共领域的平衡机制研究》，载《政法论丛》2019年第3期；冯晓青：《知识产权法的公共领域理论》，载《知识产权》2007年第3期。

频创作的形式特别是对原作品处理的方式进行划分就具有更重要的法律意义。根据这一标准，笔者认为可以将短视频大致分为以下几种类型。

第一种是完全的原创性类型。完全原创性类型的短视频是相对于后面几种情况而言的，其可以是以类似摄制电影的方法创作的作品，也可以不限于此。因为在信息网络环境之下，即使是视听作品也不需要以摄制的方法作为创作作品的条件，特别是构成这类作品的条件。这种情况多见于根据自身选取的题材，独立完成具有一定特色，尤其是反映一定思想以及社会生活的某一方面的短视频。相对于大量的建立在对已有作品的处理基础之上的短视频，完全原创性的短视频具有很高的独创性，在发生相关著作权侵权纠纷问题时，也不存在短视频和原作品著作权之间的关系问题。当然，尽管这类作品具有很强的独创性，但并不意味着其完全不引用、评述或者以其他方式将其他作品作为自己创作短视频的素材。因为根据我国现行《著作权法》第 24 条的规定，合理使用不构成侵害著作权。[1]相对于其他类型的短视频而言，尽管这类短视频的创作也可能会使用在先作品，但其使用量较低。也正是基于此，笔者将其归于完全具有独创性的作品。

第二种是混剪汇编或演绎类型。这类作品应当说是当前短视频类型中最具有代表性的一种。所谓混剪汇编或演绎，是指根据短视频制作的特定目的和要求，通过对已有相关作品的剪切、整理、整合，在整体上以汇编或演绎的形式构成一部新的作品。[2]当前涉及短视频的著作权侵权纠纷中，混剪汇编或演绎短视频存在侵权的风险较大。这是因为，根据我国《著作权法》规定，如果被混剪汇编、演绎的部分是在先的享有著作权的作品，在未经在先作品著作权人许可的前提下，通过混剪汇编、演绎的形式整合为新的短视频作品，会构成对在先作品著作权人的著作权侵权。[3]当然，从著作权侵权的标准来看，应注意区分受著作权保护的作品、不受著作权保护的作品以及进入

---

〔1〕　参见徐俊：《类型化视域下短视频作品定性及其合理使用研究》，载《中国出版》2021 年第17 期。

〔2〕　参见项杨春：《短视频影视剪辑侵权认定与治理——基于"合理使用"四要素分析》，载《电视研究》2022 年第 6 期。

〔3〕　参见最高人民法院（2016）最高法民申 1975 号民事裁定书（涉及包含他人合法在先权利作品的著作权行使规则）。

公共领域的作品。[1]对于不受著作权保护的作品以及进入公共领域的作品，将这部分内容混剪至短视频中，显然不构成著作权侵权。对于混剪汇编作品来说，应当注意在个案中混剪汇编的程度和数量。一般来说，当混剪汇编程度较低和数量较少时，即使未经著作权人许可，也不构成著作权侵权。从国外著作权司法实践的情况来看，在涉及在已有作品基础之上形成的新作品是否构成著作权侵权的案件中，转换性合理使用是进行著作权侵权抗辩[2]的一种重要形式。依转换性合理使用的概念，如果对已有作品或者作品片段的利用使新作品产生了新的价值，或者以一种新的方式展现出来，在考虑合理使用其他构成要件的同时，可以认定其不构成著作权侵权。[3]当然，所谓转换性合理使用，即使在首先将其提出来的美国著作权司法实践中也存在很大的争议，[4]其适用应当严格掌握合理使用的原则和标准。[5]在笔者看来，原则上讲，无论利用在先作品以后在新的作品中会产生何种效果，包括产生所谓新的价值，根据著作权法的原理和相关规定，只要被使用的部分符合受著作权保护作品的条件，并且这部分的使用并未取得在先作品著作权人的同意，就会构成著作权侵权。

第三种是对已有作品的介绍说明类型。在著作权实践中，这一类短视频的情况也非常普遍。如前所述，当前信息社会人们的生活节奏大大加快。过去传统的需要很长时间才能播放完的电影或者电视剧通过短视频的介绍和说明，人们在几分钟之内就能了解该作品的精华部分或者实质部分，这种情况

---

[1] 参见江西省景德镇市中级人民法院（2023）赣02民终115号民事判决书（侵害著作权纠纷案）。

[2] See Alex R. Figares, Daniel P. Fernandez, H. Wayne Cecil, "Copyright Infringement and the Fair Use Defense: Navigating the Legal Maze", 27 *University of Florida Journal of Law and Public Policy* 135 (2016); Graham Cleman, "Fair Use in Copyright Law: A Dialog With the Dramatists Guild and the Dramatists Legal Defense Fund", 35 *ENT. & Sports LAW.* 21 (2019); Clark D. Asay, Arielle Sloan, Dean Sobczak, "Is Transformative Use Eating the World?" 61 *B. C. L. REV.* 905 (2020).

[3] See David E. Shipley, "A Transformative Use Taxonomy: Making Sense of the Transformative Use Standard", 63 *Wayne L. Rev.* 267 (2018).

[4] 参见冯晓青、刁佳星：《转换性使用与版权侵权边界研究——基于市场主义与功能主义分析视角》，载《湖南大学学报（社会科学版）》2019年第5期；Katz v. Google Inc., 802 F. 3d 1178 (11th Cir. 2015).

[5] 参见冯晓青：《著作权合理使用制度之正当性研究》，载《现代法学》2009年第4期。

也大大推动了人们对短视频节目的欣赏。一部一两个小时的电影,经过短视频的介绍和说明,人们在几分钟之内就可以对该电影的精华、精彩以及实质情节部分有所了解。从这个意义上讲,短视频在一定程度上集成了现有优秀作品的精华部分。当然,在实践中,短视频能否做到这一点,取决于短视频制作者对已有作品内容的把握和理解。从著作权保护特别是从著作权侵权纠纷的解决角度来说,这些作品是否存在著作权侵权的情况,主要是看其介绍说明是否超过了著作权法规定的权利边界,[1]是否属于为介绍、评论或者说明某一问题而对已有作品的合理使用这种情况。针对这一类型的短视频,在著作权实践中,特别需要重视介绍、说明是不是基于特定的目的。如果以介绍、说明已有作品为名,将已有作品的实质内容和主要内容以短视频的形式再现,很有可能会超越合理使用的范围而构成著作权侵权。

第四种是对已有作品的评论类型。在短视频市场,评论型短视频也不在少数。著作权法意义上的评论显然是一种具有较高独创性的创作作品的行为。就评论型短视频而言,这种评论具有一定的特殊性,也需要对已有作品的利用。因此,即使是这类具有较高独创性的作品,同样存在著作权侵权的风险。著作权司法实践中判定这类作品是否构成对在先作品的著作权侵权,关键在于在先作品是不是基于评论的目的而被使用。如果以评论在先作品为名,行擅自复制之实,则很可能会被认定为侵害著作权。

第五种是上述类型以外的其他类型,或者包含了上述多种类型的情况。前面几种关于短视频的分类仅是就大致情况而言的,在实践中短视频可能会出现同时存在上述几种类型的情况。

总的来说,短视频作品类型的划分具有十分重要的法律意义。在涉及短视频著作权侵权纠纷中,对短视频著作权侵权纠纷的解决应当首先判断该作品的基本定位和类型。

三、解决短视频著作权问题的基本原则与思路

短视频作为信息网络技术发展的产物,具有必然性和合理性。然而,在当前著作权保护制度不断健全、保护水平不断提高的形势下,短视频的制作、传播也必须以不侵害他人作品著作权为前提。因此,在解决短视频著作权纠

---

[1] 参见《短视频创作要守好边界》,载《中国广播电视学刊》2021年第11期。

纷、处理著作权问题时，应当把握相关的原则。笔者认为，以下几点值得高度重视。

第一，充分、有效地保护网络环境下的著作权。短视频的著作权问题，实际上可以分为两部分：第一部分是短视频的制作、传播过程中如何避免侵害他人著作权的问题。由于短视频的制作离不开对他人现有作品的利用，在未经现有作品著作权人同意的前提下，短视频的创作很容易侵害他人的著作权。因此，这种情况应当是短视频著作权问题研究的重点。从当前发生的大量涉及短视频的著作权纠纷情况来看，很多短视频都涉嫌侵害他人作品的著作权。当然，短视频侵害他人的著作权，不完全限于短视频创作中的侵权问题，也包括合法制作的短视频在传播、利用过程中侵害他人著作权的问题，只是短视频制作过程中侵害著作权的情况更典型和普遍，应受到更多的关注与重视。例如，将他人合法制作的短视频擅自传播到相关网络平台，从而侵害该短视频著作权人的信息网络传播权等权利。第二部分是合法制作的短视频受到他人的著作权侵权。如前所述，短视频具有著作权法规定的作品独创性，因此成为受著作权保护的作品类型之一。尽管我国现行《著作权法》第3条对作品类型的列举中，并没有明确增加短视频这一新的作品表达形式，但该条增加的兜底性项"符合作品特征的其他智力成果"完全可以涵盖短视频这一类符合作品多样性构成要件的智力成果。

关于他人侵害短视频著作权的问题，还存在一种特殊的情况，也就是侵害他人著作权的短视频是否受到著作权的保护，如在他人未经许可的情况下使用这种短视频是否也会侵害短视频所有人的权利？对此，笔者认为可以从著作权相关法理方面加以理解和认识。从著作权法的基本法理来说，有的短视频本身虽然侵害了他人的著作权，应当对其侵害他人著作权的行为承担侵权法律责任，但只要该短视频不是完全的侵害他人著作权的作品（如完全抄袭、剽窃他人的短视频作品或者其他享有著作权的作品），而是依然存在创作者独立创作的具有独创性的部分。在这种情况下，短视频的制作者对其创作中具有独创性的部分，仍然享有受法律保护的著作权，他人对该部分的使用同样会构成对其著作权的侵害。当然，在著作权司法实践中，区分短视频中侵害他人著作权的部分和自身独立创作的具有独创性的部分并非易事，这需要结合短视频制作过程中所使用的在先作品的情况以及其独立完成的情况加以判断。

第二，促进短视频产业的健康发展。如前所述，短视频作为信息网络技术发展的产物，其具有合理性和必要性。当前，人们的生活方式改变、生活节奏加快，短视频能够更好地满足人们对精神文化生活的需要。尽管在当前日益增多的短视频中存在不少侵害他人著作权或者其他受法律保护权利的情况，我们却不能因噎废食。当前短视频已经成为一个十分庞大的产业，并且随着大数据、云计算、人工智能等技术的进一步发展，短视频产业本身也在转型升级之中，其能够为人们带来更多的精神文化的享受。[1]

短视频的出现及其相关著作权问题，其实还可以从更高的理论层面加以思考。短视频是技术发展的产物，而技术的发展本身必然会引起相关著作权制度的变革。一方面，技术的发展不仅会导致传播现有作品的方式增多，而且会使著作权人行使权利的范围扩大，能够享受技术发展带来的红利，获得更多的利益，同时也能使作品更好地实现其应有的经济社会价值。另一方面，技术的发展还可以直接导致新兴作品的诞生。从世界上第一部著作权法《安娜女王法》诞生之日起，各国、各地区的著作权保护作品的类型就有不断增长的趋势。特别是随着信息网络技术的发展，传统作品的类型不断通过数字化、网络化的形式呈现，一些新作品类型的出现就为司法实践在著作权法中如何对其进行划分并给予有效保护提出了难题。例如，近些年来出现的体育赛事节目、[2]网络游戏、[3]网络游戏直播画面[4]及其他形式的直播、[5]音乐喷泉[6]等作品类型无不是其体现。无论如何，从著作权保护制度的构建和运行来说，技术的发展并没有从根本上动摇现有著作权制度的基本法理和制度原理，现行著作权法也在技术的发展之下不断变革与发展。技术问题最终

---

〔1〕　参见李天昀：《短视频崛起——短视频的内容生产与产业模式初探》，载《艺术评论》2019年第5期。

〔2〕　参见北京市高级人民法院（2018）京民终562号民事判决书（侵害著作权及不正当竞争纠纷案）。

〔3〕　参见广东省高级人民法院（2018）粤民终137号民事判决书（著作权权属、侵权及不正当竞争纠纷案）。

〔4〕　参见湖北省武汉市中级人民法院（2017）鄂01民终4950号民事判决书（侵害著作权及不正当竞争纠纷案）。

〔5〕　参见北京市海淀区人民法院（2022）京0108民初30126号民事判决书（不正当竞争纠纷案）。

〔6〕　参见北京知识产权法院（2017）京73民终1404号民事判决书（侵害著作权纠纷案）。

需要通过技术手段加以解决，技术所带来的相应的法律问题，包括这里所探讨的著作权法律问题，也同样需要借助技术手段解决。在技术和法律的互动关系中，技术是第一性的，法律是第二性的，这与马克思主义理论所主张的经济基础决定上层建筑原理是一致的。就这里所探讨的涉及短视频的著作权问题而言，在短视频著作权保护方面，其显然应当遵循技术发展规律，在不损害信息网络环境下著作权得到充分、有效保护的前提下，以促进短视频产业健康发展为重要原则。

第三，平衡和协调相关当事人利益。这里所谓平衡和协调相关当事人利益，可以简称为利益平衡原则。短视频的制作、传播、利用涉及短视频的作者、其他著作权人、短视频平台、平台用户以及涉嫌侵害著作权的被控侵权人等多方利益主体，在出现短视频著作权侵权纠纷时，应本着利益平衡的原则，妥善处理其中的权利义务关系。为深刻认识这一原则并在司法实践中合理适用，以下部分将对包括著作权法在内的知识产权法中的利益平衡原则及其司法适用作出简要探讨。

利益平衡原则又被称为利益均衡原则，是当前我国知识产权理论、知识产权立法和司法以及相关政策构建中十分重要的原则。[1]利益平衡原则可以简单地解释为对相互冲突的利益关系进行协调，使相关方的利益各得其所，维持利益格局中的和谐状态。当前，知识产权法的利益平衡理论已被广泛接受和认可，成为我国知识产权法研究的重要方法论和理论基础。利益平衡首先也是一种方法论，其不仅适用于知识产权法领域，也适用于其他法律领域。实际上，利益平衡原则在非法律领域同样适用，具有十分重要的普适价值。基于本书的研究目的，这里仅在知识产权法领域加以探讨。

利益平衡之所以成为知识产权法中的基础理论以及一种十分重要的方法论，是因为在知识产权保护的客体，即知识产品中存在相互依存、相互冲突的利益关系，这种利益尤其体现为知识产权人的利益以及知识产权人以外的社会公众的利益。应当说，这两种利益也是此消彼长的，因为知识产权人获得的知识产权的范围越大，社会公众自由利用知识产权的范围就越小。当然，受知识产权保护的利益结构中不仅只有知识产权人的利益和社会公众的利益，只是这两种利益在受知识产权保护的利益结构中处于最重要的地位。除了这

种分类，还可以根据知识产权专门法律所调整的社会关系及其实现的价值目标，将受知识产权保护的利益细分为知识产权人的利益、社会公众的利益、竞争者的利益、国家利益等。基于知识产权立法目的，知识产权的客体兼具私人产品与公共产品的特点，知识产权人从事的创造性劳动既是个人劳动也是社会劳动。对于同一知识产品，除了知识产权人，社会公众乃至国家都具有同样的合法需求。因此，在知识产品的制度设计和安排方面，除了充分有效保护知识产权人的合法权益，也同样要保障社会公众对知识产品的合理、合法需求。正是基于这些特点，在知识产权制度设计中，要以充分、有效保护知识产权为直接目的，以促进知识产品的传播和运用，最终促进经济社会发展和国家创新能力提升为最终目的。为实现知识产权这一双重目的，知识产权制度设计就不能仅规定知识产权人的权利，还应当充分保障社会公众对知识产品的合法需求。

由于知识产权人的知识产权是一种对知识产品享有的专有性权利，在未经知识产权人许可，也没有法律特别规定的情况下，他人利用知识产品的行为构成侵害知识产权的行为，应当根据法律的规定承担停止侵权和赔偿损失的法律责任。可以认为，知识产权法律赋予知识产权人的知识产权，实际上是确认了其对知识产权的专有领域。专有领域确立了知识产权人受知识产权法保护的专有权利的合法范围。然而，从利益平衡原理的角度来说，知识产权法律制度不应仅确认知识产权人的专有权利的范围，还应当同时确保社会公众在知识产权法中可以自由利用或者在一定条件下可以自由利用的范围。只有这样，才能充分保障社会公众对知识产品的合法需求。[1]

保障社会公众对知识产品的合法需求，在知识产权法中主要体现为一系列的权利限制与例外性规定。实际上，知识产权法律制度中的权利保护和权利限制构成了一对基本矛盾，并且也是平衡和协调知识产权人利益和社会公共利益的基本制度设计。无论从知识产权国际公约还是国内外知识产权专门法律的规定来看，其在制度设计中都体现了权利保护和权利限制的利益平衡机制。[2]当然，知识产权还具有时间性和地域性的特点，这两个特点本身也

---

〔1〕　冯晓青：《知识产权法中专有权与公共领域的平衡机制研究》，载《政法论丛》2019 年第 3 期。

〔2〕　参见冯晓青：《知识产权法的价值构造：知识产权法利益平衡机制研究》，载《中国法学》2007 年第 1 期。

是从制度设计方面平衡和协调知识产权人利益和社会公共利益之间关系的体现。就知识产权的时间性而言，除了著作人身权等知识产权中的特殊权利，知识产权都有一定的保护期限。知识产权的保护期限意味着知识产权在保护期限届满后即进入公共领域，可以被任何人自由利用。基于知识产权期限性的制度规定，知识产权具有最终进入公共领域的性质。因此，可以认为知识产权的保护期限是基于知识产权保护利益平衡的原则，合理配置知识产权这一无形资源的归属和利益的法律制度。在知识产权具体制度设计中，究竟多长的保护期限为妥，需要根据一定经济社会发展背景合理确定。至于知识产权的地域性，除体现国家主权方面的因素外，同样也是对知识产权保护范围的限制。根据本国法律和国际规则的规定，一个国家仅保护在本国取得的知识产权。

总的来说，知识产权制度通过设置权利限制、权利有效期等相关的制度，能够确保知识产权人利益和社会公共利益在受保护的知识产品的利用中各得其所。

以下需要结合短视频中涉及的相关利益主体，就利益平衡原则的具体适用进行探讨。

利益平衡原则作为知识产权法的重要原则，其适用的原因是在知识产权保护中，针对同一知识产权客体会涉及不同的利益主体和利益诉求，[1] 短视频著作权保护也不例外。因此，这里需要先了解短视频制作、传播、利用中涉及的相关利益主体以及利益主体之间的利益关系。

短视频涉及的利益主体最重要的是短视频的制作者、作者以及其他著作权人。这里需要指出的是，短视频的制作者并不当然地等同于短视频的作者。2020 年 11 月修改的现行《著作权法》第 3 条在关于作品的类型规定中，以"视听作品"的概念替代"电影作品和以类似摄制电影的方法创作的作品"这一表达。修改以后的《著作权法》对于视听作品在内的所有作品的概念并没有作出规定，这有赖于《著作权法实施条例》在进一步修改中明确相关作品的概念。在《著作权法实施条例》修改之前，"摄制"是这类作品必须具备的条件。但随着信息网络技术的发展，视听作品的创作和传播形式也在不

---

〔1〕 参见广东省高级人民法院（2018）粤民终 137 号民事判决书（著作权权属、侵权及不正当竞争纠纷案）。

断改进，并不需要以"摄制"为条件，而只需要通过视听的手段且以连续画面的形式呈现出来即可。在这种背景下，短视频可以完全纳入视听作品的范畴。现行《著作权法》规定，视听作品著作权归属可以分为两种情况：第一种情况是电影和电视剧这类视听作品的著作权属于制片者，导演、编剧和其他各种类型的作者享有署名权，并且可以根据与制片者签订的合同获取报酬；[1]第二种情况就是上述电影和电视剧以外的视听作品著作权的归属由当事人约定，只是在当事人没有约定或者约定不明的情况下才属于制片者。如果将短视频视为视听作品，在涉及相关利益关系、明确相关权利归属时，就应当区分短视频的制作者和作者。当然，如前所述，基于短视频制作的简明快捷、投资少等情况，在短视频的制作实践中，短视频的制作者和作者在很多情况下是重合的，在这种情况下协调短视频制作者和作者的关系则无需多讨论。需要讨论的是短视频的制作者和作者不同的情况下，主要也是短视频的投资、开发者与作者不同的情况下的利益主体。笔者认为，如果短视频符合视听作品的条件，即可按照《著作权法》上述规定明确其著作权的归属，协调相关利益主体之间的关系。

短视频平台是另一重要的短视频相关利益主体。这是因为，短视频的传播渠道和传统作品不同，其需要通过短视频平台予以播放和传播。短视频平台在传播、利用短视频的过程中必然会涉及相关的利益关系，尤其是这里所探讨的短视频反映了作为著作权法意义上作品的著作权法律关系。此外，短视频平台本身也可能涉及比较复杂的法律关系，例如，短视频平台的所有者与投资者之间的关系。当然，这是短视频平台内部的利益关系，与这里所探讨的短视频的制作者、作者、使用者和短视频侵权纠纷案件中的被控侵权人等相关利益主体的情况不同，故在此不予赘述。

在涉及短视频平台的著作权相关利益关系中，短视频平台承担较大的著作权侵权风险。除短视频平台直接主动提供侵害他人著作权的作品或者邻接权的客体而需要承担直接侵害著作权或者邻接权的责任外，更多的情况是短视频平台中出现了侵害他人著作权的短视频。在这种情况下，短视频平台可能

---

〔1〕　关于著作权合同的解释规则，参见最高人民法院（2014）民申字第 658 号民事裁定书（侵害作品信息网络传播权纠纷案）。

需要与侵害著作权的用户承担共同侵权的法律责任。[1]在英美法系国家，这在学理上被称为间接侵权责任。[2]针对短视频平台上出现的侵害他人著作权的纠纷如何认定短视频平台在侵害著作权中的地位，是当前涉及短视频平台著作权侵权纠纷中一个十分重要的问题。对此，笔者将在后文结合我国《著作权法》、《信息网络传播权保护条例》、《最高人民法院关于审理侵害信息网络传播权民事纠纷案件适用法律若干问题的规定》（本编以下简称《审理侵害信息网络传播权民事纠纷案件适用法律规定》）进一步探讨。

提供短视频的用户在涉及短视频的著作权问题中也是十分重要的利益主体。在涉及短视频的很多著作权侵权纠纷案件中，往往是提供短视频的用户涉嫌侵害他人的著作权。例如，未经合法制作的短视频著作权人的许可，将他人的短视频提供到开放的短视频平台予以传播。当然，涉及短视频的著作权侵权问题，也可能是短视频制作本身涉嫌侵害他人的著作权。针对这些问题，后文将从作品创作合法性以及短视频创作中短视频与原作之间的法律关系的角度进行探讨。

下载短视频平台并点击、播放短视频的大量用户，也是短视频著作权法律关系中的利益主体之一。可以说，每个人都能成为这种用户。一般而言，制作短视频并在网上传播的目的就是希望越来越多的人能够下载短视频 APP 并经常点击短视频。因为短视频只有被更多的人欣赏，其相关利益才能实现。通常而言，点击量越多的短视频产生的影响会越大。从著作权保护的角度来说，下载短视频 APP 并通过短视频平台欣赏短视频节目，甚至通过一定的形式将短视频加以传播，并非一定会侵害他人作品著作权。当然，如果短视频平台通过技术措施施加了技术保护手段，而用户通过破解该技术措施而获得该短视频并予以传播，则存在着著作权侵权的风险。

以上几种类型的利益主体是涉及短视频利益关系所需要重点关注的，在运用利益平衡原则处理短视频利益关系时，应当予以重视。[3]

---

〔1〕 参见北京知识产权法院（2020）京 73 民终 1253 号民事判决书（侵害录音录像制作者权纠纷案）。

〔2〕 参见姜荣：《Grokster 案：美国版权间接侵权责任判定标准的完善》，载《法律适用（司法案例）》2017 年第 18 期。

〔3〕 冯晓青、许耀乘：《破解短视频版权治理困境：社会治理模式的引入与构建》，载《新闻与传播研究》2020 年第 10 期。

第四，加强制度规范，强化合规监管。当前短视频已形成一个庞大的产业，具有重要的经济社会价值。然而，短视频火爆的背后也存在很多问题，这尤其体现为短视频中存在一些违背国家政策法律和公序良俗的内容，如包含虚假有害的信息，存在庸俗、媚俗以及泛娱乐化的内容等问题。同时，短视频制作中还涉及未经授权使用他人享有著作权的作品而侵害他人著作权的问题。[1]也正是基于当前短视频制作和传播中存在的各类违法违规问题，短视频的制作及短视频平台传播短视频作品亟需加强制度规范，以防止短视频传播侵害国家利益、公共利益和他人合法权益。

2019年，中国网络视听节目服务协会根据国家相关法律以及《互联网视听节目服务管理规定》《网络视听节目内容审核通则》等，发布了《网络短视频内容审核标准细则》100条，以净化短视频环境，营造良好的网络生态。为了更好地规范短视频创作和传播，针对近年来我国短视频领域存在的各种薄弱环节和问题，2021年12月，中国网络视听节目服务协会对《网络短视频内容审核标准细则》进行了修订，进一步优化了短视频内容审核标准，为短视频平台传播作品提供了规范指引。毫无疑问，上述规范的实施对于促进我国短视频内容及其传播合法合规、弘扬社会主义核心价值观、促进短视频生态与相关产业的健康发展都具有十分重要的意义和作用。

与此同时，在当前我国短视频及其产业发展如火如荼的背景下，应当高度重视短视频生态规制与平衡发展，在确保短视频内容及其传播符合国家政策法律规范的前提下，鼓励和支持优秀短视频内容制作和传播，协调和平衡短视频制作与著作权保护的关系，短视频生态规制与行业诉求以及产业发展的关系，短视频生态规制与保障广大人民群众文化权利、公众诉求之间的关系。只有这样，才能使我国短视频制作和传播更好地服务于社会主义科学文化事业的发展与繁荣。

具体来说，就短视频制作与著作权保护的关系而言，在短视频制作中需要充分尊重享有著作权的作品。现实中，一些短视频未经著作权人许可就采

---

〔1〕 参见忻州市检察机关诉辛某名誉权、荣誉权纠纷案，山西省忻州市中级人民法院（2020）晋09民初7号民事判决书。该案系山西省首例英烈保护民事公益诉讼案。

取汇编、混剪、剪接等形式进行制作，可能涉嫌侵害他人著作权。[1]《网络短视频内容审核标准细则》第93条中明确规定，禁止"未经授权自行剪切、改编电影、电视剧、网络影视剧等各类视听节目及片段"。当然，短视频作为我国《著作权法》规定的视听作品的一种类型，其本身也享有著作权而受著作权法保护。短视频平台传播他人享有著作权的视频作品也应当取得授权。

就短视频生态规制与产业和行业发展的关系而言，对短视频的规范并非越严越好，而是要在确保短视频合法合规的基础上，通过法律和技术手段促进短视频产业和相关行业的健康发展。因此，对于短视频的内容和传播不应作出过于严格的不合理限制。从《网络短视频内容审核标准细则》规定的内容看，其仅对危害国家利益、国家形象、公共利益、公序良俗、社会秩序等行为作了详细列举，而非限制甚至剥夺人们通过短视频形式创作和传播作品的权利。美国版权学者尼莫指出，自由表达是实现人类自我圆满的保障。在美国著作权司法实践中，法院则认为著作权制度的目的是促进自由表达的创造和传播，著作权是自由表达的引擎。《网络短视频内容审核标准细则》对短视频制作和传播可能存在的各种违法违规和违背善良风俗行为进行规制，具有极大必要性。但也应注意，不能限制人们正常创作和传播作品的权利与自由。监管应甄别表达自由与违法违规的界限，确保人们合法的创作自由与权利得以实现。

就短视频生态规制与社会公共利益之间的关系而言，基于短视频也承载着广大社会公众的利益，尤其是在公众通过短视频平台获取相关知识信息以及娱乐欣赏等方面，短视频生态规制除需考虑国家利益、公共利益以外，还应当充分保障公民的文化权利，包括公民获取知识信息的权利以及欣赏文艺成果的文化权利等。《最高人民法院关于加强著作权和与著作权有关的权利保护的意见》规定，要"依法处理好鼓励新兴产业发展与保障权利人合法权益的关系，协调好激励创作和保障人民文化权益之间的关系"。

总的来说，短视频作为信息网络技术发展的产物和宠儿，其基于自身的数量、规模和影响，具有巨大的市场潜力，因而应当受到法律的严格规制。但同时也不能矫枉过正，而应当在确保短视频内容和传播合法合规的前提下，给予其更大的创作自由和传播空间，以实现短视频生态规制与维护产业和公

---

〔1〕 参见重庆自由贸易试验区人民法院（2022）渝 0192 民初 11403 号民事判决书（不正当竞争纠纷案）。

众诉求之间的利益平衡，促进短视频及其产业的健康发展。

四、短视频著作权侵权的司法认定

在实践中，短视频著作权保护主要是通过对短视频著作权侵权追究法律责任的形式加以体现的。以下将对短视频著作权侵权认定的相关问题进一步进行探讨。

短视频著作权侵权认定可以从不同方面加以研究。[1]例如，可以从短视频的制作、传播这一流程的角度加以讨论，也可以从短视频涉及的相关主体的角度加以理解，还可以从短视频侵权例外的方面加以认识。总体上说，短视频著作权侵权涉及短视频著作权人被侵权以及短视频制作者侵害他人著作权两种情形。不过，短视频侵害他人著作权的问题更加值得关注。以下将分别从这些不同的方面加以探讨。

（一）著作权侵权判断的一般原理

如前所述，短视频的制作具有不同的方式。从著作权侵权的角度来说，其主要是评价短视频的制作或者创作行为是否存在侵害他人著作权的风险。为此，需要对不同情形下短视频制作及是否存在侵害他人著作权的情况进行研究。[2]

由于具有独创性是作品受到著作权保护的基本条件，并且在著作权司法实践中涉案作品是否具有独创性也是认定著作权侵权的关键所在，[3]对于短视频著作权侵权的认定，也需要就一般意义上的作品独创性问题进行判断。以下将首先对作品独创性问题进行探讨，并在此基础之上，以短视频制作为例，从短视频制作的独创性出发研究短视频制作中著作权侵权问题。

对于通常意义上的作品创作而言，独创性是获得著作权保护的基本条件。对此，现行《著作权法》第 3 条已有明确规定。当然，无论是著作权立法还是司法解释，其对于独创性本身的含义都并没有明确的界定。而在著作权保

---

〔1〕　参见张雯、朱阁：《侵害短视频著作权案件的审理思路和主要问题——以"抖音短视频"诉"伙拍小视频"侵害作品信息网络传播权纠纷一案为例》，载《法律适用》2019 年第 6 期。

〔2〕　参见上海市第一中级人民法院（2010）沪一中民五（知）终字第 130 号民事判决书（侵犯著作财产权纠纷案）。

〔3〕　参见王国柱：《著作权法中作品独创性的审美逻辑》，载《法学研究》2023 年第 3 期；王国柱：《著作权法中作品独创性的作品类型逻辑》，载《法商研究》2024 年第 1 期。

护实践中，涉案作品是否具有独创性，需要通过个案解决。衡量某一短视频的制作是否可能侵害他人著作权也是以独创性作为基本的判断标准。在笔者看来，作品具有独创性是指作者独立完成作品。独立完成是一种创作行为。根据现行《著作权法实施条例》的规定，创作是"直接产生文学、艺术和科学作品的智力活动"。从两大法系著作权立法和司法实践看，对于作品独创性的认定，大陆法系主张作品具有个性，甚至具有一定的创作高度。例如，德国的著作权法要求作品具有一定的创作高度。而在法国著作权保护中，其要求作品具有个性化特征。这是因为其著作权法受到了哲学思想影响，如法国的著作权法理论将作品视为作者的人格的体现。英美法系，如美国著作权法，主张个人财产论。基于此，其在著作权保护实践中对作品独创性的构成要求较低，只要作品是作者独立完成的，即可以认为其具有独创性。创作作品只要付出了投资和辛劳，则作品可以具备独创性而受著作权保护。不过，20 世纪 90 年代初，美国的费斯特案对于作品的保护还要求作品具有最低限度的创造性。该案对英美法系关于作品独创性的认定具有重大影响。当然，随着社会发展，两大法系对于作品独创性的认识也在发展之中，并且呈现一定的相互融合的态势。

就作品的独创性认定而言，由于我国著作权立法和司法实践中并没有明确规定，[1]在著作权法学理认识上也存在一定的分歧。关于作品独创性问题，笔者在以前相关成果中也作出了一定的探讨。[2]笔者主张适当借鉴大陆法系和英美法系关于作品独创性的观点，即独创性的认定应当包含个性化表达因素，同时也应当具备最低限度的创造性。当然，无论是作品中的个性化表达，还是最低限度的创造性，本身都具有一定的不确定性，在司法实践中需要根据个案的情况灵活掌握。[3]从个性化表达的方面来说，可以从其相反的方面，也就是非个性化表达的角度加以理解。这里可以引用"公共领域"这一重要概念。在著作权法中，公共领域也被称为公有领域。顾名思义，公共领域或者公有领域是不受著作权保护的，可以被任何人自由利用的领域。著作权法

---

〔1〕 参见北京市海淀区人民法院（2017）京 0108 民初 51249 号民事判决书（侵害著作权纠纷案）。

〔2〕 参见冯晓青、冯晔：《试论著作权法中作品独创性的界定》，载《华东政法学院学报》1999年第 5 期。

〔3〕 参见最高人民法院（2008）民申字第 47-1 号民事裁定书（侵犯著作权及不正当竞争纠纷案）。

基础理论研究越来越重视公共领域保留原则，如有学者在发表的文章中从著作权法的价值构造层面探讨了公共领域保留原则的适用问题。[1]从公共领域保留的角度来说，作品中的非个性化表达与公共领域范围存在交集。当然，这里还需要结合另外一个重要概念，也就是著作权侵权范畴中的剽窃和抄袭。作品中的非个性化表达并非完全落入公共领域的范畴，而在有的情况下，这些非个性化表达是剽窃、抄袭他人享有著作权的作品而来的，这些被剽窃、抄袭的部分本身是被剽窃、抄袭作者作品的个性化表达。当然，对于作品中的个性化表达仍然可以从正面加以认识：个性化表达是作者基于其自身的审美态度，对社会和生活的认识，惯常的写作风格、语言等，以富有自身特色的方式形成的作品。通常所说的"文如其人"，就是作品应当是作者个性化表达的最好的写照。从笔者考察的大量涉及作品独创性认定的著作权侵权纠纷案[2]的情况来看，确实也有部分法院在认定作品独创性问题时强调了作品的个性化表达这一特征。当然，不同法院对于作品个性化表达这一概念的内涵本身的理解也存在差异，这有待于在我国著作权法学术研究和司法实践中进一步探讨。

（二）基于不同类型短视频的独创性与侵权判定

就一般意义上的短视频作品而言，短视频创作要避免侵害他人著作权，关键在于在利用已有作品时，应当符合著作权法关于权利限制等方面的规定，尤其是著作权法关于合理使用的规定。短视频在制作中，很可能需要利用已有的作品，在涉及引用已有作品时，应当注意引用部分不能构成短视频作品的主要部分或者实质部分，并且指出作品出处和作者信息。[3]引用他人作品的情况更多见于下面所探讨的介绍、评论一类短视频作品，对此以下将详细探讨。

---

〔1〕 杨利华：《公共领域视野下著作权法价值构造研究》，载《法学评论》2021年第4期。

〔2〕 最高人民法院（2011）民申字第1129号民事裁定书（侵害著作权纠纷案）；最高人民法院（2013）民申字第1262—1271号、第1275—1282号、第1327—1346号、第1348—1365号民事裁定书（侵害著作权纠纷案）；最高人民法院（2015）民申字第1665号民事裁定书（著作权权属及侵害著作权纠纷案）；北京知识产权法院（2019）京73民终1270号民事判决书（侵害著作权及不正当竞争纠纷案）。

〔3〕 参见董晓敏：《对〈著作权法〉第22条第（10）项"指明作者姓名"的理解 以一则案例来看法律解释方法及漏洞填补方法的应用》，载《法律适用》2015年第9期。

1. 混剪汇编作品

混剪汇编、整合他人作品的短视频十分常见，而且更容易引起著作权侵权纠纷。在相关学术研究中，这类短视频被称为重混短视频作品。[1]由于重混短视频作品较多使用在先的享有著作权的作品或者作品的片段，制作这类短视频时如何避免著作权侵权，更值得高度重视。[2]这里首先需要从作品的汇编权、汇编作品[3]等相关角度进行理论上的探讨，然后结合重混短视频制作的情况加以判定。

从 1990 年 9 月 7 日颁布中华人民共和国第一部《著作权法》之日起至今，其都明确规定了作者或者其他著作权人享有汇编权。根据《著作权法》第 10 条第 1 款第 16 项规定，汇编权是"将作品或者作品的片段通过选择或者编排，汇集成新作品的权利"。行使汇编权的结果是形成汇编作品。著作权人既可以汇编自己的作品，也可以许可他人汇编自己的作品，形成汇编作品。一种观点认为，汇编行为在本质上属于复制行为。正是基于此，在我国《著作权法》第三次修改过程中，曾有修改草案版本明确废除了汇编权。尽管汇编他人作品的行为离不开对他人作品的复制，但汇编毕竟涉及对相关作品或者作品片段以及不构成作品的数据或者其他材料的选择与编排，在著作权法意义上可以具有独创性，因此将汇编完全等同于复制仍然存在一定的问题。就混剪一类短视频作品的创作而言，整合进短视频的作品或者作品的片段如未获得在先著作权人的同意，就会构成对在先作品著作权人的复制权、汇编权等著作权的侵害。曾经闹得沸沸扬扬的《一个馒头引发的血案》至今还引发人们深刻的思考。尽管该事件最终不了了之，但并不妨碍人们从保护著作权人的汇编权等权利的角度对其进行评判。该案中，被控侵权人通过自己独特的表现手段整合了在先作品的精华，并受到观众欢迎。从著作权侵权的角度来看，由于被控侵权作品未经许可使用了在先作品的片段，似乎很容易被认定为侵害在先作品的著作权。然而，这种情况不是如此简单。由于被控侵

---

〔1〕 参见刘建：《重混创作著作权保护的争议分析与调和路径》，载《政法论坛》2023 年第 6 期。

〔2〕 参见黄汇、郑诗婷：《混剪视频著作权保护的制度困境与纾解之道》，载《科技与法律（中英文）》2022 年第 3 期。

〔3〕 参见北京知识产权法院（2022）京 73 民终 4681 号民事判决书（汇编作品著作权权属、侵权纠纷案）。

权作品以一种独特的方式再现了在先的作品，并且产生了新的价值，这种情况在美国著作权保护实践中，可能被认定为转换性合理使用，或者作为戏仿作品而不构成对在先作品著作权人的侵害。当然，无论是将被控侵权行为认定为转换性合理使用，还是将被控侵权作品认定为戏仿作品，都具备相应的条件，并且在美国著作权司法实践中也存在一定的争议。[1]在我国著作权立法和司法解释中并不存在所谓的转换性合理使用以及戏仿作品的概念。笔者认为，转换性合理使用的条件应当严格掌握，不能仅因为被控侵权作品以一种新的方式展现，并且产生了新的价值，就以此否认其对在先作品的著作权侵权。这是因为，著作权侵权纠纷案件中被控侵权人使用在先作品以后，其对原有作品产生了新的价值，与其行为是否构成侵害在先作品的著作权并没有必然的联系。可以设想一下，在后作品的作者只要对在先作品的利用能够以一种新的方式展现或者产生了新的价值，就可以否定著作权侵权的存在，并将导致在先作品的著作权无法获得保障。

这里不妨仍然以混剪类短视频的制作为例加以探讨。这类短视频之所以大行其道，并且颇受观众欢迎，在笔者看来，是因为其用很短的时间集成了在先作品的精华，很好地满足了当下随着信息网络技术的发展人们生活节奏加快的现实。例如，过去我们看一部电视剧或者一部电影，都需要耗费很长的时间，而将一部电视剧或者电影以混剪的形式制成短视频以后，人们只要用几分钟就可以欣赏到该电视剧或者电影的精华，并且借助于短视频的特有表现手段，还可以了解该电视剧或者电影的主要人物和故事情节。过去看一部电视剧或者电影的时间，现在通过混剪类短视频则可以欣赏到很多部。从法律上讨论这类混剪短视频的问题，关键是要判定这类短视频是否对在先被混剪作品的著作权构成侵害。这种情况尤其体现于其是否对在先被混剪的作品的消费市场构成损害，例如在一定程度甚至很大程度上挤压在先作品的消费市场。如果存在市场份额的挤压，侵害在先作品著作权的风险即存在。

从著作权法原理和制度规定看，汇编作品是行使汇编权的产物，汇编作品和汇编权之间具有内在的联系。当然，如果被汇编的是不享有著作权的作品或者是不构成作品的数据或者其他材料，则与汇编权无关。这里主要讨论的是被汇编的作品享有著作权的情况。从著作权侵权的角度而言，汇编作品

---

〔1〕　Campbell v. Acuff-Rose Music, Inc., 510 U. S. 569, 580 (1994).

可以有两种类型。

第一种类型是合法汇编形成的汇编作品。这种情况既可以是汇编自己享有著作权的作品而形成的汇编作品，也可以是获得汇编权的许可而形成的汇编作品，也就是在取得著作权人许可后汇编他人作品而形成的汇编作品。在这种情况下，汇编作品作者享有独立的著作权。但是，应当注意的是，汇编作品的著作权人不得禁止任何第三人再次汇编收入其汇编作品中的任何一部作品。原因在于，汇编作品著作权人对于被收入该汇编作品的作品并不享有著作权。当然，汇编自己作品的情况另当别论，因为在这种情况下，著作权人对被汇编到自己汇编作品的作品，仍然享有汇编权。

第二种类型则是非法汇编形成的汇编作品，也就是在未获得著作权人许可汇编权的前提下擅自汇编他人作品而形成的汇编作品。这种情况所形成的汇编作品本身构成了对他人作品汇编权的侵害，因此该作品是侵权作品，被汇编的著作权人有权要求汇编作品作者承担侵害著作权的法律责任。当然，这是从著作权法的原理和规定的角度进行认定的。需要指出的是，在实践中，并非未经许可汇编作品后，被汇编作品的著作权人一定会主张侵害汇编权。因为在实践中，被汇编作品著作权人可能会认为汇编作品具有重要的价值，尽管其作品被收入该汇编作品没有取得其同意，但这对其作品的经济社会价值以及作者声誉并没有带来实质性损害，所以没有必要向汇编作品作者主张著作权侵权的法律责任。例如，某单位将某著作权人的作品收入论文集，并在其封面上载明是近十年以来某领域的优秀论文，该论文集在法律性质上即属于汇编作品。在这种情况下，当被汇编作品作者收到一本精美的汇编作品甚至还有获奖证书时，很多作品作者并不会主张汇编者侵害其著作权。不过，这种现象或者情况并不意味着法律设置汇编权不具有必要性，因为著作权法规定某种实体性的法定权利与在实践中著作权人是否主张这一权利，在法律上具有完全不同的性质。从著作权法的一般原理来说，著作权人对其享有的包括汇编权在内的著作权，既可以自己行使，也可以以放弃的形式进行灵活的处置。著作权人放弃行使自己的实体权利，并不意味着这一权利本身存在不具有合理性。因此，上述情况并不足以说明著作权人的汇编权不应当受到保护。

对于未经汇编权人许可而形成的汇编作品，汇编作品作者是否享有著作权而相应地受到著作权法的保护则值得进一步探讨。这种情况似乎与未经许可演绎他人作品而形成的演绎作品本身是否享有著作权具有类似之处。在笔者看来，无论是未经许可汇编他人作品而形成的侵权汇编作品，还是未经许可演绎他人作品而形成的侵权演绎作品，一方面，基于这类作品的违法性，未经许可的汇编者和演绎者需要对被侵权的著作权人承担侵权法律责任；另一方面，这一类作品同样具有独创性，本身可以享有著作权。上述观点似乎和著作权法理有不一致之处：既然作为侵权作品，需要对侵害他人著作权的行为承担责任，这类作品本身为何还具有著作权？在笔者看来，这可以借鉴美国著作权司法实践中针对演绎作品所主张的"侵权归侵权，演绎归演绎"。主张这类作品仍然具有著作权可以从以下几方面加以理解。

第一，这类作品本身毕竟仍然具有独创性，是作品著作权人从事创作而产生的。只是针对汇编作品而言，这类作品的独创性程度较低，是对被汇编作品的选择或者编排具有独创性，而演绎作品的独创性程度相对而言更高。不过，正如笔者所探讨的，作品的独创性高低并不是作品受著作权保护的条件，即作品受著作权保护的条件是具有独创性，并不考虑独创性的高低。当然，在著作权司法实践中，独创性的高低对于著作权人主张其权利，特别是在侵权案件中主张著作权侵权赔偿损失的数额会有一定影响，因为根据知识产权司法保护的比例原则，知识产权人所获得的知识产权保护程度应当与其知识产权的创新程度和对社会的贡献程度相匹配。[1]

第二，赋予这类侵权汇编作品或者演绎作品著作权，反而有利于被侵权作品的著作权人的著作权保护。这是因为，如果不赋予这类侵权汇编作品或者演绎作品著作权，就意味着任何第三人都可以未经这类作品作者的同意而随意地传播、利用这类作品，这样反而会使被侵权作品的著作权人的市场受到损害，使其进一步失去对其享有著作权的作品的控制。相反，如果赋予这类作品著作权，就可以禁止他人未经这类作品著作权人的同意进一步传播和利用这类作品。当然，从有效维护被侵权的著作权人利益的角度来说，未经许可而汇编或者演绎他人作品形成的汇编作品、演绎作品仍然属于侵权的作品，对于侵权作品的传播和利用，会进一步损害被汇编作品或者被演绎作品原作者或者其他著作权人的利益。为此，侵权汇编作品或者演绎作品作者的著作权应当受到限制，在一定的情况下，不应当传播和利用侵权作品。不过，

---

〔1〕　参见北京市高级人民法院（2010）高民终字第 772 号民事判决书（侵害著作权纠纷案）。

对于侵权汇编作品或者演绎作品是否可以进一步传播和利用不应当绝对化，因为在有的情况下，只有部分原作品未经过许可，而其他被汇编或者演绎的作品具有合法性。在著作权司法实践中，需要根据个案的情况进行适当处理。

混剪类短视频主要是摘取已有作品，如电影、电视剧等作品的精华部分，然后按照短视频制作者的设计思路和基本故事情节加以编排。短视频制作者为了取得更好的观看效果，很可能还在其中穿插相关的介绍和说明。其中，短视频制作者对于作品的介绍和说明显然属于其具有独创性的部分，本身具有独立的著作权，不可能构成对他人作品著作权的侵害。

需要重点关注的是，未经许可摘取已有作品的精华部分而形成混剪类短视频，是否构成侵害他人作品著作权？如果被摘取的部分是著作权保护期限已经届满、已经获得了著作权人的许可或者著作权人明确放弃著作权的部分，则不存在著作权侵权的问题。同时还必须注意，从著作权侵权判断的方面来说，短视频制作者对于被摘取部分的说明与被摘取部分之间的联系会影响该摘取部分是否侵害著作权。这是因为，根据我国《著作权法》第24条关于合理使用制度的规定，如果是为介绍、评论或者为了说明某一问题而使用他人享有著作权的已发表的作品，则对于他人作品的摘取不构成侵害他人的著作权。不过，从当前混剪类短视频著作权侵权的情况来看，短视频并不属于为介绍、评论或者说明某一问题而使用他人享有著作权的作品的情况，而是未经在先著作权人许可而对其作品的精华部分进行摘取，并且整个被摘取的内容能够形成相对完整的情节。例如，针对混剪类以短视频形式展现的电影作品而言，观众能够了解其基本的人物、故事情节以及故事的中心思想。

对于混剪类短视频是否构成对他人在先作品著作权的侵害，笔者认为，除了上述明显不属于侵犯著作权的情况，其他情况在很大程度上都存在著作权侵权风险。这可以从以下方面加以认识。

第一，从著作权侵权的基本原理来说，凡是未经著作权人许可，也没有法律的特别例外性的规定而使用他人享有著作权的作品的，会构成侵害他人著作权的行为。著作权属于知识产权的范畴，而知识产权是一种独占权和垄断性的权利。知识产权所保护的知识产品本身具有共享性、非消耗性和非竞争性，知识产权人不能通过对知识产品本身的绝对占有而实现其独占性的权利。也正是基于这一特点，法律需要通过人为拟制稀缺的形式，赋予这种具有公共产品性质的知识产品以专有性的权利。所谓知识产品"客体共享、权利专有"就是这一特征的写照。就这里所探讨的短视频著作权侵权问题而言，如果短视频的制作未经在先的著作权人许可，就可能侵犯著作权人的专有权。实际上，从当前混剪类短视频著作权侵权纠纷的情况来看，这类短视频所摘取的在先作品的一部分，本身也构成了相对独立的具有独创性的作品。因此，未经许可摘取在先作品的任何一部分都可能涉嫌侵害他人作品著作权。

第二，从合理使用方面进行评判。[1]在著作权司法实践中，对于著作权侵权行为是否成立的认定，在很大程度上取决于被控侵权行为是否构成合理使用。[2]从被控侵权人的角度来说，其通常也会主张其行为属于著作权法规定的不构成著作权侵权的合理使用。然而，我国《著作权法》第24条对于构成合理使用的行为有严格的条件。从合理使用的一般原则来说，合理使用的行为应当限于特例，且该行为不得损害著作权人对其作品的正常利用，也不得无故侵害著作权人享有的其他权利。对此，《伯尔尼公约》有明确规定。我国《著作权法》在2020年第三次修改时也新增了合理使用的原则性规定。这一规定固然在修法之前的《著作权法实施条例》中已有体现，但即使是同样的规定，在《著作权法》和《著作权法实施条例》中立法效力也并不相同，因为《著作权法》相对于作为行政法规的《著作权法实施条例》而言属于上位法，在上位法规定的重要原则立法效力更高。根据著作权法对于合理使用规定的原则，混剪类短视频对于他人在先作品的摘取如未经著作权人许可，则很难满足著作权法中的合理使用的条件，尤其是该摘取行为会影响被摘取的在先作品的正常使用，还可能会影响在先作品的消费市场。这是因为，混剪类短视频可能会对在先的作品形成市场替代，从而挤占在先作品的市场，阻碍在先作品著作权人对在先作品通过复制、发行、信息网络传播等形式获得经济利益。在这里需要特别重视市场替代行为的后果。借鉴美国著作权立法与司法实践关于合理使用认定的条件，被控侵权行为是否会构成对在先作品市场或者潜在市场的损害，是认定合理使用行为是否成立的关键要件。例如，在美国著名的索尼案中，法院基于"实质性非侵权用途"的原理，同时也基于被告行为不会对在先作品市场或者潜在市场构成损害，认定被告不构成著作权侵权。针对混剪类短视频而言，由于短视频制作者的目的是通过短

---

[1]　参见熊琦：《著作权合理使用司法认定标准释疑》，载《法学》2018年第1期。

[2]　参见上海市高级人民法院（2020）沪民申2415号民事裁定书（侵害著作权纠纷案）。

暂的几分钟再现或者基本再现在先作品的基本人物、事件、故事情节，这类短视频在公开以后对于被混剪作品的市场替代效果是非常明显的。据悉，很多被混剪的在先的电影、电视剧等作品的著作权人或者被许可人为此叫苦不迭。因此，在著作权保护实践中，需要高度重视如何规制混剪类短视频的制作和传播，避免侵害在先作品的著作权。

2. 介绍、说明、评论型短视频

在当前数量众多的短视频中，介绍某一主题或者内容的短视频占比很高。短视频创作者介绍某一主题或者内容，无论是历史题材还是现实题材，根据著作权法的规定都可以成为具有独创性而受著作权保护的作品。从著作权侵权纠纷的解决来说，其主要探讨的是短视频作者在介绍某一主题或者某一内容时，利用他人在先享有著作权的作品，是否可能构成对在先作品著作权的侵害？短视频作为视听作品的一种，通常是通过展现他人在先作品的形式利用他人的作品。介绍型短视频中，其文字介绍与图像结合在一起，通过动态影像画面的形式展现。如果被展现的动态画面是他人不享有著作权的作品或者作品的片段，当然就不存在著作权侵权的风险。这里需要探讨的是，如果展现的短视频的画面是他人享有著作权的作品或者作品的片段，基于介绍的目的是否存在侵害他人著作权的风险。

对此，需要紧密结合我国《著作权法》第 24 条第 1 款中，为介绍、评论或者说明某一问题的目的，在作品中适当使用他人已经发表的作品，属于合理使用而不构成侵害他人著作权的规定。在短视频著作权侵权纠纷案件中，关键是应当判定短视频作者使用在先作品或者作品的片段，是不是基于对该作品介绍的目的。需要排除的是以介绍为名，在短视频中大量摘取他人享有著作权的作品，同时摘取的部分在整体上构成了该短视频的主要部分或者实质部分的情形。这里的主要部分比较容易理解，是否构成短视频的实质部分则相对而言更难以掌握。在笔者看来，这不是从引用他人作品的数量的角度进行判断的，而是需要评判引用的他人作品在短视频中所起的作用。如果使用他人作品的部分成为短视频中必不可少的关键性内容，就可以认为使用他人作品的部分构成了短视频的实质部分。这种情况下就可以认为短视频制作者使用他人作品不符合著作权法规定的合理使用的条件，而存在著作权侵权的风险。

针对基于说明某一问题而使用他人在先作品的短视频制作而言，这种情况和基于介绍的目的具有类似之处。在短视频著作权侵权纠纷中，关键也在于认定短视频制作者使用他人在先作品是否是为了说明某一问题。也就是说，短视频制作中使用他人在先的作品，应关注其使用在先作品的目的。使用在先作品的目的符合著作权法关于合理使用的规定，短视频制作的合法性才能得到保障。

评论型短视频在当前短视频作品中也非常普遍。在经济社会发展中，随时可能出现涉及政治、经济、文化、科技等各方面的新闻和事件。在当前信息网络环境之下，人们也越来越习惯于通过手机、电脑访问网络，获得最新相关的知识和信息。社会现实生活为人们提供了及时了解社会发展的素材。不同方面的素材都有各方面的专家、学者进行较为深入的研究，因此，当出现某个方面的相关事件和新闻时，也需要各方面的专家、学者及时进行解读和评论，以帮助人们深刻了解相关事件。如近年来关于国际竞争方面的事件和新闻，研究国际关系的相关专家、学者就通过短视频的形式，对相关事件和新闻发表了具有专业性的见解，人们也可以通过手机欣赏这类短视频。由于评论型短视频的创作者总体上具有较高的专业水准，其短视频更多是对相关事件发表具有专业性的观点和见解，在当前大量短视频著作权侵权纠纷中，这类短视频侵害他人著作权的情况较为少见，更多的是其著作权被他人侵害的情况。当然，评论型短视频制作中也需要基于介绍、评论或者说明某一问题的目的而使用在先的作品，故同样存在是否符合合理使用条件的问题。

（三）涉及短视频平台的著作权侵权问题

短视频制作出来以后，需要通过短视频平台予以播放，社会公众也是通过短视频平台欣赏相关短视频节目的。

对此，首先需要对短视频平台在著作权法中的地位进行基本了解。在笔者看来，短视频平台可以被视为著作权法中的网络服务提供者。根据我国《著作权法》的规定，作者或者其他著作权人享有信息网络传播权，表演者、录音录像制作者、广播电台、电视台也享有对邻接权客体的信息网络传播权。2006年，国务院发布了《信息网络传播权保护条例》，以落实著作权法中规定的信息网络传播权的保护。根据《信息网络传播权保护条例》以及《审理侵害信息网络传播权民事纠纷案件适用法律规定》的规定，网络提供商可以分为仅提供服务的网络服务提供者和提供内容的网络内容提供商。这两类不同的网络提供商在著作权侵权中的法律地位有所不同，其中后者承担的注意义务更高，因为其提供的是享有著作权的作品，他人在此基础上对其提供的作品进行进一步传播和利用。

短视频平台显然属于提供服务的网络服务提供商，而短视频在著作权法上属于视听作品，短视频平台应当还属于提供内容的网络内容提供商，而不仅仅是提供服务的网络平台。这里所探讨的短视频平台涉及的著作权侵权行为问题，主要不是针对短视频平台制作并播放的侵害他人著作权的短视频，而是在短视频平台上存在由他人提供的侵害著作权人著作权的短视频的情况下，短视频平台是否应当承担侵害著作权的共同侵权责任的问题。[1]毫无疑问，如果是短视频平台制作并在其平台上直接播放侵害他人著作权的短视频，短视频平台作为网络内容提供商，应当承担侵害他人著作权的直接侵权责任。侵害他人著作权的短视频，如果是由他人提供并在短视频平台通过信息网络传播的，该短视频平台作为网络服务提供者，是否也同时构成侵害他人著作权的行为，并与他人承担侵犯著作权的共同侵权责任，需要就该平台是否存在主观过错进行认定。[2]如前所述，网络内容提供商相对于网络服务提供者在著作权侵权认定方面应当承担更高的注意义务。以下将以我国《著作权法》《信息网络传播权保护条例》以及《审理侵害信息网络传播权民事纠纷案件适用法律规定》为依据，对短视频平台作为网络内容提供商在著作权侵权中的法律责任问题进行探讨。

我国《著作权法》在 2001 年首次规定了信息网络传播权，从而使著作权人的著作权保护延伸到信息网络空间。[3]为了更好地规范信息网络传播行为，提高对信息网络传播权的保护水平，2006 年国务院发布了《信息网络传播权保护条例》。该条例的重要特点是，一方面，其对于信息网络传播权保护的内容作出了明确的规定；另一方面，其为了保障社会公众通过信息网络必要地接近作品，分享知识、信息，并促进信息网络平台的健康发展，对于信息网络传播权也相应地规定了若干权利限制。信息网络传播权的保护与对信息网

---

[1] 参见北京互联网法院（2018）京 0491 民初 1 号民事判决书（侵害作品信息网络传播权纠纷案）。

[2] 参见王田、罗弋翔、关夏彤：《利益相关者理论视角下互联网侵权的平台责任》，载《出版发行研究》2020 年第 6 期。

[3] 参见最高人民法院（2023）最高法民申 711 号民事裁定书（酒店、民宿提供影视作品点播服务行为的侵权判断）。

络传播权保护的限制很好地体现了著作权法的权利保护与权利限制的利益平衡原理和机制在信息网络传播权保护领域的延伸。当前，随着信息网络技术的发展，信息网络已经成为人们生活和工作的重要组成部分，信息网络空间涉及的相关著作权纠纷也日益增多。为增加司法的可操作性，最高人民法院发布了相关司法解释。《审理侵害信息网络传播权民事纠纷案件适用法律规定》在 2012 年 11 月 26 日由最高人民法院审判委员会第 1561 次会议通过，后根据 2020 年 12 月 23 日最高人民法院审判委员会第 1823 次会议通过的《最高人民法院关于修改〈最高人民法院关于审理侵犯专利权纠纷案件应用法律若干问题的解释（二）〉等十八件知识产权类司法解释的决定》修正，修改以后的司法解释于 2021 年 1 月 1 日实施。以下主要以《信息网络传播权保护条例》和该司法解释的规定探讨短视频平台在著作权侵权中的法律地位。

《审理侵害信息网络传播权民事纠纷案件适用法律规定》第 3 条第 1 款规定："网络用户、网络服务提供者未经许可，通过信息网络提供权利人享有信息网络传播权的作品、表演、录音录像制品，除法律、行政法规另有规定外，人民法院应当认定其构成侵害信息网络传播权行为。"第 2 款则规定："通过上传到网络服务器、设置共享文件或者利用文件分享软件等方式，将作品、表演、录音录像制品置于信息网络中，使公众能够在个人选定的时间和地点以下载、浏览或者其他方式获得的，人民法院应当认定其实施了前款规定的提供行为。"该规定确立了信息网络空间侵害信息网络传播权的基本规则，也就是未经权利人许可，将他人享有信息网络传播权的作品、表演、录音录像制品通过信息网络向他人提供。需要指出的是，根据上述规定，信息网络传播权的侵害客体不限于作品，也包括邻接权意义上的表演、录音录像制品。[1]结合现行《著作权法》的规定，广播电台、电视台对其播放的广播电视也享有信息网络传播权，因此信息网络传播权的侵害客体还包括广播电台、电视台播放的广播电视。这无疑扩大了信息网络传播权的保护范围。根据上述规定，侵害信息网络传播权的行为应当具备以下条件：①未经权利人许可；②将他人享有著作权的作品或者将他人享有邻接权的表演、录音录像或者广播电视通过信息网络传播形式置于开放的网络中；③公众能够在个人选定的时间和地点，通过下载浏览或者其他方式予以获得。在包括短视频在内的大量侵

---

〔1〕　参见最高人民法院（2008）民提字第 57 号民事判决书（侵害著作权纠纷案）。

害信息网络传播权的纠纷案件中，人民法院关键应当认定涉案行为是否构成信息网络传播行为。从关于信息网络传播行为认定的主流观点来看，存在"提供"行为是认定的关键。然而，在司法实践中如何认定被控侵权人实施了提供行为还存在一定的争议和分歧。大体而言，存在以下几种学说和观点：服务器标准说、[1]实质替代说、[2]实质呈现说、[3]法律标准说[4]等。其中，服务器标准说是认定信息网络传播行为以及侵害信息网络传播权的最早的和影响最大的学说。不过，随着当前信息网络技术的飞速发展，服务器标准也暴露出越来越多的局限性。随着当前云服务器的推广，传统的服务器提供作品的技术手段将发生变化，服务器标准也应当随着信息网络技术的发展进行改造。以下将对上述几种标准进行评价与探讨。

1. 服务器标准

服务器标准在信息网络技术发展之初，是认定信息网络传播行为和侵害信息网络传播权的主要标准。这一标准关键是要评判在服务器上是否存有涉嫌侵害著作权的作品，强调著作权侵权人的作品提供行为。换言之，如果被控侵权人的行为没有被认定为是作品提供行为，就不是信息网络传播行为，不能认定被控侵权的行为构成了侵害他人作品的信息网络传播权。

评判服务器标准的得失，需要对信息网络传播行为和信息网络传播权的相关概念进行了解。根据我国现行《著作权法》的规定，信息网络传播权所规制的是通过信息网络，使他人可以在其选定的时间和地点获得作品的行为。该权利来自我国加入的《世界知识产权组织版权条约》（WCT）和《世界知识产权组织表演和录音制品条约》（WPPT）。这两个条约所指的相关权利是指向公众传播（available to the public）权，在个人选定的时间和地点是列举中的内容。但在我国《著作权法》中，这一行为被作为必备条件。也就是说，我国信息网络传播权所调整的行为限于交互式传播行为。[5]鉴于此，非交互

---

〔1〕 王迁：《网络环境中版权直接侵权的认定》，载《东方法学》2009年第2期。

〔2〕 石必胜：《论链接不替代原则———以下载链接的经济分析为进路》，载《科技与法律》2008年第5期。

〔3〕 崔国斌：《加框链接的著作权法规制》，载《政治与法律》2014年第5期。

〔4〕 王艳芳：《论侵害信息网络传播权行为的认定标准》，载《中外法学》2017年第2期。

〔5〕 参见北京互联网法院（2023）京0491民初8108号民事判决书（侵害作品信息网络传播权纠纷案）。

式传播行为不能被纳入信息网络传播行为之中。值得注意的是，在著作权司法实践中存在定向传播行为是否侵害信息网络传播权的争议。由于这种行为并不完全符合我国《著作权法》规定的信息网络传播行为的条件，法院一般会根据《著作权法》第 10 条第 1 款的兜底性规定，认定被控侵权人侵害了著作权人享有的其他权利。这里顺便指出，著作权具有法定性，现行《著作权法》第 10 条第 1 款的兜底性规定的合理性值得思考。

关于服务器标准，需要进一步探讨的是如何认定作品的提供行为的概念和标准。如前所述，随着信息网络技术的发展，作品的存储、传播和利用的形式也在变化之中。在著作权司法实践中，相关使用作品的行为也出现了新的特点。如当前存在的一种较为普遍的著作权侵权现象，即聚合盗链行为，如果遵循严格的网络环境下著作权侵权服务器标准，被控侵权人似乎不存在直接提供作品的行为，因为聚合盗链行为是通过一定的技术手段，破解权利人为保护其著作权而设置的技术措施，并根据侵权人自己的标准将被破解的作品重新组合编排，以满足网民的需要的行为。基于对服务器标准相对保守的认识，近年来涉及聚合盗链的著作权侵权纠纷案件，有的法院直接判定被控侵权人并不构成对信息网络传播权的侵害。

2. 实质替代标准

也正是基于服务器标准存在的局限性，伴随着网络技术的迅猛发展，实质替代标准和实质呈现标准应运而生。当然，这两种标准也并不是著作权法所明确规定的，而是基于对近些年来著作权司法实践经验的总结而提出的相关标准。就实质替代标准而言，由于被控侵权人传播和利用作品的行为实质替代了著作权人在网络空间提供作品的行为，侵权人的行为会产生作品市场替代效果，从著作权侵权行为的基本法理评判，这种行为会损害著作权人的利益。因此，如果被控侵权人的行为使著作权人的作品被实质替代，就应当认定该行为构成了对著作权的侵害。

在笔者看来，这里隐含着著作权侵权的一个基本原理，即作为一种独占权的著作权，其受到侵害具体体现为作品的市场被侵权人瓜分或者挤占，而在不发生侵权的情况下，这部分市场本来是应当由著作权人独占的。但必须考虑的是，在著作权市场上还存在着大量相同或者相似的合法替代品。但这里所探讨的市场替代并不是针对合法替代品，而是针对他人未经著作权人许可擅自提供和传播作品，使著作权人的市场受到挤压的情况。进言之，实质替代说还可以从以下两方面进一步加以认识。

第一，从著作权法的相关原理和国外著作权立法与司法实践的情况来看，构成著作权侵权的行为自然不属于著作权法所规定的合理使用。而根据美国的著作权立法与司法实践以及我国著作权法理论与司法实践的情况来看，构成著作权法上的合理使用的条件之一是，使用作品的行为不应当对著作权人作品的市场或者潜在市场造成损害。言外之意是，如果使用作品的行为造成了著作权人作品市场或者潜在市场的损害，则不符合作品著作权合理使用的条件，应当认定为构成著作权侵权。根据相关研究，在美国著作权法关于合理使用的四个条件中，上述条件是最重要的。笔者认为，之所以如此，是因为著作权作为受法律保护的具有独占性的专有权利，其在本质上是对市场份额的控制权。著作权的保护与对市场的占有与控制具有十分密切的联系。从一般意义上的知识产权保护的角度来说，知识产权的保护与知识产权人对市场的占有与控制也具有十分紧密的联系。当然，如果从经济学的角度来说，由于市场存在大量的合法替代品，法律赋予某种客体知识产权并不意味着该知识产权人能够在知识产权保护实践中做到绝对地占领和控制市场，因为知识产权人之间也面临直接竞争问题。除非相关知识产权缺乏或基本缺乏合法市场替代品，否则某一知识产权人很难独占市场。当然，在某些情况下，有的知识产权在相关市场竞争领域处于绝对优势地位（如当前的华为5G标准以及在过去很多年中一些划时代的基础发明和基本专利），确实能够独占市场。但即使在这种情况下，这些知识产权也会受到反垄断法的规制，以确保市场经济中的自由竞争，维护社会公共利益和正常的市场经济秩序。

实质替代行为之所以被认定为侵害著作权行为，与该行为对被侵权人造成的市场侵害有直接的关系。

第二，可以进一步从著作权侵权损害赔偿的界定方法和标准的角度对实质替代加以认识。我国著作权法对于著作权侵权损害赔偿的计算标准有明确的规定。根据现行《著作权法》规定，侵权损害赔偿包括被侵权人因被侵权所受到的实际损失、侵权人因侵权的违法所得、被侵权人因其作品被利用应得的合法使用费。在前述几种方式都难以计算的情况下，可以适用法定赔偿，且在著作权侵权人具有主观故意，并且情节严重的情况下，还可以适用惩罚性赔偿。其中最重要的是，确认被侵权人因被侵权所受到的实际损失。当然，基于著作权的无形性，在著作权侵权纠纷案件中，无论是侵权人还是被侵权人，提供被侵权人因被侵权所受到的实际损失的证据都十分困难。因此，侵权人因侵权获得的非法利益作为侵权损害赔偿的标准得以适用。无论是被侵权人因被侵权受到的实际损失还是侵权人因侵权获得的非法利益都需要考虑到市场份额的情况，尤其是在计算被侵权人因被侵权所受到的实际损失时。

根据《最高人民法院关于审理著作权民事纠纷案件适用法律若干问题的解释》，法院需要充分考虑被侵权人因被侵权而导致的其市场被挤兑或被侵害的情况。这其实隐含着侵权行为与市场被挤兑的因果关系，也就是被侵权人市场份额的减少是由侵权行为造成的。不过，最高人民法院的相关司法解释是以侵权人侵权作品和被侵权人作品的市场存在一定的交集作为前提条件的，如果侵权人作品的市场和被侵权人侵权作品的市场没有任何交集，就难以确定侵权人因侵权行为对被侵权人作品市场所造成的份额减少的情况。当然也应当指出，在实践中即使没有直接交集，被控侵权人的行为也可能对原告作品潜在市场构成侵蚀。

无论如何，根据被侵权人因被侵权受到的实际损失确定著作权侵权损害赔偿额，隐含的一种基本理念是：基于著作权作为一种具有独占性的专有性权利，著作权人对作品享有的市场不能被侵权人挤占。如果侵权人利用侵权作品会损害著作权人作品的市场份额，就会使侵权作品成为著作权作品市场的替代品，从而损害著作权人的利益。至于在著作权法理论、立法以及司法解释中，将侵权人因侵权所得的非法利益作为著作权人被侵权的损害赔偿额，在笔者看来，一方面是因为在司法实践中确实难以界定被侵权人因被侵权所受到的实际损失，另一方面是由民事法律中不能让侵权人获得非法利益的基本原理决定的。将侵权人侵权违法所得视为被侵权人因被侵权受到的实际损失本身体现了损害赔偿制度的功能，对侵权人实施侵权行为有震慑作用。因为著作权侵权人实施著作权侵权的目的就是要获得非法利益，如果在法律上斩断这种获得非法利益的机会，必然有利于制止著作权侵权行为。

3. 实质呈现标准

所谓实质呈现标准，顾名思义，是指被控侵权人的行为实质呈现了受著作权保护的作品，且该行为既未获得著作权人许可，也没有法律的特别规定。实质呈现标准是从著作权侵权行为所产生的实际后果进行评判的。该标准和服务器标准不一样，其并不考虑被控侵权人在服务器中是否有提供作品的行为，并且一旦被控侵权人在其服务器中以删除、屏蔽等方式处理了相关作品，被控侵权作品也将不再呈现。这种情况也是坚持服务器标准的学者主张服务器标准合理，而实质呈现等标准不合理的重要原因。与实质替代标准一样，该标准同样也存在一定的争议，因此产生了其他标准。

4. 法律标准

所谓法律标准，可以理解为直接根据著作权法的原理和相关规定界定被控侵权人是否构成著作权侵权。著作权属于民事权利，根据民事侵权一般原理和法律规定，构成侵害著作权的行为应当包括以下条件：实施了违法行为、对被侵权人具有损害性、违法行为和损害后果之间具有因果关系以及行为人主观上存在过错。在包含短视频在内的著作权侵权纠纷案件中，判断涉案被控侵权人的行为是否属于违法行为，当然必须根据著作权法和相关法律、司法解释的规定加以确定。从一般的著作权法原理的角度来说，被控侵权人为摆脱著作权侵权责任，需要证明其行为的合法性。我国《著作权法》在2020年修改时，专门增加了一条著作权侵权案件中举证责任分配的规定，主要体现为被控侵权人应当对其取得著作权人许可提供证据。如果被控侵权行为没有取得著作权人许可，又没有法律的特别规定，就可以认定该著作权侵权行为存在。当然，这里的许可也可以包括默示许可。默示许可在我国相关著作权侵权纠纷案件中也得到了法院的认可。[1]对于在信息网络环境下是否存在默示许可的问题，答案是肯定的。近年发生的 Flash Player 软件著作权侵权纠纷案件就具有一定的代表性。当然，默示许可也存在一定的条件。

法律标准实际上是根据侵权行为认定的基本原理，结合著作权法对著作权侵权行为的规定以及案件的事实，确定被控侵权人的行为是否构成对著作权的侵害。[2]在行为的违法性方面，前面谈到了未经著作权人许可的情况。行为的合法性以经过著作权人许可为前提，这体现了著作权这一专有权的独占性。当然，对于取得著作权人的许可这一概念需要进行全面的认识。除了前面谈到的网络环境下允许存在默示许可的情况，笔者认为对于取得著作权

<hr>

〔1〕 参见北京市朝阳区人民法院（2002）朝民初字第2217号民事判决书（侵害著作权纠纷案）；吉林省延边朝鲜族自治州中级人民法院（2020）吉24民初192号民事判决书（侵害作品信息网络传播权纠纷案）。

〔2〕 参见北京知识产权法院（2016）京73民终143号民事判决书（侵害作品信息网络传播权纠纷案）。

人许可，还可以从以下几方面加以认识。

第一，著作权许可，必须是取得真正的著作权人的许可。在有的著作权侵权纠纷案件中，被控侵权人所取得的许可并非来自真正的著作权人。由于许可人并不具有授权许可的权利，该许可在法律上是无效的，被控侵权人不能基于取得的这一许可而免受侵权指控。在著作权合同实践中，为了避免授权许可存在的法律风险，被许可人一般都要求许可人具有授权许可的权利，如果因授权许可存在瑕疵而构成对他人著作权或者其他权利的侵害，许可人应承担由此而产生的一切法律责任。[1]为了防止著作权许可中出现侵害他人著作权或者其他权利的情况，被许可人对许可人对作品所享有的著作权或者相关权利，应当仔细地审查，特别是查明其是否为该作品的著作权人或著作权人委托能够进行授权许可的人。

第二，查明被许可人在实践中是否超越了被许可的权限。著作权包括著作人身权和财产权，通常著作权许可是针对著作财产权而言的，而著作财产权包括很多财产权的内容。在著作权授权许可时，著作权人通常只是授权某种或者某些著作财产权，而不是所有著作权。对于著作权人没有授权的权利，他人未经许可使用，显然会构成对该著作权的侵权。值得进一步探讨的是，在涉及著作权许可的著作权侵权纠纷中，存在合同违约责任与侵权责任的竞合的问题。一方面，被许可人超越了被许可的权限范围，构成了对著作权许可合同的违约；另一方面，被许可人超越被许可权限使用作品的行为没有取得著作权人的许可，根据著作权侵权的法理和规定，该行为同时也构成了著作权侵权。[2]基于此，作为被侵权人的著作权人或者说许可人既可以追究被许可人的违约责任，也可以追究被许可人的著作权侵权责任。当然，基于违约责任和侵权责任竞合的原理，权利人只能选择其中之一。

关于被许可人是否超越了许可权限，还需要针对独占许可、独家许可、普通许可、分许可等不同情况进行探讨，因为在前述不同的许可模式下，被许可人取得的许可权限并不相同。具体而言，在独占许可模式下，被许可人

---

〔1〕 参见北京市海淀区人民法院（2017）京0108民初39569号民事判决书（著作权许可使用合同纠纷案）；广州知识产权法院（2015）粤知法著民终字第537号民事判决书（著作权许可合同纠纷案）。

〔2〕 参见广东省深圳市中级人民法院（2023）粤03民终12971号民事判决书（侵害著作权纠纷案）。

取得类似于准物权的独占性使用的权利，其有权排除包括许可人在内的任何第三方在合同约定的时间、地域和权利范围内使用作品的权利。在独家许可模式下，尽管被许可人有权排除任何第三方在合同约定的时间、地域和权利范围内使用作品的权利，但许可人仍然拥有使用该作品的权利。在普通许可模式下，可以存在很多被许可人，并且相互并不排除，许可人既可以自己使用作品，也可以再许可其他任何第三方使用作品。在分许可模式下则事先存在著作权许可使用的情况。

在包括短视频这类作品的著作权侵权纠纷中，也可能涉及上述不同类型的许可问题。这是因为，通过签订著作权使用许可合同，以许可使用的方式使用受著作权保护的作品是作品利用的惯常模式。在法律没有特别规定的前提下，使用他人作品如果没有经过著作权人的许可，就会构成侵害著作权的行为。这也是认定侵害著作权行为的基本原理。[1]如前所述，2020年第三次修改的现行《著作权法》中专门新增了使用作品应当取得著作权许可的相关规定。这里需要继续结合不同许可模式，探讨相关的著作权侵权及其他法律问题。

在独占许可模式下，就被许可人涉及的著作权侵权问题而言，其通常表现为被许可人在未经著作权人同意的前提下单方面许可第三方使用作品，也就是擅自进行分许可。基于著作权这一专有权的独占性以及著作权独占许可合同中独占被许可人并不享有将取得的被许可使用的权利再授予第三方使用的权利，在上述情况下应当认定被许可人构成了对许可人著作权的侵害。针对独占许可合同所引发的著作权纠纷，还值得进一步探讨的是：作为著作权人的许可人违反独占许可合同的约定，在授权被许可人独占许可使用权以后，在未经被许可人同意的前提下单方面许可第三方以独占或者非独占许可的形式继续使用其作品。近些年来，这方面的纠纷案例并非罕见，如《老鼠爱大米》的相关法律纠纷就具有一定的代表性。[2]在这类案件中，由于首先取得独占许可的被许可人取得的并不是著作权，相关纠纷发生以后，首先取得独

---

〔1〕 参见北京知识产权法院（2022）京73民终2161号民事判决书（侵害著作权及不正当竞争纠纷案）。

〔2〕 参见北京市第二中级人民法院（2007）二中民终字第01513号民事判决书（侵害著作权纠纷案）。

占许可的被许可人不能主张许可人侵害其著作权，否则在法理和逻辑上是讲不通的。应当认为，在上述情况下，作为独占许可人的著作权人违反了与第一家独占许可合同被许可人之间达成的独占许可合同的约定，因此构成了违约。

比较棘手的是，在后的独占许可合同的被许可人与第一个独占许可合同被许可人之间的纠纷该如何解决？在有的案件中，在第一个独占许可合同签订以后，著作权人为了获取"最佳经济效益"，先后与多个独占被许可人签订独占许可合同，这种情况下相关的法律关系尤为复杂。在笔者看来，无论如何，重要的是应当明确在合同签订和履行中许可人和被许可人是否分别存在违约的过错。一般而言，由于著作权人在和第一个独占被许可人签订合同以后，在原有合同约定的时间、地域和权利范围以内再继续签订独占许可合同，其存在主观故意的过错是毫无疑问的。对于第二个甚至第三个独占被许可人而言，如果其并不知晓著作权人在本合同约定的时间、地域和权利范围内已签订过同样的独占许可合同，则该被许可人并不存在过错。不过，基于第一个独占许可合同的优先性，第一个独占许可合同的独占被许可人对于在后的独占许可行为有主张法律禁止的权利。也就是说，在发生纠纷以后，在后的独占许可被许可人尽管不存在主观上的过错，也仍然不能在合同约定的相同的时间、地域和范围内使用该作品，否则就会和第一个独占许可合同授予独占被许可人的独占许可权相冲突。事实上，知识产权保护制度中存在一个最基本的原则，就是保护在先权利原则。保护在先权利原则通常是针对实体的、法定的权利而言的。在著作权许可合同的履行以及发生纠纷后的解决中，这一原则同样可以适用。将保护在先权利引入合同纠纷的解决，有利于及时解决纠纷，维护社会关系的稳定，同时也更有利于维护通过合同建立的相关法律秩序。当然，在上述情况下，不具有过错的在后被许可人仍然可以根据独占许可合同的约定追究作为著作权人的许可人的著作权许可合同违约责任。

如前所述，取得著作权人的许可是使用作品具有合法性的基本前提。就许可使用中的独家许可使用而言，涉及著作权侵权纠纷的情况可能是独家许可的被许可人擅自许可第三人使用其作品。在这种情况下，独家许可的被许可人显然违反了独家许可合同，构成了违约，获得独家许可合同被许可人授权的第三方使用著作权人的作品则构成了对著作权人的著作权侵权。当然，第三方可能会对此进行抗辩，理由是其已经获得了独家许可合同被许可人的授权。实际上，基于合同的相对性以及著作权这一独占性权利的专有性，第三方无权基于获得的无效授权对抗著作权人。除了基于违反独家许可合同的约定而追究独家许可合同被许可人的违约责任，著作权人是否还可以追究独家被许可人擅自授权第三方使用作品行为的侵害著作权的责任则值得进一步探讨。

就普通许可使用而言，因许可使用而引起的著作权侵权纠纷的情况较少，更多的是普通被许可人违反普通许可合同的约定，超越授权许可的范围而构成违约。当然，在这种情况下，超越授权许可范围使用作品的行为同时构成了侵害著作权的行为，著作权人可以基于责任竞合而选取其中一种维权方式。

至于分许可，纠纷通常是基于著作权独占许可合同而引发的，这在前面关于著作权独占许可引发的著作权侵权纠纷部分已经作出探讨，在此不再赘述。

授权许可的著作权人是独立作品的著作权人还是合作作品的著作权人也值得关注。从著作权主体的数量方面看，可以将著作权人分为独立作品的著作权人和合作作品的著作权人。这里需要探讨在合作作品著作权人授权的情况下的著作权侵权问题。合作作品包括共同合作作品和结合合作作品，前者就是我国著作权法所规定的不可分割的合作作品，后者是可以分割的合作作品。在可以分割的合作作品中，各个可以分割的合作作品作者可以独立地行使其著作权，只是其行使著作权时不得侵害合作作品整体的著作权。[1] 值得注意的是，2020 年我国第三次修改《著作权法》时新增了关于合作作品著作权行使的规定。在通常情况下，合作作品的利用遵循合作作者之间协商同意的原则。然而，合作作品的作者有两个或者两个以上，在实践中可能存在各个合作作者之间不能达成一致意见的情况。为了促进合作作品的利用，《著作权法》明确规定，除了著作权转让、[2] 专有许可以及设立质权这三种情况，没有正当理由，任何合作作者不得禁止其他合作作者许可他人使用该作品。笔者看来，这一规定体现了著作权法对于效率的追求。同时考虑到法律的公平，《著作权法》还规定，在上述情况下，授权他人使用作品取得的收益应当在合作作者之间进行分配。

上述这些规定自然也适用于从著作权许可使用的角度评判短视频著作权侵权行为。在短视频制作中，很多情况下都需要利用在先享有著作权的作品。

---

[1] 参见最高人民法院（2015）民申字第 131 号民事裁定书（侵害著作权纠纷案）。

[2] 参见广州知识产权法院（2021）粤 73 民终 2070 号民事判决书（著作权合同纠纷案）。

如果在先的享有著作权的作品属于合作作品，则应当注意根据我国《著作权法》关于合作作品著作权行使的规定加以处理，避免因许可使用而引起相关的著作权纠纷。

前面从行为是否具有违法性方面特别是从取得著作权人许可的方面探讨了短视频的著作权侵权行为的认定。在短视频制作者使用他人享有著作权作品行为的违法性问题上，还需要充分考虑著作权和相关法律是否有例外性规定，尤其是前面所探讨过的关于著作权合理使用的规定。[1]并且，如果短视频制作者想要避免著作权侵权风险，就应当充分重视和利用著作权法关于著作权合理使用方面的规定，因为只有在这种情况下，其才既不需要著作权人的许可，也不需要支付任何费用。

根据法律标准，在判断短视频使用他人作品是否构成侵害著作权时，应判断使用行为是否具有损害性，也就是对著作权人利益造成损害。由于著作权属于一种无形财产权，著作权受到损害和有形财产受到侵害的表现有所不同。对于有形财产而言，损害后果通常表现为非法占有、毁损以及相应地造成权利人的经济损失。对著作权侵权而言，侵权行为对著作权造成的损害通常表现为著作权人的作品市场受到挤压以及相应地造成著作权人可得利益的丧失。著作权侵权行为造成的损害后果，除了给权利人造成直接经济损失，更多体现为对于著作权作品的潜在市场造成的损害，因此它并不像有些财产受到侵害一样体现为直接经济损失，而更多地体现为间接损失。从著作权作为一种无形资产的角度来说，对于这一无形资产价值的评估更多的也是基于其未来获利的能力和机会。由于著作权作品市场的不确定性，在著作权侵权纠纷案件中，著作权侵权造成的损失赔偿也难以确定。但无论如何，从是否构成侵害著作权行为的标准来看，被控侵权行为都应当具有损害性。

损害行为与损害后果之间具有因果关系的侵权构成要件在我国民事侵权法律责任制度中也有明确规定。在包括短视频在内的著作权侵权纠纷案件的处理中，法院需要查明相关的损害后果是否来自著作权侵权行为。以损害赔偿为例，在著作权保护实践中，判断享有著作权的作品市场受到的挤压，需

---

〔1〕　董彪：《二次创作短视频合理使用规则的适用与完善》，载《政治与法律》2022 年第 5 期；熊琦：《"二次创作"行为著作权合理使用认定的经济分析范式》，载《当代法学》2024 年第 1 期；张伯娜：《短视频版权保护与合理使用判断标准探究》，载《出版发行研究》2019 年第 3 期。

要排除并非来自著作权侵权行为的部分，尤其需要排除市场上存在的享有著作权作品的合法替代品。

进言之，违法行为与损害后果之间具有因果关系，是构成包括著作权侵权行为在内的民事侵权的要件之一。这意味着损害后果如果不是某行为所导致的，就不能将该行为视为著作权侵权行为。因果关系和实施著作权侵权行为的条件不同，应当注意区分。在有的著作权侵权纠纷中，如果被控侵权人只是为著作权侵权行为提供了相关条件，在一定实施条件下实施的行为与损害后果之间不具备因果关系，则不能将其视为侵害著作权的行为，特别是不能视为直接侵害著作权的行为。

不过，也应当注意区分著作权直接侵权、间接侵权以及共同侵权的相关问题。这里所说的直接侵权和间接侵权并不是我国著作权侵权以及一般民事侵权意义上的侵权相关法律规定的概念，而是来自英美侵权法上的概念。近些年来，在我国包括著作权侵权行为在内的民事侵权理论和实务研究中，这些概念经常被运用。所谓著作权侵权中的直接侵权，顾名思义，是直接侵害著作权的行为，典型的如非法复制、发行、剽窃、抄袭他人作品。直接侵害他人著作权的行为会产生直接的损害后果。比较而言，著作权侵权中的间接侵权并没有直接侵害他人著作权，但该间接侵权行为与直接侵权行为之间存在某种特定的联系。[1]根据郑成思教授在其《版权法》一书中所主张的观点，著作权侵权中的间接侵权，是指雇员为履行雇主安排的工作任务而构成了侵害他人著作权的行为，或者受托人根据委托人的委托实施的行为侵害了他人的著作权。[2]不过，对于著作权侵权中的间接侵权，更多的人可能会将其视为引诱侵权、帮助侵权，[3]如故意唆使他人实施侵害著作权的行为或者为著作权侵权行为的发生提供仓储、隐匿等便利条件。应当说，英美法上的著作权间接侵权行为和我国包括著作权领域在内的帮助侵权、共同侵权具有相关性。共同侵权是我国民事法律制度明确规定的侵害他人权利的一种类型，在我国著作权法及相关实务中也存在相关著作权共同侵权的情形。

---

〔1〕 参见上海知识产权法院（2018）沪73民终268号民事判决书（侵害著作权及不正当竞争纠纷案）。

〔2〕 郑成思：《版权法》（修订本），中国人民大学出版社1997年版，第211页。

〔3〕 参见吴泽勇：《网络服务提供者帮助侵权责任诉讼的证明责任问题》，载《当代法学》2023年第1期。

如前所述，著作权侵权中的间接侵权，并不是我国法律和司法实践中的专门术语。从我国著作权侵权法理和相关司法解释的规定来看，他人教唆、帮助直接侵权人侵害著作权的行为，也构成侵害著作权的侵权行为。对此，《审理侵害信息网络传播权民事纠纷案件适用法律规定》第 7 条规定：

"网络服务提供者在提供网络服务时教唆或者帮助网络用户实施侵害信息网络传播权行为的，人民法院应当判令其承担侵权责任。

"网络服务提供者以言语、推介技术支持、奖励积分等方式诱导、鼓励网络用户实施侵害信息网络传播权行为的，人民法院应当认定其构成教唆侵权行为。

"网络服务提供者明知或者应知网络用户利用网络服务侵害信息网络传播权，未采取删除、屏蔽、断开链接等必要措施，或者提供技术支持等帮助行为的，人民法院应当认定其构成帮助侵权行为。"

上述规定第 1 款对于网络服务提供者教唆或者帮助用户实施侵害信息网络传播权的行为的法律责任作出了原则性规定。笔者认为，这种行为应当认定为著作权侵权行为，且可以从侵害著作权行为的基本构成要件加以认定。网络服务提供者的上述行为在主观上显然存在过错，因为其教唆或者帮助了他人实施侵害信息网络传播权的行为。教唆或者帮助他人实施上述侵权行为，最终会产生侵害他人信息网络传播权的侵权后果，这也意味着该教唆、帮助行为的实施与侵害行为产生的后果之间具有因果关系。[1] 上述规定第 2 款和第 3 款则分别是针对教唆、帮助行为的具体表现形式进行的概括，可以视为为侵害信息网络传播权司法实践提供的具体指引。

就法律标准而言，被控侵权人主观上存在过错是构成著作权侵权的最后一个重要条件，以下将结合著作权侵权法理以及司法解释的相关规定进行探讨。从一般的民事侵权法律的角度来看，构成侵害行为之所以要求行为人主观上存在过错，是因为侵权行为应当受到法律的否定性评价并承担相应的侵权法律责任，其最终目的是规范人们的行为，预防和制止人们的行为侵害他人的合法权益，对他人造成损害。作为一个正常人，人们从事某种行为都是受一定的主观动机支配的。从事某种对他人合法权益造成损害、有损他人利益的行为主观上存在过错，无论是故意还是过失，都应当受到法律的否定性

[1]　参见最高人民法院（2009）民提字第 17 号民事判决书（侵害著作权纠纷案）。

评价，以为人们的行为提供正确的指引，否则，法律就无法通过规范人们的行为调整社会关系，构建正常的社会经济秩序。

从对民事侵权行为构成要件中的主观过错要件来看，由于著作权属于民事权利，著作权侵权行为属于民事侵权行为，其应当按照我国民事法律对于民事侵权行为构成要件的规定加以确认。在我国《民法典》实施之前，原《民法通则》《民法总则》对于一般民事侵权行为规定了过错的要件，对于特殊的民事侵权行为则规定了无过错责任。这些法律规定并没有将著作权侵权行为纳入特殊的民事侵权范畴，因此无论是从理论还是法律逻辑上讲，都应当将著作权侵权行为认定为一种过错侵权行为，包括短视频在内的信息网络环境下作品著作权侵权问题也一样。不过，关于著作权侵权行为主观过错的问题仍需要从著作权侵权相关法律规定的角度进一步深入思考。

过去有一种观点认为，包括著作权在内的知识产权侵权应实施无过错责任原则，如郑成思教授即主张侵害知识产权的无过错责任。[1] 这里需要讨论的是，我国民事责任中"停止侵害"不以侵权人是否具有主观过错作为前提条件，是否意味着著作权侵权等知识产权侵权行为应实施无过错责任原则。[2] 笔者认为，对此应当作否定回答。实际上，我国民事法律责任体系与欧洲大陆法系国家关于民事责任中停止侵害的法律定位有所不同，在我国，其是作为承担民事侵权法律责任的一种重要的形式进行规定的。对于物权而言，基于其绝对权和支配权性质，对侵害物权的行为，物权人可以直接主张停止侵害。知识产权可以类比于物权，知识产权人对于侵害行为可以主张知识产权请求权，而不用考虑侵害人是否存在主观过错。[3] 不过，基于停止侵害不需要考虑行为人是否存在过错而认定著作权侵权实行无过错责任原则，是对著作权侵权归责原则的某种误解。

进言之，著作权侵权行为的主观过错构成要件需要从著作权侵权法律责任方面加以解构。这里需要结合民事侵权归责原则的基本原理加以探讨。就民事侵权归责原则的目的和价值而言，依照我国民法学者的观点，侵权归责的真正目的在于追究侵权人的损害赔偿责任，侵权归责实际上是损害赔偿侵

〔1〕 郑成思：《侵害知识产权的无过错责任》，载《中国法学》1998年第1期。

〔2〕 参见吴汉东：《知识产权保护论》，载《法学研究》2000年第1期。

〔3〕 参见李承亮：《侵权赔偿体现知识产权价值的民法原理》，载《法学研究》2022年第3期。

权归责。侵害人承担损害赔偿的法律责任，应当以其存在主观过错为前提条件，这在包括著作权在内的知识产权侵权损害责任制度中有具体的体现，在世界贸易组织《与贸易有关的知识产权协议》第 45 条中也有体现。这表明如果被控侵权人能够证明其不存在主观过错，其就不需要承担侵害著作权的损害赔偿责任。从被侵权人主张被控侵权人承担著作权侵权法律责任的角度来看，除了主张停止侵害以制止侵权的蔓延，确保著作权人作品市场，最重要的是主张侵害著作权的损害赔偿。因此，在所有涉及侵害著作财产权的著作权侵权纠纷案件中，对于侵权人主观过错的界定就显得十分重要。

（四）短视频平台承担著作权侵权责任问题

前面对信息网络环境下包括短视频在内的作品著作权侵权的认定从法律标准中行为人的主观过错的角度进行了探讨，以下需要结合相关司法解释的规定进行研究。

1. 著作权间接侵权问题

如前所述，包括短视频平台在内的网络平台，也就是网络服务提供者涉及相关的著作权侵权问题通常是该平台上出现了侵害著作权的事件。短视频平台是否同时也构成侵害著作权的行为，并因此应当承担侵害著作权的法律责任，是短视频平台著作权侵权问题的核心。[1]如果短视频平台主动、直接提供侵害他人著作权的作品，则构成直接侵害著作权的行为。但这里主要探讨的是用户作为直接侵害著作权的行为人提供侵害著作权的作品，短视频平台在其信息网络平台提供侵权作品播放的行为是否构成了著作权侵权并同时应承担著作权侵权的法律责任。[2]根据《审理侵害信息网络传播权民事纠纷案件适用法律规定》的规定，这种情况下要判断信息网络平台是否有教唆、帮助他人实施侵犯著作权的行为。

《审理侵害信息网络传播权民事纠纷案件适用法律规定》第 8 条规定："人民法院应当根据网络服务提供者的过错，确定其是否承担教唆、帮助侵权责任。网络服务提供者的过错包括对于网络用户侵害信息网络传播权行为的

---

〔1〕　参见张秋芳：《短视频平台内容侵权认定的困境及出路》，载《传媒》2022 年第 1 期；薛虹：《短视频平台的版权治理义务与侵权法律责任》，载《人民论坛》2021 年第 33 期。

〔2〕　参见北京互联网法院（2018）京 0491 民初 1 号民事判决书（侵害作品信息网络传播权纠纷案）。

明知或者应知。网络服务提供者未对网络用户侵害信息网络传播权的行为主动进行审查的，人民法院不应据此认定其具有过错。网络服务提供者能够证明已采取合理、有效的技术措施，仍难以发现网络用户侵害信息网络传播权行为的，人民法院应当认定其不具有过错。"

以上规定表明，第一，短视频平台作为信息网络服务提供者是否承担教唆、帮助的著作权侵权责任，关键是应当认定其行为是否存在过错，而这种过错具体包括对于网络用户侵害信息网络传播权的行为存在明知或者应知的情况。明知，顾名思义，就是短视频平台确实知道网络用户在其短视频平台提供了侵害他人信息网络传播权的作品。[1]这种行为是明知，实际上也就是通常所说的故意。从主观过错程度来说，故意相对于过失的主观过错程度更高。所谓应知，也就是应当知道。在短视频平台涉及的著作权侵权纠纷案件中，如果短视频平台对于用户通过短视频平台实施了侵害他人信息网络传播权的行为是因其疏忽大意或者过于自信而对该侵权行为不知情，致使该侵权行为在其短视频平台蔓延的，就可以认定短视频平台存在"应知"的主观过错。对于应知的理解，还可以结合我国《民法典》实施之前的原《侵权责任法》第36条的规定以及著作权侵权相关原理加以探讨。原《侵权责任法》第36条使用的术语是"知道"。关于这一规定，对于"知道"的含义一般没有分歧，也就是一般都认为"知道"即为"明知"，在主观过错上属于"故意"的范畴。如何理解"应当知道"在民法和知识产权界则存在不同认识。一种观点认为，"应当知道"在事实上是不知道，也就是行为人存在过失。另外一种观点则认为，"应当知道"仍属于故意的范畴。对此，笔者认为"应当知道"不应当理解为故意的范畴。"应当知道"是网络服务提供者在客观上确实不知道在其平台发生了侵害著作权的行为。强调"应当"知道，在笔者看来是隐含了法律对信息网络平台本身应承担的"注意义务"或者特定责任的一种要求。与"应当知道"相对应的是"不应当知道"，尽管法律并没有使用"不应当知道"的术语，但这并不妨碍从相反的方面进一步加深对"应当知道"的理解。不应当知道，显然具有法律上的对相关信息网络平台行为予以

---

〔1〕 涉及短视频平台的相关侵权问题，不仅体现为对他人享有著作权作品的信息网络传播权的侵害，也包括对信息网络环境下表演者、录音录像制作者和广播电台、电视台的信息网络传播权的侵害。为论述简便，以下以侵害作品信息网络传播权为例加以探讨。

认可和正面肯定的因素在内，如《审理侵害信息网络传播权民事纠纷案件适用法律规定》第 8 条第 3 款的情况就是如此（关于该款的含义，下面还将进一步进行探讨）。在笔者看来，所谓"应当知道"，应当与一定技术发展背景下信息网络平台履行"注意义务"的能力有直接关系。在不同的技术发展背景下，信息网络平台履行注意义务的能力是不同的，尤其体现于信息网络平台对于平台中存在的侵害他人著作权的作品的审查、过滤的能力。[1]同时，信息网络平台是否存在应当知道的情况，还需要充分考虑和了解网络用户通过该信息网络平台实施侵害著作权的行为的具体情况，而不能直接主张信息网络平台应当对于网络用户通过该信息网络平台实施侵害著作权的行为承担著作权侵权的责任。[2]除了通常的"避风港原则"，[3]"红旗标准"也是重要的适用标准。[4]对此，笔者将在相关部分进一步探讨。

第二，根据《审理侵害信息网络传播权民事纠纷案件适用法律规定》第 8 条第 2 款的规定，对于网络用户在网络服务提供者网络平台中提供侵害著作权作品的行为，网络平台并不具有当然的审查义务。在涉及网络服务提供者是否应当承担因网络用户在其网络平台侵害信息网络传播权的著作权侵权纠纷案件中，人民法院不能仅因为网络服务提供者没有主动审查网络用户在其提供的信息网络平台提供了侵害信息网络传播权的作品，就认定网络服务提供者具有主观上的过错。该款指出的是网络服务提供者对于其平台上存在的涉嫌侵害著作权的行为没有主动审查的义务，这在《著作权法》第三次修改过程中的相关草案版本曾有规定，也就是明确否认了这种主动审查义务。

2. 避风港原则的适用及其改革

《审理侵害信息网络传播权民事纠纷案件适用法律规定》第 8 条第 2 款对网络服务提供者对于网络用户侵害信息网络传播权的行为是否进行主动审查与网络服务提供者的过错之间的关系进行了规定。应当说，网络服务提供者对于在其网络平台存在的用户侵害信息网络传播权的行为，并不是在任何情

---

〔1〕　参见熊琦：《版权过滤机制的多元属性与本土生成》，载《法学》2023 年第 7 期。

〔2〕　参见上海市高级人民法院（2021）沪民申 804 号民事裁定书（侵害作品信息网络传播权纠纷案）。

〔3〕　参见徐明：《避风港原则前沿问题研究——以"通知–删除"作为诉讼前置程序为展开》，载《东方法学》2016 年第 5 期。

〔4〕　参见崔国斌：《网络服务商共同侵权制度之重塑》，载《法学研究》2013 年第 4 期。

况下都应当存在注意义务，相应地也并非任何情况下都需要承担著作权侵权的责任。为保障网络平台提供正常的网络服务，促进网络服务的健康发展，《信息网络传播权保护条例》规定了对网络服务提供者相关著作权侵权及其赔偿的"安全港"。[1]这就是我们通常所熟知的通知－删除规则，在著作权侵权理论上也被称为避风港原则。根据这一原则，当著作权人发现某网络平台存在侵害其著作权的行为时，可以向该网络平台发出通知，要求该平台删除用户提供的侵害其信息网络传播权的作品。网络服务提供者收到通知以后，应当及时予以删除。为了平衡网络用户、著作权人和网络平台的利益关系，通知－删除机制中还包括了反通知程序。也就是说，当用户收到网络平台的信息以后，可以向网络平台提交反通知，认为其行为不构成侵害信息网络传播权。在网络平台收到用户提供的反通知以后，应当恢复被删除、屏蔽的作品的正常运行。如果著作权人最终向法院提起诉讼，追究提供侵权作品的网络用户和网络平台的著作权侵权责任，在法院确认网络用户存在侵害信息网络传播权行为的前提下，不能同时追究网络平台的侵害信息网络传播权的责任。应当说，在信息网络技术及其产业发展的初期，避风港原则很好地保护了信息网络平台传播作品的权利。

然而，必须看到的是，随着信息网络技术的发展，避风港原则的弊端也日益明显。信息网络技术的发展以及网络产业的发展使网络环境下著作权侵权纠纷大量增加，特别是随着短视频的日益普及，近几年来，涉及短视频的著作权侵权纠纷案件动辄数十万甚至上百万件，如果针对信息网络平台中存在的用户侵害他人信息网络传播权的纠纷案件一律使用避风港原则加以解决，则存在着效率上的巨大劣势，会使大量信息网络传播权纠纷案件无法及时得到有效的解决。实际上，适用避风港原则是一种事后救济的理念和方法，因为它是著作权人发现用户在信息网络平台侵害其信息网络传播权的行为以后才启动的，具有事后救济性和被动性。更主要的是，适用这一原则无法应对日益增多的信息网络环境下的著作权侵权纠纷案件。在笔者看来，避风港原则在新的技术发展条件下并不需要完全废除，而是应当让著作权侵权纠纷的

---

[1] 参见河南省高级人民法院（2020）豫知民终 397 号民事判决书（侵害作品信息网络传播权纠纷案）；毕文轩：《〈民法典〉视阈下新型网络服务提供者知识产权侵权责任研究》，载《法律科学（西北政法大学学报）》2023 年第 5 期。

预防和处置办法在法律制度设计和运用上与时俱进，特别是应当高度重视通过技术手段解决技术的问题，以及重视在信息网络环境下著作权人、网络服务提供者和用户之间的利益关系，重构三者之间的利益平衡机制。[1]

3. 主动审查与过滤义务问题

这里有必要进一步探讨网络服务提供者对包括在其网络平台中用户侵害信息网络传播权行为的主动审查义务与网络服务提供者主观过错之间的关系。上述司法解释的规定只是强调，不能仅因为网络服务提供者对其网络平台中存在的用户侵害信息网络传播权的行为没有主动进行审查，就认定网络服务提供者存在主观上的过错。这也是因为在信息网络环境下，网络平台基于现有技术手段的限制不可能对其平台存在的用户侵害信息网络传播权的行为全部都进行有效的监控。然而，对于信息网络服务提供者主动审查的义务必须本着与时俱进的观点予以看待，信息网络技术的发展使网络服务提供者对在其平台上存在的用户侵害信息网络传播权的行为的监控能力不断提升。由于当前数字经济和信息网络产业发展日益活跃，厂商和个人越来越重视通过信息网络获得商机，而在信息网络环境下作品著作权的保护不应当打折扣。当前信息网络技术发展出现了著作权保护的加强与著作权侵权纠纷案件数量日益增长的矛盾，如何应对信息网络技术的挑战，及时有效地解决著作权纠纷，既是当前信息网络环境下著作权理论研究的重大问题，也是著作权立法或司法实践必须认真对待的问题。就著作权法理论与著作权立法而言，应当重新审视避风港原则，根据信息网络技术发展的情况对其予以改造，适当强化网络平台责任，特别是在一定条件下和一定范围内的信息网络平台过滤义务，而不是被动地适用通知−删除规则，完全不考虑网络平台对其平台中存在的用户侵害信息网络传播权行为的事先审查和注意义务。[2]关于网络平台对其平台中存在的用户侵害信息网络传播权行为的过滤义务，我国相关著作权法理论研究已有相关观点。[3]需要进一步研究的是网络平台履行过滤义务的条件。

〔1〕　王志刚：《美国版权法改革及其对出版业的影响》，载《出版发行研究》2017 年第 10 期；朱开鑫：《网络著作权间接侵权规则的制度重构》，载《法学家》2019 年第 6 期。

〔2〕　冯晓青、许耀乘：《破解短视频版权治理困境：社会治理模式的引入与构建》，载《新闻与传播研究》2020 年第 10 期。

〔3〕　参见崔国斌：《论网络服务商版权内容过滤义务》，载《中国法学》2017 年第 2 期；陶乾：《短视频平台"避风港规则"与过滤义务的适用场景》，载《中国出版》2022 年第 8 期。

总的来说，网络平台的过滤义务应当与特定的网络技术发展条件下相关的网络平台能够实施的合理的技术手段相适应，尤其是不能赋予网络平台过重的过滤义务，否则可能使网络平台疲于应付其平台上存在的侵害信息网络传播权的行为。

4. 技术手段与技术措施问题

除了研究网络服务提供者相关过滤义务的条件和范围，为了有效打击网络平台中存在的用户侵害信息网络传播权行为，还需要建立以一些合理的技术手段和措施为基础的纠纷解决和预防机制。

前面从著作权侵权行为中过错的要件方面探讨了包括短视频平台在内的网络服务提供者对其平台中出现的用户侵害信息网络传播权行为是否应当承担侵害著作权的法律责任问题，以下需要对此继续进行研究。

尽管网络平台对其用户侵害信息网络传播权的行为并不具有当然的事先审查的义务，却并不意味着网络平台在任何情况下都免除注意义务。"红旗标准"就是对网络平台注意义务的一个真实写照。这一标准是一个比喻的说法，也就是当网络平台中出现了用户侵害信息网络传播权的行为，在正常的情况下网络平台应当能够直接认定该行为的违法性，就像有人拿着一个小红旗在网络服务提供者的眼前反复展示，该网络服务提供者应当有所知晓，但其故意视而不见，以致用户侵害信息网络传播权的行为在其网络平台蔓延。如果出现这种情况，则可以认定网络平台存在主观上的过错，应承担侵害著作权的法律责任。

随着信息网络技术的发展，网络平台侦测侵害信息网络传播权行为的技术手段也在不断改进。为此，前面已经指出，需要针对不同网络平台的情况赋予相应的过滤义务。明确网络平台过滤义务的目的是及时发现、屏蔽和删除涉嫌侵害信息网络传播权的作品。在涉及网络平台侵害著作权纠纷案件中，如果网络平台能够提供相关证据证明其采取了合理的技术措施，履行了相关预防侵权的注意义务，就可以认定其不存在侵权的主观过错。对此，如前所述，《审理侵害信息网络传播权民事纠纷案件适用法律规定》第 8 条第 3 款明确规定："网络服务提供者能够证明已采取合理、有效的技术措施，仍难以发现网络用户侵害信息网络传播权行为的，人民法院应当认定其不具有过错。"笔者认为，这一规定体现了鼓励网络服务提供者采取合理、有效的措施避免侵害信息网络传播权的意旨，有利于促进网络服务提供者主动履行过滤义务或者采取其他合适的技术手段，从而预防网络平台上侵害信息网络传播权行为的发生。

《审理侵害信息网络传播权民事纠纷案件适用法律规定》第9条还专门规定了针对网络用户侵害信息网络传播权的情况认定网络服务提供者是否构成主观上的应知的标准，具体规定如下：

人民法院应当根据网络用户侵害信息网络传播权的具体事实是否明显，综合考虑以下因素，认定网络服务提供者是否构成应知：①基于网络服务提供者提供服务的性质、方式及其引发侵权的可能性大小，应当具备的管理信息的能力；②传播的作品、表演、录音录像制品的类型、知名度及侵权信息的明显程度；③网络服务提供者是否主动对作品、表演、录音录像制品进行了选择、编辑、修改、推荐等；④网络服务提供者是否积极采取了预防侵权的合理措施；⑤网络服务提供者是否设置便捷程序接收侵权通知并及时对侵权通知作出合理的反应；⑥网络服务提供者是否针对同一网络用户的重复侵权行为采取了相应的合理措施；⑦其他相关因素。

从上述列举的情况来看，针对信息网络平台存在用户侵害信息网络传播权的行为，判断网络服务提供者是否存在主观上的应知，应当考虑网络服务提供者的性质、作品本身的情况以及网络服务提供者对其网络平台用户侵害信息网络传播权的行为作出的相关对应性措施，并且结合这些相关措施是否具有合理性等因素综合加以判断。当然，在涉及网络服务提供者针对其用户侵害信息网络传播权行为是否应当承担侵害信息网络传播权的法律责任的案件中，并不是每一个案件都需要考虑上述全部的因素，而是需要紧密结合网络服务提供者针对用户侵害信息网络传播权行为所采取的对应措施的合理性和有效性。

在笔者看来，在司法实践中认定上述措施的合理性和有效性，应当遵循以下原则。

第一，与该网络服务提供者能够采取的合理、有效的技术手段的能力相适应。应当说，不同网络服务提供者针对侵害信息网络传播权行为所采取的合理有效的技术手段是不同的，判断其采取技术手段的合理性和有效性，应当综合考虑该网络服务提供者提供服务的技术手段和管理信息的能力。

第二，满足正常情况下的注意义务的标准。注意义务针对的是在正常情况下网络平台应采取的相应对应措施的情况。[1]在网络服务提供者侵害信息网络传播权的案件中，针对网络用户侵害信息网络传播权的不同表现形式，这种注意义务也有所区别。例如，针对同一网络用户重复实施侵害信息网络传播权的行为网络服务提供者是否履行了注意义务并采取了相应措施，与初次出现的网络用户侵害信息网络传播权行为所采取的措施有所不同，前者一般体现为通过设置同一类型关键词对侵权作品加以屏蔽、删除。

关于网络服务提供者对于其平台中存在的侵害信息网络传播权的行为是否存在主观过错，从而也应当承担侵害信息网络传播权的法律责任，司法解释还作了进一步的规定，值得探讨。例如，《审理侵害信息网络传播权民事纠纷案件适用法律规定》第10条规定："网络服务提供者在提供网络服务时，对热播影视作品等以设置榜单、目录、索引、描述性段落、内容简介等方式进行推荐，且公众可以在其网页上直接以下载、浏览或者其他方式获得的，人民法院可以认定其应知网络用户侵害信息网络传播权。"

笔者认为，上述规定之所以认定网络服务提供者针对网络用户侵害信息网络传播权存在主观过错，是因为在正常的情况下，热播影视不会未经著作权人许可而随意由他人置于开放的网络中并予以传播。从日常生活经验法则出发，如果网络服务提供者通过设置榜单、目录、索引、描述性段落、内容简介等方式积极地进行推荐，这就表明网络服务提供者有意通过其网络平台向公众展示热播影视，如果其行为引发公众在其网页上直接下载、浏览或者以其他方式获得作品，就会在客观上构成侵害著作权人的信息网络传播权。

5. 注意义务与主观过错之关系：短视频平台承担著作权侵权责任的再思考

包括短视频平台在内的网络服务提供者对于在其网络平台中的用户侵害信息网络传播权的行为是否也应当承担侵害著作权的法律责任，网络服务提供者是否存在过错是其中的关键要件。需要进一步探讨的是，其过错的认定与网络服务提供者对于用户侵害信息网络传播权行为所存在的注意义务（duty of care）之间的关系。[2]

---

[1]　参见司晓：《网络服务提供者知识产权注意义务的设定》，载《法律科学（西北政法大学学报）》2018年第1期。

[2]　参见司晓：《网络服务提供者知识产权注意义务的设定》，载《法律科学（西北政法大学学报）》2018年第1期。

　　"注意义务"这一术语来自英美侵权法对于过错的认定，在我国包括知识产权领域的相关司法解释也明确引进了这一概念。这里特别需要认识注意义务与主观过错的关系。主观过错包括故意和过失，而故意是行为人主动追求或者放任的一种主观心态，相对于过失而言，其主观过错程度更高。基于此，注意义务一般而言不是针对行为人存在主观故意的情况，而是针对其是否存在过失的情况。

　　所谓注意义务，顾名思义，在民事侵权法律上是指行为人作为一个理性的正常人在特定的场景下应当给予审慎的注意，事先采取必要的措施，预防各种不利于他人以及自己的情况发生的义务。[1]如果行为人没有采取相关的必要措施而引起了相关法律后果，则可以认为其违反了注意义务，在主观上存在过错，应当承担相应的法律责任。[2]赋予行为人以一定的注意义务，既是维护其自身合法权益，防止各类风险的需要，也是维护他人合法权益，防止他人人身或者财产权益受到损害的保障。举一个日常生活中的例子：乘客在坐公交车时，手或者头不应伸出窗外，否则容易出现意外。在这种场景下，每一位乘客都有相同的注意义务。这一注意义务其实也是乘坐交通工具相关规范所要求的。如果某一乘客违反这一注意义务，将其手或者头伸出窗外，在车转弯或者遇到其他紧急情况时受伤，该乘客即不能以司机开车突然加速、停车或者转弯而令其手或者头部受伤为由，要求司机或者公交公司承担人身伤害的赔偿责任。换言之，在这种情况下，该乘客存在主观过错，而司机及公交公司并不存在这一过错。

　　对包括著作权在内的知识产权领域，如本书所探讨的短视频著作权侵权问题中的网络服务提供者就网络用户在其网络平台中侵害信息网络传播权的行为是否存在过错来说，从注意义务的方面进行考量也十分重要。这里的注意义务，显然主要是针对网络服务提供者如何避免侵害他人著作权这一方面来说。由于网络平台中存在大量的作品需要传播，而这些作品一般都是享有著作权的作品，如何避免用户在其网络平台中使用作品的行为侵害他人作品

---

　　〔1〕　参见江西省南昌市中级人民法院（2023）赣01民初331号民事判决书（不正当竞争纠纷案）。

　　〔2〕　参见重庆市第一中级人民法院（2021）渝01行保1号民事裁定书（申请诉前停止侵害著作权案）；北京知识产权法院（2021）京73民初1016号民事裁定书（侵害作品信息网络传播权及不正当竞争纠纷案）；山东省青岛市中级人民法院（2021）鲁02行保1号民事裁定书（申请诉前行为保全案）。

的信息网络传播权，是网络服务提供者必须考虑的重要问题。如前所述，尽管网络服务提供者在一般情况下对于用户在其网络平台中侵害信息网络传播权的行为本身并不具有事先的审查义务，但这并不意味着网络服务提供者对用户在其网络平台中侵害信息网络传播权的任何行为都可以视而不见、坐视不管，而应当根据信息网络服务提供者的性质、用户在其网络平台中传输作品的情况以及用户侵害信息网络传播权行为的表现等多种因素加以判定。如果网络服务提供者有能力识别侵权行为，并且网络服务提供者在用户在其信息网络平台上传输作品的行为中获取了直接经济利益，该网络服务提供者就应当承担较高的注意义务。我国《信息网络传播权保护条例》第20条至第23条对信息网络服务提供者侵权赔偿责任豁免的规定可以从另一个方面说明没有获得直接经济利益对排除注意义务的重要性。

进言之，在涉及网络服务提供者就网络用户侵害信息网络传播权的行为是否应当承担侵害著作权的法律责任的纠纷案件中，在认定网络服务提供者的主观过错方面很重要的一点就是判断网络服务提供者是否应当履行注意义务以及注意义务的高低。从总体上看，仅提供技术服务的网络服务提供者和提供内容服务的网络服务提供者，在涉及网络用户侵害信息网络传播权行为中注意义务的高低有很大的区别，即前者的注意义务明显要低于后者。这是因为，提供内容的服务商所提供的作品大多是享有著作权的作品，如果在其网络平台中存在涉嫌侵害他人信息网络传播权等著作权侵权行为，提供内容服务的网络服务提供者显然应当承担较高的注意义务。除了从网络服务提供者的服务类型方面确认其注意义务的高低，还有一个重要的标准是看网络服务提供者是否从网络用户提供的作品中直接获得了经济利益。对此，《审理侵害信息网络传播权民事纠纷案件适用法律规定》第11条明确规定："网络服务提供者从网络用户提供的作品、表演、录音录像制品中直接获得经济利益的，人民法院应当认定其对该网络用户侵害信息网络传播权的行为负有较高的注意义务。网络服务提供者针对特定作品、表演、录音录像制品投放广告获取收益，或者获取与其传播的作品、表演、录音录像制品存在其他特定联系的经济利益，应当认定为前款规定的直接获得经济利益。网络服务提供者因提供网络服务而收取一般性广告费、服务费等，不属于本款规定的情形。"

对于上述规定，笔者认为，由于网络服务提供者从网络用户提供的作品、表演、录音录像制品中获取了直接经济利益，这说明网络服务提供者在其网络平台为用户提供作品的行为具有商业目的。本着权利与义务一致的原则以及利益平衡的考虑,网络服务提供者对于用户提供相关作品、表演和录音录像制品侵害信息网络传播权的行为显然具有较高的注意义务。这里的直接经济利益,既可以表现为网络服务提供者针对特定作品、表演和录音录像制品获取广告利益,也可以表现为与相关作品、表演和录音录像制品之间存在特定的经济联系。[1]上述规定还特别明确了网络服务提供者因提供网络服务而收取的一般性广告费、服务费等不属于直接经济利益。结合前面笔者对于网络服务提供者的分类也可以看出,仅提供技术服务的网络服务提供者存在的注意义务比提供内容服务的网络服务提供者的要低。

如前所述,网络服务提供者可以根据提供服务的内容进行分类。《审理侵害信息网络传播权民事纠纷案件适用法律规定》将网络服务提供者分为仅提供服务尤其是技术服务的网络服务提供者以及提供内容的网络服务提供者。就提供服务而言,其又可以进行更加细致的分类。例如,提供信息搜索服务的网络服务提供者(最有代表性的如百度、搜狗、谷歌等)和提供信息存储空间服务的网络服务提供者。这些提供服务的网络服务提供者的平台中存在大量受著作权保护的作品,如果这些作品是其网络用户在其网络平台中未经著作权人许可而提供的,除了网络用户应承担侵害著作权的直接侵权法律责任,提供网络服务的这些网络服务提供者是否也应承担侵害著作权的法律责任,是当前信息网络环境下著作权侵权及其法律责任研究的重大课题。在这方面,近些年来国内外也有相当多的研究成果。[2]有关网络环境下著作权保护的法律规范也将上述问题作为规范的重点。例如,《信息网络传播权保护条例》规定的很多内容就是对网络服务提供者行为的规范,包括网络服务提供者侵权行为及其表现、著作权侵权赔偿责任的豁免、避风港原则等,其中第20条至第23条规定就涉及上述网络服务提供者侵权损害赔偿责任的豁免问题。研究这些规定的共同特点可以发现,除了网络服务提供者是否从相关行为中获取直接经济利益这一条件,基于其提供网络服务特别是技术服务的特

---

〔1〕 参见北京知识产权法院(2017)京 73 民终 1951 号民事判决书(侵害信息网络传播权纠纷案)。

〔2〕 参见宁园:《网络服务提供者著作权侵权中的双重注意义务》,载《重庆大学学报(社会科学版)》2020 年第 5 期。

点和功能，[1] 也可以判断这些网络服务提供者是否明知或者应知其平台中的网络用户存在侵害信息网络传播权的行为。

为规范网络环境下网络服务提供者提供网络服务的行为，《审理侵害信息网络传播权民事纠纷案件适用法律规定》对网络服务提供者对于网络用户在其网络平台侵害信息网络传播权的行为是否存在主观上的过错，特别是是否具有应知的情节作了明确的指引和规定，对此前面已经作了一部分探讨。该司法解释第 12 条对于提供信息存储空间服务的网络服务提供者是否存在应知的过错也作出了规定："有下列情形之一的，人民法院可以根据案件具体情况，认定提供信息存储空间服务的网络服务提供者应知网络用户侵害信息网络传播权：（一）将热播影视作品等置于首页或者其他主要页面等能够为网络服务提供者明显感知的位置的；（二）对热播影视作品等的主题、内容主动进行选择、编辑、整理、推荐，或者为其设立专门的排行榜的；（三）其他可以明显感知相关作品、表演、录音录像制品为未经许可提供，仍未采取合理措施的情形。"

笔者认为，上面列举的三种行为，在未经著作权人许可的前提下，一般可以认定提供信息存储空间服务的网络服务提供者应知网络用户侵害信息网络传播权。这是因为，该网络服务提供者通过自身主动的行为，将享有著作权的作品在其网络平台中向社会公众展示，这些行为具有为网络用户进一步传播和利用这些作品提供帮助和引诱的作用，因此在法律性质上可以认定为构成了帮助侵权、引诱侵权。

当然，还必须指出的是，上述网络服务提供者的分类只是一个基本的划分。随着当前信息网络技术及其产业的迅猛发展，人们对网络平台提供服务和获取服务的内容也有更多的要求。在这种情况下，网络服务提供者有可能会提供综合性服务。如人们耳熟能详的"百度"，除了提供基本的搜索服务，其还存在相关的提供内容的网络平台，如百度百科、百度文库。在著作权保护实践中，需要根据个案确定其提供网络服务的性质，而不能笼统地将其定位为仅提供网络搜索服务的网络服务提供者。例如，在百度文库涉及相关著作权侵权纠纷案件中，法院就没有简单地将其定位为仅提供搜索服务的网络

---

[1] 参见新疆生产建设兵团第六师中级人民法院（2023）兵 06 民初 4 号民事判决书（技术服务合同纠纷案）。

服务提供者。原因在于，百度文库中包含的内容很多都是受著作权保护的作品。由于该网络平台提供的服务具有商业性，如果这些作品没有获得著作权人的许可，其就存在侵害著作权的风险。还值得注意的是，有的网络服务提供者从事将他人享有著作权的作品特别是在期刊上发表的论文通过其网络平台进行贩卖的行为，这种行为如果没有经过著作权人的许可，也没有向著作权人支付报酬，就应当构成侵害著作权的行为。在笔者看来，这种网络平台就是典型的提供内容的网络服务提供者。对于提供内容的网络服务提供者而言，在其网络平台中提供他人享有著作权的作品，如果未取得该著作权人的许可，也没有向该著作权人支付报酬，必然会构成侵害著作权的行为。进言之，如果未取得该著作权人的许可，即便在事后表示愿意或者已经向著作权人支付报酬，也同样会构成侵害著作权的行为。事后向著作权人支付报酬，并不能视为取得著作权人许可，这是著作权作为一种具有独占性的专有权利所决定的。

五、短视频著作权侵权纠纷的解决：以司法保护为最终手段的多元纠纷解决机制

从前面的研究可知，短视频作为信息网络时代的新生事物，从著作权法原理和保护的角度来说，其符合著作权法作品的构成要件，本身可以受到著作权保护。但同时，由于短视频制作的多元化以及其在很大程度上依赖于现有享有著作权的作品，其在制作和传播中侵害著作权的风险较高。随着信息网络技术的迅猛发展，人们的生活和工作方式也产生了极大的变化。在当前信息爆炸的时代，人们越来越依赖于通过信息网络平台接触和获取相关知识与信息，并且希望在较短的时间内获取较为丰富的知识和信息。短视频就是在这样全新的环境下诞生的。短视频制作投入的成本较低，并且对于创作的要求也较低，这一特点使得近几年来短视频的数量飙升，围绕短视频产生的著作权侵权纠纷数量也不断增加。

对于包括著作权在内的各类民商事纠纷而言，传统的解决途径当然是向人民法院提起诉讼，通过司法保护的途径加以解决。然而，仅就知识产权案件而言，近些年来随着我国知识产权事业的发展，不仅人们的知识产权意识不断提升，知识产权在当代经济社会生活中的地位也日益提高，企业等市场经济主体也开始利用知识产权获取市场竞争优势。这些情况导致近些年来我国知识产权纠纷案件数量同样日益上升。与此相对的是，近些年来我国人民法院审判体制进行了重大改革，其中一个重要方面就是实行法官员额制。法官员额制的改革不仅使法官的数量没有随着知识产权案件数量的上升而相应增长，还造成了一部分法官向非司法领域流失。也就是说，在短时期内通过增加法官数量应对日益增加的知识产权诉讼案件不具有可行性。

就这里所探讨的短视频著作权侵权纠纷案件而言，在当前我国人民法院知识产权法官审理案件面临巨大压力的背景下，这些著作权纠纷案件如果大部分都通过诉讼途径加以解决是很困难的。不仅如此，很多短视频著作权侵权纠纷案件涉及的案件事实较为简单，主张的标的数额不大，并且为了促进短视频的正常传播，短视频著作权侵权案件的当事人双方都希望能够尽快解决纠纷，我国人民法院的两审终审制显然与快捷解决短视频著作权侵权纠纷的现实需求不相符。在上述背景下，如何采取有效的纠纷解决机制，以应对日益增加的短视频著作权侵权纠纷案件，是短视频著作权侵权问题研究中的重要问题。

关于短视频著作权侵权纠纷的解决，笔者在 2020 年针对短视频著作权侵权纠纷的社会治理机制开展了合作研究。以下将在已有观点基础之上进一步加以研究。

笔者主张，对于短视频著作权侵权纠纷案件的解决，应在以司法保护作为最终解决手段的基础上，引入多元纠纷解决机制这一理念和方式。这里首先需要对多元纠纷解决机制的概念和作用作出介绍。多元纠纷解决机制是民事诉讼法中的重要概念和研究对象，对于包括短视频著作权侵权纠纷在内的知识产权侵权纠纷解决而言，随着当前知识产权案件数量的上升，其也需要高度重视多元纠纷解决机制理念的引入和推广。[1]传统解决包括知识产权纠纷在内的各类纠纷主要是通过诉讼的途径，多元纠纷解决机制并不是否认司法保护的重要性，相反，多元纠纷解决机制仍然是以司法保护作为最主要的内容。这是因为，"司法最终解决"是纠纷案件处理的根本性原则。当前我国人民法院司法体制改革的重点是建立以审判为中心的司法体制机制，对知识

---

〔1〕 参见刘友华：《知识产权纠纷解决策略研究：一种博弈论视角》，载《知识产权》2012 年第 8 期。

产权纠纷案件而言，就是建立以知识产权审判为中心的司法体制机制。[1]因此，多元纠纷解决机制不是削弱知识产权诉讼在解决知识产权纠纷中的地位，而是在维护知识产权审判主导地位的前提之下，深入探讨如何推进和加强其他解决知识产权纠纷案件的手段与方式。

从纠纷解决的基本原理来说，解决包括短视频著作权侵权纠纷在内的知识产权侵权纠纷案件的方式和途径，可以简单地分为诉讼途径与诉讼以外的途径。其中，诉讼以外的途径包括和解、调解、仲裁等基本形式。从短视频著作权保护战略的角度来说，对于短视频著作权保护以及短视频著作权侵权纠纷的解决不完全限于事后救济，而应当包括事前如何建立有效地预防著作权侵权纠纷的机制。如果仅从事后救济的角度思考短视频著作权侵权纠纷的解决策略，将难以从根本上彻底解决当前日益增长的短视频著作权侵权纠纷案件。[2]这也是笔者在 2020 年的合作研究中主张通过"社会治理"的途径有效解决短视频著作权侵权纠纷案件的重要原因。[3]

鉴于当前短视频著作权侵权纠纷案件数量持续上升，并且有进一步增长的态势，要想从根本上解决短视频著作权侵权纠纷，不能习惯于惯常的事后救济的法律思维，而应当从版权保护战略的角度，将事前预防机制构建与事后纠纷有效解决相结合。只有这样，才能从源头上遏制短视频著作权侵权纠纷的发生，减少短视频著作权侵权纠纷案件的数量，从而使人们从耗费社会资源和司法资源的漩涡中摆脱出来。

短视频著作权侵权纠纷的事前预防机制的构建，本身是一个系统工程，不能仅靠某一手段加以实现。在此，笔者先提出事前预防机制的整体构想，以此为基础再提出具体的实施对策。

（一）短视频著作权侵权纠纷事前预防机制的整体思路与原则

构建短视频著作权侵权纠纷的事前预防机制的目的在于，尽量减少短视

---

〔1〕　参见钱海玲：《知识产权审判中的价值判断与选择》，载《法律适用》2013 年第 8 期。

〔2〕　参见甘肃省张掖市甘州区人民法院（2023）甘 0702 知民初 5 号民事判决书（著作权侵权纠纷案）。

〔3〕　参见冯晓青、许耀乘：《破解短视频版权治理困境：社会治理模式的引入与构建》，载《新闻与传播研究》2020 年第 10 期。另参见初萌：《全民创作时代短视频版权治理的困境和出路》，载《出版发行研究》2022 年第 5 期；李金宝、顾平平：《数字版权背景下短视频侵权困境及治理策略——基于短视频独创性视角》，载《编辑之友》2021 年第 11 期。

频著作权侵权行为，从而在源头上减少短视频著作权侵权纠纷的发生。只有在源头上加以控制，短视频著作权侵权纠纷案件才能从根本上得到有效的遏制。如何有效地减少短视频著作权侵权行为的发生，在整体思路上，笔者认为应当注重以下几点。

第一，短视频制作者在制作短视频的过程中应充分注意侵害著作权的问题，尽量避免在制作的短视频中侵害他人著作权。如果在网络平台传播的短视频本身存在侵害他人著作权的情况，就很容易引起著作权侵权纠纷。[1]

第二，短视频平台自身应构建著作权侵权的风险防范机制。短视频著作权侵权行为的发生在很大程度上与短视频平台有关，短视频平台不能独善其身，而需要通过构建合理的著作权侵权风险防范机制，避免或者减少著作权侵权行为的发生。

第三，构建短视频平台、著作权人和用户三者之间的良性互动合作关系。笔者认为，无论是短视频这类视听作品还是其他类型的作品，在信息网络空间的传播、利用，从著作权保护的角度来说，最重要的是建立相关利益主体之间的利益平衡的关系。这种利益平衡需要以授权许可作为基本的形式，在优化授权许可机制的基础之上建立短视频平台、著作权人和用户之间良好的合作关系。

从构建短视频著作权侵权事前预防机制的原则来说，以下几点值得重视。

第一，尊重和保护著作权的原则。毫无疑问，短视频著作权侵权事前预防机制需要以尊重和保护著作权作为前提和基础，因为尊重和保护著作权是著作权制度实施的最根本的内容。对于短视频著作权领域而言，其也不存在任何例外之处。基于此，无论是短视频制作还是短视频平台传播和利用短视频这类特殊的作品，都不能以损害著作权人对其作品享有的著作权为代价。如果相关措施和机制的构建在其他方面对短视频平台或者用户具有相应的价值，但对于著作权的维护不利，仍然不能认可该措施和机制的合法性与合理性。

第二，效率与程序简约原则。从效率原则来说，这一原则和著作权保护

---

[1] 参见北京知识产权法院（2021）京73民初1016号民事裁定书（侵害作品信息网络传播权及不正当竞争纠纷案）。

所追求的公平正义原则并不矛盾。[1]实际上，对著作权公平合理的保护本身也体现了效率原则。在当前人们追求精神和物质财富的时代，失去效率原则就很难说对著作权的保护具有充分的合理性和公平性。从理想的角度来说，应当构建公平与效率均衡的纠纷解决机制。效率原则要求短视频著作权侵权纠纷事前预防机制应当尽量节省成本，同时还能取得必要的收益，并且整体上获得的收益应当大于成本。就后面还需要继续探讨的短视频平台自身构建的过滤机制而言，短视频平台为了履行对侵权行为的注意义务，[2]依其自身平台的性质和作品在短视频平台传播的情况还有可能需要构建适当的过滤技术措施。[3]然而，这类过滤技术措施需要投入相当大的成本，同时也应当考虑其在实践中对于著作权侵权行为规制和遏制的力度与效果。应当避免的情况是，短视频平台采取了相关的过滤技术措施但效果不佳，或者监管能够取得一定的效果，但投入的成本过高，在经济上不合理。在这种情况下，从经济效率的角度来说，这种措施很难维持和推广。程序简约原则与效率原则十分相关，并且也十分重要。有效规制短视频著作权侵权行为需要构建一套事前预防和事后救济相结合的侵权规制机制。同时，考虑到短视频传播的快捷性，对于短视频纠纷的事前预防和事后救济，应当充分考虑其预防短视频著作权侵权纠纷的有效性，以及解决著作权侵权纠纷的及时性。

第三，可行性原则。构建短视频平台著作权侵权纠纷事前预防机制，旨在通过落实具体的措施，切实预防短视频平台中发生的著作权侵权行为。因此，这些事前预防措施和机制应当充分考虑可行性。为贯彻可行性原则，在事前预防机制构建方面，笔者认为，一方面，应当充分采用现代信息网络技术。"技术的问题最终需要技术解决"。对于随着信息网络技术发展应运而生的短视频平台著作权侵权纠纷，虽然法律手段可以有效解决，但是这并不排除为有效避免短视频平台著作权侵权纠纷的发生而采取有效的技术手段。因此，针对不同的信息网络平台采取相应的技术手段是必要的。另一方面，采取的技术手段应当符合前述原则，能够以合理的成本投入实现预防著作权侵

〔1〕　参见冯晓青：《知识产权制度的效率之维》，载《现代法学》2022年第4期。

〔2〕　参见谢惠加、何林翀：《算法推荐视角下短视频平台注意义务的完善》，载《中国出版》2022年第19期。

〔3〕　参见陶乾：《短视频平台"避风港规则"与过滤义务的适用场景》，载《中国出版》2022年第8期。

权的目的。

(二) 短视频著作权侵权纠纷事前预防机制的具体构建

短视频著作权侵权纠纷预防机制的构建应当多管齐下，单一措施可能难以收到实效。在笔者看来，应当通过完善立法与制度，强化事前预防风险意识，推动短视频平台技术措施的引进，明确短视频平台过滤义务以及建立著作权人、短视频平台和网络用户之间的交流合作机制等。以下将分别作出探讨。

1. 立法与制度完善

当前网络环境下出现了大量著作权纠纷，尽管其中短视频著作权侵权纠纷数量巨大，但也不过是整体网络环境下著作权侵权纠纷中的一部分而已。从当前我国涉及网络环境下著作权保护的法律规定来看，其侧重于事后救济，而不是事前预防，具有代表性的就是网络服务提供者的通知-删除规则。这一规则主要体现在我国《信息网络传播权保护条例》中，在《电子商务法》关于知识产权保护的规定中也有所引入。我国《民法典》对于通知-删除规则也作了适当的优化，增加了反通知的规定。通知-删除规则对于著作权侵权纠纷出现以后的解决固然具有合理性，但也应当看到该规则的适用存在越来越多的局限性。通知-删除规则应当进行适当的改造，特别是应当与著作权侵权纠纷的事前预防机制紧密结合。在这方面特别重要的是，应对不同利益主体的著作权侵权行为分配相应的注意义务，并规定相应的职责。前面所探讨的对网络服务提供者适当增加过滤义务就是很重要的举措。对此，笔者认为，以上的改造应当在《著作权法》或者《信息网络传播权保护条例》的进一步修改中加以明确。只有在法律上明确规定网络服务提供者对著作权侵权行为具有适当的注意义务，并规定在一定条件下应当履行过滤义务，才能在著作权保护实践中确保网络服务提供者能够采取合理的措施，预防著作权侵权行为的发生，并在著作权侵权行为发生以后能及时采取措施，防止侵权的蔓延和扩散。

2. 提高网络服务环境下著作权侵权纠纷的事前预防意识

从心理学的角度来说，意识是行为的先导，一个正常人在从事某种行为时都会受到某种动机的指引，而人们从事某种行为的动机与此前存在的某种意识是具有内在关联性的。只有提高网络环境下著作权侵权纠纷的事前预防意识，著作权人、网络服务提供者和网络用户才能及时有效地采取措施，预防著作权侵权行为的发生。为提高著作权侵权纠纷的事前预防意识，相关方首先需要用知识武装头脑，对网络环境下著作权的保护及著作权侵权行为的相关法律知识有基本了解，或者至少认识到在网络环境下未经著作权人许可，也没有法律特别规定的情况下，实施信息网络传播行为会侵害他人著作权。

3. 提高短视频平台等网络服务提供者的技术措施保护水平，明确落实网络服务提供者对其网络平台中侵害著作权作品的过滤义务

从技术措施的角度来说，技术措施本身并不是受著作权保护的作品，但在著作权保护实践中引入技术措施，并对技术措施进行有效保护，能够为著作权提供安全保障，有效防止网络平台中侵害著作权行为的发生。从法律救济的角度来说，技术措施反映了网络服务提供者等市场经济主体采取技术的手段进行自力救济的法律保护形式。[1]技术措施的设置本身受到我国《著作权法》和《信息网络传播权保护条例》的保护。在 2020 年 11 月 11 日第三次修改后的现行《著作权法》中，其对技术措施和权利管理信息的保护作了进一步规定，实质上提高了技术措施和权利管理信息的保护水平。当然，基于著作权保护的利益平衡原则以及维护社会公共利益的需要，[2]对技术措施的法律保护也作了更多的限制性规定，这是对现行《信息网络传播权保护条例》关于技术措施保护限制的进一步完善。根据著作权法规定和司法实践，技术措施的保护应当合法、有效。如果技术措施的设置本身不符合法律的规定，或者在正常情况下不能发挥应有的效果，其就不能受到法律的保护。此外，技术措施也不能被滥用，滥用技术措施的行为不能受到法律保护。上述相关情况在司法实践中都有典型案例发生。[3]

从网络服务提供者著作权侵权纠纷事先预防机制构建的角度而言，采取预防侵害著作权发生的技术措施十分重要。这种技术措施的设置和保护，除了上面所谈到的合法、有效以及不得滥用，在笔者看来还应当注意不能侵害

---

〔1〕 参见李晓阳：《重塑技术措施的保护——从技术措施保护的分类谈起》，载《知识产权》2019 年第 2 期。

〔2〕 Twentieth Century Music Corp. v. Aiken, 422 U. S. 151 (1975); Golan v. Holder, 565 U. S. 302 (2012).

〔3〕 参见北京知识产权法院（2021）京 73 民初 1016 号民事裁定书（侵害作品信息网络传播权及不正当竞争纠纷案）；山东省青岛市中级人民法院（2021）鲁 02 行保 1 号民事裁定书（申请诉前行为保全案）。

社会公众享有的在通常情况下合理使用享有著作权作品的权利和自由。在网络环境下著作权法保护理论中，如何协调技术措施的有效保护与维护公众合理使用的权利是一对矛盾。原因在于，在技术措施的保护下，人们正常接近享有著作权作品进行合理使用的权利受到了限制。也就是说，在正常情况下，人们可以通过合理使用的方式接近和使用享有著作权的作品，而这些作品一旦通过技术措施加以保护，社会公众则不能通过正常途径加以使用。当然，我国《著作权法》这次修改中已对技术措施的保护增加了包括合理使用在内的限制性措施，只是这些措施如何在实践中加以落实，增加其可操作性，仍然是值得探讨的问题。

关于包括短视频平台在内的网络提供服务者（或称为网络平台）对其用户提供作品涉嫌侵害信息网络传播权的行为是否应当承担过滤义务，我国现行《著作权法》和相关司法解释没有作出明确规定，在著作权法学术与实务研究中也关注较少。然而，随着信息网络技术的发展，对于信息网络空间存在的侵害信息网络传播权等著作权的行为，人们渐渐发现我国现有法律借鉴与采用的通知-删除规则具有明显的局限性，有学者开始关注信息网络平台的过滤义务。笔者对这一问题在前面已有所研究，认为这一问题的解决对当前越来越多的网络著作权侵权纠纷案件的解决具有十分重要的作用，建议考虑适当引进并赋予网络平台过滤义务。[1]具体而言，笔者认为有必要赋予网络服务提供者对其平台中侵害他人著作权作品的过滤义务，主要是基于以下几个方面的考虑。

第一，如前所述，随着当前信息网络技术的发展，包括短视频在内的著作权侵权纠纷案件的数量增加，这种情况成为困扰当前网络环境下著作权保护的重要因素。如何破解网络环境下著作权纠纷案件数量增长的现象，并有效解决这些日益增多的纠纷案件，应当是当前我国网络著作权保护中最重要的问题之一。这些不断增长的网络著作权纠纷，如果不能得到及时和有效的解决，就不利于有效维护著作权人和相关当事人的合法权益，不利于网络产业的健康发展，也不利于维护社会关系的稳定。

当前对于网络环境下著作权纠纷的解决，主要还是依靠传统的行政执法

---

〔1〕 参见田小军、郭雨笛：《设定平台版权过滤义务视角下的短视频平台版权治理研究》，载《出版发行研究》2019 年第 3 期。

和司法保护两种途径以及相关的调解、仲裁等手段。现有的解决纠纷的手段和人、财、物资源远远不能适应及时有效解决日益增多的网络环境下著作权侵权纠纷案件[1]的需要。这些纠纷解决手段都是事后解决机制，如后面所探讨的，其固然具有十分重要的意义，但要想有效解决包括短视频在内的信息网络环境下的日益增多的著作权侵权纠纷，必须实行事前预防机制和事后解决机制双管齐下的策略。故这里首先涉及如何认识网络环境下对侵权的有效制止的策略问题。

传统观念过于强调法律的事后救济，实际上，如果能够建立一定的法律保障机制，建立体系化的事前预防机制，就能从源头上大大减少网络环境下侵害著作权纠纷的发生。如同笔者所长期研究的企业知识产权战略管理等问题一样，对于企业知识产权问题存在事前、事中和事后的管理环节，为有效防止企业知识产权风险的发生，应当建立企业知识产权风险预防机制，而不是等到出现知识产权侵权后再考虑采取何种措施加以解决。企业知识产权战略应当具有未雨绸缪、高瞻远瞩的定位和高度，这样才能保证企业知识产权相关活动有序推进和进行，并在全过程中得到有效的管控。包括短视频在内的信息网络环境下著作权侵权纠纷的规制具有相同的原理。简单地说，笔者认为应当在网络环境下著作权侵权纠纷的解决中引入战略思维，侧重于事前的有效布局，采取有效的措施予以管控，而不是或者主要不是寄希望于在发生著作权侵权纠纷后采取有效的措施及时予以解决。当然，这里并不是否认网络环境下著作权侵权纠纷发生后采取有效解决措施的必要性和重要性，而是从包括短视频在内的网络环境下著作权侵权纠纷有效解决的整体战略方面加以考虑的。

基于以上讨论和思考，包括短视频在内的网络环境下著作权侵权纠纷的有效解决，应当高度重视事前预防机制的构建。规定一定条件下网络服务提供者对其网络平台中提供的作品是否侵害他人著作权具有过滤义务，实际上是一种事前预防侵害著作权的机制。履行这一义务，意味着网络服务提供者对其平台中的作品应当采取一定的技术手段和技术措施，防止其平台中侵害

---

[1]　参见殷少平：《论互联网环境下著作权保护的基本理念》，载《法律适用》2009 年第 12 期；浙江省高级人民法院课题组：《关于网络著作权侵权纠纷案件法律适用的调研》，载《法律适用》2009年第 12 期。

他人著作权现象的发生，并且在发生侵害著作权的现象以后能够及时采取有效的措施，如屏蔽、删除等。

这里需要从理论上对网络服务提供者对其网络平台中侵害他人著作权作品的注意义务与网络服务提供者的过滤义务的关系进一步加以理解。关于网络服务提供者的相关注意义务前面已有所探讨，其和这里所探讨的过滤义务有所不同。注意义务主要是认定网络服务提供者是否存在主观上过错的一个重要概念和标准，侧重于网络服务提供者对网络平台中存在侵害他人著作权的作品等客体的一种主观状态的认知。过滤义务则侧重于法律赋予网络服务提供者对其网络平台中存在侵害他人著作权的作品（从广义上来说还包括侵害邻接权的表演、录音录像制品和广播电视）通过过滤的技术手段加以排除的一种职责。可以认为，履行过滤义务是网络服务提供者承担了注意义务的具体表现形式之一。例如，在某网络服务提供者因其网络平台提供侵害著作权的作品而被提起诉讼的著作权侵权纠纷案件中，该网络服务提供者提出其采取了有效的技术措施和手段过滤相关涉嫌侵害著作权的作品，尽管其因技术手段和措施的局限性而没有过滤掉涉案作品，但仍然表明其履行了相应的注意义务。在这种情况下，法院就可能认为该网络服务提供者不存在主观上的过错。当然，在个案中网络服务提供者是否存在主观上的过错还需要结合其他的案件事实综合加以认定。

第二，现有技术发展水平和技术手段使网络服务提供者对其网络平台中存在的用户侵害他人著作权的行为具有一定侦测能力，并且这种能力在不断提升。

当前，随着信息网络技术的迅猛发展，包括短视频在内的网络环境下各类作品的侵权行为愈演愈烈。各类新型侵权行为频出，在很大程度上阻碍了人民法院及时而有效地解决不断增长的著作权侵权纠纷。解决网络环境下日益增长的包括短视频著作权侵权纠纷在内的形形色色的著作权侵权纠纷，必须借助于"技术加法律"的手段。[1]

其中，通过法律手段规制网络环境下著作权侵权行为是毫无疑问的。以网络环境下著作权的法律保护为例，著作权法和相关法律作为调整以作品为基础的、以权利和义务为内容的社会关系的法律规范，能够明确网络环境下

---

[1] 参见周书环：《我国短视频著作权纠纷的现状、问题及其完善建议——兼评近两年的司法案例》，载《大连理工大学学报（社会科学版）》2021年第4期。

不同利益主体的权利义务及其相互关系，规范网络环境下这些不同利益主体的行为，并且能够通过具有国家强制力的法律制裁手段有力地预防和遏制著作权侵权行为。随着技术的发展，信息网络平台出现了大量新型、疑难的著作权侵权行为，对现有著作权相关法律制度提出了严峻挑战。现行法律的滞后性使其在与技术互动的关系中总是呈现出一定的事后救济和被动保护的特点。实际上，随着近些年来网络技术及其产业发展的不断升级，著作权侵权行为的技术性和复杂性也在不断变化之中。

在笔者看来，无论技术如何发展，著作权法的基本原理和制度都能与之相适应。这是因为，著作权法律制度本身是科学技术与商品经济发展的产物，著作权被视为印刷出版之子，著作权的内容也会随着技术的发展而不断丰富。著作权法律制度立足于对作者和其他著作权人作品享有的专有权的保护，在此基础上协调作者、传播者和使用者的利益关系，注重著作权人利益和社会公共利益的平衡。其最终目标是激励创新，促进科学文化事业的发展与繁荣。这些基本原理，不会因为技术的发展而改变。当然，技术的发展也会对著作权制度提出挑战，并对现行著作权法律制度的实施产生重大影响。应当说，这种挑战和影响在模拟时代的程度相对较小，在当前日益发达的信息网络时代则产生了巨大变化。这是因为，当前信息网络技术的发展对著作权法律制度所保护的作品本身以及作品的传播和利用都产生了深刻的影响。这种影响是全方位的，其不仅体现为作品的创作方式和形式的变化，也体现为作品的存储、传播媒介与形式以及作品利用的方式等的变化。其中最重要的是作品以数字化形式存储和传播，这与传统环境下以有形的载体的形式存在颇为不同，具有隐蔽性和快捷性。

从著作权保护的角度而言，信息网络技术的迅猛发展，无论是对于著作权人还是对于著作权侵权行为的影响都是深刻的。对于著作权人而言，通过信息网络平台能够传播其作品，实现其作品的经济社会价值，同时其也可以通过信息网络平台提升作品的影响力和社会声誉。不过，从哲学的观点看，事物都具有两面性。信息网络技术的迅猛发展，在便利著作权人实现其著作权的同时，也为侵害著作权行为提供了土壤和极大的生存空间。根据近年来我国网络环境下著作权侵权案件纠纷情况的统计，当前我国著作权侵权案件中网络著作权侵权案件占比很大，并且其比例还有不断上升之势。

为应对日益增长的著作权侵权纠纷，法律手段无疑是常态的和最重要的手段。[1]近些年来，我国网络著作权保护制度也在不断完善，如在 2020 年第三次修改以后的现行《著作权法》中新增了广播组织的信息网络传播权，扩大了技术措施和权利管理信息的保护范围，同时对相关权利的保护与权利限制的规定作出了修改。然而，在笔者看来，一方面，《著作权法》的修改涉及网络著作权保护的内容很少。在这次《著作权法》修改中，如何完善网络著作权保护[2]制度是其重要内容之一，但最终修改后的《著作权法》针对网络著作权保护的内容整体上维持原状。另一方面，还应当看到《著作权法》第三次修改的时间非常漫长。在长达多年的《著作权法》修改过程中，信息网络环境下的著作权保护和侵权也出现了很多新的特点，在某种意义上可能会出现法律刚刚修改，实施就出现了一定滞后性的情况。基于这些考虑，对于信息网络环境下著作权保护问题，完善法律制度显然十分重要，且要本着"技术问题要通过技术手段加以解决"的基本理念和原理。正如最高人民法院所指出的，与通过创新的方式保护创新成果（知识产权）一样，在构建网络环境下包括短视频在内的著作权保护体制机制中，需要立足于著作权保护制度的完善，同时充分利用技术手段。

本书所探讨的通过在法律上赋予信息网络平台过滤义务，强化网络服务提供者对其网络平台用户侵害信息网络传播权行为的事前监测的职责和义务，就是充分利用技术手段解决日益增长的短视频以及其他作品著作权侵权纠纷的有效手段。毫无疑问，上述"技术加法律"的手段是相辅相成的，要求网络服务提供者通过技术手段和措施对其信息网络平台可能侵害他人著作权的作品进行过滤，首先需要在法律上予以规定。

第三，引入事前预防机制，特别是规定网络平台在一定范围内和条件下对其网络平台中用户侵害信息网络传播权的作品的过滤义务，也是因为当前以通知-删除这一避风港原则为基础的事后法律救济原则的适用存在越来越多的局限性，必须构建在技术条件允许时的事前救济机制。

关于网络服务提供者通知-删除这一避风港原则的内涵，前面作了一定的探讨，这里需要结合网络服务提供者事前过滤义务以及构建事前预防风险机

---

〔1〕 参见吉林省高级人民法院（2023）吉民终 127 号民事判决书（知识产权与竞争纠纷案）；重庆市第一中级人民法院（2022）渝 01 民初 3538 号民事判决书（不正当竞争纠纷案）。

〔2〕 参见刘双阳：《论侵犯网络著作权犯罪司法认定的刑民衔接》，载《法学》2023 年第 8 期。

制这一视角进行进一步研究。

众所周知，通知-删除这一避风港原则，最早来自 1998 年美国《千禧年数字版权法》（DMCA）的相关规定。应当说，这一原则的出现，有其特定历史条件和原因。在 20 年前，信息网络技术的发展方兴未艾，著作权侵权纠纷的数量和复杂程度远不如现在。特别是在早期信息网络环境下，著作权侵权更多的是用户的直接侵权行为。随着信息网络技术及其相关产业的发展，网络服务提供者开始承担越来越多的预防和制止著作权侵权纠纷的任务和职责，对于网络服务提供者和网络平台出现的用户侵害他人著作权的行为，就网络环境下著作权的保护体制机制而言，其情况的复杂程度远胜于网络用户直接侵害他人著作权的行为。这是因为，此时涉及网络服务提供者、著作权人以及网络用户三者之间复杂的利益关系，网络服务提供者对其网络平台存在的著作权人指控侵害其著作权的作品，由于著作权侵权界定的难度较大，甚至包括被控侵权人指控著作权人存在权利滥用（例如恶意投诉）等方面问题，适用通知-删除规则存在相当大的复杂性。如果将通知-删除规则简单地适用到所有的知识产权类型，特别是技术类型的专利权纠纷案件中，可能会存在更复杂的情况。值得注意的是，在《专利法》第四次修改过程中，曾有相关修改版本明确规定了网络服务提供者对其网络平台存在的涉嫌侵害专利权的行为适用通知-删除规则的规定，但现行《专利法》删除了这一规定。当然，这并不意味着在网络环境下对专利权的保护中通知-删除规则再没有适用的空间。这是因为我国现行其他相关法律仍然肯定了通知-删除规则，并且将其适用到了所有的知识产权类型。例如，《电子商务法》第 41 条至第 45 条的相关规定涉及的就是一般意义上的知识产权，而并不限于著作权这一知识产权类型。如前所述，我国 2021 年 1 月 1 日实施的《民法典》也肯定了通知-删除规则，并且适当增加了反通知的相关内容。

在当前信息网络环境下，对于知识产权侵权行为的处理，通知-删除规则仍然具有重要的适用基础和意义。[1]然而，必须进一步看到的是，这一规则的适用仍存在较多的局限性。在笔者看来，其尤其体现在以下几方面。

第一，适用通知-删除规则的程序条件相对复杂。根据《电子商务法》和

---

[1] 参见陕西省西安市中级人民法院（2023）陕 01 知民终 113 号民事判决书（侵害商标权纠纷案）。

其他相关法律规范的规定，权利人提出通知需要准备相关文件，其通知才是合格的。这一要求本质上没有问题，但对于通知形式的要求不应过于严格。同时，对于大型的维权主体，如腾讯、阿里巴巴、华为、小米等，其存在大量需要通过网络平台维护权益的事件，针对其在信息网络环境下的大量维权行为，对于通知-删除规则通知文件的准备和要求，是否可以给予绿色通道以加快维权程序的推进，值得研究。

第二，通知-删除规则在实践中被滥用的问题。据笔者出席的由中国知识产权研究会举办，国家市场监督管理总局、国家知识产权局以及华为、小米、鄂尔多斯等单位参加的关于电商平台领域知识产权行政执法机制研讨会上提供的信息，当前信息网络平台恶意投诉案件占全部投诉案件数量的30%。应当说，这一数量是触目惊心的。恶意投诉行为本身是违法行为，其对被恶意投诉的市场经济主体的合法利益和相关消费者的利益造成了巨大损害。如何有效规制恶意投诉行为，是当前电商平台知识产权保护中值得重视的另外一个重要问题。在会议中，相关专家学者提出了有益的对策。例如，北京大学法学院副院长薛军教授指出，一方面可以考虑对投诉行为增加一定经济成本，在一定程度上遏制恶意投诉行为；另一方面需要考虑对恶意投诉行为的法律制裁。在笔者看来，规制恶意投诉行为需要完善法律制度，例如，明确恶意投诉的概念和恶意投诉行为的界定，并完善有关恶意投诉法律责任的规定。总的来说，应当让恶意投诉者为此付出代价，以此威慑和有效预防恶意投诉行为。

第三，通知-删除规则的适用作为事后法律救济，在面对信息网络技术发展条件下海量的包括著作权在内的知识产权纠纷时在效率上不占优势。在上述研讨会中，笔者特别分析了网络环境下知识产权保护的特点和要求，尤其是基于纠纷案件通常标的不大，而且都需要尽快加以解决的现状，如何建立针对著作权侵权行为的快速、简便的纠纷解决机制，是当前信息网络环境下知识产权保护十分重要的内容。[1]

---

[1] 参见广东省深圳市中级人民法院（2023）粤03民终4897号民事判决书（不正当竞争纠纷案）；北京市丰台区人民法院（2021）京0106民初27589号民事判决书（不正当竞争纠纷案）；北京知识产权法院（2021）京73民终3409号民事判决书（不正当竞争纠纷案）；广东省高级人民法院（2022）粤民终4541号民事判决书（不正当竞争纠纷案）。

　　信息网络技术的迅猛发展，为网络环境下短视频等网络平台履行过滤义务提供了技术上的保障。然而，从法律的制度安排与设计而言，赋予这类义务必须满足一定条件，而不是对于所有信息网络平台在所有条件下都赋予这一过滤义务。这是因为，不同的网络服务提供者提供的内容不同，并且其侦测网络平台内发生的侵害著作权行为的能力与手段也不同。因此，还需要继续探讨的是，在何种条件下信息网络平台应当履行过滤义务。

　　对此，笔者认为，提供内容服务的网络服务提供者相较于仅提供技术服务的网络服务提供者，对其网络平台中侵害著作权的作品应赋予更高的过滤义务。无论是提供技术服务的网络服务提供者，还是提供内容服务的网络服务提供者，赋予网络服务提供者过滤义务的基本条件可以是：其一，该网络服务提供者能够通过一定技术手段和措施，主动侦查在其网络平台中可能发生的侵害著作权的作品、表演、录音录像制品和广播电视。由于信息网络技术发展具有动态性，随着信息网络技术的发展，著作权侵权行为的表现形式和手段也在不断变化。网络服务提供者为履行过滤义务而采取的技术手段与措施，也应在不断升级和发展中，否则原有的技术手段和措施就会显得过时。其二，网络服务提供者履行过滤义务，不仅在技术上具有可行性，而且在经济上能够接受。毫无疑问，网络服务提供者为了履行过滤义务，需要投入一定的成本。与网络服务提供者开展网络服务所获得的收益相比，这种成本在经济上应当是合理的。网络服务提供者如果为了履行过滤义务而投入相当大的成本，使其无利可图或者获利甚少，也会在一定程度上削弱网络服务提供者履行过滤义务的动机。应当说，在当前经济技术条件下，之所以法律没有规定所有网络服务提供者都应当履行过滤义务，也是因为网络服务提供者普遍履行这一义务在经济上是不可行的。

　　就网络平台著作权侵权纠纷的事前预防机制的构建而言，网络服务提供者对其平台中存在的侵害著作权的作品的过滤义务将随着技术的发展而逐渐在法律上加以明确。[1]

　　此处需要进一步探讨的是，如何建立信息网络平台著作权侵权事前预防机制中的多方合作机制。

---

　　〔1〕　关于版权过滤的司法实践，北京知识产权法院（2021）京73民初1016号民事裁定书（侵害作品信息网络传播权及不正当竞争纠纷案）中平台方已经作出类似于过滤的承诺函，可供参考。

这里需要就多方合作机制的基本概念与内涵作出介绍。多方合作机制意味着在解决包括短视频著作权侵权在内的各式各样的信息网络平台著作权侵权问题时，需要多管齐下，采取法律、技术、经济、行政等多种手段，由著作权人、网络服务提供者、用户等多方主体参与，并且引入社会治理机制。由于包括短视频平台在内的网络平台是连接著作权人、网络服务提供者、网络平台内经营者、用户等多种主体的平台，在网络平台运行中会涉及这些不同主体的利益关系，并且在很多情况下容易引起利益冲突和矛盾。多方合作机制的构建则意味着互利共赢，能够调动各方面的资源，协同管理，使网络环境下著作权的保护取得更好的效果。[1]

笔者认为，网络环境下著作权侵权事前预防机制中的多方合作机制的构建与运行应当遵守以下基本原则与思路。

第一，应以充分尊重和保护著作权为基本原则和理念，以利益平衡作为基本指导思想。作为网络环境下著作权侵权事前预防机制中的重要内容和重要环节，多方合作机制的构建与运行同样要以尊重和保护著作权为基本原则与理念。这是因为，我国著作权制度的建构和运行，都是以充分尊重和保护著作权为基础的。离开对著作权人的充分尊重和保护，将无法实现著作权法激励创作、促进优秀作品传播与利用、繁荣科学文化事业的立法宗旨。因此，在合作机制中，无论采取何种手段，都不能以牺牲或者损害著作权人的利益为代价。同时，基于利益平衡是我国著作权立法、司法保护和行政执法的方法论和基本原则，以及网络环境下著作权保护中涉及多方利益主体的现实情况，多方合作机制的构建与运行，也应充分适用利益平衡原则。作为一种方法论，利益平衡原则为建构著作权保护机制和有效处理著作权侵权纠纷提供了重要的理论指引。利益平衡原则强调在著作权保护中著作权人利益和社会公共利益之间的平衡、著作权保护和著作权限制的平衡、著作权保护中的专有领域与公共领域的平衡以及公平与效率的均衡等。在网络环境下著作权侵权事前预防机制构建中，多方合作机制的构建和运行，尤其应当重视利益平衡原则，防止相关制度和措施的适用过分偏向于某一方的利益而损害其他相关

---

[1] 冯晓青、许耀乘：《破解短视频版权治理困境：社会治理模式的引入与构建》，载《新闻与传播研究》2020 年第 10 期。

当事人的利益。[1]当然，利益平衡也具有动态性，这一原则与特定经济社会条件和技术发展水平相适应。因此，在多方合作机制中运用利益平衡原则，也应当注意适时调整相关利益主体之间的利益关系。

第二，搭建信息共享与交流机制。当前，我国社会处于信息社会化和社会信息化的状态，信息的共享与交流是保证信息自由、实现人的全面发展的重要基础，也是人们参与社会生活、进行社会交往的基本形式。特别是在当前的信息网络环境之下，信息的共享和交流就变得更加重要。就包括短视频在内的著作权侵权事前预防机制中的多方合作机制的构建而言，不同的主体在履行著作权保护义务、有效制止著作权侵权行为方面，信息共享与交流同样具有十分重要的意义。这是因为，在网络环境下，著作权侵权具有隐秘性、技术性和复杂性，为有效地发现、侦测和制止著作权侵权行为，相关主体之间应当保持信息的沟通和联络，以便充分利用有限资源，采取联动的方式及时制止侵权。实际上，2019 年中共中央办公厅和国务院办公厅联合发布的《关于强化知识产权保护的意见》中就明确提出了应当建构全国范围内的知识产权侵权信息网络侦测平台，并加强知识产权基础设施的信息化建设。[2]

加强短视频平台中相关主体之间的合作，构建著作权人、短视频平台、用户之间的利益平衡机制也是十分重要的措施和对策。短视频平台中包含不同的利益主体。就短视频平台本身而言，其内部存在短视频平台的开发者、所有者以及平台经营者等不同主体。短视频平台在开放、运营以后，针对著作权侵权问题而言，其主要涉及著作权人、短视频平台经营者以及用户之间的法律关系。从享有著作权的作品的合法使用的角度来说，短视频平台传播的作品不得侵害他人享有的著作权，用户通过短视频平台提供播放的作品也不能侵害他人的著作权。协调短视频中这些不同利益主体之间利益关系，最重要的是建立一种合作共赢的机制。这种机制以尊重作者或者其他著作权人对其作品享有的著作权为前提，以促进作品的传播和利用为基本目的。为此，笔者提出以下建议和对策。

第一，短视频平台本身应当建立著作权授权和著作权侵权防范机制。如

---

〔1〕 参见冯晓青：《网络环境下的著作权保护、限制及其利益平衡》，载《社会科学》2006 年第 11 期。

〔2〕 冯晓青：《知识产权保护论》，中国政法大学出版社 2022 年版，第 240—244 页。

前所述，从短视频平台传播的作品的制作情况来看，这类作品的创作具有特殊性，在很多情况下需要利用在先的享有著作权的作品，侵犯他人著作权的风险较高，实践中围绕短视频引发的著作权侵权纠纷案件数量不断上升就是体现。显然，短视频涉及的著作权侵权一般都是未经著作权人许可而产生的，因此，建立短视频平台中的著作权授权许可机制十分重要。

著作权是一种由作者或者其他著作权人享有的专有权利。著作权既可以由著作权人本人行使，也可以以转让、许可他人行使的方式实现。由于转让著作权涉及所有权的转移，在现实中更多的情况是通过许可的方式行使著作权。通常，短视频的制作具有一定的时效性，并且同一部短视频的制作涉及的作品可能较多，按照通常的著作权许可使用方式获得著作权人许可可能不符合短视频对快捷和效率的要求。因此，对于短视频制作中的许可使用他人享有著作权的作品问题，应当基于这一类作品创作的特殊性进行专门的研究和探讨，提出适用于不同类型短视频制作的授权许可模式和方式。

就短视频平台建构的著作权侵权预防机制而言，除了前面所详细探讨的引入适当的事前过滤机制，还应当建立一整套日常侵权预防机制，及时有效地防止侵害著作权行为的发生。笔者认为，这种侵权预防机制的构建应当重视以下方面：①短视频制作者和平台经营者应当具有较高的著作权侵权风险防范意识；②短视频平台根据自身的个性化特征、受众对象以及短视频播放作品的特点，建立与其自身注意义务相适应的技术手段，包括前面所探讨的引入适当的过滤机制；③建立信息网络环境下发现著作权侵权的侦测系统；④建立网络平台下著作权侵权相关信息的交流机制；⑤建立信息网络环境下短视频平台、著作权人和用户之间信任机制等。

第二，建立和完善互联网环境下著作权集体管理制度。著作权集体管理制度是随着经济社会发展，使用作品的形式日益增多，而基于著作权人对其作品的使用难以控制或者难以行使权利这种情况而出现的一种促进著作权许可使用的模式。[1] 通常，著作权集体管理制度及其运行都是处于传统环境下的。在互联网环境下，由于作品传播的快捷性和便利性，著作权集体管理制度面临变革。然而，现行《著作权法》对于著作权集体管理制度的规范难以适应这种变革。著作权集体管理制度变革的关键在于授权许可模式的改革，

―――――――――――

〔1〕 参见张洪波：《我国著作权集体管理制度的建立与发展》，载《中国出版》2020 年第 21 期。

即在以促进作品传播和利用、提高作品使用效率为基本目的，以更好地促进作品的许可使用，促进享有著作权的作品的经济社会价值的实现为最终目的的基础上进行改革。在信息网络环境下，构建和完善著作权集体管理制度，是当前我国著作权制度现代化的重要内容。为建立信息网络环境下的著作权集体管理制度，笔者认为应当对已发表作品在信息网络空间中的传播、转载问题进行深入研究，建立和完善在新型网络环境下著作权人、作品的传播者和使用者的新型授权许可关系，同时对相关的权利利用制度进行改革。信息网络环境下的作品法定许可制度以及相关的默示许可制度就值得研究。

第三，推进网络环境下著作权交易制度的建立。著作权交易，属于著作权利用的重要形式。信息网络环境下著作权交易的特点与传统环境下有所不同。在信息网络环境下，作品以数字化的形式存储和传播。传统环境下作品或者作品的复制品的复制发行是以转移作品原件或者复制件的有形载体为前提的，而这在信息网络环境下则出现了根本性的变化。例如，当前电子书的著作权相关问题、非同质化代币（NFT）交易平台著作权侵权问题[1]等都值得研究。因此，建立适应网络环境下作品授权许可的快捷、便利的著作权交易制度是十分必要的。

第四，构建短视频平台著作权侵权纠纷的高效处理机制。如前所述，随着信息网络技术的发展，短视频作为信息网络时代的宠儿广受欢迎，并以如

---

[1]　数字艺术品著作权交易问题。杭州互联网法院就"胖虎打疫苗"NFT 数字作品著作权纠纷案作出了一审判决，这也是我国该领域第一案。在该案中，在被告经营的平台上有网络用户未经许可将他人作品铸造成 NFT 并上架销售，被法院认定为侵害信息网络传播权行为。如今，通过区块链技术和智能合约在互联网平台上交易数字作品已经成为一种时尚，这种新的交易模式带来了以下法律问题：其一，著作权人对数字作品是否享有发行权？其二，发行权穷竭原则在网络环境中是否适用？其三，通过网络交易平台转移数字作品的行为，属于所有权的转移还是著作权的转让或许可？其四，未经许可将他人作品铸造成 NFT 的行为侵害的是发行权还是信息网络传播权？损害赔偿如何计算？在上述案例中，法院否定了数字作品的发行权，将此种交易认定为所有权的转移，选择以信息网络传播权作为依据，判决赔偿 4000 元。但上述问题仍存在诸多争议，值得探讨。冯晓青：《NFT 数字艺术作品著作权问题》，载微信公众号：冯晓青知识产权；四川省成都市中级人民法院（2021）川 01 民初 10421 号民事判决书（侵害作品信息网络传播权纠纷案）；杭州互联网法院（2022）浙 0192 民初 9983 号民事判决书（侵害著作权、表演者权及不正当竞争纠纷案）；北京知识产权法院（2023）京 73 民终 3237 号民事判决书（NFT 数字藏品著作权侵权纠纷案）；王迁：《论 NFT 数字作品交易的法律定性》，载《东方法学》2023 年第 1 期；李敏：《元宇宙中数字艺术品所有权的构建》，载《东方法学》2023 年第 6 期。

火如荼之势发展。由于短视频的制作和传播中会涉及他人享有著作权的作品，在实践中短视频容易引起著作权侵权纠纷。近几年我国短视频数量增多，著作权侵权纠纷案件的数量也日益上升。面对大量的著作权侵权纠纷，通常的行政执法和司法保护的形式显然不足以解决问题。也正是基于此，在我国全面推进国家治理体系和治理能力现代化的今天，对于短视频著作权纠纷，特别是著作权侵权纠纷的解决，也应当引入社会治理机制，通过行政、法律、技术、经济等多种手段，多管齐下。

笔者认为，及时有效地处理短视频涉及的著作权纠纷，特别是著作权侵权纠纷，需要重视以下策略和措施。

其一，强化短视频著作权纠纷解决的和解机制建设。和解是解决包括短视频著作权纠纷在内的所有著作权纠纷案件的重要形式。所谓和解，是指在发生著作权纠纷特别是著作权侵权纠纷以后，当事人双方或者多方之间就如何解决发生的纠纷进行平等对话和友好协商，并共同提出解决纠纷的措施和实施方案。与诉讼、仲裁等法律形式解决著作权纠纷相比，和解具有独特的优势，[1] 具体体现在效率高、节省时间和成本等方面。不仅如此，通过和解形式解决著作权纠纷，还能取得化干戈为玉帛的良好的社会效果。特别是针对此前著作权人和涉嫌侵权人之间存在相关合作关系的情况，通过和解的形式解决著作权纠纷能够进一步维系以前存在的合作关系，促进著作权人享有著作权的作品被更好地利用和传播。就解决短视频著作权纠纷特别是著作权侵权纠纷问题而言，在发生纠纷以后，通过和解的形式进行解决，也符合短视频作品传播和利用的特点。短视频著作权纠纷数量大，但通常涉及的标的额较小，加之这类作品需要迅速传播，时效性较强，通过和解形式解决这类著作权侵权纠纷，能够维护社会关系的稳定，使双方或者多方当事人从纠纷的漩涡中解脱出来。

当然，通过和解的形式解决包括短视频侵权在内的各类著作权纠纷，需要双方或者多方当事人本着坦诚的原则与理性的心态，妥善加以解决。在实践中，有的著作权人可能存在得理不饶人的心理，向对方提出过高的、难以接受的要求，如提出过高的损害赔偿标准；短视频平台也可能存在认为其平

---

〔1〕 参见天津市第三中级人民法院（2023）津03知民初55号之一民事裁定书（著作权侵权纠纷案）。

台发生的著作权侵权纠纷是用户的过错而与其无关的心态。毫无疑问，既然是通过和解形式解决纠纷，双方就需要通过一定的方式互相让步，最终达成双方都可以接受的方案。

其二，建立和完善短视频著作权侵权纠纷调解机制。如前所述，调解是解决包括著作权纠纷在内的各类纠纷的重要形式。短视频著作权侵权纠纷的调解，是指短视频著作权纠纷当事人委托相关调解机构对相关纠纷进行解决的一种简易形式。调解与和解的不同之处在于，其需要由调解组织或者临时设立的机构处理纠纷。在现实中，由于短视频著作权侵权纠纷案件当事人各方的立场和诉求不同，双方当事人之间很难达成协议。在这种情况下，当事人对于如何解决涉案纠纷有多种方式可以选择，特别是从著作权人的角度来说，通常情况下其可以选择向行政机关请求查处或者向人民法院直接起诉。但由于短视频著作权纠纷数量日益增多且短视频具有较强的时效性，当事人在很多情况下倾向于选择更为快捷的形式解决纠纷，选择相关调解组织或者机构解决就是一种重要的方式。

由于短视频纠纷数量众多，解决短视频著作权侵权纠纷的调解程序，需要简约、高效。从当前我国信息网络环境下著作权侵权纠纷解决的方式来看，传统的通知-删除规则固然具有一定的适用性，但在效率上存在很多不足。为应对网络环境下出现的日益增多的著作权纠纷，构建网络环境下包括短视频著作权侵权纠纷在内的著作权纠纷快速调处机制成为当下著作权理论和实务中的重要问题。对此，近些年来我国涉及知识产权保护的相关政策规范都作出了明确规定。例如，2019 年中共中央办公厅和国务院办公厅联合发布的《关于强化知识产权保护的意见》中就有明确规定。

在笔者看来，组建解决网络环境下著作权侵权纠纷的调解处理机制，需要重视以下几方面。

一是根据现行法律规范建立网络环境下完善著作权纠纷解决的调处程序。程序本身完善是著作权侵权纠纷调处机制运行的基础和保障。从当前我国著作权保护实践的情况来看，其中一种模式是在人民法院的指导和帮助下，建构由民间组织组建的著作权纠纷快速调处机制。近几年来浙江探索的知识产权侵权纠纷快速处理机制就属于这种模式。

二是培养能够胜任著作权侵权纠纷快速解决的调解员。侵权纠纷调解机制的构建与完善离不开具有高素质和实践经验的调解员。信息网络技术的发展使著作权侵权纠纷日益增多，对于解决包括短视频侵权在内的著作权侵权纠纷的调解员的要求也不断提升。由于著作权的专业性，解决著作权侵权纠纷的调解员也应当具有著作权法和相关知识产权领域的专门知识。笔者认为，可以充分利用现有的专业力量组建调解员队伍。这些专业力量可以来自在职和离职退休的专业人员。就在职人员来说，调解组织可以在法律制度允许范围内聘请相关知识产权教学科研人员、律师等担任兼职调解员。就离职退休的专业人员而言，其可以充分利用自身的理论研究和专业经验，在离职退休以后继续发挥其专业特长。如笔者所知道的某大学的一位法学教授，其在退休以后被某机构聘为解决相关专业法律纠纷的调解员，基于其深厚的理论素养、丰富的实践经验以及其调处纠纷的技巧和艺术，其在退休几年以来圆满调解了大量相关专业纠纷案件，令当事人双方和调解机构都非常满意。

三是对著作权侵权纠纷调解实践中的成功案例进行总结，推广相关的成功经验。近些年来，随着我国大力推进通过调解机制解决包括著作权纠纷在内的各类纠纷案件，相关调解机构和调解员都积累了丰富的调解经验。这些经验对于培养优秀的调解员和引导纠纷当事人或者潜在的当事人通过调解方式解决著作权纠纷具有重要意义，因此需要高度重视。在经验总结的形式上，笔者认为可以通过系列讲座、培训、录制视频、出版正式调解案例分析图书的形式加以推广。

需要指出的是，上述通过调解方式解决包括短视频著作权侵权纠纷在内的各类著作权侵权纠纷案件，并不是指在仲裁和诉讼程序中的调解环节解决著作权侵权纠纷，而是指仲裁和诉讼之外的，专门通过调解组织解决著作权侵权纠纷的一种方式。适用仲裁和诉讼中的调解程序解决著作权纠纷的形式将在后面进一步探讨。

其三，完善仲裁方式解决短视频及其他各类著作权侵权纠纷案件。我国《著作权法》第60条明确规定，仲裁是解决著作权侵权纠纷和合同纠纷的方式之一。通过仲裁的形式解决著作权侵权纠纷相较于诉讼途径具有独特的优势和特色。例如，仲裁实行一裁终局，具有效力上的优势。值得注意的是，尽管《仲裁法》已经施行多年，但因社会意识及其他多方面原因，通过仲裁形式解决著作权以及其他各类知识产权纠纷案件的数量增长较为缓慢。很多当事人对于著作权纠纷可以通过仲裁形式加以解决这一基本知识并不知晓，这一现实情况也影响了仲裁机构解决著作权纠纷案件的数量。以笔者曾经在北京仲裁委员会担任多年仲裁员的经历看，尽管北京仲裁委员会每年受理和审结的各类纠纷案件数量增长明显，包括著作权纠纷在内的知识产权纠纷仲裁的数量也有较大增长，但在总体案件数量中占比较小。因此，通过优化过程措施和手段来推进通过仲裁形式解决包括短视频侵权在内的著作权侵权纠纷和其他各类知识产权纠纷案件十分必要。

由于短视频著作权侵权纠纷数量众多，并且通常涉及的法律关系较为简单，短视频著作权人主张的相关标的额也较小，在通过仲裁方式解决这类纠纷案件时，需要充分利用仲裁程序中的调解环节。除此之外，为尽快解决包括短视频侵权在内的著作权侵权纠纷案件，有不少仲裁机构设立了调解中心。如果能够通过该调解中心尽快处理纠纷案件，就不必将案件提交仲裁机构，按照仲裁程序进行。因为仲裁程序也有专门的要求，其处理时间相对更长。由于仲裁员具有丰富的实践经验，其可以利用专长参与调解中心的案件处理，这样既可以迅速地解决纠纷，又可以减少通过通常的仲裁程序解决简易案件的数量。

实际上，通过仲裁机构组建相关调解中心之类的组织解决大量的标的额较小的知识产权纠纷案件，我国相关仲裁机构已积累了一定的经验。以笔者近年受北京盈科律师事务所〔1〕邀请参加的一次关于仲裁机构解决知识产权纠纷案件的专家论证会为例，某仲裁机构在解决网络环境下大量知识产权侵权案件方面提供了很好的经验。本次会议主要是就如何优化相关程序规则进行专家研讨，笔者在这个会议中也提出了相关建议，指出相关程序的完善除需满足合法条件外，还应以公平和效率为基本原则，推进通过简易程序有效解决日益增多的知识产权纠纷案件的形式的发展。无论如何，仲裁机构构建和完善调解机制，有助于减轻仲裁机构的负担，尽快解决包括短视频侵权在内的著作权侵权纠纷案件。

关于通过仲裁方式解决包括短视频侵权在内的各类著作权侵权纠纷等案件，还值得注意的是，最近几年来我国相关地区设立了专门的知识产权仲裁院或者知识产权仲裁中心，专门解决包括著作权在内的知识产权纠纷案件。基于知识产权高度的专业性、知识产权案件的复杂性和相对的技术性，设立

---

〔1〕　笔者担任北京盈科律师事务所专家顾问，并且是该所北京知识产权研究中心名誉主任。

这种专门的知识产权仲裁机构具有必要性和可行性。从必要性方面看，随着我国知识产权事业的发展，知识产权在经济社会和创新型国家建设中的地位日益提升，围绕知识产权方面的竞争也日益激烈，这种情况导致实践中的知识产权纠纷数量增长迅速，在客观上也提出了尽快有效地解决这类纠纷案件的需求。从可行性方面来看，专门的知识产权仲裁机构的建立，关键在于我国已有一大批高素质的知识产权专业人员。近些年来，随着我国知识产权事业的发展，知识产权人才队伍日益壮大，能够很好地满足组建知识产权仲裁机构的需要。当然，知识产权仲裁机构组建以后，如何高效率地处理案件则是需要进一步探讨的问题。在笔者看来，对于知识产权纠纷案件的处理，需要建立案件分流制度，特别是分流出可以通过简易程序处理的案件，即较为简单、标的额较小的案件。

其四，建立和完善知识产权诉讼保护模式下的调解机制。毫无疑问，通过诉讼的形式处理包括短视频侵权在内的著作权侵权纠纷案件，是解决这类案件的最终手段。[1]然而，与通常的调解、和解方式相比，通过诉讼的形式解决这类纠纷耗时较长。在很多情况下，一场诉讼意味着当事人双方合作关系破裂，权利人即使胜诉也存在执行的问题。从笔者多年来担任兼职律师、仲裁员以及参与大量重大、疑难、新型、前瞻性知识产权案件的实务经历来看，通过诉讼形式解决包括著作权在内的知识产权纠纷案件，一方面是由于当事人双方在此之前未就纠纷案件的解决和解或者调解成功，诉讼成为一方或者双方当事人解决纠纷案件不得不采取的手段。另一方面，从一方当事人的角度来说，诉讼其实也是一种策略。因为诉讼意味着利用国家强制力的手段维护自身合法权益，权利人通过诉讼的手段，能够给对方当事人以强大的压力，使其履行相应的法律义务。特别是对于明显不占理的一方，在其明确预判未来诉讼结果的情况下，就有可能主动采取和解方式。通过诉讼的形式解决包括著作权在内的各类知识产权纠纷固然有其局限性，但诉讼作为纠纷最终解决手段的价值仍然是不可动摇的。

在此需要继续探讨的是，如何在诉讼保护体制机制下建立和完善以人民法

---

[1] 参见湖南省高级人民法院（2024）湘民终3号民事判决书（侵害著作权纠纷案）；天津自由贸易试验区人民法院（2023）津0319民初12211号民事判决书（侵害著作权及不正当竞争纠纷案）。

院为主导的通过调解方式解决著作权侵权纠纷案件的机制。[1]除了人民法院通过诉讼程序在调解环节中有效地解决这类纠纷，笔者认为，人民法院设立和完善相关调解中心，有效地处理这类纠纷也十分重要。由于诉讼程序较为复杂，在我国两审终审制的诉讼程序下可能耗时较长，如果能够通过调解中心有效地调处相关案件，就不必再进入诉讼程序。[2]

此外，还有一个问题值得探讨，即如何构建和完善包括著作权和其他知识产权案件在内的简易诉讼程序。关于简易诉讼程序问题，近些年来最高人民法院发布的相关司法政策对此予以高度重视。中共中央办公厅和国务院办公厅在2019年发布的《关于强化知识产权保护的意见》对此也有所规范。毫无疑问，简易诉讼程序的运行同样以公平和效率为基本原则。

对于包括短视频侵权在内的著作权侵权纠纷案件的解决，从协调短视频著作权人、短视频平台和著作权侵权人之间的利益关系，促进短视频的健康发展的角度来看，还有一个十分重要的措施与方式，即确定著作权侵权后，并不是在任何情况下都会要求停止传播和使用侵害著作权或者与著作权有关的权利的作品、表演、录音录像制品或者广播电视，而是可以在充分协商且本着充分保障权利人的专有权利和互利共赢的原则下，在平台中继续使用受著作权或者与著作权有关的权利保护的客体。换言之，当事人可以通过许可协商机制，将原来的侵权转化成合法的许可，从而实现化干戈为玉帛的良好效果。

在笔者看来，上述情况实际上涉及知识产权侵权规制以及相关的知识产权保护中的一个十分重要的问题，也就是在某些情况下，对认定为知识产权侵权行为的后续处置，不需要一律实施停止涉案行为的措施，而是需要在充分尊重和保护著作权或者其他知识产权的前提下，经过协商和斡旋，就涉案侵害著作权或者其他知识产权的客体的后续的处置提出其他方案。这种方案以充分尊重和保护著作权或者其他知识产权为基本前提，以继续使用涉案侵害著作权或其他知识产权的客体为基本特征，以促进具有经济社会价值的无形资源的充分利用为目的。对此，可以从以下方面进一步加以理解和认识。

---

〔1〕　参见甘肃省兰州市中级人民法院（2023）甘01知民初42号、（2023）甘01知民初43号、（2023）甘01知民初43号民事调解书（侵害植物新品种权纠纷案）。

〔2〕　参见陕西省渭南市中级人民法院（2023）陕05诉前调确1号民事裁定书（司法确认调解协议）；云南省香格里拉市人民法院（2023）云3401诉前调确14号民事裁定书（行政调解的司法确认）。

一是从著作权侵权的基本法理和法律规定的角度来说，停止侵害是侵害著作权或者与著作权有关的权利（为便于阐述，仅限于对侵害著作权的讨论）应当承担的最重要的法律责任之一。对此，我国 1987 年实施但现已废止的《民法通则》以及现行《民法典》《著作权法》关于侵权法律责任部分中都有明确规定。之所以如此，是因为著作权侵权行为的继续和蔓延，会进一步损害著作权人享有的合法权益。在人民法院认定涉案中的被控侵权行为构成侵害著作权的前提下，人民法院需要判决被告停止侵权行为，否则，对著作权的保护将无法得到法律保障。当然，还值得指出的是，我国民事法律将停止侵害作为法律责任承担形式之一，欧洲大陆法系国家则并不如此。这与我国民事侵权法基本理论和立法模式有很大关系。不过，无论采取何种立法模式，最终的法律效果都是一样的，即认定侵害著作权的行为成立以后，法院应当判决停止侵害行为。

二是对于法院认定构成侵害著作权的行为，并非在任何情况下，法院都需要判决停止实施涉案行为。在有些情况下，如果停止涉案行为，可能会造成原被告之间的利益严重失衡，甚至可能会对社会现有财富造成破坏，同时还可能涉及国家利益、公共利益等重大问题。也正是基于此，近些年来在我国包括著作权在内的知识产权侵权纠纷案件的处理中，也曾有法院在认定行为构成侵害知识产权的前提下，判决不停止涉案行为，而是由被告补偿合理使用费。有人认为，这种情况类似于著作权的强制许可。不过，强制许可并不属于这种情况。实际上，在专利法领域，2016 年《最高人民法院关于审理侵犯专利权纠纷案件应用法律若干问题的解释（二）》（法释〔2016〕1 号）第 26 条就明确规定："被告构成对专利权的侵犯，权利人请求判令其停止侵权行为的，人民法院应予支持，但基于国家利益、公共利益的考量，人民法院可以不判令被告停止被诉行为，而判令其支付相应的合理费用。"笔者认为，司法解释之所以作出上述规定，是基于知识产权法中的利益平衡机制。包括著作权在内的知识产权保护涉及权利人的利益和社会公共利益之间的平衡，在有的情况下，涉案行为涉及国家利益，如果停止涉案行为可能会对国家利益、公共利益造成损害。[1]因此，在这种情况下就不应当停止涉案行为。

---

〔1〕 冯晓青：《著作权法的利益平衡理论研究》，载《湖南大学学报（社会科学版）》2008 年第 6 期。

但为了充分保护权利人的利益，这种情况下的涉案被告应当给予原告充分的补偿。[1]这实际上也是知识产权保护的利益平衡理念和原则的体现。

从近些年笔者参与处理和研究的相关案例的情况来看，在涉案行为涉及国家利益或者公共利益的情况下，人民法院对认定为侵害著作权的行为确实也有在充分给予补偿的前提下允许继续使用的情况。当然，在有的情况下，这也是基于著作权人和被控侵权人之间利益失衡以及避免社会资源的浪费等方面的考虑。

这里不妨举一个案例简要说明：在一起涉及某建筑群侵害某实用艺术作品著作权侵权纠纷案中，原告认为被告的建筑群仿冒了其实用艺术作品个性化的表达，因此构成了著作权侵权行为。原告主张摧毁该侵权建筑群并由被告对其进行赔偿。该建筑群是当地的重要地标，在促进当地经济发展方面发挥了十分积极的作用。在认定侵害著作权的前提下，如果摧毁该建筑群，显然会造成社会资源的巨大浪费。该案经各方努力，最终以调解方式结案，原告同意不销毁该建筑群而改以合理使用费的方式对其补偿。在该案中，建筑群涉及侵害原告作品著作权，在充分保护原告著作权的前提下，该建筑群得以保留，最终实现了各方利益的平衡，因此是一种较为妥善的处理方式。另如某机场雕塑作品著作权侵权纠纷案件，也是以这种方式处理的。

就解决短视频著作权侵权纠纷案件而言，如果涉嫌侵权的短视频具有较为重要的经济社会价值，在著作权人和涉嫌侵权人进行充分协商、和解的前提下，如果能够将侵权行为转化为合法许可，就能够使这一具有经济社会价值的短视频继续使用，因此也不失为在特定情况下解决短视频著作权侵权纠纷案件的一种方式。当然，停止侵害是解决包括短视频侵权在内的著作权侵权纠纷案件的基本方式，且在通常情况下只有停止侵害才能够充分使得著作权人免受进一步的侵害，对于上述转化为合法许可的方式，应该基于个案审慎地加以确定。也就是说，停止涉案行为的限制，应是基于特别的考虑。但无论如何，这也是解决包括短视频侵权在内的著作权侵权纠纷案件的值得关注的一种特别方式。

---

〔1〕　参见最高人民法院（2019）最高法知民终 724 号民事判决书（侵害发明专利权纠纷案）。

我国著作权客体制度的现状与完善研究

——兼论著作权客体界定的司法应对

　　著作权制度的产生需要具备一定的历史条件。从著作权法原理来说，著作权制度是科学技术和商品经济发展的产物。一个国家的著作权制度以著作权立法及其完善为基础。随着信息网络技术与经济社会发展，一个国家著作权制度的发展也是一个与时俱进的不断现代化的过程。我国著作权制度的建立与完善同样如此。我国历史上第一部著作权法始于清末，[1]在北洋政府和民国政府时期也曾颁行著作权法。但是，当时的社会经济条件决定了这几部著作权法都不可能被有效实施。我国著作权制度的真正建立和发展始于20世纪70年代末开始的改革开放。随着我国计划商品经济体制的建立，中华人民共和国第一部著作权法在1990年9月7日终于出台，并于1991年6月1日起实施。该部法律在保护作者和其他著作权人利益、鼓励作者创作与促进作品传播与利用、繁荣我国科学文化事业发展方面发挥了重要作用。但随着我国社会主义市场经济体制的建立、信息网络技术发展以及加入世界贸易组织，1990年颁布的《著作权法》很多规定逐渐不再适应新的形势需要。在这种背景下，2001年10月27日，我国对《著作权法》进行了第一次修改，进一步完善了著作权制度。至于2010年2月26日《著作权法》第二次修改，其在很大程度上是由于美国向世界贸易组织申诉。这次修改主要是针对第4条规定作了修改和完善，并新增第26条促进著作权利用的著作权质押的相关规定。该法实施后，我国面临新的经济社会环境，加强著作权保护、提高著作权保护水平逐渐成为我国著作权制度实施的重要趋向。在新形势下，2020年

---

　　〔1〕　1910年，清政府颁布《大清著作权律》。这是我国历史上第一部著作权法，但因为清政府很快覆灭而并没有有效实施。

11 月 11 日，第十三届全国人民代表大会常务委员会第二十三次会议通过《关于修改〈中华人民共和国著作权法〉的决定》，修改后的《著作权法》自2021 年 6 月 1 日起施行。

2020 年修正的现行《著作权法》立足于我国国情，在著作权制度的很多方面都作出了优化，进一步提高了我国著作权保护水平，更好地实现了国际化与本土化的有机结合，也在很大程度上实现了我国著作权制度的现代化。笔者主要针对其第 3 条关于作品的相关规定进行讨论和研究，并在相关研究和讨论的基础上，提出完善著作权客体制度的建议和对策。[1]

一、作品的概念界定及其完善

在著作权法中，作品的重要性无论如何强调也不过分，有关著作权的国际公约和各国、各地区的著作权法也都是围绕作品产生的利益关系进行调整的。作品是著作权的客体，也是著作权法中最重要的概念和内容之一。[2]这是因为，著作权保护的是作品，没有作品就没有著作权。正是基于此，各国著作权法都需要对作品的基本问题进行规定。作品概念在著作权法中的重要性，犹如发明创造在专利法中的重要性以及商标在商标法中的重要性。基于作品概念的重要性，著作权法有必要对作品的内涵作出专门规定。以下将从我国《著作权法》制定和完善的角度，对作品的概念界定及其完善问题进行探讨。

（一）作品概念在我国著作权立法模式中的演变

关于作品概念的规定，各国著作权立法模式通常有概括式和列举式两种模式。其中，前者体现为对什么是作品作出明确定义，以便人们从抽象的概念上掌握作品的内涵；后者则体现为明确列举作品的类型和内容，以便人们知悉受著作权保护的作品的情况，同时也便于司法实践对个案中出现的对象是否属于作品作出判断。从理论上分析，这两种方式各有优缺点。其中，第一种方式的优点是便于人们对作品概念进行总体上的认识，也便于司法实践

---

〔1〕 本部分系在现有成果基础上修改、完善而成。冯晓青：《我国著作权客体制度之重塑：作品内涵、分类及立法创新》，载《苏州大学学报（法学版）》2022 年第 1 期。

〔2〕 Pamela Samuelson, "Evolving Conceptions of Copyright Subject Matter", 78 *University of Pittsburgh Law Review* 1 (2016).

从宏观上把握作品的法律属性和本质；不足之处则在于难以精准判断现实中的具体对象是否属于著作权法意义上的作品。第二种方式的优点在于其能够直观地揭示作品的类型，便于人们理解具体的作品类型，[1]对于司法实践而言则有利于"对号入座"，界定受著作权法保护的作品；不足之处则在于，针对随着技术发展而出现的新的对象是否属于受著作权法保护的作品，其难以从抽象层面加以判断。基于此，一种可行的方式是将两者结合。我国《著作权法》采用的即是两者结合的形式。

值得指出的是，在现行《著作权法》之前，作品的定义一直是在立法效力层次低于《著作权法》的《著作权法实施条例》中加以规定的，而不是直接在《著作权法》中进行规定的。上述条例由国务院制定和公布，在法律性质上属于行政法规，在司法实践中虽然也能作为法律的依据，但作品是著作权法中非常重要的概念，应当在《著作权法》中对此予以明确。现行《著作权法》在第3条中一改过去的立法惯例，明确规定了作品的概念，具体内容将在下面继续探讨。

实际上，在我国其他知识产权法律的修改中，也体现了"重要概念应当在基础性法律中作出规定"的理念。例如，我国在2008年第三次修改《专利法》时，首次将发明、实用新型和外观设计的定义从其下位法《专利法实施细则》中移至《专利法》第2条，这也是因为发明、实用新型和外观设计这类发明创造是专利法中的核心概念，需要在《专利法》中予以明确。又如，"商标使用"也是商标法中的核心概念，2013年《商标法》第三次修改时，也将该概念的定义从立法层次较低的《商标法实施条例》中上升到《商标法》中。这些修改看似是一个不大起眼的变化，但笔者认为其在立法技术完善、立法体系优化以及制度实施效果上都具有独特意义。仅以著作权客体制度而论，将对作品的定义条款从《著作权法实施条例》中移植到《著作权法》中，具有以下重要意义：其一，提高了作品概念问题在著作权法中的地位，便于人们更好地理解和认识著作权法中作品的概念和内涵。由于《著作权法》的立法效力高于《著作权法实施条例》，人们对于著作权法知识的了解和学习，自然也立足于《著作权法》。就一般的社会公众而言，其也会更多地阅读和了解《著作权法》，而不是《著作权法实施条例》。从这个意义上说，

---

〔1〕 参见朱冬：《作品类型限定表达范围之反思与超越》，载《中外法学》2023年第4期。

在《著作权法》中明确规定"作品"的定义，其社会效果远比在《著作权法实施条例》中要好。其二，便于著作权司法实践中正确认定原告主张的保护对象是否属于作品。著作权法中作品概念的重要性，其实不限于立法本身，还体现在立法对于著作权司法实践中提供规范依据和便于法院正确适用法律的作用。在司法实践中，《著作权法》是"著作权司法裁判法"，适用《著作权法》关于作品概念的规定，能够更好地认定涉案对象的著作权客体属性。其三，能够优化著作权法规体系。我国著作权法规体系以《著作权法》为龙头和基础，以《著作权法实施条例》、有关著作权保护的部门规章和司法解释等为辅助，著作权法规体系内部也遵循内容体系完整、结构严密、互相呼应并建立整体上高效运转的机制等要求。其中，著作权法规体系的构建还需要遵循"属于著作权制度中的重大问题应当由著作权法作出规定""属于著作权制度中的细节问题不必在著作权法中规定"的原则。第三次修法将作品的定义从《著作权法实施条例》上升到《著作权法》中就是重要体现。

（二）作品的定义及其完善

作品作为著作权的客体，是著作权保护的基础和核心。因此，明确作品的定义和内容十分重要。如前所述，我国《著作权法》对于作品的定义采用了概括式与列举式相结合的模式。

就前者而言，现行《著作权法》第3条规定："本法所称的作品，是指文学、艺术和科学领域内具有独创性并能以一定形式表现的智力成果。"从该规定可以看出，构成著作权法意义上的作品，应当满足以下要件：①属于文学、艺术和科学领域；②具有独创性；③能以一定形式表现；④属于智力成果。上述规定源于《著作权法实施条例》第2条关于作品的定义，但依然作出了一定的修改，具体体现为将《著作权法实施条例》中的"能以某种有形形式复制"修改为"能以一定形式表现"。关于作品类型的规定及其完善将在后文进一步探讨，这里先对上述关于作品的定义及其可能的修改进行研究。

1. 文学、艺术和科学领域：作品所适用的范围

从著作权法理论来说，受著作权保护的作品应当属于文学、艺术或者科学领域内。这是因为，作品来自作者的创作活动，而创作活动则来自文学、

艺术与科学领域。[1]关于创作活动与作品之间的关系，后文将继续探讨，在此仅从创作活动出发，探索著作权法保护作品的适用范围。创作活动是产生作品的基础，也是作品的最初来源，否则作品将是"无源之水、无本之木"。基于创作而产生的作品受著作权保护与基于发明创造而产生的发明、实用新型与外观设计专利受专利权保护以及基于申请注册商标而获得商标专用权受商标法保护一样，都属于知识产权原始取得的范畴。必须进一步看到的是，尽管上述行为都属于知识产权创造行为，但这些不同类型的行为受到保护的范围并不相同。具体而言，专利法保护的发明创造适用于技术领域，尤其是发明和实用新型专利[2]更是如此，商标法保护的注册商标适用于工商业领域，著作权法保护的作品则适用于文学、艺术和科学领域，三者存在区别。这些重要差别，是基于客体所属范围不同而建立不同类型的知识产权制度的根基和依据。也正是因为客体所属范围不同，不同类型的知识产权制度尽管具有知识产权制度共同的功能和特征，但在调整对象和具体目标上存在个性化差异。例如，专利法以促进技术和设计方面创新、提高技术创新能力为要旨；[3]商标法以促进商品市场正常流通、构建商品公平竞争秩序为要务；著作权法则以促进文化创新为要务，以促进文化产业发展为重要目标。无疑，作品符合"文学、艺术和科学领域"的条件，也为作品这一受著作权保护的客体与其他知识产权保护客体如商标权保护客体进行区分提供了基础。当然，在上述客体适用范围方面，著作权保护客体作品与专利法保护客体发明创造似乎在"科学"领域上存在重合或者交叉之处，不过，两者依然是泾渭分明的。其中，著作权法中的作品限于通过智力创作劳动产生的作品，而专利法中的发明创造限于满足专利"三性"条件的新的技术方案或者新设计。事实上，在很早以前，国外著名的贝克（Baker）案就揭示了著作权法和专利法在保护客体范围上的区别。

还需要指出，对于"文学、艺术和科学领域"问题，我国《著作权法》的

---

　　[1]　从《伯尔尼公约》的规定看，其也体现了其保护作品的范围。

　　[2]　参见海南自由贸易港知识产权法院（2021）琼73知民初10号民事判决书（侵害实用新型专利权纠纷案）。

　　[3]　参见云南省昆明市中级人民法院（2022）云01知民初2号民事判决书（侵害发明专利权纠纷案）；海南自由贸易港知识产权法院（2021）琼73知民初7号民事判决书（侵害发明专利权纠纷案）；天津市第三中级人民法院（2020）津03知民初130号民事判决书（专利权权属纠纷案）。

规定也有一个探索的过程。在 2010 年《著作权法》中，作品被限定于"以下列形式创作的文学、艺术和自然科学、社会科学、工程技术等作品……"[1]在 2020 年 8 月 8 日全国人民代表大会常务委员会针对《著作权法修正案（草案）》的二次审议中，有委员提出，修改后的作品定义限定在"文学、艺术和科学领域"难以涵盖技术类作品。[2]根据这一意见，二次审议稿第 3 条针对作品的定义，在"文学、艺术和科学领域"后面增加了"等"字。这意味着，上述领域以外的作品也应纳入著作权保护。不过，最终通过的现行《著作权法》没有采纳上述意见。笔者认为，这是因为"文学、艺术和科学领域"足以涵盖受著作权保护的作品领域，不需要另行增加其他"领域"。[3]而且，从广义上理解，"科学"也能够涵盖"技术"，因此即使不加"等"字，也仍然可以涵盖技术类作品。反过来说，增加"等"字，可能造成司法实践中认定作品所属范围产生不确定性。这与 2019 年《反不正当竞争法》修改时对于商业秘密定义的修改，在"技术信息、经营信息"后面增加"等"字的情况不同，因为后者是随着经济社会发展而出现新的其他类型的商业秘密，前者则可以用较为宽泛的"科学"概念涵盖未来随着科学技术出现的新类型符合作品特征的智力成果。

2. 独创性：受著作权保护的核心要件

独创性要件被公认为受著作权保护作品的必备条件，甚至是最重要的条件。[4]换言之，不具备独创性要件的作品则不能获得著作权保护。独创性要

---

[1] 该规定表明，作品属于"文学、艺术和自然科学、社会科学、工程技术等"范畴。上述规定实际上是将"科学"领域具体分解为"自然科学、社会科学、工程技术"。其中，"工程技术"应当属于"自然科学"的范畴。该法为突出工程技术类作品（如产品设计图、工程设计图）的独特地位，将工程技术类作品划分为独立的作品，凸显了这类作品的重要性。

[2] 《全国人民代表大会宪法和法律委员会关于〈中华人民共和国著作权法修正案（草案）〉修改情况的汇报》，载 http://www.npc.gov.cn/npc/c2/c30834/202011/t20201111_308678.html，最后访问日期：2024 年 5 月 20 日。

[3] 从著作权客体角度看，非物质文化遗产（如民间文艺）中符合著作权客体条件的，也可以纳入著作权保护。参见云南省高级人民法院（2022）云民终 2088 号民事判决书（著作权权属、侵权纠纷案）；四川省高级人民法院（2023）川知民终 137 号民事判决书（侵害著作权纠纷案）；广东省高级人民法院（2022）粤民终 4605 号民事判决书（虚假宣传不正当竞争纠纷案）。

[4] Justin Hughes, "Restating Copyright Law's Originality Requirement", 44 *The Columbia Journal of Law and the Arts* 383（2021）.

件体现了著作权法保护作品的真正价值所在，即鼓励文化创新和增加知识增量，促进文化进步和发展。[1]从各国、各地区著作权法理论、立法和司法实践看，无一不将独创性视为著作权客体的关键要素。我国现行《著作权法》在第3条新增的关于作品的定义中也明确规定具有独创性是构成受著作权保护作品的核心要件。这不仅为关于作品独创性理论的研究提供了法律依据，更重要的是为我国著作权司法实践适用独创性标准提供了明确的要求。因此，这次修法，增加了对包含独创性要件的作品定义，意义是十分重大的。以下将从独创性要件在著作权法理论上的意义和正当性、如何认定独创性以及规定独创性概念的立法建议三方面，对我国著作权法中的作品独创性标准进行探讨。

（1）独创性要件在著作权法理论上的意义和正当性

鉴于独创性要件在认定受著作权法保护作品中的重要意义，对于独创性，首先需要从理论上对为何需要赋予作品以独创性要件加以认识。笔者认为，对此可以从以下三方面加以理解。

第一，从著作权法的哲学基础方面认识。著作权法的哲学基础本身具有多样化特点。在知识产权法哲学中，增加价值理论是一种朴素但具有重要启发意义的理论。根据这一理论，知识产权法律赋予知识创造者对其创作的作品、研发完成的发明创造等知识产品的专有权利，因为该知识创造者创造的知识产品为社会增加了价值，能够为人们实现某种目的而提供独特的价值。[2]著作权法属于知识产权法的范畴，上述关于知识产权法哲学的一般原理自然也适用于著作权法哲学。根据著作权法哲学的增加价值理论，"之所以应当对具有独创性的作品给予著作权保护，是因为这一类作品为社会增加了价值，这种价值不仅体现为经济价值，而且可以体现为社会价值，或者是经济价值与社会价值同时具备"。[3]就具有独创性的作品而言，由于其是作者独立创作完成的，尽管在创作作品的过程中可以利用他人的作品，包括不受著作权保护的思想，但独创性作品总体上相对于不受保护的公共领域以及其他作品，总

---

　〔1〕 冯晓青：《著作权法》（第二版），法律出版社2022年版，第48—49页。

　〔2〕 冯晓青：《知识产权法哲学》，中国人民公安大学出版社2003年版，第30—32页。

　〔3〕 冯晓青：《知识产权法律制度反思与完善 法理·立法·司法》，知识产权出版社2021年版，第69页。

是存在一定的进步和发展，而不可能构成与在先作品相同或者实质性相似。[1]
这种进步和发展类似于美国费斯特案中指出的"存在某种不可简约的最低程
度的创造性，实际上可以认为是在某种程度上增加了社会价值"。从公平原理
来说，这种增加的社会价值应当得到法律保护。至于增加价值的具体含量和
程度，则因不同作品独创性程度不同而不同。但无论独创性程度高低，其均
符合受著作权保护的条件。实际上，我国著作权司法实践的典型案例也间接
对上述哲学理论进行了肯定。[2]例如，在周某与王某侵害著作权纠纷案中，云
南省昆明市中级人民法院认为，我国《著作权法》以鼓励独立创作为手段，目
的是为社会提供符合实用需求的作品，进而推动文化和科学的发展与繁荣，故
满足社会实用需求是著作权立法的主要功能。针对该案原告的主张，法院进一
步认为：对史料文献的查找、选取、编排、转译的独立研究和独立创作，产生
出独特的学术价值，其满足实质性的价值标准，应当得到著作权法的保护。[3]

　　第二，从著作权法立法宗旨方面认识。[4]从著作权制度的历史看，无论
是世界上最早的英国《安娜女王法》还是我国最早的《大清著作权律》，其
都是以确认作者在著作权法中的主导地位为标志的。在大陆法系国家，著作
权法甚至被称为"作者权法"。作者是直接创作出作品的人，一般认为，著作
权法的立法目的是以保护作者权益为核心，同时，在充分、有效保护作者权
益的基础上，还需要确保公众的利益，实现维护公共利益的目的。作者之所
以能够在著作权法中处于主导地位，也是因为其创作出了具有独创性的作品。
该作品是作者独立创作完成的，而不是剽窃、抄袭他人的作品，也不是对他
人作品的复制。作品只有满足独创性要件，才能使作者获得的著作权保护具
有正当性，也才能真正实现著作权法的立法宗旨。

　　第三，从著作权法促进文化创新的制度功能方面认识。从一般意义上的
知识产权法的价值功能来说，激励创新始终是知识产权法的制度功能。对此，

　　[1]　参见最高人民法院（2015）民申字第1665号民事裁定书（著作权权属及侵害著作权纠纷
案）。

　　[2]　参见北京市高级人民法院（2020）京民再128号民事判决书（侵犯著作权及不正当竞争纠
纷案）。

　　[3]　云南省昆明市中级人民法院（2015）昆知民初字第117号民事判决书（侵害著作权纠纷
案）。

　　[4]　参见章凯业：《版权保护与创作、文化发展的关系》，载《法学研究》2022年第1期。

我国近年来颁行的重要知识产权政策规范，尤其是 2008 年 6 月国务院发布的《国家知识产权战略纲要》以及 2021 年 9 月中共中央和国务院发布的《知识产权强国建设纲要（2021—2035 年）》都对此予以了明确。当然，属于知识产权法范畴的著作权法也不例外。具体而言，著作权法承载着促进文化创新的重要制度功能，其本身还是促进文化产业发展、繁荣与发展科学文化事业的法律制度，这一制度以调整围绕作品产生的利益关系为核心，在激励和保护优秀作品及其衍生品的基础上，实现文化创新和发展。独创性要件确保了作品不能和在先作品在表达方面相同或者实质性相似，[1]这必然有利于文化领域的创新。相反，如果缺乏独创性要件的作品也可以受到著作权保护，人们将缺乏创作作品的动力，文化创新资源将面临枯竭。

（2）作品独创性的认定

在著作权保护中，独创性要件不仅具有重要的理论意义，也具有重要的实践价值。例如，在著作权司法实践中，特别是在著作权侵权案件的处理中，原被告作品的独创性认定是解决纠纷的关键。[2]如果能够认定原告主张权利的作品缺乏独创性，则可以直接驳回其诉讼请求。对于被告而言，其作品具备独创性也依然可能构成著作权侵权，如未经授权演绎而创作的演绎作品，尽管该演绎作品具有独创性，但仍然会构成对在先作者或其他著作权人演绎权的侵害。

值得注意的是，尽管独创性要件在认定受著作权保护的作品中具有重要意义，但从著作权立法的角度看，其并未对什么是独创性加以界定。一般认为，在著作权法理论上，大陆法系国家强调创作作品的个性化特色，甚至一定的创作高度；英美法系国家则强调付出辛劳和投资，传统的"额头出汗"原则就是写照。不过，费斯特案后，美国开始强调独立创作加上最低限度的创造性标准。就我国著作权立法而言，尽管现行《著作权法》将独创性写进

---

〔1〕 不过，这并不排除独立创作的作品与在先作品存在"巧合"的可能，只是这种情况限于特例，并非普遍现象。巧合作品同样具有独创性而受到著作权保护，这也说明著作权的独占性和排他性不如专利权。参见江西省景德镇市中级人民法院（2023）赣 02 知民初 83 号民事判决书（侵害计算机软件著作权及不正当竞争纠纷案）；北京知识产权法院（2021）京 73 民初 345 号民事判决书（侵害计算机软件著作权纠纷案）。

〔2〕 参见最高人民法院（2008）民申字第 47-1 号民事裁定书（侵犯著作权及不正当竞争纠纷案）；最高人民法院（2011）民申字第 1129 号民事裁定书（侵害著作权纠纷案）。

了作品构成要件，但并未对"什么是独创性"或者独创性的概念作出明确的定义，这不利于司法实践中正确理解和适用独创性标准，也容易造成独创性认定标准上的偏差。由于对作品独创性的概念缺乏法律规定，司法解释也没有相应具有可操作性的标准，在我国，很多著作权纠纷案件特别是著作权侵权纠纷案件中，人民法院只能按照自己的理解根据个案情况加以判断。[1]笔者认为，独创性是作品认定的关键要素和要件，既然现行《著作权法》已明确引入了包含独创性要素的作品概念，就应当在该法或者至少是《著作权法实施条例》中对其概念作出明确规定，或者结合司法实践经验，提炼认定独创性的裁判法理，在《著作权法》再次修改时予以充实。在此，笔者在总结司法实践经验和学术研究观点的基础上，从学理上提炼了认定作品独创性的基本要素，并在此基础上提出立法修改建议。

笔者认为，根据著作权法司法实践经验和现有学术观点，认定作品独创性应当把握以下几点。

第一，独创性强调作品必须是独立完成的。这里的独立完成，是指作品的诞生来自作者的智力创造劳动，而不是剽窃、抄袭或者非法复制他人的成果。独创性从根本上划清了其与剽窃、抄袭或者非法复制的界限，使剽窃、抄袭、非法复制作品不仅不能获得著作权保护，还需要承担侵犯他人作品著作权的法律责任。可以认为，独创性作品的对立面一般就是剽窃、抄袭、非法复制作品，因为剽窃、抄袭、非法复制作品不是作者独立完成的，而是窃取他人成果的侵权产物。当然，需要指出的是，这里的独立完成包括合作作品作者合作创作作品的情况。事实上，现实中合作作品数量巨大。合作作品是合作作者共同付出智力创造劳动而诞生的，同样具有独创性。同时，还应当指出，独立完成也不意味着作者在创作作品中不能合理使用他人已有作品或者作品的片段。基于人类知识的传承性和创作的规律，独立完成的作品普

---

〔1〕　例如，在涉及美术作品独创性认定的著作权纠纷案件中，最高人民法院明确指出：不同种类作品对独创性的要求不尽相同。美术作品的独创性要求体现作者在美学领域的独特创造力和观念。对于既有欣赏价值又有实用价值的客体而言，其是否可以作为美术作品保护取决于作者在美学方面付出的智力劳动所体现的独特个性和创造力。那些不属于美学领域的智力劳动则与独创性无关。最高人民法院（2013）民申字第 1262 号至第 1271 号民事裁定书、第 1275 号至第 1282 号民事裁定书、第 1327 号至第 1346 号民事裁定书、第 1348 号至第 1365 号民事裁定书（侵害著作权纠纷案），载《最高人民法院知识产权案件年度报告（2013 年）》。

遍需要参考、借鉴、引用已有作品，但这并不影响其满足独创性要件。

第二，独创性强调作品必须是基于创作而形成的。[1]独创性是针对作品而言的，而作品必须是作者创作完成的。在讨论和评价独创性问题时，不能离开"创作"这一概念。根据我国《著作权法实施条例》，创作是指直接产生文学、艺术和科学作品的智力活动。作品创作是一种智力创造活动，这种活动的直接结果就是产生独创性作品。也只有行为人进行创作，才能使其成为作者，并使得完成的作品具有独创性。在我国著作权司法实践中，涉案有关对象是否具有独创性，除了独立完成因素，也特别强调"创作性"。例如，在涉及游戏算法生成的角色形象是否具有独创性，从而能够受到著作权保护问题时，法院明确指出：能否获得著作权法保护的关键在于涉案形象是否构成著作权法意义上的作品。作品的独创性强调独立完成和创作性。独立完成是指作品由作者通过独立思考创作产生；创作性是指作品应当能够体现作者独特的判断与选择。且著作权法保护的是具有独创性的表达，而非作者的思想、创意等。[2]该观点表明，创作性是认定独创性的核心，没有创作就不可能有作品诞生，更谈不上独创性。

作品创作活动，是一种主观见之于客观的创造性活动，这种智力活动是作者运用自己的聪明才智和经验，运用一定的创作技巧，投入一定的劳动时间的活动。"作品是人的现实"，从作品创作的规律和特点来说，作者的创作总是带有作者个性的烙印。特别是从作者创作出的系列作品看，其更能体现作者创作的风格和特色。从著作权法上的人格理论来看，作品是作者的人格的体现，作品与作者之间存在不可隔断的"血缘关系"。也正是在此意义上，以法、德为代表的大陆法系国家在作品独创性认定中强调作品的个性化表达特征，认为作品的独创性体现于作品的个性化特征，是作者个性化表达的体现。在著作权司法实践中，这种个性化表达特征在认定涉案对象是否属于具有独创性的作品方面也日益受到重视。例如，在前述周某与王某侵害著作权纠纷案中，云南省昆明市中级人民法院认为：《著作权法》是通过授予独创性表达以具有排他力的民事权利来实现对独立创作的保护的。独创的法律含义

---

〔1〕 参见山东省高级人民法院（2012）鲁民三终字第 33 号民事判决书（侵害著作权纠纷案）。

〔2〕 浙江省杭州市中级人民法院（2020）浙 01 民终 1426 号民事判决书（侵害作品署名权、信息网络传播权纠纷案）。

就是具有个性化的创作行为，独创性的判定标准就是看作品表达中是否呈现出与同等创作人（实际的或者拟制的）有区别的、专属于特定作者的个性化表达。[1]该法院还结合该案涉及的学术研究成果，从创作的个性化元素和个性化表达特征中判定涉案学术成果是否具有独创性。其指出：学术研究虽然在行为自由度上与文学、艺术实践不同，要遵循基本的科学思维和方法，但由于自然人的个性天然具有差异性，但凡独立之研究都不可避免地带入研究者的个性化元素，在创作学术论著时更能让其中的个性化特征得以表现出来。[2]由于独创性建立在创作性基础上，而创作性能够体现作者的个性化特征，在独创性认定中引入"个性化表达"的概念具有重要意义。尤其是在著作权司法实践中，针对一些特殊性质的作品，甄别作品中的个性化表达与非个性化表达因素，对于认定被告是否构成著作权侵权具有关键意义。例如，对于以相同语言体现的原被告译作均来自同一原作的译作剽窃著作权侵权纠纷，由于原被告译作均来自同一原作，在双方均忠实于原著的情况下，两者表达的内容存在相同或者实质性相似的概率比一般作品要高。在这种情况下，判断被告是否剽窃了原告译作，明确界定原作译作"个性化表达"就显得十分重要。个性化表达是原告译作独创性的体现，如果被告译作"非常巧合"地和原告译作的个性化表达相同或者实质性相似，则应认定被告构成对原作译作的剽窃。[3]当然，在著作权司法实践中，要判定原被告作品中哪些属于个性化表达、哪些属于非个性化表达并非易事，这仍需要基于个案判断。不过，在司法实践中，对于作品独创性的界定，引入这一概念还是十分有益的。[4]从原则上说，原告作品中的个性化表达在被告作品中以非独创性方式再现，即可以认定为著作权侵权成立。

第三，独创性必须排除不受保护的公共领域元素和内容。著作权法以保护作者和其他著作权人的著作权为己任，著作权人享有的著作权本身也是一种专有权。但是，著作权法也是一种利益平衡机制，其需要实现私权保护与

---

[1]　云南省昆明市中级人民法院（2015）昆知民初字第117号民事判决书（侵害著作权纠纷案）。

[2]　云南省昆明市中级人民法院（2015）昆知民初字第117号民事判决书（侵害著作权纠纷案）。

[3]　参见北京知识产权法院（2020）京73民终3021号民事判决书（著作权权属、侵权纠纷案）。

[4]　参见北京互联网法院（2018）京0491民初1号民事判决书（侵害作品信息网络传播权纠纷案）。

公共利益、专有领域与公共领域以及权利保护与权利限制的平衡。其中，公共领域保留也是著作权法中一个十分重要的原则。[1]公共领域既是版权创造的前提和基础，也是版权发展的终极目的和价值依归。[2]国外学者也揭示了公共领域在构建著作权法利益平衡机制中的重要作用。[3]在国内外著作权司法实践中存在大量的在认定独创性时排除公共领域元素与内容的案例，例如，在"西湖十景"形象造型著作权权属、侵权纠纷案[4]中，法院评判了客观世界中的"西湖十景"与原被告造型艺术作品中不受保护的公共领域以及具有个性化特征的受保护的因素之间的关系，排除了不受著作权保护的公共领域部分。又如，在涉及作品标题是否具有独创性从而应当受到著作权保护的纠纷案件中，法院也会注意甄别不受著作权保护而可以由任何人自由利用的公共领域。以"大秦帝国"作品著作权侵权纠纷案二审为例，该案原告认为其采用"大秦帝国"作为其创作的小说、影视文学作品、电视剧本等系列作品名称包含了其对作品素材、标题名称的研究分析和提炼加工，具有独创性，被告未经许可使用了该标题，构成著作权侵权。法院则认为，原告标题中的"大""秦""帝国"均为通用文字、词汇，孙某采用"大秦帝国"这一字、词组合缺乏必要的长度和深度，无法充分、完整地表达和反映作者的思想感情或研究成果，也无法体现作者的智力创作，不符合作品独创性的要求，不能构成著作权法规定的作品，不是著作权法保护的客体。法院还认为，单独存在的通用文字、词汇是社会公众自由表达思想感情的基本工具，对其进行著作权保护会导致个人垄断，给社会文明发展造成阻碍。[5]基于上述考虑，二审法院撤销了一审法院认定被告构成著作权侵权的判决，认定被告不构成

---

〔1〕 杨利华：《公共领域视野下著作权法价值构造研究》，载《法学评论》2021 年第 4 期。

〔2〕 张玉敏、黄汇：《版权法上公共领域的合理性》，载《西南民族大学学报（人文社科版）》2009 年第 8 期。

〔3〕 See James Boyle, "The Second Enclosure Movement and the Construction of the Public Domain", 66 *Law and Contemporary Problems* 33, 58-62 (2003).

〔4〕 浙江省杭州市西湖区人民法院 (2010) 杭西知初字第 466 号民事判决书（著作权权属、著作权侵权纠纷案）；浙江省杭州市中级人民法院 (2011) 浙杭知终字第 54 号民事判决书（著作权权属、著作权侵权纠纷案）。

〔5〕 陕西省高级人民法院 (2019) 陕民终 695 号民事判决书（侵害著作权纠纷案）；Bleistein v. Donaldson Lithographing Co., 188 U. S. 239 (1903)；Feist Pub., Inc. v. Rural Telephone Service Co., 499 U. S. 340, 111 S. Ct. 1282, 113 L. E. 2d 358 (1991).

著作权侵权。

（3）规定独创性概念的立法建议

目前，我国著作权法律、行政法规和司法解释均没有对著作权法中独创性的定义作出基本的规定，北京市高级人民法院的相关著作权司法审判的指导意见中对此也只是略有涉及。笔者认为，独创性概念具有重要性，尤其是在司法实践中大量著作权侵权纠纷案件需要判定涉案当事人作品是否具有独创性，因此很有必要在《著作权法》《著作权法实施条例》或者涉及著作权保护的司法解释中对独创性的概念作出明确规定，以便于为著作权司法实践提供明确的指引。基于独创性要件的重要地位，最理想的立法模式应当是在《著作权法》中对独创性的概念进行定义。当然，由于《著作权法》的修改时间漫长，在第三次修改后的现行《著作权法》刚刚实施的背景下，将独创性的概念在正在修订之中的《著作权法实施条例》中加以规定更具有现实性。未来可在《著作权法》进一步修改时，将独创性定义条款再移植到《著作权法》中。同时，修订审理著作权纠纷案件的司法解释，也可以完善我国作品独创性认定制度。

在前述研究基础上，笔者认为，无论采取上述何种模式，都需要对什么是独创性作出明确的规定。笔者建议，独创性可以作如下定义。

独创性，是指作品是由作者基于创作而独立完成的，而不是剽窃、抄袭他人作品，但根据本法规定可以适当使用他人作品的情况除外。

上述定义，强调了独创性应当是作者创作完成，并且是独立完成的，回应了著作权法理论和司法实践中广泛认可的作品"创作性"和"独立完成"性，涵盖了作品独创性的本质特征，即创作性和独立完成。同时，该规定在立法上与剽窃、抄袭行为作出区分，也从反面间接明确了剽窃、抄袭行为是缺乏独创性的行为。当然，为进一步厘清独创性的概念内涵，可以在《著作权法实施条例》中对什么是"剽窃、抄袭"行为作出定义。例如，规定剽窃行为是指：采用隐匿手段，故意将他人作品据为己有的违法行为。此外，上述定义还增加了一个但书，是考虑到要和著作权法中关于著作权限制的相关规定相协调。因为根据现行《著作权法》第24条，在一定情况下可以合理使用他人的作品，如适当引用。

此外，基于前述著作权法规体系完善的原则和思路，鉴于"独创性"和"创作"等概念在著作权法中的重要地位，笔者建议在下一次修改《著作权法》时，整合相关规定，将现行法第 3 条第 1 款修改如下：

"第三条 本法所称的作品，是指文学、艺术和科学领域内具有独创性并能以一定形式表现的智力成果。

"前款所指的独创性，是指作品是由作者基于创作而独立完成的，而不是剽窃、抄袭他人作品，但根据本法规定可以适当使用他人作品的情况除外。

"本条第二款所指的创作，是指直接产生文学、艺术和科学作品的智力活动。

"本条第一款中的作品，包括以下类型：……"

这一修改，就将著作权法中涉及著作权客体的核心概念，包括作品、独创性、创作等用一个条文全部展现出来，有利于完善我国著作权客体制度。

3. 作品的外在形式：以一定形式固定、复制还是表现？

2013 年《著作权法实施条例》第 2 条规定，著作权法中的作品需要"以某种有形形式复制"。2014 年 6 月国务院法制办公室公布的《著作权法（修订草案送审稿）》第 5 条第 1 款则规定，著作权法所称作品，需要"能以某种形式固定"。[1]该定义似乎对前述规定有所修改，但其实际上是为了与被修改后"复制"的概念相一致。[2]因此，可以认为，其本质上还是"以某种有形形式复制"。现行《著作权法》第 3 条则将上述"以某种有形形式复制"修改为"一定形式表现"。这一修改的合理性在于，技术的发展使固定和体现作品的形式不限于复制，而是可以包括复制以外的能够表现作品的其他某种形式。笔者认为，这一修改很好地体现了我国著作权法现代化的要求和特色。

从技术发展与著作权保护之间的关系看，著作权制度本身是技术，尤其是印刷和传播技术发展的产物。技术的发展会导致作品的创作、存储、传播与利用形式的变化。著作权法需要随着技术环境变化及时扩大其保护范围，包括扩大受著作权保护的作品范围。[3]从比较法的角度看，《美国版权法》第102 条关于著作权客体的一般性规定中，要求受著作权保护的作品是以任何现

---

〔1〕 2012 年国家版权局公布的《著作权法（修改草案）》第 3 条也要求作品"能以某种形式固定"，《著作权法（修订草案送审稿）》的规定实际上是沿袭了该修改草案的规定。

〔2〕《著作权法（修订草案送审稿）》对于"复制"概念的界定是通过规定"复制权"的概念间接体现的。其第 13 条第 3 款第 1 项规定："复制权，即以印刷、复印、录制、翻拍以及数字化等方式将作品固定在有形载体上的权利"。

〔3〕 参见北京市高级人民法院（2020）京民再 128 号民事判决书（侵犯著作权及不正当竞争纠纷案）。

在已知或以后出现的物质表达形式加以固定，且通过这一方式能够直接或者借助于机械、装置可以被感知、复制或者其他方式传播的，具有独创性的作品。该规定也明确了体现作品的形式不限于复制这一手段。这种近乎开放式的规定能够使著作权法保持与技术发展之间的弹性关系。应当说，我国现行《著作权法》的上述修改，能够很好地兼顾未来随着技术发展出现的各种体现和附载作品的形式，能更好地适应技术发展的需要。实际上，在这次《著作权法》修改过程中，为适应技术发展需要，相关权的修改也体现了与时俱进的特点，如广播组织权范围的扩大。上述修改能够使技术发展中出现新的表现形式的作品也可以作为著作权客体受到著作权保护。

4. 作品的本质：智力成果还是智力表达

从著作权法原理来说，受著作权保护的作品属于智力成果。所谓智力成果，是基于作者创作行为这一智力劳动所产生的知识产品。基于此，现行《著作权法》第3条在界定作品的概念时，将其规定为"智力成果"。智力成果是受著作权保护的作品的本质属性。作品是作者进行独创性创作的结果，需要利用作者的知识积累和经验，对于特定主题通过一定形式展示出来。基于此，作品的创作过程，也是作者智力劳动的过程，作者进行创作而形成的具有独创性的作品是作者创造性智力劳动的成果，简称为智力成果。严格地说，这里的智力成果应当称为"智力创作成果"。这可以从以下两方面加以理解：一方面，如前所述，作品与"创作"是紧密联系在一起的，在界定独创性标准时，离不开创作活动和过程，否则任何作品都将成为无源之水、无本之木。另一方面，"智力成果"这一概念并不能完全凸显受著作权保护的作品的特点，因为同属知识产权范畴的发明创造也是一种智力成果。强调作品的创作性则可以很好地在著作权保护和专利权保护之间划清界限。当然，根据笔者的建议，在未来修改《著作权法》时，对于作品概念的规定，可以将现行《著作权法实施条例》关于"创作"概念的规定上升到该法中，从而明确地揭示出作为作品的智力成果是作者创作活动的结果，而不是通过其他形式（如发明创造）获取的。

还值得进一步探讨的是，在本次《著作权法》修改过程中，《著作权法（修订草案送审稿）》曾将作品的法律属性明确规定为"智力表达"。[1]之所

---

[1]《著作权法（修订草案送审稿）》第5条第1款。

以如此规定，在一定程度上是考虑了著作权法中的思想表达二分法原则，即著作权保护限于作品中思想的表达而不是思想本身。从思想表达二分法原则看，受到著作权保护的作品属于智力表达的范畴，而不是思想的范畴。不过，"智力表达"的概念仍显抽象，在实践中其仍然难以与其他客体相区分。比较而言，"智力成果"则能体现出作品的本质属性，能够更好地揭示出作品是作者独创性劳动的产物。

二、作品类型的重新界定

作品作为受著作权保护的客体，具有多样化特征，而这与一定的经济社会条件下作品的创作方式和手段有关。例如，在古代，由于技术条件的限制，创作作品的手段极为有限，基本上限于动手撰写文字、画画等形成文字作品、美术作品等类型的作品以及口口相传的民间文艺作品等。随着技术发展，特别是录音录像技术的发展，视听作品被纳入著作权客体范畴。近些年来，随着计算机技术、数字技术和信息网络技术的迅猛发展，还出现了计算机软件、网络游戏作品、[1]网络游戏直播画面等全新的作品，并且出现了用户生成内容（UGC）这一自媒体创作作品的形式。至于当前出现的大数据、人工智能等技术，则进一步对著作权客体制度提出了挑战，如人工智能生成的作品是否具有独创性而成为受著作权保护的客体类型，就成为当前著作权法研究领域的热门课题。[2]无论如何，简要考察著作权客体制度的发展历史可以看出，随着经济社会发展和技术变迁，著作权客体的类型范围不断扩大，使得著作权保护范围不断扩张。当然，基于著作权法利益平衡机制，著作权扩张与著作权限制是相辅相成的互动关系，随着著作权客体的增加，对著作权的限制也相应地增加了。

---

〔1〕 参见广州互联网法院（2021）粤 0192 民初 4294 号民事判决书（著作权侵权及不正当竞争纠纷案）；广州互联网法院（2018）粤 0192 民初 1558 号民事判决书（著作权权属、侵权纠纷案）。

〔2〕 吴汉东：《人工智能生成作品的著作权法之问》，载《中外法学》2020 年第 3 期；杨利华：《人工智能生成物著作权问题探究》，载《现代法学》2021 年第 4 期；丁晓东：《著作权的解构与重构：人工智能作品法律保护的法理反思》，载《法制与社会发展》2023 年第 5 期；徐伟：《论生成式人工智能服务提供者的法律地位及其责任——以 ChatGPT 为例》，载《法律科学（西北政法大学学报）》2023 年第 4 期；张新宝、卞龙：《人工智能生成内容的著作权保护研究》，载《比较法研究》2024 年第 2 期。

关于受著作权保护的作品类型，无论是《伯尔尼公约》[1]还是很多国家的著作权法或相关法律[2]均进行了明确列举。列举式规定的最大优势是能为受著作权保护的作品提供明确的指引和规范，避免在司法实践中对于受著作权保护客体的认识存在分歧而导致裁判标准不统一。当然，比较不同国家著作权法对于受著作权保护客体的规定可以看出，尽管绝大多数国家都参加了《伯尔尼公约》，需要遵循该公约规定，将其确定的著作权客体纳入受保护的作品范围，[3]但在具体分类、保护内容方面则存在较大的差别。基于著作权法本土化与国际化结合的特点，很多国家在圈定著作权客体范围时，也存在一定的个性化特色。

（一）我国著作权法中关于作品类型的立法模式[4]

我国现行《著作权法》也采用了列举式规定，明确了受著作权保护的作品类型。这种分类总体上是根据作品的创作和传播方式以及创作目的等因素加以划分的，因此在有些类型中难免存在一定的交叉。如1990年颁布的《著作权法》第3条曾将摄影作品与美术作品并列，原因是两者均属于艺术作品。该法在后来的修改中，一直将摄影作品作为一类独立的作品对待，并且将同样属于艺术作品的建筑作品纳入与美术作品一类的作品范畴。这种修改旨在根据作品的本质属性进行分类，便于对实质意义的同类型作品作出制度安排。此种修改并不能改变摄影作品作为艺术作品的性质，只是基于分类标准的不同而有所调整。

我国《著作权法》关于受著作权保护作品类型的规定，除了将《伯尔尼公约》规定的著作权客体纳入保护范围，针对某些受保护作品还具有一定的本土化特色，尤其体现在曲艺作品与杂技艺术作品[5]方面。将这两类作品纳入受著作权保护的作品范围，与我国优秀的传统文化艺术及其在现代的发展

[1]《伯尔尼公约》第2条第1款。

[2]《法国知识产权法典》第二章（受保护的作品）第L.112-2条、《德国著作权法》第2条第1款、《意大利版权法》第2条、《美国版权法》第102条第（a）款等。

[3] 参见阮开欣：《外国版权客体在本国的保护》，载《法学研究》2022年第4期。

[4] 参见张振锋：《符号学视角下作品认定的方法论研究》，载《法制与社会发展》2024年第1期。

[5]《著作权法实施条例》第4条中规定，曲艺作品，是指相声、快书、大鼓、评书等以说唱为主要形式表演的作品；杂技艺术作品，是指杂技、魔术、马戏等通过形体动作和技巧表现的作品。

有关。将其界定为受著作权保护的客体，有利于弘扬传统文化，利用现代技术和传播手段将其发扬光大，鼓励对这些具有民族性和本土化特色的作品的创作和传播。

现行《著作权法》第 3 条规定了受著作权保护的具体作品类型。与 2010 年《著作权法》规定相比，其修改之处体现于：一是将"电影作品和以类似摄制电影的方法创作的作品"修改为"视听作品"；二是将最后一项兜底条款"法律、行政法规规定的其他作品"修改为"符合作品特征的其他智力成果"。下文将对上述修改的情况及其合理性进行研究。

（二）从电影作品以及"类电作品"到"视听作品"

电影作品的出现是电影制作和传播技术发展的产物。随着视听技术的发展与进步，"以类似摄制电影的方法"创作的作品，如电视剧、录像作品等也不断出现，并且成为当代社会借助于视听技术的人们最熟悉的作品类型之一。我国在 1990 年颁布的《著作权法》第 3 条中规定了"电影、电视、录像作品"。在 2001 年和 2010 年修改《著作权法》时则取消了"录像作品"的概念，并借鉴《伯尔尼公约》第 2 条的表述，规定了"电影作品和以类似摄制电影的方法创作的作品"这类作品。[1] 这一修改的意义在于：一是可以避免在同一部法律中混淆相关概念，因为修改前《著作权法》除规定"录像作品"外，还规定了"录像制品"；二是为适应录音录像技术发展的需要，因为录音录像技术的发展，使类似摄制电影的方法创作的其他作品出现，上述修改能够包容技术发展产生的新的视听类作品。

在《著作权法》第三次修改中，如何改革现行电影作品著作权保护制度是人们热烈讨论的主题之一。最终，在现行《著作权法》中，电影作品以及类电作品的表述被修改为"视听作品"。不仅如此，现行《著作权法》对于这类作品的著作权归属制度也作了重要改革。[2]

第一，电影作品及类电作品的概念被"视听作品"替代，现行《著作权法》第 3 条采用了视听作品的表述。同时，由于我国著作权法的立法模式，对于视听作品的定义，则留待《著作权法实施条例》予以明确。当然，在本

---

[1] 在我国著作权法界，"以类似摄制电影的方法创作的作品"被简称为"类电作品"。

[2] 参见曹博：《著作权法如何应对 Web3.0 挑战：以视听内容为样本》，载《东方法学》2023 年第 3 期。

次修法过程中，也有草案直接对各类作品的定义作出规定。例如，2014 年《著作权法（修订草案送审稿）》第 5 条第 2 款规定，视听作品是指由一系列有伴音或者无伴音的连续画面组成，并且能够借助技术设备被感知的作品，包括电影、电视剧以及类似制作电影的方法创作的作品。与 2013 年《著作权法实施条例》规定〔1〕相比，《著作权法（修订草案送审稿）》取消了"摄制在一定介质上"的要求。笔者认为，这一修改具有合理性，应当在下一步修改该条例时予以吸收。原因在于，随着视听技术的发展，电影、电视剧及其他类电作品并不一定需要"摄制在一定介质上"，而是可以通过其他技术手段加以实现。例如，当前颇为流行的网络游戏就可以视为视听作品，其并不需要摄制在一定介质上。当视听作品创作的技术手段不需要一定"摄制在一定介质上"时，对于视听作品的要求即不再需要这一要件。这一修改有利于我国《著作权法》的保护范围与技术发展相适应，实现著作权制度的现代化。

还值得指出的是，《著作权法》第三次修改采用"视听作品"这一术语，本身具有重要意义。由于技术发展，视听作品的范围不断扩张，电影作品和类电作品的表述不足以充分体现这类作品的特征，视听作品的概念则能很好地适应视听技术发展的需要。国际上也有专门的《视听作品国际登记条约》。现行《著作权法》采用视听作品的概念，显然还具有与国际惯常用语相一致的考量。

第二，视听作品著作权归属也是《著作权法》第三次修改关注的重要问题。在现行《著作权法》公布前，对于视听作品著作权归属的规定，法律中均是作统一规定的。到 2020 年《著作权法修正案（草案）》一次审议时，全国人民代表大会宪法和法律委员会关于《著作权法修正案（草案）》修改情况的汇报则指出："将电影、电视剧作品与其他视听作品的著作权归属作统一规定不妥，建议对视听作品进行区分，对各自的著作权归属作相应的规定。"〔2〕该建议最终被采纳。现行《著作权法》第 17 条将视听作品分为两

---

〔1〕 2013 年《著作权法实施条例》第 4 条第 11 项规定："电影作品和以类似摄制电影的方法创作的作品，是指摄制在一定介质上，由一系列有伴音或者无伴音的画面组成，并且借助适当装置放映或者以其他方式传播的作品"。

〔2〕《全国人民代表大会宪法和法律委员会关于〈中华人民共和国著作权法修正案（草案）〉修改情况的汇报》，载 http://www.npc.gov.cn/npc/c2/c30834/202011/t20201111_ 308678.html，最后访问日期：2024 年 11 月 15 日。

类，一类为电影作品、电视剧作品，另一类为前者以外的视听作品。对于前者，《著作权法》规定"著作权由制作者享有，但编剧、导演、摄影、作词、作曲等作者享有署名权，并有权按照与制作者签订的合同获得报酬。"对于后者，《著作权法》则规定"著作权归属由当事人约定；没有约定或者约定不明确的，由制作者享有，但作者享有署名权和获得报酬的权利。"同时，该条沿袭了此前的规定，"视听作品中的剧本、音乐等可以单独使用的作品的作者有权单独行使其著作权。"笔者认为，这一修改的合理性在于：视听作品创作具有一定的技术性和复杂性，对于这类作品著作权的归属，需要根据不同类型视听作品的情况加以确定，而不是作统一规定。这样也就考虑到了现实中不同类型视听作品创作的成本与风险，能够更好地适应视听作品的市场化要求。具体而言，电影、电视剧作品往往投资巨大，需要耗费较多的人、财、物资源。不仅如此，耗资巨大的电影、电视剧作品不一定能够取得市场上的成功，制片者需要承担较大的市场风险，故有必要规定著作权属于制片者。在制片者耗资巨大且需要承担较大的市场风险的情况下，如果其不能够取得这类作品的著作权，根据公平原则，这也是不合理的。再根据著作权法中的激励理论，在制片者不能获得著作权的情况下，制片者将缺乏从事电影和电视剧作品创作的动力，因为其无法保证其能收回投资、获得投资回报。至于其他视听作品，则需要更多地考虑意思自治原则，通过市场化途径实现对这类作品的充分利用。这是因为，其他视听作品不需要像电影作品和电视剧作品一样付出较大的投资并承担较大的市场风险，而是可以根据市场行情较为灵活地确定著作权的归属。因此，现行《著作权法》对著作权的归属规定了意思自治优先原则，只是在没有约定或者约定不明确的情况下才规定由制作者享有。[1]

（三）兜底条款的修改和完善

1. 兜底条款的概念及意义

关于作品类型列举的兜底条款，是指在列举作品类型的基础上，增加最后一项，以便能够覆盖前面列举类型以外的作品，保持著作权法对现实复杂情况的灵活应对。兜底条款的意义在于，其为著作权司法实践提供了规范指引，便于在出现判断作品是否受著作权保护方面的争议时，能够简便地适用

---

[1] 参见最高人民法院（2018）最高法民再417号民事判决书（著作权权属、侵权纠纷案）。

法律，及时解决著作权纠纷案件。由于著作权客体深受技术发展的影响，而且创作形式和方式的变化也会导致新类型作品的诞生，著作权客体总体上有不断扩张之势。如果不规定兜底条款，就意味着对受著作权保护客体的列举具有封闭性，或称之为封闭式规定。封闭式规定难免会有遗漏，不利于随着经济社会发展而及时新增受著作权保护的客体类型。因此，兜底条款实际上反映了法律对于著作权保护实践的回应，能够确保著作权客体随着经济社会发展和技术变革而及时扩张。正因为兜底条款具有独到的作用，我国自1990年《著作权法》公布以来，对于作品类型的列举一直采用了兜底条款形式。

2. 兜底条款的完善：从"法律、行政法规规定的其他作品"到"符合作品特征的其他智力成果"

在现行《著作权法》之前，兜底条款的表述一直为"法律、行政法规规定的其他作品"，现行《著作权法》第3条第9项则将其修改为"符合作品特征的其他智力成果"。应当说，"法律、行政法规规定的其他作品"作为兜底条款仍然存在较大的局限性，因为当法律、行政法规对于某一客体是否可以纳入著作权保护未作规定时，《著作权法》关于作品类型的规定依然是封闭式的。而且，除了《著作权法实施条例》，其他法律、行政法规一般来说并不会对受著作权保护的作品作出规定，即使作出规定，也可能是非常有限的。从1991年《著作权法》实施以来的情况看，"法律、行政法规规定的其他作品"的情况几乎未见到，这与法律、行政法规有其自身调整对象有关。基于此，这种兜底条款的作用也很有限，在著作权保护实践中也很难改变其属于实质性封闭式规定的现实。

也正是因为上述规定的局限性，在《著作权法》第三次修改中对于如何改进涉及作品类型的兜底条款也存在热烈的讨论。同时，对于现行《著作权法》的上述修改，学界也存在一定的争议。大致说来，有以下两种观点：一种观点认为，这一修改具有合理性，有利于克服《著作权法》对著作权客体列举不周的弊端，能够很好地适应司法实践的需要。原因是，《著作权法》修改后，在著作权司法实践中，法官可以根据个案判定涉案标的是否符合作品特征，确定是否将其纳入著作权客体范畴。这样就大大增强了司法判断的灵活性，以应对随着技术发展著作权客体不断扩张而现有列举类型不够周延的问题。[1]另一种观点则认为，上述兜底条款违背了著作权法定原则，可能会不适当扩张著作权客体范围，并且难免会存在针对同一类型客体的同案不同判现象。[2]主张这类观点的具体理由是，"符合作品特征的其他智力成果"固然从理论上具有合理性，因为兜底条款以前列举的作品类型符合作品特征，没有列举范围之外的智力成果只要满足"作品特征"，也自然应当纳入受著作权保护客体的范畴，但由于在司法实践中对于某智力成果是否符合"作品特征"的判断属于法官自由裁量权的范畴，不同法官对同一对象的理解不同，就很难避免裁判标准混乱的现象。而且，根据著作权法的法定主义原则，著作权客体作为著作权法中最为重要的内容之一也必须法定，现行法上述规定会在很大程度上打破著作权客体法定的基本原则，严重的会出现对同一对象认定迥异的情况。

在笔者看来，对原来的兜底条款进行修订具有必要性，现行《著作权法》的修改从法理上讲也具有合理性。因为正如前所述，其他智力成果如果符合作品特征，就应当纳入著作权客体范畴。需要注意的问题则是，如何防止在著作权司法实践中法官滥用自由裁量权，[3]随意扩大解释涉案受著作权保护的客体，以致在著作权客体认定问题上造成混乱。笔者建议，未来可以总结司法实践经验，归纳和提炼适用兜底条款的基本原则和思路。例如，只有在前面列举的作品类型都无法将其纳入受著作权保护客体的范畴时，才能考虑适用兜底条款。换言之，如果在前面列举的作品类型中能够"对号入座"，就不存在适用兜底条款的必要。同时，对于符合作品特征的其他智力成果，在个案中是否受到著作权保护，还要结合案情和维护私人权利保护与公共利益的平衡加以确定。原因是，有的智力成果本身具有独创性，符合作品特征，但纳入著作权客体范畴则不利于维护公共利益，因此其应被排除在著作权保护客体范畴之外。基于此，对于其他智力成果是否符合作品特征并作为受著

---

[1] 参见孙山：《〈著作权法〉中作品类型兜底条款的适用机理》，载《知识产权》2020年第12期；任安麒：《作品类型兜底条款的证成、选择与适用——兼议非典型作品的著作权保护路径》，载《电子知识产权》2021年第4期。

[2] 参见刘银良：《著作权兜底条款的是非与选择》，载《法学》2019年第11期；刘铁光：《非例示类型作品与例示类型作品之间的司法适用关系》，载《法学评论》2023年第4期。

[3] 参见孙海龙、赵克：《原则、方法与限制：论知识产权审判中的法官解释》，载《法律适用》2013年第7期。

作权保护客体，除了认真审视其是否具有独创性和创作性特征，还需要慎重考虑将其纳入受著作权保护客体范畴对于相关当事人权益保护乃至相关产业发展的影响。以近年颇受关注的"体育赛事直播画面"是否为著作权客体为例，《著作权法》并未明确规定这类作品的类型，对于其是否符合作品特征，尤其是是否具有独创性、创作性的特点，站在不同立场看，存在很大的分歧。[1]从体育赛事利益相关方的立场看，其一般会主张将体育赛事直播画面纳入著作权客体，这样能够使其取得实体上的权利并获得更充分的法律保护；从其他利益主体方的立场看，其通过制止不正当竞争的方式即可保护自身的权益，而不必寻求著作权保护。实际上，对于这类对象是否应纳入受著作权保护的客体范畴，还需要结合著作权立法宗旨、相关主体之间的利益平衡以及相关产业发展的情况加以判定。现行《著作权法》第 5 条规定的不适用于著作权法保护的对象中就存在这种情况，以下将继续探讨。

（四）实用艺术作品的独立性问题

关于实用艺术作品，《伯尔尼公约》第 2 条明确将其纳入受著作权保护的客体范围；第 2 条第 7 款要求成员国通过国内立法以一定形式加以保护；第 7 条则规定保护期限最低不少于 25 年。我国在 1990 年颁布的《著作权法》中没有规定实用艺术作品的著作权保护问题。在该法实施后不久的 1992 年 10 月 15 日，我国加入《伯尔尼公约》。由于 1990 年颁布的《著作权法》部分规定没有完全达到该公约规定的最低保护标准，国务院在 1992 年发布《实施国际著作权条约的规定》，针对达不到该公约保护标准的部分，为外国人在我国的相应作品提供超出对我国国民的保护，其中也包括实用艺术作品的著作权保护。1992 年《实施国际著作权条约的规定》第 6 条规定："对外国实用艺术作品的保护期，为自该作品完成起二十五年。美术作品（包括动画形象设计）用于工业制品的，不适用前款规定。"这种"超国民待遇"一时引起广泛争议和诟病，因此只能作为临时手段，弥补国内法与国际公约保护标准的差距。

由于我国自 1991 年《著作权法》实施以来一直没有明确实用艺术作品在著作权法中的地位，而司法实践中涉及实用艺术作品保护的纠纷案件却不断

---

［1］　参见北京市高级人民法院（2020）京民再 128 号民事判决书（侵犯著作权及不正当竞争纠纷案）。

增多，在这种情况下，《著作权法》第三次修改中如何对待实用艺术作品问题，就成为本次修法所关注的内容之一。2012 年国家版权局先后公布的两个版本的《著作权法（修改草案）》均将实用艺术作品作为一类与美术作品并列的、独立的著作权客体加以保护，[1]且一直到 2014 年国务院法制办公室公布的《著作权法（修订草案送审稿）》，都保留了实用艺术作品作为一类独立作品的立法模式。[2]然而，最终通过的现行《著作权法》不仅取消了《著作权法（修订草案送审稿）》的规定，而且对于实用艺术作品未作出任何规定。在笔者看来，我国《著作权法》缺乏对于实用艺术作品的规定，不利于对实用艺术作品的保护以及实用艺术产业的发展，也不利于在司法实践中统一裁判标准以及更好地保护实用艺术作品。具体分析如下。

从实用艺术作品保护立法的情况看，尽管我国《专利法》规定了外观设计专利保护制度，[3]在一定程度上能够保护实用艺术作品，但外观设计专利保护与著作权保护毕竟不能相互替代，尤其是著作权保护的期限较长、保护条件相对宽松、保护方式简单，而外观设计专利保护的期限较短、保护条件相较于著作权保护要高，并且需要通过申请审批程序才能获得。不仅如此，当前我国外观设计专利申请数量多，特别是考虑到实用艺术作品在我国已经形成巨大产业的背景下，将其一律纳入外观设计专利保护更不现实。在立法层面，著作权法在著作权客体制度中不对实用艺术作品作出任何规定，其最大的问题有：一是使人们在著作权法理论上对于实用艺术作品的性质及其与美术作品等相关作品的关系产生认识分歧，如对实用艺术作品的性质判定至今有美术作品说、独立作品类型说以及一般意义上的艺术作品说等；二是未能为司法实践提供明确的指引和法律依据，以致司法实践中对于涉及实用艺术作品著作权的案件，人民法院在认定这类作品的类型和性质上存在裁判标准和说理不统一的情况，对此下面还将简要阐述。鉴于实用艺术作品的独特

---

[1] 2012 年《著作权法（修改草案）》（第一稿）第 3 条第 2 款第 9 项规定："实用艺术作品，是指具有实际用途的艺术作品"。其第二稿第 3 条第 2 款第 9 项则规定："实用艺术作品，是指具有实际用途并有审美意义的作品"。

[2] 《著作权法（修订草案送审稿）》第 5 条第 2 款第 9 项规定："实用艺术作品，是指玩具、家具、饰品等具有实用功能并有审美意义的平面或者立体的造型艺术作品"。对比该规定与此前的规定可以看出，立法者对于实用艺术作品的概念的认识也在发展中。

[3] 现行《专利法》第 2 条、第 11 条、第 27 条等。

性和人们随着生活水平提高而不断追求精神文化生活的现实，实用艺术作品作为兼具实用性和艺术性的作品在现代社会中的作用日益重要，著作权法中很有必要明确规定这一作品的类型和性质，并界定其与美术作品之间的关系。如前所述，《伯尔尼公约》已对这类作品的保护进行了规定。实际上，包括美国、韩国等很多国家在内的著作权法中也都明确了实用艺术作品的这一作品类型。在我国《著作权法》第三次修改过程中，尽管在相关草案中对于实用艺术作品进行了明确规定，但最终仍未采纳，只能留待下次修法时予以完善。

　　当前，随着我国经济社会发展，人们物质文化生活水平不断提高，对于实用艺术作品的需求也日益扩大，实用艺术作品的创作和市场流通事实上已经形成了一个庞大的产业。基于著作权法促进产业发展的目标，规定实用艺术作品的作品类型，无论是将其单独作为一类作品，还是和美术作品等纳入一类作品，都有利于明确这类作品在著作权法中的地位。同时，著作权法也是一种激励创新的法律机制，明确赋予实用艺术作品以著作权保护，能够更好地鼓励实用艺术设计创新，促进实用艺术产业发展。

　　再从实用艺术作品的司法保护看，如前所述，由于立法上缺乏明确的规定、理论上人们对于实用艺术作品的归类和性质存在分歧，[1]在涉及实用艺术作品著作权保护的问题上，不同法院也存在较大的分歧。这种分歧不仅体现于对涉案作品的称谓不同上，[2]而且体现于对实用艺术作品与美术作品关系的不同认识以及实用艺术作品受著作权保护条件的认识不一上。[3]特别值

---

　　[1]　郑成思：《版权法》（修订本），中国人民大学出版社1997年版，第105页；李明德、许超：《著作权法》（第二版），法律出版社2009年版，第45页；冯晓青：《著作权法》（第二版），法律出版社2022年版，第70—71页。

　　[2]　相关称谓如：实用美术作品、具有实用价值（功能）的艺术（美术）作品、实用艺术作品、立体造型艺术作品、立体美术作品等。参见北京市高级人民法院（2001）高知终字第18号民事判决书（侵害著作权纠纷案）；北京市第二中级人民法院（2006）二中民初字第17315号民事判决书（侵害著作权纠纷案）；江苏省高级人民法院（2015）苏知民终字第00085号民事判决书（侵害著作权纠纷案）。冯晓青、付继存：《实用艺术作品在著作权法上之独立性》，载《法学研究》2018年第2期。

　　[3]　广东省中山市中级人民法院（2016）粤20民终1574号民事判决书；福建省厦门市中级人民法院（2009）厦民初字第258号民事判决书（侵害著作权纠纷案）；广东省中山市中级人民法院（2014）知民终字第230号民事判决书。冯晓青、付继存：《实用艺术作品在著作权法上之独立性》，载《法学研究》2018年第2期。

得注意的是，司法实践中很多情况下会直接将实用艺术作品等同于美术作品，按照美术作品受著作权保护的条件进行判定。[1]如在有的案件中，法院认为作为实用艺术作品受到保护的作品仅仅在于其艺术性，即保护实用艺术作品上具有独创性的艺术造型或艺术图案。[2]由于实用艺术作品的著作权保护期限一般短于美术作品，将其纳入美术作品范畴，会大大延长这类作品的著作权保护期限，因此简单地将其纳入美术作品是不利的。[3]此外，将其简单地纳入美术作品范畴，与《伯尔尼公约》规定的实用艺术作品的著作权保护期限简短的情况不相符，也与现实中对于这类作品著作权保护期限应当短于一般作品的情况不相适应。

基于上述考虑，笔者建议我国现行《著作权法》在进一步修改时，应当确立实用艺术作品在其中的地位，特别是考虑将其作为独立的一类作品纳入受著作权保护的客体范畴。[4]

三、结语

著作权法具有与时俱进的特点，这也是我国著作权制度现代化的重要体现。[5]我国《著作权法》第三次修改历时十余年，时间不可谓不长。这在一定程度上反映了著作权立法的复杂性，以及调整利益关系的多元性。此次修法在总体上完善了我国著作权制度，提高了著作权保护水平，有利于调动作者从事创作、传播者传播作品的积极性，更好地繁荣与发展具有我国特色的科学文化事业，促进文化产业发展。此次修改的内容很多，涵盖了著作权客体制度、著作权主体制度、著作权归属制度、著作权利用制度、著作权限制制度、著作权保护制度以及信息网络环境下的著作权保护等，从所探讨的《著作权法》第3条关于著作权客体制度的完善即可见一斑。该条通过明确作

---

〔1〕 参见广州知识产权法院（2017）粤73民终537号民事判决书（著作权侵权纠纷案）。

〔2〕 最高人民法院（2018）最高法民申6061号民事裁定书（侵害著作权纠纷案）。

〔3〕 参见广东省高级人民法院（2019）粤民终1665号民事判决书（侵害作品复制权、发行权、信息网络传播权纠纷案）。

〔4〕 从国外立法例看，已有部分国家著作权法明确将实用艺术作品列为一类独立的作品。如《法国知识产权法典》第二章（受保护的作品）第L. 112-2条、《德国著作权法》第2条第1款、《韩国著作权法》第4条等。

〔5〕 参见吴汉东：《中国知识产权制度现代化的实践与发展》，载《中国法学》2022年第5期。

品的定义和内涵、优化作品的类型、改进兜底性条款等，进一步完善了我国著作权客体制度。鉴于著作权客体在著作权法中的重要地位，对著作权客体制度的完善，能够更好地协调作者或其他著作权人利益与社会公共利益的关系，更好地实现著作权立法宗旨。随着我国经济社会发展和技术进步，著作权客体制度需要进一步变革与发展，同时也需要充分重视立法修改在司法实践中的可操作性。笔者相信，我国著作权制度能够通过不断修改、完善的形式跟上经济社会发展和技术进步与创新的步伐，使之始终作为促进我国科学文化事业发展与繁荣的最重要的激励机制和法律保障机制。[1]

---

〔1〕　本专题部分内容发表于《苏州大学学报（法学版）》2022 年第 1 期。

知识产权诉讼中专家意见相关法律问题研究

　　当前，随着我国经济社会发展和人们的法律意识不断增强，相关法律纠纷案件也不断增多。由于很多案件具有一定的复杂性和疑难性，即使是具有办案经验的律师也并非都能驾轻就熟。因此，在司法实践中，当事人为维护其自身合法权益，除聘请专业律师以外，还有可能委托专家就案件的情况特别是法律适用问题发表意见。专家在对当事人提供的相关证据材料进行研究以后，会撰写专家意见书，并在签字后由当事人或者其委托的律师提交法院作为参考。还有一种情况则是司法机关聘请相关专业领域专家，就案件事实认定和适用法律问题发表独立意见，供司法机关参考。但这种情况不是指依我国相关程序法规定的专家证人出庭发表独立意见的情况。针对专家意见在诉讼中的地位和相关问题，人们更多关注的是第一种情况，即当事人单方面聘请专家发表意见，并在专家签字以后提交法院供其在裁判案件时参考。本部分对于知识产权诉讼案件中专家意见的地位等相关问题，也仅基于这一种情况进行探讨。

　　知识产权诉讼案件作为我国诉讼案件的重要类型之一，更因其专业性强、法律关系复杂、相关证据认定存在模糊性等特点而需要借助专家力量为案件事实认定和法律适用问题提供参考意见，以帮助法院更准确地查明案情，正确适用法律。关于专家意见的法律属性以及其在知识产权诉讼中的地位，我国学界和实务界存在不同观点。例如，有观点主张专家意见具有专家证据性质，属于当事人提交的一种证据类型；还有观点认为，一方当事人提交的专家意见，相当于该方当事人律师的代理词。无论对专家意见有何种认识，人们一般并不会否认其合法性。

　　然而，值得注意的是，在我国知识产权司法实践中也有个别当事人认为：我国《民事诉讼法》第66条关于证据的规定并没有"专家意见"一项，因此在知识产权诉讼中不能将其作为判决的证据和依据。如果法院主张的观点和专家意见一致，就意味着专家论证会出具的专家意见书不公平地妨碍了司法，因为其对法官断案提前施加影响，试图使法官按照专家意见的观点判案。当事人出于这一认识，甚至会导致其在案件败诉后，不是反思、悔悟其行为存在的违法性，而是将败诉的原因和责任归结于出具意见书的专家不公平地妨碍了主审法官审理案件，甚至会向专家所在单位和司法机关等多部门举报专家存在"干预司法""干预案件主审法官断案"等行为。在知识产权诉讼实践中，由于专家意见一般并非由单个专家撰写，而是通常会成立一个专家组由多人共同完成，败诉当事人分别向每位专家所在单位及众多司法行政或相关部门进行大规模举报，不仅对很多专家造成了严重困扰，而且很多接到举报的部门需要逐一查实，也会耗费大量的资源和时间。尽管这种情况并非普遍现象，但其否定了专家意见在知识产权诉讼中的合法地位，特别是专家发表专家意见行为的性质，因此有必要对这种情况进行深入研究。

首先，应当正确认识专家意见的合法性。在实践中，通常情况是当事人单方面聘请专家召开专家论证会，发表专家意见，并在专家签字以后交给法院供其参考。在知识产权诉讼中，有的当事人是将其作为证据提交的；在更多的案件中，当事人则是将其作为相关材料提交给法院参考。以知识产权民事案件为例，尽管我国《民事诉讼法》关于证据的类型并没有明确列举专家意见，但这并不意味着在知识产权诉讼案件的解决中专家意见就不具备合法性，也并不意味着专家意见不能作为证据采用。对此，可以从以下三方面加以认识：一是从宪法层面而言，包括专家在内的所有人都有自由发表观点的权利，这一权利的行使并不会因其发表的是关于案件的观点而被禁止。二是专家意见是根据当事人提交的相关证据和材料，就案件的情况特别是法律适用问题发表独立的意见。尽管其意见中的观点通常会支持受委托的当事人一方，但这种观点的作出需要紧密结合案件事实和法律进行缜密的论证和推理，而绝不是简单地支持受委托当事人一方的观点。三是专家意见本身并不排除其作为《民事诉讼法》第66条规定的"书证"或"鉴定意见"的可能，故认为其不能作为证据的主张缺乏法律依据。

其次，应当正确认识参与专家意见撰写的专家行为的性质。专家意见书当然是由专家撰写完成的法律意见，专家根据案件事实和相关法律发表独立的专家观点，能否因其被法院采纳，就认为专家不公平地影响了司法公正、影响甚至妨碍了承办法官独立办案？笔者认为答案是否定的。法院采纳专家意见中专家发表的观点，不能简单地理解为法院只是根据专家意见作出判决。事实上，从根据专家意见处理的大量司法案件的情况来看，审理案件的法院只是将专家意见的观点作为参考，合议庭需要根据双方当事人提供的诸多证据材料，紧密结合案件事实，并依照相关法律规定作出判决。在很多案件中，法院采纳专家意见，只能说明专家对于该案的情况有正确的把握。相当于在一部分案件中，专家基于其深厚的理论基础和丰富的实务经验而对案件的定性作出了正确的判断，从而使其观点获得了法院的认可。基于此，败诉方当事人没有任何理由认为参与专家意见撰写的专家存在干预法官办案的行为，更不能依据《最高人民法院、最高人民检察院、公安部、国家安全部、司法部关于进一步规范司法人员与当事人、律师特殊关系人、中介组织接触交往行为的若干规定》认定专家存在违法行为，否则就会否定专家意见的合法地位，这与我国当前知识产权诉讼中普遍存在的提交专家意见供法院参考的现实情况不符，对于参与专家意见起草的专家来说也是极不公平的。

最后，应当高度注意败诉当事人恶意举报专家行为的非法目的及其严重后果。在前面阐述的相关情况中，挑战专家意见在知识产权诉讼中的合法地位以及专家行为合法性的通常是案件败诉当事人。当事人一般对法律了解不充分，其基于个人私利考虑而存在上述错误认识似乎"情有可原"。然而，其在明知参与案件论证的专家与法官特别是承办法官不存在不正当私下接触行为的前提下，依然对参与案件论证的专家向众多部门分别进行投诉，这种情况就应当认定为恶意举报、恶意投诉，甚至是诬告陷害、诽谤专家的违法行为。这种行为在情节严重时，会贬损专家人格、破坏专家名誉，并可能构成《刑法》规定的诬告陷害罪、诽谤罪。因此，针对司法实践中存在的败诉当事人恶意举报提供专家意见的专家的违法行为，受理相关举报的单位应当注意甄别，以免造成放纵恶意举报的严重后果。

总的来讲，基于知识产权诉讼案件较强的专业性，当事人往往需要借助专家的力量维护自身合法权益。对于败诉方当事人而言，其显然不能因法院采纳了专家意见的观点而否认专家意见的合法性甚至专家行为的合法性。至于个别案件中存在的败诉当事人对出具专家意见的专家向众多部门举报的恶意行为，不仅不应得到支持，反而应当对这种违法行为予以有力制裁，甚至予以刑事处罚。只有这样，才能更好地维护我国法治的尊严。

发挥检察职能 加强知识产权全方位
综合性司法保护

知识产权是民事主体依法享有的专有权利。我国于 2021 年 1 月 1 日施行的《民法典》第 123 条明确规定知识产权属于民事权利。近些年来，随着知识产权在我国经济社会生活中重要性的不断凸显，我国不断加大对知识产权的保护力度，知识产权法律保护制度不断健全，知识产权保护政策也体现出严格保护导向。2019 年底，中共中央办公厅、国务院办公厅发布的《关于强化知识产权保护的意见》即提出我国知识产权保护的严保护、大保护，快保护、同保护的政策导向。[1]2020 年 11 月，习近平总书记在中央政治局第二十五次集体学习时，高度肯定了知识产权保护对我国经济社会发展的重要作用。

目前，知识产权已经成为我国的国家战略。我国正在深入推进知识产权强国建设，旨在使我国由知识产权大国提升为知识产权强国，由中国制造提升为中国智造、中国创造。在当前新发展格局大背景下，随着知识产权保护国际化乃至全球化趋向的增强，加强知识产权保护，对于促进我国经济社会发展、产业结构转型、经济发展方式改变以及创新型国家建设等方面都具有重要的作用。在我国知识产权保护体系中，检察机关则具有独特而重要的地位。

一、充分认识检察监督在我国知识产权保护中的重要作用

根据《宪法》规定，人民检察院是我国法定的法律监督机关。近些年来，

---

[1] 参见山东省高级人民法院（2023）鲁民终 608 号民事判决书（侵害商标权及不正当竞争纠纷案）。

我国各级人民检察院履行监督职能，在保障当事人合法权益、公正司法、定分止争方面发挥了极为重要的作用。知识产权案件是我国案件类型之一，这类案件具有较高的专业性、技术性和复杂性，案件的公正处理对于维护当事人合法权益极为重要。从近些年来我国知识产权司法实践的情况看，处理知识产权案件具有较高的难度，尤其体现在知识产权侵权行为较为隐蔽，当事人难以获得有效的证据，民事案件存在处理周期长、维权难等问题上。知识产权刑事案件则存在罪与非罪界限难以确定、侵权故意与情节严重程度难以把握的问题，同时还存在行刑案件、民刑案件交叉以及相关管辖协调、跨地域办案等疑难复杂的问题。[1]这些不同类型的知识产权案件的疑难性、复杂性，往往导致案件在不同审级中的相关观点不一，从而影响知识产权案件裁判标准的统一。

针对知识产权案件的特殊性，我国很有必要加强各级人民检察院对知识产权案件的检察监督，及时纠正错案，切实维护知识产权人和相关当事人的合法权益以及社会经济关系的稳定。从过去我国各级人民检察院对知识产权案件的检察监督情况来看，其发挥了积极而重要的作用。然而，必须看到的是，由于各级检察机关知识产权案件监督的专门人员不足，知识产权案件监督的内部工作机制不够健全，每年进入人民检察院抗诉的知识产权案件数量很少，最终通过检察抗诉程序改判的案件更是少见。在我国各类知识产权诉讼案件数量上升，知识产权案件的公正处理对于当事人和经济社会发展的作用越来越大的当下，亟需加强人民检察院对知识产权案件的检察监督。

二、最高人民检察院设立知识产权检察办公室的必要性及其重要意义和作用

2020年11月6日，最高人民检察院以内部综合办案组织形式，成立了知识产权检察办公室。应当说，这是近些年来我国推进知识产权检察监督的重大事件。该部门的设置使我国最高检察机关有了专门的知识产权监察办公机构。在笔者看来，该部门的设置具有必要性，并且在指导我国各级检察机关有效开展知识产权检察监督活动，促进知识产权案件的公正司法方面必将发

---

〔1〕 参见贺志军：《知识产权案件审判改革中的刑事管辖集中化问题研究》，载《法商研究》2023年第2期。

挥重要的作用。具体而言，可以从以下几方面加以分析。

第一，该部门的设置本身体现了强化我国知识产权案件法律监督的重要性。最高人民检察院设立知识产权检察办公室，无疑是希望通过专门的组织形式强化对我国知识产权案件的法律监督。在笔者看来，这一部门设置本身即体现了我国强化对知识产权案件法律监督的重要性。正如前几年我国成立专门知识产权法院一样，四个专门法院的成立，本身即体现了我国对加强知识产权司法保护的高度重视。有了知识产权检察办公室这样的专职部门，最高人民检察院即能够以此为依托，推进我国知识产权案件的检察监督。

第二，有利于推进我国知识产权全方位综合性司法保护。我国知识产权案件包括民事案件、行政案件和刑事案件。在现行我国知识产权司法保护体制中，尽管近些年来我国司法机关一直在积极推动"三审合一"制度，但目前总体上这三类案件仍然是由不同司法机构进行审理的。不同类型知识产权案件都具有其专业性和复杂性，特别是民事和行政案件、民事和刑事案件以及行政和刑事案件存在一定的重叠和交叉，而知识产权侵权是构成知识产权行政处罚[1]以及刑事责任的前提。在知识产权案件的检察监督方面，过去由于缺乏对于上述不同类型的知识产权案件的统筹与整合，不同类型知识产权案件的衔接存在一些问题。最高人民检察院成立知识产权检察办公室则可以很好地整合刑事、民事和行政检察职能，不仅能够对不同类型的知识产权案件进行系统规划和政策性指导，强化对不同类型知识产权案件解决的有效衔接，而且能够推动检察机关形成检察办案和监督的合力，从而有利于全面强化我国知识产权综合性司法保护。这与我国最高人民法院不断推进的"三审合一"知识产权审判制度的改革可谓一脉相承。

还需要指出的是，由于我国近年对技术类型知识产权案件审判体制进行了改革，最高人民法院成立了知识产权法庭，集中受理与审理来自一审的技术类型知识产权案件。对于最高人民法院二审的这种类型的知识产权案件，

---

[1] 参见湖南省高级人民法院（2024）湘司惩复1号复议决定书［（2023）湘01司惩4号罚款决定复议］；四川省高级人民法院（2023）川知行终1号行政判决书（市场监督管理局行政处罚一案）；浙江省金华市中级人民法院（2023）浙07行终380号行政判决书（行政处罚案）；广东省深圳市中级人民法院（2023）粤03行终824号行政裁定书（不履行行政处罚职责纠纷案）；海南省三亚市城郊人民法院（2023）琼0271行初95号行政判决书（行政处罚及行政复议纠纷案）。

如发明和实用新型专利上诉案件，[1]也需要进行有效的法律监督。最高人民检察院成立知识产权检察办公室对这类案件进行法律监督，有利于统一司法裁判标准，在充分有效保护创新性成果的同时激励创新，并为再创新活动提供足够的空间，也有利于形成良好的知识产权法律保护环境。

三、对于最高人民检察院知识产权检察办公室工作的建议

最高人民检察院知识产权检察办公室的成立，不仅是其内部组织构建的问题，其还将承担指导全国各级检察机关开展好知识产权检察工作的重任。因此，在该检察办公室工作开展方面，应当以开展全方位综合性知识产权司法保护为指引，推进知识产权"三审合一"，通过在一些地方检察院进行试点不断总结经验，并将试点经验向其他地方检察机关推广。此外，检察办公室还需要承担知识产权检察工作的政策性研究与政策构建，以便更好地指导全国各级检察机关的知识产权检察工作。同时，检察办公室还需要对全国各级检察机关知识产权检察工作中的现状和问题及时进行跟踪和了解，以便更好地发挥检察机关对知识产权案件进行法律监督的作用。

---

[1] 参见最高人民法院（2022）最高法知民终 1923 号民事判决书（侵害实用新型专利权纠纷案，专利侵权诉讼程序中转让专利权时停止侵害责任的认定）。

中　编

司法政策解读

2020 年 4 月 15 日，最高人民法院发布了《关于全面加强知识产权司法保护的意见》（本编以下简称《加强知识产权司法保护意见》），这是近年来我国知识产权司法保护政策方面又一重要成果（2018 年中共中央办公厅、国务院办公厅联合发布了《关于加强知识产权审判领域改革创新若干问题的意见》（本编以下简称《加强知识产权审判领域改革创新意见》）。在当前我国大力强化知识产权保护，尤其是笔者在另一本专著《知识产权保护论》中系统解读的中共中央办公厅和国务院办公厅联合发布的《关于强化知识产权保护的意见》（本编以下简称《强化知识产权保护意见》）颁布实施的新形势下，《加强知识产权司法保护意见》的颁行具有十分重要的意义和作用。其对于指导我国当前的知识产权审判工作，加强知识产权司法保护，完善我国知识产权司法保护政策，更好地发挥人民法院知识产权审判定分止争的功能，推进我国国家治理体系和治理能力现代化，促进我国经济高质量发展等方面，都具有不可替代的重要作用。因此，有必要对《加强知识产权司法保护意见》颁行的重要性以及其主要措施进行深入的思考和研究。

本书中，笔者将结合《强化知识产权保护意见》中关于司法保护的相关规定以及《加强知识产权司法保护意见》的规定，就《加强知识产权司法保护意见》的主要内容和措施进行系统解读，并提出个人的建议和对策。

《加强知识产权司法保护意见》颁行的重要意义

《加强知识产权司法保护意见》开篇即指出了知识产权司法保护在当前我国知识产权保护体系中的重要地位与作用：

"加强知识产权保护，是完善产权保护制度最重要的内容，也是提高我国经济竞争力最大的激励。知识产权司法保护是知识产权保护体系的重要力量，发挥着不可替代的关键作用。全面加强知识产权司法保护，不仅是我国遵守国际规则、履行国际承诺的客观需要，更是我国推动经济高质量发展、建设更高水平开放型经济新体制的内在要求。要充分认识全面加强知识产权司法保护的重大意义，准确把握知识产权司法保护服务大局的出发点和目标定位，为创新型国家建设、社会主义现代化强国建设、国家治理体系和治理能力现代化提供有力的司法服务和保障。"

对此，笔者认为，充分认识《加强知识产权司法保护意见》颁行的重要性，首先需要对于我国当前知识产权司法保护在我国知识产权保护体系中的重要地位作出基本的了解和认识。

结合上述规定，我国知识产权司法保护在当前我国经济社会发展与创新型国家建设中的重要地位作用，可以从以下几方面加以认识。

一、知识产权司法保护是我国知识产权保护体系中最为重要的组成部分

全面加强知识产权司法保护的重要性首先体现为强化我国知识产权保护的重要性。知识产权作为我国重要的财产权制度范畴，本身即被视为一种十分重要的财产权；在当前知识经济时代，其甚至被认为是最重要的财产权。正如《加强知识产权司法保护意见》援用习近平总书记的观点："加强知识产权保护是完善产权保护制度最重要的内容，也是提高中国经济竞争力最大的激励。"众所周知，我国知识产权保护体系主要由知识产权行政执法和知识产

权司法保护两部分构成，其中知识产权司法保护处于主导地位，知识产权行政执法则构成知识产权保护体系的有力支撑。[1] 基于司法最终解决的原则以及依法行政的法治原则，知识产权行政执法也受到知识产权司法监督。基于此，当前我国知识产权保护水平的提升，最主要的仍然体现为全面加强知识产权的司法保护。

二、全面加强知识产权司法保护是创新型国家建设的必然要求

全面加强知识产权司法保护，是服务于当前我国创新型国家建设，促进我国产业转型升级和经济发展方式的改变，使我国经济发展模式由要素经济向创新型经济转化，更好地服务于我国创新驱动发展战略的必然要求。

知识产权保护与产业发展，尤其是构建知识产权密集型产业，有利于促进我国的经济增长。从知识产权保护制度的产生和发展规律来看，知识产权保护制度是市场经济的产物，其在现实中功能和作用的发挥需要充分利用市场机制，知识产权的价值最终也需要在市场上实现。知识产权保护制度作为调整市场经济中知识产品归属、流转关系的法律机制和激励创新的机制，对我国经济增长和经济社会发展，尤其是经济高质量发展的重要性，主要体现为通过激励创新和保护创新性成果，以及促进创新性成果的市场流转，使其保值增值，从而不断提高产品的附加值以及国内外市场竞争能力。知识产权保护制度这一功能和作用的发挥，离不开实践中充分、有效的司法保护。正如《加强知识产权司法保护意见》所指出的，加强知识产权司法保护，是"我国推动经济高质量发展、建设更高水平开放型经济新体制的内在要求"。研究近些年来我国大量的知识产权司法保护案例也可以发现，如何通过有效的知识产权司法保护有力制止知识产权侵权行为，并通过合理平衡知识产权人和社会公众的利益，为我国创新环境提供良好的保障，更好地服务于我国创新型国家建设，是大量知识产权个案解决背后所需要实现的重要目的。

---

[1] 参见董涛：《国家治理现代化下的知识产权行政执法》，载《中国法学》2022 年第 6 期。

三、通过加强知识产权司法保护为我国社会主义现代化强国建设提供司法服务和保障

当前我国进入社会主义现代化建设的新时代，正在朝建设社会主义现代化强国的宏伟目标前进。从我国知识产权司法保护的性质来说，其显然属于我国法治建设的范畴。自 20 世纪 70 年代末我国实行改革开放政策以来，"一手抓建设、一手抓法制"成为党和国家相当长时期的大政方针和政策。特别是进入社会主义现代化建设新时代以来，建设社会主义法治国家也是我国经济社会发展的重要目标之一。知识产权司法保护对于我国社会主义现代化强国建设的重要作用，可以从法治建设对于经济建设的重要保障和推动作用的方面加以理解。我国新时代的社会主义法治建设强调科学立法、严格执法、公正司法和全民守法。法治建设最重要的实施机制是通过制度化的形式，充分运用法律的教育、评价、规范、预测等功能和作用调整各种社会关系，通过行政执法和司法保护等机制以及广泛的社会公众参与的社会治理机制，及时有效地解决纠纷，维护当事人合法权益，促进社会和谐。

就知识产权法治建设而言，其对于我国社会主义现代化强国的保障作用体现为，充分利用知识产权法律制度的市场机制、激励机制、保障机制和利益协调机制，促进更多更好的创新性成果涌现，从而能够实质性提高我国的创新能力和国际竞争力，使我国从知识产权大国一跃成为知识产权强国。随着经济社会的发展和国际竞争的加剧，世界各国、各地区的竞争日益围绕着知识、技术和人才方面展开，在当前知识产权国际保护制度日益严格的背景下，这些方面最终体现的竞争优势即表现为知识产权。以美国为例，其在军事、科技、经济文化等领域的优势，也是以知识产权优势的形式体现出来的。正是因为其知识产权优势对于维护其全球竞争优势具有决定性作用，所以美国十分重视和强调对知识产权的保护，特别是知识产权的国际保护。在当前世界贸易组织体制下，关税壁垒的作用日益淡化，并被知识产权壁垒替代。获得和拥有占优势的知识产权已经成为很多国家和地区的战略。也正是如此，国务院原总理温家宝曾指出：世界未来的竞争，就是知识产权的竞争。

就我国的社会主义现代化强国建设而言，在当今技术变革和发展日益迅猛、全球竞争日益激烈的时代，我国经济社会发展，特别是经济的稳步增长和科技文化进步与繁荣也越来越依赖于占优势的知识、信息和技术，而这些

都是以获得知识产权作为基础和条件的。之所以如此，是因为人类社会进入知识经济时代，知识、信息和技术以及人才资源对于经济增长和竞争优势的获得越来越重要。这些都与知识产权有着千丝万缕的关系。随着社会发展，作为无形财产权的知识产权将在未来财产权格局中取得越来越重要的地位。其中还隐含着一个十分重要的内在运行机制，即未来我国社会进步和经济发展越来越依靠创新驱动，这也是我国社会主义现代化强国建设发展的必然之路。知识产权保护制度则是驱动创新的法律机制和激励机制。由此可见，我国知识产权法治建设对于社会主义现代化强国建设而言是不可缺少的重要法治保障手段。也正因如此，近些年来党和政府越来越关注对知识产权的有效保护，并最终将知识产权作为我国的国家战略。在国家知识产权战略实施多年以后，我国进一步启动和实施了知识产权强国建设工程，旨在通过对知识产权保护功能进行更加有效地运用，推动我国社会主义现代化强国建设。

知识产权司法保护，是我国知识产权法治建设中的重中之重。这是因为，我国知识产权法治建设是以建立知识产权法律制度，充分有效保护知识产权作为前提和基础的。知识产权保护是我国知识产权法治建设的灵魂和生命力所在。离开充分、有效地保护知识产权，我国知识产权法治建设将不可能实现其目的。在我国知识产权保护体系中，知识产权司法保护是其中最为重要的内容和手段。近些年来，我国各级人民法院审结了大量知识产权相关案件，有力地维护了知识产权人和相关当事人的合法权益，为创新活动提供了充分保障，知识产权司法保护取得的成效有目共睹。值得注意的是，基于在新时代加强知识产权保护工作对于促进我国经济社会发展和创新型国家建设日益重要的作用，我国知识产权司法保护也日益注重严格保护的司法政策导向，这在 2017 年最高人民法院发布的《中国知识产权司法保护纲要（2016—2020）》中就有充分的体现。我国知识产权司法保护对于社会主义现代化强国建设的重要法治保障作用，主要是通过强化以知识产权审判为中心的知识产权审判体制机制的改革与发展，通过公平公正地审理大量知识产权纠纷案件，有力地保护创新性成果、制止形形色色的知识产权侵权行为，为创新环境提供良好的制度保障，维护知识产权法律制度的尊严。毫无疑问，《加强知识产权司法保护意见》所确立的服务创新型国家和我国社会主义现代化强国建设的重要定位，有利于为我国知识产权司法保护服务于国家经济社会发展大局确定明确的方向并提供指引。

四、通过加强知识产权司法保护，为推进国家治理体系和治理能力现代化提供有力的司法服务和保障

　　党的十九届四中全会专门就完善中国特色社会主义制度，推进国家治理体系和治理能力现代化作出了重要决定。党的二十大报告也指出，当前国家治理体系和治理能力现代化水平明显提高。国家治理体系和治理能力现代化是一个巨大的系统工程，涉及国家政治、经济、科技、文化、外交等方方面面的建设与发展，需要利用全社会的力量有序推进。在不同国家，其治理体系和治理能力现代化在具有一些共同特点的同时，也具有个性化特色。例如，就共同特点而言，国家治理体系和治理能力现代化都是基于建立和完善国家制度并加以有效运行而实现的。同时，国家治理体系和治理能力现代化强调社会公众的广泛参与性，而不仅仅是政府治理。就个性特点而言，由于不同国家治理体系和治理能力现代化都是基于一定的政体和国体构建相应的国家制度，并予以有效地运行，不同国家的治理体系和治理能力现代化的发展与实施策略表现为不同的特点。就我国国家治理体系和治理能力现代化而言，基于我国特有的政治和经济制度，特别是我国实行的是以中国共产党领导为核心的社会主义制度，在我国社会主义现代化强国建设的新时代，我国国家治理体系和治理能力现代化以提高综合国力、谋求人民福祉、实现中华民族伟大复兴为根本目标。

　　国家治理体系和治理能力现代化以国家制度的构建与完善为基础。其中国家制度又需要以法律制度的形式加以明确。从这个意义上讲，法治化是国家治理体系和治理能力现代化的标志。采用法治化的手段推进国家治理体系和治理能力现代化，是我国全面推进国家治理体系和治理能力现代化的根本性的措施。众所周知，党和国家近些年来也提出了建设社会主义法治国家的宏伟目标与愿景。可以认为，我国的法治建设与全面推进国家治理体系和治理能力现代化是一脉相承的。在我国这样一个社会主义国家，国家治理体系和治理能力现代化没有先期经验可供参考，新中国成立以来中国共产党作为我们的执政党，凭借其伟大的智慧，在不断探索推进国家治理体系和治理能力现代化进程中，虽然经历了不少曲折，但最终深刻认识到了只有建设社会

主义法治国家才是国家未来的希望。众所周知，党的十八届四中全会首次以
"依法治国"作为大会的主题，并作出了关于建设社会主义法治国家的重要决
议。建设社会主义法治国家，也可以理解为通过法治化手段，推进我国国家
治理体系和治理能力现代化。

无论如何，法治化既是我国国家治理体系和治理能力现代化的根本保障，
也是我国国家治理体系和治理能力现代化实施的基本手段。只有法治化，才
能保障国家制度体系符合公平正义观念，以人民的福祉为根本；只有法治化，
才能保障国家制度充分、有效地运行。因此，也可以认为，在当前我国建设
社会主义强国的新时代，建设社会主义法治国家与全面推进国家治理体系与
治理能力现代化是"一体两翼"，缺一不可，两者相辅相成，共同服务于实现
中华民族伟大复兴和屹立于世界民族之林。

进言之，从我国包括知识产权法律制度在内的法律制度的建立和完善来
看，法律制度显然是我国国家制度十分重要的内容。法律制度也是我国建设
社会主义法治国家，全面依法治国的基础和保障。俗话说，"不以规矩，不成
方圆"，法治化，是以我国法律制度和法律体系的不断构建与完善作为基础和
保障的。近些年来，我国颁布实施了大量法律，根据经济社会发展的需求，
及时进行法律的修订与完善。这无疑是推进我国社会主义法治建设的重要手
段。到目前为止，可以认为我国已经建立了适应社会主义市场经济体制发展
的基本法律体系，为全面推进依法治国，建设社会主义法治国家提供了强大
的制度保障。

在我国法律制度体系中，包括知识产权司法保护制度在内的司法制度显
然也是其中极为重要的内容，是我国法律制度体系中一道亮丽的风景线。司
法作为社会正义的最后底线，承载着广大人民群众对于国家法律有效实施、
公平正义得到保障的良好愿望和诉求。司法制度无疑在我国法律制度体系和
我国社会主义法治建设中具有十分重要的地位。"徒法不足以自行"，各项法
律制度最终需要通过有效的执行才能实现其立法目的。因此，在全面推进依
法治国进程中，除了科学立法和全民守法，还需要严格执法和公正司法。从
近些年来我国司法制度的建立，通过司法保护解决了千千万万的各类纠纷，
有力打击了各类违法犯罪行为的成就来看，包括知识产权司法保护在内的我
国各类司法审判活动，及时有效地维护了各类权利人和相关当事人的合法权
益，通过定分止争维护了社会关系的稳定和和谐，成为促进我国经济社会发

展的重要法治保障。

从以上探讨可以看出，知识产权司法保护制度作为我国法律制度的重要组成部分、知识产权司法保护作为我国司法审判活动的重要内容之一，是我国社会主义法律制度体系及其有效运行的重要范畴，在推进我国知识产权司法保护方面的法治化和制度建设中发挥着不可替代的重要作用。我国全面推进国家治理体系和治理能力现代化的宏伟目标，需要通过包括法律制度在内的国家制度体系的制定和完善以及法治化的手段加以实现。作为我国法律制度的重要组成部分以及司法制度的重要内容之一，全面加强我国知识产权司法保护也是全面推进我国国家治理体系和治理能力现代化的重要法律保障手段。[1]

五、全面加强知识产权司法保护，是落实"两办"颁行的《强化知识产权保护意见》关于强化知识产权司法保护的各项制度和措施的需要

鉴于知识产权司法保护在我国知识产权保护体系中占据主导地位，知识产权司法保护的状况和水平直接影响我国知识产权保护水平和知识产权制度实施的效果，《强化知识产权保护意见》除了提出完善我国知识产权立法与政策体系、加强我国知识产权行政执法、引入社会治理手段推进知识产权保护、加强知识产权国际交流与合作、加强知识产权保护的组织建设与基础条件构建等方面的措施，还有一个重要内容就是全面强化知识产权的司法保护，提高我国知识产权司法保护水平。在此，笔者将以知识产权司法保护作为内容，对《强化知识产权保护意见》中关于知识产权司法保护方面的规定进行梳理和归纳。由此可以看出《强化知识产权保护意见》高度重视强化我国知识产权司法保护，对如何强化我国知识产权司法保护、提高知识产权司法保护水平提出了诸多重要政策性规范和指引。

《强化知识产权保护意见》对知识产权保护的规范主要体现为严保护、大保护、快保护和同保护等。这方面也突出地体现为全面强化知识产权的司法保护。以下不妨结合《强化知识产权保护意见》的规定加以探讨。

---

〔1〕　参见吴汉东：《论知识产权一体化的国家治理体系——关于立法模式、管理体制与司法体系的研究》，载《知识产权》2017年第6期。

（一）关于知识产权司法保护的严保护政策导向

对此，《强化知识产权保护意见》规定的主要有以下三方面。

一是强化制度约束，确立知识产权严保护政策导向。这方面涉及强化知识产权司法保护的内容有：强化知识产权民事司法保护，有效执行惩罚性赔偿制度；规制商标恶意注册、非正常专利申请以及恶意诉讼等行为；加强刑事司法保护，推进刑事法律和司法解释的修订完善。

二是严格规范证据标准。在涉及知识产权诉讼证据方面，采取的主要措施有：深入推进知识产权民事、刑事、行政案件"三合一"审判机制改革，完善知识产权案件上诉机制，统一审判标准；规范知识产权司法证据标准；完善知识产权案件移送要求和证据标准，制定证据指引，顺畅行政执法和刑事司法衔接；制定知识产权民事诉讼证据规则司法解释，着力解决权利人举证难问题。

三是强化知识产权案件执行措施。这方面规定的强化知识产权司法保护的措施有：逐步建立全领域知识产权保护案例指导机制和重大案件公开审理机制；加强对知识产权案件异地执行的督促检查，推动形成统一公平的法治环境。

（二）加强社会监督共治，构建知识产权大保护工作格局

在推进强化知识产权司法保护方面，《强化知识产权保护意见》规定的措施有：加强专业技术支撑，在知识产权司法活动中引入技术调查官制度，[1]协助司法部门准确高效认定技术事实；探索加强知识产权侵权鉴定能力建设，研究建立侵权损害评估制度，进一步加强司法鉴定机构专业化、程序规范化建设。

（三）优化协作衔接机制，突破知识产权快保护关键环节

在推进知识产权司法保护中的快保护政策导向方面，《强化知识产权保护意见》规定的措施如下。

一是优化授权确权维权衔接程序；健全行政确权、公证存证、仲裁、调解、行政执法、司法保护之间的衔接机制，加强信息沟通和共享，形成各渠

---

[1] 参见杨秀清：《我国知识产权诉讼中技术调查官制度的完善》，载《法商研究》2020 年第 6 期；张玲玲：《我国知识产权诉讼中多元化技术事实查明机制的构建——以北京知识产权法院司法实践为切入点》，载《知识产权》2016 年第 12 期。

道有机衔接、优势互补的运行机制，切实提高维权效率。

二是加强跨部门跨区域办案协作，健全行政执法部门与公安部门对涉嫌犯罪的知识产权案件查办工作衔接机制；建立健全知识产权案件分流制度，推进案件繁简分流机制改革；推动建立省级行政区内知识产权案件跨区域审理机制，充分发挥法院案件指定管辖机制作用，有效打破地方保护。

三是推动简易案件和纠纷快速处理。关于这一点，《强化知识产权保护意见》中规定了相关措施，如推广利用调解方式快速解决纠纷，高效对接行政执法、司法保护、仲裁等保护渠道和环节。

（四）加强基础条件建设，有力支撑知识产权保护工作

在涉及强化知识产权司法保护方面，《强化知识产权保护意见》规定的措施有：加强知识产权司法队伍人员配备和职业化、专业化建设，建立有效激励司法人员积极性的机制，确保队伍稳定和有序交流；推动知识产权刑事案件办理专业化建设，提高侦查、审查逮捕、审查起诉、审判工作效率和办案质量。

推动知识产权司法装备现代化、智能化建设，也是加强知识产权司法保护基础条件建设的重要内容。当前我国知识产权司法保护队伍力量有限，难以及时有效地处理日益增长的大量知识产权纠纷案件。在当前我国法官队伍员额制改革的背景之下，不可能通过不断扩大法官队伍来解决数量日益飙升的知识产权诉讼案件。因此，要想充分利用高科技手段武装司法机关和法官队伍，知识产权司法装备的现代化和智能化就成为一个十分紧迫的问题，需要研究和解决。随着技术的发展，可用于知识产权司法保护的技术与设备越来越多。为了提高办案效率，更有效地发现与制止知识产权侵权行为，知识产权司法保护中需要选择最适合的相关技术和设备，以便使所采用的技术与设备的运用符合知识产权保护的规律。[1]

（五）加强组织领导和宣传等方面的工作

《强化知识产权保护意见》规定要全面加强党对知识产权保护工作的领导。这无疑也是全面加强我国知识产权司法保护需要遵循的基本方针和政治原则。此外，加强宣传引导也是《强化知识产权保护意见》规定的重要措施之一。例如，其要求各地区各部门要加强舆论引导，定期公开发布有社会影

---

〔1〕　冯晓青：《知识产权保护论》，中国政法大学出版社 2022 年版，第 312—316 页。

响力的典型案件，让强化知识产权保护的观念深入人心。

从上述《强化知识产权保护意见》中关于强化知识产权司法保护方面的政策性规定来看，涉及知识产权司法保护方面的规定在该意见中占据十分重要的地位。然而，《强化知识产权保护意见》的上述规定毕竟只是提出了相关的政策性措施和方针，对于如何具体落实则没有作出明确、细致的规定。在当前我国不断强化知识产权保护[1]的政策背景下，为回应党中央和国务院对知识产权司法保护方面的政策性规定与要求，需要就上述规定涉及知识产权司法保护的内容进行细化，制定可操作的具体的规范和标准，以便更好地指导我国知识产权审判活动，提高知识产权司法保护水平。从这一方面看，《加强知识产权司法保护意见》的颁布与实施，也具有十分重要的意义。

六、全面加强知识产权司法保护是解决我国知识产权司法保护中存在的突出问题的现实需要

（一）我国知识产权司法保护的成就

近年来，随着我国社会主义法治建设的发展，我国知识产权法治建设也取得了巨大成就和进步。这不仅体现为人们知识产权意识的不断提升、知识产权立法体系的构建与完善、知识产权行政执法的加强，还体现为知识产权司法保护的加强。总结近些年来我国知识产权司法保护的成就，可以归纳为以下几方面。

一是逐渐建立与完善了知识产权审判组织。在过去，我国各级人民法院没有独立的知识产权审判庭，后来在北京市第一中级人民法院率先设立知识产权审判庭以后，各地省会城市中级人民法院才先后设立了知识产权审判庭，相应地在高级人民法院也设立了知识产权审判庭，同时最高人民法院也设立了知识产权审判庭。近年来，北京、上海、广州、海南等地还设立了专门审理知识产权案件的知识产权法院，在一系列的省会城市设立了知识产权法庭，同时最高人民法院也设立了知识产权法庭。我国各级人民法院知识产权审判组织的建立，为我国知识产权审判工作的开展提供了坚实的组织保障。

二是建立了一支业务能力强的知识产权审判队伍。我国知识产权审判队

---

[1] 参见山东省日照市中级人民法院（2022）鲁11民初205号民事判决书（侵害商标权纠纷案）。

伍建设是随着我国知识产权司法保护工作的开展而不断发展的。迄今我国已经建立了一支规模较为庞大、思想政治和业务水平过硬的知识产权审判队伍，为我国知识产权审判工作有效开展提供了专业人才保障。

三是依法审结了大量知识产权各类纠纷案件，有力地维护了知识产权和相关当事人的合法权益，促进了社会的和谐稳定，为服务于我国经济社会发展大局和创新型国家建设作出了十分重要的贡献。特别是近些年来，随着我国知识产权事业的发展和人们知识产权意识的不断提升，知识产权诉讼案件数量日益增长。近几年，我国每年的知识产权一审民事案件就有几十万件之多，2021 年，人民法院新收一审、二审、申请再审等各类知识产权案件 642 968 件。〔1〕各级人民法院通过及时审结各类知识产权民事、行政和刑事案件，为促进我国经济社会发展提供了重要的司法保障。尤其值得指出的是，随着经济社会和现代技术的发展，出现了各类新型、复杂、疑难、前沿性的知识产权案件，人民法院应对各种挑战，及时审结各类型案件并获取了相关司法经验。

四是建立与完善了知识产权司法政策体系和规范，为推动我国知识产权司法保护体制机制建设提供了政策指引。近些年来，最高人民法院颁布了大量知识产权司法政策和司法解释等相关规范性文件，〔2〕为在我国知识产权司法保护领域落实党中央、国务院精神，促进我国知识产权司法保护体制机制建设与完善提供了重要保障。

（二）我国知识产权司法保护的突出问题

也应当看到，近些年来随着我国经济社会的发展与创新型国家的建设，对知识产权司法保护提出了更高的要求。特别是信息网络技术的发展，对知识产权司法保护提出了严峻的挑战。同时，在当前我国知识产权司法保护中也存在很多瓶颈与突出的问题，亟需解决。大致而言，需要重点研究与解决以下问题。

---

〔1〕 最高人民法院知识产权审判庭编：《中国法院知识产权司法保护状况（2021）》，载 https://www.court.gov.cn/upload/file/2022/04/21/16/19/20220421161909_81490.pdf，最后访问日期：2024 年 5 月 20 日。

〔2〕 例如，《最高人民法院关于全面加强知识产权审判工作为建设创新型国家提供司法保障的意见》《最高人民法院关于加强著作权与与著作权有关的权利保护的意见》《最高人民法院关于加强新时代知识产权审判工作 为知识产权强国建设提供有力司法服务和保障的意见》等。

一是维权成本高、举证难。毫无疑问，知识产权人行使诉讼权利，需要付出一定的成本。除了诉讼费、公证费、调查取证差旅费等，基于知识产权案件的专业性和复杂性，一般还需要承担聘请专业律师的律师费。对很多当事人而言，维权成本成为阻碍其通过诉讼途径维权的一个重要因素。维权成本高，还与知识产权案件举证难存在很大的关系。举证难也一直是我国知识产权诉讼案件的突出问题之一。以知识产权民事诉讼为例，其实行"谁主张、谁举证"的举证责任原则。然而，基于知识产权的无形性以及知识产权侵权行为的技术性、复杂性和隐秘性，知识产权人和相关利害关系人难以在侵权诉讼中提出有利的证据，从而面临败诉的风险。这显然不利于充分维护知识产权人的合法权益。为此，需要加强对知识产权诉讼证据制度的研究，发布知识产权诉讼证据司法解释等形式，[1]为当事人和人民法院在知识产权诉讼案件中充分运用证据明确案件是非曲直提供重要依据。

二是维权周期长。维权周期长也是当前我国知识产权诉讼案件中的一个突出问题。在这方面的一个重要问题又是知识产权授权确权案件与知识产权侵权案件的有效衔接问题。在相当多的情况下，知识产权侵权案件的被告为了摆脱侵权指控的被动地位，往往提出相关知识产权无效宣告请求，从而引发知识产权授权确权行政纠纷案件。知识产权相关案件的久拖不决，会造成相关当事人耗费大量的人财物资源，也会造成人民法院司法资源的浪费，不利于提高知识产权诉讼案件的效率。如何优化相关诉讼程序，构建多元化的知识产权纠纷解决机制，并实现不同知识产权纠纷案件处理途径的有机协调与衔接，是我国知识产权保护实务中值得深入探讨的紧迫性问题。

三是赔偿低。在过去，我国人民法院对知识产权纠纷案件判决的赔偿整体数额较低，以致出现了所谓"赢了官司输了钱"的现象。这一现象，不仅不利于调动知识产权人和相关利害关系人维权的积极性，而且在实践中可能会挫伤其维权的积极性。在笔者看来，我国知识产权侵权纠纷案件赔偿低的原因是多方面因素造成的。例如，由于很多知识产权侵权纠纷案件中原告不能提供有力的证据，审理知识产权侵权案件的法院大量使用法定赔偿标准。在过去我国知识产权专门法律对侵权损害的法定赔偿标准较低的情况下，法

---

〔1〕 参见林广海等：《系列解读之二〈最高人民法院关于审理专利授权确权行政案件适用法律若干问题的规定（一）〉的理解与适用》，载《法律适用》2021年第4期。

院对知识产权侵权案件判决的赔偿数额可能就比较低。同时，对于知识产权无形财产权价值的认识，也是值得重视的一个问题。在过去我国知识产权损害赔偿实践中，没有基于知识产权价值导向的损害赔偿额的界定理念和方法，这也是导致知识产权侵权案件中赔偿额较低的原因之一。

四是滥用诉权等不诚信诉讼行为突出。关于知识产权滥用问题，本书第一部分已作一定探讨。值得注意的是，在我国知识产权诉讼中，滥用诉权、滥用管辖权异议、恶意诉讼等不诚信诉讼行为并不少见。这类行为严重侵害了相关当事人合法权益，也与我国知识产权司法保护宗旨背道而驰，因此不应获得法律保护。这里不妨通过一个案例简要说明。

在北京某投资咨询有限公司与天津某置业有限公司侵害商标权纠纷二审案中，天津市高级人民法院认为：注册商标专用权所保护的利益，不是核准注册的标识本身，而是经营者由于使用该标识于特定商品后产生的商誉，[1]该商誉代表了经营者提供的商品或者服务的质量，是商标的真正价值所在，没有商品或者服务载体的标识本身是无法起到区别商品或者服务来源作用的，也是没有商标价值的。因此，取得商标注册并不意味着必然会受到注册商标专用权的保护。北京某投资咨询有限公司取得本案注册商标专用权的目的，就在于通过许可他人使用涉案注册商标而获利，并且依约与唐某分配获利，无论是唐某还是北京某投资咨询有限公司，取得涉案注册商标专用权的目的均不是通过真实使用商标取得商誉，唐某、北京某投资咨询有限公司对于注册商标专用权的取得都不具有正当性。北京某投资咨询有限公司以非善意取得的商标权对天津某置业有限公司的使用行为提起的侵权之诉，构成权利滥用，其与此有关的诉讼请求不应得到法律的支持。[2]上述主张很清楚地表明，非善意取得注册商标专用权并行使商标权的行为不受法律保护。

五是知识产权诉讼案件存在执行难问题。执行难一直是我国民事诉讼实践中存在的疑难问题，在我国知识产权诉讼中也同样存在这一问题。导致执行难的原因多种多样，例如，被执行人缺乏诚信，有执行能力而拒不执行；被执行人有意转移或隐匿财产，或者被执行人缺少执行能力等。知识产权司

---

[1] 参见上海市崇明区人民法院（2023）沪0151民初2038号民事判决书（侵害商标权纠纷案）。

[2] 天津市高级人民法院（2018）津民终114号民事判决书（侵害商标权纠纷案）。

法判决能否得以执行，直接关系到权利人合法权益的维护以及知识产权司法保护的权威性。因此，需要针对执行难的原因加以完善。

（三）全面加强知识产权司法保护成为解决我国知识产权司法保护中存在的突出问题的现实需要

如前所述，近些年来随着我国知识产权事业的发展，我国知识产权司法保护水平也在不断提高，知识产权司法保护取得了显著成就。但是，也应当看到存在上述一些突出的问题。为此，需要通过加强知识产权司法保护，着力解决知识产权司法保护中的突出问题。《加强知识产权司法保护意见》针对上述突出问题，提出了以下相应的对策，旨在"增强司法保护实际效果"，值得研究。

第一，关于降低维权成本和解决举证难问题，《加强知识产权司法保护意见》提出的措施有：制定知识产权民事诉讼证据司法解释，〔1〕完善举证责任分配规则、〔2〕举证妨碍排除制度和证人出庭作证制度，拓宽电子数据证据的收集途径，准确把握电子数据规则的适用，依法支持当事人的证据保全、〔3〕调查取证申请，减轻当事人的举证负担。这些措施，涉及证据制度、举证责任分配规则、证据的采集和适用等问题。

第二，关于缩短知识产权诉讼周期，《加强知识产权司法保护意见》提出的措施有：积极开展繁简分流试点工作，推进案件繁简分流、轻重分离、快慢分道。深化知识产权裁判方式改革，实现专利商标民事、行政程序的无缝对接，防止循环诉讼。严格依法掌握委托鉴定、中止诉讼、发回重审等审查标准，减少不必要的时间消耗。依法支持知识产权行为保全申请，为裁判的及时执行创造条件。这些内容涉及案件繁简分流、民行案件衔接和杜绝循环诉讼等问题，旨在简化程序、提高司法审判效率。

第三，关于提高侵权损害赔偿额，《加强知识产权司法保护意见》提出的措施有：充分运用工商税务部门、第三方商业平台、侵权人网站或上市文件

---

〔1〕《最高人民法院关于知识产权民事诉讼证据的若干规定》于 2020 年 11 月 9 日由最高人民法院审判委员会第 1815 次会议通过，自 2020 年 11 月 18 日起施行。

〔2〕 参见王艳芳：《侵犯商业秘密举证责任制度的缺陷与重构》，载《中国法律评论》2023 年第 3 期。

〔3〕 Hu Xiao, "The Pattern Reconstruction and Type Analysis of the Evidence Preserving System in Intellectual Property Infringement Litigation", 11 *China Legal Science* 3（2023）.

显示的相关数据以及行业平均利润率等,依法确定侵权获利情况。[1]综合考虑知识产权市场价值、侵权人主观过错以及侵权行为的持续时间、影响范围、后果严重程度等因素,合理确定法定赔偿数额。对于情节严重的侵害知识产权行为,依法从高确定赔偿数额,依法没收、销毁假冒或盗版商品以及主要用于侵权的材料和工具,有效阻遏侵害知识产权行为的再次发生。这些措施涉及强化侵权违法所得额计算的可操作性、明确法定赔偿应当考虑的相关因素以及对于情节严重的知识产权侵权行为的判赔等问题,有利于有针对性地确定侵权损害赔偿额,切实维护知识产权人合法权益。

第四,关于依法制止不诚信诉讼行为,《加强知识产权司法保护意见》提出的措施有:妥善审理因恶意提起知识产权诉讼损害责任纠纷,依法支持包括律师费等合理支出在内的损害赔偿请求。强化知识产权管辖纠纷的规则指引,[2]规制人为制造管辖连接点、滥用管辖权异议等恶意拖延诉讼的行为。研究将违反法院令状、伪造证据、恶意诉讼等不诚信的诉讼行为人纳入全国征信系统。这些措施涉及对于恶意提起知识产权诉讼、恶意管辖权异议等不诚信诉讼行为的应对策略,有利于遏制知识产权诉讼中的各种不诚信行为,维护司法保护秩序。

第五,关于有效执行知识产权司法裁判,《加强知识产权司法保护意见》提出的措施有:结合知识产权案件特点,全面优化知识产权案件执行管辖规则。研究完善行为保全和行为执行工作机制。制定知识产权裁判执行实施计划和工作指南,充分运用信息化网络查控、失信联合信用惩戒等手段加大裁判的执行力度,确保知识产权裁判得以有效执行。这些措施涉及知识产权案件执行管辖、行为保全和行为执行工作机制、司法政策指引和信息化手段等策略,有利于强化知识产权案件的执行,提高知识产权案件执行率。

---

〔1〕 William Antonides III, "Awarding a Plaintiff a Defendant's Profits in Trademark Infringement Actions: Why Courts Should Universally Apply the Bright-Line Rule Requiring Willful Infringement", 48 *Rutgers L. Rec.* 25 (2020—2021).

〔2〕 参见最高人民法院 (2023) 最高法民辖 143 号民事裁定书 (案件管理确定)。

《加强知识产权司法保护意见》的总体要求

《加强知识产权司法保护意见》在第一部分提出了全面加强知识产权司法保护的总体要求。

"坚持以习近平新时代中国特色社会主义思想为指导，深入贯彻落实中共中央办公厅、国务院办公厅《关于加强知识产权审判领域改革创新若干问题的意见》《关于强化知识产权保护的意见》，紧紧围绕'努力让人民群众在每一个司法案件中感受到公平正义'目标，坚持服务大局、司法为民、公正司法，充分运用司法救济和制裁措施，完善知识产权诉讼程序，健全知识产权审判体制机制，有效遏制知识产权违法犯罪行为，全面提升知识产权司法保护水平，加快推进知识产权审判体系和审判能力现代化，为实施创新驱动发展战略、培育稳定公平透明可预期的营商环境提供有力司法服务和保障。"

上述总体要求为全面加强我国知识产权司法保护提供了指导思想和基本原则，也为新时代我国全面加强知识产权司法保护指明了方向，是我国加强知识产权司法保护的重要指导方针，因而需要在全面推进我国知识产权司法保护中加以全面贯彻。

根据《加强知识产权司法保护意见》的上述总体要求的规定，以下问题值得研究。

一、充分认识坚持以习近平新时代中国特色社会主义思想为指导在全面加强我国知识产权司法保护中的重要意义

当前，我国社会主义现代化强国建设进入了新时代。党的十九大明确提出了习近平新时代中国特色社会主义思想，这是我国新时代必须坚持和发展的指导思想。根据习近平总书记在党的十九大报告中的阐述，新时代中国特

色社会主义思想包括十分丰富的内容，尤其体现为以下方面：坚持党对一切工作的领导；坚持以人民为中心；坚持全面深化改革；坚持新发展理念；坚持人民当家作主；坚持全面依法治国；坚持社会主义核心价值体系；坚持在发展中保障和改善民生；坚持人与自然的和谐共生；坚持总体国家安全观；坚持党对人民军队的绝对领导；坚持"一国两制"和推进祖国统一；坚持推动构建人类命运共同体；坚持全面从严治党。在党的二十大报告中，习近平总书记进一步指出，"我们创立了新时代中国特色社会主义思想，明确坚持和发展中国特色社会主义的基本方略，提出一系列治国理政新理念新思想新战略，实现了马克思主义中国化时代化新的飞跃"；需要"把握好新时代中国特色社会主义思想的世界观和方法论，坚持好、运用好贯穿其中的立场观点方法"；需要"坚持不懈用新时代中国特色社会主义思想凝心铸魂"。上述内容，也是新时代坚持和发展中国特色社会主义的基本方略。其中，知识产权司法保护作为我国依法治国的重要内容之一，显然也应当以习近平新时代中国特色社会主义思想为指导，只有这样才能使我国知识产权司法保护把握正确的政治方向，才能使我国知识产权司法保护服务于我国经济社会发展大局与创新型国家建设。

二、深入贯彻《加强知识产权审判领域改革创新意见》的规定

2018年2月27日，中共中央办公厅和国务院办公厅联合颁行了《加强知识产权审判领域改革创新意见》。该意见的主要特点是通过加强知识产权审判领域的改革和创新，实现激励创新和强化知识产权司法保护的目标。该意见明确指出："知识产权保护是激励创新的基本手段，是创新原动力的基本保障，是国际竞争力的核心要素。人民法院知识产权审判工作，事关创新驱动发展战略实施，事关经济社会文化发展繁荣，事关国内国际两个大局，对于建设知识产权强国和世界科技强国具有重要意义。"其制定和实施的重要意义在于，"深入贯彻创新驱动发展战略和国家知识产权战略，强化知识产权创造、保护、运用，破解制约知识产权审判发展的体制机制障碍，充分发挥知识产权审判激励和保护创新、促进科技进步和社会发展的职能作用"。

该意见为加强我国知识产权审判领域改革创新提出了基本原则和改革目标，并提出了完善我国知识产权诉讼制度的一系列措施。在基本原则方面，其提出要坚持高点定位、坚持问题导向、坚持改革创新、坚持开放发展。在

改革目标方面，该意见提出要"以完善知识产权诉讼制度为基础，以加强知识产权法院体系建设为重点，以加强知识产权审判队伍建设为保障，不断提高知识产权审判质量效率，加大知识产权司法保护力度，有效遏制侵犯知识产权行为，进一步提升知识产权领域司法公信力和国际影响力，加快推进知识产权审判体系和审判能力向现代化迈进"。关于完善知识产权诉讼制度，该意见规定的措施有：建立符合知识产权案件特点的诉讼证据规则，建立体现知识产权价值的侵权损害赔偿制度，推进符合知识产权诉讼规律的裁判方式改革。

《加强知识产权审判领域改革创新意见》提出了加强知识产权法院体系建设的措施和策略，包括建立健全知识产权专门化审判体系、[1]探索跨地区知识产权案件异地审理机制、完善知识产权法院人财物保障制度等；提出了加强知识产权审判队伍建设的措施，具体包括：加大知识产权审判人才培养选拔力度、加强技术调查官队伍建设等；提出了关于加强知识产权司法保护方面的组织领导的措施，具体体现为：加强组织实施、强化工作保障、完善相关法律规定等。

从《加强知识产权审判领域改革创新意见》的上述规定来看，其对当前我国知识产权司法保护体制机制改革创新的若干重要问题作了前瞻性部署和具体的政策性规范，是当前我国制定和完善知识产权审判领域改革创新政策以及指导我国知识产权司法保护工作的重要政策性文件。[2]该意见的颁布实施，为我国当前知识产权司法保护领域面对新形势、新技术发展的挑战提供了重要的政策性指引，必将在推进我国知识产权司法保护，推动我国知识产权审判体制机制改革完善方面发挥重要作用。

基于《加强知识产权审判领域改革创新意见》在新时代推动我国知识产权司法保护方面的重要作用，最高人民法院发布的《加强知识产权司法保护意见》显然应当对其加以贯彻。

---

〔1〕 参见吴汉东：《中国知识产权法院建设：试点样本与基本走向》，载《法律适用》2015 年第 10 期；黎淑兰：《论知识产权专业化审判新格局的构建与实现——以上海知识产权法院专业化建设为视角》，载《法律适用》2015 年第 10 期；邵中林：《境外知识产权专门法院制度对我国的启示与借鉴》，载《法律适用》2010 年第 11 期。

〔2〕 参见朱理：《我国知识产权法院诉讼制度革新：评价与展望》，载《法律适用》2015 年第 10 期。

三、贯彻实施《强化知识产权保护意见》

《强化知识产权保护意见》是我国建设社会主义现代化强国的新时代全面加强知识产权保护，充分发挥知识产权保护制度的功能和作用，服务于我国经济社会发展与创新型国家建设的重要政策性文件。前文对于《强化知识产权保护意见》的各项措施和策略作了详细探讨。从这些探讨可以看出，该意见是当前我国全面加强知识产权保护的纲领性文件，其从知识产权立法、知识产权司法、知识产权执法、知识产权法律监督、知识产权社会治理、知识产权保护的组织保障、软硬条件建设以及知识产权文化建设等多方面，对知识产权的有效保护进行了全面规范。在当前我国颁布实施《知识产权强国建设纲要（2021—2035年）》的背景下，该意见通过全面规范知识产权保护以促进我国知识产权保护水平的大幅度提高。

如前所述，《强化知识产权保护意见》对于建立和完善我国知识产权司法保护制度，促进我国知识产权司法体制机制的完善，提高知识产权司法保护水平和效率进行了多方面的规定。当然，该意见提出的知识产权司法保护方面的诸多措施，需要通过更加具有操作性的手段加以保障。因此，《加强知识产权司法保护意见》需要以《强化知识产权保护意见》规定的相关措施和政策规范作为指引，对于《强化知识产权保护意见》提出的各项措施制定具有可操作性的方案和对策。毫无疑问，《加强知识产权司法保护意见》在相当大程度上也是具体落实《强化知识产权保护意见》中关于知识产权司法保护方面内容的政策和制度。如何有效贯彻实施《强化知识产权保护意见》中关于强化知识产权司法保护方面的措施和规定，是《加强知识产权司法保护意见》应高度重视的问题。不仅应当对《强化知识产权保护意见》中关于知识产权司法保护的规定给予高度重视，而且对于强化我国知识产权保护的一般性政策性指引也应充分重视。例如，《强化知识产权保护意见》提出了知识产权保护的严保护、大保护、快保护、同保护的基本原则和框架。《加强知识产权司法保护意见》在我国知识产权司法保护领域，也需要通过改革和完善知识产权审判体制机制，实施知识产权司法保护方面的严保护、大保护、快保护和同保护。[1]

---

〔1〕 参见最高人民法院（2022）最高法知民终2100号民事判决书（侵害发明专利权纠纷案）。

四、紧紧围绕努力让人民群众在每一个司法案件中感受到公平正义目标

习近平总书记提出，努力让人民群众在每一个司法案件中感受到公平正义。笔者认为，这是总书记对我国包括知识产权司法审判在内的整个司法审判活动和司法制度的殷切期望和要求。司法是社会正义的最后底线。司法活动通过审理各式各样的案件定分止争，充分有效地维护权利人和相关当事人的合法权益，促进社会和谐和稳定。近些年来，我国各级人民法院审结了大量包括知识产权案件在内的各类案件，为我国经济社会发展提供了坚强的法治保障。司法机关对司法案件的处理，最重要的是要强调公平正义。公平正义是法律制度所追求的最重要的目标，这一目标必须通过公正司法来实现。离开了公正司法，人民群众不可能感受到司法案件中的公平正义。笔者认为，司法案件中的公平正义不仅体现为程序公正，还体现为实体公正，最理想的愿景是做到程序公正和实体公正的统一。从我国近些年审结的大量包括知识产权案件在内的各类案件的情况来看，总体上做到了公正司法，但也不排除在少量案件中偏离了这一要求和目标。为此，需要在司法案件中不断强调公平正义的重要性。这尤其需要提高我国各类司法人员的思想政治和业务素质，树立公平正义观念，形成"养浩然正气、铸法治精魂"[1]的良好素养。为做到包括知识产权案件在内的各类司法案件中人民群众能够感受到公平正义，需要建立和完善我国各类司法制度，确保公平正义原则得以有效实现。同时，也需要强化对司法审判活动的监督，对于司法案件中违反公平正义原则的行为，尤其是枉法裁判的行为给予严厉制裁。司法案件中贯彻公平正义原则，也需要破除地方保护主义的不良现象，同时通过建立和完善跨地区办案协作机制，贯彻司法便民原则，充分考虑广大人民群众的切身利益。

五、坚持服务大局、司法为民、公正司法的原则

（一）服务大局原则

根据笔者理解，所谓服务大局，是指我国的知识产权司法保护应当服务于我国经济社会发展和创新型国家建设，服务于全面推进国家治理体系和治理能力现代化，服务于创新驱动发展战略和知识产权强国建设，服务于中国

---

〔1〕 湘潭大学法学院寄语。

特色社会主义现代化建设。知识产权司法保护不是为保护而保护，也不是孤立进行的，而是通过有效的定分止争，为我国经济社会发展和建设社会主义现代化强国提供坚实的法治保障。服务大局的原则也体现了我国知识产权司法保护在建设社会主义强国的新时代所应当履行的时代使命，能够为我国的知识产权司法保护提供正确的方向性指引和基本的政策定位，使我国以知识产权审判为中心的知识产权司法保护体制机制沿着正确的轨道运行，防止偏离我国经济社会发展大局的方向，从而能够确保我国知识产权司法保护及其改革的各项措施立足并服务于我国经济社会发展的现实需要，为我国建设社会主义法治国家和社会主义现代化强国提供强大的司法保障。

服务大局的原则和理念也意味着我国知识产权司法保护应当具有很高的政治站位，肩负党和人民的希望，无论是我国知识产权司法体制机制的改革与完善，还是对大量知识产权个案的处理，都应当以人民为中心，以促进我国经济社会发展与创新能力提升为重要动力和愿景，以社会主义核心价值观为引领，以促进和谐社会构建为重要目的。总之，服务大局的原则为我国知识产权审判体制机制改革以及知识产权审判活动提供了正确的方向性指引和政策框架，是我国知识产权司法保护所必须遵循的基本原则与理念。

服务大局的原则与理念在我国不同知识产权司法保护领域都应当得到体现，并基于不同类型知识产权保护的目的而有所侧重。

1. 专利权司法保护

基于专利法与国家创新能力提升具有重要的联系，我国专利权的司法保护应当妥善处理对专利权这一私权的保护与维护公共利益、促进创新，特别是为创新和再创新留下足够空间的关系。在这方面，我国专利权的司法保护就应当以服务我国创新驱动发展战略和创新型国家建设，提高自主创新能力为重要指针。在专利权的个案解决中，应当确定专利权保护的合理边界，[1] 既要在专利权保护范围之内充分、有效地保护专利权，以激励创新，也要防止专利权保护范围不适当扩张，以致损害社会公众的利益。因此，在专利司法保护实践中，如在专利侵权案件的纠纷处理[2]中，应当合理适用相关法律适用

---

〔1〕 参见最高人民法院（2023）最高法知民终 4 号民事判决书（确认是否落入专利权保护范围纠纷案）。

〔2〕 Adam J. MacLeod, "Patent Infringement as Trespass", 69 *Ala. L. Rev.* 723（2018）.

原则，如等同原则，[1]正确界定等同侵权，[2]防止对等同原则[3]作出过于宽泛或者过于严格的解释。[4]

2. 著作权司法保护

基于著作权法更侧重于促进文化精神领域的创新发展，著作权司法保护应更好地服务于我国文化大发展大繁荣的大局，服务于通过优秀作品的创作和传播，促进我国社会主义精神文明、物质文明建设与科学文化事业发展与繁荣的立法目的。在著作权司法实践中，对于著作权纠纷，特别是著作权侵权纠纷的解决，应当一方面在著作权人保护的边界范围内充分、有效地保护著作权人享有的专有权利，以促进优秀作品的创作和传播，另一方面也要确立著作权保护的合理边界，防止著作权保护的不适当扩张，[5]特别是现实中存在的个别著作权滥用现象，这样才能保证广大社会公众获取知识、思想、信息的自由以及便利地利用受著作权保护的作品，[6]因此需要高举著作权保护的利益平衡旗帜。著作权司法保护立足并服务于我国经济社会文化发展大局的原则，能够防止在司法实践中偏离著作权保护的立法宗旨，使我国著作权司法保护成为促进我国文化大发展大繁荣、文化创意产业跨越式发展的重要法治保障。

---

〔1〕 参见徐卓斌：《美国专利等同侵权判定的"三步法"及其启示》，载《法律适用（司法案例）》2018 年第 8 期；魏玮：《等同原则在专利侵权诉讼中的适用与利益平衡》，载《法律适用》2005 年第 3 期。

〔2〕 Joshua D. Sarnoff, "Correcting Misunderstandings of Literal Infringement Scope regarding after−Arising Technologies Protected by the Doctrine of Equivalents", 53 *Akron L. Rev. 767* (2019)；Allan M. Soobert, "Analyzing Infringement by Equivalents：A Proposal to Focus the Scope of International Patent Protection", 22 *Rutgers Computer & Tech. L. J.* 189 (1996).

〔3〕 参见最高人民法院（2021）最高法知民终 985 号民事判决书（侵害发明专利权纠纷案）（数值限定技术特征等同认定）。

〔4〕 参见最高人民法院（2015）民申字第 740 号民事裁定书（侵害实用新型专利权纠纷案）。在该案中，最高人民法院指出：等同原则的适用需要兼顾专利权人和社会公众的利益，且须考虑专利申请与专利侵权时的技术发展水平，合理界定专利权的保护范围，载《最高人民法院知识产权案件年度报告（2015 年）》。另参见江苏省高级人民法院（2018）苏民终 1384 号民事判决书（侵害发明专利权纠纷案）；最高人民法院（2019）最高法知民终 724 号民事判决书（侵害发明专利权纠纷案）。

〔5〕 参见上海知识产权法院（2020）沪 73 民终 154 号民事判决书（著作权侵权纠纷案）。

〔6〕 参见北京互联网法院（2020）京 0491 民初 2880 号民事判决书（侵害文字作品著作权纠纷案）。

3. 商标权司法保护

商标权司法保护也是我国知识产权司法保护的重要内容之一。基于商标法的立法目的主要是通过加强商标权的管理和有效保护,保护生产经营者和消费者合法权益,促进我国社会主义市场经济发展,商标权的司法保护应当立足于在商标权的合理保护边界范围之内对商标权提供充分有效的保护,以实现通过强化对商标权的保护,激励厂商改善商品或者服务质量,提升商标信誉,从而为广大人民群众提供更多更好的优质产品和服务。[1]商标法也有促进自由竞争,维护公共利益和防止不正当竞争[2]的重要使命。在充分、有效保护商标权人享有的商标专用权的同时,也应当注意防止商标权的滥用,防止商标权保护范围的不适当扩张。[3]在商标司法实践,特别是商标侵权纠纷案件中,通常存在两种突出的现象:一种是以"搭便车"[4]"傍名牌"为代表的典型商标侵权行为大量存在;另一种则是商标权人不断寻求商标本身的"财产化",这不仅体现为不以使用为目的的商标恶意申请注册行为不断出现,而且体现为商标权人滥用商标权,尤其是滥用诉权、滥用维权手段等现象。[5]这里不妨结合一个典型案例加以研究。

某注册商标所有人以普通许可的形式授权某厂商使用其注册商标并在全国维权。某厂商为了独占相关市场对其竞争对手即另一厂商发起了侵权诉讼攻势,指控另一厂商使用其数个标识的行为侵犯了其相应的注册商标专用权。同时,某注册商标所有人还向国家知识产权局提起了另一厂商注册商标无效宣告请求。在通常的情况下,上述法律纠纷案件的提起无可非议。然而,问题的关键在于:某厂商在该侵权诉讼判决和该无效宣告行政裁定还没有产生法律效力的前提下(处于后续法律程序中),通过委托律师事务所向另一厂商

---

〔1〕 参见余俊:《商标本质基础观念的重构》,载《中国法学》2023年第5期;余俊:《商标观念形成的物本和人本进路》,载《清华法学》2023年第5期。

〔2〕 参见天津市第三中级人民法院(2023)津03民终12338号民事判决书(不正当竞争纠纷案);湖南省长沙市中级人民法院(2022)湘01民初575号民事判决书(不正当竞争纠纷案)。

〔3〕 参见湖南省长沙市岳麓区人民法院(2019)湘0104民初14008号民事判决书(侵害商标权纠纷案);四川省成都市中级人民法院(2020)川01民初4310号民事判决书(侵害商标权及不正当竞争纠纷案)。

〔4〕 参见孔祥俊:《论"搭便车"的反不正当竞争法定位》,载《比较法研究》2023年第2期。

〔5〕 Rebecca Tushnet, "What's the Harm of Trademark Infringement", 49 *Akron L. Rev.* 3 (2015).

的经销商发出律师警告函，以及向某厂商所在地市场监督管理部门行政投诉的形式，要求另一厂商的经销商停止销售标注其注册商标的商品。实际上，另一厂商的经销商销售的产品与本案侵权诉讼无关，因为其产品使用的商标标识并非侵权诉讼案件原告（某厂商）所指控的商标标识。除此之外，另一厂商在不同省份的部分经销商也受到了当地市场监督管理部门的行政查处，还有十多个经销商被某厂商向法院提起了侵权诉讼，但是该侵权诉讼和前述侵权诉讼案针对的行为不同，其指向的是另一厂商授权这些经销商销售其注册商标商品的行为。

此外，该案还有一个重要情节，即某注册商标所有人在另一厂商注册商标被核准前后，先后在与该注册商标相同或类似以及不类似的十多种商品类别上，抢先申请与该注册商标相同的商标。不仅如此，该自然人近年还在相关商品类别上申请与其自己注册商标相同或近似的商标一百多个。

该案无疑可以从案件事实本身进行个案的精细化分析。例如，以下问题值得思考：①某厂商的行政投诉行为基于没有生效的法律判决和商标无效行政裁定，其是否具有合法性和正当性？②某厂商的行政投诉行为与在先的侵权诉讼判决涉及的其指控另一厂商的商标侵权的行为不同且两者之间没有任何直接关系，该投诉行为是否具有合法性与正当性？③某厂商所在市场监督管理部门向另一厂商在其他省份的经销商所在地的市场监督管理部门发出行政查处协作行为的通知是否正当？其他省份经销商所在地的市场监督管理部门根据这一份没有法律依据的通知对当地经销商进行查处扣押的行为是否具有正当性？④某厂商委托的律师事务所在明知赖以主张的证据没有发生法律效力的前提下向另一厂商的经销商发出律师警告函的行为是否具有正当性？该律师事务所和律师明知的行为是否违反律师法的相关规定？⑤对于某厂商、另一厂商的经销商所在地的市场监督管理部门进行查处及某律师事务所的行为造成另一厂商生产经营的损失和品牌商誉的损失，责任该如何承担？⑥某自然人抢先申请一大批另一厂商相关商标和其他相关商标的行为，是否属于现行《商标法》第4条规定的不以使用为目的的恶意注册行为而应当依法受到法律的制裁？对上述问题，读者可以进行思考与研究。

不过，笔者认为，如果从商标权的司法保护服务于我国经济社会的角度加以讨论，本案也能为我们提供很好的启示。例如，如何确定商标权保护合理的边界，如何做到充分有效地保护商标权人对其注册商标享有的专用权以及防止商标权的滥用，特别是在商标行政投诉这一商标维权方面滥用商标权的行为，在司法个案解决中充分体现我国商标权的保护服务于促进社会主义市场经济发展大局，促进公平竞争的原则，也值得深思。

（二）司法为民原则

司法为民原则不仅是我国知识产权司法保护中应当遵守的重要原则，而且是我国整个司法制度及其有效运行所必须遵守的原则。为深入认识知识产权司法保护中的司法为民原则，需要就一般意义上的司法为民原则的必要性和合理性进行探讨。

笔者认为，我国司法为民原则的合理性与必要性从根本上是基于我国司法制度及其运行服务于人民的目的。我国是社会主义国家，人民是国家的主人，党和国家的一切活动都以提升人民福祉为根本利益。党的十九届四中全会所确立的坚持和完善中国特色社会主义制度、推进国家治理体系和治理能力现代化的治国方略，其中最为重要的内容之一就是以人民为中心。党的二十大报告也提出，前进道路上，必须牢牢把握以下重大原则：坚持和加强党的全面领导，坚持中国特色社会主义道路，坚持以人民为中心的发展思想，坚持深化改革开放，坚持发扬斗争精神。只有以人民为中心，我国的司法保护制度及其有效运行才能保证正确的政治方向，才能确保我国司法保护最终目的的实现。在我国司法保护活动中，以人民为中心具体体现为司法为民的原则及其有效实施，尤其体现为一心为民、司法便民等具体措施。

我国知识产权司法保护制度作为司法保护制度的重要组成部分，自然也应当遵循司法为民原则。从近些年来党和国家相关部门以及最高人民法院颁布实施的知识产权相关政策的情况来看，也无不强调司法为民这一重要原则。例如，除了《加强知识产权司法保护意见》在总体要求中提出司法为民的原则，《加强知识产权审判领域改革创新意见》在总体要求部分也提出，要"坚持司法为民、公正司法"。早在2007年1月《最高人民法院关于全面加强知识产权审判工作为建设创新型国家提供司法保障的意见》在第三部分"充分发挥知识产权司法保护的职能作用，保障全社会的创造活力和创新能力"明确提出了知识产权司法为民的具体措施："认真落实司法为民措施。加强诉讼指导和诉讼释明，增进当事人参与诉讼的能力，增强裁判的公信度和执行力。编制知识产权诉讼指南；坚持公开审判制度；全面实行当事人权利义务告知制度；实施诉讼风险提示制度；探索当事人举证指导制度；探索试行调查令制度，对于属于国家有关部门保存而当事人无法自行取得的证据和当事人确因客观原因不能自行收集的其他证据，可以探索由法院授权当事人的代理律师进行调查取证；加大司法救助力度，对经济确有困难的知识分子和特困、濒临破产企业，减免诉讼费；加强对代理人资格的审查，依法规范公民代理知识产权诉讼；依法规范法官和律师的关系，认真审查律师依法提交的诉讼材料，充分听取律师的意见；强化审限意识和效率意识，严格审查决定中止诉讼，避免造成当事人的诉累；提高裁判文书制作水平，做到辨法析理、胜败皆明。"

上述规定，从多方面规范了司法为民的具体措施，包括保障当事人的诉权、信息公开和透明、提高诉讼效率、便利当事人及其代理律师获取证据、针对特定情况减免相关诉讼费用等。这些措施无疑有利于当事人在知识产权诉讼中及时有效地维护自身合法权益，体现了我国知识产权司法保护服务于人民的根本宗旨。因此，这些措施的落实，能够方便知识产权人和其他相关当事人进行知识产权诉讼活动。

知识产权司法保护中的司法为民原则的实施关键在于在大量的知识产权个案的处理中充分落实这一原则。从近些年来我国各级人民法院审结的大量知识产权纠纷案件看，在整体上还是贯彻了这一原则。例如，《最高人民法院知识产权案件年度报告（2014 年）》就提到，"最高人民法院坚持司法为民、公正司法的工作主线，积极实施国家知识产权战略，充分发挥司法保护知识产权的主导作用，深化知识产权司法体制改革，不断提升司法能力和司法公信力，不断扩大知识产权司法保护的国际影响力，为创新型国家和法治中国建设作出了积极贡献。"

目前，随着我国知识产权司法体制机制改革的进行，特别是在党的十九届四中全会关于推进国家治理体系和治理能力现代化的文件中提出以人民为中心的治国方略的新的历史背景下，我国知识产权司法体制机制改革及其运行应当更加重视司法为民原则，优化人民群众进行知识产权诉讼活动的各种制度，最终实现知识产权司法定分止争、服务人民的根本宗旨。

（三）公正司法原则

关于公正司法原则，前面已作了一定的探讨。鉴于这一原则的重要性，此处需要进一步研究。

毫无疑问，公正司法原则不仅是我国知识产权司法制度及其有效运行的根本性的原则，也是我国整个司法制度及其有效运行的根本性原则。缺乏公正司法的国家不能称为法治国家，缺乏公正司法的国家也不能做到以人民为中心、构建诚信社会和和谐社会。公正司法在建设社会主义法治国家中具有根本性的作用。可以说，公正司法的重要性在我国社会主义法治国家建设中无论如何强调都不过分。

我国知识产权司法制度是我国司法制度的重要组成部分，显然也应当遵循公正司法原则。与司法为民原则类似，近些年来党和国家相关部门以及最高人民法院先后发布了与知识产权保护相关的政策性文件，也无不强调公正司法的重要性。这里不妨仍以 2007 年最高人民法院发布的相关司法政策为例加以说明。

《最高人民法院关于全面加强知识产权审判工作为建设创新型国家提供司法保障的意见》在第二部分"知识产权审判工作的指导思想、目标任务和基本原则"明确提出，要"按照建设创新型国家的要求，坚持'公正司法，一心为民'方针和'公正与效率'工作主题，进一步加大知识产权司法保护力度，依法保护知识产权，维护公平竞争，促进自主创新，服务对外开放，把知识产权司法保护贯穿于知识产权创造、管理和运用的全过程，为实施国家知识产权战略，为建设创新型国家和构建社会主义和谐社会提供强有力的司法保障，努力营造公正高效权威的法治环境"。同时，意见强调要"坚持公正司法。始终把公正司法作为知识产权审判的灵魂和生命，通过依法公正高效权威的知识产权司法，最大限度地维护和实现知识产权领域的公平正义"。

《最高人民法院关于贯彻实施国家知识产权战略若干问题的意见》（本编以下简称《贯彻实施国家知识产权战略意见》）在第三部分"依法审理好各类知识产权案件，切实加大知识产权司法保护力度"提出，要"遵循司法规律、司法途径和司法方式，严格依法办案，做到公正司法，维护法律权威"，"加强知识产权审判监督，保障当事人申诉权，维护知识产权司法公正。既要充分维护正确生效裁判的既判力，又要让符合法定条件的案件及时进入再审，确保公正司法和维护法制统一。"

《关于当前经济形势下知识产权审判服务大局若干问题的意见》在第三部分"加强商业标识保护，积极推动品牌经济发展，规范市场秩序和维护公平竞争"中的"坚持平等保护原则，坚决反对任何形式的保护主义"的规定中，则提出要"正确处理对外关系与具体案件审理的关系，无论普通涉外案件[1]还是引起国际关注的敏感性案件，都要严格依法办案，不能为盲目迎合片面的外部舆论而牺牲公正司法"。

由此可见，公正司法贯穿于我国知识产权司法政策和制度及其有效运行中的各个方面。公正司法也是我国知识产权司法制度及其运行以及知识产权司法保护活动中最为重要的原则和理念之一。这一原则和理念是我国知识产权司法活动的灵魂和生命力，为我国知识产权司法政策、司法制度及其在实践中的运行提供了强大的方向性指引。对于从事知识产权审判活动的知识产权法官而言，公正司法理念则是其应当具备的最为重要的信念之一。可以毫不夸张地说，一个缺乏公正司法理念的知识产权法官是不合格的，也是十分可怕的。在知识产权审判活动中，只有遵循公正司法理念，公正司法，才能不偏不倚、公平合理地维护当事人的合法权益，维护法律制度的尊严；只有坚持公正司法，才能成为一名合格的知识产权法官。

六、充分运用司法救济和制裁措施，完善知识产权诉讼程序，健全知识产权审判体制机制

充分运用司法救济和制裁措施，完善知识产权诉讼程序，健全知识产权审判体制机制，是全面加强我国知识产权司法保护的基本手段，也是提高我国知识产权司法保护水平的基本保障，因此值得研究。

（一）充分运用知识产权司法救济和制裁措施的重要性

知识产权司法救济和制裁措施是知识产权纠纷案件中，充分有效保护知识产权人和相关当事人的合法权益，有力制裁知识产权违法犯罪行为的基本手段。知识产权司法救济包括知识产权民事司法救济、行政司法救济和刑事司法救济，其中知识产权刑事司法救济是针对知识产权犯罪行为而给予的最严厉的一种处罚，只适用于情节严重的知识产权违法行为。根据知识产权保护中的比例原则，知识产权违法犯罪行为的制裁措施应当与知识产权违法犯罪行为的性质和程度相适应。在知识产权司法实践中，只有充分运用知识产权司法救济和制裁手段，才能实现充分、有效地维护知识产权人和相关当事

---

[1] 参见阮开欣：《涉外知识产权诉讼管辖权的地域限制——以标准必要专利纠纷管辖权冲突为切入点》，载《清华法学》2023年第2期。

人的合法权益，有力制止和遏制知识产权违法犯罪行为的目的。

　　基于充分运用知识产权司法救济和制裁手段的重要性，最高人民法院在此前发布的相关知识产权司法政策也作出了类似的规定。以《最高人民法院关于认真学习和贯彻〈国家知识产权战略纲要〉的通知》为例，其明确提出，要"依法加大知识产权保护力度，强化知识产权司法救济。要全面加强各项知识产权审判工作"。不仅如此，《贯彻实施国家知识产权战略意见》还对如何综合运用知识产权司法救济手段，提出了以下具体的措施："综合运用知识产权司法救济手段，不断增强知识产权司法保护的有效性。依法确定当事人应当承担的各种法律责任，积极采取各种救济手段，对知识产权进行全方位的有效保护。通过判决赔偿经济损失和责令停止侵权、消除影响和赔礼道歉等，对权利人予以物质的与精神的、金钱的与非金钱的综合救济；通过终审判决和诉前或诉中临时措施裁定等，对权利人予以现实的和临时的司法救济；通过判处罚金、没收财产和采取民事制裁措施等，剥夺侵权人再侵权的能力和消除再侵权危险。特别是要突出发挥损害赔偿在制裁侵权和救济权利中的作用，坚持全面赔偿原则，依法加大赔偿力度，加重恶意侵权、重复侵权、规模化侵权等严重侵权行为的赔偿责任，努力确保权利人获得足够的充分的损害赔偿，切实保障当事人合法权益的实现。[1]"

　　从以上措施可以看出，知识产权司法救济手段具有多样化特点，体现在知识产权民事、行政及刑事诉讼程序中，以责令知识产权侵权人停止侵权、赔偿损失为基本形式，以给予与知识产权违法犯罪行为性质和程度相适应的处罚手段作为重要保障，旨在提高知识产权司法救济的有效性，有力地遏制知识产权违法犯罪行为，充分保障知识产权人和相关当事人的合法权益。

　　（二）完善知识产权诉讼程序

　　知识产权司法保护，本质上是通过知识产权民事诉讼、行政诉讼以及刑事诉讼程序，维护知识产权人和相关当事人的实体权利，有力地制止知识产权违法犯罪行为，促进社会经济关系的稳定和社会和谐，实现知识产权立法宗旨。由于知识产权诉讼程序涉及证据认定、事实查明以及当事人诉权保障等程序法问题，诉讼程序是否合理直接关系到知识产权审判的效率以及对当

―――――――――
〔1〕　参见广东省深圳市龙华区人民法院（2022）粤0309民初4843号民事判决书（侵害商标权及不正当竞争纠纷案）。

事人合法权益的维护，优化知识产权诉讼程序，始终是当前我国加强知识产权司法保护、完善知识产权审判体制机制的重要内容之一。从当前我国知识产权司法实践的情况看，制约我国知识产权审判体制机制优化以及知识产权审判效率提高的重要原因，就是知识产权诉讼程序还存在一定的问题，需要在总结知识产权司法保护经验基础之上加以改革和完善。

鉴于知识产权诉讼程序优化对于加强我国知识产权司法保护的重要作用，最高人民法院近些年来颁行的相关司法政策也都作出了相应的规定。例如，《加强知识产权司法保护意见》在第四部分"加强体制机制建设，提高司法保护整体效能"中指出，要"把握不同诉讼程序证明标准的差异，依法对待在先关联案件裁判的既判力，妥善处理知识产权刑事、行政、民事交叉案件"。2018 年最高人民法院发布的《加强知识产权审判领域改革创新意见》则提出，要研究建立国家层面知识产权案件上诉审理机制，实现有关知识产权案件审理专门化。在"建立健全知识产权专门化审判体系"部分，提出要"实现有关知识产权案件审理专门化、管辖集中化、程序集约化和人员专业化，从根本上解决知识产权裁判尺度不统一、诉讼程序复杂等制约科技创新的体制性难题"。当前我国国家层面的知识产权案件上诉审理机制已经运行。从最高人民法院知识产权法庭近年审结的技术型知识产权案件的情况来看，这种国家层面的专门的知识产权案件上诉审理机制具有必要性。然而，从当前我国知识产权诉讼程序方面看，诉讼程序复杂、诉讼程序之间衔接不到位以及相应的知识产权诉讼效率不高等现象仍然存在，为此需要进一步在知识产权诉讼程序优化方面进行改革与完善。

毫无疑问，我国知识产权诉讼程序优化需要从多方面进行改革，这里仅以简化知识产权司法纠纷程序而论。知识产权诉讼程序简化的现实原因在于当前我国知识产权诉讼程序较为复杂，相当大程度上影响了知识产权诉讼效率，不利于及时有效地维护知识产权人和相关当事人的合法权益。因此，如何简化司法救济程序是我国当前知识产权诉讼程序优化的重要内容。值得注意的是，这一点在最高人民法院近些年来发布的相关司法政策也有相应的体现。例如，《贯彻实施国家知识产权战略意见》明确要求"努力实现知识产权确权程序与侵权诉讼程序的有效衔接，简化司法救济程序，提高裁判效率，保证司法统一"。最高人民法院在 2009 年发布的《关于当前经济形势下知识产权审判服务大局若干问题的意见》则指出，要"结合知识产权审判实际，完善各种诉讼制度，简化救济程序，积极施行各项便民利民措施，增强司法救济的有效性"。

（三）健全知识产权审判体制

知识产权审判体制是知识产权司法保护的基本组织构架和知识产权保护制度有效运行的基础。符合知识产权保护规律和我国国情的科学合理的知识产权审判体制，对于充分整合和运用知识产权审判资源，提高我国知识产权司法保护能力和效率，最大限度地维护知识产权人和相关当事人合法权益，构建和谐社会，更好地服务于我国经济社会发展和创新型国家建设，具有十分重要的作用。

基于健全和优化我国知识产权审判体制的重要作用，近些年来我国涉及知识产权相关的重要政策，对此都作了相关的规定。例如，《国家知识产权战略纲要》规定，要"完善知识产权审判体制，优化审判资源配置"。最高人民法院发布的《最高人民法院关于认真学习和贯彻〈国家知识产权战略纲要〉的通知》则提出："各级人民法院要以完善审判体制和工作机制为重点，统筹兼顾和妥善安排。"《贯彻实施国家知识产权战略意见》提出："必须着力构建有利于科学发展、符合知识产权案件特点的审判体制和工作机制，全面优化知识产权审判资源配置，整体提升知识产权审判队伍素质，大幅度提升人民法院知识产权司法保护能力。"

应当看到，近些年来，随着我国知识产权法治建设和知识产权事业的发展，以最高人民法院为主导的我国知识产权司法审判体制不断进行改革和优化，取得了不俗的成绩。然而，也应当看到，制约我国知识产权审判体制优化的因素仍然很多，需要根据知识产权案件的特点、知识产权司法保护规律以及加强知识产权司法保护的需要，不断改革和完善我国知识产权审判体制。

七、有效遏制知识产权违法犯罪行为，全面提升知识产权司法保护水平

如前所述，在知识产权司法保护实践中，知识产权司法保护主要体现为对各式各样的知识产权违法犯罪行为的有力遏制，并预防潜在的知识产权违法犯罪行为的发生。可以认为，知识产权保护水平在很大程度上体现为遏制知识产权违法犯罪行为的程度和有效性。如果知识产权违法犯罪行为不能得到有效遏制，就谈不上知识产权保护水平的提升。实际上，知识产权法律制度在本质上是以充分、有效地保护知识产权，有力遏制知识产权违法犯罪行为作为基本目的和出发点的。这也是人们在谈到知识产权时"言必称保护"的内在原因。知识产权保护以有效遏制知识产权违法犯罪行为为根本，这不仅在我国如此，在其他国家、地区以及知识产权国际公约的规定中也是如此。以我国知识产权专门法律为例，其核心内容也是针对各类知识产权违法犯罪行为，特别是对一般意义上的知识产权侵权行为进行有力的规制。所以人们也将知识产权专门法律称为"知识产权保护法"。当然，还应当指出，在当代社会，知识产权法律制度承载了更多历史使命，不完全限于知识产权的充分、有效保护，而是在这一基础之上实现其保护创新、促进经济社会发展和创新型国家建设的更加重要的目标。无论如何，知识产权法律制度的有效运行以及知识产权国家战略的推行，仍然是建立在有效遏制各类知识产权违法犯罪行为的知识产权保护基础之上的。就知识产权司法保护制度及其运行而言，如何通过改革完善相关制度，全面提高我国知识产权司法保护水平始终是当代社会知识产权司法体制机制改革的最重要内容之一。

近些年来我国颁布实施的相关知识产权国家政策的规定，也体现了有力遏制各类知识产权违法犯罪行为，提高知识产权司法保护水平的意旨。例如，《国家知识产权战略纲要》明确要求"加强司法保护体系和行政执法体系建设，发挥司法保护知识产权的主导作用，提高执法效率和水平"。《加强知识产权审判领域改革创新意见》则将"加大知识产权司法保护力度，有效遏制侵犯知识产权行为"作为改革的目标之一。《贯彻实施国家知识产权战略纲要意见》提出，"要全面加强各项知识产权审判工作，充分发挥知识产权司法保护的整体效能。要依法运用各种刑事制裁措施，严惩侵犯知识产权犯罪，大力发挥刑罚惩治和预防知识产权犯罪的功能"。[1]《贯彻实施国家知识产权战略意见》提出，"充分发挥各项知识产权审判的职能作用，切实加大知识产权司法保护力度，不断提高人民法院知识产权司法保护的整体效能，努力营造鼓励和引导创新的知识产权司法环境；必须大力解决影响和制约科学发展的

---

[1] 参见甘肃省玉门市人民法院（2022）甘0981刑初151号刑事判决书（销售假冒注册商标的商品罪）；安徽省淮南市大通区人民法院（2023）皖0402刑初98号刑事判决书（假冒注册商标罪案）。

突出问题，不断提高司法水平和司法效率"。2007 年发布的《最高人民法院关于全面加强知识产权审判工作为建设创新型国家提供司法保障的意见》则指出："人民法院作为国家审判机关对知识产权的司法保护，在国家整体的知识产权执法保护体系中居于基础地位，发挥着主导作用。人民法院在依法调整知识产权关系、维护知识产权权利人合法权益、惩治侵犯知识产权犯罪和维护社会主义市场经济秩序等方面，负有不可替代的法律职责，肩负着重大使命。"

毫无疑问，人民法院通过对知识产权各类案件的有效解决，定分止争，特别是依法制裁各类知识产权违法犯罪行为，切实地维护了知识产权人和相关当事人的合法权益，为我国知识产权保护落到实处提供了重要保障。为依法惩治知识产权犯罪行为，[1]《加强知识产权司法保护意见》提出了以下措施："严厉打击侵害知识产权的犯罪行为，进一步推进以审判为中心的刑事诉讼制度改革，切实落实庭审实质化要求，完善鉴定程序，规范鉴定人出庭作证制度和认罪认罚从宽制度。准确把握知识产权刑事法律关系与民事法律关系的界限，强化罚金刑的适用，对以盗窃、威胁、利诱等非法手段获取商业秘密[2]以及其他社会危害性大的犯罪行为，依法从严从重处罚，有效发挥刑罚惩治和震慑知识产权犯罪的功能。[3]"上述措施涵盖了刑事诉讼程序和制度的优化、民刑程序的衔接、罚金刑的定位以及有效惩治商业秘密犯罪等策略。

---

〔1〕 参见陕西省西安市中级人民法院（2022）陕 01 知刑初 6 号刑事判决书（假冒注册商标罪）。

〔2〕 参见最高人民法院（2022）最高法知民终 816 号民事判决书（侵害技术秘密纠纷案）；湖北省武汉市中级人民法院（2021）鄂 01 知民初 334 号民事判决书（侵害技术秘密纠纷案）；北京知识产权法院（2023）京 73 民终 2575 号民事判决书（侵害商业秘密纠纷案）；湖北省武汉市中级人民法院（2021）鄂 01 知民初 334 号民事判决书（侵害技术秘密纠纷案）；湖北省高级人民法院（2022）鄂知民终 3298 号民事判决书（侵害商业秘密纠纷案）；最高人民法院（2022）最高法知民终 816 号民事判决书（侵害技术秘密纠纷案）；最高人民法院（2021）最高法知民终 2268 号民事判决书（侵害技术秘密纠纷案）。

〔3〕 参见湖北省武汉市中级人民法院（2023）鄂 01 知刑终 1 号刑事裁定书（侵犯商业秘密罪案）；山东省青岛市中级人民法院（2023）鲁 02 刑终 31 号刑事裁定书（侵犯商业秘密罪案）；湖南省株洲市中级人民法院（2024）湘 02 刑终 42 号刑事附带民事裁定书（侵犯商业秘密罪）。

八、加快推进知识产权审判体系和审判能力现代化，为实施创新驱动发展战略、培育稳定公平透明可预期的营商环境提供有力司法服务和保障

我国知识产权司法保护制度运行中的知识产权审判体系和审判能力现代化，与前述我国知识产权司法审判体制的优化是一脉相承的两个问题。知识产权审判体制的优化能够为知识产权审判体系和审判能力现代化提供良好的组织保障，但知识产权审判效能的发挥、知识产权司法保护能力的提升，最终需要不断推动知识产权审判体系和审判能力的现代化。为此，需要遵循知识产权司法保护规律，在总结我国现有知识产权司法保护经验的基础之上，以服务我国经济社会发展大局为指针，适当借鉴其他国家和地区的先进知识产权司法保护经验，充分利用现代技术推进知识产权司法保护，提高我国知识产权司法保护水平。

我国知识产权审判体系和审判能力现代化，无疑也是当前我国知识产权司法制度改革与完善的重要内容。《加强知识产权审判领域改革创新意见》即将"进一步提升知识产权领域司法公信力和国际影响力，加快推进知识产权审判体系和审判能力向现代化迈进"作为改革目标之一。

最后，还应当探讨的是，作为全面加强我国知识产权司法保护的总体要求，基于我国知识产权司法保护服务于国家经济社会发展大局的要求，我国知识产权司法保护应当为全面服务于创新型国家建设、创新驱动发展战略的有效实施以及培育稳定公平透明的可预期的营商环境提供有力的司法服务和司法保障。《最高人民法院关于全面加强知识产权审判工作为建设创新型国家提供司法保障的意见》即指出："全面加强知识产权审判工作必将促进创新型国家建设"。

科技创新成果司法保护

《加强知识产权司法保护意见》规定"加强科技创新成果保护"的内容如下。

"制定专利授权确权行政案件司法解释，规范专利审查行为，促进专利授权质量提升；加强专利、植物新品种、集成电路布图设计、计算机软件等知识产权案件审判工作，实现知识产权保护范围、强度与其技术贡献程度相适应，推动科技进步和创新，充分发挥科技在引领经济社会发展过程中的支撑和驱动作用。加强药品专利司法保护研究，激发药品研发创新动力，促进医药产业健康发展。"

从以上规定可以看出，科技创新成果的知识产权保护主要涉及专利、植物新品种、集成电路布图设计、计算机软件等方面的知识产权保护。这里需要注意的是，科技创新成果以及《促进科技成果转化法》所指的科技成果并不是知识产权专门法律上的一个法律术语。不过，从其内涵来看，基于我国知识产权专门法律保护的知识产权与科技创新成果或者科技成果具有一定的对应关系，大致来说，其主要涉及技术类知识产权。对于科技创新成果涉及的知识产权保护客体，我国《民法典》第 123 条第 2 款有明确列举。当然，随着社会的发展，纳入知识产权保护客体的科技创新成果范围也在不断扩大。其中也深刻地体现和反映了科技发展与知识产权保护之间的互动关系：一方面，科技发展不仅为知识产权保护与有效运用提供了客观的物质技术条件，同时其本身也产生了新的知识产权客体类型；另一方面，知识产权保护制度及其有效运行也反作用于科学技术的发展，能够为科学技术进步与创新提供强大的法治保障和激励机制。当前科技发展以科技创新为引擎和基本形式，而知识产权制度恰恰是一种以保护和激励创新并促进创新成果转化运用的法律制度和激励机制。知识产权司法保护作为我国知识产权保护制度最为重要的内容之一，如何通过全面加强知识产权司法保护的形式促进对科技创新成果的有效保护，就是值得深入探讨的一个重要问题。以下将根据《加强知识产权司法保护意见》的上述规定，进行简要的剖析与探讨。

一、制定专利授权确权行政案件司法解释，规范专利审查行为，促进专利授权质量提升

众所周知，与著作权不同，专利权的获得需要经过专利申请这一审查程序。但其中的原因，人们可能没有进行仔细研究。笔者认为，这主要是基于专利作为受专利法专门保护的对发明创造的所有权，必然需要具有新颖性、创造性和实用性，以区别于日常生活中的现有技术（在外观设计专利中则还涉及现有设计）。人类技术的发展具有累积性，社会进步也是在技术不断地更新换代、不断地创新中实现的。为了激励创新，专利法所保护的专利权只能授予对发明创造作出了实质性贡献的个人和单位，并以权利要求限定的技术特征确定保护范围。[1]这样一来，就需要建立一套专门的专利发明创造授权机制，明确申请专利的发明创造的授权条件。同时，需要通过严格规范审查行为，确保专利授权质量的提升。比较而言，受著作权法保护的作品著作权则不需要通过申请授权的形式加以获得，而是按照《保护文学和艺术作品伯尔尼公约》（本编以下简称《伯尔尼公约》）的规定实行自动保护的原则。其原因在于，作品的数量巨大，且作品作为文学、艺术和科学领域表达某种思想感情的智力创作成果，在是否受著作权保护这一标准上无从建立客观的标准。这也是在关于著作权保护的条件特别是独创性问题上，人们一般并不主张为独创性设立一定的"创作高度"的重要原因。否则，在司法实践中，因为掌握标准的不统一，将无法做到同案同判。

毫无疑问，受著作权保护的作品与受专利权保护的发明创造一样，其中也包含了不受知识产权保护的可以自由利用的部分。这因而也提出了知识产权保护中的公共领域问题。由于公共领域是知识产权领域中不受保护的、可

---

〔1〕 参见戴芳芳：《专利侵权诉讼中功能性特征的特殊解释规则研究》，载《法律适用》2022 年第 4 期；郭鹏鹏：《专利实质要件在权利要求解释中的作用研究》，载《法律适用》2016 年第 8 期；Daniel Harris Brean, "Grading Patent Remedies: Dependent Claims and Relative Infringement", 84 *Brook. L. Rev.* 4（2019）.

以自由利用的公共财产，即使纳入了整体受知识产权保护的客体中，也应当在知识产权保护中予以排除。在知识产权理论与实践中，即发展出了相关的公共领域保留原则。[1]例如，在专利法中，存在现有技术抗辩[2]和现有设计抗辩原则；[3]在发明创造的创造性判断中，应当排除公知技术和惯用手段的适用。[4]再如，在著作权法中，存在普遍被人们所接受的思想表达二分法，其中思想、主题、客观事实等不受著作权的保护。[5]

基于专利权是一种需要通过申请授权的形式才能获得的知识产权，为了确保专利权的质量，就需要优化专利申请授权确权程序。《最高人民法院关于全面加强知识产权审判工作为建设创新型国家提供司法保障的意见》即指出，应"依法履行对专利、商标等知识产权确权纠纷案件的司法复审职责，在事实认定和法律适用上对行政行为进行全面的合法性审查"。

当然，专利申请授权确权程序的完善，不限于司法复审，[6]还包括专利法律制度涉及专利授权确权程序的完善方面。基于《与贸易有关的知识产权协议》所确立的知识产权授权确权的司法审查原则，完善我国专利申请授权确权的司法审查制度也具有十分重要的作用。例如，我国2020年第四次修改《专利法》时，专利申请授权程序的优化和完善是修法的重要问题之一。从近些年来我国专利保护的实践来看，存在的一个重要问题就是专利授权确权程序与侵权诉讼程序的衔接不力。这一问题在实践中一直没有得到很好的解决，其根源也在于专利法律制度的设计存在一定的问题。在实践中，很多专利无

---

〔1〕　参见最高人民法院（2012）民申字第18号民事裁定书（侵犯实用新型专利权纠纷案）；杭州互联网法院（2019）浙0192民初8128号民事判决书（著作权侵权及不正当竞争纠纷案）；重庆市第一中级人民法院（2020）渝01民终3233号民事判决书（侵害商标权纠纷案）。

〔2〕　参见最高人民法院（2021）最高法知民终1909号民事判决书（侵害发明专利权纠纷案）。

〔3〕　参见邱永清、张胤岩：《现有技术/设计抗辩制度在专利侵权案件审判中的适用》，载《法律适用（司法案例）》2018年第8期。

〔4〕　参见最高人民法院（2019）最高法知民终280号民事判决书（侵害实用新型专利权纠纷案）。

〔5〕　参见四川省成都市武侯区人民法院（2019）川0107民初6549号民事判决书（著作权权属纠纷案）。

〔6〕　参见最高人民法院（2021）最高法知行终44号行政判决书（发明专利申请驳回复审行政纠纷案）（权利要求放弃式修改的认定）；最高人民法院（2022）最高法知行终788号行政判决书（发明专利申请驳回复审行政纠纷案）（已知化学产品用途发明专利的新颖性判断）。

效纠纷案件是由专利侵权诉讼所引发的，而由于专利无效案件属于专利行政诉讼，无效案件在进入诉讼程序以后如何与专利侵权诉讼相衔接与协调，就值得探讨。我国现行《专利法》中，由于司法机关没有被赋予在无效纠纷案件中进行专利确权的职权，在实践中就可能导致诉讼程序的拖延。加之我国现行《专利法》对于提起专利无效的当事人主体资格没有作出严格的限定，在实践中也出现了当事人以不同理由恶意提起无效宣告请求的案例。当然，在我国现行专利授权确权程序中，强化专利审查质量，还需要通过制定与完善相关的专利司法解释的形式加以弥补。

值得注意的是，《最高人民法院关于审理专利授权确权行政案件适用法律若干问题的规定（一）》于 2020 年 8 月 24 日由最高人民法院审判委员会第1810 次会议通过，自 2020 年 9 月 12 日起施行。该司法解释所称专利授权行政案件，是指专利申请人因不服国务院专利行政部门作出的专利复审请求审查决定，向人民法院提起诉讼的案件；所称专利确权行政案件，是指专利权人或者无效宣告请求人因不服国务院专利行政部门作出的专利无效宣告请求审查决定，向人民法院提起诉讼的案件。该司法解释是我国在专利授权确权行政案件中适用法律的重要司法解释，也是对过去审理专利授权确权案件司法经验的总结，其实施具有重要意义。

这里还有一个问题值得探讨，即如何提高我国专利授权质量。如前所述，近些年来我国专利申请和授权的数量飙升，每年达到数百万件。这一现象固然有其合理性和值得肯定之处，如随着我国创新型国家战略和大众创业、万众创新政策的实施，人们从事发明创造的积极性不断提升，申请专利的热情不断高涨。同时，随着经济社会的发展，我国的科技创新实力和水平也在不断提升。但也需要进一步地看到，在较短的时间内急剧飙升的专利申请和授权数量背后存在相当多的问题，特别是在实用新型和外观设计专利申请与授权领域，由于其并不进行实质性审查，可能导致很多不符合专利法规定的实用新型和外观设计专利申请被授权。当前我国已经是知识产权大国，但还不是知识产权强国。在我国实施知识产权创造战略方面，如何从数量型跃变为质量型，是值得深入研究和思考的一个政策性问题。希望这一问题能引起有关方面的重视。

二、加强专利、植物新品种、集成电路布图设计、计算机软件等知识产权案件审判工作

《加强知识产权司法保护意见》的这一规定有两个重要方面值得探讨：一是如何认识当前我国加强知识产权案件审判工作的重要性；二是如何加强专利、植物新品种、[1]集成电路布图设计、计算机软件[2]等技术类知识产权案件审判工作。

（一）以知识产权案件审判为中心

我国知识产权司法保护是以知识产权案件审判为中心的，我国知识产权司法保护制度运行、知识产权司法政策构建与实施也同样是以知识产权审判为中心的。毫无疑问，知识产权案件是我国各种类型诉讼案件的重要类型之一。在当前，我国司法保护政策改革与完善依然以审判为中心。这就不难理解，我国知识产权司法保护同样需要以知识产权案件审判为中心。这里需要从更深层次角度理解为何我国的司法保护应当以审判为中心。对此，笔者认为，可以从以下几方面加以理解。

第一，我国司法保护的基本职能和目的决定了应当以审判为中心。司法保护的本质是通过人民法院审理各类型案件，公平公正地维护权利人和相关当事人的合法权益，维护社会关系的稳定和社会和谐，服务于我国经济社会发展。以人民法院审判活动为基本形式的案件审理，则是司法活动运行的基本形式。可以认为，审判既是我国各级人民法院法官职业生涯的基本舞台，也是其展示专业知识和经验，在个案中践行我国法治的基本形式。作为我国司法保护的重要组成部分，知识产权司法保护同样如此。正如课堂教学是各类教师工作的基本舞台一样，通过个案开展知识产权审判活动是各级人民法院知识产权法官工作的基本舞台。正是因为知识产权审判是我国知识产权司

---

〔1〕　参见最高人民法院（2022）最高法知民终 2907 号民事判决书（侵害植物新品种权纠纷案）；安徽省高级人民法院（2022）皖民初 2 号民事裁定书（侵害植物新品种权纠纷案）；河南省郑州市中级人民法院（2023）豫 01 知民初 865 号民事判决书（侵害植物新品种权纠纷案）；最高人民法院（2022）最高法知行终 809 号民事判决书（植物新品种权新颖性判定）；最高人民法院（2023）最高法知行终 132 号行政判决书（植物新品种特异性认定）；最高人民法院（2022）最高法知民终 568 号民事判决书（植物新品种侵权比对）。

〔2〕　参见北京知识产权法院（2021）京 73 民初 345 号民事判决书（侵害计算机软件著作权纠纷案）。

法保护的基石，而审判是一种按照我国相关诉讼法进行的活动，我国知识产权司法保护制度的完善，在很大程度上体现为知识产权相关程序制度的优化。优化我国知识产权审判程序，能够提高我国知识产权审判效率，公平公正地维护当事人的合法权益。

第二，知识产权审判就是对知识产权个案的解决，而知识产权个案解决的最终意义并不完全限于法官通过知识产权审判活动解决个案的是非曲直，在个案中充分、有效地维护知识产权人和相关当事人的合法权益，还体现于通过个案的解决，践行知识产权法治，实现知识产权保护制度所追求的公平正义价值。可以说，我国知识产权立法宗旨的实现，在实践中很大程度上就是通过无数知识产权个案的有效解决给予保障的。从这一点看，知识产权法官职业生涯是神圣的，因为其不仅是解决知识产权个案的"承办人"，更是知识产权保护制度所追求的公平正义价值的守护神，是通过知识产权保护实践实现我国知识产权立法宗旨的保障。知识产权司法是实现知识产权保护方面社会正义的最后一道底线。由此可见，从知识产权法官的角度而言，其应当深刻地认识到其在知识产权司法保护体系中的基本定位和神圣职责，不要将知识产权案件的审理仅仅当作一种工作任务，而应在更高层面充分认识其工作的使命感和维护知识产权法治的神圣感、责任感。只有具备这一境界，我国的知识产权法官才能够超脱于日常繁重的知识产权案件，本着对当事人高度负责的精神，不偏不倚，公正审理每一个案件。特别是在当前我国知识产权法官承办的案件越来越多、面临日益严峻的审判压力的形势下，更需要强调这一点。

第三，知识产权审判是解决大量的各类知识产权诉讼案件的基本形式，既是解决知识产权诉讼的法定程序，也是实质性解决知识产权诉讼纠纷的法定形式。因此，我国知识产权司法保护体制机制的改革与完善、知识产权司法保护政策的建构与实施立足于优化知识产权审判程序、提高知识产权审判效率等方面。

（二）加强专利、植物新品种、集成电路布图设计、计算机软件等案件审判工作

基于加强知识产权审判的重要性，近年来我国知识产权司法政策对此进行了相关规定。例如，《加强知识产权审判领域改革创新意见》在"基本原则"部分提出："坚持问题导向。紧扣人民群众司法需求，针对影响和制约知

识产权审判发展的关键领域和薄弱环节，研究对策措施，着力破解难题、补齐短板，进一步提升知识产权司法保护水平。"《最高人民法院关于加强知识产权审判工作为建设创新型国家提供司法保障的意见》提出要"依法审理涉及专利、技术秘密、[1]计算机软件、植物新品种、[2]集成电路布图设计等技术性知识产权案件，合理适度保护创新成果，加大对经济增长有重大突破性带动作用、具有自主知识产权的关键核心技术的保护力度"。[3]《加强知识产权审判领域改革创新意见》还指出要"强化知识产权创造、保护、运用，破解制约知识产权审判发展的体制机制障碍，充分发挥知识产权审判激励和保护创新、促进科技进步和社会发展的职能作用"。

　　加强知识产权案件审理，提高知识产权司法保护水平，是充分利用知识产权制度服务我国经济社会发展的重要保障。《关于当前经济形势下知识产权审判服务大局若干问题的意见》即明确指出："知识产权是国家科技创新能力和水平的集中体现，是国家发展的战略性资源，是提高国际竞争力的核心要素。现代经济竞争归根结底也是知识产权的竞争。加强知识产权保护，提高知识产权的创造、运用和管理水平，对于加快经济结构调整、转变发展方式、推进自主创新、深化改革、提高对外开放水平，从而保持经济平稳较快发展，都具有重要意义。"在知识产权保护实践中，知识产权司法保护则占据主导地位。

　　在知识产权审判工作中，科技创新类成果，如专利、植物新品种、[4]集成电路布图设计、计算机软件等案件审判工作具有十分重要的独特价值。

---

〔1〕　参见最高人民法院（2021）最高法知民终1530号民事判决书（技术秘密构成要件审查）；最高人民法院（2021）最高法知民终1629号民事判决书（法定代表人作为企业获取技术秘密渠道时的责任认定）；最高人民法院（2022）最高法知民终945号民事判决书（加强保密措施费用赔偿）。

〔2〕　参见最高人民法院（2022）最高法知行终809号行政判决书（植物新品种权无效行政纠纷案）；广州知识产权法院（2020）粤73知民初607号民事判决书（植物新品种侵权纠纷案）；最高人民法院（2023）最高法知民终1413号民事判决书（侵害植物新品种权纠纷案）。

〔3〕　参见甘肃省兰州市中级人民法院（2021）甘01知民初51号民事判决书（侵害植物新品种权纠纷案）；最高人民法院（2022）最高法知民终2436号民事判决书（专利申请权权属纠纷案）；江苏省南京市中级人民法院（2019）苏01民初3444号民事判决书（侵害技术秘密纠纷案）。

〔4〕　参见最高人民法院（2023）最高法知民终478号民事判决书（植物新品种临时保护期使用费纠纷及侵害植物新品种权纠纷案）；山东省高级人民法院（2022）鲁民终2117号民事判决书（植物新品种实施许可合同纠纷案）；四川省成都市中级人民法院（2022）川01知民初492号民事判决书（侵害植物新品种权纠纷案）。

在当前我国深入实施创新驱动发展战略和知识产权强国建设背景下，如何通过审理这类案件，加强对科技创新成果的保护、激励科技创新并促进创新成果的运用，是值得探讨的重大课题。对这类案件的审理，要求引入比例协调原则，"实现知识产权保护范围、强度与其技术贡献程度相适应"，平衡和协调科技创新成果所有人和相关社会公众的利益关系，"推动科技进步和创新，充分发挥科技在引领经济社会发展过程中的支撑和驱动作用"。

在科技创新类成果中，专利技术被认为最具代表性。以下不妨以专利案件审判为例，结合我国相关知识产权司法政策，简要探讨科技创新成果知识产权审判的要领。专利案件的司法处理，也就是通常所说的专利诉讼。专利诉讼，是指人民法院在双方当事人及其他诉讼参与人的参加下审理和解决专利纠纷的活动，它是与专利案件有关的诉讼。[1]根据专利纠纷的不同，专利诉讼可以分为专利行政案件的诉讼、专利民事案件的诉讼以及专利刑事案件的诉讼。专利诉讼是运用法律手段保障专利权人及其他当事人合法权益的重要方式，是我国专利制度的重要组成部分。[2]

人民法院对于专利案件的审理，首先应从服务于创新型国家建设的大局出发，充分认识加强专利权保护和提高专利案件审理水平的重要性。[3]正如《关于当前经济形势下知识产权审判服务大局若干问题的意见》在"加大专利权保护力度，着力培育科技创新能力和拓展创新空间，积极推进自主创新"部分指出："以专利为核心的科技创新成果构成了企业和国家的核心竞争力，加强专利权保护对于科技进步和自主创新具有最直接、最重要的促进作用。各有关法院要以提高创新能力和建设创新型国家的责任感和使命感，高度重视专利案件的审理，把提高专利审判水平作为一项重点工作。"

其次，应当高举利益平衡旗帜，重视专利权保护和产业发展之间、专利权人利益和社会公共利益的关系的平衡和协调，促进专利这一无形资源的创造和有效利用。《关于当前经济形势下知识产权审判服务大局若干问题的意

---

〔1〕 Kyle Pietari, "An Overview and Comparison of U.S. and Japanese Patent Litigation", 98 *J. Pat. & Trademark Off. Soc'y* 540（2016）.

〔2〕 冯晓青、刘友华：《专利法》（第二版），法律出版社 2022 年版，第 300 页。

〔3〕 参见最高人民法院（2021）最高法知民终 2312 号民事判决书（专利权权属纠纷案）（专利权利有效性对于专利权权属纠纷案件审理的影响）。

见》也指出："要从我国国情出发，根据我国科技发展阶段和产业知识产权政策，依法确定合理的专利司法保护范围和强度，既要使企业具有投资创新的动力，使个人具有创造热情，使社会富有创造活力，又不能使专利权成为阻碍技术进步、不正当打击竞争对手的工具；既能够充分调动、配置全社会的资本和技术资源，又能够加速技术信息的传播和利用。"

再其次，无论是在专利授权确权案件还是专利侵权案件审理中，均应根据个案确定合理的专利权保护范围，尤其是对权利要求的解释以及专利侵权标准的确定。对此，《关于当前经济形势下知识产权审判服务大局若干问题的意见》也提出了规范指引，如"正确解释发明和实用新型专利的权利要求，准确界定专利权保护范围，既不能简单地将专利权保护范围限于权利要求严格的字面含义，也不能将权利要求作为一种可以随意发挥的技术指导，应当从上述两种极端解释的中间立场出发，使权利要求的解释既能够为专利权人提供公平的保护，又能确保给予公众以合理的法律稳定性"。其还对独立权利要求的地位、禁止反悔原则的适用、[1]等同原则的适用与限制[2]以及专利侵权抗辩[3]的适用进行了规范。

最后，在专利案件中，在判定被控侵权人构成专利侵权的前提下，应当依据案件事实依法确定合理的侵权责任，尤其是停止侵权与损害赔偿责任。[4]在停止侵权责任方面，一般而言，根据权利人的请求，应当判决停止侵害。但是，在特定情况下，人民法院可以根据《最高人民法院关于审理侵犯专利权纠纷案件应用法律若干问题的解释（二）》第26条，即"被告构成对专利权的侵犯，权利人请求判令其停止侵权行为的，人民法院应予支持，

---

〔1〕　参见最高人民法院（2011）民提字第306号民事判决书（侵犯实用新型专利权纠纷案）。See Lear, Inc. v. Adkins, 395 U. S. 653（1969）; Scott Paper Co. v. Marcalus Mfg. Co.，326 U. S. 249（1945）; 广东省高级人民法院（2023）粤民终1256号民事判决书（侵害外观设计专利权纠纷案）。

〔2〕　参见内蒙古自治区呼和浩特市中级人民法院（2018）内01民初418号民事判决书（侵害实用新型专利权纠纷案）; 最高人民法院（2020）最高法知民终1310号民事判决书（侵害实用新型专利权纠纷案）; 天津市第三中级人民法院（2023）津03知民初2号民事判决书（侵害发明专利权纠纷案）。

〔3〕　参见最高人民法院（2018）最高法民申2345号民事裁定书（侵害实用新型专利权纠纷案）; 重庆市高级人民法院（2020）渝民终1059号民事判决书（侵害外观设计专利权纠纷案）。

〔4〕　Timothy R. Holbrook, "Boundaries, Extraterritoriality, and Patent Infringement Damages", 92 *Notre Dame L. Rev.* 4（2017）.

但基于国家利益、公共利益的考量，人民法院可以不判令被告停止被诉行为，而判令其支付相应的合理费用"进行判决。在损害赔偿额确定方面，根据当事人提供的证据，应当通过计算权利人的损失、[1]侵权人获得的利益或专利许可使用费的方式[2]加以界定，重视专利的市场价值和侵权行为对于专利产品市场替代的效应与后果。对于不同类型的专利，在界定专利侵权损害赔偿额时也应注意区分。[3]还值得注意的是，过去在专利侵权案件中，适用法定赔偿比例过高。在 2020 年《专利法》修改并大大提高法定赔偿标准后，应适当限制法定赔偿标准的适用，规范自由裁量权，防止自由裁量权的滥用。[4]此外，针对惩罚性赔偿，则应严格适用惩罚性赔偿条件，[5]防止滥用惩罚性赔偿制度，以便为创新和再创新保留充分的空间。

三、加强药品专利司法保护研究，激发药品研发创新动力，促进医药产业健康发展

《加强知识产权司法保护意见》在"立足各类案件特点，切实维护权利人合法权益"部分指出，要"加强药品专利司法保护研究，激发药品研发创新动力，促进医药产业健康发展"。对此，笔者认为，药品的研发及其研发成果的相应的知识产权保护事关我国十四亿人的生命健康，也是促进我国医药产业健康发展的重要动力和产权保障。药品在知识产权保护中具有特殊地位。根据上述规定，药品的研发和相应的知识产权保护至少有以下问题值得重视与深入研究。

---

〔1〕 Keith N. Hylton, "Enhanced Damages for Patent Infringement: A Normative Approach", 36 *Rev. Litig.* 417 (2017).

〔2〕 Daniel F. Spulber, "Finding Reasonable Royalty Damages: A Contract Approach to Patent Infringement", 2019 *U. Ill. L. Rev.* 2 (2019); James Young Hurt, "Reasonable Royalty for Patent Infringement of Non-Direct Revenue Producing Products", 56 *IDEA* 211 (2016); Michael J. Chapman, "The Incremental Value of Apportionment in Reasonable Royalty Patent Damages Analysis", 29 *Fed. Cir. B. J.* 49 (2019).

〔3〕 Ronald J. Mann, "Design Patent Damages after Samsung v. Apple", 1 *Criterion J. on Innovation* 197 (2016).

〔4〕 John M. Golden, "Discretion in Patent Damages", 37 *Rev. Litig.* 287 (2018).

〔5〕 参见倪朱亮：《知识产权惩罚性赔偿主观要件的规范构造》，载《法学评论》2023 年第 5 期。

（一）充分认识药品专利等知识产权保护的重要性

药品承载着多种类型的知识产权，典型的如专利和商业秘密。药品也需要通过注册商标的形式在市场上流通，药品的商标权保护因而也是知识产权保护中的重要内容。药品研发中涉及的各种未公开的设计图表、方案等也可以成为受著作权保护的客体。药品的上市流通还可以受到我国反不正当竞争法的保护。

药品的知识产权保护，关系到药品研发和医药产业的发展，更关系到广大人民群众的生命健康。我国是一个具有悠久文化历史的文明古国，在药品方面，除了现代医药产品，还存在传统医药的传承和保护问题。《国家知识产权战略纲要》在"专项任务"之"特定领域知识产权"中就指出，要"建立健全传统知识保护制度。扶持传统知识的整理和传承，促进传统知识发展。完善传统医药知识产权管理、保护和利用协调机制"。

基于药品知识产权保护的重要性，近些年来，党和国家及相关部门也颁布了相关的规范与政策指引。例如，2018年3月21日，国务院办公厅发布《关于改革完善仿制药供应保障及使用政策的意见》指出，要"完善药品知识产权保护。按照鼓励新药创制和鼓励仿制药研发并重的原则，研究完善与我国经济社会发展水平和产业发展阶段相适应的药品知识产权保护制度，充分平衡药品专利权人与社会公众的利益"。

同时，基于当前新业态新领域的知识产权新问题，相关知识产权保护政策对药品专利保护的特殊性也作了专门的规定。例如，《强化知识产权保护意见》在第二部分"强化制度约束，确立知识产权严保护政策导向"之"完善新业态新领域保护制度"部分明确指出，要"针对新业态新领域发展现状，研究加强专利、商标、著作权、植物新品种和集成电路布图设计等的保护。探索建立药品专利链接制度、药品专利期限补偿制度"。[1]

（二）充分认识药品专利等知识产权保护对激发药品研发动力的重要性

笔者认为，药品专利等知识产权保护与药品研发之间的互动关系，可以从以下几个方面加以理解。[2]

---

[1] 参见最高人民法院（2023）最高法知民终7号民事判决书（确认是否落入专利权保护范围纠纷案）（表征结晶结构的化合物专利以及包含该化合物的组合物专利是否属于可登记专利类型）。

[2] 参见北京知识产权法院（2019）京73行保1号民事裁定书（诉前保全申请案）；北京市高级人民法院（2007）高行终字第70号民事判决书（专利无效行政纠纷案）。

1. 从专利等知识产权保护制度（以下以专利保护制度为例）作为激励创新的法律机制方面加以认识

如前所述，专利保护制度是一种典型的鼓励和保护创新的激励机制和法律保障机制。在专利保护的法律机制中，发明创造者或其所在单位通过对发明创造申请专利，获得受法律保护的具有专有性的权利。专利权人获得这一具有专有性的权利以后，不仅能够收回研究开发的成本，而且能够凭借对市场的独占，合法垄断市场，获得超额利润。这样势必能够形成一种对研究开发的激励，鼓励发明创造者投入一定的人财物进行研究开发。不仅如此，还能够鼓励投资者对发明创造进行投资。此外，由于专利权的实现需要通过权利的有效运用，否则专利权人不仅不能收回成本并获得必要的利润，甚至可能在经济上产生亏损，故专利法律制度中还存在鼓励发明创造成果商业化的激励机制。专利法律制度所隐含的鼓励发明创造、鼓励对发明创造的投资以及对专利发明创造成果商业化的激励，在药品研究开发与流通领域所发挥的作用更为典型。这从以下两方面的讨论中更能够理解。

2. 从药品研发投资巨大和具有高风险性的角度加以理解

药品研发，特别是新药品的研发是一种具有高度创造性的工作。随着技术的积累，在当前药品种类繁多的情况下，新药开发的空间日益受限，其不仅研发的周期长，而且需要投入巨大的成本。此外，药品研发还具有高风险性。根据国内外药品研发的情况看，很多新药研发尽管投入了巨大的成本和人力资源，但都以失败告终。设想一下，如果药品研发的成果不能获得专利等知识产权的保护，就意味着药品研发成果一旦上市就会被成本更低、价格低廉的仿制药挤占市场，药品研发者将无法通过市场销售收回高额投资成本并获得必要利润。作为"经济理性人"，研发者在投入巨额资金开发新药方面，将缺乏足够的动力。当然，有人可能会指出，药品研发者可以通过保密的形式，在客观上获取市场先机与市场竞争优势。这一主张固然有一定合理性，但必须看到与专利权保护的方式相比，通过商业秘密的形式保护药品研发成果具有巨大风险。因为商业秘密保护具有相对性，其并不能排除他人通过反向工程、独立研究等形式获取同样的成果。[1]相反，对新药研发成果及时申请专利，就可以凭借如上所述的对市场的独占而收回成本并获得必要的

---

[1] 参见梁志文：《论商业秘密法上的头脑知识规则》，载《法学》2023 年第 6 期。

利润。从某种意义上说，研发投资和风险巨大，是对药品进行专利保护的重要原因。[1]

3. 从医药产业竞争格局的角度加以理解

药品专利保护对于激发药品研发动力的作用，还可以从专利保护机制促进竞争并形成竞争优势的角度加以理解，特别是从医药专利战略的角度加以认识。根据笔者对专利战略的研究，医药产品研发者需要充分利用专利制度获取并占据医药产业市场竞争优势。[2]医药专利战略最重要的目标是充分利用专利制度的功能和特点，特别是其激励创新和保护市场的功能，获取并占据医药产业市场竞争优势。药品研发者获得专利权并加以战略性地运用，能够在当前竞争日益激烈的医药产业市场竞争中获得主动权，[3]获取专利权的保护以获得独立的市场利益，因此其具有进行药品研发的强大动力。

---

〔1〕　See Merck And Co Inc v. Kessler, 80 F. 3d 1543（1996）.

〔2〕　参见冯晓青：《企业知识产权战略》（第4版），知识产权出版社2015年版，第39—178页。

〔3〕　参见姚颉靖、彭辉：《药品专利保护对医药产业发展贡献度的实证分析》，载《经济与管理》2010年第7期。

商业标志权益司法保护

《加强知识产权司法保护意见》规定"加强商业标志权益保护"的内容有："综合考虑商标标志的近似程度、商品的类似程度、请求保护商标的显著性和知名度等因素，依法裁判侵害商标权案件[1]和商标授权确权案件，增强商标标志的识别度和区分度。充分运用法律规则，在法律赋予的裁量空间内作出有效规制恶意申请注册商标行为的解释，促进商标申请注册秩序正常化和规范化。加强驰名商标保护，结合众所周知的驰名事实，依法减轻商标权人对于商标驰名的举证负担。加强地理标志保护，依法妥善处理地理标志与普通商标的权利冲突。"

在当代市场经济中，商标、地理标志等商业标志不仅对于市场经济主体开展生产经营活动和市场竞争具有重要的意义和作用，而且对于消费者认牌购物、节省搜寻成本，以及丰富人们的生活也具有独特意义。商业标志也是知识产权司法保护的重要客体。本部分结合商业标志保护理论、立法规定和司法实践，探讨商业标志司法保护对策。

一、商标标志的近似和商品的类似

当前我国商标纠纷案件主要类型为侵害商标权案件[2]和商标授权确权案件。[3]对近些年来我国这两类案件的研究表明，除了两类案件的数量急剧飙

---

〔1〕 参见广东省深圳市中级人民法院（2023）粤 03 民终 39223 号民事判决书（侵害商标权纠纷案）；最高人民法院（2022）最高法民终 209 号民事判决书（侵害商标权及不正当竞争纠纷案）。

〔2〕 参见最高人民法院（2022）最高法民终 313 号民事判决书（侵害商标权及不正当竞争纠纷案）。

〔3〕 参见北京市高级人民法院（2023）京行终 5566 号行政判决书（商标权无效宣告请求行政纠纷案）；北京市高级人民法院（2023）京行终 2889 号行政判决书（商标申请驳回复审行政纠纷案）。

升，争议的焦点大多集中于商标标志的近似程度或商品的类似程度、请求保护商标的显著性[1]和知名度以及是否容易导致公众混淆等问题。同时，涉案商标使用的历史和实际情况，以及被诉商标所有人或者使用人申请或使用商标的主观状况等也是重要的考虑因素。

（一）商标标志的近似程度和商标的类似程度

根据我国《商标法》的规定，注册商标专用权，以核准注册的商标和核定使用的商品为限。应当说，注册商标所有人对其注册商标享有专用权的法定边界范围是非常明确的。在商标管理实践中，如注册商标所有人不在其核准注册的商标和核定使用的商品范围内使用其注册商标，就会违反相关规定而应当承担相应的法律后果。[2]这种行为不仅会破坏商标管理秩序，而且也有可能落入其他注册商标所有人注册商标专用权保护范围而构成侵害其他人的注册商标专用权。同时，还应进一步看到，注册商标所有人还享有禁止他人在相同或者类似的商品上使用与其注册商标相同或者近似的商标的"商标禁止权"，前提是相关使用行为会造成消费者混淆之虞的后果。[3]很明显，商标禁止权的范围大于前述商标专用权的范围，这是因为商标禁止使用的范围扩展到了近似商标及类似商品。具体而言，除了不允许在相同商品上使用相同商标（未经许可的这种使用行为是假冒商标的行为[4]），还禁止在类似商品上使用相同商标、在相同商品上使用近似商标以及在类似商品上使用近似商标等容易造成消费者混淆的行为。[5]笔者认为，确认商标禁止权，并且该

---

[1]　参见湖南省高级人民法院（2023）湘知民终145号民事判决书（侵害商标权及不正当竞争纠纷案）。

[2]　改变注册商标显著特征以攀附其他商标可能构成侵权。参见江苏省高级人民法院（2011）苏知民终字第0024号民事判决书（侵犯商标专用权纠纷案）；北京知识产权法院（2015）京知民终字第113号民事判决书（侵犯商标专有使用权及不正当竞争纠纷案）。

[3]　参见山东省高级人民法院（2021）鲁民终2329号民事判决书（侵害商标权纠纷案）。

[4]　参见陕西省西安市中级人民法院（2022）陕01知刑初6号刑事判决书（销售假冒注册商标的商品罪案）。

[5]　参见广东省深圳市中级人民法院（2022）粤03民终26231号民事判决书（侵害商标权及不正当竞争纠纷案）；海南自由贸易港知识产权法院（2021）琼73民初15号民事判决书（侵害商标权纠纷案）；四川省高级人民法院（2023）川知民终275号民事判决书（侵害商标权及不正当竞争纠纷案）；浙江省高级人民法院（2023）浙民终460号民事判决书（侵害商标权及不正当竞争纠纷案）；浙江省杭州市余杭区人民法院（2023）浙0110民初9248号民事判决书（侵害商标权及不正当竞争纠纷案）。

权利的范围明显大于商标专用权，可以从商标权保护的宗旨方面加以理解。

商标法的宗旨，首先当然体现于对注册商标所有人权利的充分、有效保护。同时，在这一基础之上，还应当实现保护消费者的利益，促进商品的正常流通，维护公平竞争秩序的作用。如前所述，商标法还隐含着一种激励机制，这也是商标法的价值构造中通常被人们所忽视的。具体而言，这种激励机制体现为通过确保注册商标的显著性，[1] 鼓励注册商标所有人在实践中通过使用该注册商标，不断积累商标品牌信誉，赢得更多消费者的青睐，从而能够获得相对于同行业竞争对手的某种市场竞争优势。正是因为这一激励机制内在作用的发挥，无数厂商通过不断改善生产经营管理、提高商品或者服务质量以及广告宣传等各种手段，提升其商标品牌信誉，使其商标无形资产价值不断增大。当前国内外很多享有品牌盛誉的企业，就是典型的例子。

在知识产权保护日益严格的今天，上述激励机制的发挥对于拥有较高商标品牌声誉的企业来说，单凭企业自身努力无法最终实现通过占优势的品牌形象获得市场竞争优势，反而更容易遭到侵权。这是因为，商标品牌形象好固然能获得更多消费者的青睐，但更容易被不法行为人"看中"。侵权人通过"搭便车""傍名牌"的形式欺骗消费者，能够在付出很少成本和投资的情况下迅速夺取权利人的市场。不仅如此，由于侵害人生产销售的产品很可能存在质量问题，这就会进一步损害权利人的商标品牌形象，尤其是该注册商标的美誉度。上述现实情况决定了对于注册商标专用权的保护不能仅限于注册所有人被核准注册的商标与核定使用的商品范围，还应当拓展到近似商标和类似商品领域，以避免消费者混淆，从而实质性损害注册商标所有人的利益和消费者的利益，破坏商品流通公平竞争秩序。如果对注册商标所有人注册商标的保护不能拓展到上述领域，会助长围绕该注册商标及核定商品"打擦边球"的行为。从当前我国商标侵权纠纷案件[2]数量日益增长的情况来看，商标侵权行为屡禁不止，在很大程度上是因为商标侵权人受

---

〔1〕 参见最高人民法院（2023）最高法行申 1053 号行政裁定书（商标申请驳回复审行政纠纷案）（商标缺乏显著特征的认定）。

〔2〕 参见最高人民法院（2022）最高法民再 238 号民事判决书（侵害商标权纠纷案）；最高人民法院（2022）最高法民再 277 号民事判决书（侵害商标权纠纷案）；最高人民法院（2022）最高法民终 209 号民事判决书（侵害商标权及不正当竞争纠纷案）；湖北省高级人民法院（2022）鄂知民终 190 号民事判决书（侵害商标权及不正当竞争纠纷案）。

利益驱使，不惜以身试法，通过在相同或类似商品上使用近似商标[1]或相同商标的手段，达到鱼目混珠、欺骗消费者、不正当地占有注册商标所有人取得的商标声誉的目的。[2]当然，在商标授权确权纠纷案件中，类似情况也大量存在。近些年来，我国商标授权确权数量也日益上升，其中也不乏不以使用为目的的恶意抢注行为，以及为了囤积商标公共资源[3]等的不正当注册行为。[4]

进言之，无论是商标侵权纠纷还是商标授权确权纠纷，涉案商标近似和商品类似程度往往是纠纷的焦点问题。[5]同时，根据商标相关司法实践案例的情况来看，应当特别注意防止将商标标识部分元素的近似视为商标的近似的片面观念。[6]商标标识部分元素的近似能否成为商标近似，关键需要结合个案考虑各种因素，如下文所探讨的请求保护的商标显著性和知名度，就是十分重要的考虑因素。如果相同的商标标志部分元素具有很强的显著性和很高的知名度，而不相同的部分则显著性不强甚至是进入公共领域的通用名称，在这种情况下商标标识部分元素的近似，再结合个案的其他因素就可以认定为构成商标近似。相反，如果商标标志部分元素的近似属于非显著性的部分，则一般不宜简单地认定为该商标标识构成近似。

当然，在商标侵权和商标授权确权案件中，也有一部分是针对商品或者服务类似的问题，如近年引起广泛关注的"非诚勿扰"注册商标侵权纠纷案就具有典型性。对于商品或者服务类似的认定，笔者认为，一方面需要以类似商品和服务区分表作为参考，这在最高人民法院发布的相关司法解释中有明确的规定；另一方面，也不能完全固守该区分表，而应当根据经济社会发展，特别是技术发展导致的消费时尚和消费者购物习惯的变化，侧重于从是

---

〔1〕 参见安徽省池州市中级人民法院（2023）皖 17 民初 12 号民事判决书（侵害商标权纠纷案）。

〔2〕 参见最高人民法院指导案例 82 号"歌力思案"，最高人民法院（2014）民提字第 24 号民事判决书（侵害商标权纠纷案）。

〔3〕 参见姚建军：《不以使用为目的囤积注册商标违反诚信原则——以"优衣库"系列案为切入点》，载《法律适用》2020 年第 16 期。

〔4〕 参见最高人民法院（2013）知行字第 41 号行政判决书（商标争议行政纠纷案），2013 年中国法院十大创新性知识产权案件之一。

〔5〕 参见广西壮族自治区高级人民法院（2017）桂民终 448 号民事判决书（侵害商标权纠纷案）；最高人民法院（2018）最高法民申 3166 号民事裁定书（侵害商标权纠纷案）。

〔6〕 参见最高人民法院（2010）民提字第 27 号民事判决书（侵害注册商标专用权纠纷案）。

否容易导致消费者混淆的角度进行评判。[1]强调是否容易导致消费者混淆，这也是前述商标权保护的本质所决定的。

（二）请求保护的商标的显著性和知名度

商标的显著性通常分为固有显著性[2]和获得显著性。[3]在商标侵权纠纷以及授权确权纠纷中，对于请求保护的商标的显著性和知名度的考虑也是十分重要的。[4]这里所说的商标显著性，是指商标所标识的商品或者服务来源的识别性以及商标对来源于不同厂商的商品或者服务的区分。[5]显著性越强的商标，消费者越能根据该商标认牌购物。故在商标权保护实践中，相关领域消费者会将该商标与厂商的特定商品建立相对稳定的联系，如果该商标标识被侵害人使用，就会割断这种稳定的联系，从而使该商标品牌信誉被不正当地转移到侵害人一方，造成该注册商标所有人的消费市场缩小，不仅会损害该注册商标所有人的合法权益，也会损害消费者的利益。由此可见，在商标侵权纠纷中重视请求保护的商标显著性因素十分重要。

寻求保护的商标的知名度，同样也是一个十分重要的因素。笔者认为，其原因在于：商标的知名度越高，越容易受到消费者的青睐，使之自愿购买该商标商品或者接受相关服务，反之亦然。在商标权的保护中，如果请求保护的商标的知名度较高，而商标侵害人非法使用注册商标标识，同样会挤占该注册商标商品的消费市场，以致损害消费者利益和该注册商标所有人的合法权益。

---

〔1〕 参见最高人民法院（2011）知行字第 37 号驳回再审申请通知书（商标争议行政纠纷案）；广东省深圳市中级人民法院（2019）粤 03 民终 31635 号民事判决书（侵害商标权纠纷案）；广东省高级人民法院（2014）粤高法民三终字第 123 号民事判决书（侵害商标权纠纷案）；黑龙江省高级人民法院（2018）黑民终 696 号民事判决书（侵害商标权纠纷案）。

〔2〕 参见广东省广州市天河区人民法院（2022）粤 0106 民初 18037 号民事判决书（侵害商标权纠纷案）。

〔3〕 Luis H. Porangaba, "Acquired Distinctiveness in the European Union: When Nontraditional Marks Meet a (Fragmented) Single Market", 109 *Trademark Rep.* 3 (2019).

〔4〕 See Park N Fly Inc v. Dollar Park and Fly Inc, 105 S. Ct. 658 (1985); International Leisure Products Inc v. Funboy LLC, 747 Fed. Appx. 23 (2018).

〔5〕 参见付继存：《注册商标使用中的"未改变显著特征"》，载《法学研究》2021 年第 6 期；芮松艳：《论司法审判中如何认定商标显著性——兼评〈关于审理商标授权确权行政案件若干问题的规定〉第 8、9、11 条》，载《法律适用》2017 年第 17 期。

正是因为在商标侵权案件和商标授权确权案件请求保护的商标的显著性和知名度因素的重要性，在我国近些年来发布的相关知识产权政策性文件中对商标的显著性和知名度都有相关的规定。例如，《贯彻实施国家知识产权战略意见》指出，要"正确把握商标权的法律属性，根据商标用于区别商品或服务来源的核心功能，合理界定商标权的范围，根据商标的显著性程度、知名度大小等确定保护强度和范围，准确认定商标侵权判定中的商品类似、商标近似和误导性后果"。《关于当前经济形势下知识产权审判服务大局若干问题的意见》则指出："认定商品类似和商标近似要考虑请求保护的注册商标的显著程度和市场知名度，对于显著性越强和市场知名度越高的注册商标，给予其范围越宽和强度越大的保护，以激励市场竞争的优胜者，净化市场环境，遏制不正当搭车、模仿行为。"

至于在商标司法实践中，充分考虑商标的显著性和知名度等因素，这方面的案例非常之多。例如，在某锻造厂与某机械公司等商标侵权案[1]中，最高人民法院认为："认定被诉侵权标识与主张权利的注册商标是否近似，应当视所涉商标或其构成要素的显著程度、市场知名度等具体情况，在考虑和对比文字的字形、读音和含义，图形的构图和颜色，或者各构成要素的组合结构等基础上，对其整体或者主要部分是否具有市场混淆的可能性进行综合分析判断。"

（三）准确认定商标近似和商品类似

前面对司法案件中如何认定商标近似和商品类似进行了初步分析，下面将结合最高人民法院相关司法解释和国家知识产权局颁行的部门规章的相关规定进行探讨。

《最高人民法院关于审理商标民事纠纷案件适用法律若干问题的解释》（法释〔2002〕32号）第10条、第11条和第12条对商标相同或者近似以及商品类似的认定作了规定。具体而言，其第10条规定：人民法院依据商标法的规定认定商标相同或者近似按照以下原则进行：①以相关公众的一般注意力为标准；②既要进行对商标的整体比对，又要进行对商标主要部分的比对，比对应当在比对对象隔离的状态下分别进行；③判断商标是否近似，应当考

---

〔1〕　最高人民法院（2010）民提字第27号民事判决书（侵害注册商标专用权纠纷案），载《最高人民法院知识产权案件年度报告（2009年）》。

虑请求保护注册商标的显著性和知名度。其第 11 条规定：商标法规定的类似商品，是指在功能、用途、生产部门、销售渠道、消费对象等方面相同，或者相关公众一般认为其存在特定联系、容易造成混淆的商品。类似服务，是指在服务的目的、内容、方式、对象等方面相同，或者相关公众一般认为存在特定联系、容易造成混淆的服务。商品与服务类似，是指商品和服务之间存在特定联系，容易使相关公众混淆。其第 12 条则规定：人民法院依据商标法规定认定商品或者服务是否类似，应当以相关公众对商品或者服务的一般认识综合判断；《商标注册用商品和服务国际分类表》《类似商品和服务区分表》可以作为判断类似商品或者服务的参考。

1. 认定主体

关于商标近似的判断，在认定的主体方面，需要以一般消费者的注意力为准。笔者认为，之所以如此，是因为从商标最基本的识别性功能的角度来说，商标注册所有人注册商标的目的是便于消费者在商品流通领域中认牌购物。基于此，商标对于指引消费者购买商品或者接受服务是不可少的、重要的识别性信息。在商标实践中对于相同或者类似商品上使用的标志是否近似，自然应以消费者的眼光加以判断。在商标授权确权审查实践以及商标侵权纠纷案件[1]中，强调这一点确实特别重要，因为审查员或者处理纠纷案件的法官可能基于自身直觉性的认识和判断作出结论，而忽视了在日常生活中相关公众或者说普通消费者认牌购物的习惯和心理。仅以商标侵权纠纷案件为例，根据笔者以律师或专家身份参与的一些相关疑难、复杂的商标纠纷案件的处理，以及对大量商标诉讼案件的研究，在部分商标纠纷案件中法官对于商标近似的认定存在一定的偏差和误区，忽视基于相关公众的一般注意力的标准，而为了达到认定近似的目的刻意进行假设和逻辑推理。如有一个商标侵权纠纷案件，法院判决书在说理部分假设商标的朝向"右转九十度"，则会与对比商标朝向相同而构成近似。在另外一个商标侵权纠纷案件中，法院判决书在说理部分为了论证被控侵权人使用的标识与原告注册商标相近似，竟然通过三层逻辑关系推理，最后得出近似的结论，这显然不符合最高人民法院上述司法解释的规定。在笔者看来，上述司法解释以普通消费者的一般注意力为

---

[1] 参见江西省高级人民法院（2022）赣民终 127 号民事判决书（侵害商标权纠纷案）；天津市高级人民法院（2023）津民终 314 号民事判决书（侵害商标权及不正当竞争纠纷案）。

准，实际上体现了遵循日常生活经验法则的原则。

2. 认定方式

关于近似商标的认定，在认定方式上应当要全面，将商标的整体比对和主要部分比对有机结合起来，既要防止仅将主要部分作为比对对象，也要防止仅考虑商标的整体部分而忽视了商标的主要部分。笔者认为，其中的原因在于，从消费者的一般注意力看，标识的整体和主要部分都会对其视觉效果产生影响。一般来说，整体效果具有更大的影响。但是，在个案中主要部分对于整体效果的影响也不能忽视。主要部分是否近似对于整体效果的影响在不同的案件中有不同的情况，但无论如何，可以认为主要部分的近似对于整体近似的影响大于非主要部分。在商标授权确权以及商标侵权纠纷案件中，需要明确主要部分与非主要部分。在笔者看来，主要部分应当强调其中显著性较强的部分，排除公共资源因素、标识中的通用名称化因素。[1] 在商标纠纷案件中，还应当注意排除不具有显著性特征的公共资源因素，重视其中具有显著性、个性化的成分。以某中级人民法院审理的一起商标侵权纠纷案件为例，被告使用的标识之一是葫芦娃形象，原告注册商标也是葫芦娃形象，法院直接以均是葫芦娃形象认定构成近似，对于原被告葫芦娃形象的具体个性化表征没有进行任何阐明，而实际上两者的差别非常大。在笔者看来，该案存在的问题是没有充分考虑原被告标识的显著性部分的区别。此外，关于近似商标的比对需要在隔离状态下进行，笔者认为其原因在于认定商标近似的目的是防止消费者混淆（对此下面还需要继续探讨），只有在隔离状态下才能进行这一方面的评判。

3. 请求保护商标的显著性和知名度

认定商标是否近似还需要考虑请求保护商标的显著性和知名度。关于这一问题，前面已经作了一定的探讨。这里需要进一步补充的是，显著性和知名度会在相当大的程度上影响到该标识的识别性以及消费者以该商标区分相同或类似商品的效果。一般而言，商标显著性程度越高，知名度越大，该商标商品在消费者的心目中就会有更好的形象，在选择商品或者接受服务时，就更不容易引起混淆。相反，如果商标显著性程度较低，知名度也不高，消费者凭借该商标区别相同或类似商品的难度就大一些。

---

[1]　参见甘肃省高级人民法院（2022）甘知民终 82 号民事判决书（侵害商标权纠纷案）。

在上述规定中，之所以还应当同时考虑是否属于相同或者类似商品，主要是因为随着社会分工和消费者对于同一商品的多样化需要，商品普遍具有同质化现象，消费者对于相同或类似商品的选择需要凭借商标的指引。如果使用某注册商标的商品既不相同也不类似，除非该注册商标成为驰名商标，否则消费者就不会基于商标标识相同或近似而产生混淆。

此外，在上述规定中关于类似商品或者服务的认定，需要考虑影响消费者选择购买商品或者服务的关联因素，包括相关商品的功能、用途、生产部门、销售渠道、消费对象等。同时，还可能存在相关公众认为两种商品之间存在特定联系，以致容易造成混淆的情况，这种情况也应当归于类似商品的范畴。

还需要进一步指出和探讨的是，关于近似商标和类似商品的认定的规定，除了最高人民法院上述司法解释的规定，为了指导我国各级市场监督管理部门有效地处理商标侵权纠纷案件，国家知识产权局在 2020 年发布了《商标侵权判断标准》（国知发保字〔2020〕23 号），[1]在遵循最高人民法院上述规定的基础之上，对于近似商标和类似商品的认定进行了进一步的细化。其中主要的规定如下。

第 15 条　与注册商标近似的商标是指涉嫌侵权的商标与他人注册商标相比较，文字商标的字形、读音、含义近似，或者图形商标的构图、着色、外形近似，或者文字图形组合商标的整体排列组合方式和外形近似，或者立体商标的三维标志的形状和外形近似，或者颜色组合商标的颜色或者组合近似，或者声音商标的听觉感知或者整体音乐形象近似等。

第 16 条　涉嫌侵权的商标与他人注册商标是否构成近似，参照现行《商标审查及审理标准》关于商标近似的规定进行判断。

第 17 条　判断商标是否相同或者近似，应当在权利人的注册商标与涉嫌侵权商标之间进行比对。

第 18 条　判断与注册商标相同或者近似的商标时，应当以相关公众的一般注意力和认知力为标准，采用隔离观察、整体比对和主要部分比对的方法进行认定。

---

〔1〕　国知发保字〔2020〕23 号，2020 年 6 月 15 日实施。

　　值得注意的是，上述规定第 15 条所指的与注册商标的近似仅仅是指物理上的近似，而不是指商标侵权意义上的商标近似。由于在商标纠纷案件处理实践中容易产生误区和理解上的偏差，这里需要特别指出。无论是商标授权确权纠纷案件，还是商标侵权纠纷案件，在商标近似认定方面，不能仅以商标标识部分或主要元素在物理上的近似等同于法律意义上的商标近似。其实读者可以注意到国家知识产权局上述规定的第 19 条和第 20 条已经进一步明确了在商标侵权认定[1]方面还需要考虑混淆可能性。对此，笔者将在后面进一步进行研究。

　　4. 商标近似与商品类似认定中混淆可能性因素

　　近似商标和类似商品认定，应特别考虑到是否存在混淆可能性。[2]这里的混淆可能性，是指商品或者服务领域的相关公众对产品或者服务的来源容易产生混淆。混淆可能性，不是针对实际的混淆。在认定近似商标或类似商品时，对于混淆因素的考量，也不是针对实际的混淆，而是针对混淆的可能性。当然，在商标诉讼案件，特别是在商标侵权诉讼案件[3]中，存在实际混淆的事实是判断具有混淆可能性的有力证据。无论是商标授权确权案件还是商标侵权纠纷案件，混淆可能性都是认定商标近似和商品类似非常重要的因素，不能忽视。基于混淆可能性因素的重要性，以下将从理论层面、法律规范性文件层面和商标实践层面三个角度加以分析。

　　（1）理论层面

　　从理论上看，近似商标和类似商品的认定之所以需要引入混淆可能性的因素，是因为认定近似商标和类似商品的目的是在商标实践中保护消费者利益，防止消费者混淆。从我国商标授权确权的角度来说，之所以禁止在相同或者类似商品上申请注册相同或者近似的商标，也是为了防止他人在相同或

---

　　[1]　参见张莹：《商标授权确权行政案件裁判规则在商标侵权案件审判中的适用——以〈关于审理商标授权确权行政案件若干问题的规定〉对商标侵权案件审判的影响为视角》，载《法律适用》2017 年第 17 期。

　　[2]　参见王太平：《商标侵权的判断标准：相似性与混淆可能性之关系》，载《法学研究》2014年第 6 期；贵州省高级人民法院（2023）黔民终 261 号民事判决书（侵害商标权及不正当竞争纠纷案）；北京市高级人民法院（2023）京民终 246 号民事判决书（侵害商标权及不正当竞争纠纷案）。

　　[3]　参见甘肃省酒泉市中级人民法院（2023）甘 09 知民初 1 号民事判决书（侵害商标权纠纷案）。

者类似商品上申请注册相同或近似的商标而造成消费者混淆。在一般的情况下，他人在相同或者类似商品上使用与注册商标所有人注册商标相同或近似的标识的行为，容易造成消费者混淆。而造成消费者混淆的行为，才是商标法所需要真正规制的行为。换言之，如果没有造成消费者混淆之虞，即使在相同或者类似商品上使用的商标标识相同或者近似，法律也没有禁止使用的理由。在这里也可以看出，在认定商标近似或者类似的问题上，需要考虑是否可能造成消费者混淆。

（2）相关规范层面

我国相关商标规范对于近似商标与类似商品认定中包括混淆可能性在内的因素都有明确的规定。这里不妨以《商标审查及审理标准》、最高人民法院相关司法政策和国家知识产权局颁行的相关部门规章为例加以说明。

原国家工商行政管理总局商标局于 2016 年 12 月修订的《商标审查及审理标准》列举了各类商标近似的情况，其中对每一类商标近似都包含容易使相关公众对商品或者服务的来源产生混淆这一因素。以下仅以对文字商标近似的解释为例：中文商标的汉字构成相同，仅字体或设计、注音、排列顺序不同，易使相关公众对商品或者服务的来源产生混淆的，判定为近似；商标文字由字、词重叠而成，易使相关公众对商品或者服务的来源产生混淆的，判定为近似商标；中文商标由三个或者三个以上汉字构成，仅个别汉字不同，整体无含义或者含义无明显区别，易使相关公众对商品或者服务的来源产生混淆的，判定为近似商标；商标文字读音相同或者近似，且字形或者整体外观近似，易使相关公众对商品或者服务的来源产生混淆的，判定为近似商标；商标文字构成、读音不同，但商标字形近似，易使相关公众对商品或者服务的来源产生混淆的，判定为近似商标；商标文字构成、读音不同，但含义相同或近似，易使相关公众对商品或者服务的来源产生混淆的，判定为近似商标；商标由相同外文、字母或数字构成，仅字体或设计不同，易使相关公众对商品或者服务的来源产生混淆的，判定为近似商标；商标由两个外文单词构成，仅单词顺序不同，含义无明显区别，易使相关公众对商品或者服务的来源产生混淆的，判定为近似商标；商标仅由他人在先商标及本商品的通用名称、型号组成，易使相关公众对商品或者服务的来源产生混淆的，判定为近似商标等。同时，该标准还列举了不容易对商品或者服务来源产生混淆的行为，如商标首字读音或者字形明显不同，或者整体含义不同，使商标整体区别明显，不易使相关公众对商品或者服务的来源产生混淆的，不判为近似商标。上述标准的规定说明在认定商标近似方面，需要引入混淆可能性因素。

又如，《最高人民法院关于审理商标授权确权行政案件若干问题的意见》（法发〔2010〕12号）指出："人民法院认定商标是否近似，既要考虑商标标志构成要素及其整体的近似程度，也要考虑相关商标的显著性和知名度、所使用商品的关联程度等因素，以是否容易导致混淆作为判断标准。"

2020年6月，国家知识产权局颁布实施的《商标侵权判断标准》，针对商标侵权的判断，提出了近似商标或类似商品认定中混淆可能性因素的把握，为科学、合理地判定商标侵权行为提供了具有较强可操作性的标准。具体而言，其体现在第19条、第20条和第21条之中。

第19条　在商标侵权判断中，在同一种商品或者同一种服务上使用近似商标，或者在类似商品或者类似服务上使用相同、近似商标的情形下，还应当对是否容易导致混淆进行判断。

第20条　商标法规定的容易导致混淆包括以下情形：

（一）足以使相关公众认为涉案商品或者服务是由注册商标权利人生产或者提供；

（二）足以使相关公众认为涉案商品或者服务的提供者与注册商标权利人存在投资、许可、加盟或者合作等关系。

第21条　商标执法相关部门判断是否容易导致混淆，应当综合考量以下因素以及各因素之间的相互影响：

（一）商标的近似情况；

（二）商品或者服务的类似情况；

（三）注册商标的显著性和知名度；

（四）商品或者服务的特点及商标使用的方式；

（五）相关公众的注意和认知程度；

（六）其他相关因素。

由此可见，我国商标相关规范对于在近似商标或者类似商标的认定中引入混淆可能性因素是给予了充分肯定的。

（3）商标实践层面

实践层面，包括商标授权确权和商标侵权纠纷案件〔1〕的处理。在商标近似和类似商品认定中，引入混淆可能性的考量，具有合理性，并且在我国相关规范性法律文件中都有明确的规定，因此在商标实践中需要认真贯彻。但是，也应看到，通过研究相关商标授权确权以及商标侵权纠纷案件〔2〕可以看出，审查机关或者人民法院法官在认定近似商标或类似商品问题上，并未都做到了重视混淆可能性因素。在商标授权确权或者商标侵权纠纷案件中，将商标标识部分元素物理上的近似视为商标近似并非个案。甚至在相当一部分商标侵权案件中，法院仅就商标标识本身进行对比，对是否存在混淆可能性却只字不提。总结我国商标司法实践经验，必须强调，需要防止将商标标识部分和全部的相似，简单地等同于商标近似的做法。〔3〕总的来说，在商标近似或者商品类似的认定中，如果不考虑混淆可能性就可能造成错案。

（四）商标近似与商品类似判断中的问题

关于商标近似与商品类似的内涵及其认定，前面作了基本探讨。这里就司法实践中出现的两个比较典型的问题进行研究：一是关于商标共存问题，二是关于相关商标的实际使用情况对于商标近似与商品类似判断的影响。

1. 关于商标共存问题

这里所说的商标共存，并不是商标法上的一个法律概念，而是在商标授权确权与商标侵权纠纷案件中，解决诉争商标在相同或者类似商品上使用相同或近似商标这一情况的方案。在商标案件中，是否承认商标共存，司法实践中的做法不统一，在一定程度上影响了司法裁判标准的统一。〔4〕这里不妨先就笔者在几年之前应最高人民法院知识产权审判庭的邀请参加的一个专门就商标共存问题疑难纠纷案件进行的研讨所获悉的相关观点进行介绍，然后

---

〔1〕 参见江西省上饶市中级人民法院（2023）赣11民初186号民事判决书（侵害商标权纠纷案）。

〔2〕 参见北京市高级人民法院（2023）京民终246号民事判决书（侵害商标权及不正当竞争纠纷案）。

〔3〕 参见河北省衡水市中级人民法院（2023）冀11民终2075号民事判决书（侵害商标权纠纷案）。

〔4〕 参见内蒙古自治区高级人民法院（2018）内民终274号民事判决书（侵害商标权纠纷案）；安徽省高级人民法院（2017）皖民终525号民事判决书（侵害商标专用权纠纷案）。

从理论与实务的角度就商标共存的问题进行进一步探讨。

本次商标共存疑难案件研讨中，最高人民法院知识产权审判庭选择了几件具有典型意义的涉及商标共存的纠纷案件作为研讨的素材。这些案件到今天当然都有了最后的结果。从笔者所了解的相关案件的情况看，是否认可商标共存需要基于个案的情况作出判断，而不能笼统地肯定或者否定。对于在个案中双方所提供的商标共存协议的效力及其对于相应的商标授权确权和侵权纠纷案件的影响，在这次专家研讨会中笔者提出的观点认为：商标共存协议和普通的民事合同具有不同的特点，后者只要双方当事人达成合意且不违背法律的强制性规定，就应当承认其法律效力并得到遵守。对于前者而言，该协议尽管是双方当事人之间所签署的，但由于商标的使用涉及相关消费者的利益和社会公共利益，诉争商标在商标授权确权案件中是否能够维持，以及在商标侵权纠纷案件中是否应当禁止被控侵权人使用涉案商标的行为，还要考虑如果给予肯定的回答，其是否会造成消费者混淆的后果。进言之，如果诉争商标与在先商标共存不容易导致消费者混淆，结合本案的其他事实，就可以承认商标共存；如果诉争商标与在先商标共存容易造成消费者混淆，则不应当允许诉争商标注册或继续使用。

实际上，从笔者后来所参与的对相关案件的处理，以及对大量同类案件判决书研究的情况看，上述观点是得到了认可的。例如，在"秋林"商标行政案[1]中，最高人民法院指出："判断商标近似时，还可以结合特定历史关系及处在同一地域等因素，考虑两商标共存是否易使相关公众对商品的来源产生误认或者认为两者之间存在特定的联系。"再如，在《最高人民法院知识产权案件年度报告（2011年）》中，则认可了"近似商标共存协议会影响商标可注册性的审查判断"。例如，在"良子"商标争议行政纠纷案[2]中，最高人民法院认为："当事人之间关于近似商标的共存协议影响商标可注册性的审查判断。"

笔者认为，在商标授权确权与商标侵权纠纷案件中，如果当事人提交了商标共存协议，之所以需要进一步考虑是否允许商标共存，是基于以下几方

---

〔1〕　最高人民法院（2009）知行字第15号行政判决书（不正当竞争纠纷案），载《最高人民法院知识产权案件年度报告（2009年）》。

〔2〕　最高人民法院（2011）知行字第50号行政判决书（商标争议行政纠纷案）。

面的原因。

第一，在相同或者类似的商品上使用的商标标识相同或者近似，并非都容易造成消费者混淆。

首先需要指出的是，此处所指的商标的相同或近似，强调的是商标标识的相同或者近似。在相同或者类似商品上，使用的商标标识相同或者近似，并非都容易出现消费者混淆的后果，还需要结合个案中的具体情况，如请求保护的注册商标的显著性和知名度，商标的实际使用情况、使用的历史以及形成市场格局的基本情况等因素进行判断。在我国过去大量的商标授权确权以及商标侵权纠纷案件中，少部分案件确实存在一个很严重的情况：以商标标识部分元素或者全部元素的近似视为当然的商标法意义上的商标近似，对于足以影响是否容易造成消费者混淆的其他重要的因素和事实不予重视或者不予考虑，这样就很容易造成错案。

商标共存的适用前提显然是商品相同或者类似且商标标识相同或者近似。在这一前提下，讨论在个案中是否允许或者接受商标共存，笔者认为之所以需要进一步考虑是否容易造成消费者混淆，是由商标保护的本质所决定的。

我国商标法的立法宗旨，当然首先是要充分、有效地保护商标权人的合法权益。然而，作为私法的商标法，还存在着更加重要的维护公共利益的价值目标。笔者一直主张，包括商标权在内的知识产权保护制度，是一种维护私人权利和公共利益之间有效平衡的法律制度。在商标保护制度中，除了规定了商标专用权这一我国商标法所保护的商标权，还规定要有效地保护消费者利益、自由竞争的利益，以及维护公平竞争的利益。如果商标法过于强化对商标专用权的保护，甚至放任商标财产化的这一商标权的异化现象，对商标法规定的维护消费者利益、自由竞争的利益等社会公共利益不予重视，将不能实现商标法的立法宗旨。对于商标相关案件，包括这里所探讨的商标授权确权与商标侵权纠纷案件中涉及商标共存问题的案件的解决也能够体现这一点。商标共存是否能得到允许取决于涉案商标的注册或者使用是否会容易造成消费者混淆，这很好地体现了商标法的立法宗旨和价值取向。

有观点对商标法的基本精神和内容作了简要而形象的概括，其中分两条线：第一条线涉及商标本身的显著性和识别性问题的确认和维护，第二条线涉及在实践中防止被消费者混淆和误认，从而维护注册商标所有人和消费者的利益以及相关的制止不正当竞争、促进公平竞争的社会公共利益。笔者认为，这一简明的概括很有研究价值。即使从商标法的价值构造这一观点出发，也能很好地体现笔者主张的上述观点。

第二，承认商标共存，体现了在不损害消费者利益、不违背社会公共利益的情况下，在授权确权与司法实践中尊重当事人的意思自治。

毫无疑问，作为一种协议，商标共存也体现了当事人的意思自治。允许商标共存，使诉争商标得以注册或者使用，只要不损害消费者利益、不易造成消费者混淆，则并不违背商标法的基本精神。

2. 商标实际使用与否对商标近似与商品类似判断的影响

在商标近似与商品类似的判断中，相关商标是否实际使用也是应当考虑的一个因素。这里不妨先了解一下最高人民法院近些年公布的年度报告相关案例所主张的观点。如在"诸葛酿"商标侵权案[1]中，最高人民法院认为："在认定商标是否近似时，应考虑商标实际使用情况尤其是在先使用、具体使用方式等因素。"

由于商标需要通过实际使用才能实现商品消费者认牌购物的目的，才能真正判断商标在实际使用中是否容易引起消费者混淆，在司法实践中有很多商标纠纷案件中明确了商标使用对于商标近似或者商品类似认定的影响和作用。例如，在"红河"商标侵权案[2]中，最高人民法院进一步"细化了判断商标近似时需要考虑的因素。主要体现在，判断侵权意义上的商标近似，除要比较相关商标在字形、读音、含义等构成要素上的近似性外，还应关注是否足以造成市场混淆，因此应考虑相关商标的实际使用情况、显著性、是否有不正当意图等因素进行综合判断"。

笔者认为，在商标授权确权与商标侵权纠纷案件中，尤其是在商标侵权纠纷案件中，对于商标近似与商品类似的判断，需要考虑相关商标的实际使用情况，是基于以下几方面的原因。

第一，商标法的立法宗旨决定了商标实际使用在商标法中的重要地位和作用。

---

[1]　最高人民法院（2007）民三监字第37-1号民事裁定书（侵犯商标权纠纷案），载《最高人民法院知识产权案件年度报告（2009年）》。

[2]　最高人民法院（2008）民提字第52号民事判决书（侵犯商标权纠纷案），载《最高人民法院知识产权案件年度报告（2009年）》。

众所周知，在商标授权确权方面，我国实行的是注册原则。即某市场经济主体为获得注册商标专用权，需要按照商标法规定的程序和条件，向国家知识产权局提出商标注册申请，经审查通过后才能被核准注册。然而，我国商标法实行的注册原则也适当地兼顾了使用原则，商标的使用对于商标授权确权以及相关权利的保护仍然具有重要意义。例如，在相同或者类似的商品上如有相同或者近似商标的申请人提出商标注册申请，需要适用使用在先原则。又如，根据我国《商标法》及《商标法实施条例》，未注册商标所有人不能获得商标专用权。但是，在一定条件下未注册商标所有人仍能获得法律给予的相关保护。[1]这尤其体现在以下几个方面：①根据《商标法》第32条的规定，在先使用的有一定影响的未注册商标可以阻止他人抢先申请注册；②根据《商标法》关于保护在先使用权的规定，[2]在相同或者类似的商品上在先使用相同或者近似的有一定影响的未注册商标的所有人，在他人商标被核准注册以后，仍能在原有的范围内继续使用，只是为了避免在相关市场中造成消费者的混淆，在必要时需要施加区别性的标识；③根据《商标法》第13条关于未注册驰名商标保护的规定，未注册驰名商标所有人可以阻止他人在相同或者类似商品上未经许可地复制、模仿、翻译与该未注册驰名商标相同或者近似的商标从而使该驰名商标所有人利益可能受到损害的行为。[3]

进言之，尽管我国商标法实行注册在先原则，但仍需要适当考虑使用在先原则，以及在实践中对有一定知名度的未注册商标进行保护，[4]根本的原因体现于以下两点。

一是商标注册只是注册商标所有人取得商标法规定的商标专用权的法定程序和要求，该商标受法律保护的程度及作为经济学意义上无形资产的价值，必须以投入市场进行使用的广泛和持久度为判断标准。如注册商标在被核准

---

〔1〕 参见黄汇：《反不正当竞争法对未注册商标的有效保护及其制度重塑》，载《中国法学》2022年第5期。

〔2〕 参见佟姝：《商标先用权抗辩制度若干问题研究——以最高人民法院公布的部分典型案例为研究范本》，载《法律适用》2016年第9期；湖北省黄冈市中级人民法院（2023）鄂11民终3910号民事判决书（侵害商标权纠纷案）。

〔3〕 参见张玲玲：《论未注册驰名商标的司法认定与保护——兼评〈商标法〉第十三条及〈反不正当竞争法〉第六条第一项的适用》，载《法律适用》2019年第11期。

〔4〕 参见最高人民法院（2013）知行字第80号行政判决书（商标争议行政纠纷案）。

注册以后被束之高阁，就无法在市场经济中发挥其区别商品或者服务来源的功能和作用，商标法保护注册商标专用权的立法目的也无从实现。

二是商标的使用是取得商标信誉和其所附载的商品声誉的关键。如前所述，商标的真正价值在于通过使用而取得不断积累的商誉。此种商誉价值越大，商标的无形资产价值也越高，商标对于消费者认牌购物的驱动力也越强。相应地，厂商凭借该商标能够获得更大的市场竞争优势。[1]其实，从商标品牌战略的角度，也可以很好地理解商标的使用对于商标品牌战略实施，特别是商标品牌形象提升的重要作用。其原因其实非常简单，消费者是在市场中购买商品或者接受服务从而认知相关商标信息的，商标的基本功能和作用也就是在其负载的相关商品投入市场流通以后，让消费者能够凭借该商标识别商品来源从而认牌购物。如果商标在核准注册以后不予使用，消费者就无法通过该商标区别商品或者服务来源的功能而认知该商标。当前我国注册商标数量飙升，很多商标注册以后根本没有得到使用，特别是存在大量不以使用为目的的恶意抢注行为，亟需通过法律规制手段加以遏制。对此，下文将进一步探讨。

第二，注册商标是否实际使用，是在判定商标近似与商品类似中是否容易造成消费者混淆的重要考量因素。

第三，无论是商标授权确权纠纷案件，还是商标侵权纠纷案件，相关商标是否实际使用无论是对在先的注册商标所有人还是在后的注册商标所有人或者标识使用者，在认定相关商标的使用意图方面都具有十分重要的意义。

二、有效规制恶意申请注册商标行为

《加强知识产权司法保护意见》提出：充分运用法律规则，在法律赋予的裁量空间内作出有效规制恶意申请注册商标行为的解释，促进商标申请注册秩序正常化和规范化。

《加强知识产权司法保护意见》的上述规定，是对有效规制恶意申请注册商标行为的规定。当前，随着我国商标注册申请数量和核准数量的飙升，各种各样的恶意申请注册商标行为也屡禁不止，极大地妨碍了我国商标制度功能和作用的发挥，亵渎了我国商标法治，因而需要在制度上加以规制。

---

〔1〕 参见章凯业：《商标保护与市场竞争关系之反思与修正》，载《法学研究》2018 年第 6 期。

（一）如何认识恶意申请注册商标行为的危害性

恶意申请注册商标行为，顾名思义，是指相对于正常申请注册商标行为而言，其主观上存在恶意，申请人申请商标注册并不是为了使用，而是为了实现某种不正当的目的。恶意申请注册商标行为显然与商标法的立法宗旨背道而驰。在法律制度层面，除了我国《商标法》在 2019 年进行修改时，专门在第 4 条中增加了"不以使用为目的的恶意商标注册申请"行为，在此之前最高人民法院相关司法解释也有所规定。例如，《最高人民法院关于审理商标授权确权行政案件若干问题的规定》第 24 条规定："以欺骗手段以外的其他方式扰乱商标注册秩序、损害公共利益、不正当占用公共资源或者谋取不正当利益的，人民法院可以认定其属于商标法第四十四条第一款规定的'其他不正当手段'。"[1] 第 25 条则规定："人民法院判断诉争商标申请人是否'恶意注册'他人驰名商标，应综合考虑引证商标的知名度、诉争商标申请人申请诉争商标的理由以及使用诉争商标的具体情形来判断其主观意图。引证商标知名度高、诉争商标申请人没有正当理由的，人民法院可以推定其注册构成商标法第四十五条第一款所指的'恶意注册'。"关于我国相关规范对恶意申请注册商标行为的规制，下文将进一步探讨。这里需要在前述基础之上总结恶意申请注册商标行为的危害。

笔者认为，恶意申请注册商标行为[2] 的危害可以体现为以下几方面。

第一，恶意申请注册商标行为违背了商标法规定的诚实信用原则，不利于构建正当竞争的市场经济秩序。

我国《商标法》在 2013 年修改时，专门增加了诚实信用原则，规定商标申请注册和使用应当遵守诚实信用原则。恶意申请注册商标行为直接违背了这一原则，不利于构建正当竞争的市场经济秩序，也不利于构建诚信社会。[3]

第二，恶意申请注册商标行为，违背了商标立法宗旨，对相关当事人的利益会造成直接损害。

商标立法的宗旨，除了充分、有效地保护注册商标所有人的合法权益，

---

〔1〕 参见最高人民法院（2013）知行字第 41、42 号行政判决书（商标争议行政纠纷案）。

〔2〕 参见江苏省高级人民法院（2000）苏知终字第 74 号民事判决书（侵害商标权纠纷案）；北京知识产权法院（2016）京 73 行初 6434 号行政判决书（商标权无效宣告请求行政纠纷案）。

〔3〕 参见最高人民法院指导案例 82 号"歌力思案"，最高人民法院（2014）民提字第 24 号民事判决书（侵害商标权纠纷案）。

还具有更重要的保护消费者的利益、促进构建正常的商品流通秩序、维护公平竞争、制止不正当竞争等。基于商标立法的基本宗旨，在商标法的价值构造方面，其一方面建立在注册保护的前提之下，另一方面也十分重视商标的使用，以及对未注册商标的必要保护。如前所述，商标只有得到充分使用，才能形成其商标品牌信誉和市场竞争力。因此，在我国商标法律制度中，也十分重视对商标的使用。例如，《商标法》规定，注册商标连续三年不使用可以被撤销；在注册商标所有人未对其注册商标进行使用的前提下，其主张他人侵犯其注册商标专用权时，如果被控侵权人能够提供证据证明原告对其注册商标在三年之内没有使用，可以被免除赔偿。恶意申请注册商标行为，由于其不以使用为目的，而是在获得注册商标后，待价而沽或者恶意囤积注册商标，其行为动机具有不当性，行为后果则直接违背了商标法的立法宗旨。不仅如此，基于商标资源的稀缺性和有限性，恶意抢注、恶意囤积等恶意申请注册商标的行为，还会损害相关当事人的合法权益，使其通过相关商标品牌获取商誉和市场竞争力的目的落空。[1]

第三，恶意申请注册商标行为，不仅破坏了商标注册正当秩序，还损害了社会公共利益。

恶意申请注册商标的行为，看似属于申请人个人通过法定的程序获得私权的行为，但由于其申请注册商标的行为具有不正当性，且其申请注册的商标可能涉及他人合法权益的保护以及公共资源的保有，这一行为不仅涉及对他人合法权益的侵害，还会涉及正当的竞争秩序和社会公共利益的保护问题。这里不妨讨论以下两种典型的情况。

第一种情况是：针对同一行业，基于不正当地占有他人通过商标的注册与使用建立起来的商标声誉、商品信誉的目的，一方面通过合法的形式对于竞争对手的注册商标请求宣告无效，并发起系列侵权诉讼攻势，另一方面，又同时大批量地在相同或者类似的商品上以及既不相同也不类似的商品上申请注册与竞争对手的注册商标相同或者近似商标的行为。这种情况在实践中并非罕见。由于竞争对手在相同或者类似商品上使用注册的相关商标已经获得了一定的商标品牌声誉，恶意申请注册商标的行为人为了夺取这一已经形

---

〔1〕　参见最高人民法院（2016）最高法行申 2683 号行政裁定书（商标权无效宣告请求行政纠纷案）。

成的商标品牌声誉以及市场信誉，企图通过法律手段"打掉"对方的注册商标，然后通过自己申请注册同一商标的手段，自然地夺取原有注册商标所形成的商标品牌声誉。特别是在有的情况下，申请注册商标的行为人是自然人，这种情况下申请注册商标的行为主观上的恶意更加明显。如果能够结合该自然人在其他相关商品上批量申请注册其他商标的情况，则更加能够证明这一点。当然，对于竞争对手而言，在获悉该恶意注册商标申请人的不正当意图后，应当果断采取相关的法律手段。[1]例如，针对其相关类别的商品上恶意抢注本企业的相关商标的行为，应当果断地通过异议的形式阻止其获得商标注册；如果提出申请注册的行为得逞，则应再果断地采取请求注册商标无效的法律手段，使该注册商标被宣告无效，否则就可能后患无穷。尤其是一旦竞争对手的注册商标被宣告无效，而该恶意申请注册行为人批量申请竞争对手的注册商标被核准，该恶意申请注册行为人即可以轻易地占有竞争对手注册商标原已取得的品牌信誉和市场。笔者认为，如果出现这种情况，就会在客观上助长不劳而获的现象，以形式上的合法行"不正当竞争"之实，亵渎我国商标法律制度。不仅如此，这种行为还会助长更多的恶意抢注他人注册商标的行为，引发更多的商标授权确权和侵权纠纷案件。因此，对于上述不以使用为目的的恶意抢注他人注册商标的行为，商标授权确权机关应当高度重视，不应当对其申请注册的商标予以核准。万一这些商标注册申请被核准，在后续的无效宣告案件中，也应当将其相关注册商标宣告无效。

第二种情况是：恶意申请注册商标的行为人不正当地抢占公共资源，损害了社会公众对公共资源使用的权利和自由，对于竞争对手也造成了不公平竞争的后果。在当前我国商标申请注册数量飙升的情况下，侵占公共资源这一类的恶意申请注册商标的行为也相当普遍，同样应引起高度重视。公共资源，无论是历史人物、名称，还是地理名称等，均是人们（包括商标注册申请人的竞争对手）可以自由使用的资源。从知识产权法理论中的公共领域保留原则来说，公共资源应当是社会的公共财产，不应由某人通过法定的形式加以垄断，变成个人的私有产权。当然，应当指出的是，并不是说任何公共资源都不能通过商标注册的形式变成私权意义上的商标专用权，而是指商标

---

[1] 参见孔祥俊：《论非使用性恶意商标注册的法律规制——事实与价值的二元构造分析》，载《比较法研究》2020 年第 2 期。

注册申请人不能恶意以囤积、抢占公共资源为目的，大量地、不适当地将公共资源申请注册为商标。在现实中以囤积公共资源为目的申请注册商标的案例并非罕见，在大量商标授权确权案件中也对这种行为给予了明确的否定。[1] 司法实践中的这一做法显然值得肯定。

（二）规制恶意申请注册商标的行为

以下将结合《规范商标申请注册行为若干规定》，就如何规范我国商标申请注册行为，避免各类不正当申请注册，特别是恶意申请注册行为的发生进行探讨。

2019年10月11日，国家市场监督管理总局公布了《规范商标申请注册行为若干规定》。该规定是在近几年来我国商标申请注册数量急剧飙升，各式各样的不正当申请注册行为日益增多，特别是恶意申请注册行为屡禁不止的情况下所制定的，可谓正当其时。其第1条规定："为了规范商标申请注册行为，规制恶意商标申请，维护商标注册管理秩序，保护社会公共利益，根据《中华人民共和国商标法》（以下简称商标法）和《中华人民共和国商标法实施条例》（以下简称商标法实施条例），制定本规定。"从上述规定看，其重要目的就是规制当前日益严重的恶意申请注册商标的行为，维护我国的商标注册管理秩序，维护广大消费者利益和社会公共利益，制止在商标注册使用方面的不正当竞争行为。该规定的出台，可以说是对当前恶意申请注册商标行为的重拳出击，其有效实施必将能够更好地维护我国商标管理秩序，有力地规制恶意商标申请注册行为。以下将结合其规定的重要内容进行探讨。

《规范商标申请注册行为若干规定》第3条明确规定了申请商标注册应当遵循诚实信用原则，并列举了不得从事的商标申请注册行为。具体而言，有以下几种行为：①属于《商标法》第4条规定的不以使用为目的恶意申请商标注册的；②属于《商标法》第13条规定，复制、摹仿或者翻译他人驰名商标的；③属于《商标法》第15条规定，代理人、代表人未经授权申请注册被代理人或者被代表人商标的，以及基于合同、业务往来关系或者其他关系明知他人在先使用的商标存在而申请注册该商标的；④属于《商标法》第32条规定，损害他人现有的在先权利或者以不正当手段抢先注册他人已经使用并有一定影响的商标的；⑤以欺骗或者其他不正当手段申请商标注册的；⑥其

---

[1] 参见最高人民法院（2013）知行字第41号行政裁定书（商标争议行政纠纷案）。

他违反诚实信用原则，违背公序良俗，或者有其他不良影响的。

从上述规定来看，这些行为都是我国《商标法》明确禁止的申请注册商标的行为。这些行为的一个共同特点是违背了诚实信用原则，其行为的后果或者是侵害了其他商标所有人的合法权益，或者是直接损害了社会公共利益。[1]从商标法所实现的规制不正当竞争行为、构建公平竞争的市场秩序的角度来说，通过上述违背诚实信用原则的方式获得注册商标后，其使用相关注册商标的行为，对于其他正当竞争者而言有构成不正当竞争之虞。因此，这些申请注册商标的行为都是商标法所需要严厉禁止的行为。

仅以《规范商标申请注册行为若干规定》第 3 条第 1 项，也就是《商标法》第 4 条规定的"不以使用为目的的恶意申请商标注册的"行为的规定来看，这种行为主观上存在法律上的可责难性，客观上会导致大量不以使用为目的的商标申请注册，严重违背了商标法的立法宗旨，造成大量注册商标闲置。[2]同时，在实践中不以使用为目的的恶意申请商标注册的行为，行为人的目的是在获准商标注册以后待价而沽，通过"合法"的形式牟取不正当的商业利益，造成商标制度的异化。基于此，这种行为是需要严格规制的不正当申请注册商标的行为。

值得注意的是，为了增加商标注册部门在实践中的可操作性，《规范商标申请注册行为若干规定》专门规定了商标注册部门在判断商标申请注册是否违反《商标法》第 4 条的规定时可以综合考虑的因素。具体而言，包括：①申请人或者与其存在关联关系的自然人、法人、非法人组织申请注册商标数量、指定使用的类别、商标交易情况等；②申请人所在行业、经营状况等；③申请人被已生效的行政决定或者裁定、司法判决认定曾从事商标恶意注册行为、侵犯他人注册商标专用权行为的情况；④申请注册的商标与他人有一定知名度的商标相同或者近似的情况；⑤申请注册的商标与知名人物姓名、企业字号、企业名称简称或者其他商业标识等相同或者近似的情况；[3]⑥商标注册部门认为应当考虑的其他因素。其中，最后一项属于兜底性的规定，

---

〔1〕 参见最高人民法院（2015）知行字第 116 号行政裁定书（商标异议复审行政纠纷案）。

〔2〕 参见孔祥俊：《论非使用性恶意商标注册的法律规制——事实与价值的二元构造分析》，载《比较法研究》2020 年第 2 期。

〔3〕 参见吉林省长春新区人民法院（2023）吉 0193 民初 2292 号民事判决书（不正当竞争纠纷案）。

其价值在于避免在现实生活中挂一漏万，以便商标注册部门根据商标申请注册的实际情况灵活掌握。当然，在实际操作中也应当注意不要过于宽泛地适用，避免将正常的商标申请注册行为视为不以使用为目的的恶意申请注册行为。

在商标申请注册实践中，我国大量的商标申请注册行为都是由商标代理机构承担的。这是因为，尽管商标申请注册行为不像专利申请行为一样具有一定的专业技术性，需要具有技术背景的专利代理师代理，但商标申请注册行为需要履行法定的程序和手续，也具有一定的专业性。不仅如此，在商标申请注册中，如何设计合适的商标以及选定指定的商品或者服务类别，商标申请注册代理机构更具有经验，能够帮助商标申请注册的当事人根据其自身生产经营的情况更合理地申请注册商标。然而，商标代理机构基于自身的营利性，如果对其申请注册商标的代理行为不进行有效规范，就难以避免发生违背诚实信用原则、不正当申请注册商标的各种行为。为此，我国《商标法》在近些年修改时，对于商标代理机构的行为也进行了一定的规范。这无疑是有效规制各种以不正当手段进行商标申请注册行为的重要法律保障。

为了有效地规范我国商标代理机构申请注册商标的代理行为，《规范商标申请注册行为若干规定》第4条专门规定："商标代理机构应当遵循诚实信用原则。知道或者应当知道委托人申请商标注册属于下列情形之一的，不得接受其委托：（一）属于商标法第四条规定的不以使用为目的恶意申请商标注册的；（二）属于商标法第十五条规定的；（三）属于商标法第三十二条规定的。商标代理机构除对其代理服务申请商标注册外，不得申请注册其他商标，不得以不正当手段扰乱商标代理市场秩序。"在商标申请注册实践中，关键的是如何判断商标代理机构是否存在主观上的过错，即其是否知道或者应当知道委托人申请商标注册行为属于《规范商标申请注册行为若干规定》规定的上述行为。

近些年来随着我国经济社会和知识产权事业的发展，商标申请注册日益活跃，商标注册申请被核准注册的数量也不断增加，以至我国已经成为世界上第一商标申请和注册大国。然而，在日益增长的商标申请注册数量背后也存在着各式各样的问题。其中，商标代理机构代理商标申请注册业务时违背法律规范的规定，就是其中重要的一个方面。近几年来国家相关部门也对严重违规的商标代理机构给予了行政处罚。在现实中，确实也存在商标代理机构假借他人名义、不以使用为目的恶意抢注系列商标的行为。

由于不以使用为目的恶意申请商标注册的行为，以及其他采取不正当手段申请注册商标的行为严重背离了商标保护的宗旨以及商标申请注册制度的立法本意，[1]破坏了商标申请注册的管理秩序，需要进一步对这些行为造成的后果规定相应的法律责任。对此，《规范商标申请注册行为若干规定》第12条到第15条对于恶意申请商标注册的申请人以及商标代理机构的相关行为作出了相关的行政处罚规定。具体内容如下。

第12条 对违反本规定第三条恶意申请商标注册的申请人，依据商标法第六十八条第四款的规定，由申请人所在地或者违法行为发生地县级以上市场监督管理部门根据情节给予警告、罚款等行政处罚。有违法所得的，可以处违法所得三倍最高不超过三万元的罚款；没有违法所得的，可以处一万元以下的罚款。

第13条 对违反本规定第四条的商标代理机构，依据商标法第六十八条的规定，由行为人所在地或者违法行为发生地县级以上市场监督管理部门责令限期改正，给予警告，处一万元以上十万元以下的罚款；对直接负责的主管人员和其他直接责任人员给予警告，处五千元以上五万元以下的罚款；构成犯罪的，依法追究刑事责任。情节严重的，知识产权管理部门可以决定停止受理该商标代理机构办理商标代理业务，予以公告。

第14条 作出行政处罚决定的政府部门应当依法将处罚信息通过国家企业信用信息公示系统向社会公示。

第15条 对违反本规定第四条的商标代理机构，由知识产权管理部门对其负责人进行整改约谈。

值得注意的是，在当前我国建设社会主义法治国家的时代，行政机关应当依法作出具体行政行为。针对违反上述规定的商标申请注册行为，市场监督管理部门、知识产权管理部门等需要在掌握确凿事实的基础上作出行政处罚决定。

---

[1] 参见杜颖：《商标法律制度的失衡及其理性回归》，载《中国法学》2015年第3期。

三、驰名商标的认定和保护

《加强知识产权司法保护意见》在"立足各类案件特点，切实维护权利人合法权益"部分，规定要"加强驰名商标保护，结合众所周知的驰名事实，依法减轻商标权人对于商标驰名的举证负担"。对此，笔者认为，关于在司法实践中驰名商标的认定和保护，以下重要问题值得深入研究和思考。

（一）深刻认识驰名商标保护的重要意义和作用

如前所述，我国对知识产权的保护实行行政处理与司法保护两条优势互补、有机衔接的途径。[1]然而，针对行政途径保护驰名商标，我国在过去存在一定的误区。这主要体现为通过大量的行政认定方式批量发布被认定的驰名商标。在驰名商标保护实践中，也存在驰名商标异化现象，这尤其体现在我国 2014 年 5 月 1 日第三次修改的《商标法》实施之前。由于法律上并不禁止对驰名商标本身进行宣传和做广告的行为，社会上存在大量利用驰名商标本身做广告却违背驰名商标保护制度立法宗旨的不良现象，过去铺天盖地的"中国驰名商标"的广告即可见一斑。当前我国对驰名商标的保护制度，显然是在总结经验教训的基础上不断进行改革和完善的。随着当代我国经济社会发展以及人民对于美好生活的不断追求与向往，厂商创立驰名商标以及加强对驰名商标保护的意义更加凸显。认识驰名商标司法保护的重要作用与意义，可以从更一般的驰名商标保护的价值与意义方面入手。基于此，以下将在对驰名商标的基本内涵和特点进行探讨的基础上，从一般意义上的驰名商标及其保护的作用和意义方面加以研究。

1. 如何认识驰名商标的概念与内涵

关于驰名商标的概念，顾名思义，就是驰名的商标。对于什么是驰名，则需要作进一步界定。根据我国《商标法》第 13 条，驰名商标可以理解为在中国为相关公众所熟知的商标。这里的相关公众，需要进一步限定为本国范围之内的相关公众。实践中，在其他国家和地区非常知名的商标，如果在我国并不为相关公众所熟知，也不能称为我国商标法所保护的驰名商标。此外，这里的公众并不是在我国范围内的所有公众，而是指与该商标指定的商品或

---

〔1〕　参见广东省深圳市中级人民法院（2022）粤 03 行终 1296 号行政判决书（行政决定行政诉讼案）。

者服务相关的公众。例如，对于某一大型机器设备上的驰名商标，其相关公众主要为这一机器设备行业的公众。之所以限定为相关公众而不是所有公众，是因为商品的销售、使用范围总是有限的，某一商品在相关产业领域知名，并不等于在其他产业领域同样知名。从有关知识产权保护的国际公约，如《保护工业产权巴黎公约》（本编以下简称《巴黎公约》）和《与贸易有关的知识产权协议》对驰名商标的规定来看，其也都是将驰名商标的适用主体限定为相关社会公众。笔者认为，还可以从商标与其商品和消费者的关系的角度加以认识：以商品为例，商标通过负载于商品之上实现区别商品来源的作用。在当今社会化分工越来越精细化的时代，不同类别的商品都有相对应的消费者群体，商品上负载的商品商标的知名度、影响力和在消费者心目中的形象，也主要是在其对应的消费者群体中形成的。因此，将驰名商标适用的主体限定为相关社会公众也符合商品商标功能作用发挥的实际情况。[1]

这里必须进一步指出，关于驰名商标的概念，在我国确实曾存在一定的误区。例如，有一种颇有影响的观点认为，驰名商标应当是在全国范围内具有很高知名度的商标。实际上，驰名商标的驰名程度本身也具有高低之分。有些驰名商标的影响力是世界性的，可以渗透到不同的产品领域或行业，并且在很多领域都具有非常高的知名度。这种驰名商标尤其体现于当今一些世界级的大品牌。从知识产权保护的比例原则来看，这一类具有极高知名度、美誉度的驰名商标，其跨类保护的程度相比于一般性的驰名商标要高得多。比较而言，更多的驰名商标只是在相关产品行业领域具有较高的知名度。同样是根据知识产权保护的比例原则，这一类商标的跨类保护程度应当作出适当限制，而不能及于所有类别的商品。关于这一问题，下文还将进一步探讨。

关于驰名商标的概念与内涵，还有一个问题值得思考：驰名商标是否必须具备较高声誉这一因素？对此，原国家工商行政管理总局 2003 年颁布的《驰名商标认定和保护规定》规定，驰名商标是指在中国为相关公众广为知晓并享有较高声誉的商标。读者可能会注意到，在 2014 年该部门规章修订时，对驰名商标的定义作了一定的修改。其第 2 条规定，驰名商标是指在中国为相关公众所熟知的商标。在此之前最高人民法院发布的关于驰名商标的司法解释也没有关于具有较高声誉的规定。笔者认为，2014 年《驰名商标认定和

---

［1］ 参见最高人民法院（2012）行提字第 28 号行政判决书（商标行政纠纷案）。

保护规定》之所以对驰名商标的定义进行了上述修改，是为了与我国 2013 年修改的《商标法》关于驰名商标的规定相吻合。至于 2013 年《商标法》第三次修改关于驰名商标的规定，则是借鉴了最高人民法院司法解释的规定。笔者赞成相关法律规范的上述修改。值得进一步指出的是，删除"享有较高声誉"这一条件并不意味着驰名商标不具备这一特点。从实践中国内外大量的驰名商标的情况看，具有知名度和美誉度是驰名商标的共同特点。至于个别驰名商标的声誉因为商品质量的原因而毁于一旦，则是个案。

2. 驰名商标特殊保护的重要作用和意义

在各国和国际公约关于驰名商标的规定中，都对其给予了一定的特殊保护。其中有很深刻的原因，而非常重要的一点是，通过对驰名商标的特殊保护，能够鼓励厂商提高产品或者服务质量，实施商标品牌战略，更好地满足消费者对优质产品或服务的需要。同时，对驰名商标进行特殊保护，能够提高产品的附加值以及厂商的市场竞争力。在当前日益激烈的国际市场竞争中，驰名商标的重要作用日益凸显。《国家知识产权战略纲要》在专项任务"商标"部分即指出："支持企业实施商标战略，在经济活动中使用自主商标。引导企业丰富商标内涵，增加商标附加值，提高商标知名度，形成驰名商标。鼓励企业进行国际商标注册，维护商标权益，参与国际竞争。"

驰名商标保护制度是国内外商标制度以及涉及商标的知识产权国际公约的重要内容。驰名商标作为商标的重要范畴，对其的保护具有一般商标权保护的意义和作用。当然，这里所探讨的主要是针对驰名商标的保护相对于一般商标保护的独特意义和作用。从后面关于驰名商标认定与保护的研究可以看出，驰名商标的保护主要体现于以下两方面：①对于注册驰名商标，可以获得一定范围的跨类保护，在理论上也称为驰名商标的反淡化保护或者说对驰名商标的特殊法律保护；[1]②对于未注册驰名商标，尽管根据我国商标法的规定不能获得注册商标专用权，但仍然可以获得禁止他人抢注和擅自使用的保护。[2]

笔者认为，之所以应当给予驰名商标一般商标所不及的特殊法律保护，主要是基于以下原因。

---

〔1〕　参见最高人民法院（2017）最高法行申 1038 号行政裁定书（商标异议复审行政纠纷案）。

〔2〕　参见最高人民法院（2016）最高法行再 100 号行政判决书（商标异议复审行政纠纷案）。

第一，加强对驰名商标的法律保护，是有力制裁商标保护实践中侵犯商标权行为的重要保障。

驰名商标相对于普通商标而言，为更多的公众所熟知，具有较高的知名度，在此基础上承载了更多的商誉，这种商誉体现为驰名商标负载商品的声誉和厂商的信誉。从拥有商标的厂商开展市场竞争而言，拥有较高的商标品牌信誉，就会拥有较高的市场竞争力。也正是基于此，在商标实践中，驰名商标往往成为商标侵权行为的"重灾区"。侵害驰名商标的行为相对于一般商标的侵害行为，其损害后果更为严重。这是因为，驰名商标往往意味着具有较高的市场竞争力，受到更多消费者的青睐。侵害驰名商标的行为往往涉及的范围更广，对消费者的损害更大。对于驰名商标所有人而言，则不仅会直接挤占其市场份额，还会因为侵害行为所提供的产品或者服务通常存在质量问题甚至严重的质量问题而损害驰名商标的声誉。不仅如此，侵害驰名商标的行为对于市场经济公平竞争秩序的破坏更为严重。从近些年来我国对驰名商标保护的情况看，商标实践中形形色色的商标侵权行为很大程度体现为对驰名商标的侵害。故在商标实践中加强对驰名商标的保护，在很大程度上能够强化对我国商标权的保护。

第二，加强对驰名商标的保护，是激励广大厂商创造品牌、实施品牌战略、不断提高商品或者服务质量的动力机制和重要法律保障手段。

一般认为，知识产权法律制度不仅是一种典型的利益平衡机制，而且是一种典型的激励机制，特别是激励创新的法律制度和激励机制。例如，专利法是典型的激励创新、促进创新能力提升的法律制度和技术创新激励机制。再如，著作权法是激励文化创新的重要法律制度。对商标法而言，其似乎和激励创新之间没有必然的联系。就当前国内外关于商标法的理论与实践研究来看，似乎也很少有关于商标法激励创新的研究成果。关于这一问题，笔者在2003年关于知识产权法哲学的研究[1]中，就已作过初步探讨，认为商标法中同样存在着相关的激励创新的机制，只不过这里的激励创新，不是专利法和著作权法意义上的激励技术创新或文化创新，而是激励厂商通过有效地改善商品或者服务质量而提高商标的信誉，并通过商标信誉的提升获得更多消费者的青睐以及市场竞争力的提升。换言之，商标法中的激励机制主要体

---

〔1〕 冯晓青：《知识产权法哲学》，中国人民公安大学出版社2003年版。

现为：商标信誉的提升有助于提高厂商在同类商品或者服务中的市场竞争力，而商标信誉的提升必须建立在商品或者服务质量提高与改善的基础之上，商标法对商标权的保护有利于促使厂商不断提高商品或者服务质量以提高其所负载的商标的信誉，因此在商标法中隐含着一种激励厂商不断提高商品或者服务质量的内在的动力机制。商标法所保护的商标除具备通常所说的区别商品或者服务来源的功能与作用外，还具有保障商品质量的功能，即标志同一商标的同类商品通常具有同样的质量。这一功能和特点也为激励厂商不断通过提高商品或者服务质量的形式提高商标声誉，从而赢得广大消费者的青睐提供了重要保障。厂商商品或者服务质量不断提升，使其商标信誉不断提高，最终的追求和目标当然是形成驰名商标。给予驰名商标充分有效的法律保护，特别是一般商标所不具备的特殊法律保护，就能够更好地激励厂商不断提高商品或者服务质量，追求卓越，实施品牌战略。笔者认为，从以上分析也可以在一定程度上理解当前我国正在大规模推动实施的商标品牌战略，理解我国发展商标品牌经济的内在原因。

第三，加强对驰名商标的保护，也是促进我国产业转型升级、经济发展方式改变，使我国经济发展模式由要素驱动跃为创新驱动的重要保障。

上述问题，其实涉及商标权的保护与促进产业发展之间的关系。对此，在我国现有关于商标法的理论与实践研究中，很少有这方面的研究成果。从现有的研究成果看，人们一般是从专利法、著作权法或者从知识产权法律制度的整体角度来研究知识产权保护与促进经济发展的关系，特别是知识产权保护与促进创新、建设创新型国家之间的关系。实际上，在笔者看来，商标保护制度特别是驰名商标保护制度，具有类似的作用。

这里，有必要了解一下商标权保护与促进产业发展之间的关系。近些年来，我国颁布的相关司法政策已经注意到这一问题。例如，最高人民法院发布的《贯彻实施国家知识产权战略意见》提出要处理好商标权保护与促进产业发展的关系："妥善处理商标权保护与特定产业发展的关系，既注重保护商标权，又有利于促进相关产业的升级和发展。"上述意见尽管针对的主要不是商标权保护对促进产业发展的作用，而是指出要妥善处理两者之间的关系，但可以认为商标权保护需要促进产业的发展，不能因为保护商标权而对相关产业的升级和发展不利。笔者认为可以从上述规定中得到启发：商标权保护，特别是驰名商标的保护，对于促进产业的升级和发展具有十分重要的作用。

关于上述观点，可以从以下方面加以理解：如前所述，驰名商标往往具有较高的知名度和美誉度，拥有驰名商标的厂商，通常意味着其能提供较高质量的产品或者服务，在相关产品或服务市场具有较高的声誉和市场竞争力。拥有驰名商标的企业，通常能够以驰名商标为龙头组建企业集团，形成产品的集约化经营，以此带动产品的转型升级和产业升级。从当前国内外很多成功企业，特别是大型企业的情况来看，其一般而言都是以驰名商标为龙头，通过具有影响的驰名商标带动产品的销售和市场开拓的。注册驰名商标的跨类保护这一法律制度，则正适合于拥有驰名商标的企业不断开拓产品线和市场领域，从而带动产业的转型升级和发展。反过来说，如果没有注册驰名商标跨类保护这一法律制度的保障，在某一特定商品或者服务范围内拥有驰名商标的企业意图扩大产品生产销售领域，延伸产品线并实施产业转型升级时，就会遇到商标保护的法律障碍。其他相关市场主体则可以利用他人已有驰名商标取得的商誉开拓市场，这一情况将有违法律的实质公平，也无法充分发挥上面所指出的驰名商标的激励作用。因此，从上述观点可以进一步认识到，加强对驰名商标的保护，不仅是对驰名商标所有人利益的保护以及相关消费者利益的保护，而且对于我国产业的转型升级和发展，以及在此基础上的整个经济社会的发展，都具有十分重要的意义和作用。从这一角度而言，驰名商标保护的法律制度的重要性更加明显。这里也可以从一个侧面认识到商标法律制度与经济社会发展之间的内在联系。

（二）驰名商标认定的意义、原则及其适用条件

1. 驰名商标认定的意义

驰名商标是我国商标保护体系中一类比较特殊的商标。基于其在商标授权确权、商标纠纷案件行政处理和司法保护中都能得到普通商标所不及的特殊法律保护，加之驰名商标是一个动态的概念，无论在商标授权确权还是在商标权纠纷案件的处理中都需要对一方当事人所主张的驰名商标是否成立进行认定。驰名商标认定的意义，具体体现为以下几方面。

第一，驰名商标的认定是驰名商标依法获得保护的前提和基础。[1]一个

---

[1] 参见天津市第三中级人民法院（2022）津 03 民初 75 号民事判决书（侵害商标权及不正当竞争纠纷案）。

商标是否驰名，需要根据驰名商标认定的条件和程序加以评判。如果驰名商标认定不当，特别是将不具备驰名商标条件的商标认定为驰名商标，或者将具备驰名商标条件的商标不认定为驰名商标，都将产生相应的法律后果。就前者而言，将不适当地扩大对商标所有人利益的保护，也会不适当地损害同类产品或服务竞争者的利益，同时也不利于消费者利益的保护。就后者而言，则会损害驰名商标所有人根据商标法的规定应当取得的合法利益。基于驰名商标认定的重要性，我国构建驰名商标保护制度，应当制定和完善驰名商标认定的条件和程序。实际上，从近些年来我国相关行政部门和最高人民法院颁布的涉及驰名商标的相关规定来看，其中很大一部分内容涉及驰名商标的认定条件和程序。如原国家工商行政管理总局在 1996 年发布了《驰名商标认定和管理暂行规定》，在 2003 年发布了《驰名商标认定和保护规定》，并在 2014 年作了重要修订。最高人民法院则在 2009 年发布了《关于审理涉及驰名商标保护的民事纠纷案件应用法律若干问题的解释》（本编以下简称《审理驰名商标案件应用法律解释》）。[1] 相关内容将在下面进一步进行探讨和分析。

第二，驰名商标认定是解决个案中驰名商标保护程度的必要程序。驰名商标在市场竞争中的使用会基于各种条件的变化而使其驰名程度相应地变化，驰名商标是一个动态的概念。即使在过去是非常驰名的商标，在后来发生相关商标纠纷案件时，该商标不一定仍然是驰名商标，故需要重新进行个案认定。个案认定的原则，在下面将进行专门探讨。这里需要先指出的是，由于不同驰名商标的驰名程度、显著性和影响力并不相同，在驰名商标的保护程度，特别是驰名商标的跨类保护方面，存在不同的情况，需要根据个案的事实加以判断。在个案中，结合案件事实，不仅可以明确涉案驰名商标是否成立，而且可以认定该驰名商标的保护范围，进而判断另一方当事人申请注册或者使用的商标是否符合法律的规定。

2. 驰名商标认定的原则

鉴于驰名商标可以获得普通商标所不及的特殊法律保护，在驰名商标认定和保护中需要严格的认定条件。通过研究近些年来我国发布的涉及驰名商标的规范性法律文件和政策规范指引，可以对驰名商标认定的原则进行

---

[1] 该司法解释于 2020 年被修改。

总结。[1]大致而言，驰名商标认定的原则如下。

（1）慎重认定原则

所谓慎重认定原则，是指在驰名商标认定方面应当从严，不得随意降低驰名商标认定标准，将不符合驰名商标认定条件的商标认定为驰名商标，以致不适当地扩大对商标所有人权益的保护，而相应地损害市场经济主体，特别是竞争者的合法权益。当前，随着我国商标品牌战略的实施，人们特别是厂商的商标意识不断增强，商标申请和注册数量也日益飙升。在琳琅满目的商品商标中，真正符合驰名商标条件的只是其中很少的一部分。因此，在商标纠纷案件中，如果一方当事人主张认定驰名商标，要求按照驰名商标的标准加以保护，则必须严格按照驰名商标认定的条件和程序加以判断。[2]当然，也应当指出，慎重认定也需要防止另外一种极端的倾向，即对驰名商标认定采取超越相关规范规定的过于严格的标准，以致完全符合驰名商标条件的商标在个案中没有得到确认和保护。

实际上，驰名商标慎重认定的原则在我国相关司法政策中都得到了明确的肯定。例如，《最高人民法院关于全面加强知识产权审判工作为建设创新型国家提供司法保障的意见》在"充分发挥知识产权司法保护的职能作用，保障全社会的创造活力和创新能力"部分，针对"依法妥善审理知识产权民事案件"，规定要"依法慎重认定驰名商标，凡是超出认定范围或者不符合认定条件的案件、原告的侵权指控不能成立的案件，不得认定驰名商标"。这无疑为我国驰名商标的司法保护确立了基本规范。此外，针对"加强知识产权审判监督和案件协调"，其还规定要"进一步完善驰名商标认定备案制度"。笔者认为，这一规定可以说是从更高层面规范驰名商标认定问题，通过驰名商标认定备案制度进一步防止驰名商标认定的泛化。

（2）个案认定原则

关于个案认定原则，前面有所述及。个案认定，顾名思义，是指驰名商标认定应当基于实际发生的商标个案中需要认定驰名商标的情形。与个案认定相对而言的是过去的所谓批量认定。批量认定是指国家商标相关行政管理

---

[1] 参见王太平：《论驰名商标认定的公众范围标准》，载《法学》2014年第10期；汪泽：《论驰名商标保护要件的适用顺序》，载《知识产权》2015年第6期。

[2] 参见最高人民法院（2015）知行字第112号行政裁定书（商标异议复审行政纠纷案）。

部门定期和不定期发布被行政认定的驰名商标，建立驰名商标认定名录向社会发布。在发生商标纠纷时，被认定为驰名商标的商标所有人可以据此主张驰名商标的特殊法律保护。批量认定最大的弊端在于，其使驰名商标认定成为行政部门的工作和职责，易造成驰名商标相关工作中的寻租行为，也使驰名商标的保护脱离了市场竞争一线，而异化为驰名商标所有人的一种荣誉。某种意义上，这也是为何在我国 2013 年修改《商标法》之前，驰名商标所有人乐意通过做广告的形式大肆宣传其为"中国驰名商标"。

驰名商标的个案认定则不同，它是真正基于解决商标纠纷的实际需要而对涉案商标是否驰名所进行的认定。此种认定不仅可以避免批量认定所存在的各种弊端，而且真正回归了驰名商标保护的本质。因为驰名商标个案认定具有正当性和合理性，近些年来我国颁布的涉及驰名商标的规范性法律文件和政策指引对此都作了明确的肯定。例如，《贯彻实施国家知识产权战略意见》第三部分"依法审理好各类知识产权案件，切实加大知识产权司法保护力度"，针对"加强商标权司法保护，维护商标信誉，推动形成自主品牌"，规定"正确把握驰名商标司法认定和保护的法律定位，坚持事实认定、个案认定、被动认定、因需认定等司法原则，依法慎重认定驰名商标，合理适度确定驰名商标跨类保护范围，强化有关案件的审判监督和业务指导"。

个案认定与以前国家工商行政管理部门曾经实行的批量认定原则有重大区别。个案认定原则表明，驰名商标的认定是基于商标保护实践中确有必要在具体的案件中认定驰名商标，从而使相关驰名商标所有人的合法权益受到法律的特殊保护。个案认定避免了将被认定的驰名商标作为一种荣誉和广告宣传的驰名商标保护异化的现象，符合驰名商标保护的本质属性。

我国《商标法》在 2013 年第三次修改时，明确了驰名商标的个案认定原则。从商标法实施的效果而言，过去在批量认定的背景下将驰名商标作为一种荣誉广泛进行宣传的现象就此停止，现在人们已看不到单纯就驰名商标进行广告宣传的现象。这也说明，包括商标法在内的法律需要立足于社会现实并解决现实问题。作为调整社会关系的制度，当法律所调整的社会关系出现了与制度宗旨背离的重大情形时，就需要通过果断修改完善制度的形式加以改革。实际上，法律也是通过调整新的社会关系而不断完善的，法律需要与时俱进。法律与时俱进的过程，也就是法律的现代化的过程。就包括商标法在内的知识产权法律制度而言，其既是一种法律保障机制和激励机制，同时也是一种规范人们市场经济行为的市场机制。尤其是商标法在知识产权法律中体现得更为明显，因为商标法的立法精神和立法宗旨主要建立在通过商标的显著性而识别商品或者服务来源的基础之上，确保市场经济主体公平竞争秩序的构建。从驰名商标保护制度而言，正如前面所指出的，其本意在于激励厂商通过改善商品或者服务质量，树立商标品牌信誉，从而赢得更多消费者的青睐，并在此基础之上不断提高自身的市场竞争力。过去实施的驰名商标行政认定方面的批量认定制度，显然与驰名商标保护的制度宗旨背道而驰。无论是从理论还是实践层面分析，都难以避免相关部门的寻租行为，以及部门与企业串通将不符合驰名商标保护条件的商标认定为驰名商标的行为。在个案认定原则之下，是否需要按照驰名商标保护，则需要基于个案的实际情况加以判断。在这一原则之下，即使过去被认定为驰名商标，也不能在个案中当然地作为驰名商标对待，因为驰名商标的所谓"驰名"是一个动态的概念，基于驰名商标所有人生产经营实践的不同情况，过去的驰名商标也可能变得不再驰名。[1]个案认定原则的适用，使得法官能够根据特定商标的实际情况，考虑案件的具体事实而确定是否需要对涉案商标按照驰名商标保护。

（3）被动认定原则

被动认定原则和前述个案认定原则是一脉相承的认定驰名商标的基本原则。在相关规范中，还提出了"按需认定"原则。在笔者看来，个案认定原则、被动认定原则与按需认定原则在本质上具有一致性，是相辅相成的关系。当然，其侧重点有所不同。

所谓被动认定原则，顾名思义，是指是否认定驰名商标应当基于当事人提出认定驰名商标的诉求，而不能由国家商标行政管理机关或者人民法院主动认定。被动认定可以说是和主动认定相对的概念。前面所讨论的过去驰名商标的行政批量认定，在本质上是一种主动认定。当然，在过去行政批量认定中首先也是基于当事人的申请，只是在这种情况下当事人的申请并不影响主动认定性质的成立。毫无疑问，被动认定原则的适用同样体现了是否认定驰名商标应当基于当事人在个案中的实际需要而由当事人主动提出，而不是由相关行政机关或者人民法院主动进行认定。被动认定原则的适用同样符合驰名商标保护的本质，使驰名商标保护在实践中对驰名商标的认定重归理性

---

〔1〕 参见云南省高级人民法院（2023）云民终 727 号民事判决书（侵害商标权纠纷案）。

层面。

基于个案认定、被动认定的合理性，我国相关部门规章和司法解释对此都给予了充分肯定，我国 2014 年修订的《驰名商标认定和保护规定》就是体现。其相关规定如下。

第 4 条　驰名商标认定遵循个案认定、被动保护的原则。

第 5 条　当事人依照商标法第三十三条规定向商标局提出异议，并依照商标法第十三条规定请求驰名商标保护的，可以向商标局提出驰名商标保护的书面请求并提交其商标构成驰名商标的证据材料。

第 6 条　当事人在商标不予注册复审案件和请求无效宣告案件中，依照商标法第十三条规定请求驰名商标保护的，可以向商标评审委员会提出驰名商标保护的书面请求并提交其商标构成驰名商标的证据材料。

第 7 条　涉及驰名商标保护的商标违法案件由市（地、州）级以上工商行政管理部门管辖。当事人请求工商行政管理部门查处商标违法行为，并依照商标法第十三条规定请求驰名商标保护的，可以向违法行为发生地的市（地、州）级以上工商行政管理部门进行投诉，并提出驰名商标保护的书面请求，提交证明其商标构成驰名商标的证据材料。

（三）驰名商标的认定

1. 驰名商标的行政认定和保护

根据我国《商标法》第 14 条，驰名商标的认定包括行政认定和司法认定两种类型。这里先探讨驰名商标的行政认定。

《商标法》第 14 条第 2 款和第 3 款规定："在商标注册审查、工商行政管理部门查处商标违法案件过程中，当事人依照本法第十三条规定主张权利的，商标局根据审查、处理案件的需要，可以对商标驰名情况作出认定。在商标争议处理过程中，当事人依照本法第十三条规定主张权利的，商标评审委员会根据处理案件的需要，可以对商标驰名情况作出认定。"由此可见，驰名商标的行政认定涉及以下三种情况：商标注册审查中的行政认定，市场监督管理部门查处商标违法案件的行政认定，以及商标争议处理过程中商标评审机关对驰名商标的认定。这三种情况又可分为商标授权确权和商标权保护中的行政认定两种类型。在商标申请注册以及注册商标无效争议[1]处理的过程中，其中一方当事人主张其商标应当按照驰名商标保护，就涉及驰名商标的行政认定问题。

驰名商标的行政认定和下面将要探讨的司法认定，其根本的问题在于当事人所主张的驰名商标是否符合法定条件。我国《商标法》第14条第1款明确了认定驰名商标应当考虑的因素。具体内容是："驰名商标应当根据当事人的请求，作为处理涉及商标案件需要认定的事实进行认定。认定驰名商标应当考虑下列因素：（一）相关公众对该商标的知晓程度；（二）该商标使用的持续时间；（三）该商标的任何宣传工作的持续时间、程度和地理范围；（四）该商标作为驰名商标受保护的记录；（五）该商标驰名的其他因素。"

为了在驰名商标的行政认定中增强认定的可操作性，2014年修改的《驰名商标认定和保护规定》根据《商标法》的上述规定，对于认定驰名商标应当考虑的因素作了进一步的细化，在制度规范上则体现为对于证明驰名商标的证据材料加以明确。其第9条第1款规定："以下材料可以作为证明符合商标法第十四条第一款规定的证据材料：（一）证明相关公众对该商标知晓程度的材料。（二）证明该商标使用持续时间的材料，如该商标使用、注册的历史和范围的材料。该商标为未注册商标的，应当提供证明其使用持续时间不少于五年的材料。该商标为注册商标的，应当提供证明其注册时间不少于三年或者持续使用时间不少于五年的材料。（三）证明该商标的任何宣传工作的持续时间、程度和地理范围的材料，如近三年广告宣传和促销活动的方式、地域范围、宣传媒体的种类以及广告投放量等材料。（四）证明该商标曾在中国或者其他国家和地区作为驰名商标受保护的材料。（五）证明该商标驰名的其他证据材料，如使用该商标的主要商品在近三年的销售收入、市场占有率、净利润、纳税额、销售区域等材料。"

对于《商标法》和《驰名商标认定和保护规定》的规定，笔者认为，认定驰名商标考虑的上述因素具有合理性。

第一，就相关公众对该商标的知晓程度而言，由于驰名商标是在我国为相关公众所熟知的商标，相关公众对该商标的知晓程度就是认定涉案商标是

---

[1] 参见最高人民法院（2023）最高法行申1725号行政裁定书（商标权无效宣告请求行政纠纷案）（涉驰名商标行政案件中"一事不再理"原则的适用）。

否驰名的关键性因素。通常来说，相关公众对该商标的知晓程度越高，该商标的驰名程度也就越高。当前国内外一些特别知名的驰名商标，就在相关公众中具有很高的知晓程度。相关公众对商标的知晓程度，也受到多方面因素的影响。因此，尽管知晓程度是一个客观的指标和信息，但如何认定涉案商标是否在相关公众中具有较高的知名度，也需要通过相关证据加以证明。相关公众对该商标的知晓程度具有动态性，不仅与该商标商品稳定、上乘的质量有关，而且与厂商对该商标的宣传广告等因素相关。基于此，在认定驰名商标时，这一因素也需要和其他相关因素结合进行综合考虑。还需要指出，相关公众对该商标的知晓程度，仅仅是从商标的知名度方面所作出的规定。实际上，尽管具有较高知名度的商标通常具有相应的声誉和美誉度，但商标的知名度和美誉度毕竟不是一回事。

第二，该商标使用的持续时间。具体而言，涉及商标使用、注册的历史和范围等。驰名商标的认定之所以需要考虑这一因素，是因为驰名商标商誉的获得是一个积累的过程，该商标的持续时间能够反映厂商对该商标声誉的培育。驰名商标使用的持续时间，也反映了该商标的生命力。在企业驰名商标战略中需要注意克服一种现象，即试图通过短时间的大规模广告"一夜成名"，而不是建立在踏踏实实改善商品或者服务质量的基础上。尽管一夜成为驰名商标的例子并不罕见，但由于其不能持久，最终很难维持驰名商标的法律地位。

第三，就该商标任何宣传的持续时间、程度和地理范围而言，其是该商标获取知名度非常重要的形式。随着当代经济社会的发展和产品同质化的现象日益普遍，以及人们生活节奏的加强，通过广告的形式宣传厂商的商品是现代社会市场营销和开拓市场非常普遍的形式。过去所谓"酒香不怕巷子深"的观念已经过时。实际上，厂商的广告宣传，核心内容应当是对商标品牌的展示，揭示品牌的核心价值，即应当以宣传商标为核心，通过持续的广告宣传确立商标品牌在消费者中的良好形象。应当说，在过去，我国很多厂商在进行广告宣传时都存在一种误区，如有的厂商投入巨额广告费，宣传的却是该商品的通用名称，对于真正需要宣传的商标品牌并没有给予重视。实际上，无论是从现代市场营销学还是商标品牌战略的角度来说，厂商的广告宣传都应当立足于商标品牌形象的树立，特别是扩大商标的知名度并因此提高商品的声誉。从这里也可以在一定程度上理解，商标宣传的持续时间、程度和地理范围也是认定驰名商标所应考虑的重要因素。在驰名商标的行政认定中，可以通过提交该商标宣传和促销的手段、方式、范围，所采用的媒体以及广告投入的金额和频率等相关证据加以证明。值得指出的是，在实践中应注意查明厂商广告投入的目的与内容，纳入驰名商标认定的广告宣传投入应当涉及该商标的宣传，而不是一般意义上的广告宣传。

第四，关于该商标作为驰名商标受保护的记录。该因素之所以也应当考虑，是因为尽管驰名商标的驰名程度具有动态性，但也具有相对稳定性，在过去一定年限内如存在作为驰名商标受保护的记录，则可以在个案中作为认定驰名商标的参考。值得注意的是，《驰名商标认定和保护规定》规定的是该商标在中国或者其他国家和地区作为驰名商标受保护的记录的证据。由于驰名商标是针对在我国相关公众中所熟知的商标，该商标过去在其他国家和地区作为驰名商标受保护的记录，应仅作为参考因素，而不应当作为认定驰名商标的重要证据加以适用，否则就会不适当地扩大驰名商标的保护范围，与我国《商标法》关于驰名商标保护制度的规定相悖。在驰名商标的行政认定中，这一点应当引起重视。特别是国外当事人在我国主张驰名商标的行政认定时，通常会提供其在其他国家和地区作为驰名商标保护的证据，相关部门在审查时应当严格把握标准。原因在于，基于包括商标权在内的知识产权保护的地域性原则，我国对驰名商标的保护仅限于为我国相关公众所熟知的商标。从客观情况来说，某一商标在其他国家和地区驰名并且有作为驰名商标保护的记录，不意味着该商标在我国也同样驰名。

第五，认定驰名商标除上述因素外，还需要考虑其他相关因素。根据上述部门规章的规定，其他相关因素可以包括近三年使用该商标商品的销售收入、市场占有率、净利润、纳税额、销售区域等相关因素。从这一规定可以看出，厂商使用该商标商品的生产销售规模和效益也是可以佐证的材料。笔者认为，其原因在于，驰名商标由于具有较高的知名度和美誉度，相对于一般商标的厂商而言，其所有人能够在激烈的市场竞争中凭借商标品牌优势开拓市场，获得消费者的青睐，从而获得更大的市场竞争力。从现实情况看，拥有驰名商标的企业通常具有较大的生产销售规模和较高的利润率。因此，上述部门规章将其规定为认定驰名商标需要考虑的重要因素之一。

驰名商标可以分为注册驰名商标和未注册驰名商标。我国参加的《巴黎公约》第 6 条要求成员国对驰名商标给予保护，实际上是针对未注册商标而言的。从我国商标法律制度对于未注册驰名商标的规定来说，2001 年第二次修改《商标法》时才专门引进了驰名商标保护制度，不仅规定了未注册驰名商标保护，而且规定了注册驰名商标的保护。在驰名商标保护实践中，如果涉及在 2001 年第二次修改的《商标法》实施之前、1993 年以后申请注册的商标认定驰名商标的，则涉及法律适用的问题。近年在相关案件中就有这方面的体现。如某商标无效与"撤三"案件的相关法律适用问题就值得研究。该案相关商标申请注册是在 1995 年前后，针对驰名商标的保护，如果适用 1993 年《商标法》，则争议商标请求保护的期限只有 1 年；如果适用 2001 年《商标法》，则请求保护的期限是 5 年。当然，如果认定为主观上恶意，则不存在期限的限制。

未注册驰名商标保护的正当性，前面已有所探讨。从本质上说，之所以应给予未注册驰名商标特殊保护，是因为其在相关公众中广为人知，一般存在较高的品牌信誉。在当今商品同质化时代，这种品牌信誉在市场竞争中能够转化为厂商的市场竞争优势。在商标保护实践中，这一品牌竞争优势不允许他人未经许可，通过复制、模仿、翻译等形式不正当地获取。[1]从过去发生的很多涉及未注册驰名商标纠纷案件的情况来看，抢注未注册驰名商标的行为人的行为动机在很大程度上也体现为对这一品牌竞争优势的不当攫取。[2]因此，为维护正当竞争秩序，保护未注册驰名商标所有人的合法利益，需要对于未注册驰名商标给予特殊法律保护。[3]需要指出，这里之所以使用"特殊法律保护"的表述，是基于我国商标法实行商标专用权注册取得制，对于一般的未注册商标不给予法律保护。当然，未注册驰名商标的特殊法律保护，也并非给予商标法所规定的注册商标专用权意义上的保护，而是禁止他人恶意抢先注册以及在相同或者类似的商品或服务上擅自使用他人的未注册驰名商标。

---

〔1〕 参见江西省南昌市中级人民法院（2020）赣 01 民初 588 号民事判决书（侵害商标权纠纷案）。

〔2〕 参见广东省高级人民法院（2017）粤民终 2659 号民事判决书（侵害商标权纠纷案）；山东省高级人民法院（2014）鲁民三终字第 170 号民事判决书（侵害商标权纠纷案）。

〔3〕 参见最高人民法院（2009）民申字第 313 号民事裁定书（不正当竞争及侵犯未注册驰名商标权纠纷案）。

未注册驰名商标尚且可以获得法律的特殊保护，对于注册驰名商标而言则更不难理解应当给予法律的特殊保护。注册驰名商标的特殊法律保护主要体现为相对于一般注册商标专用权的保护限于在相同或者类似的商品上使用相同或者近似的商标并容易引起相关消费者混淆的行为，注册驰名商标的保护则可以扩大到在不相同也不类似的商品上使用相同或者近似的商标来误导公众，致使该注册驰名商标所有人的合法利益受到损害的行为。如前所述，注册驰名商标的这一保护，在理论上也被称为反淡化保护或者跨类保护。[1]在美国州一级和联邦一级，针对驰名商标的淡化问题专门颁布实施了反淡化法。[2]笔者认为，注册驰名商标跨类保护的合理性在于，禁止在不相同也不类似的商品上使用与注册驰名商标相同或者近似的商标，可以防止驰名商标的淡化，确立和维持驰名商标与相关的商品之间的特定联系，防止他人在不相同也不类似的商品上不正当攫取驰名商标的信誉，从而能够更好地维护注册驰名商标所有人的合法权益，更好地维护市场公平竞争秩序。相反，如果允许他人在不相同也不类似的商品上自由使用与注册驰名商标相同或者近似的商标，就很容易割裂、淡化甚至丑化注册驰名商标并弱化其与相关商品之间特定的联系，可能误导公众，致使该注册驰名商标所有人的合法权益受到损害。从近些年国内外很多涉及注册驰名商标淡化的案件来看，他人在不相同也不类似的商品上使用与注册驰名商标相同或近似商标的行为，尽管本身可能不会造成消费者的直接混淆，如不会将侵害人的商品误认为是注册驰名商标所有人的商品，但依然存在使消费者产生误认的可能，如消费者误认为侵害人与注册驰名商标所有人之间存在某种关系，这种关系尤其体现为许可关系、母子公司关系、联营关系等关联关系。[3]在理论上，这也被称为关联关系混淆，仍然属于广义的混淆的范畴。无论称谓如何，其实质上不仅会对驰名商标所有人的合法权益造成损害，而且对消费者的合法权益也会造成损害。

也正是因为未注册驰名商标和注册驰名商标保护具有充分的正当性与合

---

〔1〕 参见杜颖：《商标淡化理论及其应用》，载《法学研究》2007 年第 6 期。

〔2〕 Beverly W. Pattishall, " The Dilution Rationale for Trademark：Trade Identity Protection, Its Progress and Prospects", 71 *Nw. U. L. Rev.* 618 (1976-1977).

〔3〕 参见甘肃省高级人民法院（2015）甘民三终字第 18 号民事判决书（侵害商标权纠纷案）；北京市高级人民法院（2017）京民终 76 号民事判决书（侵害商标权纠纷案）。

理性，我国《商标法》在 2001 年第二次修改时专门增加了对驰名商标的保护制度，在 2013 年《商标法》第三次修改时则进一步完善了这一制度。现行《商标法》第 13 条规定："为相关公众所熟知的商标，持有人认为其权利受到侵害时，可以依照本法规定请求驰名商标保护。就相同或者类似商品申请注册的商标是复制、摹仿或者翻译他人未在中国注册的驰名商标，容易导致混淆的，不予注册并禁止使用。就不相同或者不相类似商品申请注册的商标是复制、摹仿或者翻译他人已经在中国注册的驰名商标，误导公众，致使该驰名商标注册人的利益可能受到损害的，不予注册并禁止使用。"

驰名商标的行政认定和保护是驰名商标认定的重要形式。如前所述，2014 年修改的《驰名商标认定和保护规定》对于驰名商标认定的具体程序和标准作了详细规定。从驰名商标行政认定和驰名商标行政保护的关系来说，行政认定是给予驰名商标保护的前提和基础，行政认定是否符合商标法的规定，直接关系到驰名商标保护的合理性。就驰名商标保护而言，在科学、合理认定驰名商标的基础上，还需要在个案中就相关当事人使用的商标是否侵害驰名商标合法权益加以评判。这里仍先就驰名商标的行政保护加以探讨。

如前所述，我国《商标法》在 2001 年修改时，在其第 13 条规定了未注册驰名商标和注册驰名商标的保护。基于此，《驰名商标认定和保护规定》（2003 年）第 6 条第 1 款明确规定："工商行政管理部门在商标管理工作中收到保护驰名商标的申请后，应当对案件是否属于商标法第十三条规定的下列情形进行审查：（一）他人在相同或者类似商品上擅自使用与当事人未在中国注册的驰名商标相同或者近似的商标，容易导致混淆的；（二）他人在不相同或者不类似的商品上擅自使用与当事人已经在中国注册的驰名商标相同或者近似的商标，容易误导公众，致使该驰名商标注册人的利益可能受到损害的。"对比《商标法》第 13 条规定和该部门规章的上述规定可以看出，前者涉及的相关行为是指"复制、摹仿或者翻译"，后者则规定为"擅自使用"。其原因在于《商标法》第 13 条主要是针对禁止在相同或者类似的商品上抢注未注册驰名商标或者在不相同也不类似的商品上注册与注册驰名商标相同或者近似的商标，《驰名商标认定和保护规定》则是针对在商标保护实践中加强对驰名商标的保护，限于对驰名商标的擅自使用行为。因此，其关键的问题是如何认定他人在相同或者类似的商品上使用与当事人未在中国注册的驰名商标相同或者近似的商标，是否容易导致混淆，以及他人在不相同或者不类似的商品上使用与当事人在中国注册的驰名商标相同或者近似的商标，是否容易误导公众，致使该驰名商标注册所有人的利益受到损害。对此，最高人民法院发布的《审理驰名商标案件应用法律解释》作了专门的规定，笔者将在驰名商标的司法认定和司法保护部分加以探讨。

关于驰名商标的行政认定和行政保护，根据《驰名商标认定和保护规定》，还有以下几方面问题值得研究。

一是未被认定为驰名商标时，是否允许当事人继续提出驰名商标认定的申请。在驰名商标行政认定实践中，申请人申请驰名商标认定由于不符合法律规定的条件，很有可能最终不会被允许，这样就引发了当事人在多长时期内可以继续提出驰名商标认定申请的问题。如前所述，驰名商标的驰名程度本身是动态的。从企业制定和实施驰名商标战略的角度来说，商标品牌信誉的提升有一个逐渐发展的过程，而不能一蹴而就。对于申请认定驰名商标未予通过的申请人而言，为了激励厂商创立驰名商标，应给予其一定的机会基于个案认定的需要而再次申请。

二是驰名商标的行政认定是否需要考虑《商标法》第 14 条规定的全部因素并将其作为满足驰名商标条件的前提。前面对于驰名商标行政认定应当考虑的因素作了探讨，这些考虑因素是建立在《商标法》的明确规定之上的。因此，综合考虑《商标法》第 14 条规定的各项因素是必要的。这些因素能够从多方面体现和反映涉案商标是否驰名。然而，基于驰名商标形成和发展的不同方式，很多驰名商标并非能够满足《商标法》第 14 条规定的所有因素。从过去驰名商标认定的实际情况看，尽管相当一部分驰名商标能够满足上述规定的全部因素，但也有另外一部分驰名商标只是满足了全部因素中的一部分，只是这一部分也能够证明该商标具备驰名商标的条件，因而同样应当按照驰名商标对待。为规范驰名商标行政保护实践[1]的判定标准，维护商标行政执法的统一性和权威性，有必要对于是否满足《商标法》第 14 条规定的全部要素才能认定为驰名商标这一问题作出回答。基于此，《驰名商标认定和保护规定》第 13 条第 1 款明确规定："商标局、商标评审委员会在认定驰名商标时，应当综合考虑商标法第十四条第一款和本规定第九条所列各项因素，

---

[1] 参见重庆市第一中级人民法院（2024）渝 01 行终 114 号行政判决书（行政处罚及行政复议案）。

但不以满足全部因素为前提。"

三是驰名商标保护中，如何对待该商标的显著性和驰名程度。基于不同厂商不同商标设计、使用的情况不一，当普通商标发展到驰名商标时，不同驰名商标的显著性和驰名程度情况也不同。由于显著性决定了商标识别商品或者服务来源的区别性程度，商标的驰名程度则决定了相关社会公众知晓该商标商品的范围，在认定与保护驰名商标时，该商标的显著性和驰名程度也应当是重要考虑的因素。笔者认为，商标的显著性和驰名程度，对于未注册驰名商标的认定和保护而言，在很大程度上能够决定其是否应按照驰名商标对待；对于注册驰名商标的认定和保护而言，则在很大程度上决定了注册驰名商标跨类保护的范围。

四是如何对待在个案中认定驰名商标之前该商标曾经被我国有关主管机关作为驰名商标予以保护的记录。驰名商标驰名程度，一方面具有动态性，另一方面也具有相对稳定性。这是因为，企业创立驰名商标是一个艰辛的过程，商标的驰名度和美誉度也是建立在商品或者服务质量改善的基础之上。一般而言，驰名商标所标示的商品或者服务质量具有相对稳定性。因此，如果存在该商标被我国相关机构曾经认定过驰名商标的记录，则应当认真对待。从处理的基本原则来说，不能将过去被认定为驰名商标的商标在个案审查中当然地视为驰名商标；同时，也不能完全忽视该商标曾被我国相关机构认定为驰名商标的意义。为了在驰名商标的行政认定和保护中统一行政执法标准，《驰名商标认定和保护规定》对这方面问题也作了专门的规定。具体而言，其第 16 条规定："商标注册审查、商标争议处理和工商行政管理部门查处商标违法案件过程中，当事人依照商标法第十三条规定请求驰名商标保护时，可以提供该商标曾在我国作为驰名商标受保护的记录。当事人请求驰名商标保护的范围与已被作为驰名商标予以保护的范围基本相同，且对方当事人对该商标驰名无异议，或者虽有异议，但异议理由和提供的证据明显不足以支持该异议的，商标局、商标评审委员会、商标违法案件立案部门可以根据该保护记录，结合相关证据，给予该商标驰名商标保护。"

五是如何处理他人将驰名商标作为企业名称登记的问题。在商标与企业名称登记的实践中，基于驰名商标对于拓展厂商的市场，提高市场竞争力的重要作用，存在着他人擅自将驰名商标作为企业名称登记，可能造成欺骗公众或者对公众造成误解后果的行为。这一登记企业名称的行为，由于有损驰名商标所有人的合法权益，将依法予以撤销。[1]对此，《驰名商标认定和保护规定》第 13 条规定："当事人认为他人将其驰名商标作为企业名称登记，可能欺骗公众或者对公众造成误解的，可以向企业名称登记主管机关申请撤销该企业名称登记，企业名称登记主管机关应当依照《企业名称登记管理规定》处理。"

2. 驰名商标的司法认定和保护

驰名商标的司法认定是我国驰名商标认定制度中最为重要的内容，也是驰名商标司法保护的前提和基础。[2]因此，驰名商标的司法认定具有十分重要的意义。驰名商标的司法保护则是司法实践中对于未注册驰名商标和注册驰名商标给予的特殊法律保护形式。基于驰名商标在我国商标保护中的特殊地位和重要意义，我国相关知识产权司法政策对此也作了明确的规定。例如，《关于当前经济形势下知识产权审判服务大局若干问题的意见》指出："对于确实符合法律要求的驰名商标，要加大保护力度，坚决制止贬损或者淡化驰名商标的侵权行为，依法维护驰名商标的品牌价值。""各级法院均应加强已认定驰名商标的案件的评查和审判监督，对于伪造证据骗取驰名商标认定的案件，以及其他违法认定驰名商标的案件，均需通过审判监督程序予以纠正；当事人在涉及驰名商标认定的案件中有妨碍民事诉讼行为的，依法给予制裁。有管辖权的法院均应积极接受各有关方面对于驰名商标司法认定的监督，发现问题务必及时解决。有关驰名商标司法保护的司法解释颁布施行以后，各级法院要认真贯彻落实，使驰名商标司法保护更加规范化。"

从过去我国对驰名商标司法认定和保护的情况看，由于法律并不禁止厂商将驰名商标本身作为广告宣传的对象，人们可以随时随地看到或者听到"中国驰名商标"的信息，中国似乎已经成为品牌大国。驰名商标保护在实践中的异化，不仅体现在驰名商标的行政认定和保护中，而且体现在驰名商标的司法认定和保护中。例如，在部分涉及驰名商标认定的商标纠纷案件中，主张驰名商标的所有人故意作假，甚至虚构被告，以达到通过司法程序认定

---

〔1〕 参见广东省高级人民法院（2011）粤高法民三终字第 163 号民事判决书（侵害商标权、不正当竞争纠纷案）。

〔2〕 参见张晓津：《商标授权确权行政案件中驰名商标条款的法律适用》，载《法律适用（司法案例）》2018 年第 14 期。

驰名商标，进而借此大做广告的不良目的。在有的案件中，相关当事人主张两个商标获得驰名商标认定；在个别案件中，当事人甚至与法官串通，以此获得驰名商标司法认定。基于过去驰名商标司法认定中存在的乱象，最高人民法院发布相关规范予以制止，如对于认定驰名商标的管辖法院进行了规定，同时建立了驰名商标司法认定的备案制度，特别是通过颁布实施《审理驰名商标案件应用法律解释》进一步规范了驰名商标司法认定和保护问题。加之 2013 年我国《商标法》第三次修改以后对于以驰名商标本身做广告宣传的行为予以明确禁止，厂商对于认定驰名商标的动力大为减弱，驰名商标的司法认定才正本清源，回到了理性和法治的轨道。近几年来，人们已看不到以驰名商标本身做广告的行为。驰名商标行政认定的规范，对于驰名商标的司法认定也起到了积极的作用。

如前所述，我国《商标法》第 14 条对于认定驰名商标的考虑因素作了明确列举。为了统一司法裁判标准，指引人民法院正确适用商标法的这一规定，《审理驰名商标案件应用法律解释》在商标法上述规定的基础之上，作了进一步细化。其第 5 条第 1 款规定："当事人主张商标驰名的，应当根据案件具体情况，提供下列证据，证明被诉侵犯商标权或者不正当竞争行为发生时，其商标已属驰名：（一）使用该商标的商品的市场份额、销售区域、利税等；（二）该商标的持续使用时间；（三）该商标的宣传或者促销活动的方式、持续时间、程度、资金投入和地域范围；（四）该商标曾被作为驰名商标受保护的记录；（五）该商标享有的市场声誉；（六）证明该商标已属驰名的其他事实。"其第 2 款规定："前款所涉及的商标使用的时间、范围、方式等，包括其核准注册前持续使用的情形。"其第 3 款规定："对于商标使用时间长短、行业排名、市场调查报告、市场价值评估报告、是否曾被认定为著名商标等证据，人民法院应当结合认定商标驰名的其他证据，客观、全面地进行审查。"

对照前面所讨论的《驰名商标认定和保护规定》中关于驰名商标认定的相关因素的规定，可以看出上述司法解释更加强调当事人所主张的驰名商标的实际使用情况和享有的相关市场声誉。笔者认为，其原因在于驰名商标司法认定的目的是在个案中明确是否应当按照驰名商标给予司法保护。驰名商标之所以在实践中应当给予特殊保护，也是因为其通过持续不断地使用而取得较高的商标品牌信誉，进而获得相较于其他竞争者的品牌竞争优势，而这种品牌竞争优势恰恰是需要通过法律的特殊保护才能实现的，否则他人可能不正当地获取驰名商标所有人经过艰苦努力才获得的这种市场竞争力。故在驰名商标司法认定中，需要围绕驰名商标使用产生相关品牌信誉的情况进行认定，如该商标商品所使用的地域范围、销售和税金数量，该商标持续使用的情况、使用的地域范围以及通过使用所产生的相关市场信誉。同时，基于驰名商标品牌信誉的相对稳定性，该商标曾被作为驰名商标受保护的记录也可以作为证据之一。

在商标纠纷案件中，人民法院认定商标是否驰名，需要根据《商标法》第 14 条规定的各项要素，对当事人提交的证据在庭审中经过质证程序而进行仔细审查。[1]需要特别指出的是，近些年来在包括商标纠纷案件在内的知识产权纠纷案件中，当事人提供假证的情况相当突出。以驰名商标司法认定为例，当事人提供的涉及商标驰名的有关事实根本不存在，如有的商标使用时间晚于提交证据的时间，显然就是一个假证。在"撤三"案件和注册商标无效案件[2]中，这方面的问题也十分突出。例如，注册商标所有人虚构购销合同。根据我国相关法律的规定，在诉讼中提供假证、伪证应当承担相应的法律责任，甚至可以构成刑事犯罪。然而，在知识产权诉讼实践中，尽管有的法院发现了证据存在巨大瑕疵，甚至被认定为假证，充其量只是不认可该证据的效力，而没有对提供假证的当事人或者律师给予任何处罚。应当说，这种司法不诚信的行为严重破坏了知识产权法治。为遏制包括驰名商标司法认定在内的作假证行为，法院应当严格按照我国相关法律的规定，给予行为人有力的司法制裁。

与前面所讨论的驰名商标的行政认定情况一样，在驰名商标的司法认定中，并非所有的案件都需要考虑《商标法》第 14 条规定的全部要素。对此，最高人民法院《审理驰名商标案件应用法律解释》第 4 条作了明确规定："人民法院认定商标是否驰名，应当以证明其驰名的事实为依据，综合考虑商标法第十四条第一款规定的各项因素，但是根据案件具体情况无需考虑该条规

---

〔1〕 参见福建省高级人民法院（2009）闽民终字第 38 号民事判决书（侵害商标权纠纷案）；浙江省高级人民法院（2014）浙知终字第 11 号民事判决书（侵害商标权纠纷案）；最高人民法院（2016）最高法行再 13 号行政判决书（商标争议行政纠纷案）。

〔2〕 参见最高人民法院（2023）最高法行申 2567 号行政判决书（商标权无效宣告请求行政纠纷案）（仅境外使用证据不足以认定"在先使用并有一定影响"）。

定的全部因素即足以认定商标驰名的情形除外。"笔者认为，这一规定具有合理性，因为不同厂商的驰名商标形成的过程具有不同特点，法律只是将可以构成商标驰名的基本因素作了全面列举。从驰名商标形成的实际情况来看，在法律规定的构成要素中，对于有些厂商而言有的因素具有决定性的作用，同样的因素对于其他厂商而言则可能处于次要地位。

此外，驰名商标的司法认定同样有相关商标曾经存在被认定驰名商标的记录的情况。在驰名商标司法认定中，是否可以直接以该证据为依据认定涉案商标驰名，也需要进行探讨。[1]由于驰名商标遵循个案认定、被动认定和按需认定的原则，[2]当一方当事人提出其商标存在曾经被人民法院或者行政管理部门认定驰名商标的记录时，应当考虑被告对这一证据的态度。通常情况下，被告基于自身利益的考虑会主张这一记录不足以在本案中认定涉案商标是驰名商标。但在实践中，也不排除有的被告基于特殊情况的考虑而不持异议。在这种情况下，人民法院就可以结合本案商标是否驰名的其他因素，对涉案商标驰名的事实予以认定。当然，如果被告提出异议，原告就应当对该商标驰名的事实承担举证责任。基于此，《审理驰名商标案件应用法律解释》第 7 条第 1 款规定："被诉侵犯商标权或者不正当竞争行为[3]发生前，曾被人民法院或者国务院工商行政管理部门认定驰名的商标，被告对该商标驰名的事实不持异议的，人民法院应当予以认定。被告提出异议的，原告仍应当对该商标驰名的事实负举证责任。"此外，驰名商标的驰名性具有程度之分。一般而言，驰名程度较低的商标，当事人主张该商标驰名，应当提供更多的证据加以证明。反过来，驰名程度较高的商标，当事人主张该商标驰名，可以只提供其商标驰名的基本证据。这一情况，在《审理驰名商标案件应用法律解释》第 8 条也有体现："对于在中国境内为社会公众广为知晓的商标，原

---

〔1〕　参见张玲玲：《论未注册驰名商标的司法认定与保护——兼评〈商标法〉第十三条及〈反不正当竞争法〉第六条第一项的适用》，载《法律适用》2019 年第 11 期。

〔2〕　参见最高人民法院（2023）最高法民再 29 号民事判决书（驰名商标按需认定原则）。

〔3〕　参见湖南省岳阳市岳阳楼区人民法院（2023）湘 0602 知民初 27 号民事判决书（不正当竞争纠纷案）；湖南省高级人民法院（2023）云民终 815 号民事判决书（不正当竞争纠纷案）；甘肃省武威市凉州区人民法院（2023）甘 0602 知民初 16 号民事判决书（不正当竞争纠纷案）；云南省高级人民法院（2023）云民终 330 号民事判决书（擅自使用与他人有一定影响的商品名称、包装、装潢等相同或者近似的标识纠纷案）。

告已提供其商标驰名的基本证据，或者被告不持异议的，人民法院对该商标驰名的事实予以认定。"

驰名商标的司法保护可以体现在驰名商标授权确权案件以及驰名商标侵权案件中。基于驰名商标在商标保护制度中的重要地位以及在企业商标品牌战略中驰名商标战略中重要的意义和作用，我国相关知识产权政策和制度对此有明确规定。我国《商标法》第13条第2款和第3款分别对于未注册驰名商标和注册驰名商标的保护作了规定。

就未注册驰名商标的司法保护而言，在商标授权确权诉讼案件中，其限于在相同或者类似的商品上复制、摹仿或翻译他人未在中国注册的驰名商标，并且容易导致混淆的行为。这里关键是如何认定容易导致混淆。容易导致混淆显然是一个主观标准，在商标授权确权诉讼案件中，既不应当以法官的标准，也不应当以专家的标准来衡量，而应当以普通消费者的眼光衡量。也就是说，普通消费者施以一般的注意力是否容易对相关商标产生混淆。当然，即使如此，不同的人评判也会产生不同的结果。在商标诉讼中，如何把握这种主观上的认定的科学性、合理性，无疑考验着法官的智慧和经验。[1]笔者认为，无论如何，在关于消费者的一般眼光评判是否容易导致混淆问题上，应当高度重视日常生活经验法则，不能脱离一方当事人主张的驰名商标以及诉争商标所投入的消费者市场与特定的环境。

还值得注意的是，在商标授权确权案件中，当事人一方或者双方为了证明己方的主张，有时候会提供消费者调查报告作为佐证。对于消费者调查报告的证据效力如何看待与认定也值得探讨。[2]在笔者看来，这种证据原则上可以参考，但也应当注意根据个案的情况进行甄别。例如，涉案消费者调查报告作出的程序公正性以及实体的公正性，消费者调查报告设计本身的合理性等。为了规范相关证据行为，我国相关部门是否有必要制定消费者调查报告的规范也值得思考。

为了统一人民法院审理驰名商标司法保护案件的裁判标准，《审理驰名商标案件应用法律解释》第9条第1款规定："足以使相关公众对使用驰名商标

---

〔1〕 参见北京知识产权法院（2016）京73民初277号民事判决书（侵犯商标权及不正当竞争纠纷案）。

〔2〕 参见杜颖：《商标纠纷中的消费者问卷调查证据》，载《环球法律评论》2008年第1期。

和被诉商标的商品来源产生误认，或者足以使相关公众认为使用驰名商标和被诉商标的经营者之间具有许可使用、关联企业关系等特定联系的，属于商标法第十三条第二款规定的'容易导致混淆'。"

从该规定可以看出，其引入了广义混淆的概念，即所谓关联关系混淆，而不限于狭义上的直接混淆。关联关系混淆标准的合理性在于，在驰名商标案件中，驰名商标侵害人往往企图利用驰名商标良好的声誉开拓市场和取得市场竞争优势，这种行为的主观意图和客观结果具有法律上的可责难性，不符合法律上的公平竞争原则。驰名商标良好的声誉，不仅体现于厂商在相关商品或服务上使用该商标，而且体现于在许可使用和关联企业等特定情况下对于该商标的使用。为了加强对驰名商标的保护，防止上述"搭便车""傍名牌"的行为，有必要将混淆的概念由直接混淆拓展到关联关系混淆。

未注册驰名商标的司法保护还体现在商标侵权纠纷案件中对相关商标侵害行为的制止。在涉及未注册驰名商标侵权纠纷案件中，被诉侵权人的商标可能是注册商标。在商标诉讼实践中，不能因为侵权人商标是注册商标而当然地否定所主张商标的驰名性。[1]

在涉及未注册驰名商标认定与保护诉讼案件中，在被诉侵权商标是注册商标时，人民法院是否应当受理以及如何处理值得进一步研究。从商标法原理和对商标侵权行为的规制[2]来说，尽管我国实行的是通过注册获得商标专用权的原则，商标注册所有人在通过申请注册行为获得注册商标专用权以后，并非意味着其使用其注册商标的行为在任何情况下都对他人的合法权益不会构成损害，受让他人注册商标专用权也不意味着行使该注册商标专用权不存在任何问题。[3]这是因为，在有些情况下商标注册所有人申请注册商标的行为是以侵害他人在先的注册商标专用权或者其他合法权益为前提的。[4]也就是说，在这种情况下，注册商标专用权的获得存在法律上的瑕疵，典型体现

---

〔1〕　参见最高人民法院（2016）最高法民再 216 号民事判决书（侵害商标权纠纷案）。

〔2〕　参见最高人民法院（2022）最高法民终 313 号民事判决书（侵害商标权及不正当竞争纠纷案）（非善意的被诉侵权人不具有可保护的信赖利益）。

〔3〕　参见湖南省长沙市岳麓区人民法院（2019）湘 0104 民初 14008 号民事判决书（侵害商标权纠纷案）。

〔4〕　参见江苏省南京市中级人民法院（2018）苏 01 民初 3450 号民事判决书（侵害商标权纠纷案）。

为侵犯他人在先的合法权利、恶意抢先注册他人在先的未注册驰名商标。即使在不相同也不类似的商品上申请注册，如果其是复制、摹仿、翻译他人在先的注册驰名商标，产生了误导公众，致使该驰名商标所有人的利益受到损害的后果，这种商标注册的合法性和正当性也应予以否定。因此，在涉及驰名商标的纠纷案件中，即使被诉侵权商标为注册商标，只要被诉侵权行为对在先驰名商标构成了复制、摹仿、翻译，人民法院也应当予以受理。对此，《关于当前经济形势下知识产权审判服务大局若干问题的意见》已有相应规定："被诉侵权商标虽为注册商标，但被诉侵权行为是复制、摹仿、翻译在先驰名商标的案件，人民法院应当依法受理。"

不过，还需要进一步探讨的是，在涉及驰名商标认定和保护的诉讼案件中，应当适当考虑与诉争商标相近似商标申请注册的情况，而不能认为只要构成了复制、摹仿或翻译在先驰名商标，[1]就一律认为构成了对在先驰名商标所有人合法利益的损害。最高人民法院发布的知识产权案件年度报告中的有关案例就值得研究。例如，在"苹果男人"商标异议复审行政纠纷案[2]中，最高人民法院认为："在对被异议商标是否复制、摹仿驰名商标进行判断时，如果在申请注册被异议商标之前，被异议人在同类别商品上已经拥有近似的注册商标，法院应该比较被异议商标与被异议人自己的注册商标、他人的驰名商标之间的近似程度。被异议商标与被异议人已经在同类别商品上注册的商标近似程度较高，不宜认定被异议商标构成对他人驰名商标的复制、摹仿。"该案法院之所以认定为被异议商标不构成对他人驰名商标的复制、摹仿，是因为被异议商标所有人在同类商品上已拥有近似的注册商标，这一事实说明被异议人不具有攀附在先驰名商标的主观过错，也不存在实际的行为。

注册驰名商标的司法认定和保护也是驰名商标司法认定和保护的重要内容。如前所述，我国《商标法》第13条第3款明确规定了对于注册驰名商标的保护。在涉及注册驰名商标保护的案件中，关键是要确认诉争商标所有人申请注册或者使用其商标的行为是否造成了误导公众，致使驰名商标注册人

---

〔1〕 参见湖北省武汉市中级人民法院（2018）鄂01民初3552号民事判决书（侵害商标权及不正当竞争纠纷案）。

〔2〕 最高人民法院（2009）行提字第2号行政判决书（商标异议复审行政纠纷案），载《最高人民法院知识产权案件年度报告（2010年）》。

的利益可能受到损害的后果。笔者认为，商标法之所以规定这一条件，是因为包括驰名商标保护在内的我国商标保护制度，其基本的运行机制是确保负载商标的商品能够实现区别商品来源的功能和作用，使消费者能够认牌购物，从而激励厂商不断改进商品或者服务质量，实施商标品牌战略，提高市场竞争力。基于此，包括驰名商标保护制度在内的我国商标法的价值构造体现于通过制度设计与安排确保商标实现区别商品或服务来源的功能与作用，防止消费者在市场中混淆相关商品或服务，从而在充分有效保护商标所有人利益、消费者利益的基础之上实现商标法促进市场公平竞争、维护商品流通正常秩序的目的。可以认为，尽管商标法并不是一部专门保护消费者权益的法律，防止消费者混淆却仍然是商标权保护所赖以实现的重要目的和功能。就这里所探讨的注册驰名商标保护而言，同样如此。也就是说，如果他人在不相同也不类似的商品上申请注册的商标是对在先已注册驰名商标的复制、摹仿或者翻译，且造成了消费者被误导，从而使该注册驰名商标所有人的利益可能受到损害，诉争商标所有人申请注册以及使用该商标的行为就应受到法律的否定性评价。

值得注意的是，为了加强我国商标授权确权程序以及商标保护实践中对注册驰名商标的有效保护，最高人民法院发布的相关司法解释，对上述问题作了明确规定。例如，《最高人民法院关于审理商标授权确权行政案件若干问题的规定》第13条规定："当事人依据商标法第十三条第三款主张诉争商标构成对其已注册的驰名商标的复制、摹仿或者翻译而不应予以注册或者应予无效的，人民法院应当综合考虑如下因素，以认定诉争商标的使用是否足以使相关公众认为其与驰名商标具有相当程度的联系，从而误导公众，致使驰名商标注册人的利益可能受到损害：（一）引证商标的显著性和知名程度；（二）商标标志是否足够近似；（三）指定使用的商品情况；（四）相关公众的重合程度及注意程度；（五）与引证商标近似的标志被其他市场主体合法使用的情况或者其他相关因素。"

对于上述规定，笔者认为，其强调了相关公众将诉争商标与在先驰名商标联系的情况，如果这种联系的程度较高，即"足以使相关公众认为其与驰名商标具有相当程度的联系"，在法院审查当事人提供的涉及引证商标显著性和知名度、商标标志的近似程度、指定商品的使用情况、相关公众的情况以及其他市场主体合法使用相关近似标志等相关证据的基础之上，就可以全面认定其是否会造成误导公众、致使驰名商标注册人的利益可能受到损害的后果。

又如，《审理驰名商标案件应用法律解释》第9条第2款则规定："足以使相关公众认为被诉商标与驰名商标具有相当程度的联系，而减弱驰名商标的显著性、贬损驰名商标的市场声誉，或者不正当利用驰名商标的市场声誉的，属于商标法第十三条第三款规定的'误导公众，致使该驰名商标注册人的利益可能受到损害'。"

对此，笔者认为，上述规定和前述司法解释规定一样，也需要重点考虑相关公众对于诉争商标与驰名商标联系的程度。事实上，即使不限于驰名商标的保护，就一般注册商标的保护而言，商标专用权保护的基点就在于商标与商品之间的特定联系，这种联系基于商标的知名度、美誉度的不同情况而有所区别。一般而言，商标的知名度、美誉度越高，甚至成为驰名商标，该商标标示的商品与商标本身之间的联系越强，甚至具有唯一特定的联系。在商标法理论上，有观点甚至主张"联系说"是商标权保护的本质。[1]笔者认为，这一观点具有合理性。就注册驰名商标的司法保护而言，诉争商标所有人的不当行为造成了相关公众对于该商标与注册驰名商标的不适当联系，进而可能造成淡化该注册驰名商标或者贬损该驰名商标市场信誉的后果。不仅如此，这种不适当联系还可能使诉争商标所有人不正当地利用该注册驰名商标的市场声誉牟取不正当利益。无论哪一种情况，都会造成误导公众，致使该驰名商标注册人的合法利益受到损害的后果。因而，应对诉争商标的注册或者使用给予否定性评价，在相关授权确权案件中依法不予核准或者宣告该注册商标无效，在相关涉及注册驰名商标保护的诉讼案件中，则应当作出停止侵害、赔偿损失的判决。

关于注册驰名商标的司法保护，根据前面所探讨的根据《商标法》第13条第3款的规定，需要确认个案中诉争商标所有人是否存在误导公众，致使驰名商标注册人的合法利益可能受到损害的后果。在驰名商标司法保护实践中，还存在一种情况，即作为驰名商标注册所有人的原告，除了请求禁止被告在不相同也不类似的商品或服务上使用与其驰名的注册商标相同或者近似

〔1〕 杜志浩：《商标权客体"联系说"之证成——兼评"非诚勿扰"商标纠纷案》，载《政治与法律》2016年第5期。

的商标，还可能请求禁止被告使用与原告驰名的注册商标相同或者近似的企业名称。关于被告在不相同也不类似的商品上申请注册或者使用的商标和原告驰名商标相同或者近似是否构成对原告合法利益的损害，前面已经作了探讨。这里重点就被告登记使用的企业名称与原告驰名的注册商标相同或者近似是否构成对原告驰名商标权益的损害问题进行探讨。以下不妨在司法解释的相关规定基础之上就典型个案进行分析。

关于上述问题，《审理驰名商标案件应用法律解释》第10条规定："原告请求禁止被告在不相类似商品上使用与原告驰名的注册商标相同或者近似的商标或者企业名称的，人民法院应当根据案件具体情况，综合考虑以下因素后作出裁判：（一）该驰名商标的显著程度；（二）该驰名商标在使用被诉商标或者企业名称的商品的相关公众中的知晓程度；（三）使用驰名商标的商品与使用被诉商标或者企业名称的商品之间的关联程度；（四）其他相关因素。"此外，在人民法院认定涉案企业名称的使用构成误导公众，致使驰名商标注册所有人合法利益可能受到损害的前提下，对于涉案企业名称的使用有两种方式可供人民法院选择：判决规范使用或者停止使用涉案企业名称。[1]

仅就被告登记使用的企业名称与原告注册驰名商标相同或近似而言，法院在相关判决中是否需要禁止被告在不相类似商品上使用与原告驰名的注册商标相同或者近似的企业名称，关键在于认定被告使用涉案企业名称是否会造成误导公众，致使该驰名商标注册所有人合法利益可能受到损害。[2]从理论上说，商标和企业名称尽管具有十分密切的联系，但在基本功能和定位上仍存在重要区别，其中商标的基本功能和作用在于识别商品或者服务的来源，企业名称尤其是其中的字号（商号）则是区分不同厂商的重要标志。从厂商实施商标品牌战略的角度而言，厂商为了树立品牌，提升整体企业形象，在相当多的情况下会实行商标与商号一体化战略，旨在以企业有限的资源集中宣传、确立品牌形象。在个案中，判断企业名称的使用是否构成误导公众，

---

〔1〕　参见天津市第三中级人民法院（2023）津03民终7446号民事判决书（侵害商标权及不正当竞争纠纷案）；天津市高级人民法院（2023）津民终879号民事判决书（侵害商标权及不正当竞争纠纷案）；李政辉：《论企业名称权保护的制度困境与法治出路》，载《法商研究》2023年第4期。

〔2〕　参见广东省高级人民法院（2011）粤高法民三终字第163号民事判决书（侵害商标权、不正当竞争纠纷案）；海南自由贸易港知识产权法院（2022）琼73民初7号民事判决书（侵害商标权及不正当竞争纠纷案）。

致使该驰名商标所有人合法利益可能受到损害，不仅要考虑涉案驰名商标本身的情况以及企业名称使用的相关商品或者服务的情况，而且要考虑驰名商标在被诉企业名称使用相关商品中的相关公众的知晓程度以及驰名商标商品与被诉企业名称使用相关商品的关联程度。就前者而言，驰名商标本身的显著性和知名度、该驰名商标注册和使用的实际情况，以及被诉企业名称登记的实际情况和实际使用企业名称的方式都是需要重点考虑的。就后者而言，需要对"相关公众"的概念予以合理界定，同时就相关商品的关联程度予以准确把握。驰名商标的跨类保护如果涉及服务类别，就需要合理认定商品与服务的关联程度。此外，根据个案的情况还需要考虑其他相关因素。例如，被诉使用该企业名称的厂商是否存在攀附驰名商标的主观故意。在司法实践中，这可以通过对企业名称使用的特定方式加以认定，如在有的案件中被告突出使用其登记使用的企业名称，以致容易造成和原告注册驰名商标相混同，就可以认定存在这种主观故意。

就认定企业名称的使用对驰名商标注册所有人合法利益可能造成损害的前提下法院判决该企业名称使用或者停止使用而言，这类案件中企业名称的使用存在不规范之处，但法院是否一定要判决停止使用该企业名称则应慎重，特别是在涉案企业名称已经有了较高市场知名度的情况下更不应轻易判决停止使用涉案企业名称，而应更多地考虑规范使用。当然，根据个案的情况，如果涉案企业名称的使用会造成误导公众，从而对驰名商标注册所有人合法利益可能造成损害的后果，则仍然需要判决停止使用该企业名称。

以下不妨以一个典型案例为例加以分析。

在某家具公司使用企业名称被控侵犯某集团公司注册驰名商标专用权及不正当竞争纠纷案中，某集团公司是一个综合性的企业集团，其中金融服务是其最重要的服务内容之一。1999年12月，某集团公司在金融服务类申请驰名商标行政认定（当时允许驰名商标主动申请认定）。为了扩大对其注册商标的保护，某集团公司还在相关商品和服务类别上申请注册了同一"ZH"商标，其中包含在家具类商品上申请注册商标。2000年5月28日，某家具公司在广东某地申请登记某企业名称成功。在此之前，某集团公司在相关家具类商品上申请注册了"ZH"商标，并获得注册。为了开拓市场，树立商标品牌信誉，某家具公司针对某集团公司在家具类上申请注册的同一商标基于对方连续3年不使用的事实而提出撤销申请并被予以核准。某家具公司为了拓展业务，在北京某家具市场设立了专卖点，在门店外面标示"ZH家具"，并以这一标示向外进行广告宣传。原告认为，某家具公司的行为侵害了其驰名商标权益，并且构成了不正当竞争，遂向北京市第一中级人民法院提起诉讼，要求某家具公司及家具市场管理公司停止侵权，并要求家具公司赔偿经济损失人民币500万元。

该案中，法院归纳的案件焦点问题有：一是原告拥有的"ZH"商标是否应当按照驰名商标保护？二是在原告提供的服务和被告的商品不类似的情况下，即使原告的注册商标被认定为驰名商标，是否可以跨类到被告所提供的家具类商品？三是如果被告的行为构成对原告驰名商标权益的侵害，如何明确损害赔偿责任？

对于本案，还值得注意的一个重要事实是，在原告提出侵权诉讼时，其申请认定的驰名商标还没有被认定下来。正是基于此，被告某家具公司提出，原告注册商标不能按照驰名商标对待。原告则不赞同，其认为驰名商标的驰名是一个客观事实，不能因为当时还没有被认定下来，就不是驰名商标。法院最终确认给予驰名商标保护。

关于本案原告的注册驰名商标是否可以跨越到被告的家具类商品，原告认为基于其注册驰名商标的极大知名度，被告使用的企业名称与原告的注册商标相同，会造成误导公众，致使其注册驰名商标的利益受到损害的后果。被告则认为，其生产销售的商品是家具，即使原告申请注册的商标被认定为驰名商标，也不应当跨类到家具类商品，因为家具类商品和金融服务可以说是风马牛不相及。被告还特别指出，即使其被认定为驰名商标，驰名商标的跨类保护也有度的限制，不能随意跨类到相距甚远、根本不相类似的商品或服务上。以本案为例，被告的家具和原告的金融服务在消费对象、消费市场、功能、用途等方面大相径庭，消费者不可能将两者混淆或者产生不适当联想。何况本案还存在以下两种特殊情况：第一种情况是，尽管原告曾经在家具类商品上申请注册了"ZH"商标，但后来被被告成功地通过"撤三"申请而使其在家具类商品上不再拥有注册商标专用权。第二种情况是被告使用"ZH"企业名称登记，具有合法原因，因为被告董事长的名字就是"ZH"。被告为此还向公安局申请调取了其董事长户籍上的姓名。

在本案一审判决中，法院最终认可了被告提出的观点，认定被告不构成对原告注册驰名商标的侵害，也不构成不正当竞争。本案二审中，法院则改判了一审的观点，认为被告行为构成了对原告注册驰名商标的侵害。在认定基础之上，判决家具公司承担 50 万元人民币赔偿。至于本案另一被告，由于其销售家具公司的家具产品具有合法来源，[1]二审法院判决家具管理公司承担停止销售的法律责任，但不予以赔偿。二审法院还判决被告停止使用"ZH"字号。

对于本案法院的判决，笔者认为以下问题值得进一步思考：其一，在过去我国允许驰名商标主动认定的背景下，针对当时发生的涉及驰名商标认定和司法保护的案件，如果在纠纷发生时驰名商标还没有被认定下来，在个案中应如何对待该注册商标？其二，即使原告的注册商标按照驰名商标保护，如何准确地把握驰名商标跨类保护，或者说保护的范围？[2]以本案为例，被告生产销售的家具类商品和原告主张驰名商标保护的金融服务，两者跨度特别大。并且本案还存在一个特殊的事实，也就是上面所指出的原告曾经在家具类商品上申请注册商标，但后来被依法撤销。这一特定事实在相当大的程度上进一步减小了被告使用"ZH"企业名称的简称"ZH家具"造成误导公众，致使该驰名商标所有人利益受到损害的可能。二审法院仍然认定按照驰名商标的扩大保护对待，在笔者看来，这不仅是将该商标认定为驰名商标，而且是认定为具有极大知名度和美誉度的商标，从而将其驰名商标的跨类保护的范围极大地扩大到与该商标使用的金融服务类完全不相干的家具类商品。其三，本案在认定驰名商标成立以及被告构成对原告注册产品商标权益侵害的前提下，是否一定需要判决停止使用被告的企业字号"ZH"？如前所述，可以考虑两种解决途径，即规范使用或者停止使用。笔者认为，如果规范使用将不再对被原告的驰名商标权益造成损害，则应当判决规范使用，否则该企业名称只要被被告使用，将不可避免地产生对原告驰名商标权益的损害。

如前所述，驰名商标可以获得特殊法律保护。然而，基于驰名商标保护的目的以及商标法关于商标注册和使用的条件的规定，在有些情况下当事人主张驰名商标的保护，不能获得支持。对此，最高人民法院的相关司法解释

---

〔1〕 参见最高人民法院（2022）最高法民再 274 号民事判决书（侵害商标权纠纷案）（商标侵权案件合法来源抗辩的成立条件）。

〔2〕 参见陕西省西安市中级人民法院（2021）陕 01 知民初 3470 号民事判决书（侵害商标权纠纷案）。

作了明确规定，值得研究。

《审理驰名商标案件应用法律解释》第11条规定："被告使用的注册商标违反商标法第十三条的规定，复制、摹仿或者翻译原告驰名商标，构成侵犯商标权的，人民法院应当根据原告的请求，依法判决禁止被告使用该商标，但被告的注册商标有下列情形之一的，人民法院对原告的请求不予支持：（一）已经超过商标法第四十五条第一款规定的请求宣告无效期限的；（二）被告提出注册申请时，原告的商标并不驰名的。"

对于上述规定，笔者认为其合理性体现于以下方面。

第一，我国《商标法》对于请求驰名商标保护规定了相应的期限。在相关案件中，即使被告使用的注册商标违反了《商标法》第13条规定而构成复制、摹仿或者翻译原告的驰名商标，从而有混淆之虞，构成商标侵权，并且原告请求人民法院依法判决被告停止使用涉案商标，但由于法律规定了请求宣告无效的期限，基于维护社会关系稳定的考虑，原告的请求也不能获得支持。笔者认为，宣告无效期限限制的规定体现了法律制度更高层面的价值取向。从驰名商标保护实践看，如果驰名商标所有人在任何时候都可以基于被告的商标构成了对其驰名商标权益的损害而提出宣告无效请求会造成社会关系的不稳定，尤其是针对被告商标而言，在经过一定时间使用以后，也会确立一定的商誉和拥有相对稳定的消费者群体，形成相对稳定的市场格局。《商标法》规定相应的宣告无效期限，有利于促使驰名商标所有人及时行使权利，也有利于避免被告商标在经过很长时间使用并取得相应市场信誉以后被宣告无效的风险。当然，还值得指出，根据我国《商标法》规定，当被告的商标使用申请注册行为具有恶意时，则不受5年期限的限制。

第二，原告驰名商标的驰名是一个动态过程。如果被告提出商标注册申请时，原告的商标尚不驰名，就难以认定被告在主观上存在恶意抢注驰名商标的过错，以及被告申请注册商标会对原告驰名商标权益造成损害。被告基于自身的商品生产经营需要而申请其注册商标，也会通过实施商标品牌战略不断提升其商标信誉。尽管被告申请注册的商标与原告主张驰名的商标具有近似性，且原告的商标逐渐驰名，但由于被告的注册商标商誉的获得并非来自对原告驰名商标商誉的不正当获取，上述司法解释规定，当被告提出注册商标申请时，如果原告的商标并不驰名，就不能以被告的商标构成了对原告驰名商标的复制、摹仿或者翻译，构成对驰名商标权益的侵害而要求宣告该商标无效。

在涉及驰名商标司法认定和保护案件中，还有一种情况值得研究，即针对未注册驰名商标司法认定和保护而言，如果当事人请求保护的未注册驰名商标属于《商标法》规定的不能作为商标使用或者注册的情形，就不能按照《商标法》规定给予未注册驰名商标保护。《审理驰名商标案件应用法律解释》第12条即规定："当事人请求保护的未注册驰名商标，属于商标法第十条、第十一条、第十二条规定不得作为商标使用或者注册情形的，人民法院不予支持。"对此，笔者认为其合理性体现于以下方面。

第一，作为可以受到商标法保护的未注册商标，包括未注册驰名商标，显然是应当可以作为商标使用的。我国《商标法》规定了一些基于维护国家利益、公共利益的需要而不能作为商标使用的情形。从商标法的法理和司法实践的角度来说，如果一个标识不能作为商标使用，自然也不能作为商标给予法律保护。否则，不仅在逻辑上无法说得通，而且会与商标法的禁用条款规定相悖。

第二，当事人所主张的未注册驰名商标，应当是根据商标法的规定可以获得商标注册的。商标注册的实质要件是具有显著特征，能够区分商品或服务来源。未注册驰名商标，虽然没有通过申请注册的形式获得注册商标专用权，但其获得商标法规定的特殊法律保护，显然也应当具有显著性、能够区分商品或者服务来源这一基本条件。如果当事人请求保护的未注册驰名商标根据商标法的规定不能获得注册，在涉及该未注册驰名商标保护的个案中也就难以确认他人以复制、摹仿或者翻译的形式使用该未注册驰名商标会造成损害其商标权益的后果。因此，在涉及未注册驰名商标司法保护的案件中，如果当事人所主张的未注册驰名商标根据我国商标法的规定不能使用或者不能获得注册，人民法院就不应当支持其保护请求。

此外，还值得探讨的是，对于涉及驰名商标司法认定与保护的案件，人民法院在判决书该如何表述。《审理驰名商标案件应用法律解释》第13条规定："在涉及驰名商标保护的民事纠纷案件中，人民法院对于商标驰名的认定，仅作为案件事实和判决理由，不写入判决主文；以调解方式审结的，在调解书中对商标驰名的事实不予认定。"由此可见，该司法解释规定了两种情形。第一种情形是，以判决结案时，判决书的主文不应涉及认定驰名商标的事实。这是因为，在涉及驰名商标保护的案件中，驰名商标的认定是作为案件的事实和判决的理由的，尽管驰名商标所有人提出了认定和保护知名商标的请求，但不是作为案件判决的结果出现的。第二种情形是，以调解结案时，之所以在调解书中对商标驰名的事实不予认定，是因为此类案件的调解是以当事人互相让步为基础所作出的，当事人在调解协议条款的达成中已经考虑了涉案商标是否构成驰名商标的事实。如果在调解书中需要对涉案商标驰名的事实加以明确，就可能违背当事人一方的意志，从而在实质上难以达成调解协议。

四、地理标志的保护

（一）地理标志的基本概念

关于地理标志的保护，首先应当明确其基本内涵以及法律保护的正当性。

我国《商标法》第 16 条对于地理标志用于商标注册的保护问题作了规定。该条第 1 款规定，商标中有该商品的地理标志，而该商品并非来源于该标志所标示的地区，误导公众的，不予注册并禁止使用；但是，已经善意取得的继续有效。该条第 2 款则对地理标志的定义作了规定，即地理标志是指标示某商品来源于某地区，该商品的特定质量、信誉或者其他特征主要由该地区的自然因素或者人文因素所决定的标志。

关于上述地理标志的概念，应当注意它与原产地名称、货源标记、产地识别标记的联系与区别。[1]《巴黎公约》和《保护原产地名称及其国际注册里斯本协定》都规定了原产地名称的保护。根据上述国际公约，所谓原产地名称，是指一个国家、地区或者特定地方的地理名称，用于标示来源于该地的产品，而这些产品的特定质量或者特征完全或者主要由该地地理环境所致，包括自然因素和人文因素在内。由此可见，地理标志和原产地名称概念之间具有十分密切的联系。在本质上，原产地名称也是地理标志，而且是一种特殊的地理标志。原产地名称是标示产品原产地的国家、地区或者特定地方的地理名称。在范围上，原产地名称的外延小于地理标志。原产地名称强调特定国家、地区或者特定地方产品产源的独特性，特别是特定的质量、特征。例如，湘绣、景德镇瓷器就是典型的原产地名称。至于货源标记，它是针对

---

〔1〕　D. Peter Harvey, "Geographical Indications: The United States' Perspective", 107 *Trademark Rep.* 5 (2017).

产地的识别标记，仅强调特定产品所来自的国家或地区，如"中国制造"。可以认为，与地理标记和原产地名称相比，货源标记以及产地识别标记并不针对和强调产品来自特定的地区，特别是不强调该产品的质量或者主要特征与特定地方的自然因素或者人文因素相关。

（二）地理标志作为知识产权保护的合理性

在明确了地理标志及其相关概念的基础之上，需要进一步认识到地理标志作为知识产权保护的合理性。[1]笔者认为，这可以从地理标志本身的内涵加以认识：地理标志产品反映了特定地区产品的质量、信誉或其他特点是基于特定地理范围的自然因素或者凝聚了地理标志涵盖的地域范围内生产经营者对地理标志产品所投入的创造性劳动。[2]

从上述地理标志的概念可知，特定地理范围的自然因素或者人文因素是地理标志产品具有特定的质量、信誉或者其他特点的关键所在。将地理标志纳入知识产权的保护范围，就可以禁止在非特定地理范围内的厂商在相关产品上使用该特定地理标志，这样就能避免消费者就特定产品的地理范围产生混淆。相反，如果非特定地理范围的厂商可以在相关产品上标记该特定地理标志，则不但会使消费者对特定产品的地理来源产生混淆，而且也会使其他厂商不公平地获取地理标志产品相对于非地理标志同类产品所具有的质量、信誉或者其他特点的优势。

这里不妨以我国首例证明商标案件"舟山带鱼"地理标志侵权纠纷案[3]为例加以说明。浙江省舟山市有特殊的地理环境，该地区盛产的带鱼相比海鲜类同类产品具有自身的优势和特色。相关部门申请了"舟山带鱼"地理标志作为证明商标。根据证明商标的相关保护，在浙江舟山地区的相关渔业企业可以使用"舟山带鱼"证明商标，但舟山地区以外的相关渔业企业对其捕捉的带鱼则不能以"舟山带鱼"的名义对外销售和宣传，否则就侵害了浙江省"舟山带鱼"的证明商标权。在该案中，被控侵权行为就是舟山地区以外的相关渔业企业在带鱼类产品上使用"舟山带鱼"对外进行广告宣传与销售。

---

〔1〕 参见王晓艳：《论我国地理标志的保护模式》，载《知识产权》2019 年第 11 期。

〔2〕 参见王笑冰：《真正地理标志保护的实质与我国地理标志统一立法》，载《法学研究》2023 年第 6 期。

〔3〕 北京市高级人民法院（2012）高民终字第 58 号民事判决书（侵害商标权纠纷案）。

很显然，这种行为会造成消费者对相关带鱼类商品来源的混淆，同时也会对舟山地区"舟山带鱼"商标的信誉产生损害。因此，应当予以禁止。

通过研究近些年来我国关于地理标志相关的政策性规定，可以看出地理标志法律保护制度是我国知识产权法律保护制度的重要内容，在推进我国知识产权法律保护制度完善的进程中，也需要同时推进对地理标志的保护。以下将对相关政策性规定进行梳理和探讨。

《最高人民法院关于全面加强知识产权审判工作为建设创新型国家提供司法保障的意见》在第三部分"充分发挥知识产权司法保护的职能作用，保障全社会的创造活力和创新能力"之八"依法妥善审理知识产权民事案件"中指出，要"依法审理涉及商标、地理标志等标识性知识产权案件和各类不正当竞争案件，严格规范市场竞争秩序"。该规定从严格规范市场竞争秩序的角度，强调了对商标、地理标志等标识性知识产权案件以及各类不正当竞争纠纷案件的依法审理。[1]在司法实践中，地理标志和商标一样具有区分商品特定来源的作用，如果地理标志被非特定地理范围的厂商使用，就很容易造成相关消费者的混淆，从而既不利于地理标志所有人的合法权益的保护，也不利于消费者利益的保护，更不利于维护公平竞争的市场秩序。也正是基于此，上述司法政策明确强调了依法审理包含地理标志等在内的标识性知识产权案件，以严格规范市场竞争，促进公平竞争。

《贯彻实施国家知识产权战略意见》在第三部分"依法审理好各类知识产权案件，切实加大知识产权司法保护力度"，就"加强商标权司法保护，维护商标信誉，推动形成自主品牌"指出，要"依法受理并及时处理好涉及地理标志和奥林匹克标志、世界博览会标志、特殊标志等案件"。该司法政策从推进形成自主品牌的角度，对依法审理并及时处理包括地理标志等在内的标识

---

[1] 参见最高人民法院（2022）最高法民再 75 号民事判决书（商业诋毁纠纷案）；江苏省高级人民法院（2023）苏民终 280 号民事判决书（不正当竞争纠纷案）；福建省高级人民法院（2022）闽民终 1871 号民事判决书（不正当竞争纠纷案）；陕西省高级人民法院（2022）陕知民终 139 号民事判决书（不正当竞争纠纷案）；广西壮族自治区高级人民法院（2023）桂民终 196 号民事判决书（不正当竞争纠纷案）；广东省深圳市中级人民法院（2023）粤 03 民终 4897 号民事判决书（不正当竞争纠纷案）；重庆市第一中级人民法院（2022）渝 01 民初 3538 号民事判决书（不正当竞争纠纷案）；湖南省长沙市开福区人民法院（2023）湘 0105 民初 2875 号民事判决书（不正当竞争纠纷案）；最高人民法院（2022）最高法民再 76 号民事判决书（不正当竞争纠纷案）（行业协会原告主体资格的认定；在特定商品名称前冠以"新"字作为被宣传的商品名称是否构成虚假宣传）。

性知识产权案件进行了规范。

《国家知识产权战略纲要》在"战略目标"中指出，"商业秘密、地理标志、遗传资源、传统知识和民间文艺等得到有效保护与合理利用"是近五年的目标之一。上述纲要之所以将地理标志和其他知识产权一样规定为有效保护和合理利用的战略目标之一，笔者认为，在相当大的程度上也是基于我国文化历史悠久、地域辽阔，并且具有大量的富有特色的地理标志产品，地理标志也是相对于发达国家而言我国富有竞争优势和特色的特殊类型知识产权。基于地理标志的特色，在我国这样一个农业大国，以地理标志的有效保护为前提和基础，推进我国农产品现代化及相关产业发展，具有广阔的前景。特别是在当前我国经济社会发展中存在地区之间发展不平衡的问题，相对落后地区开发富有特色的地理标志产品是促进当地经济社会发展、提高市场竞争力的重要措施。因此，地理标志不仅需要得到有效的法律保护，还需要合理利用。《国家知识产权战略纲要》无疑为我国地理标志的保护与合理利用提供了重要指引和方向。

《国家知识产权战略纲要》不仅将地理标志的有效保护和合理利用作为重要目标之一，而且在"战略重点"之一"完善知识产权制度"部分，就"进一步完善知识产权法律法规"，提出要"适时做好遗传资源、传统知识、民间文艺和地理标志等方面的立法工作"。毫无疑问，地理标志的有效保护建立在相关法律的制定和完善的基础上。然而，从近些年来我国关于地理标志的立法情况来看，地理标志立法层次较低，且存在多部门分头立法的现象。我国《商标法》第16条规定了地理标志申请注册为商标的问题。在涉及证明商标的部门规章中，也有对地理标志保护的规定，尤其是地理标志的保护可以通过申请注册证明商标的形式加以实现。[1]除此之外，农业农村部、国家市场监督管理总局都分别制定了涉及地理标志产品的认定程序和相关规定，[2]这种多头分散立法的形式是否对于我国建立统一的地理标志认定和保护制度有利，值得深入研究。在推进我国地理标志立法完善方面，其中一种立法思路是进一步改革和完善我国商标制度，建立统一的商业标志法律保护制度，尤

---

〔1〕 参见亓蕾：《商标行政案件中地理标志司法保护的新动向——兼评〈关于审理商标授权确权行政案件若干问题的规定〉第17条》，载《法律适用》2017年第17期。

〔2〕《农产品地理标志管理办法》（2019年修正）、《地理标志产品保护规定》（2005年）。

其是将地理标志等标识性知识产权统一规范在商业标志统一立法中。当然，这只是一种立法修改的建议。另外一种立法思路就是建立专门的地理标志法律保护制度，特别是需要整合现有部门规章的相关规定，提升地理标志保护的立法层次。

值得特别关注的是，《国家知识产权战略纲要》在"专项任务"之"特定领域知识产权"中，专门就"完善地理标志保护制度"指出，要"建立健全地理标志的技术标准体系、质量保证体系与检测体系。普查地理标志资源，扶持地理标志产品，促进具有地方特色的自然、人文资源优势转化为现实生产力"。上述措施无疑是建立和完善我国地理标志保护制度的重要内容。

首先，就建立健全地理标志的相关标准体系而言，由于地理标志基于自然因素或者人文因素而使地理标志产品具有独特的质量、独到的特点与优势，在实践中如何认定地理标志产品，需要建立相应的技术标准体系、质量保障与监测体系。

其次，就地理标志资源的普查而言，这是我国制定地理标志保护战略、完善地理标志保护制度、合理利用地理标志的重要基础。所谓"没有调查就没有发言权"，普查地理标志资源，有利于"摸清家底"，了解当下我国地理标志资源的现实情况，并在此基础上对地理标志资源布局、地理标志有效保护和合理利用合理规划。如果不通过调查等方式对地理标志资源的情况加以全面了解，就很可能造成地理标志产品布局不合理、地理标志产品保护不均衡的局面。

最后，基于在现实中我国很多具有地方特色的地理标志产品分散在全国不同地区，而且相当一部分是在经济社会发展相对落后的地区，我国在地理标志保护战略规划、有效保护与合理开发利用方面，应当注重对于具有地方特色的地理标志产品进行有效的扶持，这样才能够将具有地方特色的自然、人文资源优势转化为现实的生产力，提高当地经济社会发展水平和市场竞争力。从现实情况看，我国很多地区特别是相对落后的地区，都有一些具有地方特色的产品。但是，由于这些地方知识产权保护观念较为落后，对地理标志产品的有效开发和合理利用不够重视，导致非常上乘的产品卖不起好价钱，地方名优产品无法在促进地方经济发展，特别是市场竞争力提升方面发挥其独特的不可替代的作用。因此，有效扶持地理标志产品，充分发挥其在提高市场竞争力方面的作用，大有可为。特别在当前我国扶贫整体政策导向之下，在"知识产权扶贫"方面，地理标志具有十分独特的作用和地位。这里所谓的知识产权扶贫，我国知识产权理论与实务界其实很少予以关注。笔者在过去对知识产权理论与实务的研究中也较少思考和关注知识产权扶贫问题，但是通过对地理标志等知识产权问题的研究和思考，笔者认为这一问题应当给予高度的关注。在当前我国巩固扶贫成果过程中，希望我国知识产权理论与实务界对这个问题也给予关注。

此外，在近些年来我国颁布实施的相关知识产权政策性文件中，《强化知识产权保护意见》在第二部分"强化制度约束，确立知识产权严保护政策导向"中，就"加大侵权假冒行为惩戒力度"，也提出要"加快专利法、商标法、著作权法等修改完善。完善地理标志保护相关立法"。《知识产权强国建设纲要（2021—2035年）》在第三部分"建设面向社会主义现代化的知识产权制度"之四"构建门类齐全、结构严密、内外协调的法律体系"中指出，"探索制定地理标志、外观设计等专门法律法规，健全专门保护与商标保护相互协调的统一地理标志保护制度，完善集成电路布图设计法规"；在第四部分"建设支撑国际一流营商环境的知识产权保护体系"之十"健全统一领导、衔接顺畅、快速高效的协同保护格局"中指出，"实施地理标志保护工程"；在第五部分"建设激励创新发展的知识产权市场运行机制"之十二"健全运行高效顺畅、价值充分实现的运用机制"中指出，"推动地理标志与特色产业发展、生态文明建设、历史文化传承以及乡村振兴有机融合，提升地理标志品牌影响力和产品附加值。实施地理标志农产品保护工程"；在第八部分"深度参与全球知识产权治理"之二十一"构建多边和双边协调联动的国际合作网络"中则指出，"塑造中国商标品牌良好形象，推动地理标志互认互保，加强中国商标品牌和地理标志产品全球推介"。由此可见，《知识产权强国建设纲要（2021—2035年）》从制度完善、保护体系、市场运行机制以及全球治理等多角度规范了对地理标志的保护和运用。2021年12月31日，国家知识产权局印发了《地理标志保护和运用"十四五"规划》，对地理标志保护和运用进行了全面布局，是"十四五"期间提高我国地理标志保护和运用的重要政策性规范。从相关司法规范看，《人民法院知识产权司法保护规划（2021—2025年）》在第二部分"充分发挥知识产权审判职能作用"之六"加强商业标志保护"中，也提出"加强地理标志司法保护，切实遏制侵犯地理标志权利行为，保障区域特色经济发展"。

　　总的来说，从当前我国经济社会发展和知识产权保护政策导向来看，建立健全我国地理标志保护制度，是完善我国知识产权法律保护制度的重要内容。

　　（三）地理标志保护的司法实践

　　在涉及地理标志保护的司法实践中，一种典型案例是他人将与地理标志名称相同或近似的名称申请注册为商标，而该商标标志的商品并非来自该标志所标示的地区，从而容易引起消费者混淆。[1] 还有一种情况是地理名称申请注册为商标具有合法性，最终被法院予以认可。以下不妨分别介绍、分析上述两种类型案件的情况。

　　1. 纳帕河谷酿酒人协会与国家工商行政管理总局商标评审委员会纠纷案

　　纳帕河谷酿酒人协会与国家工商行政管理总局商标评审委员会纠纷案，[2] 涉及的是上述第一种情况。主要案情如下。

　　2005 年 5 月 18 日，某公司向国家工商行政管理总局商标局提出第 4662547 号"螺旋卡帕 SCREWKAPPANAPA"商标的注册申请，指定使用在国际分类第 33 类"果酒（含酒精）、开胃酒、烧酒、葡萄酒"等商品上。2005 年 2 月 6 日，纳帕河谷协会向商标局提出第 4502959 号"NAPAVALLEY100% 及图"证明商标的注册申请，于 2007 年 12 月 28 日被核准注册，核定使用的商品为国际分类第 33 类"产自美国葡萄种植区纳帕河谷的葡萄酒、产自美国葡萄种植区纳帕河谷的起泡葡萄酒、产自美国葡萄种植区纳帕河谷的加气葡萄酒"，该注册商标专用权期限至 2017 年 12 月 27 日。2012 年 9 月 24 日，国家质量监督检验检疫总局发布 2012 年第 144 号《质检总局关于批准对纳帕河谷（葡萄酒）实施地理标志产品保护的公告》，批准对纳帕河谷（葡萄酒）［NapaValley（wine）］在我国境内实施地理标志产品保护。某公司提出的上述注册商标申请在初审公告以后，纳帕河谷协会即提出异议。2013 年 6 月 18 日，商标局作出（2013）商标异字第 07968 号《"螺旋卡帕 SCREWKAPPANAPA"商标异议裁定书》，认为被异议商标指定使用在"葡萄酒、白兰地"等商品上，其与纳帕河谷协会引证的原产地名称纳帕河谷（NAPAVALLEY）在读音、外观、

----

　　〔1〕　参见周波：《商标法框架下的地理标志保护——从"螺旋卡帕"商标异议复审案说起》，载《法律适用（司法案例）》2018 年第 8 期。

　　〔2〕　北京市高级人民法院（2016）京行终 2295 号行政判决书（商标异议复审行政纠纷案）。

文字构成上有明显区别，被异议商标的注册使用不会造成消费者的混淆，故裁定被异议商标予以核准注册。纳帕河谷协会不服第 07968 号裁定，于 2013 年 7 月 5 日向商标评审委员会提出复审申请。2014 年 4 月 15 日，商标评审委员会作出商评字〔2014〕第 063937 号《关于第 4662547 号"螺旋卡帕 SCREWKAPPANAPA"商标异议复审裁定书》。纳帕河谷协会对上述复审裁定书不服，向北京市第一中级人民法院提起诉讼，要求撤销该异议裁定书。一审法院则维持了上述复审裁定书。该协会仍然不服，继续向北京市高级人民法院提起上诉。二审法院则认为：依据《商标法》第 16 条，本案中被异议商标由中文"螺旋卡帕"和英文"SCREWKAPPANAPA"组合而成。根据第 144 号公告等证据，"纳帕河谷（NapaValley）"是在中国获得保护的使用在葡萄酒商品上的地理标志。虽然被异议商标中仅包含了地理标志"纳帕河谷（NapaValley）"中的一个英文单词，但"纳帕"和"Napa"分别是该地理标志中英文表达方式中最为显著的识别部分，相关公众在葡萄酒商品上见到"NAPA"一词时，即容易将其与"纳帕河谷（NapaValley）"地理标志联系在一起，误认为使用该标志的相关商品是来源于上述地理标志所标示地区的商品。因此，被异议商标的申请注册违反了《商标法》第 16 条第 1 款的规定。被诉裁定的相关认定错误，依法应予纠正。纳帕河谷协会的该项上诉理由成立，本院予以支持。基于上述理由，二审法院最终判决撤销了一审判决和上诉复审裁定书。

关于上述案件，笔者认为之所以二审法院作出上述改判，是基于我国《商标法》第 16 条的规定，认定被异议商标使用的标识包含了异议人地理标志中的显著性部分，而这就可能使相关消费者误认为该标志的相关商品是来源于上述地理标志所标示地区的商品，从而在实质上损害该地理标志所有人的合法权益。当然，本案中被异议商标并非完全包含了涉案地理标志的全部因素，而只有部分相同。因此，在具体认定被异议商标申请注册行为是否违反我国《商标法》第 16 条的规定时，应当着重认定所使用的部分在涉案地理标志中所处的地位，尤其是其是否为具有显著性的部分。对此，笔者认为在司法实践中需要考虑被异议商标使用的实际情况以及涉案地理标志在我国同类商品上使用的知名度等相关情况。换言之，被异议商标申请注册是在我国涉案地理标志产品相同的商品上使用，这种使用是否会造成地理标志产品消费者的混淆，在一定程度上取决于该地理标志的知名度。

　　在涉及地理名称和注册商标专用权冲突的案件中，比较常见的是在商标侵权诉讼中作为原告的注册商标所有人将某一地理名称在相关商品或者服务类别上申请注册为商标，指控他人在相同或类似商品或服务上使用与其注册商标相同或者近似标识的行为侵害其商标专用权。对于这类案件的处理，需要看被告使用的行为是否属于商标法规定的商标意义上的使用行为，还是仅作为公共资源意义上的地名使用。如果是前者，则可以构成侵害注册商标专用权的行为；如果仅是后者，则不能认定为侵害注册商标专用权的行为。对这类案件的处理，还需要重视行为人是否存在主观过错，特别是有恶意使用的主观故意。

　　以下不妨以近些年发生的典型案例为例加以探讨。

　　2. 某有限公司诉某国际旅行社有限公司侵犯注册商标专用权案

　　在某有限公司诉某国际旅行社有限公司侵犯注册商标专用权案[1]中，法院认定了以下事实："原告拥有'南盘江'服务商标，该注册商标核准服务范围包括旅行陪伴、旅客陪同、安排游艇旅行、观光旅游、安排游览、旅行座位预定、旅行预定和旅游预定等。被告在其使用有'南盘江'文字的广告中所推广的是其提供的漂流旅游服务，该服务项目落入原告注册商标核准的经营范围，被告在自己提供的服务中使用了原告的注册商标。"

　　针对该案的事实，一审法院认为："在相同的服务中使用他人注册商标的行为并不一定必然构成对他人享有的注册商标专用权的侵犯。判定使用人使用他人注册商标的行为不构成侵犯他人注册商标专用权必须符合以下两个要件：第一，被使用的注册商标必须含有本商品（服务）的通用名称、图形、型号，或者直接表示商品的质量、主要原料、功能、用途、重量、数量及其他特点，或者含有地名。该条中所称的地名是广义的地名，包括行政区划地名和其他地名，其他地名包括江河、湖泊、山脉等地理名称。在本案所涉及的'南盘江'注册商标中，南盘江是一条发源于云南省沾益县并流经省内多个地区的河流的名称，因此符合这一要件。第二，使用者必须是正当使用。是否属于正当使用应该从两个方面来判断：首先，使用人客观上是合理使用他人注册商标；其次，使用者主观上是善意的，没有实施不正当竞争行为的意图。就本案而言，被告在其广告中使用'南盘江'文字只是为了对其提供

────────────

　　[1]　云南省高级人民法院（2004）云高民三终字第60号民事判决书。

的旅游服务项目的特点和情况进行说明，由于南盘江是被告提供的旅游服务项目的目的地，被告使用'南盘江'文字表述其提供的旅游服务项目的实施地是必须的且无法避免或替换的。此外，被告使用该文字也没有作过分夸大或虚假的表述，被告在广告中使用'野蛮之南盘江'的表述只是一种一般性的形容修辞方式，因此客观上被告的使用行为是合理的。"

法院还指出，商标的基本属性是具有显著特征的标识，其基本作用是用于区别商品和服务的不同提供者，故在商品或服务上使用与他人注册商标或与他人注册商标相类似的商标而使公众对商品或服务的提供者产生混淆、误认的行为是不正当竞争行为。本案中，被告的使用具有正当性和合理性，不存在上述构成混淆误认的可能。

基于此，一审法院判决被告不构成对原告注册商标专用权的侵害。一审判决以后，原告不服该判决而向二审法院提起上诉。二审法院维持原判。

笔者认为，上述案件实际上涉及商标权的合理使用问题。所谓商标权的合理使用，是指他人在相关商品或者服务上使用与注册商标相同或者近似的标识，并不是以该标识识别相关商品或者服务来源，而是基于说明相关商品或服务信息的特定目的，从而不构成侵害注册商标专用权的行为。从理论上说，商标权的合理使用包括说明性使用、叙述性使用和指示性使用。在上述商标权的合理使用中，我国现行《商标法》规定了叙述性使用和说明性使用，但没有规定指示性使用。[1]就商标权的指示性合理性而言，需要进一步通过立法修改的形式加以完善。

商标权的合理使用不构成侵害注册商标专用权的合理性在于，商标专用权的保护以确保商标具有识别商品或者服务来源的基本功能与作用为前提，如果他人使用与注册商标相同或近似的标识并不是商标意义上的使用，而是基于客观需要向相关消费者提供商品或者服务的相关信息，在这种情况下他人使用与注册商标相同或近似标识的行为并不会构成对注册商标所有人合法权益的损害。[2]因此，不能认定为侵害注册商标专用权。实际上，这种情况也很好地体现了商标专用权保护制度的价值目标。也就是说，商标法一方面需要充分有效地保护注册商标所有人的合法权益，以维护公平竞争秩序；另

---

〔1〕 参见李雨峰、刁青山：《商标指示性使用研究》，载《法律适用》2012年第11期。

〔2〕 山东省高级人民法院（2016）鲁民终812号民事判决书（侵害商标权纠纷案）。

一方面，商标法同时还存在促进自由竞争的立法目的。在制度安排和设计上，为了促进自由竞争，需要对相关竞争厂商使用相关标识的行为予以宽限，排除他人在非商标意义上使用的行为构成侵害注册商标专用权。因此，不能认为只要认定是在相同或者类似商品上使用了相同或近似商标，就一定侵害注册商标专用权。

就上述案例而言，南盘江是云南省的一条河的名称。因此，其作为标示相关地理来源的信息，是属于任何人都可以自由使用的公共资源。尽管在本案中，其被原告申请注册为相关服务领域范围的商标，但并不意味着在原告获得注册商标专用权以后，他人在任何意义上使用"南盘江"这一地理名称都将构成对其注册商标权的侵害。在本案中，还值得注意的是，被告对于"南盘江"地理名称的使用作了一定的改变，但从其整个行为评判，不能认定其具有对原告注册商标使用的恶意。正是基于上述考虑，一审、二审法院均认为被告不构成对原告地理名称注册商标专用权的侵害。

如前所述，我国商标法规定县级以上行政区划地名不得作为商标注册，但地名具有其他含义的除外，已经注册的继续有效。在与地名有关的注册商标保护实践中，存在较多的情况是将县级以上行政区划地名作为申请注册商标的部分，而不是全部。由于这种情况并非完全将县级以上行政区划地名申请注册为商标，也可以符合商标法律的规定。当然，也需要根据个案的实际情况，包括涉案商标使用的情况等因素加以考虑。

3. 某实业有限公司与四川绵竹某酒厂有限公司侵犯商标专用权及不正当竞争纠纷上诉案

以下需要重点探讨的一个案例涉及将包含县级以上行政区划地名的文字及图申请注册商标前后，在后被控侵权人使用的相近似的名称是否构成侵害注册商标专用权和不正当竞争行为。该案基本事实和法院判决理由如下。

在某实业有限公司与四川绵竹某酒厂有限公司侵犯商标专用权及不正当竞争纠纷上诉案[1]中，一审法院湖南省长沙市中级人民法院认定了以下事实。

---

[1] 湖南省高级人民法院（2010）湘高法民三终字第11号民事判决书（侵犯商标专用权及不正当竞争纠纷案），湖南省长沙市中级人民法院（2008）长中民三初字第0516号民事判决书（侵犯商标专用权及不正当竞争纠纷案）。

2003 年 6 月 21 日，经国家工商行政管理总局商标局核准，四川省绵竹某酒厂取得第 3195068 号"绵竹牌及图"商标注册，核定使用在第 33 类的"酒（饮料）、酒精饮料（啤酒除外）"等商品上。四川省绵竹某酒厂 2003 年 11 月 18 日又改制成为四川绵竹某酒厂有限公司，即本案原告。2004 年 4 月 14 日，原告受让取得上述第 112495 号、第 3195068 号两枚商标。2007 年 8 月 20 日，国家工商行政管理总局商标局在商标驰字〔2007〕第 71 号批复中，认定原告公司第 112495 号"绵竹牌及图"注册商标为驰名商标。2008 年 8 月 7 日，经国家工商行政管理总局商标局核准，原告取得第 4934605 号"绵竹大曲"注册商标，核定使用在第 33 类的"酒（饮料）"等商品上，注册有效期至 2018 年 8 月 6 日。2008 年 9 月 28 日，原告申请的第 5030641 号"绵竹大曲及图"商标被核准注册，核定使用在第 33 类的"酒（饮料）"等商品上，注册有效期至 2018 年 9 月 27 日。庭审中，原被告均认可目前在市场上并无原告以外的其他人使用"绵竹大曲"商业标识。被告则认为，基于第 212759 号"锦竹及图"注册商标，其在产品上使用"锦竹"或"锦竹大曲"并不构成对原告任何商标的侵权，双方的产品外形、包装均存在明显差异，不会产生混淆。

关于"绵竹大曲"的权利问题，一审法院认为：本案系商业经营活动中，因商业标识的使用而引发的民事纠纷，属于反不正当竞争法和商标法的调整范围。根据相关法律和司法解释的规定，"绵竹大曲"是否具有区别商品来源的显著特征，是原告就"绵竹大曲"主张权利的基础。原告持有第 4934605 号、第 5030641 号两枚"绵竹大曲"注册商标，根据 2001 年《商标法》第 52 条的规定，该两枚注册商标享有商标法规定的禁用权，任何人未经原告许可，在相同或类似商品使用与"绵竹大曲"相同或近似的商业标识，均构成对该注册商标的侵权。本案在进行侵权判定的时候，不可避免地需要解决第 112495 号、第 3195068 号"绵竹牌及图"商标、第 4934605 号"绵竹大曲"、第 5030641 号"绵竹大曲及图"商标与第 212759 号"锦竹及图"商标之间的比对或合理使用问题。最高人民法院《关于审理注册商标、企业名称与在先权利冲突的民事纠纷案件若干问题的规定》（2008 年）规定，超出核定商品的范围或者以改变显著特征、拆分、组合等方式使用的注册商标，与他人注册商标相同或者近似为由提起诉讼的，人民法院应予受理。[1]一审法院据此规定，认为除法律和司法解释规定的侵权判定原则外，本案同时需要遵循以下原则：不涉及双方注册商标之间的关系；区分合理使用与改变显著特征、拆分、组合使用的差别；尊重在先权利原则；同时考虑到绵竹是地名这一客观事实。法院认为，原告通过经营使自己的商品"绵竹大曲"成为知名商品，使"绵竹大曲"商品名称成为识别商品来源的标志，依反不正当竞争法的规定对"绵竹大曲"享有知名商品特有名称之保护；第4934605号、第5030641号两枚商标获准注册后，作为商标注册人，原告即可以直接通过注册商标专用权维护其权利。两被告共同实施了对原告上述权利的侵权行为，被告酒厂还单独实施了对原告知名商品特有名称和第4934605号、第5030641号商标的侵权，均应承担停止侵权、赔偿损失的民事责任。

基于此，一审法院判决被告停止侵权并赔偿损失。被告不服，向二审湖南省高级人民法院提起上诉。

二审法院认为：被上诉人四川绵竹某酒厂有限公司享有"绵竹大曲"知名商品特有名称权及第4934605号、第5030641号注册商标专用权。尽管"绵竹大曲"系"地名+通用名称"，但基于被上诉人四川绵竹某酒厂有限公司对"绵竹大曲"商品名称的持续使用，"绵竹大曲"文字已具有了实际的识别作用，能成为相关公众区别商品来源的标识，已构成知名商品特有的名称，对于在相同或类似商品上使用与"绵竹大曲"相同或近似的商业标识、混淆商品来源的行为，被上诉人四川绵竹某酒厂有限公司有权依法予以制止。某实业有限公司作为"锦竹及图"商标注册人，应当按照法律规定使用其注册商标，但某实业有限公司将"锦竹及图"注册商标拆分后与商品的通用名称合成"锦竹大曲"，该种使用方式不符合法律规定，其关于"锦竹大曲"是其"锦竹及图"注册商标的合理使用的上诉理由没有法律依据。基于此，二审湖南省高级人民法院判决驳回上诉，维持原判。

该案不仅涉及地理名称的注册商标保护问题，还涉及相关的制止不正当竞争问题以及地名加上通用名称的使用是否具有商标法意义上的显著性，从

---

[1] 参见辽宁省大连市中级人民法院（2023）辽02民终6496号民事判决书（擅自使用他人有一定影响的企业名称纠纷案）；山东省高级人民法院（2023）鲁民终861号民事判决书（侵害商标权及不正当竞争纠纷案）。

而获得法律保护的问题。结合本案的事实和上述一审、二审法院的判决，笔者认为以下问题值得研究。

第一，"绵竹大曲"获得保护的权利基础何在？

在本案中，"绵竹大曲"获得权利的保护基础，可以从能否获得商标法和反不正当竞争法保护的角度加以思考。"绵竹大曲"包含了地名这一公共资源中的"绵竹"以及通用名称"大曲"。显然，这两组公共领域资源的文字都可以被自由使用。然而，在将其组合在一起形成"绵竹大曲"，并用于商品生产和销售时，并不当然地可以由后来者对其随意使用。其中的关键在于需要根据个案的事实确定在先使用的"绵竹大曲"是否具备显著特征，具备区别商品或服务来源的效果。从我国 2017 年修改前《反不正当竞争法》的规定看，如果构成了知名商品的特有名称，则可以受到该法第 5 条第 2 项规定的保护。本案一审、二审法院正是基于上述考虑认定"绵竹大曲"具备受法律保护的合法基础。

第二，如何理解本案被告行为的性质？

在本案中，法院认为被告在原告相关注册商标申请注册以前进行仿冒使用，构成了 2017 年修改前《反不正当竞争法》第 5 条第 2 项规定的对知名商品特有名称的侵害；在原告相关注册商标获得注册以后，则构成对原告注册商标专用权的侵害。笔者认为，法院之所以分时间段确定不同的侵权法律责任，是因为原告请求受保护的标识在相关商标注册申请前后的法律地位不一样。在涉案商标申请注册以前，由于所有人尚未取得注册商标专用权，不能按照侵害注册商标专用权行为对待。从法律性质上来说，2017 年修改前《反不正当竞争法》第 5 条第 2 项规定的知名商品的特有名称实际上可以构成未注册的在先使用的商标。该标识知名度如果达到了未注册驰名商标的程度，则还可以主张以未注册驰名商标保护。不过，主张未注册驰名商标保护需要有足够的证据加以支持。在本案中，原告即没有主张未注册驰名商标的保护，而是基于知名商品特有名称主张被告的行为构成不正当竞争行为。无论从诉讼策略还是从实际效果看，这一主张都是成功的。

至于本案中法院判决在原告申请注册的商标获得注册以后，被告使用其申请注册的"锦竹及图""锦竹大曲"商标的行为构成了侵害原告注册商标专用权，是因为法院认为原告注册商标知名度较高，而被告使用的注册商标与原告标识近似，容易造成消费者混淆。从将地名作为注册商标申请的角度而言，值得注意的是，尽管本案中"绵竹"本身作为地名属于公共资源，即使将其注册为商标，他人也可以自由在地名这一公共资源意义上使用而不构成侵权，但以该地名为基础包含其他相关文字、图案或其他符号所申请的注册商标仍然具有显著性，特别是在该注册商标具有较高知名度的情况下，被告申请注册相近似的商标，容易造成消费者混淆。正是基于此，本案法院判决被告使用注册的商标，构成了对原告注册商标专用权的侵害。

总结本案，还可以得出以下结论。

第一，注册商标专用权保护的本质在于该注册商标取得的商誉。商标法所保护的商标是区别商品或者服务来源的具有显著性的标识。显著性的本质特征则在于区别性。拥有注册商标的厂商需要通过其注册商标的区别性特征，在大量相同或类似商品的同质化中脱颖而出，赢得消费者的青睐。从注册商标专用权保护的角度来讲，在同类商品中只有通过这种具有区别性的显著性确保消费者认牌购物，才能确立该商品在市场竞争中的地位，从而不断赢得市场竞争优势。

这里需要探讨的一个问题是注册商标的显著性与商誉之间的关系。对于这一问题，我国知识产权理论界较少予以关注。在商标法上，商誉显然不是一个法律术语，而是一个市场营销学或品牌战略领域的术语。然而，注册商标的显著性只是在法律上确保商标能够区分商品或者服务的来源。从厂商申请注册商标的目的而言，最终是需要通过其注册商标的识别性，在消费者市场中占据一席之地甚至很大的市场份额。这就需要通过不断地改善商品或者服务质量，提升商标品牌信誉，从而通过商标在实践中的使用获取商誉，而商誉能够不断地累积无形资产价值。商标品牌信誉越高，企业凭借该商标获得的商誉就越高，市场竞争力就越强。也正是基于此，前面的探讨指出商标法也同样存在激励创新的机制。这种创新不是体现在类似于著作权法和专利法上智力创造的创新上，即不是体现于对商标标识设计本身的创新，而是体现于通过创新管理和提高商品或者服务质量来提高商标商品或者服务在消费者心目中的地位与形象。这也正是厂商需要在商标具有显著性的基础上，不断提升其商品声誉和厂的信誉，从而获得良好的商誉的原因。实施商标品牌战略是当前我国国家知识产权战略制定和实施的重要内容之一。

第二，对于涉及地名的注册商标的保护，需要深刻认识地名作为公共资源可以被任何人自由利用的特性与将地名作为注册商标以后获得注册商标专用权保护之间的关系。如前所述，我国《商标法》只是规定了县级以上行政地名不得作为商标注册。已经申请注册的商标继续有效，地名具有其他含义的仍然可以申请注册为商标。地名或者包含地名的标识申请注册为商标以后，需要充分认识该注册商标专用权的保护范围。特别是在他人在地名这一公共资源意义上使用时不应受到限制。这里涉及商标专用权的保护与促进自由竞争之间的关系问题。关于这个问题，我国商标法理论与实务较少给予关注和研究。实际上，商标法的立法宗旨，一方面体现于充分保护注册商标所有人的商标专用权，另一方面也体现为充分地维护自由竞争。在商标专用权的保护和促进自由竞争之间存在一种利益平衡。如果他人将地名这一公共资源申请注册为商标以后禁止他人在任何意义上使用该地名，就会造成一种不正当的垄断。这种行为无疑也会损害和破坏自由竞争。因此，将地名或者包含地名的商标申请注册以后，他人在地名意义上使用时应给予便利。同时，还应当指出，地名或者包含地名的标识一旦纳入注册商标专用权的保护，在特定类别的商品或者服务上就取得了禁止他人在相同或者类似商品或服务上使用相同或近似的标识的权利，前提是这种使用会存在使消费者混淆的可能。以上面所探讨的"绵竹及图"以及"绵竹大曲"为例，"绵竹"是四川省的一个地名，其纳入注册商标以后，他人在地名意义上使用仍然不受注册商标专用权人的限制。但是，在相同或者类似商品上使用与其相同或者近似的标识的行为，如果有造成消费者混淆之虞，则应当予以禁止。

4. 安徽某茶业有限公司诉祁门县祁门红茶协会等商标权无效宣告请求行政纠纷案

前面对地理标志的保护，特别是涉及将地名或者包含地名的标识申请注册为商标的问题作了探讨。这里需要继续研究的是地理标志作为证明商标保护的问题。以下不妨以一起典型的将地理标志申请注册为证明商标的注册商标无效案进行探讨。

安徽某茶业有限公司诉祁门县祁门红茶协会（本编以下简称"祁门红茶协会"）等商标权无效宣告请求行政纠纷案[1]是我国第一起将地理标志申

---

[1] 最高人民法院（2018）最高法行申 4767 号行政裁定书（商标无效行政纠纷案）；北京市高级人民法院（2017）京行终 3288 号行政判决书（商标权无效宣告请求行政纠纷案）；北京知识产权法院（2015）京知行初字第 6629 号行政判决书（商标行政裁决纠纷案）。

请注册为证明商标的注册商标无效宣告案，因此值得深入探讨。以下为从一审、二审法院判决书摘取的案情介绍。

北京知识产权法院查明：2004年9月28日，祁门红茶协会向国家工商行政管理总局商标局（本编以下简称"商标局"）提出第4292071号"祁门红茶及图"（指定颜色）商标（本编以下简称争议商标）的注册申请，于初审公告期内被安徽某茶业有限公司提出异议申请，商标局经审查决定予以核准，核定使用在第30类"茶、茶叶代用品"等商品上，专用权期限自2008年11月7日至2018年11月6日。2011年12月27日，安徽省某茶业有限公司针对争议商标向国家工商行政管理总局商标评审委员会（本编以下简称"商标评审委员会"）提出争议申请。根据农业农村部、商业部、安徽省农业委员会相关文件以及《安徽茶经》《中国名茶》等相关史料文献的记载，祁红的产区覆盖范围并不仅是祁门县所辖行政区划内，还包括安徽的石台、东至、黟县、贵池等县。安徽省某茶业有限公司地处祁红茶区，拥有近60年的祁红生产经营历史，其优质的产品和服务广受消费者好评。该公司目前已成为中国最大的祁红生产商以及安徽省人民政府重点扶持的茶叶产业化龙头企业。综上，该公司请求：将"祁门红茶"产区的覆盖范围由祁门县所辖行政区划内调整为贵池、东至、祁门、石台、黟县境内，并撤销争议商标注册。2012年12月14日，祁门红茶协会向商标评审委员会提交争议答辩书。理由之一是祁门县红茶产区的红茶品质优于非祁门县红茶产区的红茶品质，其产品价格也高于非祁门县红茶产区的产品。祁门县红茶产区之所以能生产出品质独特的红茶，是与祁门县红茶产区独特的地理环境密不可分的，这些地理环境也是划定地理标志产区范围的唯一标准。2015年10月19日，商标评审委员会作出商评字〔2015〕第84747号《关于第4292071号"祁门红茶"商标无效宣告请求裁定书》（本编以下简称"被诉裁定"），裁定争议商标予以无效宣告。

北京知识产权法院认为：地理标志作为一种标示某产品来源于某特定地区的标志，该商品的特定质量、信誉或者其他特征，主要由该地区的自然因素或者人文因素所决定。在现实中，某一地理标志产品所来源的特定地区范围，与该特定地区的行政区划范围往往不一致。作为商标行政主管机关，其在受理当事人提交的地理标志证明商标申请时，不可能像农业行政部门或质量监督行政部门一样能够依法查实每一件地理标志产品的产源地域范围，只能按照商标申请人所提交的申请文件、相关地区人民政府或者行业主管部门的批准文件等材料综合判断。本案中当事人的主要争议事实是"祁门红茶"的产区究竟仅限于安徽省祁门县境内，还是除祁门县外还包括安徽省石台、贵池、东至、黟县等地区。一审判决撤销被诉决定，商标评审委员会重新作出裁定。

安徽某茶业有限公司不服北京知识产权法院上述判决，向北京市高级人民法院依法提起上诉。

北京市高级人民法院认为，本案争议商标是地理标志证明商标，而根据2001年《商标法》第16条第2款的规定，地理标志是指标示某商品来源于某地区，该商品的特定质量、信誉或者其他特征，主要由该地区的自然因素或者人文因素所决定的标志。如果申请注册的地理标志证明商标所确定的使用该商标的商品的产地与该地理标志的实际地域范围不符，无论是不适当地扩大了其地域范围，还是不适当地缩小了其地域范围，都将误导公众并难以起到证明使用该商标的商品来自特定产区、具有特定品质的证明作用。因此，对于这种地域范围限定不准确的地理标志证明商标，依法不应予以注册。本案中，"祁门红茶"产区范围历来存在不同认识，即存在大、小"祁门红茶"产区的不同认识。争议商标仅仅将该地理标志证明商标的地域范围划定在安徽省祁门县行政区域内，虽然符合小"祁门红茶"产区的地域范围，却明显与社会上普遍存在的大"祁门红茶"产区地域范围不一致。在缺乏充分证据和论证的情况下，如果仅仅按照存在争议的两种观点中的一种观点来确定使用"祁门红茶"地理标志证明商标的商品的产区范围，则是人为地改变历史上已经客观形成了的"祁门红茶"存在产区范围不同认识的市场实际。基于上述观点，二审法院判决撤销北京知识产权法院（2015）京知行初字第6629号行政判决，驳回祁门红茶协会的诉讼请求。

祁门红茶协会对于二审判决不服，依法向最高人民法院提起再审申请。最高人民法院认可了二审法院关于诉争商标应予以无效的裁判，驳回了祁门红茶协会的再审申请。

对于上述案件，笔者认为有以下问题值得思考与探讨。

第一，如何认识我国商标制度中的证明商标保护制度，以及将地理标志作为证明商标申请注册保护问题。

在我国，证明商标和集体商标一样，都是我国商标保护制度中的重要内容之一。然而，证明商标和普通意义上的商标保护存在较大的区别。证明商标获得以后，其所有人并不能像普通意义上的商标注册所有人一样享有专有权，因为在特定地域范围内相关符合证明商标使用条件的厂商都有权使用该证明商标。根据我国《商标法》的规定，可以将地理标志作为证明商标申请注册保护。又比如，根据《集体商标、证明商标注册和管理办法》的规定，将地理标志作为证明商标申请注册，应当取得地理标志所标示地区的人民政府或者行业主管部门的批准文件。由于地理标志在商标法意义上具有特定的含义，在将地理标志作为证明商标申请注册以后，仍然需要其符合该地理标志的法律属性。

第二，如何认识将地理标志作为证明商标申请注册后的保护范围。

地理标志的保护具有特定的范围，这主要是因为其是标示某商品来源于某地区，而该商品的特定质量、信誉或者其他特征，主要由该地区的自然因素或者人文因素决定的标志。由此可见，地理标志的保护必须与特定地区相联系。在涉及将地理标志作为证明商标保护的案件中，如果该特定的地区名称在消费者市场不能够特定化或者存在歧义，则会影响该地理标志作为证明商标保护的效果。当然，在个案中，如何确定特定的地理标志的范围是案件争议的焦点。以"祁门红茶"地理标志申请为证明商标为例，一审、二审法院之所以存在相反的判决，主要原因在于其对地理标志特定地理范围的认识不同。其中，二审法院认为，由于在与祁门地区有关的红茶消费者市场中，存在"小祁门"和"大祁门"之分，涉案祁门红茶地理标志申请为注册商标，如其地域范围仅限于安徽省祁门县，对于不在祁门县的周边地域范围的厂商来说，则不能使用祁门红茶证明商标。当然，从祁门红茶协会的观点来说，这需要查明来自祁门县的红茶是否有别于祁门县以外的周边地区的红茶。从地理标志保护的角度来说，如果祁门红茶的特定质量、信誉或者其他特征主要由祁门县内的自然因素或者人文因素所决定，那么仅以祁门县内地理范围为标准的祁门红茶地理标志申请为注册商标，应当予以核准。当然，如果有相反的证据排除则另当别论。

著作权司法保护

《加强知识产权司法保护意见》规定：要"加强著作权和相关权利保护。根据不同作品的特点，妥善把握作品独创性判断标准。妥善处理信息网络技术发展与著作权、相关权利保护的关系，统筹兼顾创作者、传播者、商业经营者和社会公众的利益，协调好激励创作、促进产业发展、保障基本文化权益之间的关系，促进文化创新和业态发展。依法妥善审理体育赛事、[1]电子竞技传播纠纷等新类型案件，促进新兴业态规范发展。加强著作权诉讼维权模式问题研究，依法平衡各方利益，防止不正当牟利行为。"该部分是对如何加强著作权司法保护的规定。笔者认为，以下问题值得深入研究。

一、如何认识加强著作权司法保护的重要意义

著作权亦称版权，是知识产权保护的重要内容之一。这一权利是作者或者其他著作权人依法对文学、艺术和科学作品享有独占性的人身权利和财产权利的总和。从知识产权保护制度的历史来看，著作权制度是最早形成的知识产权制度之一。

著作权法以保护作者权利为核心，作者在著作权保护中处于主导地位。因此，衡量一部调整作品利益关系的法律是否为著作权法，主要看作者在该法中的地位。英国1709年颁布的《安娜女王法》之所以被公认为世界上第一部著作权法，是因为其在历史上首次承认了作者在法律中的核心地位。1910年颁布的《大清著作权律》之所以被公认为我国第一部著作权法，也是如此。

与专利法律制度主要调整围绕发明创造产生的社会关系、促进技术能力

---

[1] 参见张新锋：《我国体育赛事视听信息的知识产权保护模式》，载《法商研究》2023年第2期。

的提升、特别是技术创新，商标法律制度主要调整围绕商标产生的社会关系、促进商品的自由流通、保护消费者利益等立法目的有所不同，著作权法律制度有其特定的立法目标。著作权法律制度的价值取向主要体现为围绕作品产生的社会关系，通过充分、有效地保护作者或者其他著作权人对其作品享有的专有权，鼓励优秀作品的创作和传播，促进文化创新和文化产业的发展，进而促进经济社会发展和科学文化事业的发展与繁荣。我国《著作权法》第1条的规定即深刻体现了著作权立法的价值取向和目标。笔者认为，认识著作权司法保护的重要意义，显然应立足于我国著作权立法保护的基本精神和价值取向。[1]

具体而言，以我国著作权法为例，著作权保护的基本精神与价值取向尤其体现在以下几个方面。

第一，充分、有效地保护作者或者其他著作权人对其作品享有的专有权。

在著作权法中，作者具有主导地位。这是因为，著作权保护的客体是作品，而作品是作者创作而直接产生的智力成果。换言之，没有作品，就没有著作权，而作品是作者智力劳动下的产物，因此作者在著作权保护中处于主导地位，著作权法围绕作者，是以保护作者权益为核心的知识产权法。一部著作权法如果不能为作者对其作品享有的权利给予充分保护，就难以称为保护水平较高的知识产权法。

进一步说，作者在著作权保护中的主导地位，可以从四个方面加以理解：①从著作权保护制度的产生来看，其以确立作者在著作权保护中的主导地位为标志。②从著作权的主体和著作权的归属来看，作者是最重要的著作权主体。我国《著作权法》第9条规定，著作权人包括作者以及其他依照本法享有著作权的自然人、法人或者非法人组织；第11条规定，著作权属于作者，本法另有规定的除外。尽管随着经济社会的发展，创作作品的情况日益复杂，在一些情况下著作权并不当然地归属于作者，而是可以通过一定的法律事实，由作者以外的其他公民、法人或者非法人组织享有，但在一般情况下，著作权属于作者专有这一原则是没有变化的。③从著作权的内容来看，作者享有著作权中的全部权利，包括人身权利和财产权利。作者也是原始的、完整的

〔1〕　冯晓青：《公共领域保留视域下作品著作权保护研究——以作品中不受保护事实、题材为考察对象》，载《湖南大学学报（社会科学版）》2021年第1期。

著作权主体，而作者以外的享有著作权的主体通常不是原始的、完整的著作权主体，而是派生的、部分的著作权主体。之所以如此，是因为作者和作品之间具有特定人格关系，著作权中的人身权利由作者享有。④从著作权保护实践的情况看，实践中对于著作权的侵害，主要也体现为对作者享有的著作权的侵害。因此，对于著作权的充分保护，在司法实践中也必须立足于对作者权益的充分保护。

值得进一步指出的是，在著作权法中，对相关主体权益的保护，不完全限于对作者或者其他著作权人享有著作权的保护，还包括作品的传播者（相关权人）享有的相关权利。这里的传播者，根据我国《著作权法》的规定，表现为图书报刊的出版者、表演者、录音录像制作者以及广播组织。我国《著作权法》之所以保护相关权人对因传播作品而享有的相关权利，是因为传播作品也会产生创造性劳动成果，并且著作权人享有的著作权的实现也需要借助传播者传播其作品。关于作品的创作和作品的传播的关系，下面还将继续讨论。

第二，鼓励作品，特别是优秀作品的创作和传播。

一般认为，著作权法不仅是一部保护作者权益的知识产权法律，同时也是激励作者创作作品的激励机制。从整个知识产权法律制度的价值构造而言，知识产权法律制度既是法律保障机制，也是激励机制。作为知识产权法律制度的重要组成部分，著作权法律制度也不例外。这尤其体现为著作权法对于创作作品的激励。其实，前面提到的世界上第一部著作权法——英国《安娜女王法》的原标题就阐明其是为了增进学习而鼓励创作的法律。该部法律的原名是：《为鼓励知识创作而授予作者及购买者就其已印刷成册的图书在一定期限内之权利的法》。从心理学的角度来说，任何人从事一定的行为都需要动机的驱使。作者之所以愿意投入一定的时间和精力从事创作活动，并最终形成作品，是基于其内心存在的一种激励。这种激励在著作权法的制度安排中体现为通过赋予作者对其作品享有独占性的权利，作者能够实现其特定的人格利益和财产价值。就人格利益而言，主要体现为通过人身权利的保障，获取相应的荣誉与满足感、成就感。就财产利益而言，通过著作财产权这一独占性权利的保障，作者能够基于对作品专有性的控制，获取市场价值。正如国外学者所指出的，著作权是为给作者发奖金而向读者征的税。应当说，从著作权保护实践的角度，著作权法激励创作的这一激励机制的实现是建立在对作者权益的充分、有效保护基础之上的。在实践中，如果不能对作者相应的著作权给予充分、有效的保护，就有可能不仅无法实现激励创作的目标，还会挫伤作者进行创作的积极性。从这里也可以间接地理解和认识到加强著作权的司法保护对于实施著作权法律制度的重要意义。

　　关于著作权法中的激励机制，需要进一步认识到其不仅是对创作作品的激励，同时也是对作品传播的激励。一般而言，作者创作的目的是传播其思想，促进知识和信息的交流，并在这一基础之上实现作品的经济和社会价值，作者在这一基础上也能够实现其特定的人格利益与作品的财产价值。作品创作和作品传播其实是一种源和流的关系，两者相辅相成。没有作品的创作，显然就不存在作品的传播。因此，在著作权法激励机制中激励创作是最根本的目的。然而，作者创作是为了传播其作品，并在作品传播的基础之上，实现作品的经济和社会价值。著作权的实现也必须建立在作品充分、有效传播的基础之上。故在著作权法的价值构造中，促进作品传播的机制同样重要。正是基于此，我国著作权法律制度安排不仅对于作者和其他著作权人的权益有充分的规定和保障，而且对于相关权人的相关权也有多方面的规定和保护。

　　第三，促进经济社会发展和科学文化事业的发展与繁荣。

　　著作权法作为社会本位之法，其不仅承载着充分保障著作权人利益的法律机制，同时也承担着维护社会公共利益的重要使命。可以认为，前面所讨论的著作权法的保护机制、激励机制是手段，最终的目的则是促进经济社会发展和科学文化事业的发展与繁荣。由于著作权是一种独占性的权利，著作权的行使便意味着社会公众承担着未经许可不得使用的社会义务。为此，需要构建著作权法中的利益平衡机制，在充分有效地保护著作权人享有的专有权利的同时，确保社会公众方便地获取和传播作品，以实现著作权法的社会目标。[1] 只有从这一更高的宏观角度出发，才能深刻地理解著作权法在当前我国经济社会发展中的重要作用和地位，才能在著作权的司法保护实践中更好地实现著作权的保护和维护社会公共利益的平衡。也正是基于著作权保护所存在的上述价值目标，我国关于包括著作权在内的知识产权司法政策，强调通过切实加大知识产权司法保护力度、依法维护著作权人合法权利来提升

---

〔1〕　冯晓青：《著作权法的利益平衡理论研究》，载《湖南大学学报（社会科学版）》2008年第6期。

国家文化软实力。例如，《贯彻实施国家知识产权战略意见》第三部分"依法审理好各类知识产权案件，切实加大知识产权司法保护力度"指出："加强著作权司法保护，维护著作权人合法权利，提升国家文化软实力。严厉制裁盗版、抄袭等侵犯著作权行为，加大侵权赔偿力度，提高全社会的版权保护意识。"

二、我国著作权司法实践

著作权司法保护，主要体现为通过司法途径对著作权纠纷案件，特别是著作权侵权纠纷案件的有效解决。[1]因此，首先需要深入了解著作权纠纷案件的特点，在此基础上把握著作权纠纷案件的司法解决对策。

（一）著作权纠纷案件的特点

近些年来，我国知识产权制度不断完善，人们知识产权保护观念不断提升，而各类著作权纠纷案件仍然层出不穷，并有不断增长的态势。著作权纠纷案件[2]在知识产权纠纷案件中的比例一直很高，这在一定程度上也凸显了其在知识产权纠纷案件中的重要地位。从近些年来我国著作权纠纷案件审理的情况来看，这类案件有以下突出特点。

第一，案件类型中著作权侵权纠纷案件较多。著作权纠纷案件可以分为权属纠纷、合同纠纷[3]和侵权纠纷等类型。在列举的这三类案件中，著作权侵权纠纷案件所占比重较大。笔者认为，著作权侵权纠纷案件的增多，可以从两方面加以思考。一方面，这反映了随着我国知识产权制度的发展，人们的著作权法律意识日益增强，越来越多的权利人愿意通过诉讼的途径维护自身合法权益。另一方面，则仍存在不可忽视的问题，尤其是一些违法行为人为了获取非法利益，不惜铤而走险实施侵权行为，造成著作权侵权纠纷案件数量增多。当然，著作权侵权纠纷案件的具体情况较为复杂，在有些情况下还存在并非罕见的商业维权现象。商业维权现象导致了我国近些年著作权侵

---

〔1〕 Abraham Bell & Gideon Parchomovsky, "Restructuring Copyright Infringement", 98 *Tex. L. Rev.* 679（2020）.

〔2〕 参见北京市高级人民法院（2023）京民申 215 号民事裁定书（著作权侵权及不正当竞争纠纷案）；山东省高级人民法院（2022）鲁民终 2685 号民事判决书（著作权侵权纠纷案）；云南省高级人民法院（2022）云民终 2088 号民事判决书（著作权权属、侵权纠纷案）。

〔3〕 参见熊琦：《著作权合同中作者权益保护的规则取舍与续造》，载《法学研究》2022 年第 1 期。

权纠纷案件数量的增多。有些情况下的著作权滥用行为也是值得特别关注的。至于著作权合同纠纷，其系合同当事人进行著作权交易所产生的纠纷。著作权是一种专有权利，在很多情况下著作权的行使需要通过合同的形式予以实现。著作权合同的数量在一定程度上能够反映著作权交易的活跃程度。著作权合同纠纷的数量，在一定程度上也能体现著作权交易的情况。然而，当前我国著作权交易市场整体上不够活跃，这必然会影响著作权交易的达成。至于著作权权属纠纷案件，其出现的原因有多种情况。其中有的是基于合作创作、委托创作、职务创作等不同类型的创作行为所引发的，有的是在合同中没有约定或者约定不明所引发的，还有的是在衍生创作中产生了权属纠纷。

第二，网络环境下的著作权纠纷案件比例较高。从近些年来发生的著作权侵权纠纷案件的数量来看，网络环境下的著作权纠纷案件数量不仅增长较快，而且在整个著作权纠纷案件中占比较大。[1]毫无疑问，这与近些年来信息网络技术的发展对我国社会生活的方方面面产生的巨大影响有直接关系。当前，人们的生活和工作可以说离不开网络。物理环境下大量受著作权保护的作品，也是通过互联网的形式传播的。人们也越来越习惯于通过互联网上传、下载、传播作品。不仅如此，当今互联网已发展成为一个具有巨大市场价值的产业。不仅出现了形形色色的网络服务提供者，而且出现了各式各样的电子商务平台提供和传播受著作权保护作品的情况。加之各种自媒体平台，如博客、微博、微信公众号等的建立和发展，作品在网络空间的传播更加便利。不仅如此，还出现了抖音、快手等大量的新型网络传播媒体。传统环境下存储、传播作品的媒介都可以借助网络实现，如音乐、视频，还有网络游戏等。可以说，随着信息网络技术的发展，特别是伴随着云计算、大数据以及人工智能的发展，不仅更多的作品可以被多种网络平台形式加以存储、传播和利用，而且网络平台本身也提供了创作作品的空间。

网络环境下作品的创作、传播和利用具有不同于传统环境的特点，尤其是传播迅捷、便利，并且可以跨越国界。相应地，网络环境下发生的著作权侵权行为，也具有高度的隐秘性和蔓延的广泛性与快捷性，其对受著作权保护的著作权人的损害较之于传统环境有过之而无不及。网络环境下出现的著

---

[1]　参见冯晓青、刘政操：《技术创新视野下网络著作权保护的困境及其破解》，载《湖南师范大学社会科学学报》2021 年第 6 期。

作权侵权纠纷案件[1]的审理也具有更大的难度。例如，侵权人的侵权证据很难及时固定与获得。在相当多的情况下，侵权的主体也难以查明。即使能够查明著作权侵权的主体和侵权证据，权利人维权也存在困难，例如在侵权主体具有广泛性的情形下权利人维权成本极高。此外，基于著作权的无形性，即使能够及时查明侵权证据，也难以获得充分、有效的赔偿，因为被侵权人很难提供其受到实际损失的证据。可以说，举证难、赔偿低在著作权侵权纠纷案件，特别是网络环境下的著作权侵权纠纷案件中表现得尤为明显。从我国对网络环境下著作权侵权法律制度的规定来看，整体上仍具有滞后性。我国没有为网络环境下的著作权保护颁布专门的网络版权法之类的法律，而只是在著作权法中对于网络环境下的著作权保护与限制作了一定的规定。最高人民法院发布的相关司法解释也有一定的规范。不过，整体上我国现行网络版权法律制度与信息网络技术发展的要求仍然不能相适应。现行法律制度在一定程度上的滞后性也影响了网络环境下著作权纠纷案件的有效处理。当然，近些年来我国各级人民法院也审理了大量涉及网络环境下的著作权纠纷案件，积累了相当丰富的经验。我国网络环境下著作权法律制度的完善，需要充分吸收司法实践的经验。同时，完善案例指导制度，[2]可以为人民法院审理同类型网络环境下的著作权纠纷案件提供参照指引。

第三，著作权侵权纠纷案件的侵权证据难以获得，存在较为普遍的举证难问题。如上所述，基于包括著作权在内的知识产权的无形性特征，侵害知识产权的行为不容易被发现，发现了也不容易固定相关侵权证据。这与侵害行为的隐秘性也有很大的关系。特别是如上所述，在网络环境下著作权侵权的证据更难以固定和获得。当然，魔高一尺、道高一丈。随着我国相关侵权侦测技术的发展和进步，权利人和维权机构越来越重视通过高科技手段发现侵权行为和固定侵权证据。例如，通过区块链固定侵权证据就是一种比较重要的方式。对于侵权证据的采集固然可以通过高科技手段实现，而相关证据规则和制度的完善也是不可忽视的重要方面。对此，近些年来，最高人民法

---

[1] 参见四川省高级人民法院（2023）川知民终 253 号民事判决书（侵害作品信息网络传播权纠纷案）。

[2] 参见杨静：《知识产权案例指导制度的障碍与克服——北京知识产权法院庭审实质化实证研究》，载《法律适用》2016 年第 10 期。

院一直在针对知识产权诉讼证据规则进行研究和探索，并在总结司法实践经验的基础上形成了相应的司法解释——《最高人民法院关于知识产权民事诉讼证据的若干规定》。在《著作权法》第三次修改的过程中，也注意吸收了《商标法》引进的欧美文书令制度，规定了对被侵权人有利的举证责任制度。无疑，完善著作权侵权证据规则是解决著作权侵权纠纷案件中举证难问题的一大措施。[1]

第四，著作权侵权纠纷案件普遍存在赔偿额较低的现象。毋庸指出，侵害著作权人的法律责任最重要的形式之一是损害赔偿。我国民事侵权责任法规定的损害赔偿的基本原则是填平原则，即损失多少赔多少。填平原则无疑符合民事侵权损害的基本法理。填平原则的实施，旨在使侵权行为造成的损害恢复到侵权前的状态，使被侵权人因侵权所受到的损失得以弥补。然而，就包括著作权纠纷案件在内的知识产权纠纷案件而言，基于知识产权的无形性，侵权行为所造成被侵权人的实际损失或者侵权人实施侵权的非法利润通常难以计算，加之当前我国知识产权交易市场不甚活跃，实践中通过知识产权许可或转让形式利用著作权的情况不太普遍，这就有了我国《著作权法》关于法定赔偿制度的规定。在现行《著作权法》实施前，法定赔偿的最高限额为 50 万元。由于在我国著作权司法实践中，无论是权利人还是侵权人都难以提供涉案相关实际损失或者侵权非法获利的证据，在绝大多数著作权侵权纠纷案件中人民法院适用了法定赔偿，并且在大多数案件中采取了较低的损害赔偿标准，在实行法定赔偿的情况下法院判决赔偿 50 万元的情况并不多见。这导致的直接后果是很多案件中原告可能 "赢了官司却赔了钱"。这是因为，由于著作权侵权纠纷案件的专业性和复杂性，在一般情况下双方当事人都会聘请代理律师。如果法院最终判决原告胜诉的赔偿金较低，原告在支付律师费以后即可能所剩无几。当然，合理的律师费也可以计算在损害赔偿的金额中。但是，由于原告支出的律师费往往没有得到法院的全额支持，原告在支付律师费以后可能所剩无几。

正因为我国 2010 年《著作权法》规定的法定赔偿额较低，不能满足我国实施知识产权严保护的政策要求，提高著作权侵权损害赔偿的法定赔偿额成

---

〔1〕 参见吉林省高级人民法院（2023）吉民终 127 号民事判决书（著作权侵权及不正当竞争纠纷案）。

为《著作权法》第三次修改时的重要内容之一。[1]由于商标法、专利法与著作权法一样，都属于知识产权法的范畴，在我国《商标法》以及《反不正当竞争法》相应地大幅度提高了侵权损害的法定赔偿金的情况下，《著作权法》第三次修改也大幅度提高了法定赔偿金标准，即从 50 万元提高到 500 万元以内。法定赔偿金额的大幅度提高，对于受侵害著作权的法律救济自然是有利的。当然，对此也不能保持盲目乐观的态度，因为法定赔偿适用的前提是当事人就实际损失或者非法所得未能提供充分、有效的证据。在没有充分证据证明的前提下，如何在 500 万元以下选择一个适当的赔偿金额，无疑考验着法官的智慧和经验。对此，也需要注意防止法官滥用自由裁量权。当然，无论如何，法定赔偿制度的建立有利于加强对著作权的司法保护、提高著作权保护水平。[2]在考虑到《著作权法》修改时，借鉴了《商标法》规定，[3]引进了惩罚性赔偿制度，未来我国著作权侵权纠纷案件对于损害赔偿的界定，将在很大程度上改变长期以来损害赔偿较少的现象。当然，就这里提到的惩罚性赔偿制度而言，在具体适用上也应当从严把握，只能限于主观恶意和情节严重同时具备的场合，而不能宽泛地适用。[4]

第五，相当一部分著作权纠纷案件，特别是著作权侵权纠纷案件，具有较大的社会影响。著作权纠纷案件的主体很多都涉及所谓的文化人、文化传播机构。相当一部分著作权侵权纠纷案件基于当事人身份的特殊，往往会产生较大的社会影响。这类案件的影响并不在于涉案标的的巨大，而是基于该案件主体或者案件事实涉及的问题较为特殊。如前一段时期引起广泛关注的《红色娘子军》著作权纠纷案、[5]钱钟书手稿拍卖案[6]以及近年来的网络游

---

[1] 参见罗娇、冯晓青：《〈著作权法〉第三次修改中的相关权评析》，载《法学杂志》2014 年第 10 期。

[2] Sande Buhai, "Statutory Damages: Drafting and Interpreting", 66 *U. Kan. L. Rev.* 523 (2018).

[3] 参见四川省高级人民法院（2023）川知民终 275 号民事判决书（侵害商标权及不正当竞争纠纷案）；最高人民法院（2022）最高法民终 209 号民事判决书（侵害商标权及不正当竞争纠纷案）（惩罚性赔偿基数及倍数计算）。

[4] 参见宫晓艳、刘畅：《知识产权惩罚性赔偿适用的要件解构与路径探究——以上海首例知识产权惩罚性赔偿案件为研究范例》，载《法律适用》2020 年第 24 期；管育鹰：《试析侵害知识产权惩罚性赔偿的适用条件》，载《法律适用》2021 年第 1 期。

[5] 北京市高级人民法院（2016）京民申 1722 号民事裁定书（侵害著作权纠纷案）。

[6] 北京市第二中级人民法院（2013）二中保字第 9727 号民事裁定书（侵害著作权纠纷案）。

戏直播、[1]体育赛事节目等涉及的著作权侵权纠纷案,[2]都引起了广泛的关注和反响。当然,笔者认为就著作权侵权纠纷案件的处理而言,不能因涉案相关主体身份特殊或者涉案事件情况特殊而偏离法治的轨道。

(二) 司法实践中著作权侵权及权利限制的认定

1. 实质性相似

在著作权侵权纠纷案件中,通常根据实质性相似加接触的原则判定是否构成侵权。[3]实质性相似不是简单地比对两者相同或者相似,而是应当排除不受著作权保护的思想以及类似思想范畴的公共资源以及公共领域的元素。[4]除客观事实、[5]通用或历史题材、[6]惯用表达[7]以外,从这些年来我国发生的著作权侵权纠纷案件看,还涉及惯常的故事情节、场景、惯用设计手段等。[8]这些公共资源应当属于任何人都可以自由利用的部分,即使在作者的创作中被纳入受著作权保护的范畴,其本身也仍然应当永久性地停留在公共领域,而不能因其出现在某一作品中而禁止对在后作品的使用。当然,在著作权司法实践中,对于被控侵权作品中相同的部分是否属于公共领域资源的认定并非易事,需要经过仔细对比。例如,在前几年产生广泛影响的《宫锁连城》著作权侵权纠纷案中,[9]当事人双方围绕相关的人物以及人物关系、

---

[1] 上海知识产权法院 (2015) 沪知民终字第 641 号民事判决书 (著作权侵权及不正当竞争纠纷案)。

[2] 北京市高级人民法院 (2020) 京民再 128 号民事判决书 (侵犯著作权及不正当竞争纠纷案)。

[3] Robert F. Helfing, "Substantial Similarity and Junk Science: Reconstructing the Test of Copyright Infringement", 30 *Fordham Intell. Prop.*, *Media and Ent. L. J.* 735 (2020).

[4] Kevin J. Hickey, "Reframing Similarity Analysis in Copyright", 93 *Wash. U. L. Rev.* 681 (2016).

[5] 参见山东省高级人民法院 (2012) 鲁民三终字第 33 号民事判决书 (侵害著作权纠纷案)。

[6] 参见云南省昆明市中级人民法院 (2015) 昆知民初字第 117 号民事判决书 (侵害著作权纠纷案)。See Gates Rubber Co. v. Bando Chemical Industries, Ltd., 9 F. 3d 823 (1993).

[7] 参见北京市石景山区人民法院 (2018) 京 0107 民初 14647 号民事判决书 (著作权权属、侵权纠纷案);(2012) 浙江省杭州市西湖区人民法院 (2012) 杭西知初字第 1305 号民事判决书 (著作权侵权纠纷案)。

[8] 参见最高人民法院 (2017) 最高法民申 1497 号民事裁定书 (侵害著作权纠纷案);北京市高级人民法院 (2003) 高民再终字第 823 号民事判决书 (侵害著作权纠纷案)。

[9] 北京市高级人民法院 (2015) 高民 (知) 终字第 1039 号民事判决书 (侵害著作权纠纷案)。

情节、事件相同或者相似之处，是否构成著作权侵权意义上的表达方式的相似存在巨大争议。笔者认为，针对这类案件的审理，应当持有公共领域保留的理念和观念，根据个案的事实确认被控侵权人使用的相同或者类似的部分是属于公共领域的范畴，还是属于原告个性化表达的受著作权保护的部分。如果属于前者，就不构成著作权侵权；如果属于后者，则要进一步查实被告是否具有接触原告作品的可能。在排除合理怀疑，认定被告具有接触原告作品的机会的前提下，就可以认定被告构成对原告著作权的侵犯。

在实质性相似的判断中，[1]所谓"有限表达"也值得重视。[2]有限表达同样不受著作权保护，实际上是对思想表达二分法的重要发展。这就是所谓思想表达二分法的特殊情形——合并原则。[3]根据这一原则，当思想的表达非常有限，甚至是唯一的情形时，保护表达也就等于保护了思想，因而根据思想表达二分法合并原则，这种有限表达不应当受著作权保护。之所以存在有限表达这种情形，是因为现实作品中思想的表达基于客观情形或者惯常的手段，表达受到限制，甚至具有唯一性。在这方面，美国早些年审理的一个涉及蜂巢造型的珠宝类实用艺术作品著作权侵权纠纷案就具有代表性。在该案中，被告作品是以蜂巢造型作为艺术形象的珠宝类实用艺术作品。由于自然界蜂巢造型表现的有限性，本案中被告和原告的蜂巢造型具有相当程度的雷同。法院正是基于这种表达的有限性，判决被告并不构成侵犯原告的著作权。从我国著作权相关立法的情况看，《计算机软件保护条例》即对于表达方式有限的计算机软件不给予著作权保护。

从国内外著作权司法实践的情况看，实质性相似的判断也因不同类型的作品而表现有异。[4]一般认为，从独创性的标准衡量，独创性越高的作品，

---

〔1〕 参见北京知识产权法院（2018）京 73 民终 992 号民事判决书（侵害著作权及不正当竞争纠纷案）；上海知识产权法院（2019）沪 73 民终 391 号民事判决书（著作权权属、侵权纠纷案）。

〔2〕 参见山东省高级人民法院（2022）鲁民终 2685 号民事判决书（侵害著作权纠纷案）。

〔3〕 See Christina M. Frohock, "The Law as Uncopyrightable: Merging Idea and Expression Within the Eleventh Circuit's Analysis of 'Law-Like' Writing", 73 *U. Miami L. Rev.* 1269 (2019); Akshay Jain, "Providing Protection to Programmers' Works: Disregard the Merger Doctrine and Adopt the Application Approach", 26 *Cath. U. J. of L. and Tech.* 129 (2018).

〔4〕 参见北京知识产权法院（2016）京 73 民终 1078 号民事判决书（侵害著作权及不正当竞争纠纷案）；黑龙江省高级人民法院（2012）黑知终字第 58 号民事判决书。

在构成作品相似的情况下，认定侵权的可能性更大。相反，独创性程度不高的作品，在构成作品相似的情况下，认定侵权的可能性相对小一些，因为原告作品很可能包括较多的缺乏独创性的进入公共领域的元素或者素材。此外，不同类型的作品在认定实质性相似方面，也存在标准的宽严之分。这里不妨探讨一种较为特殊的情况，即翻译作品抄袭的著作权侵权纠纷案：在笔者近年代理原告的一起翻译作品抄袭的著作权侵权案[1]中，原告指控被告基于同一原著的译作侵犯了其著作权。被告则抗辩由于其作品和原告作品翻译自同一语种的原著，且被告的译作和原告的译作也都是中文，基于表达同一思想和内容，在双方忠实于原著的情况下，被告作品的表达不可能和原告不雷同。这一观点看似有道理，在涉及译作剽窃的著作权侵权纠纷案件中，确实存在很多基于对原告同一思想和内容表达的原因，被告作品和原告作品存在实质性相似。然而，笔者通过办理该案件发现，在译作涉及实质性相似方面仍然可以找到被告抄袭原告作品实质性表达的地方。尤其是原告译作中的个性化表达，也就是具有高度独创性的表达，在被告译作中同样出现。这就很难用巧合加以辩解。所谓个性化表达，是针对原告作品中译者富有其个人风格和创意的特有的表达形式，而非惯常的、常见的或通用的表达方式。例如，在原告作品中有一些术语没有通常的对应翻译模式，供译者选择表达的方式很多，如果在被告作品中有较多的这种术语和原告的表达相同或者高度近似，则可以认定为被告构成了对原告作品的抄袭。当然，在实质性相似认定方面，为了排除合理怀疑，还可以从其他相关方面加以认定。例如，根据笔者代理本案的体会，至少可以从以下方面提出证据证明被告构成对原告作品的抄袭。

第一，原告译作和原著相比存在一些不应当发生的错误，如时间、地点、人物和事件明显的错误，而这些错误在被告作品的相同或者近似的位置同样出现，对于这些错误相同之处很难用巧合加以辩解或者说明。当然，也需要排除原告作品中一些容易犯的常见性错误，以及基于表达形式非常有限而可能共同存在的错误性表达。

第二，为了便于读者理解和了解原作的情况，原告作了一些译注，如果在作品中相同的位置被告作了相同或者高度近似的译注，则可以直接认定被告的译作构成了对原告译作的著作权侵害。因为译注是独立于原作且可以作

---

〔1〕　北京知识产权法院（2020）京 73 民终 3021 号民事判决书（著作权权属、侵权纠纷案）。

为独立的作品受著作权保护的。

第三，原告作品中对于原作相关注释采取的引用方式，在被告作品中有同样的体现。例如，原告将原作的部分注释纳入正文中，被告也在原文同一位置将原作注释部分纳入正文。尽管从创作自由的角度来说，基于翻译和便于国内读者阅读和理解的目的，原告既然有权利和自由将原作的部分注释纳入正文，被告也同样享有这一权利和自由。在本案中，被告即是如此给予抗辩的。这一抗辩本身固然没有错。但问题是，如果原告作品中有很多这样的情况在被告作品中同样地出现，虽然不能仅就这一点相同就认定为被告译作侵害了原告著作权，因为处理原作注释的方式不属于表达的范畴，不应当由原告垄断这一权利，但需要进一步认识到这完全可以作为被告抄袭原告作品的旁证。和上述例子相反，还有一种情况是原告将原著的部分表达纳入注释，而被告作品中也针对原作的同一位置出现了相同的情况。如果这种情况在原告作品中有多处出现，就很难用巧合加以说明。

第四，以文字作品为例，在大量句子表达方面，如果被告译作和原告译作的表达相同或者高度近似，即被告作品中表达的句子很多都是将原告原有句子进行相关替换，或者以改变语法结构的形式出现，这种情况下也可以认定被告对原告的作品构成抄袭。例如，在有的案件中，被告将原告作品中很多术语用同义词或者近义词替换，如将30分钟改为半小时，将一刻钟改为15分钟，或者将主动句改成被动句，将被动句改成主动句，或者以其他形式改变句子的表达顺序。这种情况在被告作品中如通篇可见，甚至可以高度怀疑被告并没有按照原作进行翻译，而是直接以原告的译作为基础稿或蓝本进行改写的。这里实际上提出了在涉及剽窃、抄袭的著作权侵权纠纷案件中一个值得关注的事实：有些所谓被告的"译作"并非译作，而是直接根据原告的译作进行改造、变造改写，并没有达到演绎（改编）的程度（即使达到了改编的程度，由于没有经过在先译作著作权人的许可，同样构成侵害著作权）。这种形式的所谓"创作"，显然比翻译原作的"效率"要高。笔者认为，这是一种投机取巧、情节十分恶劣的严重侵害著作权的"中翻中"行为。在现实中，这种情况并没有引起高度重视。为此，涉及译作剽窃的著作权侵权纠纷案还提出了一个十分特殊的问题，即对于译作剽窃的著作权侵权纠纷案，除比对被告作品和原告作品的实质性相似问题以外，是否还应当将原著作品也纳入比对的范围，如原告作品和原作的对比，以及被告作品和原作的对比。

从一般的著作权侵权证据认定的角度来说，不需要考虑原作的问题，而只需要直接比对被告和原告作品实质性相似问题。然而，通过笔者代理的上述案件，发现比对原著作品确实十分具有必要性。通过这种对比，至少可以比较全面地掌握原被告译作翻译的情况，特别是十分有利于辨别原作翻译的个性化表达的成分，从而可以从被告与原告作品相似的部分中剥离出原告受著作权保护的个性化表达成分，这些个性化表达成分如果在被告作品中同样地再现，就可以认定被告抄袭了原告的作品。

当然，在著作权司法实践中，如果需要针对译作剽窃的问题比对原著作品，则在技术上存在一定的困难。因为原著作品是外文，尤其是在小语种的情况下，处理本案件的法官、律师很可能对于原著的语言不精通，就很难实现这种对比。实际上，这里还涉及相关诉讼证据采纳的问题。基于语言障碍的原因，即使是相关司法鉴定机构也难以对涉案当事人或者律师提供的原著对比证据进行查明和认定。不过，在译作剽窃的著作权侵权纠纷案件中，是否一定需要对比原著，仍然需要根据个案的情况加以确定。如果不对比原著作品，也能够根据本案的事实确认被告是否构成对原告译作的剽窃，就没有必要进行原著作品的对比。

2. 接触的可能

针对不同类型的作品，实质性认定的标准有所不同。除实质性相同的标准以外，还包括接触的可能。[1]尽管存在实质性相似，但如果被告没有接触原告作品的可能，则仍可以排除著作权侵权的嫌疑。从理论上讲，具有独创性的作品受著作权保护，并不排除他人独立完成的相同或者类似的作品。这就是所谓巧合作品或者偶合作品存在的情况。巧合作品受著作权保护，体现了著作权的独占性相较于专利权来说具有一定的相对性。如前面所指出的，在著作权侵权诉讼案件中，关于接触的可能性，并不需要提供实际接触的证据，只需要从常理推断存在接触的可能即可。例如，在涉及被告出版的图书抄袭在先的原告的图书著作权侵权纠纷案件中，原告的图书出版在先的事实即足以证明被告具有接触原告作品的可能。

---

〔1〕　参见广东省广州市中级人民法院（2010）穗中法民三终字第 106 号民事判决书（侵犯著作财产权纠纷案）；湖北省高级人民法院（2009）鄂民三终字第 53 号民事判决书（不正当竞争纠纷案）。

3. 主观过错

对于著作权侵权的认定，除上述实质性相似加接触的要件以外，被告存在主观过错也是需要重点考虑的。从民事侵权的一般原理来说，主观过错是构成民事侵权的要件之一。著作权侵权行为属于民事侵权行为，自然也应适用民事侵权的要件。行为人的主观过错不仅是构成著作权侵权行为的要件之一，而且在确认承担侵权法律责任方面也具有十分重要的意义。这是因为，在确定著作权侵权赔偿责任时需要满足行为人有过错的条件。如果行为人没有过错，就不需要承担著作权侵权赔偿责任。我国《著作权法》第三次修改也引进了惩罚性赔偿制度。[1] 对此后面还将进行专门的探讨。这里简要述及的是，行为人的主观恶意是承担惩罚性赔偿的要件之一。由此可见，在著作权侵权纠纷案件中，被控侵权人的主观过错情况对于认定著作权侵权行为以及相应的法律责任具有十分重要的意义。

关于被控侵权人的主观过错情况及其与著作权侵权和法律责任的关系，以下部分结合案例进一步探讨。

第一种情况：在著作权侵权纠纷案件中，对原告著作权侵害的客观事实是由第三方的侵害行为导致的，并非被告所为。如果被告能够提供证据表明其不存在主观过错，则可以认定被告行为不属于著作权侵权行为，也不需要承担著作权侵权的损害赔偿责任。例如，在一个涉及论文发表抄袭的著作权侵权纠纷案件中，原告指控被告发表的论文部分抄袭其在先发表的作品，理由是被告发表的作品有部分和原告作品的外在表达相同，并且没有引注。被告则抗辩指出：其在给某杂志社投稿时有相应的引注，只是由于某杂志社在发表时擅自删掉了这些引注，而没有事先征得被告的同意。被告进一步指出，是某杂志社侵害其修改权和保护作品完整权导致所发表的文章涉嫌侵害原告的著作权。最终法院接受了被告的抗辩，判决认定被告不构成侵害原告著作权。在另一个涉侵害署名权和其他相关著作权的著作权侵权纠纷案件中，原告指控被告之一王某侵害其博士论文的著作权。主要案情是：原告发现某出版社出版的一本书，其中的第五章完全抄袭自己博士论文的最后一章。该第五章署名是王某。王某在收到原告的起诉状以后，才知自己被他人冒名。经

---

[1] 冯晓青、罗娇：《知识产权侵权惩罚性赔偿研究——人文精神、制度理性与规范设计》，载《中国政法大学学报》2015 年第 6 期。

查实，是因为该书的主编擅自将原告的上述作品第五章收录至某出版社出版的书中，并且将该第五章的作者擅自署名为王某。在该案中，由于王某提供了上述相关证据，法院根据著作权法的规定，认为在作品上署名的人就是作者，但有相反证据除外。由于在本案中王某提供了相反的证据，这就排除了其上述第五章的作者身份。在本案中，其实王某也是被侵权人。综合以上考虑，法院最终认定王某不构成侵害原告的著作权。

第二种情况：在著作权侵权纠纷案件中，被告提供确切的证据证明其主观上不存在过错，在这种情况下法院也不宜认定被告承担著作权侵权的损害赔偿责任。例如，在涉及某出版社出版的图书侵害原告著作权的案件中，被告某出版社提供的证据证明其已经尽足够的注意义务，仍无法确认被指控的部分侵害原告的著作权。法院判决以不当得利的形式，责令被告某出版社返还因该作品侵权所获得的利润。

第三种情况属于现行《著作权法》第59条第1款规定的情况。根据该规定，可以推理，如果复制品的出版者、制作者能够提供其复制、制作的合法授权，或者视听作品，计算机软件、录音录像制品的复制品的出租者能够证明其发行、出租的复制品有合法来源，则不需要承担侵害著作权的赔偿责任。该规定体现了不具有主观过错则不需要承担著作权侵权损害赔偿责任的原理。

第四种情况属于基于合同关系引发的著作权侵权法律责任问题。其典型地体现于出版者根据出版合同出版作者的图书，该图书的部分内容涉嫌侵犯原告的著作权，原告将出版图书的作者以及相应的出版社告上法庭。一般而言，图书出版者出版作者的图书需要与作者签订出版合同，约定专有出版权及其时间。这类合同一般还会规定作者的著作权担保条款，通常的内容是作者担保其所提交的作品，不得侵害其他任何第三方的著作权以及其他民事权益，否则造成的一切法律后果由作者承担。在发生著作权侵权纠纷以后，作为被告之一的出版社并不能以该合同的约定主张其出版发行侵害著作权的图书不构成著作权侵权。其中隐含着合同的相对性原理。当然，在著作权侵权纠纷案件解决以后，作为被告之一的出版社可以基于合同的约定向作者主张违约责任。

在现实中，行为人的主观过错及其与著作权侵权和相应法律责任的关系还存在各种特殊的情况。例如，网络环境下的著作权侵权就具有一定的特殊性。对此，我国《信息网络传播权保护条例》第20条至第23条规定了相应的著作权侵权赔偿责任的豁免条件。该条例对于网络服务提供者规定的安全港原则，[1]也是为了协调著作权人和网络服务提供者的关系，做到既要充分有效地保护著作权人在网络环境下的合法利益，也要促进网络服务及其相关产业的健康发展。在此不予赘述。

（三）司法实践中著作人身权侵权的认定

根据《著作权法》第10条第1款规定，著作权人对其作品享有发表权、署名权、修改权和保护作品完整权。其中发表权和修改权在《伯尔尼公约》中并未作出规定，在很多国家和地区的著作权法中也没有明确规定。当然，这并不意味着在司法实践中著作权人对其作品享有的发表权和修改权就不受著作权法的保护。甚至在很多英美法系国家，在其加入《伯尔尼公约》之前对于著作人身权也并非没有保护。以英国对署名权的保护为例，在很长时期，英国著作权法并未规定署名权的保护。但是，在其司法实践中是通过一种仿冒之诉（passing off）而间接保护作者的署名权的。就发表权而言，其是一种特殊人身权的形式。发表权的形式通常意味着首次行使著作财产权，特别是复制权。即使在著作权法中没有明确规定发表权，也可以通过对著作财产权的保护而间接地加以实现。

从理论上说，著作权法之所以保护著作人身权，是因为著作权所保护的客体作品是作者创作性劳动的产物，具有人格属性。一般认为作品是作者人格的体现。对此可以从知识产权的人格理论加以充分的认识，在此不予复述。从著作人身权和著作财产权的关系而言，著作人身权具有独立于著作财产权的特性。不过，尽管如此，对著作人身权的侵害有时也会对著作财产权的行使造成损害。同时，对于著作人身权的维护也有利于维护作品的原貌和作品的完整性，更好地实现作品的经济社会价值。因此，著作人身权的保护在著作权保护中具有十分重要的地位和作用。从大陆法系国家的立法体例和规定看，著作人身权的保护甚至比著作财产权的保护更加重要。从我国《著作权法》的规定来看，我国对著作人身权也给予了充分的保护。这与我国著作权法吸收大陆法系的传统有较大的关系。当然，随着两大法系的融合，特别是

---

[1] See Matthew Sag, "Internet Safe Harbors and the Transformation of Copyright Law", 93 *Notre Dame L. Rev.* 499（2017）; Niva Elkin-Koren, Yifat Nahmias and Maayan Perel, "Is It Time to Abolish Safe Harbor? When Rhetoric Clouds Policy Goals", 31 *Stan. L. & Pol'y Rev.* 1（2020）.

英美法系国家加入了《伯尔尼公约》，著作人身权的保护在各国著作权法中的地位日益重要。

从我国近些年发生的著作权侵权诉讼案件的情况来看，我国对著作人身权的保护也十分重视。这里不妨就其中的相关问题结合典型案例进行探讨。

1. 关于侵害发表权纠纷

根据《著作权法》的规定，发表权是决定作品是否公之于众的权利。如前所述，发表权是一种比较特殊的人身权利，这主要是因为发表权的行使意味着著作财产权的行使。如论文在杂志发表，意味着通过复制、发行的形式公之于众。在著作权司法实践中，涉及发表权纠纷的案件有不同的形式。这里不妨探讨几种比较典型的情况。

第一种情况是，摄影、美术等作品中涉及著作权人享有的发表权与肖像权人的肖像权之间的冲突问题。[1]例如，在一个案件中，某照相馆应原告的邀请为其拍摄照片。原告在支付费用后，被告为其拍照并在约定的时间内交付洗出的照片底片以及照片若干张。由于拍摄出来的照片效果不错，被告遂将其放大作为宣传的照片。原告认为其擅自将其照片放大并展览的行为侵害了其肖像权。被告某照相馆则认为其享有该照片的著作权，有权以展览的形式使用其照片。在双方协调未果的情况下，原告起诉某照相馆侵害其肖像权。对于该案，法院最终判决被告败诉。其主要理由是原告享有的肖像权作为人格权，在其与著作权中的财产权发生冲突以后，应当优先受到保护。我国著作权法和相关民事法律对上述问题并没有明确规定。国外有个别国家对其作出了相应的规定，如汤加。这方面案件的审理需要总结司法实践经验。

第二种情况是，涉及著作权人行使发表权、展览权等权利与物权所有人享有物权之间的冲突问题。在司法实践中，这方面的案例通常表现为手稿交易与传播时涉及与著作权的冲突问题。前段时间引起广泛关注的钱钟书书信手稿拍卖案[2]涉及的物权行使和著作权保护的冲突就值得思考。像书信原件一类的作品，其著作权的保护和行使具有一定的特殊性。这是因为，拥有书信原件的原件所有人并不享有该原件负载作品的著作权，而享有书信著作权的著作权人由于其原件并不由其控制，也难以行使其著作权。在处理这类案

〔1〕　参见北京市高级人民法院（2003）高民终字第1006号民事判决书（侵害著作权纠纷案）。
〔2〕　北京市第二中级人民法院（2013）二中保字第9727号民事裁定书（侵害著作权纠纷案）。

件时，笔者认为物权的行使不能以侵害原作所附载的著作权作品的著作权为代价。也就是说，在这种情况下，没有著作权人的许可，原件的所有人不得通过展览、拍卖的形式行使其物权。当然，就美术作品的原件而言，根据《著作权法》第 20 条的规定，作品原件所有权的转移，不改变作品著作权的归属，但美术、摄影作品原件的展览权由原件所有人享有。

第三种情况是，网络环境下的发表权纠纷案件。随着信息网络技术及其相关产业的发展，作品可以在网络空间被充分地传播和利用。根据著作权法对发表权的概念界定，可知作品发表以后再次传播，不视为发表。因此对于在非网络环境下已发表的作品，再次通过网络的形式传输，不能视为在网络环境下的发表行为。对于未经著作权人许可在网络空间传播的行为，也不会构成侵害发表权。但是，根据我国现行《著作权法》以及《信息网络传播权保护条例》对信息网络传播权的规定，上述行为可能构成侵害著作权人享有的信息网络传播权。

网络环境下侵害著作权人享有的发表权，是指在网络环境下未经著作权人的许可，擅自发表其作品的行为。[1] 从发表权的内涵来看，包括著作权人是否决定其作品公之于众，以及以何种方式公之于众的内容。如果他人将著作权人未发表作品首先通过网络的形式予以公开，就构成侵害著作权人发表权的行为。从实际情况看，有可能存在一种极端的情况，即未经授权的作品被首先放置于网络空间，当著作权人提起侵害发表权诉讼时，该作品除侵害人和被侵害人以外，并没有任何第三方访问该网络空间。在这种情况下并不存在损害作品传播的客观后果。此时，对于被控侵权人是否构成侵害原告的发表权，笔者认为，仍然构成侵害发表权。这是因为，他人未经许可，将著作权人享有发表权的作品首先置于开放的网络，从而会使该作品处于公之于众的状态。对于著作权人而言，其作品可能随时被公之于众。如果这种情况不被认定为侵害发表权的行为，就会助长他人将著作权人的作品首先以网络空间的形式公之于众，从而不利于著作权人对其发表权的保护。由于发表是

---

[1] 参见最高人民法院（2019）最高法民申 1266 号民事裁定书（侵害作品发表权、复制权、修改权、保护作品完整权纠纷案）；北京市第二中级人民法院（2013）二中保字第 9727 号民事裁定书（侵害著作权纠纷案）；浙江省慈溪市人民法院（2007）慈民二初字第 1005 号民事判决书（作品发表权纠纷案）。

未发表作品著作权人行使著作财产权，特别是复制、发行、通过信息网络传播等权利行使的前提和基础，如果发表权得不到充分有效的法律保护，就会使著作权人的作品失控。特别是网络平台作品的传播具有广泛、快捷，并且没有国界之分的特点，一旦未经许可发表的作品在网络空间传播，就会使著作权人遭受难以弥补的损失。由此可见，在网络空间对发表权保护的意义并不完全限于发表权，其本身还涉及著作权人享有的其他权利，尤其是著作财产权。

应当看到，随着信息网络技术的发展，网络平台的形式日益多样化，已经远远不限于过去的网站，还有多种自媒体，如过去流行的博客，现在正流行的微博、微信公众号等。当然，从对发表权的保护来看，未经著作权人的许可在有些未公开的自媒体的首次发表是否属于侵害著作权人的发表权值得进一步探讨。例如，他人未经著作权人许可，在未公开的微信群内下载作品的行为是否属于侵害著作权人的发表权？再如，未经著作权人许可，在未公开的微信朋友圈下载作品是否构成侵害著作权中的发表权？笔者认为，基于发表权是决定是否将作品公之于众的权利，只要作品没有处于公之于众的状态，就不能视为侵害著作权人享有的发表权。因此，需要从是否公之于众的状态这一标准加以评判。还有一种与上述情况相关的问题，即在上述情况下，他人将未经著作权人许可的作品进行转发的行为是否构成侵害著作权人的发表权以及其他著作权？应当说，微博、微信等自媒体进行转发的行为十分普遍。从微博、微信等自媒体设计和运行的目的来说，其最重要的目的是促进信息的交流。就微博、微信等自媒体上著作权人的作品而言，一般著作权人都会希望他人转发其作品，而且一般也会认为转发量越大，该作品的社会影响力和关注度越大。因此，他人未经许可转发微博、微信等自媒体上的作品通常不应当被认定为侵害其著作权的行为，而应当被视为著作权人的默示许可行为，或者被作为著作权法上的合理使用行为。当然，也可能存在著作权人不希望他人转发其作品的特殊情况。著作权人如果不希望他人转发其作品，一般而言，应当在发表在微博、微信等自媒体上的作品中加以声明。该声明对于任何社会公众而言，意味着未经其许可转发、转载的行为，即构成侵害其著作权。[1]

---

〔1〕　冯晓青、王瑞：《微博作品转发中的著作权问题研究——以"默示授权"与"合理使用"为视角》，载《新闻与传播研究》2013年第2期。

　　就网络环境下著作权人享有的发表权保护而言，还需要重视一种十分普遍的现象，即将网络空间作为创作的平台，作品也首先直接在网络空间发表和传播。随着现代信息网络技术的发展和人们消费时尚的变化，人们越来越讲究获得信息的快捷和便利程度，这也是当前抖音、视频日记等短视频之类的网络传播媒介十分流行的重要原因之一。近几年来，围绕短视频之类的著作权及相关权利的纠纷案件数量巨大，值得引起高度关注。对此，前面已作了一定探讨。针对这种情况下的著作权人享有的发表权的保护，笔者认为以下问题值得重视：第一，著作权人首先通过网络媒介将其作品公之于众，也应视为其作品的发表，是著作权人行使其发表权的行为。第二，他人未经著作权人许可，将其作品首先通过网络媒介公之于众，无论在客观上是否有网民访问该作品都构成侵害著作权的行为。第三，著作权人通过网络媒体将其作品公之于众以后，他人是否可以不受限制地自由转发该作品，应视该网络媒体的具体类型和性质加以确定。例如，在博客和微博上发表的文章，基于这类网络传播媒体的特殊目的，在不存在未经许可禁止转发的声明的情况下，可以自由转发。对于通过微信公众号和网站公开发表的文章，他人则无权自由转载到其他的网络媒体，因为这涉及著作权人享有的信息网络传播权的问题。

　　2. 关于侵害署名权纠纷

　　署名权是最为重要的著作人身权之一。在司法实践中，为了有效地加强对署名权的保护，首先需要对署名权保护的内涵及其正当性进行研究。

　　署名权，又称为确认作者身份权。根据我国《著作权法》第 10 条第 1 款第 2 项的规定，是指表明作者身份，在作品上署名的权利。从署名权的内涵看，其本质在于确认作者身份。在实践中，有些作者基于特殊原因而不愿表明其作者身份。例如，现实中一些匿名作品或者署假名的作品也并非罕见。换言之，不表明作者身份，也是署名权的内涵之一。然而，著作权法的上述规定没有体现不表明作者身份的内涵。因此，在学术研究中，有一种观点即指出，署名权的定义应当修改。特别是考虑到著作权法规定发表权是指决定作品是否公之于众的权利，署名权也应当修改为决定是否表明作者身份的权利。从我国《著作权法》第三次修改草案关于署名权的修改看，已经考虑到上述的情况。例如，2014 年 6 月，国务院法制办公室发布的《著作权法（修订草案送审稿）》第 13 条第 2 款第 2 项规定，署名权是指是否表明作者身份以及如何表明作者身份的权利。但遗憾的是，草案的修改提议在最终没有被采纳，2020年正式通过的现行《著作权法》第10条第1款第2项对于署名权的规定仍保留了2010年《著作权法》的规定。

关于著作人身权中的署名权，需要从理论上认识给予其保护的合理性。署名权的客观基础来自创作者从事作品创作的行为。也就是说，只有从事创作的作者才有资格在作品上署名，享有署名权。没有参加作品的创作，不能成为作者，也就相应地不享有在作品上署名的权利。由此可见，署名权作为一种典型的著作人身权，与作者身份、作品创作之间具有十分密切的内在联系。我国现行《著作权法》的相关规定都体现了这一点。例如，没有参加创作，不能成为合作作者；没有参加创作，在他人作品上署名，以及为谋取个人名利而在他人作品上署名，都属于侵害著作权而应当承担民事责任的行为。

署名权的赋予，体现了著作权法对于作者与作品之间特定身份关系的确认。根据著作权法上的人格理论，作品是作者人格的体现。作者通过付出智力创造性劳动，将其个人对现实社会的理解，以及思想、情感、观点乃至审美态度以一定的方式外在化地表达出来，就成为具有独创性的受著作权保护的作品。作者与作品之间这种内在的联系，就如同父母和子女之间的血缘关系，这种关系不会因父母离婚而产生变化。故署名权体现并保障了作者与作品之间特定的身份关系。从这个意义上来看，署名权被认为是确认作者身份的权利。署名权被深深地打上了作者身份的烙印，因为没有作者创作的行为，就不能成为作者，不能享有作者身份，也就不能享有署名权。至于在现实生活中如上所述的匿名和假名的情况，则是基于某些特殊情况而出现的。其中一个原因是著作权人享有对其权利的处分权。著作权人对其创作的作品，完全可以署名的形式加以公开，也可以匿名或者假名的形式出现。著作权法对于著作权人选择署名的形式应当予以尊重。基于此，在著作权人以匿名或者假名的形式发表其作品时，并不意味着其放弃署名权，更不意味着其没有署名权。也就是说，署名或者不署名，都是著作权人享有的署名权的内涵。

以上研究表明，著作人身权中的署名权体现了作者与作品之间特定的身份关系。[1]基于这种身份的特定性和不可分割性，在涉及不同类型的作品中，

---

〔1〕　参见安徽省高级人民法院（2019）皖民终641号民事判决书（著作权权属、侵权纠纷案）；浙江省温州市中级人民法院（2017）浙03民终351号民事判决书（侵害作品署名权纠纷案）。

即便其他著作权可依法定给予作者以外的其他主体，署名权仍然保留在作者手中。例如，我国现行《著作权法》规定的特殊型职务作品以及视听作品。至于法人或者非法人组织的作品中法人或者非法人组织被视为作者，真正完成实际创作的自然人不能享有作者身份，这完全是一种十分特殊的情况。此外，关于委托作品著作权归属，我国现行《著作权法》第 19 条规定可以由当事人约定。这种约定是否可以包括署名权归属于委托方（非作者一方），也值得探讨。[1]根据署名权上述基本内涵，应当不允许约定署名权归属于委托方。

在署名权的理论研究方面，还值得关注一种非常独特的观点：署名权并不是著作人身权或者精神权利，而是类似于物权法中确认的占有权一样，也属于著作财产权。这种观点无疑非常新颖。其将署名权类比于物权中的占有权，认为著作权法保护作者对其作品的所有权、确认作者对其作品的身份关系，需要通过在作品上署名的形式加以实现。这种署名和对有形财产的占有一样，没有本质上的区别，只不过署名针对的是著作权这一无形财产权。上述观点的代表性学者是中国社会科学院知识产权中心的杨延超先生。[2]对此，笔者认为，署名的形式尽管确实类似于物权上的占有，但通过署名的形式表明作者的身份，在实质上仍然属于确认作者身份的范畴，最终目的是明确作者和作品之间不可分割的人格和身份关系。因此，上述观点将署名权从著作人身权中剥离并视为著作财产权的观点值得商榷。

在涉及署名权司法保护纠纷案件[3]中，常见的纠纷有以下类型。

一是未经作者许可，在作者的作品上强行署名。

这种作品常见于强行署名者与作者相比，处于某种优势地位，作者不得不接受强行署名者的署名。[4]如在涉及电影作品的创作、摄制、发行中，导

---

〔1〕 参见山东省高级人民法院（2023）鲁民终 1210 号民事判决书（著作权权属、侵权纠纷一案）。

〔2〕 杨延超：《著作权权利结构重构——以物权法第 39 条为模型》，载《学术研究》2007 年第 6 期。

〔3〕 参见王迁：《"署名"三辨——兼评"安顺地戏案"等近期案例》，载《法学家》2012 年第 1 期。参见河南省高级人民法院（2010）豫法民三终字第 46 号民事判决书（侵害著作权纠纷案）；浙江省温州市中级人民法院（2018）浙 03 民终 1520 号民事判决书（侵害作品署名权纠纷案）。

〔4〕 参见北京知识产权法院（2020）京 73 民终 573 号民事判决书（著作权权属、侵权纠纷案）。

演利用其对于剧本生杀予夺的权力，强行要求在改编为电影作品的剧本上署名就属于这种情况。还如，在涉及作者授权他人修改的场合，修改者基于对作品的修改付出了较多的劳动而主张成为合作作者，要求在作品上署名，作者基于某种原因而被迫同意也属于这种情况。比如在某位学者撰写的中国专利理论与实务英文版著作中，作者根据某国外出版社的要求，聘请了一位母语为英语的外国学者对该书主要是文字表达和语法等问题进行修正，该书修订以后，国外学者即强烈地提出了署名的要求。该书作者则强烈反对，最终该书以独立作者身份出版。

笔者认为，涉及上述情况时，特别应当注意区分修改和合作创作的关系。在通常的情况下，作者授权他人修改作品，修改者不能成为合作作者。例如，上述在国外出版的作品，修改者仅针对文字表达，特别是语法作了修改，根据著作权法上作者的定义，即作者是直接产生文学、艺术和科学作品的人，该修改者不能成为著作权法意义上的作者，而在本案中体现为合作作者。

当然，也需要注意一种特殊的情况，即基于对被修改作品内容完善的需要，修改者不仅进行了修改工作，而且经与作者协商，还对作品的思想、内容进行了补充、完善，具体通过外在的表达形式作了体现。这种情况下修改者完全符合著作权法中作者的定义，能够和被修改作品的作者一起成为合作作品作者。这里也同样需要注意一个问题，即修改者对作品内容的完善，应当经过作者的同意。否则，可能出现一种情况，即修改者的修改和创作行为，没有经过作者的许可而侵犯了作品的修改权，乃至保护作品完整权。不过，根据实践中创作和修改的情况来看，还存在一种默示许可的情况。如基于修改者和被修改作品作者之间的特定身份关系，修改者修改作品的行为能够推断出作者允许对作品的思想、内容以重构表达的方式进行增补及其他形式的完善。例如，在导师修改研究生的论文时，就可能出现这种情况。当然，在很多情况下，导师对于研究生论文的修改，是不能以合作作者身份出现的。尤其在涉及各类学位论文时更是如此。对于非学位论文，如果导师的参与远不限于修改，而是需要进行实质性的合作创作，增补、完善有关内容，对文章的表达进行重构，此时就完全符合合作作品作者的条件。特别是在相当多的情况下，该研究生的论文基础稿需要在修改、完善后最终予以发表，而该论文基础稿离发表的要求和水平还有很大距离，导师的参与已不仅仅是对文字表达、语法等方面的修改，还是通过实质性的创作来提高该文章的学术水平，使其能够达到发表的要求。在上述情况下，导师对该文章的投入显然已经构成合作创作作品的行为。总的来讲，在涉及导师指导研究生等在内的学生的论文时，在一般情况下以及基于特定论文的性质，导师不能因对该作品进行修改而成为合作作品的作者。在特殊情况下，基于导师对该作品作出的实质性贡献，符合合作创作作品的条件，可以成为合作作品作者，而不能视为强行署名的行为。

二是未经合作作者许可，将与他人合作创作的作品当作自己单独创作的作品发表。

上述情况显然是一种侵害其他合作作品作者署名权及其他著作权的行为。合作作品是两个或者两个以上的行为主体共同完成的作品。其可以是两个自然人之间合作创作的作品，也可以是自然人和单位以及单位与单位之间合作创作的作品。根据我国现行《著作权法》的规定，合作作品可以分成两类，第一类是共同合作作品，第二类是结合合作作品。其中，第一类作品中作者创作的内容你中有我、我中有你，难以区分。第二类合作作品中，每位合作作者创作的部分可以分割。在著作权的归属上，第一类作品只有一个总体的著作权，由全体合作作者共同享有。[1] 在第二类合作作品中，则存在整体的著作权以及每位合作作者对其单独创作部分的独立的著作权，只是每位合作作者对其单独创作部分的独立的著作权的行使，不能侵害合作作品整体的著作权。

无论合作作品属于上述何种类型，由于其是由全体合作作者共同创作完成的，每位合作作者在合作作品上都有权署名。在实践中，如果某位合作作者利用其发表作品的便利，而将其他合作作者的署名删除，从而使该合作作品以自己单独创作作品的名义发表，会毫无疑问地构成对其他合作作者署名权以及其他著作权的侵犯。[2] 司法实践中出现这种情况时，需要通过一定的形式确认被侵害的其他合作作者的署名权。如在杂志发表的文章中，通过在杂志中刊登一个声明，增补该合作作品中其他合作作者的署名。

三是没有参加创作，为谋取个人名利，在他人作品上署名。

这种情况和上述第一种情况有类似之处，都属于没有参加创作而在他人

---

〔1〕 参见最高人民法院（2015）民申字第 131 号民事裁定书（侵害著作权纠纷案）。

〔2〕 参见彭新桥：《著作权法上侵害作品署名权构成要件的司法认定——周友良诉中国音乐学院侵害署名权纠纷案》，载《中国版权》2016 年第 3 期。

作品上署名的行为。我国《著作权法》第 52 条第 3 项对这种行为作了明确规定。严格地说，上述第一种情况也可以归入这种情形，因为强行署名的目的也是谋取个人名利。[1]

　　在实践中，特别要注意到一种特殊的情况，即没有实际参加创作的署名者，并不是基于谋取个人名利，而恰恰是作者为了实现其个人名利或其他目的而主动邀请没有参加创作的人署名。例如，有的作者因为在相关领域知名度不高，为使其作品尽快发表并产生影响，主动邀请非作者的某位知名人士署名。该知名人士为了扶持作者的成长而同意了这个请求，这部作品也可以联合署名的形式发表。在这种情况下，就不符合没有参加创作，为谋取个人名利而在他人作品上署名的情况，因此不宜简单地以侵害署名权或其他著作权而论。实践中还存在这样一种情况，即有的作者在后来成名以后，将很久以前的上述情况以一定形式向社会公开，此时被署名的知名人士的声誉会受到影响。对于这种情况，如何看待作者的行为，值得研究。笔者认为，根据作者在著作权法上的基本定义和内涵，如果出现上述情况应当排除该知名人士在此前作品上署名而获得该作品作者的身份以及著作权保护的地位。理由是作者是直接创作作品的人，根据著作权法的规定，如无相反规定，在作品上署名的人为作者。在上述情况下，既然作者已提出相反证据表明署名者并非真正的作者，因而应当排除该知名人士的署名。然而，这只是问题的一个方面。另一方面，该作者的行为是否妥当，特别是是否应当对该知名人士声誉上的损失承担相应的法律责任值得探讨。

　　针对上述情况，还值得进一步思考的是：作者为了成名，主动邀请社会上的知名人士在其作品上署名，使其作品以联合署名的形式发表，在著作权法上是否合法，以及是否构成了对消费者和社会公众的欺骗行为，而应当受到著作权法和相关法律的规制？笔者的基本观点是，不支持实践中存在的上述行为的正当性和合理性，因为其不符合著作权法保护创作的基本精神。同时，对于实践中出现的这种情况，也不能简单地按侵犯署名权加以判定。

　　四是制作、出售假冒他人署名的美术作品和其他作品。

　　关于这种情况，从我国立法来说，最初规定的是制作、出售假冒他人署名的美术作品。《著作权法》修改以后，将作品保护的类型扩展到所有作品，

----

〔1〕　参见福建省高级人民法院（2001）闽知终字第 2 号民事判决书（侵害著作权纠纷案）。

不再限于美术作品；而《著作权法》修改以前之所以仅规定美术作品，是考虑到在实践中制作、出售假冒他人作品通常体现为美术作品，其他作品的这种情况比较少见。为了杜绝所有类型作品中出现制作、出售假冒他人署名的情况，《著作权法》修改以后，将被保护的作品拓展到所有类型的作品。

上述情况在我国现行《著作权法》第53条中也被明确规定为一种可以承担民事责任、行政责任乃至刑事责任的侵权行为。当然，从著作权保护的理论看，作品是著作权产生的基础，也是著作权保护的基础。由于制作、出售假冒他人署名的作品并非被署名人创作的作品，从逻辑上来说该被署名人的著作权不存在受到侵害的问题。然而，基于署名对于作品的重要性，制作、出售假冒他人署名的作品通常与被署名人的作品在质量、声誉方面具有较大的差距，制作、出售假冒他人署名的作品，势必会对被署名人作品的声誉乃至被署名人的声誉本身造成损害，因此在法律上应当给予否定性评价，追究制作、出售假冒他人署名的作品行为人的法律责任。

值得进一步探讨的是，从其他国家如澳大利亚、英国等的规定和司法实践的情况来看，上述制作、出售假冒他人署名作品的行为，被认定为侵害一般民法意义上的姓名权的行为，而不是侵害著作人身权中的署名权的行为。在笔者看来，我国《著作权法》的上述规定可以从两个方面加以解释。第一个方面是，上述行为同样侵害了被署名人作品的署名权，理由是尽管在这种情况下被署名人没有创作被指控侵权的制作、假冒他人署名的作品，但这种行为会对被署名人作品的声誉，乃至被署名人本人的声誉造成损害。因此，应当以侵害署名权追究行为人的法律责任。第二个方面是，我国现行《著作权法》第52条和第53条所列举的行为是针对下列"侵权行为"，而没有明确指出是"下列侵害著作权的行为"（或者"下列侵害著作权以及与著作权有关权益的行为"），因此也可以解释为上述行为只是侵害了被署名人的一般民法意义上的姓名权，而不涉及对被署名人作品署名权的侵害。

在署名权司法保护实践中，还有一种特殊情况需要探讨：未经合作作者许可，擅自变更之前协商好的署名顺序发表该合作作品的行为，是否侵害其他合作作者署名权及其他著作权？在合作创作的情况下，合作作者的署名需要由全体合作作者加以协商，在有的情况下则是由第一作者根据其他合作作者创作的情况灵活地加以确定。无论采取何种形式，合作作品中署名的顺序在发表前，合作作者相互之间不存在异议。如果在作品发表前某一合作作者利用其联系发表的便利条件或者通过其他手段，擅自改动合作作品署名顺序，特别是将其自己署名的位置排在前面，在这种情况下擅自改动署名顺序者是否构成对其他合作作者署名权及其他著作权的侵害，[1]在司法实践中的做法不甚统一。其中有的法院判决并不构成侵害其他合作作品的署名权，理由在于署名权的本质是表明作者身份，只要其他合作作者的作者身份通过署名的形式在该作品中得到了保障，署名顺序改变并没有影响到其他合作作者表明作者身份地位的变化。在有的案件判决中，则认为构成了侵害其他合作作品的署名权，其理由在于：尽管擅自改动作者署名顺序并不影响其他合作作者表明作者身份，但现实中署名顺序对于作者实现其著作权以及其在作品中的地位和影响来说，仍然具有重要意义。

对于上述情况，笔者赞成法院第二种判决的观点。具体分析如下。

第一，署名权的本质固然是表明作者身份，这在前面已经作了系统探讨，还值得强调的是，署名权的本质还体现于如何表明作者身份。这在《著作权法》第三次修改草案中也有所体现。修改草案新增如何表明作者身份，其本意可能隐含了作者可以署名的形式表明作者身份，也可以通过匿名或者署假名的形式对真实的作者身份不予披露或者公开。基于署名权这一著作人身权在著作权中的重要地位，从充分、有效地保护作者署名权的情况来说，在合作作品署名的情况下，合作作者之间署名顺序的确定也应当包含于如何表明作者身份的范畴。如前所述，在合作作品创作的情况下，在发表之前全体合作作者之间会就署名的顺序达成合意。在有的情况下，并没有在全体合作作者之间征求意见，而是由合作作品的创作组织者或者第一作者负责完成，但该合作作品发表以后，全体合作作者并不会就署名顺序产生争议。然而，在合作作品发表前确定的顺序如果被其中某一合作作者利用发表作品的便利或者其他手段而擅自变更，该合作作品发表以后就很容易引起署名权纠纷。从现实的情况看，合作作品中的署名顺序会直接影响合作作者在合作作品中的地位。例如，当前很多高校、科研院所和其他单位在统计科研成果时一般只认第一作者，很多高校和科研院所评定各类职称时，也只承认第一作者的成果。这些高校和科研院所或者其他单位的合作作品作者如存在擅自更改合作

---

[1] 如果联系发表的合作作者出于谦虚等考虑，将自己署名调到最后，则不在此处探讨之内，因为在这种情况下通常不会被认为损害了其他合作作者的署名权或其他著作权。

作品署名顺序的情况，特别是替换他人第一作者身份，就会对被替换的第一作者的相关利益造成实质性损害。这一现实情况在涉及合作作者署名顺序被擅自更改的案件中，不能不予以重点考虑。

第二，如果按照上述有的法院第一种观点，就可能造成在涉及合作作品创作的情况下，任何一位合作作者都可以利用其发表作品的便利或者利用其他手段，将已经达成合作署名顺序协议的合作作品以被更改后的署名形式发表，从而无法维护经合意后的合作作品署名顺序的稳定，特别是无法保障享有第一作者身份的作者在该合作作品中的署名权。对于这一点，笔者认为还可以从司法保护的理论层面加以理解：无论是知识产权司法保护还是其他类型案件的司法保护，就司法的基本功能和作用而言，是通过对个案的解决，定分止争，维护各方当事人的合法权益，以及在此基础上维护社会经济关系的稳定性，促进社会和谐和进步。从这一角度来说，法官对具有个案性质的知识产权案件的解决，其意义并不完全在于解决了个案，以及一个知识产权诉讼案件得以结案，还在于这一个案件所彰显出的法律价值取向和法律秩序。当前我国正在进行案例指导工作[1]的推进。就知识产权案件而言，最高人民法院每年发布十大、五十大案例，同时进行指导案例的遴选，还包括年度报告案例、公报案例[2]等多种类型。就这些典型案件而言，最值得关注的内容之一是其所提炼的裁判法理。裁判法理能够很好地体现具有典型性的个案所彰显的同类型案件的基本价值取向。如果具有典型性的个案所持的基本观点和法院判决不符合该法律制度的基本精神，或者严重违背知识产权保护中的利益平衡原则，就可能导致不能公平合理地维护当事人的合法权益，或者不能有效地解决基于该法律制度所调整的现实的社会关系而需要解决的现实问题。就上述擅自调整合作作品署名的情况而言，如果允许这种情况存在，就会严重破坏基于合议达成合作作品署名的这一惯例，破坏在合作作品署名方面形成的既有秩序。

第三，如果法院认同合作作者可以擅自改动达成合议的合作作品署名，

---

[1] 参见袁秀挺：《我国案例指导制度的实践运作及其评析——以〈最高人民法院公报〉中的知识产权案例为对象》，载《法商研究》2009 年第 2 期。

[2] 参见郑宇：《论知识产权民事案件中的法律续造——以〈最高人民法院公报〉案例为研究对象》，载《法律适用》2014 年第 9 期。

由于这一擅自改动行为违背了合作作者之间就合作作品的署名达成的合议，就可以认为法院认同了这种违背契约精神的行为。不仅如此，还应进一步看到，合作作者之一擅自改动作者署名的行为，通常是基于其自身获得个人利益，特别是通过"调包"的手段，将自己改为第一作者的情况尤其如此。对于这种使个人获得缺乏正当性基础的利益，同时又损害了其他合作作者署名权益的行为，显然不应当得到支持。

3. 关于侵害修改权纠纷

为深刻理解和认识修改权的司法保护，首先需要从理论上了解修改权在著作权法中保护的正当性。

修改权是我国现行《著作权法》明确规定的四种著作人身权的内容之一。[1]根据该法的规定，修改权是指修改或者授权他人修改作品的权利。在《著作权法》第三次修改过程中，对于修改权的定位及其去向进行了热烈的讨论。2014年国务院法制办公室在发布的《著作权法（修订草案送审稿）》中，将修改权整合至保护作品完整权的范畴。根据该草案第13条第2款第3项的规定，保护作品完整权是指允许他人修改作品以及禁止他人歪曲、篡改作品的权利。关于保护作品完整权及其司法保护实践的相关问题，将在后面继续探讨，这里只是简单地述及。

从修改权的立法例来看，其他很多国家以及《伯尔尼公约》并没有规定专门的修改权。我国《著作权法》在著作人身权部分明确规定的修改权，应当认为是体现了对著作人身权保护的较高的立法水平。当然，从理论上来说，著作权法是否应当规定修改权存在一定的争议。笔者认为，修改权作为著作权人应当享有的一项人身权，对此加以规定仍然具有必要性。至于在立法上如何定义、具体规定的模式，以及是否将其整合进保护作品完整权中，则是另外一个问题。

从理论上说，修改权的规定具有以下重要意义。

首先，修改权的规定体现了对作者的作品特定人格身份关系的尊重。如前所述，根据知识产权的人格理论，特别是著作权法上的人格理论，作品是作者人格的体现。为了体现和维护作品对作者的特定人格身份关系，无论是在作品创作过程中，还是作品完成以后对该作品作进一步变更，都需要尊重

─────────────

〔1〕 参见李琛：《论修改权》，载《知识产权》2019年第10期。

作者个人的意志和意愿。对作品的修改，除作品的基本表达形式以外，还很可能涉及相关观点、思想、情感和审美态度等方面的变化，因此作品的修改权利应当牢牢控制在作者的手中，不允许在未经许可的情况下对作者的作品擅自进行修改。当然，在特定的场景和特定的情况下，未经许可对作者作品进行适度范围的修改，也具有合理性。例如，作者向某杂志社投稿，杂志社对该作品进行的文字性修改不需要经过作者的许可。由于作者向出版社交付作品出版，出版社进行的正常的编辑加工，也不需要经过作者的授权。对此，我国现行《著作权法》都有相应的规定。当然，无论如何，对于不需要经过作者授权的修改只能限于特例。

其次，修改权的规定有利于维护作品的原貌和完整性。如果允许他人未经许可对作者的作品进行修改，就不仅难以实现维护作品的原貌和完整性的目的，而且很可能造成歪曲、篡改原作想要表达的思想、情感的后果，从而不利于优秀作品的传播和利用。

从作品创作的规律和实际情况看，作者修改自己作品是必然的，也是当然的一种权利。这是因为，作者创作是一个艰辛的智力创造性过程，具有一定的探索性。在作者完成部分或者全部初稿以后，很难保证以一定形式表达的作品尽善尽美。很多创作者都有同感：文章初稿完成以后需要多次进行修改，最终形成的定稿和最初的文稿相比简直判若两样，甚至感慨"文章是改出来的"。基于此，作者对自己作品修改的权利是修改权中的当然内容，无需在对修改权的定义中明确指出修改权是作者修改作品的权利。正是基于此，《著作权法（修订草案送审稿）》没有像 2010 年《著作权法》一样独立地设立修改权，而是将其整合至保护作品完整权之中，并在保护作品完整权中吸收了 2010 年《著作权法》关于修改权的部分内容，即"授权他人修改"。但 2020 年最终审议通过的《著作权法》没有采纳上述修改，而是保留了 2010 年《著作权法》中关于修改权的内容。

在著作权司法实践中，侵害修改权的表现形式多样。[1] 当然，无论表现形式如何，都体现为未经作者许可而对其作品进行修改，反映了侵害人对作者不够尊重，在客观上对于作品的著作权具有损害，在同时涉及侵害保护作

---

〔1〕 参见骆电：《侵犯著作权人修改权与保护作品完整权的司法判断》，载《法律适用》2011 年第 12 期。

品完整权时这种损害尤为严重。这里不妨结合相关案例进行探讨。

第一种情况是未经作者对其作品进行修改的许可，擅自修改作者作品进行发表。

这种情况是实践中最常见的。根据现行《著作权法》的规定，修改权包括作者修改和授权他人修改的权利。如果他人经作者授权发表其作品，在发表之前未经作者许可擅自修改其作品，就会构成对修改权的侵犯。[1]这种情况常见于根据著作权法规定，修改人员拥有法定范围内的修改权的情况下，超越该法定范围擅自对作品进行修改并发表的行为。例如，在前述一个涉及剽窃、抄袭原告作品侵犯著作权的案件中，被告之一某杂志社在未经作者许可和知情的情况下将原告作品中的注释进行了大量删除。这些注释被删除后，原告起诉被控侵犯著作权作品的作者剽窃、抄袭其作品。被控剽窃、抄袭作品的作者则提出了证据，证明删除注释的行为是杂志社所为。最终法院认定，该作者不构成对原告著作权的侵害，某杂志社的行为则同时构成了对原告著作权和被控剽窃、抄袭作者的修改权的侵犯。该案例还有值得总结之处，即在著作权侵权纠纷案件中如果被告能够证明其不存在过错，也不存在实施著作权侵害的行为，就不能认定为侵害著作权的行为存在。

第二种情况是修改者取得了作者的授权，但超越了授权范围而对作品擅自修改的行为。在上述情况下，其在授权范围内对作品的修改显然不构成侵害作者的修改权，超越其授权范围部分对作品的修改则构成了侵害作者修改权。这种情况关键在于明确"授权范围"。从一般的法理而言，授权可以包括明示授权和默示许可。[2]明示授权相对容易确定，默示许可则要根据个案的事实加以界定。在很多情况下，基于修改者与作者的特殊身份关系，或者从相关的合作关系能够推断出修改者取得了作者的授权。例如，在高等教育中，特别是在硕士和博士教育中，导师需要对研究生的各类论文进行修改，以帮助其完善论文直至发表，特别是在指导学位论文的过程中更需要充分地修改学生的论文。在上述情况下，导师对于学生论文的修改是当然的，不需要学

---

〔1〕 参见江苏省高级人民法院（2019）苏民终 955 号民事判决书（侵害著作权及不正当竞争纠纷案）。

〔2〕 参见山东省高级人民法院（2022）鲁民终 1873 号民事判决书（侵害商标权及财产损害赔偿纠纷案）。

生明确地对导师授权。

第三种情况是修改者的修改行为同时构成了侵害作者修改权和保护作品完整权。这种情况下对作者著作权的侵害更为严重。由于作品的修改通常涉及修改表达方式和其中的思想内容、主题情节等，如果修改者对作者作品的修改构成了对作品的歪曲、篡改，就同时构成了侵害作者作品的修改权和保护作品完整权。当然，上述情况的认定在司法实践中存在一定的难度，具体体现为修改的行为是否同时构成了歪曲、篡改作品，这种界限的划分对法官的智慧和经验提出了挑战。[1]关于侵害保护作品完整权的问题，将在下一部分进行探讨。

还有一种情况是，修改者未取得作者的授权，其行为不仅是对作品的修改，而且包含了创作的成分。在这种情况下，不能因为修改者的行为具有创作的成分而否认其侵害作者的修改权。同时值得进一步探讨的是，这种未经授权而进行的"创作"行为应当如何看待。在笔者看来，根据著作权法基于创作产生作品的原则，未经授权修改作品的情况下，修改者进行创作的行为，其独立创作部分的著作权不应当归属于原作者。而在他人依作者授权进行修改的情况下，对作品进行的符合著作权法意义上的创作特征的"修改"，"修改者"能否成为合作作者值得探讨。

4. 关于侵害保护作品完整权纠纷

为了深入理解保护作品完整权的司法保护，需要就这一权利的属性和保护的正当性加以认识。

在我国《著作权法》中，保护作品完整权属于作者享有的著作人身权之一。这一权利被认为是一种纯粹的精神权利。[2]根据《著作权法》第10条第1款第4项规定，保护作品完整权是指禁止歪曲、篡改作品的权利。如前所述，保护作品完整权和修改权具有类似之处，甚至有学者认为修改权和保护作品完整权是同一权利的两个方面。即从积极方面说，作者享有修改其作品的权利；从消极方面说，作者有权禁止他人歪曲、篡改其作品。无论如何，

---

〔1〕 参见重庆市第一中级人民法院（2017）渝01民终5029号民事判决书（著作权侵权纠纷案）；北京知识产权法院（2019）京73民终2030号民事判决书（著作权权属、侵权纠纷案）。

〔2〕 Cathay Y. N. Smith, "Creative Destruction: Copyright's Fair Use Doctrine and the Moral Right of Integrity", 47 *Pepp. L. Rev.* 601（2020）.

保护作品完整权和修改权之间具有十分密切的联系，对此将在下面进一步探讨。

对于著作权法设立保护作品完整权或者说保护作品完整权的正当性与合理性，可以从以下方面加以理解。

第一，作者对其作品具有特定的人格和身份关系。作品是作者人格的体现。作者通过一定形式创作出表现其思想、感情、审美态度等个性化特色的作品。正如前面所指出的，作者与作品之间的关系类似于父母与亲生子女之间的血缘关系。这种关系是客观的、永久的、不可改变的。正是因为作者对作品的这种特定"血缘关系"，所以作品在创作完成以后，不允许他人未经作者许可对该作品进行任何形式的更改，以维护作品的完整性。进一步说，维护作品的完整性具有能够使作品的原貌得以在历史传承中保存下来的重要意义。

从人类文化创作和传承的角度来说，作品的生命力在于充分利用和传承。今天的作品也就是明天的文化传承物，可以为人类文化知识的存量和传承作出一定的贡献。特别是脍炙人口的优秀作品，其对人类文化的进步和知识存量的增加作出的贡献更大。换一个角度而言，过去沉淀下来的人类的优秀作品，在今天都成了重要的文化遗产。尽管过去没有现代意义上的著作权制度，过去的优秀作品之所以能够以完整的原貌保存下来，与对维护作品的原貌和维护作品的完整性的尊重有极大关系。实际上，在著作权制度诞生以前，对于署名权、保护作品完整权等现代意义上的著作人身权的尊重在总体上已经实现。也正是因为对这些高度反映作品和作者人格关系的著作人身权的尊重，过去大量的优秀文化遗产才能够完整地保存下来，从而被我们看到。我国春秋战国时期百家争鸣留下的文化遗产即是如此。这里可以进一步思考，为何在现代著作权制度诞生以前并不存在法律上规定署名权、保护作品完整权等著作人身权的情形，但在事实上这一权利观念仍然能够得到尊重。对此，笔者认为，尽管在古代社会，无论是中国还是外国并没有现代意义上的保护作者人格权的著作权制度，但其是作为一种自然的、朴实的权利观念在当时存在的。正如洛克的财产权劳动学说强调基于劳动获得财产权这一自然法观念，在人类原始社会的蒙昧时代、野蛮时代即存在一种朴实的基于劳动而获得"财产权"的朴素权利观念。这一现象早在 1896 年美国一家法律杂志社刊登的一位学者的论文中即已指出。

在著作权法领域同样如此。这里不妨简要介绍一个很古老的故事。在古希腊罗马时代，一个修道院的院士撰写了一本书，该书不幸被修道院的院长剽窃并以其名义公开。修道院院士发现以后主张权利，最后官司打到国王那里。国王最后裁决的结果是"牛犊各归母牛，抄本各归其主"。正是基于作者与作品特定的人格与身份关系，即便在古代社会人们也存在一种直觉的观念，即不仅可以通过创作获得署名的身份，而且在作品创作完成以后，作品的完整性也应当得到尊重。当然，在过去没有保护著作人格权的著作权法律制度，对作者的署名不够尊重，剽窃、抄袭行为大量存在，破坏作品完整性的事例更是多见。不过，总体而言，基于对作品署名和保护作品完整性的自然观念，人类优秀作品的传承总体上得到了保障，否则在当今社会人们很难看到留下来的优秀作品的原貌。

第二，对作品的歪曲、篡改行为会损害作品的完整性，破坏作者与作品之间的特定人格身份关系，进而损害作品的声誉，最终也会构成对作者的名誉损害。[1]歪曲通常表现为对作者所表达的思想、情感、主题、情节，或者相关的观点进行曲解；篡改行为，则通常体现为用作伪的手段故意改动作品中的事实、数据或表达的观点等。保护作品完整权所规制的违法行为，只要满足上述其中之一即可构成侵犯作品完整权。歪曲、篡改他人作品的行为，显然会破坏作者与作品之间的特定人格与身份关系，损害作者的声誉，进而也会对作品的市场价值造成影响。因此，为了充分保护作者对其作品享有的合法权益，需要禁止对作品的歪曲、篡改行为，设立保护作品完整权。

在研究保护作品完整权的内涵时，需要首先认识其与修改权之间的关系。

前面对修改权的概念和内涵作了探讨。一般而言，保护作品完整权涉及对作品的修改问题，因为该权利所禁止的歪曲、篡改行为是对作品进行修改以后才能出现的。当然，在特殊情况下，在对作品没有进行修改的情况下，也可能涉及侵害保护作品完整权问题。这里先讨论保护作品完整权与修改权之间的关系。从规制侵害著作人身权的角度来看，两者都是未经许可对作品进行修改的行为，只是保护作品完整权强调该修改行为构成了对作品的歪曲、

---

[1] 参见广东省广州市中级人民法院（2010）穗中法民三终字第 196 号民事判决书（侵害著作权纠纷案）；河南省高级人民法院（2014）豫法知民终字第 53 号民事判决书（侵害著作权纠纷案）；河南省高级人民法院（2014）豫法知民终字第 59 号民事判决书（侵害著作权纠纷案）。

篡改。换言之，如果未经许可对作品进行修改的行为没有达到歪曲、篡改的程度，就不构成侵害保护作品完整权的行为。只有达到了歪曲、篡改的程度，才构成侵害保护作品完整权的行为。从著作权法实践来看，未经许可对作品进行修改的行为，很有可能构成对作品的歪曲、篡改。从这里也可以认识到，为何很多国家著作权法对著作人身权的规定并没有保护修改权的内容，而只限于保护作品完整权，甚至《伯尔尼公约》对著作人身权的规定也只限于保护作品完整权，而没有修改权。当然，从对著作人身权保护的更高水平来说，同时规定修改权和保护作品完整权可以实现对著作人身权更加充分、有效的保护，因为如果不规定修改权，在未经作者授权时对作品的修改并不构成歪曲、篡改的前提下就无法对于未经作者授权而对作品进行修改的行为予以禁止。我国现行《著作权法》同时规定了修改权和保护作品完整权，因此也可以认为其对著作人身权的保护具有较高的水平。

值得进一步探讨的是，我国《著作权法》第三次修改中对于修改权和保护作品完整权的立法规定作了进一步的完善。根据 2014 年《著作权法（修订草案送审稿）》第 13 条第 2 款规定，保护作品完整权是指允许他人修改作品以及禁止歪曲、篡改作品的权利。由此可见，其在形式上是废除了修改权，但实质上是将修改权的内容整合至保护作品完整权中。不过，对照 2010 年《著作权法》关于修改权的规定，其在修改权的内涵方面也有所调整，即去掉了作者自己修改其作品的权利，而仅保留授权他人修改的权利的内涵。对此，笔者认为这一修改具有合理性，原因在于著作权人自己修改其作品是其当然的权利，不需要在法律中作出特别的规定。对于修改权的保护而言，应当侧重于防止他人未经许可对其作品进行修改。从《著作权法（修订草案送审稿）》这一规定来看，立法者希望通过扩大保护作品完整权的内容，仍然保留修改权的核心内容。可以设想一下，如果《著作权法（修订草案送审稿）》在废除了修改权的规定以后，没有在保护作品完整权中涵盖对修改权的保护，就可能在实质上出现上面所提到的当未经作者许可而对作品进行的修改没有达到歪曲、篡改的程度时，著作权人就不能禁止他人这种未经许可而进行的修改的情况，这显然不利于最大限度保护作者著作人身权。但遗憾的是，2020 年最终通过的现行《著作权法》没有采纳草案的做法，仍保留了 2010 年《著作权法》关于修改权的规定。

关于保护作品完整权的内涵，还值得进一步探讨的是，《伯尔尼公约》规定了行为构成对作者声誉的贬损这一条件。我国是该公约的成员国，有义务遵守该国际公约的规定。在我国《著作权法》第三次修改中，对于保护作品完整权的内涵是否应当包含损害作者的声誉这一条件值得探讨。对此，理论上存在两种相反的观点，一种认为不需要加入这一条件；另一种观点认为，基于遵循国际义务的需要，我国《著作权法》修改应当遵循国际标准，加入这一条件。[1]近些年来，在涉及保护作品完整权的著作权司法案件中也存在不同的观点。这里不妨以近几年审结的《九层妖塔》著作权侵权纠纷案[2]为例加以探讨。在该案一审中，北京市西城区人民法院认为，对于被告对原告作品的改编是否构成对原告作品保护作品完整权的侵害，应当查明被告的改编行为是否造成了对原告声誉的贬损。本案的事实能证明不存在这一损害，因此被告并不构成对原告保护作品完整权的侵害。二审法院则认为，我国现行《著作权法》并未规定对原告声誉构成贬损是侵害保护作品完整权的必要条件，而规定只要构成了对原告作品的歪曲、篡改行为，就成立侵害保护作品完整权益的行为。本案中由于被告的行为歪曲、篡改了原告作品，故根据《著作权法》规定侵害保护作品完整权益的行为应当成立。

对于上述情况，笔者认为，基于我国加入了《伯尔尼公约》这一国际公约，在修改《著作权法》时应当遵循我国已经加入的著作权国际公约的相关规定。因此，规定构成贬损作者声誉具有合理性。同时在现实中，歪曲、篡改作品的行为，也往往会对作者的声誉构成贬损。因此，在著作权司法实践中是否构成对作者声誉的贬损，也可以作为认定是否构成歪曲、篡改作品的行为的重要依据。[3]

三、作品的独创性问题

关于作品独创性问题，前面针对著作权客体制度的研究已有探讨。鉴于其在著作权司法保护中的重要地位和作用，以下将进一步进行研究。

（一）作品的独创性的概念与内涵

根据我国现行《著作权法》第 3 条规定，著作权法所称的作品，是指文

---

［1］ 参见费安玲、杨德嘉：《〈著作权法〉修改视域下保护作品完整权的权利边际》，载《法律适用》2022 年第 4 期。

［2］ 北京知识产权法院（2016）京 73 民终 587 号民事判决书（侵害著作权纠纷案）。

［3］ 参见北京知识产权法院（2016）京 73 民终 587 号民事判决书（侵害著作权纠纷案）。

学、艺术和科学领域内具有独创性并能以一定形式表现的智力成果。值得注意的是，在《著作权法》第三次修改过程中，关于作品的定义有不同的规定。如著作权法修改草案中，有的版本将智力成果改为智力表达，认为智力表达更能体现作品的属性；有的版本将"以某种有形形式复制"修改为"以某种形式固定"。在2020年4月著作权法修改草案审议稿中，将上述文学、艺术和科学领域扩大，具体规定为"文学、艺术和科学等领域"。无论如何，在上述所有修改草案的版本中，都毫无例外地将独创性作为受著作权法保护作品的必要条件。从这里也可以凸显出独创性在著作权法保护中的重要地位。

独创性不仅是著作权保护的作品中不可缺少的构成要件，而且是司法实践中涉案作品是否受著作权保护或者是否构成著作权侵权的重要考量因素和条件。因此，首先有必要对独创性的概念和内涵有基本的认识。令人遗憾的是，包括我国在内的各国著作权法以及与著作权有关的国际公约的相关规定，几乎见不到对于独创性概念的任何规定。因此，对于独创性问题的研究，首先需要探讨其基本概念。

从目前对于独创性概念的研究来看，主要有以下几种观点：第一种观点认为，独创性意味着独立创作完成作品，不需要考虑其他的因素或者情况。第二种观点认为独创性不仅意味着独立创作完整的作品，而且还必须体现出作者一定的个性特征。第三种观点认为独创性包括两个层面，一是独立创作完成作品，二是具有最低限度的创造性。从著作权司法保护中对独创性界定的情况来看，最高人民法院发布的相关司法政策和司法解释也没有对独创性作出明确的规定，地方一级司法指导性文件中则有个别相关规定，如北京市高级人民法院关于审理著作权纠纷案件的指导性文件中指出，独创性要求具有独立创作完成的特点，而且在选择和判断方面具有自身特色。从后面的研讨中可以发现，无论是在国内还是国外著作权司法实践中，法院对于作品独创性的概念和认定都会提出相关的观点。

对于独创性的上述观点，所有主张都认为独立创作完成是作品具有独创性的核心要求。[1]对此，笔者也深表赞成。独立创作完成意味着作品的完成

---

[1]　参见安徽省高级人民法院（2008）皖民三终字第0052号民事判决书（侵害著作权纠纷案）；浙江省杭州市中级人民法院（2011）浙杭知终字第54号民事判决书（著作权权属、著作权侵权纠纷案）。

不应当是基于剽窃、抄袭他人作品或者复制他人作品而产生的，而应当是作者自己通过一定的创作形式，进行独立思考而完成的智力创作成果。当然，独立创作完成并不否认合作作品和合作作者的存在。实际上，合作作品也是各个作者独立创作完成的，只是作者的数量不限于一个。这里的关键因素在于如何理解"独立创作完成"。对此，笔者认为在司法实践中应当考虑以下几个因素。

第一，该种行为是一种创作行为。根据《著作权法实施条例》的规定，创作是指直接产生文学、艺术和科学作品的智力活动。没有创作，就没有作品，也就谈不上著作权。因此，创作是获得著作权的前提和基础。《著作权法实施条例》还明确排除了从事辅助工作、没有直接从事创作行为的相关行为人不能成为作品的作者。值得注意的是，随着社会的发展，特别是随着技术的发展，创作的手段和方式也在不断变化之中。例如，利用计算机作为创作的手段，就具有一定的特殊性。特别是随着现代人工智能的发展，人工智能生成物是否属于作品，以及如果属于作品，作者如何确定？毫无疑问，人工智能的出现对著作权的客体和作品作者的确定带来了挑战。[1]从近年欧洲发布的人工智能版权保护的白皮书的观点来看，人工智能生成物是否属于受著作权保护的作品、具有独创性，应当考虑是否具有人工干预的因素。换言之，如果人工智能生成物的形成有人工干预的因素，则可以认为具有独创性而成为受著作权保护的作品。相反，如果没有人工干预的因素，则可以认为不具有独创性，而不能成为受著作权保护的作品。

第二，创作完成的独立性。这里的独立性应当理解为直接产生文学、艺术和科学作品的智力创作活动，而不是依赖于其他因素。当然，应当指出，独立创作并不排除适当合理参考和借鉴他人的作品以及合理引用他人的作品，只是这种参考借鉴或者引用不能超越合法的边界。

独立创作是构成作品独创性的根本要素。在著作权司法实践中，需要注意创作的独立性与参考、借鉴、引用他人作品的关系。基于创作的规律和人类从事知识创造活动的继承性和延续性，作者进行创作并获得具有独创性的作品离不开对他人作品的参考、借鉴以及必要的引用。具体而言，不仅可以

---

[1] 参见广东省深圳市南山区人民法院（2019）粤0305民初14010号民事判决书（侵害著作权及不正当竞争纠纷案）。

针对他人作品中表达的思想在自己创作的作品中予以吸收与利用，而且可以对他人作品的表达方式进行借鉴。如前所述，其中思想、通用的情节、客观事实、场景等都是不受著作权保护的，在创作作品时可以充分地占有与利用。这里就涉及所谓思想表达二分法的问题。[1]不过，对于这一原则，还需要考虑相关的特殊情况。例如，以下情况就值得考虑其受法律保护的问题：一是通过发表作品，在该作品中首次公开的思想虽然本身不受著作权保护，但他人在利用该思想创作相关作品时，就针对思想首次贡献者的尊重的角度而言，需要注明相关信息。否则，读者就可能认为该思想是由该作者首次提出的，从而使该思想的首次提出者未能获得其他相关读者的认可。二是未发表作品的思想本身还可以受到其他相关法律的保护。其中涉及与技术方面有关的思想时，还存在更复杂的法律问题，如专利申请或者商业秘密保护问题。[2]此外，如前所述，在思想的表达只有唯一或者很有限的表达形式的前提下，思想与表达构成了重合，此时应当适用合并原则，即对表达的利用也不构成侵害著作权。

至于在独立创作中引用他人作品，也是各类作品创作的常见现象和必要手段。引用他人作品并不排除独立创作这一要件的成立。然而，根据著作权法的规定，引用他人作品应当符合合理使用的条件，包括不能构成引用人作品的主要部分或者实质部分。此外，作为合理使用的范畴，也应当遵循合理使用的原则：使用应当限于特例；使用行为不应当影响著作权人对作品的正常使用；使用行为不应当无故损害著作权人享有的合法权益。在现实中，如果引用不符合法律规定的条件，就会构成对他人著作权的侵害。这里不妨分析一个案例：某作者在主编的一本书中引用了原告的作品，在该书中第一次引用时专门增加了一个注释，该注释指出后面凡是楷体字部分均引自原告的著作。该书在后面出现了几十处楷体字，总字数达到了被告书的篇幅的十分之一。原告认为被告的书引用量超过合理使用的量，构成著作权侵权。被告

〔1〕　See Stromback v. New Line Cinema, 384 F. 3d 283（2004）.

〔2〕　参见甘肃省庆阳市西峰区人民法院（2023）甘 1002 知民初 30 号民事判决书（侵害商业秘密纠纷案）；最高人民法院（2021）最高法知民终 1657 号民事判决书（侵害商业秘密纠纷案）；重庆自由贸易试验区人民法院（2022）渝 0192 民初 8589 号民事判决书（侵害商业秘密纠纷案）；浙江省杭州市中级人民法院（2023）浙 01 民初 163 号民事判决书（侵害技术秘密纠纷案）；陕西省西安市中级人民法院（2021）陕 01 知民初 1978 号民事判决书（侵害技术秘密纠纷案）。

则认为其引用行为属于合理使用，因为其在引用时标明了来源。该案中被告行为显然不构成对原告作品的剽窃、抄袭，因为剽窃、抄袭行为是一种故意的欺世盗名的行为。然而，如果引用篇幅过量，就可能变成一种非法复制他人作品的行为，同样构成著作权侵权。本案就属于这种情况。

第三，作品并非来自对他人作品的剽窃、抄袭或者复制。关于剽窃、抄袭问题，前面的探讨已有所涉及。可以认为，独创性和剽窃、抄袭正好相对应，具有独创性的作品不应当是剽窃、抄袭他人作品的结果，而应当是作者独立创作行为的产物。这里的所谓剽窃、抄袭具有等同的含义。我国1991年实施的《著作权法》即将两者并列。2001年《著作权法》第一次修改时则在可以承担民事责任的著作权侵权行为中保留了"剽窃"的术语。实际上，剽窃和抄袭本质上是一回事，抄袭是剽窃的具体表现形式。剽窃、抄袭体现为采用隐蔽的手段窃取他人作品的部分或者全部并据为己有的行为。剽窃、抄袭行为主观上具有故意，客观上损害了被剽窃、抄袭作品作者的著作权。从作品独创性的角度来说，剽窃、抄袭作品中的"独创性"，实际上是来自被剽窃、抄袭作品的独创性。严格来讲，其是对被剽窃、抄袭作品的部分或者全部的非法复制行为。在著作权司法实践中，也可以从独创性的角度对涉及剽窃、抄袭作品著作权侵权纠纷案件进行评判与认定。[1]根据郑成思教授的观点，如果被告是以非独创性的方式再现了原告具有独创性的作品，被告毫无疑问构成了对原告著作权的侵害。如果被告是以独创性的方式再现了原告具有独创性的作品，情况则较为特殊，如未经许可演绎他人作品就存在这种情况。根据著作权法的规定，著作权人对其作品享有通过改编、翻译等演绎方式使用其作品的专有权利。未经著作权人许可对其作品进行改编、翻译等演绎行为会产生演绎作品。该演绎作品固然因未经许可而构成对原作者著作权的侵害，却因具有独创性而仍然享有著作权。当然，对于具有侵权性质的演绎作品，其著作权问题在司法实践中存在一定的争议。如在美国著作权司法实践中认为侵权归侵权、演绎归演绎，即侵权演绎作品的著作权人需要对原作著作权人承担侵害著作权的法律责任，但侵权演绎作品作者仍然享有独立的著作权，他人未经许可，不得使用该侵权演绎作品。

---

〔1〕 参见新疆维吾尔自治区高级人民法院（2010）新民三终字第11号民事判决书（侵犯著作财产权纠纷案）；云南省高级人民法院（2009）云高民三终字第51号民事判决书。

关于作品独创性的概念，一种主张认为其除包括独立创作完成以外，还包括具有最低限度的创造性。这一观点在美国 20 世纪 80 年代著名的费斯特案[1]中被明确予以肯定。在此，笔者表示赞成。实际上，基于独创性要求作者独立创作完成，必然也会要求最低限度的创造性。当然，这种创造性并不意味着有一定的创造高度。例如，在欧洲大陆法系国家中的德国即要求作品独创性具有一定的创造高度。这在司法实践中是难以做到的，并且基于创造高度标准的确定是一种主观认识，很难做到裁判标准的统一。因此，对于独创性的认定也很难界分出创造性高低。[2]不过，正如后面还需要进一步探讨的，《加强知识产权司法保护意见》明确提出了针对不同类型的作品确定独创性。从实际情况来看，不同类型的作品确有独创性程度之分。如事实类、汇编类的作品的独创性程度较低，小说、文学作品则具有较高的独创性。[3]从受著作权保护的条件来说，并非要求界定独创性程度的高低，而只是要求确认是否存在作品的独创性。因此，对不同类型的作品而言，在认定独创性方面，通常不需要去界定和评判该作品的学术价值或者艺术价值。当然，学术价值或者艺术价值较高的作品，其独创性也应当是"水涨船高"。而且，学术价值或者艺术价值较高的作品，也就是创造性程度较高的作品，其质量和社会影响力也会更高。只是在衡量是否符合著作权法所要求的独创性时，并不需要考虑该作品学术价值或者艺术价值的高低而已。之所以不需要考虑这种作品创造性因素的高低，笔者认为还有一个重要的原因，即法律的可操作性问题。由于学术价值或者艺术价值的高低需要进行主观评价，这必然会因人而异，如果将其作为判断作品独创性的标准，就可能造成裁判标准的不统一。

不过，还应当指出，最低限度的创造性标准仍然具有必要性与合理性。在前述美国费斯特案中，相应的表达是存在"创造性火花"。对此，笔者认为，这可以根据知识产权哲学理论中的增加价值理论加以阐述。从增加价值理论角度来说，作品只有增加了相应的社会价值，才具有受保护的合理性与

---

[1] Feist Publications, Inc. v. Rural Tel. Service Co., 499 U.S. 340 (1991).

[2] 参见北京市高级人民法院（2020）京民再 128 号民事判决书（侵犯著作权及不正当竞争纠纷案）。

[3] 参见湖北省高级人民法院（2022）鄂知民终 81 号民事判决书（著作权权属、侵权纠纷案）。

正当性。创作作品所增加的价值必然需要通过创作具有独创性的作品的形式加以实现。这种独创性，需要以最低限度的创造性为基础。创造性意味着创造了从无到有的东西，以及在已有基础上增加了某种社会价值。该价值就值得被给予法律的保护。

对于上述作品独创性的概念，还值得探讨的是，是否需要具备反映作者个性特点的条件或者要素。[1]对此，笔者表示赞成。实际上，从作品创作的规律和特点来说，"文如其人"。任何作品都是作者在已有知识和经验的基础之上，通过一定手段反映出其思想、情感、审美态度等个性化人格属性和特点。从作者与作品的关系来说，如前所述，作品是作者人格的体现，这一人格体现实际上反映了作者的个性，并在作品中得到了充分的体现。可以认为，越是具有个性化的作品，其独创性越强；越是缺乏个性化特点的作品，其独创性越弱。在著作权司法实践中，甚至可以根据作品所反映的作者个性特点来衡量是否存在剽窃、抄袭等著作权侵权行为。这里不妨举一个案例加以说明。

在 20 世纪苏联时代，《静静的顿河》作者米哈依尔·亚历山大维奇·肖洛霍夫曾被怀疑抄袭了他人的作品，后来将该作品与作者其他作品的个性化特色进行对比，最终认定该作品也是作者的系列作品之一，不构成对他人作品的剽窃、抄袭。

实际上，从创作规律来说，每个人都具有自己相应的文风和特色，正所谓"文如其人"。作者作品所体现的个性化特色，深刻地反映了作者人格的属性，也在很大程度上体现了作者所创作的特定作品的独创性。在著作权司法实践中，在认定作品独创性时作者个性化特色还没有受到充分重视。但笔者认为，基于作者创作同类型作品具有相对稳定的个性化特色这一特点，作品中所展现的作者个性也能够说明作品的独创性。对一些特殊类型的作品来讲，这方面的因素尤为重要。例如，在前面所探讨的翻译作品剽窃的著作权侵权纠纷案中，由于针对同一原著的同一语言的译作在表达方面必然具备相当程度的雷同，这些雷同不能按照通常的实质性相似加接触来确定作品是否构成侵害著作权。为此，需要针对原告译作具有个性化的表达是否在被告作品中

─────────────

〔1〕 参见北京互联网法院（2018）京 0491 民初 1 号民事判决书（侵害作品信息网络传播权纠纷案）。

同样出现来加以确定。

　　作品所体现的作者个性化特色，也是认定独创性所需要考虑的。从作品独创性的相关规范来看，如前所述，北京市高级人民法院在发布的关于审理著作权纠纷案件的司法指导意见中指出，著作权司法实践中认定独创性除要考虑属于作者独立完成以外，还应当考虑选择和判断问题。笔者认为，这在一定程度上也体现了对于作品个性化特色的考量。当然，这种个性化特征的考虑远远不限于选择和判断问题，还包括其他一系列体现作者创作的个性化特色，在特定作品中所反映的思想、感情、审美态度、学术观点、人生观和价值观等多方面的因素，以及一定形式对作品外在表达的独到特点等。如前所述，从创作规律来说，每个人基于其不同的生活、教育背景，对于相关问题的态度与认识，以及在或长或短的创作实践中形成的写作风格和特色，在一定时期内其创作行为必然会形成相对稳定的特色和个性化表征。这种个性化特色正是体现和反映作品独创性的内在因素。

　　当然，不同类型的作品创作空间和独特性发挥的空间不一，针对不同类型的作品作者发挥个性化特色的空间也具有不同的程度。在著作权司法保护实践中，需要根据个案中特定类型的作品确定相应作品所反映的作者个性。《加强知识产权司法保护意见》即明确提出要针对不同类型的作品确定作品的独创性。笔者认为，无论是从理论还是司法实践的角度来看，作品类型不同，其独创性的程度和要求也不一样。有些作品的独创性程度较低，如汇编作品等涉及事实编纂类的作品，其独创性主要体现于被汇编的内容的选择和编排方面反映了作者的个性化特色。上述北京市高级人民法院的相关指导意见提到的选择和判断在汇编作品中可能体现更为明显。当然，任何作品的创作都会涉及这一问题，而选择和判断必然体现了作者的喜好、审美和学术态度等个性化特色。对完全虚构的作品而言，如文学作品、科幻小说，其独创性程度比一般作品更高。具有高度探索性的学术作品、艺术作品同样如此。这些不同类型作品的独创性程度不同，很大程度上也体现为个性化特色发挥的空间不同。

　　在著作权司法实践中，需要基于个案的特点，重视涉案作品能够发挥和体现的个性化特色。具体而言，还需要注意以下几点。

　　第一，应当立足于个案中作者所体现的个性化特色，而不是一般意义上的或者泛泛的作者创作的个性化特色。[1]原因在于，著作权纠纷案件解决的是个案，必须立足于个案的事实。当然也需要指出，基于作者创作具有相对稳定的模式、风格和特色，在某一特定时段作者创作的总体的个性化特色，也可以作为个案认定作品个性化特色的参考。

第二，根据《加强知识产权司法保护意见》基于不同类型作品确定作品独创性的观点，以作者的个性确定作品独创性，应当基于相同类型的作品，而不宜在不同类型作品之间进行比较，因为不同类型作品独创性的程度和作者个性化表达的空间可能大相径庭。

第三，作者个性化因素在作品独创性方面的作用，还需要排除作品中不受著作权保护的诸多方面，尤其是非个性化的因素。前面的研究表明，作品独创性并不排除在作品创作中参考、借鉴、引用或者以其他合理使用的方式使用他人的作品，包括对他人作品中所体现的思想的借鉴和利用等。受著作权保护的作品，其实也存在诸多不受著作权保护的公共领域的空间。这里所说的公共领域是相对于著作权所保护的专有领域而言的。公共领域是著作权法中任何人都可以自由利用的公共的知识财富，它也是创作的基本建筑材料，对于促进表达自由、繁荣和发展我国科学文化事业具有基础性的作用。体现作品独创性的作者个性化特色，显然不能属于公共领域的范畴。[2]因此，在著作权司法实践中，基于独创性判断时，应当注重排除公共领域元素。[3]特别是涉及著作权侵权纠纷诉讼中，需要对原被告作品的表达进行详细的比对，在比对中应当排除不受著作权保护的公共领域的内容。只有在这一基础之上，才能进一步甄别原被告作品的个性化表达的空间，从而判断原被告作品的独创性，特别是认定被告是否以非独创性的形式再现了原告具有独创性的表达。

（二）作品受著作权保护要求具有独创性的正当性和合理性

如前所述，独创性是受著作权保护的作品的构成要件，也是受著作权保护的最重要的条件。为了深入理解独创性问题的重要性，需要在理论上进一步认识其在著作权法中的重要性和合理性。对此可以从以下方面加以理解。

---

〔1〕 参见北京互联网法院（2018）京 0491 民初 1 号民事判决书（侵害作品信息网络传播权纠纷案）。

〔2〕 See Jessica Litman, "The Public Domain", 39 *Emory Law Journal* 969 (1990).

〔3〕 See Bleistein v. Donaldson Lithographing Co., 188 U. S. 239 (1903); Bucklew v. Hawkins, Ash, Baptie & Co., LLP, 329 F. 3d 923 (2003).

1. 作品独创性要件符合著作权法促进创新的立法宗旨

作品的独创性深深地打上了作者创作的个性化特征。作品独创性要件可以从著作权法促进创新的立法宗旨角度加以理解。著作权法是一部调整围绕作品的创作、传播和利用而产生的法律关系的知识产权法。在著作权法的核心架构中，离不开作品、作者和著作权这三个因素。其中，作品是著作权保护的客体和基础，因为没有作品著作权的保护问题就无从谈起。作者则是创作作品的人，是为作品的产生直接作出了创造性贡献的主体，没有作者的创作行为，也就不存在作品，同样也谈不上著作权保护的问题。当然，从著作权的主体来说，不完全限于作者，还包括作者以外的其他著作权人。从近些年来著作权归属制度的趋势来看，有从保护作者到保护投资者的倾向。不过，无论如何，作者在著作权保护中仍然处于主导地位。对此前面的有关讨论中已进行了研究。这里需要着重探讨的是独创性要件与著作权法促进创新之间的关系。为此，先需要认识著作权法促进创新的立法宗旨和价值取向。

知识产权法具有鼓励和激励创新的立法目标和价值取向，这已成为共识。对此，国内外的知识产权政策和立法、知识产权司法保护以及知识产权基础理论都给予了充分肯定。知识产权法律制度鼓励和激励创新的上述目标是基于促进知识创新和创新成果传播的价值取向，因为没有知识创新和创新成果的传播，人们就不能获得和利用社会进步和发展所需要的大量的知识创新成果。可以认为，自知识产权制度在世界各国建立和发展以来，人类知识的创新和创新成果的传播与运用获得了极大的成效。知识产权法律制度对于推进科技文化创新方面的作用与功能，也得到了充分的肯定。著作权法作为知识产权法的重要组成部分也不例外，其同样具有促进创新的功能和作用。只是在具体的促进创新的内容方面，其与其他的相关知识产权法律相比具有不同的特色。例如，专利法更多地侧重于技术方面的创新和进步，以提高创新能力、促进技术进步与发展为重要的立法宗旨。对此，我国《专利法》第1条中有明确的规定。商标法在促进创新方面则并非主要基于商标标识本身设计方面的创新，而是通过构建改善商品或者服务质量而提升商标品牌声誉的制度机制实现创新，并且也包括技术创新，因为技术创新才意味着附载商标的商品从生产加工销售到最后进入消费者手中，从而实现商品的价值。就著作权法促进创新而言，主要体现为在文化领域促进具有创新性的作品的产生和传播。在著作权立法宗旨和价值取向方面，特别表现为鼓励和促进更多的适应社会发展需要的优秀作品的诞生。这样一来，著作权法对作品质量的要求就更加关注。作品的独创性则保证了其不是对已有作品的重复，特别是不能是剽窃、抄袭他人的作品，因而能够实现在文化领域的创新。否则，就无法保证受著作权保护的作品的质量，特别是难以避免"天下文章一大抄"现象的发生。

2. 独创性要件是著作权法促进知识增量、丰富人类知识存量的根本性保障

就人类知识的产生和传播角度而言，事物有一个推陈出新的过程。只有在已有知识基础之上不断产生新的知识，才能促进知识增量的增长，而这显然是有利于社会的发展和进步的。受著作权保护的作品要求具有独创性，则意味着通过作者的创造性智力劳动而直接产生了智力作品。这种作品从知识存量的角度来说，是以前所不曾有的，因而也是促进知识增量的基本手段。

在这里必须充分认识到知识增量和知识存量的辩证关系以及它们对于促进人类文化进步和社会发展的极端重要的作用。从人类社会的发展和进步的历史角度来说，人类社会的发展和进步是在不断地探索自然和征服自然的过程中实现的。在这一过程中，人们逐渐地获取了新的知识，并且不断地探索未知世界。其中，科学发现和技术发明起到了十分重要的作用。同时，对于新知识的探索和思想观点的交流，需要通过一定的形式予以固定，以便于相互交流和传播。作品的创作和传播就是极端重要的形式。从纯粹的技术层面来说，其离不开技术，特别是传播技术的产生和发展。也正是基于我国印刷术的发明和传播，才使欧洲在古登堡时代由雕版技术升格为活字印刷术，导致了著作权法律制度首先在英国诞生。技术的发展也产生了对法律制度的需求。著作权制度中的特许权制度引进到财产权制度就是体现。需要进一步看到的是，传播技术的产生和发展只是为作品的高效传播提供了物质技术条件。就人类文化的进步和发展而言，仍然离不开作品的创作这一无形财产的生产性行为。建立在独创性要件基础上的作品，就能够保证源源不断地获得知识增量。这种源源不断增长的知识增量为文化的进步和创新提供了基础条件。正如知识产权哲学中的增加价值理论所指出的，正是因为作品创作、发明创造等知识创造行为为社会增加了价值，所以值得给予具有专有权性质的法律保护。可以认为，在著作权法领域要求作品具有独创性，是实现人类文化领域知识增量的根本性保障，否则社会上将充斥着低水平重复的各类缺乏独创

性的作品。更严重的是，如果缺乏独创性的作品也可以受著作权保护，这将从根本上挫伤人们进行独立创作的动力和积极性，社会文化资源创造之源将不复存在，著作权法鼓励和保护创作并促进优秀作品的传播的立法宗旨也将无法实现。

3. 作品独创性要件是促进著作权法中表达的多样性和民主文化建设，发展我国科学文化事业的重要保障

对上述观点，首先需要理解著作权法中表达多样性和民主文化建设的重要性。[1] 著作权法所保护的作品，是人们进行精神文化消费、提升自身文化素质和促进思想、信息交流的基本精神食粮。作品作为作者思想表达的形式，是记载和反映作者对特定问题的观点、认识、态度及其他各种个性化特点的基本表征。从人类关于作品传播的历史来看，在早期特别是在印刷术出现之前，人们对作品的传播手段和范围十分有限，以致作者希望以"抄本"的形式传播自己的思想和观点。在这种情况下，无法形成现代意义上的著作权保护观念和现代的著作权制度。印刷术特别是活字印刷术出现以后，情况发生了翻天覆地的变化。其根本的原因在于，作品传播的效率极大程度地得以提高，作品的出版成为一种有利可图的事业。从早期英国出版特许权的历史来看，正是因为作品的出版有利可图，加之英国皇室将对作品出版的控制视为对言论自由控制的一种重要形式，早期的英国作品出版特许权制度应运而生。我国宋代以来的早期特许权制度也有类似的特点。无论如何，作品的传播对于人类文明的进步和贡献值得高度肯定。

在当前的信息网络时代，作品的传播手段和技术得到了极大的发展，作品的传播对于社会进步和发展的作用更大。在笔者看来，印刷术之所以成为我国的四大发明之一，为人类文明的进步和发展作出巨大贡献，根本原因在于其对于作品传播的极大作用。作品的传播之所以对人类文明具有如此大的贡献和作用，也是因为负载在作品中的思想、知识和信息能够通过不同类型的作品公开传播，被广大公众利用，提高公众的文化素养和水平。可以认为，无论是在古代社会还是当今信息网络社会，以作品为基本的形式，是传播知识、思想和信息，促进民族文化水平提升的基本工具。

---

〔1〕 参见杨利华：《从应然权利到实然权利：文化权利的著作权法保障机制研究》，载《比较法研究》2021 年第 4 期。

　　以上的讨论特别强调了作品传播对于人类文化进步和发展的重要作用。需要进一步看到的是，这种作用是建立在表达多样性的基础之上的。基于人们的兴趣爱好、教育背景、审美态度等个性化差异，对于具有同样思想、内容的作品需要有不同的表达形式，正是表达形式的多样性造就了社会生活的丰富多彩。例如，针对同一主题，人们可以看到不同风格的作者所完成的不同个性化表达的作品。针对学术、艺术或者社会生活中的某一思想，也可以产生不同表达方式的作品。相反，如果针对同一主题、思想的表达方式雷同，甚至千篇一律，除在先的作品以外，其他作品实质上是对在先作品的重复，这样就无法实现文化的发展，人们也会对这种雷同性作品产生厌恶心理。从某种意义上说，不同类型的作品都是在一定形式上展现、揭示五彩斑斓的社会生活，或者表达特定的学术或者艺术思想，促进思想、知识和信息的交流，为人们带来精神食粮，同时也能够促进相应的学术或者艺术的创新与发展。

　　上述作品表达多样性，需要赋予作品独创性要件才能得以实现。这是因为，独创性意味着作品是作者独立完成的，而不是复制或者剽窃、抄袭他人的作品。在著作权法仅保护作者思想的表达，而不保护思想的二分法的原则之下，即使是表达同一思想的作品也都是作者独立完成的，因而在具体表达形式上不应当雷同。可以认为，只有满足作品独创性要件，才能保障作品多样性的出现。具有独创性的作品即使是表达同一思想，也能够以不同的表达形式，特别是个性化的特征反映出来。至于表达不同思想的作品，由于其都是作者独立创作完成，其会在不同的领域具有或多或少的创新性特征。这种创新性特征也就是前述费斯特案所指出的具有最低限度的"创造性火花"。实际上，很多思想新颖的作品通过一定的形式表达出来，这些作品的创新性程度也越高，其相应的社会价值也越大。可以设想一下，如果作品没有独创性也能受著作权保护的场景：表达相同或者雷同的作品也能受到著作权保护，不仅在创作源头上会极大地挫伤创作者创新的积极性，而且对社会公众而言，不能获得其喜闻乐见的、具有不同个性化表达形式的作品，社会文化的发展和进步就会受到限制。

　　可以认为，我国不断繁荣和发展的科学文化事业，根本上是建立在保障作品表达多样性的基础之上。正是同一种类型或者不同类型的丰富多彩的表达，使得我们的文化生活丰富多彩。独创性则在根本上实现了作品表达多样性的目的。实际上，独创性对作品表达多样性的保障的功能和作用不仅体现在满足了人们对丰富多彩生活的追求，尤其是对于个性化表达作品的需要，而且还蕴含着对于文化创新的保障。关于著作权法促进文化创新的立法宗旨以及独创性在实现这一立法宗旨的重要作用上，前面已经作了探讨。这里需要进一步指出的是，著作权法的价值构造实际上是通过保障作品表达多样性的方式加以实现的。

（三）国内典型案例研究：著作权司法实践中对作品独创性的认定

前面指出，《加强知识产权司法保护意见》提出应根据作品的不同类型确定作品的独创性。换言之，不同类型作品独创性的程度和表现具有不同的特点，在个案中需要根据作品的特点及其相应的创作特点进行判断。不同作品的创作中，对于已有创作元素的利用程度不一，作者所投入的创造性劳动也不一样，从而导致不同类型作品独创性的程度不一。尽管在著作权司法实践中，对于独创性的认定并不需要区分独创性高低，而不同类型作品独创性存在高低之分，却是一个客观事实。从以下对于司法实践中的典型案例分析，可以看出不同类型作品独创性的认定方面确实具有不同特点。同时还可以进一步认为，同一类型作品在独创性认定方面具有某种共同的规律。因此，将作品类型化，针对不同类型作品研究独创性认定问题，对于著作权司法实践具有十分重要的指导作用。以下选取的案例来自最高人民法院近些年公布的年度报告案例以及其他典型案例。

1. 地图一类作品的独创性认定

根据我国现行《著作权法》的规定，地图是受我国著作权法保护的一类作品。地图之所以受到著作权保护，也是因为在地图的绘制过程中投入了具有独创性的劳动。不过，地图是一类相对特殊的作品，这是因为在绘制地图时需要对于客观存在的位置、地形进行客观展示。只要遵循绘制地图的规律，反映客观实际的情况，针对同一地貌，不同的人独立绘制的地图在整体上均具有高度的相似性。因此，在涉及地图这一类作品著作权侵权纠纷案中，不能简单地认为被告作品和原告作品存在诸多相似之处特别是整体上雷同，即认为构成了著作权侵权，而应当在对比被告作品和原告作品相同之处的基础之上，排除不受著作权保护的公共领域元素。地图作品创作中的公共领域元素，主要包含反映特定地貌特征的形状和位置等因素，由于这些因素属于绘制地图不可缺少的因素，属于一般意义上创作的基本建筑材料的范畴，不能由任何人垄断。同时，基于地图绘制反映客观事实的创作目的，不应当主张地图在整体构架上具有雷同性而构成著作权侵权。

尽管如上所述，地图的创作存在较多的公共领域元素，其创作的空间有限，但仍然存在独创性。这种独创性尤其体现在绘制地图时对于地理要素的选择、编排，地貌的整体展示和整体构图，以及通过线条、不同的颜色及其组合所体现的具有个性化的表现形式。也就是说，尽管地图创作都需要以特定地貌的客观事实作为依据，在具体绘制地图时仍然具有相当程度的个性化表达空间。这种个性化表达的空间就体现为地图一类作品的独创性，其应当受著作权法保护。

在近些年来我国著作权司法实践中，也存在地图作品著作权侵权纠纷案。例如，在申请再审人刘某与被申请人某地政府、建设局、国土资源局、工商行政管理局侵犯著作权及不正当竞争纠纷案[1]中，最高人民法院认为：独立创作完成的地图，如果在整体构图、客观地理要素的选择及表现形式上具有独创性，可构成著作权法意义上的作品。但是，行政区划图中关于行政区的整体形状、位置以及各内设辖区的形状和位置等，由于系客观存在，表达方式非常有限，在认定侵权时应不予考虑。

对于上述案件，最高人民法院明确肯定了地图一类作品可以具有独创性。其独创性体现在绘制地图时所展现的富有个性化的外在表达，特别是客观地理要素的选择、整体构图以及通过线条、颜色等方式所体现的表达形式的选择和编排。同时，上述案件还强调了不受著作权保护的公共领域。这种公共领域来自客观事实。还值得注意的是，由于地图一类作品创作的特殊性，在某些表达方面，基于表达形式的极为有限性，可以适用思想表达二分法原则中的特殊情形即合并原则，在认定著作权侵权行为时不予考虑。

在司法实践中，随着当代信息网络技术的迅猛发展，地图的创作形式也日益丰富多彩。例如，电子地图、网络导航图等新型地图形式出现，由此也引起了相关的新型地图著作权纠纷。[2]笔者在前几年曾接受过一次关于行政区划的电子地图的著作权侵权纠纷案件的专家咨询，即深有感受。在笔者看

---

〔1〕 最高人民法院（2008）民申字第47-1号民事裁定书（侵犯著作权及不正当竞争纠纷案），载《最高人民法院知识产权案件年度报告（2009年）》。

〔2〕 参见北京市高级人民法院（2021）京民终421号民事判决书（著作权侵权及不正当竞争纠纷案）。

来，尽管随着信息网络技术的发展，地图的创作形式会产生新的特点，在认定地图著作权侵权以及地图作品的独创性方面，仍然应适用一般原则。这是因为，信息网络技术的发展为地图作品的绘制提供了新的手段和方式，但本质上并没有改变前述地图独创性认定的基本原则，其只不过是丰富和发展了地图作品的创作手段而已。当然，在涉及地图作品著作权侵权纠纷案中，也应当认识到网络环境下地图作品著作权侵权的表现形式有所不同。

2. 答题卡著作权侵权纠纷案

答题卡是为各类考试提供的一种填写答案的简明扼要的表格形式。随着当前信息网络技术的发展，近年来我国各类考试也日益重视运用信息网络技术的手段，机读答题卡就是一种比较典型的方式。这种形式尤其针对各类考试中的客观题，在评判成绩时可以节省大量的人力劳动，并且可以更好地保障统计的精确性，避免因人工评阅和统计产生的各类误差。答题卡的设计显然要投入一定的劳动。然而，在整体上，其是否属于具有独创性的作品，则需要慎重考虑。

从近些年发生的涉及答题卡著作权侵权纠纷案的情况看，这类案件的解决关键在于认定涉案的答题卡是否具有独创性。再审申请人陈某与被申请人某印务公司侵犯著作权纠纷案〔1〕涉及的就是这方面的问题。该案经过了一审、二审以及最高人民法院再审。其中在该案二审中，四川省高级人民法院认为，涉案的三个主观题答题卡属于通用数表，根据我国《著作权法》的规定，其不应当受著作权保护。最高人民法院则不认同二审法院将涉案答题卡认定为通用数表的主张，而是基于作为受著作权保护的作品应当表达某种思想的著作权法原理和观点，认定涉案的答题卡不符合著作权法意义上的作品的定义和内涵，因为涉案的答题卡没有表达某种思想。具体而言，"图形排布受制于光标阅读机等阅读设备所识别的行列间距等参数，其本身并不表达某种思想和设计，且其排列及表达方式有限，不属于著作权法意义上的具有独创性的智力成果。"

对于上述案例，笔者认为，可以提炼出以下裁判法理，用于指导著作权纠纷案件的审理。

––––––––––––––––

〔1〕 最高人民法院（2011）民申字第 1129 号民事裁定书（侵害著作权纠纷案），载《最高人民法院知识产权案件年度报告（2012 年）》。

第一，作为受著作权保护的作品，特别是在认定作品独创性方面，应当表达某种思想或者情感。如果个案中主张受著作权保护的作品，不能认定为表达某种思想或者情感，就不属于受著作权保护的创造性成果，不受著作权保护。

根据我国现行《著作权法》的规定，作品是文学、艺术和科学领域内具有独创性并可以一定形式表现的智力创作成果。如前面所讨论的，无论从著作权法的规定还是著作权法基本原理来说，作品作为受著作权保护的客体应当具有独创性。作品独创性体现为作品中作者的创造性劳动，这种创造性劳动刻上了作者个性化表达的烙印。也正因如此，作品是作者表达某种思想、情感的智力创作成果。任何受著作权保护的作品都必须表达某种思想或者情感。从人类创作的规律和特点来说，无论创作何种作品，都是创作者个人对某种事物的观点、态度和认识，用一定的形式外在化地展示出来，作者对作品的创作都体现了作者个性化的特征，这种个性化特征实际上是表达某种特定的思想或者情感。例如，学术类作品表达的是作者对相关问题的学术观点、看法和见解，艺术类作品诠释的则是作者的相关审美态度、经验和认知。受著作权保护的作品要表达某种思想的要求，也体现了作品的社会属性和价值功能。在著作权纠纷案件中，主张著作权保护的客体有可能具备某种实用价值，但这种实用价值并不体现为表达某种思想，其就不能受到著作权保护。以上述答题卡著作权纠纷案件为例，图形的排列、布局等受制于阅读机等阅读设备对于相关技术参数的要求，不能认定为其表达了某种思想或者设计。也正是基于此，最高人民法院在再审审查中认为其不满足著作权法意义上的具有独创性的作品要件。

值得进一步指出的是，尽管从著作权法基本原理来说，受著作权保护的作品应当表达某种思想或者情感，我国著作权法相关规范却并没有对此作出明确规定。上述案例即为法院审理相关著作权纠纷案件提供了很好的指引，因而值得进行深入研究。

第二，当作品的表达方式极其有限时，即应适用思想表达二分法原则中的合并原则，此时表达也不应受著作权保护。

著作权法中思想表达二分法中合并原则的合理性在于，如果涉案作品的表达方式极其有限，在这种情况下给予其著作权保护会造成在先作品对在后作品的垄断，并且造成间接地对思想进行保护，故不应当得到认可。[1]本案就属于这种情况。按照上述案件最高人民法院再审审查时的观点，即令涉案作品属于对思想的表达，由于答题卡主观题卡设计和表达方式极其有限，也不受著作权保护。

上述合并原则的合理性还可从著作权法中对独创性的要求旨在促进表达的多样性方面加以理解。关于作品独创性促进表达多样性的目标，前面已作了探讨。这里需要指出的是，在不能保障某作品表达多样性的前提下，就不能认定其为具有独创性的作品而受著作权保护。

3. 实用艺术作品的独创性问题

实用艺术作品在我国现行《著作权法》中并没有明确规定。然而，我国加入的《伯尔尼公约》规定了对这类作品的保护。为了与国际接轨，履行著作权国际保护的义务，在1991年6月1日我国《著作权法》实施后，国务院发布了《实施国际著作权条约的规定》。其明确规定了对于来自外的实用艺术作品的著作权保护。国务院发布的上述规定涉及著作权保护方面的超国民待遇问题，故其实施后引起了较大争议。

由于我国《著作权法》对于实用艺术作品的地位，特别是其与美术作品的关系没有作出明确的规定，以致在著作权司法实践中关于实用艺术作品的著作权保护存在较为紊乱的现象，其中较多的情况是直接将其视为美术作品，按照美术作品对待。由于实用艺术作品与美术作品在著作权保护期上有所区别，司法实践中将其等同于美术作品的做法，无疑大大延长了实用艺术作品的著作权保护期限。在实用艺术作品独创性认定方面，也与美术作品存在着较大的差别，特别是对实用艺术作品中的实用性和艺术性的关系如何处理以及它们分别在认定作品独创性中的地位，存在不同的观点。因此，在作品独创性研究方面，针对实用艺术作品独创性的认定，也是值得关注的重要问题之一。

研究实用艺术作品独创性问题，首先需要认识和理解实用艺术作品的概念。值得注意的是，在我国《著作权法》第三次修改过程中，一直到2014年

---

〔1〕 参见上海市浦东新区人民法院（2015）浦民三（知）初字第838号民事判决书（著作权侵权及不正当竞争纠纷案）；北京知识产权法院（2015）京知民终字第1750号民事判决书（著作权权属纠纷案）。

6月国务院法制办公室的《著作权法（修订草案送审稿）》中，都明确引进了实用艺术作品著作权法律制度，体现为在受保护的著作权作品中明确列举了实用艺术作品，明确了这类作品的定义，并且将这类作品和美术作品相分离。具体地说，2012年《著作权法（修改草案）》（第一稿）第3条第2款第9项规定："实用艺术作品，是指具有实际用途的艺术作品。"《著作权法（修改草案）》（第二稿）同一条款规定："实用艺术作品，是指具有实际用途并有审美意义的作品。"《著作权法（修改草案）》（第三稿）同条款以及2014年《著作权法（修订草案送审稿）》第5条第2款第9项则规定："实用艺术作品，是指玩具、家具、饰品等具有实用功能并有审美意义的平面或者立体的造型艺术作品。"从实用艺术作品的定义来看，其属于艺术作品的范畴，与同样属于艺术作品的美术作品之间具有十分密切的联系。然而，基于其实用性的功能和特点，将这类作品置于美术作品的范畴存在诸多弊端。尤其是在当代实用艺术作品已经形成了一个庞大的产业，将实用艺术作品从美术作品中剥离，建立独立的实用艺术作品著作权法律保护制度，对于鼓励实用艺术作品的创作和传播、促进实用艺术作品产业的发展，具有十分重要的意义。[1]令人遗憾的是，2020年5月公布的著作权法草案审议稿删除了实用艺术作品的条款。著作权法不对这类作品予以明确规定，就难以避免在司法实践中将实用艺术作品简单地等同于美术作品的做法，从而难以避免司法裁判标准的不统一，也不利于促进实用艺术作品产业的发展。

从实用艺术作品的定义和内涵来看，实用性和艺术性是这类作品的关键性条件和构成要件。其中，实用性是这类作品区别于其他类型的艺术作品的本质性特点，尤其是区别于美术作品的特点。然而，从受著作权保护所应当具备的独创性的角度而言，实用性并不是这类作品独创性的构成要件。从著作权法保护原理来说，实用性属于思想表达二分法中思想的范畴。因此，在审理涉及实用艺术作品著作权侵权纠纷案件时，不应当基于实用性相同而认定被告构成对在先的实用艺术作品著作权的侵犯。实用艺术作品中的艺术性，则体现了这类作品作者的独创性的构思，例如这类作品中具有个性化特色的造型或者图案，就属于艺术性的范畴，同时也反映了作品的独创性。在著作

---

[1] 冯晓青、付继存：《实用艺术作品在著作权法上之独立性》，载《法学研究》2018年第2期。

权司法实践中，应当就艺术性的情况进行认定，以甄别是否具有著作权法意义上的独创性。当然，实用艺术作品的实用性和艺术性之间也具有十分密切的联系，不能孤立地理解。[1]从美国有关著作权司法实践中对于实用艺术作品实用性和艺术性之间的关系的认定来看，两者存在着在物理上不可分离、观念上可以分离的特点。笔者认为，这一观点和主张对于我国著作权司法实践中审理实用艺术作品著作权纠纷案具有重要的参考价值。其有利于在司法实践中区分实用艺术作品和一般意义上的美术作品，也有利于判定涉案作品是否为实用艺术作品。

近些年来，随着我国实用艺术作品创作和实用艺术作品产业的发展，相关著作权纠纷案件也逐渐增多。以下简要探讨和分析的最高人民法院2019年一起知识产权年度报告案例即具有典型性。

在再审申请人北京某木业公司与被申请人上海某家居用品公司，一审被告、二审被上诉人南京某家具销售中心侵害著作权纠纷案[2]中，最高人民法院强调了著作权法意义上的作品应当是具有独创性的表达，而不是作品中所表达的思想本身。就实用艺术作品而言，这类作品所具有的实用性和艺术性在著作权法律保护中具有不同的地位。其中，这类作品的实用性属于思想范畴，因而不应当受到著作权法的保护。最高人民法院审查认为："作为实用艺术作品受到保护的仅仅在于其艺术性，即保护实用艺术作品上具有独创性的艺术造型或艺术图案，亦即该艺术品的结构或形式。"

对于本案，笔者认为最高人民法院明确区分了实用艺术作品中实用性和艺术性在著作权保护中不同的法律地位，强调实用性属于思想的范畴而不受著作权保护，而艺术性才反映了这些作品具有独创性的表达而受著作权保护。这一观点，对于审理涉及实用艺术作品著作权侵权纠纷案具有十分重要的价值。

4. 文学作品独创性的认定

文学作品是受著作权国际公约和各国著作权法保护的重要客体。世界上

---

[1] 参见四川省高级人民法院（2019）川知民终176号民事判决书（侵害著作权纠纷案）；北京市高级人民法院（2002）高民终字第279号民事判决书（侵害著作权纠纷案）。

[2] 最高人民法院（2018）最高法民申6061号民事裁定书（侵害著作权纠纷案），载《最高人民法院知识产权案件年度报告（2019年）》。

第一部涉及著作权保护的国际公约——《伯尔尼公约》即有充分体现。我国现行《著作权法》在第 1 条也明确规定其目的是保护文学、艺术和科学作品作者的著作权以及与著作权有关的权益等；在第 3 条则规定，本法所称的作品包括文学、艺术和科学领域内具有独创性并能以一定形式表现的智力成果。

所谓文学作品，是指以文字的形式表达、以语言作为基本工具，反映、再现社会生活，表达作者对社会生活的理解与认识，反映作者对人生、对社会的某种认识、思想与感情的作品。文学作品的表现形式多样，但根据体裁通常可以分为小说、诗歌、散文、传说、传记、杂文等。文学作品最基本的特点是通过一定的形式反映社会生活。从文学作品创作的规律和要求来说，作者必须深深扎根于社会生活。当然，作为文学作品，其并不是对社会生活简单地还原，而是包含了作者对特定时期社会生活的丰富认识和情感表达。根据马克思的观点，文学是社会意识形态的范畴，其建立在一定经济基础上，是对丰富多彩的社会生活的再现。文学作品与强调严谨逻辑思维的科学技术类作品具有不同的特点，尽管其来源于社会生活，但很多又需要通过作者的想象力和对社会生活的理解进行一定的编排和虚构。

从著作权保护的角度来说，受著作权保护的作品需要表达一定的思想、情感。这一特点在文学作品中表现得尤为明显，甚至淋漓尽致。当然，不同体裁的文学作品在表达作者的思想、情感方面也具有不同特点。从受著作权保护的作品需要具备的独创性要件来说，不同类型的文学作品独创性的程度和具体表现也具有不相同的特点。不过，大致说来，虚构类想象力强的文学作品的独创性较之于基于历史题材的人物传记等文学作品的独创性要强。从人类作品创作的规律来说，任何作品的创作离不开对他人作品的参考和借鉴，离不开对创作作品的基本建筑材料的利用，其中就涉及不受著作权保护的公共领域的范畴。在文学作品独创性认定方面，同样如此。从以下将要探讨的相关文学作品著作权侵权纠纷案件中，可以发现相关的主题、题材、故事情节、惯常表达、有限表达等属于思想范畴，不受著作权保护。

在对文学作品独创性的认定中，应当注意区分作者在这类作品中具有独创性的个性化的表达与不属于独创性范畴的上述公共领域的元素或者素材。实际上，上述著作权保护原理也并不限于文学作品。即针对所有受著作权保护的作品的独创性认定而言，应当注意区分个性化的表达与不受保护的公共领域之间的关系，避免两个极端：一是将富有个性化表达的独创性成分不适当地归入不受著作权保护的公共领域范畴，二是将不受著作权保护的公共领域元素和资源不适当地认定为具有个性化表达的独创性成分。对于前者，其后果是损害作者的著作权，不利于通过充分、有效地保护作者著作权以实现激励创作和对作品的传播目的；对于后者，其后果则是损害了公共领域保留原则，实质上是侵害了社会公众利用不受保护的公共领域资源进行创作的权利和自由。因此，在涉及包括文学作品在内的所有作品的著作权保护时，应当注意避免走入以上两个极端。

以下将根据上述观点和认识，结合近些年来发生的涉及文学作品的典型案例加以探讨。

在文学作品著作权侵权纠纷案中，有一类较为常见的是基于同一历史题材创作的作品。由于这一类作品来自同一历史题材，意味着相关的时代背景、历史事实、主题情节、人物及人物关系、场景，可能具有一定的雷同性。也正因如此，创作在先的作者可能会认为在后的作者构成了对其作品的剽窃、抄袭或者其他形式的著作权侵权，因而有可能会向法院提起著作权侵权诉讼。例如，最高人民法院 2014 年知识产权年度报告案例之一就涉及这种情况。该案例提炼的裁判法理即是"根据同一历史题材创作作品中的必要场景和有限表达方式不受著作权法保护"。具体而言，在再审申请人张某与被申请人雷某、赵某、一审被告某音像图书公司侵害著作权纠纷案[1]中，最高人民法院比对了原被告作品故事情节的相同和不相同部分。其立足于语言表达和故事情节，在认定被控侵权人是否构成著作权侵权问题上注意排除两者不相同的部分，而主要针对相同的部分判别被控侵权的作品是否构成对权利人作品的著作权侵权。这一认定方式显然符合著作权保护的法理和司法实践中的一贯做法。针对当事人双方作品属于相同或者相似的部分法院则进一步判定是具有独特性表达，还是来自公共领域素材。法院指出："从语言表达和故事情节来看，《雷剧》与《张剧》除故事情节完全不同的部分外，其相同、相似的部分多属于公有领域素材或缺乏独创性的素材，情节所展开的具体内容和表达的意义并不相同，不会导致读者和观众对两部作品产生相同、相似的欣赏体验，不能得出两部作品实质相似的结论。"笔者认为，上述对于文学作品著

---

[1]　最高人民法院（2013）民申字第 1049 号民事裁定书（侵害著作权纠纷案），载《最高人民法院知识产权案件年度报告（2014 年）》。

作权侵权纠纷案件的解决，充分考虑了作品的独创性以及不受著作权保护的公共领域，值得充分肯定。实际上，最高人民法院的相关司法解释也有规定。例如，《最高人民法院关于审理著作权民事纠纷案件适用法律若干问题的解释》（本编以下简称《审理著作权民事案件适用法律解释》）第 15 条规定："由不同作者就同一题材创作的作品，作品的表达系独立完成并且有创作性的，应当认定作者各自享有独立著作权。"

文学作品离不开"情节"这一基本要素。例如，虚构小说的故事情节对于作品的可读性方面十分重要。然而，正如前面所指出的，文学作品来源于生活。故事情节最终也是基于现实生活中发生的各种场景、人物关系等因素而展开的。从受著作权保护的作品独创性的角度来说，具有个性化特色的情节具有独创性，受著作权保护。常见的、惯常使用的情节因进入公共领域而缺乏个性化特色，不受著作权保护。当然，在著作权司法实践中，判断某种情节是属于不受著作权保护的思想范畴，还是属于具有个性化表达的独创性范畴，存在一定的难度。这也是在著作权纠纷案件中，当事人双方所争执的焦点之一。如在于正与琼瑶关于《宫锁连城》著作权纠纷案[1]中，对于诸多情节是属于不受著作权保护的范畴，还是属于原告享有著作权的表达，双方当事人就存在较大的争议。有观点则认为，有的作品情节介于纯粹的思想与纯粹的表达之间，在具体划分两者的界限时，需要甄别其是因流于一般而应被视为思想的范畴，还是因具有个性化特色而应当被视为表达。如在《锦绣未央》案[2]中，由于"发现阁楼""出手相救""追击搏斗"几处情节并非通常的表现手段，而是作者通过富有表现力的文字刻意描述的故事情节，在读者心目中形成了深刻的印象，因具有独到特色而属于著作权法中作品的表达范畴。在后作品如果在相关的人物设置及关系、故事前后衔接以及具体细节设计上与在先作品的情节基本一致，将被法院判决构成对在先作品的著作权侵权。[3]

在涉及文学作品独创性问题时，除通常的情节问题以外，还包括题材、

---

〔1〕 北京市高级人民法院（2015）高民（知）终字第 1039 号民事判决书（侵害著作权纠纷案）。

〔2〕 北京市朝阳区人民法院（2017）京 0105 民初 62752 号民事判决书（侵害著作权纠纷案）。

〔3〕 杨利华、沈韵：《公共领域保留视野下历史题材文字作品著作权保护研究》，载《邵阳学院学报（社会科学版）》2020 年第 4 期；《小说〈锦绣未央〉被诉抄袭——北京朝阳法院认定小说侵权，判赔 13 万余元》，载《人民法院报》2019 年 5 月 9 日，第 3 版。

故事主线与脉络、表达手段是否具有独创性以及相应地是否应当受到著作权保护的问题。作为解决这类问题的基本原则，仍然离不开思想表达二分法原则。作为不受著作权保护的思想范畴，文学作品中涉及的通用题材、客观事实、历史事实、惯常的表达手段都因进入公共领域而不受著作权保护。这些原理在近些年我国著作权司法实践中都得到了充分体现。例如，在有的著作权纠纷案件中，法院指出："思想"与"表达"在很多情况下处于"混合"状态，在缺乏独特性时被视为思想的范畴，而在具备独到特色后则可能被视为表达。〔1〕针对文学作品中涉及的历史事实问题，在《历史的背后》著作权侵权纠纷案件中，法院基于客观事实不受著作权保护而认为，《中国最后一个皇妃李玉琴自述》描写了李玉琴的人生经历，"这其中涉及的人物及其相互关系均为历史客观存在，因此不属于著作权法的保护范围。"〔2〕

针对利用相关历史题材所创作的文学作品，在著作权司法实践中，法院也关注作品题材以及故事发生脉络本身缺乏独创性而不受著作权保护。例如，在有的案件中，法院明确指出："根据相同历史题材创作的作品，其中的题材主线、史实脉络，属于思想范畴，不受著作权法的保护。"〔3〕又如，在上述《历史的背后》著作权侵权纠纷案中，法院认定《中国最后一个皇妃李玉琴自述》的主线是李玉琴与溥仪的情感发展。法院认为，由于故事主线是在贯穿作品的具体情节和不同场景基础上展现故事的具体内容，其本身不在著作权的保护范围之内，而属于抽象的思想范畴。对此，上诉人不应享有独占性的权利。〔4〕

在文学作品独创性认定方面，还需要注意作品中的惯常表达也缺乏独创性。在司法实践中，应当注意区分个性化的表达和惯常表达之间的界限。从理论上来说，惯常表达是文学作品中不同的作者都习惯使用的表达方式，惯常表达由于缺乏个性化的特点，不能纳入受著作权保护的独创性的范畴。在文学作品中，惯常表达也是遵循文学作品创作规律，以读者喜闻乐见的形式反映社会生活的创作工具。惯常表达也体现了作品创作的承继性和延续性。

---

〔1〕　北京市第二中级人民法院（2008）二中民终字第02232号民事判决书（侵害著作权纠纷案）。

〔2〕　北京市高级人民法院（2011）高民终字第28号民事判决书（侵害著作权纠纷案）。

〔3〕　北京知识产权法院（2018）京73民终90号民事判决书（侵害著作权纠纷案）。

〔4〕　北京市高级人民法院（2011）高民终字第28号民事判决书（侵害著作权纠纷案）。

惯常表达进入公共领域范围的同时也意味着在文学作品创作中，其已成为作品创作的基本建筑材料。惯常表达在不同体裁的文学作品中都有相应的常见形式。无论表现形式如何，其都是属于公共领域范畴而不具有独创性，不受著作权保护。对此，在我国著作权司法实践中，上述观点得到了充分的体现。例如，在一起著作权纠纷案中，法院指出："文学创作往往离不开对前人智慧的学习和借鉴，不同作品中出现相同的成语典故、常见的修辞手法、语法句式及日常一般用语等内容并不鲜见，这些内容往往属于公知领域的范畴，不应被一个作者所垄断。"[1] 又如，在《地下，地上》与《潜伏》著作权纠纷案中，二审法院认为："在同一时代背景下，根据同一题材创作的不同作品，在角色描写和人物设置方面存在一定的相同或近似，是难以避免的。"[2]

在文学作品著作权侵权纠纷案中，涉案作品中的人物形象是否因具有独特的个性化特征而具有独创性受到著作权保护，值得探讨。人物形象是文学作品中十分重要的组成部分。从作品独创性构成要件来说，人物形象应当是文学作品中具有个性化特色的外在形象。在文学作品中，对于特定对象，人物形象是通过丰富多彩的文字描述所展现出来的整体印象。在著作权侵权纠纷案中，如果被告的作品中人物形象与原告具有独特性的人物形象实质性相似，则在排除合理怀疑以后，可以认定为构成著作权侵权。

某美术电影制片厂诉某文化传播公司等侵犯著作财产权纠纷案[3]即有一定的典型性。该案判决书认定以下事实：1945 年，张光某创作了六十集彩色神话连续漫画《西游漫记》。每幅漫画均采用旧《西游记》体裁，并附文字说明。此外，漫画中的主要人物以及故事基本结构都借用了旧《西游记》原班人马，且作品中有唐僧师徒四人的人物形象。1960—1964 年，某美术电影制片厂根据《西游记》中的精彩段落"大闹天宫"创作完成了动画影片《大闹天宫》。期间，该美术电影制片厂邀请张光某、张正某兄弟参与美术设计。《大闹天宫》上、下集分别于 1961 年和 1964 年公开上映。在庭审比对基础上，某美术电影制片厂指控五名被告所使用的孙悟空人物形象与某美术电影

---

[1] 北京市朝阳区人民法院（2017）京 0105 民初 62752 号民事判决书（侵害著作权纠纷案）。

[2] 北京市第二中级人民法院（2008）二中民终字第 02232 号民事判决书（侵害著作权纠纷案）。

[3] 上海市高级人民法院（2012）沪高民三（知）终字第 67 号民事判决书（侵害著作权纠纷案）。

制片厂主张著作权保护的孙悟空人物形象主要特征相同，构成实质性相似。

　　本案的焦点问题是，在被控侵权作品中特定人物形象与原告作品对应的人物形象构成实质性相似的情况下，如何对该行为进行定性，以及是否构成著作权侵权。

　　该案一审中，被告辩称：孙悟空系历史小说《西游记》中的人物，其设计灵感来源于公有领域。由于孙悟空这一文学作品形象已进入公共领域，被告有权利在其作品中创作这一人物形象，而不能被原告独占。法院则认为，本案某美术电影制片厂主张著作权保护的动画影片《大闹天宫》人物形象属于动画造型，在著作权法上属于美术作品的范畴，因而应当受到我国著作权法的保护。法院区分了不受著作权保护的人物形象本身与就公共领域的人物形象创作出具有个性化特征的人物形象的著作权保护问题。法院同时查明，被告除提供张光某所作《西游漫记》一书之外，未提供其他证据来证明孙悟空在历史上曾经存在过的人物形象，亦未提供任何创作底稿、原件。法院最终认定被告所使用的孙悟空人物形象抄袭了张光某和某美术电影制片厂享有著作权的孙悟空人物形象。

　　在本案二审中，法院再次确认了《大闹天宫》动画影片中孙悟空人物形象美术作品的著作财产权。据此法院认定原告的主张具有受著作权保护的权利基础。二审法院也同时认定被控侵权的孙悟空人物形象与《大闹天宫》动画影片中孙悟空人物形象美术作品在主要特征方面构成实质性相似。这一实质性相似显然是构成抄袭而不是独创的前提。法院进一步认为，由于被告未能提供证据证明其创作与原告作品中的孙悟空形象具有相似性的合法依据，在未经原告同意的前提下，擅自在互联网、童鞋产品及其包装上使用某美术电影制片厂涉案作品的行为，已构成了对该作品著作财产权的侵害，应各自承担其相应的民事侵权责任。

　　该案涉及文学作品人物形象的著作权保护问题，以下问题值得深入探讨：人物形象是否具有著作权法意义上的独创性？如何区分不受著作权保护的人物形象本身以及具有个性化特征的人物形象？人物形象的法律保护除从著作权法角度加以考虑以外，是否存在其他相关法律方面的保护，尤其是如何认识人物形象的著作权保护与商品化权意义上的形象权保护之间的关系？

　　对于上述问题，笔者认为，应当注意区分人物形象本身的法律地位以及就抽象的人物形象创作具有个性化特征的人物形象保护之间的关系，特别是就不受著作权保护的文学作品中所创作出的特定人物形象而言，其作为人们进行文学作品创作的素材或题材不应当受到限制。就本案而言，孙悟空人物形象是基于我国古代优秀作品《西游记》所创造出来的，孙悟空这一形象本身已经作为我国历史文化遗产而可以在当代的文学艺术创作中加以自由利用。事实上，在我国，以《西游记》中的孙悟空形象为基础创作的作品丰富多样。对于《西游记》所创作的孙悟空人物形象自由利用的正当性，可以从前面所讨论的著作权法中的公共领域保留原理加以理解。然而，值得进一步指出的是，《西游记》中的孙悟空形象本身不受著作权保护并不意味着任何人可以抄袭他人创作的具有个性化特征的孙悟空形象。本案即是如此。在该案中，原告所创作的孙悟空形象具有特定造型，属于美术作品的范畴，应当受到著作权保护。其根本原因也在于，这一特定造型具有独创性。具体而言，是原告基于抽象意义上的孙悟空形象通过绘画这一创作形式以特定的形式表达出来的。本案中被告的抗辩之所以未被法院接受，也是因为其混淆了孙悟空形象本身不受著作权保护与他人以抽象意义上的孙悟空形象为基础创作出的具有个性化的孙悟空人物形象作品的关系。

同时，涉及文学作品人物形象的法律保护问题，除著作权保护以外，还可以从其他相关法律保护的角度加以思考。例如，在另外一起涉及孙悟空人物形象的法律纠纷中，法院在对比原被告作品是否构成实质性相似的前提基础之上，认为由于被告作品并不构成与原告作品的实质性相似，不能认定为被告对原告构成著作权侵权。同时，法院认为还可以从肖像权的角度进行保护。不过，对于该案法院主张的肖像权保护观点笔者不予赞同，并在《人民法院报》发表了相关文章予以探讨。

5. 博客的作品属性及其认定问题

随着当代信息网络技术的迅猛发展，作品的创作和传播也出现了新的形式，并且处于不断的变化之中。博客就是近些年来通过网络空间创作和传播作品的典型形式。随着信息网络技术的发展，人们更多用微博等网络平台进行创作和交流。不过，博客并没有丧失其生命力。

博客是网络空间创作和传播作品的一个平台。无论是作者直接在博客上创作作品还是获得许可以后将他人的作品在博客上转载，博客中存储和传播的作品都可以受到著作权保护。这种作品在理论上可以成为博客作品。博客作品受著作权保护的根本原因也在于这类作品同样具有其他作品所要求的独创性。博客作品作者通过独立创作完成并通过博客的形式发表，这类作品的著作权保护与其他作品在本质上具有一致性。

在著作权司法实践中，针对博客环境中出现的著作权纠纷，需要解决的关键问题主要有：博客上发表作品的独创性；博客上发表作品的作者身份的认定，以及他人使用行为是否侵害博客作品的著作权。

就第一个问题而言，如上所述博客作品的独创性认定与其他作品在本质上没有区别。不过需要指出的是，博客上登载的作品不限于具有独创性的作品，还存在一般的具有资讯性质的内容。在认定是否具有独创性时，应当注意排除不受著作权保护的公共领域范畴的部分。

就第二个问题而言，在确认博客作品作者身份方面，根据著作权法的规定，在作品上署名的人为作者，除非有相反的规定足以推翻。在司法实践中存在的问题是，可能有些博客上作品没有署名，这类作品如果发生著作权纠纷，则需要由主张权利的作者提供其享有作者身份的证据。

就第三个问题而言，需要比对被告和原告的作品是否具有实质性相似，[1]并在排除合理怀疑的基础之上确认被告是否不正当地获取了原告具有独创性的表达，进而判定被告是否构成著作权侵权。

近些年来，博客已成为我国网络平台创作和传播作品的重要形式。在著作权司法实践中，也存在一些典型案例。这里不妨以谈某诉某新华书店、某出版社著作权纠纷案[2]为例加以说明。

在该案中，原告认为某出版社擅自出版了包含其作品的涉案图书，并且将涉案作品当成了仓某的作品，因而主张该出版社侵犯了其署名权、复制权和发行权。原告同时认为，某书店发行该出版社的涉案图书，也侵犯了原告的发行权。[3]

被告某出版社辩称，从本案原告提交的相关证据来说，不足以证明其对涉案作品享有著作权。尽管原告对博客网页涉案作品进行了公证，但公证的

---

〔1〕　参见江西省抚州市中级人民法院（2022）赣 10 知民初 44 号民事判决书（侵害著作权纠纷案）。

〔2〕　北京市东城区人民法院（2011）东民初字第 05321 号民事判决书（著作权权属、侵权纠纷案）。

〔3〕　参见海南自由贸易港知识产权法院（2021）琼 73 民初 28 号民事判决书（侵害作品发行权纠纷案）。

作品并没有原告的署名。同时，该博客未明显说明或者声明博客内容为原创或禁止转载。因此，从现有证据来看，无法证明被告存在侵权行为。被告某书店则辩称：本书店对涉案图书具有合法的进货渠道，并且尽到了合理的审查义务，因此不应承担侵权责任。

本案的焦点问题就是涉案的作品是否为原告所创作。为此，需要通过当事人提出相关的证据加以判别。北京市东城区人民法院即认为：由于本案所涉创作载体为博客，需要确定载有涉案作品的博客是否为原告所有、原告的笔名是否为扎西拉姆·多多、涉案作品是否为原告创作等相关问题。法院进一步分析了博客作品和传统创作载体的区别，指出博客"是借助专用技术和工具、在网络上进行作品创作与传播的形式，具有独创性的博客作品是创作者智力成果的反映，作者对其博客作品依法享有著作权。"在确认具有独创性的博客作品受著作权保护的基础之上，法院再进一步认定博客作品是否为原告所创作。其认为，可以通过相互关联的证据加以印证，特别是通过博客和邮件相互认证，可以证明涉案作品创作的时间与相关的内容。本案中，由于被告不能证明涉案博客或者涉案作品曾经被他人修改，也没有相反证据证明涉案作品系他人创作且完成时间早于原告博客上传涉案作品的时间，因而应对涉案博客内容的真实性予以确认。基于上述考虑，法院认为某出版社在未经原告许可的前提下在涉案图书中使用了原告享有著作权的作品，并且未对原告作品署名，该行为侵犯了原告的署名权、复制权与发行权，因而应当承担相应的侵害著作权的法律责任。就某书店销售该侵权作品而言，根据现行《著作权法》规定，其在具有合法来源的前提下可以不承担赔偿责任，但仍然应承担停止销售的法律责任。

在上述案件中，法院一方面明确肯定了博客作品符合独创性的要件而应当受著作权保护，另一方面也根据原告提供的相关证据认定了其享有涉案作品的作者身份。此外，还根据本案不同被告在著作权侵权行为中的地位，对其相应的法律责任作出了明确区分。

6. 与图形作品、模型作品、实用艺术作品有关的作品独创性问题

根据我国现行《著作权法》的规定，图形作品、模型作品也是受著作权保护的作品类型之一。根据《著作权法实施条例》的解释，所谓图形作品，是指为施工、生产绘制的工程设计图、产品设计图，以及反映地理现象、说明事物原理或者结构的地图、示意图等作品。模型作品则是指，为展示、试

验或者观测等用途，根据物体的形状或者结构，按照一定比例制成的立体作品。关于实用艺术作品，如前所述，尽管我国《著作权法》没有明确规定，但其在司法实践中仍然受到保护，并且多被作为美术作品著作权予以保护。在我国著作权法第三次修改过程中，不同的草案版本曾对实用艺术作品的概念作了专门的规定，只是在最终通过的修改版本中并没有出现实用艺术作品的概念。不过，这并不会影响在司法实践中对实用艺术作品的著作权保护。以上三类作品显然属于不同类型，在独创性认定方面自然也不相同。

在著作权司法实践中，涉及图形作品、模型作品和实用艺术作品著作权保护的案件，比较典型的是以下简要分析和探讨的"歼十"飞机模型著作权侵权纠纷案。此案判决后，曾在学术界与实务界引起了较大的争议，因此值得深入思考。以下将在对该案一审、二审和再审判决相关认定和观点的介绍、分析基础之上进行研究。

在北京某科技有限公司（本编以下简称"某科技公司"）与深圳某精品制造有限公司（本编以下简称"某制造公司"）侵害著作权纠纷案[1]中，2007年11月16日，某工业（集团）有限责任公司某设计研究所（本编以下简称"某研究所"）授权某科技公司为制作"歼十"系列飞机模型的唯一供应商、生产商。《关于模型制作授权协议的说明》中记载：凡是涉及侵害"歼十"系列飞机造型本身及相关模型知识产权行为的，某研究所授权某科技公司代为行使相关权利，某科技公司在侵权诉讼中可以独立提出主张。某制造公司则制造了与某科技公司"歼十"飞机模型一样的飞机模型。某科技公司认为，其制作的"歼十"系列飞机模型根据我国著作权法的规定应当作为模型作品受著作权保护，因此向法院提起诉讼，主张某制造公司侵害涉案作品著作权。

在该案一审中，法院将争议的焦点问题之一归纳为将某科技公司要求保护的"歼十"飞机模型认定为受著作权保护的模型作品是否成立。法院首先认定了某科技公司制作的"歼十"飞机模型的基础来自设计图纸，即"歼十"飞机模型是根据设计图纸加以制作的。就设计图纸而言，在著作权法意义上，其属于受著作权保护的图形作品。法院认为，对于图形作品的著作权保护，应当确定其合理的著作权保护的边界：图形作品中体现的技术方案属

---

[1]　最高人民法院（2017）最高法民再353号民事判决书（著作权权属、侵权纠纷案）。

于思想范畴，不应当受著作权保护。图形作品必然具有一定的实用功能，这种实用功能和技术方案一样都属于不受著作权保护的思想的范畴。这类作品受著作权保护的是图形作品所展示的由点、线、面等因素组合而成产生的科学之美。图形作品与美术作品的重要区别就在于，前者所表达的对象一般属于科学领域，后者所表达的对象则一般属于艺术领域。就原告主张被告侵犯其作品复制权而言，基于图形作品的复制权仅限于从平面到平面的复制，而不包括平面到立体的复制，而本案被告制作的"歼十"飞机模型属于从平面到立体的复制，其所利用的是该设计图纸所蕴含的技术方案，因此该行为并未侵害某科技公司针对该图纸所享有的复制权。

关于某科技公司主张的"歼十"飞机模型是否构成受著作权法保护的作品，法院主要是从作品独创性构成要件方面进行了分析。法院认为："著作权法意义上的作品，必须具有独创性。要求作品源于作者，且由作者独立构思创作产生，而非模仿或抄袭他人作品。"法院对独创性概念的认定显然是适当的。在此基础之上，法院评判了某科技公司提交的飞机模型及图纸原稿在著作权保护中的地位，特别是相关证据能否证明某科技公司对其享有权利。法院认为，由于提交的相关证据并未显示自行制作完成的时间和完成者等因素，难以确认其真实性。即使对该飞机模型和图纸原稿的真实性不予怀疑，由于某科技公司主张的"歼十"飞机模型是建立在对"歼十"飞机等比例缩小的基础之上制作完成的，可以认定为原告主张的飞机模型及图纸是对"歼十"飞机的精确复制，"并非由某科技公司独立创作而成，不符合著作权法关于作品之独创性的要求，故其不属于著作权法意义上的作品"。此外，法院还从实用艺术作品保护的要件上进行了评判。法院认为不能将"歼十"飞机造型本身视为实用艺术作品，即使将其视为实用艺术作品，其艺术性和实用性无法分离，也不能获得著作权保护。就本案原告主张的"歼十"飞机模型的著作权保护而言，即使原告所主张的飞机模型比"歼十"飞机产生的时间要早，由于该飞机模型是根据"歼十"飞机等比例制作的飞机模型，无论其产生早于或者晚于"歼十"飞机，二者均属于同一表达的不同表达方式。法院最终认为："对飞机模型提供著作权保护，实质上等同于对'歼十'飞机予以著作权保护，故基于与'歼十'飞机不能获得著作权保护之相同理由，'歼十'飞机模型也不能获得著作权保护。"

在上述关于"歼十"飞机造型和模型著作权侵权纠纷案中，一审法院认定均不受著作权保护，因而驳回了某科技公司全部诉讼请求。

某科技公司不服一审判决，向上一级人民法院提起上诉。二审法院就以下问题进行了分析。

其一，关于"歼十"飞机造型是否构成美术作品。二审法院从思想表达二分法以及构成美术作品的实用艺术作品的角度进行了评判。法院认为，根据思想表达二分法原则，著作权法并不保护思想和作品中所体现的实用功能等要素，而仅仅保护思想的独创性的表达。根据这一原则，在个案中判断某一立体造型是否属于美术作品应当区分其中的实用功能和艺术表达成分，其中由实用功能决定的造型成分属于不受著作权保护的思想成分，将该实用功能所决定的造型成分排除以后，对剩下的部分才能判断是否构成艺术表达成分。只有这样，才能确保著作权的保护不延及实用功能，否则将违背著作权法上述基本原理。

根据上述原理，二审法院就"歼十"飞机造型是否属于具有独创性的艺术表达，进而是否可以作为美术作品受著作权保护进行了讨论。法院认为，将"歼十"飞机造型中由实用功能决定的造型成分排除以后，在著作权法意义上，"歼十"飞机的造型属于具有独立性的艺术表达，可以作为美术作品受到著作权法的保护。法院在此刻意回避了关于实用艺术作品的概念，而是从美术作品的概念出发加以讨论。这可能缘于我国《著作权法》缺乏对实用艺术作品的明确规定，转而不得不借用美术作品评论实用艺术作品的实用性和艺术性以及两者的关系。有趣的是，法院进一步就"歼十"飞机造型在著作权法中的地位作出了和上面相反的定性。法院强调了像"歼十"飞机这类战斗机的研发，其外在造型服从于实用功能的目标。这类飞机设计者追求的主要目标是如何优化性能参数，而并非主要从艺术性方面加以考虑。具体而言，对于像"歼十"飞机这类战斗机的研发设计，涉及十分复杂的技术要求，如科研人员需要进行风洞试验等不同的科学测试，并出于最大程度优化飞机性能的目的，针对科学测试的结果改进飞机的造型。据此，二审法院认为涉案飞机研发设计所形成的是一种特殊的飞机造型，该造型主要是由飞机的实用功能即飞机的性能决定的。从纯粹的著作权法意义上来说，该造型也具有一定的艺术性。然而，由于该艺术性成分与飞机的实用功能两者在物理上和观念上均不可分离，而在物理上不能分离、在观念上可以分离是实用艺术作品受著作权保护的基本条件。基于此，二审法院认为无法认定"歼十"飞机造型构成美术作品。

其二，关于"歼十"飞机模型是否构成模型作品。对此二审法院和一审法院作出了完全相反的认定。二审法院认为，按照物体的一定比例放大或缩小，就可以形成模型作品。为了实现展示、试验或者观测等目的，模型与原物的近似程度越高或者越满足实际需要，其独创性越高。就"歼十"飞机模型而言，它是对"歼十"飞机造型的等比例缩小，这种缩小并不是简单的对"歼十"飞机造型的复制行为，而是一种具有独创性的行为。在著作权法意义上，"歼十"飞机模型构成了受我国著作权法保护的模型作品。二审法院否定了一审法院关于"歼十"飞机模型是对"歼十"飞机的等比例缩小和精确复制，从而不具有独创性的观点。

为了论证涉案某科技公司"歼十"飞机模型属于具有独创性的、受著作权保护的模型作品，二审法院还从著作权法保护作品的基本原理角度作了进一步的分析。法院认为，根据我国《著作权法实施条例》关于作品的定义，受著作权保护的作品应当具备以下条件：首先，作品应当属于文学、艺术和科学领域内的智力创作。其次，作品应当具备独创性。这里的独创性是指，"作者在创作作品的过程中投入了某种智力性劳动，创作出来的作品具有最低限度的创造性，且作品是由作者独立思考并独立完成的，体现了作者的精神劳动和智力判断"。最后，作品应当能以有形形式加以复制。法院强调，正是某科技公司对于"歼十"飞机造型的等比例缩小行为，体现了作品的独创性。基于上述理由，二审法院判决被告对原告著作权侵权，遂判决停止侵权和赔偿损失。

二审判决以后，一审被告不服该判决，遂向最高人民法院提起再审申请。再审法院则认为，涉案模型作品是"歼十"飞机的等比例缩小。某科技公司在进行这种等比例缩小的过程中，无论付出多么艰辛的劳动，都没有经过自己独立的选择、取舍、安排、设计、综合、描述，创作性的点、线、面和几何结构，除材质、大小不同以外，这个等比例缩小的过程，只不过是在另一载体上精确地再现了"歼十"飞机原有的外观造型。该外观造型和"歼十"飞机造型完全相同，在艺术性表达方面没有新的变化，本质上是按照比例缩小的技术过程。再审法院认为，这一技术过程完全不能等同于著作权法意义上的独立创作过程。现有证据也不能证明某科技公司根据"歼十"飞机造型等比例缩小而制作的"歼十"飞机模型具有独创性。在这种情况下，只能认定某科技公司根据"歼十"飞机造型等比例缩小而制作的"歼十"飞机模型属于对"歼十"飞机小型复制件，不能认定为我国著作权法所保护的模型作品。再审法院还特意指出，二审法院提出的"模型与原物的近似程度越高，其独创性越高"的观点不符合我国著作权法的基本原理。同时，再审法院还从思想表达二分法出发，指出为满足人们日常生活需要的实用性和功能性的表达不受著作权保护，受著作权保护的表达只限于属于文学、艺术和科学审美意义上的智力成果。基于此，再审法院也否定了二审法院提出的"模型越满足实际需要，其独创性越高"的观点，认为该观点同样违背著作权法的基本原理。基于上述观点，再审法院撤销了二审判决，维持一审判决。

对于上述案例，笔者认为其提供了如何认定作品独创性、相应的作品创作行为和复制行为的关系，以及从思想表达二分法出发，如何甄别著作权保护中不受保护的实用功能和受著作权保护的艺术性成分之间的关系。在本案中，再审最高人民法院之所以撤销了二审判决、维持一审判决，是因为某科技公司制作的"歼十"飞机模型并不是一个独立创作的过程，而是一个根据一定技术手段对"歼十"飞机造型进行等比例缩小的精准复制的过程。这一过程没有体现某科技公司的个性化创作成分，无法认定符合著作权法独创性的要求。至于"歼十"飞机造型本身，从著作权法意义上来说，其虽然具有一定的艺术性成分，但由于"歼十"飞机造型本身是由其所追求的特殊的技术性能决定的，而并不在于如何设计富有美感的艺术性造型，该艺术性与实用性无论在物理上还是在观念上都不可分离。因此，无论是从实用艺术作品保护的角度，还是从一般意义上的美术作品的著作权保护角度来说，都不能将其纳入受著作权保护作品的范畴。

上述案例也为人们正确地认识著作权法所保护的价值功能以及著作权法和专利法等其他知识产权法之间的界限，提供了很好的素材。尤其是就主张保护对象的实用性和技术功能方面，不能纳入受著作权保护的范畴。当然，主张保护对象的实用性和技术功能可以受到专利法等其他知识产权法律的保护。这里也可以看出不同的知识产权专门法律具有相应的保护定位和价值功能。在知识产权保护实践中，应当注意界分不同知识产权保护法律的功能和作用，所谓"铁路警察——各管一段"。

7. 涉及文字（单词）简单组合或简要变化的作品独创性问题的认定

作品作为文学、艺术和科学领域内具有独创性并能够以一定形式表现的智力成果，实际上是基于创作而产生的一种智力表达。这种智力表达就常见的文字作品而言，需要通过单个的文字、单词组合，并遵循一定的语法规则而表达出来。在著作权司法实践中，即涉及原告主张相关的文字或单词组合具有独创性而应当受著作权保护的问题。以下将以罗某诉广东某集团公司（本编以下简称"某公司"）著作权纠纷案[1]为例加以探讨。

在该案中，原告罗某诉称：1990年6月，其富有创意地将"万家乐"三个汉字译成"MACRO"，并设计出"万家乐-MACRO"这一特有名称中英文对应组合，希望某公司将这一富有创意的作品采纳，但未获准。第二年，其作为某公司的唯一翻译，负责公司简介彩册全部内容的英文翻译、校对与审定工作。其继续使用"万家乐-MACRO"这一特有名称中英文对应组合，并在彩册封面及册内文段中凡有"万家乐"这三个字之处都使用了 MACRO 译述，从而使其首次以印刷的形式公之于众。但在万家乐商标上，某公司当时仍然没有采用原告设计的"万家乐-MACRO"这一特有名称，而是在彩册首页中文部分的万家乐商标中仍然坚持使用"万家乐-WANJIALE"。1992年4月，原告从某公司离职。自1998年初起，被告某公司未经原告许可，擅自将原告上述作品配用于其新商标，用原告作品"万家乐-MACRO"这一特有名称中英文字对应和特有名称"万家乐"的特有英文译名"MACRO"取代其旧商标上原有的"万家乐-WANJIALE"使用。此外，被告还未经原告许可将组合后的商标有偿许可给某燃气具有限公司使用，侵害了原告的著作权。原告还认为，在读音上"MACRO"与"万家乐"粤语完全谐音。在形态上，其与特有中文名称"万家乐"形成了固定搭配，成为特有英文译名专门对应特有中文名称的"万家乐"特有名称中英文对应组合。此外，"MACRO"的内涵和形象理念上也能与特有的名称"万家乐"之间具有特定的联系。被告则辩称：原告所主张的英文单词"MACRO"不属于著作权保护的具有独创性的作品。该英文单词来自公有领域，并非原告所独创，因此不能受到著作权的保护。同时，被告所使用的所有的商标标识都没有以原告的上述所谓作品的形式注册，因此谈不上对原告的侵权。

本案的焦点问题显然是"MACRO"以及"万家乐-MACRO"中英文对应组合是否属于我国著作权法所称的具有独创性的作品而应当受到著作权保护。

---

[1] 广东省高级人民法院（2000）粤法知终字第 15 号民事判决书（侵害著作权纠纷案）；广东省佛山市中级人民法院（1999）佛中法知初字第 109 号民事判决书（侵害著作权纠纷案）。

对此，一审法院认为：在英语中，"MACRO"是一个固定的单词，有其特定的含义。法院引入了著作权法中公共领域保留原则的理念，认为该单词来自公知和公有领域，并不属于原告所原创的作品。基于此，原告不能对该单词主张著作权保护。同时，针对原告主张"MACRO"在读音、寓意和形态上与"万家乐"形成了巧妙的结合，且原告付出了一定的劳动，被告可以给予适当补偿，法院认为原告在诉讼请求中没有这一主张，因此不予考虑。最终，一审法院认定原告主张缺乏主张权利的基础，因而判决被告不构成对原告著作权侵权。

原告不服一审判决，向二审法院提出上诉。二审法院首先从著作权法的基本原理出发，对受著作权保护的作品的构成要件进行了归纳。具体包括以下方面。

第一，作品应当具有特定的内容。即"必须是属于文学、艺术、科学、工程技术等领域内的思想、理论、概念、感情、构想、情节、人物形象等内容"。

第二，要有一定的表现形式。即"必须以诸如图书、绘画、雕刻、讲课、演说、戏剧、音乐、舞蹈等形式将作者的构想、观点、思想、感情表现出来"。

第三，要具有独创性。法院将独创性理解为必须是作者独立创作完成的，也就是具有原创性。在这一基本内涵基础之上，法院进一步认为独创性应当包含一定程度的创造性。法院认为创造性不应当体现为公知公用领域的文化遗产本身。从法院判决书中主张的观点，可以进一步认为，如果属于公知公用领域的文化遗产本身，则任何人都可以自由利用，不应当受著作权保护。

第四，具有可复制性。从法院主张的观点来看，可复制性是保障作品能够传播和利用的基本前提，因此也是受著作权保护作品的必要条件。

就该案而言，二审法院认为"MACRO"是英语中的一个固有的词汇，其含义为"数量巨大"。显然，作为词典中的单词，不应为任何人所专有，而应当成为公共领域的文化遗产而可以被任何人自由利用。从著作权保护的客体来说，法院认为从受著作权保护作品的上述构成要素看，单个的单词不能作为受著作权保护的作品，因为文字作品必须是通过文字符号的组合来表达一定的思想、感情的作品。就"MACRO"这一单词而言，它是由孤立的五个字母构成的，并未表达一定的思想或者感情，不符合作品的构成要件，不能受到著作权的保护。法院还认为，该单词也不属于著作权法中所称的艺术和科学技术作品。基于上述分析，法院认定原告对该单词并不享有著作权。

本案还存在第二个值得关注的问题，也就是原告主张"万家乐-MACRO"形成了富有创意的、个性化的组合，应当作为其享有著作权的作品受著作权保护。对此，二审法院认为"最先提出或使用并不等于具有独创性"。其理由在于，前述"MACRO"作为一个单词并不能由原告享有著作权，是应当作为进入公共领域的资源被任何人自由使用。尽管本案中原告首先将"万家乐"和"MACRO"组合使用，但这种使用并非意味着对于这一组合享有著作权。也正是基于此，二审法院认可一审法院的观点，从而判决维持一审判决。

本案为认定和理解著作权保护作品的独创性问题，提供了很好的素材。从本案至少可以得到以下启示。

其一，来自公共领域的素材、元素本身不具有独创性，不能受著作权保护。从人类对作品的创作规律和特点来说，任何作品的创作离不开对公共领域的素材、元素的利用。公共领域的素材、元素是创作的基本建筑材料，其不应当被任何人垄断、专有，否则将严重地侵犯人们进行文化创作的权利和自由，最终也将严重地阻碍科学文化事业的发展与繁荣。

其二，基于公共领域素材、元素不受著作权保护的原理，对于特定的术语加上公共领域素材、元素的简单组合，同样也不符合著作权法规定的作品的独创性，不应受著作权保护。

当然，对于将特定术语和公共领域素材结合的首次使用、公开者，是否应当获得某种其他权益的保护，值得进一步探讨。特别是在并非著作权法的商标法领域，这种首次使用可能还具有某种重要意义，因为商标的设计本身在于塑造商品的良好形象，为未来实现商标品牌战略服务。一个设计科学合理的商标能够为厂商带来巨大的品牌战略利益。不过，这一问题已经不是这里所探讨的著作权法中作品的独创性和著作权保护问题了。

8. 服饰设计图案作品独创性问题

从著作权保护的条件看，服饰也属于受著作权保护的客体之一。在著作权侵权纠纷案件中，除需认定原告主张的作品具有独创性而应当受著作权保护以外，还应当查明被告作品和原告作品是否构成实质性相似以及被告是否存在接触原作品的可能。即使构成实质性相似，如果被告能够证明其没有接触原作品的可能，则法院不能判决被告构成对原告著作权侵权。某服饰有限公司（本编以下简称"某服饰公司"）与某企业发展有限公司（本编以下简称"某发展公司"）著作权权属、侵权纠纷案[1]就属于这一种情况。以下将以该案判决书提供的相关事实和理由为基础，对上述相关问题进行研究。

在该案中，原告指控被告制造、销售的"绣双凤旗袍"抄袭了其"凤戏牡丹旗袍"图案，因而侵犯了其对该旗袍服饰作品的复制权、信息网络传播权和获得报酬权。被告则提出以下抗辩：第一，原告主张的服饰图案缺乏独创性，因而不受著作权保护。原因在于，原告主张的图案属于传统的表现方式，其是由简单的凤凰、牡丹元素构成的，而这些元素以及相应的表现手法都来自公共领域，原告对这些元素的简单拼凑缺乏独创性。第二，被告的旗袍图案是由其独立设计的。早在 2008 年，被告就将凤凰和牡丹这些传统的元素运用到旗袍的设计中，对于旗袍的绣法十分娴熟。被告从 2012 年制作草图到 2013 年制作定型，对旗袍设计采用的图案元素来自服装行业的吉祥元素。由于被告的旗袍图案具有独创性，不构成对原告作品的抄袭，因而不构成著作权侵权。在该案审理中，法院还查明，某服饰公司在 2012 年 10 月 31 日将凤戏牡丹旗袍图案在上海市版权局进行了登记，取得了美术作品登记证。该登记证书载明的创作时间是 2011 年 10 月 14 日，首次发表时间为 2012 年 1 月 12 日。法院还将被控侵权作品和原告设计图案进行了对比，认定两者底色均为红色，所使用的图案元素均为凤凰牡丹绿叶。此外，两者的图案布局相同，整体颜色基本一致，局部绣花图案稍有色差。

本案一审法院首先就原告主张的凤戏牡丹旗袍图案是否符合著作权保护的作品要件进行了分析。法院认为，从原告提供的相关证据来看，该作品"以红色旗袍图形为载体，以牡丹凤凰绿叶为元素，通过对凤凰、牡丹、绿叶图形在旗袍上的结构造型、线条排列、布局、色彩搭配，使旗袍图案在艺术造型、线条、色彩上具有独创性，具备一定的审美意义，属于著作权法所规定的美术作品。"这一点与被告所指出的原告主张的作品缺乏独创性而不应当受著作权保护不同。法院认定，来自公共领域的公共元素固然不受著作权保护，但是在公共领域元素的基础之上进行适当的选择、编排和组合，则可以

---

[1]　江苏省南京市中级人民法院（2018）苏 01 民终 7792 号民事判决书（著作权权属、侵权纠纷案）；江苏省南京市鼓楼区人民法院（2017）苏 0106 民初 10761 号民事判决书（著作权权属、侵权纠纷案）。

形成具有独创性的作品。被告还提供了相关的书籍，以此证明涉及凤凰、牡丹等元素均来自公共领域，被告作品针对这些公共元素的利用不构成著作权侵权。一审法院进一步依据提供的相关证据就原被告作品完成的时间进行了认定。法院认为，从被告提供的生产工艺单落款时间和取得外观设计专利证书的时间看，都在原告著作权证书登记日期之后。此外，被告提供的 2010 年 10 月 8 日旗袍设计手稿属于黑白草图和单一证据，尚不足以推翻原告的权利主张。一审法院最终认定被告构成对原告著作权的侵权。被告不服一审判决向江苏省南京市中级人民法院提起上诉。

二审法院在审理中特别注重查明原告获得的与涉案进行著作权登记的凤戏牡丹旗袍图案基本相同的外观设计专利公开[1]的时间，以及被告是否有机会接触到原告的涉案作品。法院查明，原告在 2014 年 7 月 14 日申请了名称为"旗袍（凤戏牡丹）"的外观设计专利，该专利所附图片与涉案"凤戏牡丹旗袍图案"基本相同。上述外观设计专利尚在有效期内。法院认为，原告提出的其涉案旗袍图案在 2013 年 7 月 18 日之前已经公开的主张不能成立。法院同时查明，某发展公司的被控侵权旗袍图案在 2013 年 7 月 18 日也申请了外观设计专利，从该外观设计专利与原告外观设计专利的比对情况看，"从正面看，凤凰、牡丹、枝叶图样的大小、位置、比例等均基本相同，被控侵权旗袍袖口部分比该专利增加了装饰边设计，整体构成相似"。法院进一步认为，尽管两者在整体上构成相似，但由于现有证据不能证明在 2013 年 7 月 18 日前原告主张著作权保护的作品已经公开，且没有证据证明被告具有在这一日期之前接触涉案旗袍产品的可能，因此现有证据不足以证明被告构成对原告的著作权侵权。据此，法院最终判决撤销一审判决。

笔者认为，从以上案件可以得出以下几点结论。

第一，在著作权侵权纠纷案中，原告主张被告侵害其著作权，法院应当首先查明原告所主张的作品是否符合著作权法保护的条件，特别是是否具有独创性。在本案中，一、二审法院均对原告主张其作品受著作权保护进行了认定，认为其作品具有独创性，符合著作权保护的条件。毫无疑问，原告主张的作品具有独创性，是其受到著作权保护的前提。换言之，如果被告能够证明该作品不具备独创性，则法院应当在个案中不给予其著作权保护。

---

〔1〕 参见伯雨鸿：《专利公开的逻辑理路与功能重构》，载《现代法学》2023 年第 2 期。

第二，在认定作品是否具有独创性时，应当注意作品在创作过程中利用的公共领域资源和元素本身缺乏独创性，不受著作权保护，要与在此基础之上进行有效的组合、选择、编排、设计而形成的具有个性化的作品进行有效区分。在本案中，被告主张原告的作品不具备独创性，其重要理由是原告的作品基本元素来自公共领域如凤凰、牡丹等。实际上，任何人都可以利用这些公共领域元素进行创作，最终获得具有独创性的作品。本案被告的作品也同样具有独创性，就是如此。

第三，在著作权侵权认定中，不能仅就被告作品与原告作品具有实质性相似就认定构成侵权，还应当查明被告是否有接触原告作品的可能。例如，在本案中，二审法院就是基于认定被告没有接触原告作品的可能而否认其构成对原告作品的著作权侵权的。

在著作权作品独创性和著作权侵权认定方面，本案无疑为我们提供了一些重要的启示，因而值得深入研究与思考。

9. 历史题材作品独创性的认定

如前所述，独创性实际上是和剽窃、抄袭、非法复制相对应的概念，即独创性要求作品是作者独立创作完成的，而不能来自剽窃、抄袭或者非法复制他人的作品。在著作权司法实践中，有关作品独创性的认定也是基于判断被告对原告作品是否构成剽窃、抄袭或者非法复制。以下所探讨的案例具有一定的代表性。

在王某诉白某等著作权侵权纠纷案[1]中，原告王某主张，《某建筑文化大观》（本编以下简称《大观》）由其创作完成，并于 2001 年公开出版。原告作为该书的作者，根据我国著作权法的规定，享有著作权。2014 年 3 月 10日，原告在被告某公司的下属书店购买了被告某出版社于 2009 年 4 月发行的《某城市发展史》（本编以下简称《发展史》）。原告将被告作品和其作品进行对比，发现部分页码中的大部分内容和其《大观》著作无论是在文章的结构还是文字表达方面都具有一致性，篇幅达到 12 万字之多。原告认为被告白某抄袭了其作品，构成侵害其著作权的行为。被告某出版社及某书店由于未

---

〔1〕　上海市浦东新区人民法院（2014）浦民三（知）初字第 532 号民事判决书（著作权侵权纠纷案）；上海市第一中级人民法院（2014）沪一中民五（知）终字第 118 号民事判决书（著作权侵权纠纷案）。

尽到合理的注意义务，应分别针对发行行为和销售侵权作品行为，承担侵害著作权的法律责任。

被告白某尽管承认两本书之间确实存在相同或者相似的内容，但他认为这些相同或者相似是"基于建筑历史史实的客观性和引用历史古籍及其他参考文献的一致性"而产生的，这些相同或者相似之处在著作权法意义上要么属于有限表达，要么属于不受著作权保护的公有领域中的表达，因此不属于著作权法规定的剽窃、抄袭行为。具体地说，针对原告所指控的被告著作和原告著作"在文章结构上具有一致性"而言，由于受著作权保护的作品应当是外在表达，而作者的思想、观点以及文章的结构等都不属于著作权保护的范畴，文章结构上的一致性不足以认定构成著作权侵权。同时，"两书中虽然有相同或相似之处，但建筑历史的表达有限，且这些表达并非原告独创，系公有领域中的表达，比例也很小，散见于原告图书的各个章节，不构成原告图书的主要部分。"

由上述不同主张可见，本案争议的焦点在于被告作品和原告作品有相同或相似之处，是属于不受著作权保护的范畴，还是来自对原告作品的剽窃、抄袭行为。

本案一审法院查明，原告的作品是合作作品，原告王某只是合作作者之一。具体而言，该作品是可以分割的合作作品，根据我国《著作权法》的规定，各个合作作者对其创作的部分享有独立的著作权。《著作权法》还规定，除非有相反的证明，在作品上署名的人即为作者。在本案中，王某在《大观》的部分章节中署名，因此可以就该部分章节主张著作权。也就是说，王某不需要经过其他合作作者的同意，可以就其享有著作权的部分章节单独提起著作权侵权诉讼。由此可见，法院首先是通过本案的事实确认原告享有原告这一诉讼主体资格的。

在确认原告诉讼主体资格的基础之上，法院进一步就原告作品是否具有独创性进行了认定。法院认为，原告主张受著作权保护的《大观》是由多位作者耗时多年完成的合作作品，"书中体现了作者的智慧、思想、观点以及作者深厚的文化底蕴和丰富的知识积累等，使作者的智力创作成果具有非常高的独创性和较高的学术价值"。这一认定无疑为法院主张原告作品受著作权保护提供了法律基础。然后，法院对原告主张的被告作品和其作品相同或者相似之处进行了认定。法院认定，《发展史》第三编共396页，经比对和统计发现，被告作品和原告王某单独撰写的相应内容相同或者基本相同之处有106页，其中相同之处占大多数，包括整段整页的内容相同（含图表等），而两部作品之间存在差别的地方仅限于文字表达的顺序或文字的增删。法院认为，这些个别的差异并不足以对两者的相似产生实质性影响。

针对上述被告所抗辩的其作品和原告作品相同或者相似之处系来自有限表达或者来自不受保护的公共领域的观点，法院强调即使是基于同一素材创作出的同类作品，由于不同的人的思想、情感以及对事物的看法和表达方式各有其特色，这些不同作者创作作品的雷同性几乎不存在。法院还基于原告的著作是具有较强学术性的作品而排除了涉及作品独创性认定中的"巧合作品"的情况。其认为，被告作品和原告作品相同以及相似之处并非有限表达甚至唯一表达的情况，而是具有不特定的多种表达形式，故被告主张的相同或者相似之处是基于有限表达甚至唯一表达的主张不能成立。

当然，从著作权保护的基本原理来说，被告作品和原告作品具有实质性相似还不足以完全被认定为构成剽窃、抄袭行为，而是需要进一步认定被告是否有机会接触原告的作品。本案中，法院认定原告作品的出版早于被告的作品，因此可以认定被告有机会接触到原告的作品。由于本案中被告对于原告作品相同或者相似之处并没有提供合法来源，一审法院最终认定对于被告和原告作品的相同或者相似之处不属于合理使用，构成了对原告著作权的侵害，遂判决被告承担停止侵害、赔礼道歉和赔偿损失的民事责任。

被告不服上海市浦东区人民法院一审判决，而向上海市第一中级人民法院提起上诉。

在上诉中，被告白某坚持自己的观点，认为其作品和原告作品的相同相似之处，也就是原告主张其侵害著作权的内容存在诸多数字、史料的记载以及对古籍、参考文献的引用，这些诸多的表达属于公知或者常识性的论述，不应当受到著作权的保护。法院则认为，应当注意对作品中引用的数据、史料等具有公知属性的资料与利用公知性的资料进行创作而具有独创性进行区分。就本案而言，原告的作品属于谈古论今类型，其中必然会引用一些数据、史料等。这些数据、史料本身固然属于不受著作权保护的任何人都可以自由使用的公共资源，但本案原告并不是对被告作品中出现的相同数据、史料主张著作权保护，而是针对原告利用相关数据、史料等资料而创作出的作品主张著作权保护。法院认为："古籍及论述古今中外建筑的书籍众多，原告在博览群书后才从中有针对性地选择、引用了一些史料等，并注明了来源，用这些公知或常识性的知识结合原告自己的观点来说明某一事实，表达其观点，这些引用的史料等已经与原告的创作融为一体，产生了具有独创性的作品，原告对该作品享有著作权。"法院注意到区分原被告作品中具有相同或相似之处的公知或者常识性的知识与原告作品受著作权保护的独创性表达，认为被告利用了原告作品中具有独创性的内容，应当认定为整体的抄袭。

至于本案被告某出版社是否承担侵害著作权的法律责任，法院认为被告某出版社与被告白某之间关于侵权责任承担的约定，基于合同的相对性而对原告并不具有约束力。被告某出版社应当与被告白某共同承担著作权侵权的民事责任。

由于上述认定事实和理由，二审法院维持一审法院判决。

本案涉及利用数据、史料等具有公知性或常识性以及不受著作权保护的公共领域资源创作作品的独创性问题，值得予以研究与探讨。从本案法院的上述观点与理由来看，笔者认为以下问题值得思考。

第一，在著作权保护中，应当排除不受著作权保护的数据、史料等具有公知性或常识性的内容。如前所述，作品的创作离不开对已有素材的利用。这里的素材，既可以是受著作权保护的作品，也可以是不受著作权保护的有限表达甚至唯一表达，或者纯粹是不受著作权保护的公共领域元素或资源。特别是针对历史、传记一类作品而言，更离不开对过去相关史料、数据、客观事实的充分利用。在著作权法意义上，这些史料、数据和客观事实都是可以自由利用的、不受著作权保护的对象，正所谓"史料无版权"。对很多作品而言，这些数据、客观事实和相关历史资料是创作所必不可少的资源。在著作权法中，应当保障社会公众充分利用这些不受保护的资源进行创作的权利和自由。

第二，"史料无版权"不等于在充分利用不受著作权保护的史料、数据、客观事实的基础之上，通过选择、编排、组合、评论等个性化表达形式而创作出具有独创性的作品不受著作权保护。本案法院的观点值得肯定，其是基于对两者进行的区分，符合著作权法保护的基本原理和司法实践的惯用做法。正如法院所揭示出原理，由于不同的人的创作风格、思想、情感和表达方式不同，完全可以基于相同或者相似的史料、数据、客观事实等创作具有个性化特征的作品。

第三，本案为针对历史题材等类型作品的创作如何参考、借鉴在先的同类作品与防止侵害他人在先作品的著作权提供了很好的启发。笔者认为，首先在观念上，作者不应当认为只要是基于史料、数据、客观事实之类的历史题材的作品，就可以随意抄袭。其次，对于在先作品的参考、借鉴应注意规范，遵循著作权法关于合理使用的规定，尤其是关于适当引用的要求，这样才能避免侵害他人著作权的风险。

10. 古籍点校涉及的作品独创性问题

众所周知，我国是一个具有悠久历史文化的文明古国，在几千年的历史文明中，留下了非常丰富的文化遗产。古典文献作品就是其中的代表性部分。由于古典文献作品（如文学作品）没有像现代作品一样标注标点和段落，为适应现代人的阅读习惯，需要对这些作品进行断句和分段，古籍点校就成为我国汉语言文学和古籍整理相关专业领域中的重要工作。

古籍点校无疑需要具有较高语言文字水平的专业人员进行。这一涉及作品再加工的行为和通常意义上的创作或者再创作行为相比具有一定的特殊性。[1]从理论上来说，语言文字水平越高，对于同一作品的点校结果应当越相似，越不能体现点校者的个性化特征，从而似乎可以得出结论，点校行为缺乏独创性，其产生的点校本因而不受著作权保护。然而，还需要从更深层次角度认识点校行为与作品创作的关系。[2]由最高人民法院再审的葛某与李某侵害著作权纠纷案[3]就具有一定的代表性，值得深入研究。

该案表面上是合作作品著作权侵权纠纷，因为原告主张的涉案作品民国版《某县志》是原告与被告进行合作创作所形成的合作作品，被告将与原告合作创作的作品当成被告独立创作的作品进行发表的行为，侵害了作为合作作者的原告的著作权。不过，本案的焦点问题在于原告主张的民国版《某县志》是否具有独创性而应当受著作权保护。

在该案一审中，原告主张其自 2008 年 6 月开始整理点校民国版《某县

---

[1] 参见周刚志、王星星：《中国古籍整理成果的著作权保护研究》，载《中南大学学报（社会科学版）》2019 年第 5 期；彭学龙：《古籍点校科学版本的邻接权保护》，载《法商研究》2023 年第 4 期。

[2] 参见最高人民法院（2015）民申字第 1471 号民事裁定书（侵害作品复制权、发行权纠纷案）。

[3] 最高人民法院（2016）最高法民再 175 号民事判决书（著作权权属、侵权纠纷案）。

志》，原告为完成该点校本付出了大量的智力创作性劳动。2011年5月，被告出版了民国版《某县志》点校本。由于原告的上述整理点校版具有独创性而享有著作权，被告的行为侵害了其著作权。被告葛某反驳了原告的主张，认为原告完成的涉案点校本"以复原古文原意为目的，不具有独创性，不构成著作权法意义上的作品"，因而不受著作权法保护。

在本案一审中，山东省潍坊市中级人民法院首先对古籍点校的概念和内涵进行了界定。其认为，"古籍点校，是点校人在古籍版本的基础上，运用专业知识，依据文字规则、标点规范，对照其他版本或史料对相关古籍进行划分段落、加注标点、选择用字并拟定校勘记的过程"。法院进而认为，"古籍点校行为基于点校人知识水平、文学功底、世界观、人生观、价值观及客观条件等多方面因素影响而有所不同"。这种不同，实际上反映了不同点校人的个性化的思维，是点校人独创性思维的体现。法院主张，点校本是否受著作权保护与被点校的作品是否享有著作权没有关系。换言之，对不享有著作权的古籍作品进行点校形成的点校本，尽管是在公共领域作品的基础之上形成的，由于点校人进行整理、点校时需要投入具有创造性的劳动，符合我国著作权法意义上的具有独创性的受著作权保护作品的特征。一审法院根据2010年《著作权法》第12条的规定，即改编、翻译、注释、整理已有作品而产生的作品，其著作权由改编、翻译、注释、整理人享有，认定本案中原告对涉案点校本享有著作权。同时，法院还依据该法第47条第2项规定"未经合作作者许可，将与他人合作创作的作品当作自己单独创作的作品发表的"，构成侵害原告著作权的行为，基于被告在涉案作品上仅表明其为点校本的作者，该行为属于侵害原告署名权和发行权的行为。基于上述事实和理由，一审法院判决被告停止侵害、赔礼道歉并赔偿损失。

本案被告不服一审判决，向山东省高级人民法院提起上诉。二审法院首先也就涉案点校本是否属于著作权法意义上的作品进行了认定。二审法院认定涉案作品的性质为古籍点校，并接受了一审法院关于古籍点校的基本内涵，认为"古籍点校，是点校人在古籍版本的基础上，运用专业知识，依据文字规则、标点规范，对照其他版本或史料将古籍中的繁体字改成简化字以及改正文字的错误，并进行划分段落、加注标点的行为"。对于上述关于古籍点校的概念，在二审中双方当事人并无争议。与一审法院判决主张的观点相同，二审法院同样认为古籍点校的行为符合著作权法意义上的创作作品行为的特征，整理、点校行为凝聚了点校人的智力创造性劳动，具有作品的独创性。具体而言，"虽然古籍点校以还原古籍原意为宗旨，但由于古籍点校通常会受点校人知识水平、文学功底、表达习惯及客观条件等多方面因素的影响，就同一古籍，不同的点校人会创作出不同的点校作品"。换言之，由于不同的点校人在语言文字水平、表达习惯等多方面具有不同的特点，针对同一古籍不同的点校人在点校时仍然会具有个性化特色，这种个性化特色即体现了点校人的独创性思维和个性化表达特征。

值得特别注意的是，二审法院为支持一审原告的主张，还从保护点校本以维护我国古籍点校行业的健康发展、古籍作品的传播和传统文化的传承方面加以考虑。在笔者看来，这实际上隐含了基于著作权这一私权的保护而维护公共利益的价值取向。这一点可以说是主张对点校本著作权保护的重要理由。法院认为，我国作为文明古国，在历史上留下了丰富而珍贵的古代文献资料，这些古典文献资料在当代的阅读和使用通常需要通过点校本的形式加以实现。如果不对其给予著作权保护，将会影响到我国获取因古典文献作品的开发和利用而产生的重要的公共利益。当然，法院也并没有指出点校本的法律保护并非限于著作权保护。如果给予其他法律形式的保护，如制止不正当竞争，也能实现维护这一领域的公共利益的目的，那么是否一定需要授予古典文献作品点校本以独立的著作权保护，则值得进一步探讨。

二审法院判决维持一审判决。被告不服，向最高人民法院提起再审。

再审法院首先对民国版《某县志》点校本是否属于著作权法意义上的智力成果进行了认定。法院认为涉案点校本是对民国版《某县志》的首次点校，"需要点校者具备一定的历史、人文、文学等素养，且需要投入人力物力进行调查研究，该点校过程属于智力劳动。"当然，从著作权保护原理来说，智力劳动和创作性劳动并非等同的概念，其中后者属于前者的范畴，前者是后者的上位概念。从更上位的知识产权保护原理来说，对于创造性成果一类的知识产权保护而言，包括著作权、专利权等在内的知识产权都是来自智力劳动。这也是在狭义上知识产权被认为是智力成果权的重要原因。在本案中，最高人民法院之所以没有直接认定涉案点校行为属于创作行为，而首先认定为属于智力劳动，是因为受著作权保护的作品首先应当是智力劳动的产物。换言之，如果不属于智力劳动的产物，则既不需要进一步考虑相关的独创性问题，也不需要考虑本案被告是否构成侵害原告合作作品著作权的问题。当然，由于著作权保护的是智力创造性劳动成果，而不是一般意义上的智力劳动成果，法院需要就点校本是否属于著作权法意义上的创作作品的行为进行认定。

法院进一步讨论了涉案民国版《某县志》点校行为是否构成具有独创性思维的外在表达，进而认定民国版《某县志》点校本是否构成对客观事实的外在表达，从而能够成为受著作权保护的作品。法院主要是从点校者对民国版《某县志》原意的理解和诠释是否构成具有独创性表达的角度进行认定的。法院认为，原告在涉案点校本中通过添加标点符号、划分段落层次等方式加入了点校者对民国版《某县志》原意的理解。同时，点校者对于没有标点和分段的原文需要加注标点并进行分段，甚至对于部分文字残损的地方要根据上下文的联系寻求原文所要表达的内涵。这些点校工作固然旨在探寻原意，但"均是依照点校者的理解对原本含义进行推敲，句读、分段等，客观上形成了一种特殊形式的表达"。据此，最高人民法院认为涉案点校本可以构成著作权法意义上的作品，因为作品就是属于文学、艺术和科学领域内具有独创性并能够通过一定形式复制的智力成果，这一成果的本质在于其属于智力表达。

然而，从是否受著作权保护而言，仅认定为智力表达还不足以明确其在个案中受著作权保护，因为从著作权保护原理思想表达二分法原则来说，如果表达形式十分有限，甚至是唯一的，根据思想表达二分法原则中的合并原则，此时不能受到著作权保护。基于此，再审法院进一步就涉案民国版《某县志》点校本的表达方式是否十分有限甚至唯一的问题进行了评判。最高人民法院认为，涉案点校者并非涉案民国版《某县志》的作者，其进行点校并形成点校本的目的是出于对涉案民国版《某县志》原文进行理解，还原民国版《某县志》的初衷。法院认为，点校行为体现了点校者对被点校本原文的理解，通过加上标点、分段等形式，使当代的读者便于理解原文，"还原的成果也只是其主观理解上的'原著'，针对同一文本，不同点校人点校完成的版本通常不会完全一致"。同时，法院认为，不同点校者基于"认知水平、史学功底、专业技巧、点校经验存在差别，其对点校素材历史背景、相关事件、前因后果等了解程度亦有不同，最终的点校成果与原本贴近的关联度亦有差异"。也就是说，不同的点校者都是基于同一被点校的作品进行点校，然而不同点校者的文化素养、专业背景、相关工作经验等存在差别，尽管这些不同的点校者都是基于还原原作的原意这一目标，在最终形成的还原原作原意的点校本上也仍然会存在差异，其与原本贴近的关联度不可能完全相同。当然，法院并没有分析更加复杂的情况，如果不同的点校者的文化素养、专业背景和相关工作经验基本相同，那么其形成的不同点校本是否构成相似。还如，前面笔者针对点校本著作权保护指出，水平越高的点校者对于原文理解的程度越高，这些不同的高水平点校者在点校基础之上形成的点校本，在理论上具有更大的雷同性。不过，法院进一步从点校人点校行为"受点校人多种主观因素的影响，不可避免地会融入点校者的个性选择"方面，认定点校行为仍然具有一定的个性化表达空间。例如，点校者在对民国版《某县志》进行句读、分段的过程中存在一定的选择空间，存在形成不同表达的可能。

基于上述事实认定和相应的主张，最高人民法院驳回原审被告的再审请求，维持原审判决。

对于本案最高人民法院的再审，笔者认为其是遵循了受著作权保护作品的基本逻辑，即首先应当认定原告主张受著作权保护的对象是否属于智力成果的范畴。这是解决点校本是否受著作权保护问题的基本前提，因为如果不属于智力成果的范畴，就不属于受著作权保护的客体范围，相应地也就不需要进一步考虑其他相关问题，如是否属于独立完成。在本案中，法院基于进行点校行为需要付出智力劳动，因而点校本属于智力成果的范畴。其次，作为受著作权保护的作品应当是一种智力表达。著作权保护思想的表达形式，这是著作权法上根本性的原则。在我国著作权法第三次修改过程中，曾有草案版本将作品定义为智力表达。尽管在最终通过的版本中取消了智力表达的表述，但这并不意味着作品不再是智力表达。法院正是从点校行为需要基于点校者对原文的理解，通过加注标点、分段等形式再现原意，进而认定点校者的点校行为属于智力表达范畴。最后，受著作权保护的智力表达还应该排除唯一或者十分有限的表达的部分。本案件，最高人民法院运用思想与表达二分法中的合并原则，对本案点校本是否受著作权保护作了明确的肯定。

11. 其他类型作品独创性问题

在著作权侵权纠纷案中，涉及作品剽窃、抄袭方面的著作权侵权纠纷并非罕见。从司法实践的做法来看，为了查明被告是否侵害原告著作权，需要将被告作品与原告作品进行仔细对比，看两者是否实质性相同。从受著作权保护的具有独创性的部分而言，在所比对的被告与原告作品相雷同部分，应当注意排除不受著作权保护的公共领域部分。其中特别应当重视的是，如原被告作品都是利用公共领域的元素加以简单组合，这种组合表达形式非常有限，在这种情况下被告和原告作品的雷同部分就不构成抄袭。提升到著作权保护的法理层面，即是被告以独创性的方式再现了原告非独创性部分时，被告作品与原告作品相同或者相似部分不构成著作权侵权。

李某与北京某文化发展有限公司（本编以下简称"某公司"）、某少儿出版社（本编以下简称"某出版社"）侵犯著作权纠纷案[1]涉及英语系列教材剽窃、抄袭纠纷，有一定的典型性，值得研究。在该案中，一审原告主张其对于《趣味英语音标牌》等某英语系列教材享有著作权，被告某公司制作、某出版社出版发行的《某趣味英语国际音标培训教程》中的音标牌和语音教程涉嫌存在大量抄袭原告英语系列教材的部分，因而构成对原告作品著作权的侵害。

被告某公司辩称：原被告的教材使用对象都是初学者，且都是关于英语音标的教材。同时，音标教学的编写都必须使用固定的音标和有限的字母，并且所选用的例句也都是简单常见的。故对相关的音标、字母和例句进行相关的组合存在相同或者相似的内容，不可避免。基于此，原告所指控的相同或者相似的内容不能认定为抄袭。为了抗辩被告作品不构成对原告作品的抄袭，被告某公司还特别从其作品所具有的独创性方面进行了论证。其认为，在被告系列英语教材编写时，通过归纳音标、字母及组合的对应关系，并参考中小学生教学大纲，"在课程设置，内容安排，音标、字母及组合、例词之间的对应关系选择上借鉴了其他优秀作品，自成体系，具有独创性"。基于此，被告系列英语教材即使和原告英语教材存在某些相同或者相似之处也不构成对原告作品的抄袭。

本案的焦点问题无疑是被告的系列英语教材是否构成对原告作品的抄袭。

本案一审北京市海淀区人民法院首先对原告主张受著作权保护的作品的性质及其独创性问题进行了认定。法院将原告作品《某英语语音趣味教学》定性为汇编作品。法院区分了作为整体的汇编作品具有独创性而受到著作权保护与该作品中被汇编的公共领域资源不受著作权保护。一方面，法院认为原告涉案作品"所使用的音标、字母、单词、根据发音特点形成的对应关系、

---

[1] 北京市第一中级人民法院（2007）一中民终字第 10850 号民事判决书（侵害著作权纠纷案）。

说明和讲解等内容都是由公有领域的基础知识、概念、方法等素材所组成，这些素材在英语教学中通用，不是著作权法意义上具有独创性的作品"。其原因在于，这些基本素材是创作英语音标相关作品所必须具备的公共领域资源，在英语教学和教材中是通用或常见的，不能被任何人垄断。另一方面，法院认为，尽管公共领域的素材本身不受著作权保护，但将这些公共领域元素或者素材加以组合、编辑，可以形成汇编作品而受著作权保护。其原因则在于，对公共领域素材的选择和编排过程融入了编辑者的选择和判断，因而这种汇编活动也融入了编辑者的个性化表达成分，其形成的汇编作品具有独创性而受著作权保护。

一审法院在认定原告所主张保护的作品具有独创性而受著作权保护的基础之上，进一步比对了被告作品和原告作品是否存在相同或者实质性相似之处。法院从以下三个方面论证了两者并不存在相同或者实质性相似。

第一，从原被告英语教程整体上是否相同或者相似进行比较。法院认为，无论从原被告英语教程的名称还是内容来说都不相同和相似。

第二，从原被告作品中涉及的音标牌和音标卡的对比看，两者也存在较大的区别。这种区别既体现为两者在内容的选择和编排上，也体现为两者在音标选择对应的字母和单词方面。法院关注到李某在诉讼中提出的一个证据，该证据旨在证明李某对于作品元素和相关组合的选择具有特定性。法院同时也审查了某公司提交的其他教材使用的证据，认定"李某举例所称其特有的选择在其他教材中也早有体现"，由此法院认定李某提供的上述证据不足以证明被告抄袭了原告作品中的具有个性化的独创性表达。

第三，从原被告作品使用的音标牌和音标卡标注方法以及使用方法看，法院认为两者的一致性也不能证明两者构成著作权侵权意义上的相同或者实质性相似。法院显然注意到了著作权法中的最基本的原则思想与表达二分法，认为使用卡片进行教学是英语学习中常见的和有效的方法之一。本案中原告主张在使用方法上被告作品和原告作品相同，而这种方法从本质上讲是一种由想法转化形成的操作方法。这种操作方法属于著作权法中不受保护的思想的范畴，不属于受著作权保护的客体。法院进一步认为被告的系列教材也可能参考这一方法，但这一方法也不能由原告垄断。因此，不能认为基于使用方法相同而构成侵害著作权。

在上述认定基础之上，法院还考虑到了被告作品和原告作品存在的其他相同或者相似之处。法院明确了按照英语教学大纲编写英语音标相关教材，基于教学对象、教学目的和模式基本相同，因而所选择的词例部分也可能出现相同或者相似之处，属于正常的范围。同时，法院也认为被告作品具有自身的独创性，原因在于被告作品根据教学大纲的要求采用了和原告作品完全不同的分类方式，无论是从教材的选择和编排，还是教材整体的体系来看都具有自身特色，自成体系，因而具有独创性，该作品不构成对原告作品著作权的侵害。

本案一审判决后，原告不服该判决，提起上诉。

二审法院遵循了一审法院基本相同的思路，首先就原告主张著作权的《趣味英语音标牌》，特别是其"辅音音标牌"是否具有独创性而构成受著作权保护的作品，以及如果构成受著作权保护的作品，其属于何种类型的作品进行了认定。法院认为，尽管音标分组具有常规的分类，但本案原告对于音标的分组则具有和常规分类不同的特色，并且这种具有特色的分组方式在公共领域中未予发现。据此，法院认为原告李某的汇编具有一定的独创性。法院还就词例的选择是否具有独创性问题进行了评判，认为词例的选择因个人编辑中所带来的差异性而具有一定的独创性。就音标教学的初学者而言，选用的词语量较多，因而选择余地较大。在可选择的范围之内，不同的汇编者的独创程度因人而异。这样一来，就整体而言，汇编者对《趣味英语音标牌》的个性化选择行为，使其整体上具有差异性。这种差异性正体现了汇编者在选择、编排方面投入了独创性劳动，因而构成具有独创性的汇编作品。

二审法院同样在认定原告主张的作品受著作权保护的前提之下，就被告是否侵害原告作品的著作权进行了以下分析。

其一，法院明确了原告作品中来自公共领域的公共资源，不受著作权保护。在本案中，原告作品《趣味英语音标牌》的选材内容包括音标、字母和词例。被告作品中具有相同的音标、字母和词例，不能当然地视为侵害原告著作权。针对本案中原告李某提出的将自己"找出了音标与字母以及组合字母的对应关系"，作为其创作的主张，法院认为："音标与字母、词例的对应关系属于客观规律，无须作者发挥主观能动性进行创作"。再结合被告所提出的相关证据，尤其是被告所提交的在原告涉案作品出版之前出版的《高中英语新途径》及《初中英语集中识词》，法院得出结论认为这种对应关系不具有独创性。

其二，法院针对原告作品《趣味英语音标牌》中所选择的字母及组合字母，认为这两者都属于在英语音标领域惯常使用的情况。尤其是对于英语音标教学中的初学者而言，常用字母一般会作为汇编者的首选，这符合初学者从基础知识开始学习的规律。针对原告李某提出的编排顺序的雷同，法院则认为，从本案原告的作品编排顺序看，其并没有脱离将使用频率高者往前排的惯常排序方式，并且还存在音标仅对应于一个字母的情况。基于此，法院认为李某对于选择编排的方式主张著作权缺乏正当理由。法院还进一步就李某主张的观点"音标所对应的多项字母的排列顺序，以及结合扑克牌特点确定多项字母被选入的数量"属于其创作的主张进行了评判。法院认为，如果李某所称的在决定选择字母数量时需要结合扑克牌的特性，则需要进一步考察独创性的范围。在本案中，原告涉案作品中元音牌为70张，辅音牌为69张，而通常的扑克牌是54张。由此可见，原告的主张并不具备扑克牌的数量特征，因而与客观事实不相符。

其三，针对李某将扑克牌面的布局方式视为自己独立创作的主张，法院认为由于扑克牌是来自公共领域的资源，任何人都可以以扑克牌作为作品表现的形式，如果原被告双方的牌面内容在编排布局上具有相同或类似之处符合常理。不仅如此，在本案中被告作品和原告作品之间还存在一定的差异。因此，本案中李某不能基于被告作品中牌面内的编排布局与其有相同或类似之处而认为构成侵害其著作权。

其四，基于汇编作品具有的独创性来自汇编者在选择和编排方面的独特性，在本案中不能仅因被告作品的相关编排方式和原告雷同，就认定构成著作权侵权。具体而言，本案中所使用的总、分法属于汇编作品的常见方法和手段之一，对于这种惯常的使用方式李某无权限制他人使用。

基于上述事实和理由，二审法院判决驳回上诉，维持原判。

本案是关于汇编作品著作权保护方面的纠纷案件，其关于汇编作品独创性的认定以及汇编作品著作权侵权的判断方式和原理，都能够给人们带来一定的启发。在笔者看来，可以对上述案件的分析思路和裁判理由作出以下总结。

第一，汇编作品之所以受著作权保护，是基于汇编者在对作品或者不构成作品的材料进行选择、编排方面体现了其独到的思维，具有一定的个性化色彩。这种个性化色彩会基于不同汇编者的偏好、习惯、文化素养、审美追求和特定的汇编目的等多方面因素而有所差异。这种个性化色彩恰恰体现了这类作品的独创性。在本案中，一、二审法院都否认了被告构成对原告著作权的侵权，但都承认原告所主张的汇编作品具有独创性而应当受著作权保护。

第二，在汇编作品著作权保护问题方面，应当注意区分汇编作品本身的著作权以及被汇编的作品或者不构成作品的数据、材料等。[1]从理论上说，汇编作品的著作权与被汇编的对象是否具有作品属性无关。或者说，被汇编的对象是否具有作品属性与汇编物是否具有独创性没有关联。

第三，在认定汇编作品著作权侵权问题时，通常需要进行实质性相似的比对，应当注意排除选择和编排的惯常方式与独创性方式的区别。其中，惯常的方式属于公共领域范畴，任何人都可以自由利用，不应受到原告在先汇编作品著作权人的控制。本案就是如此，两审法院对于原告所提出的具有独特性特征的部分编排方式给予了否定，从而认定被告的相同或者相似的编排方式并不构成对原告著作权的侵权。

（四）国外典型案例研究：著作权司法实践中对作品独创性的认定

如前所述，受著作权保护的作品应当具有独创性，这不仅在我国著作权法理论、立法和司法实践中得到了普遍的认可，而且也是世界各国著作权理论、立法和司法实践的基本观点。作品独创性要求的深层次原因来自著作权立法目的，特别是其鼓励文化创新的立法宗旨。独创性也是保障表达多样性、繁荣和发展各国科学文化事业的制度性要求。从法理的层面来说，作品独创性的要求也体现了法律所追求的实质正义，因为独创性要求意味着只有为社会增加价值、具有自身特色的贡献部分才能受著作权保护。以下笔者对国外案例所进行的介绍与分析中，这种相关的观点、思想和原理，即可见一斑。

1. 涉及汇编类作品的独创性和著作权保护问题

前面笔者对我国相关的汇编类作品的独创性和著作权保护问题作了探讨。在美国同样也发生了一些具有典型性的案例。如 "Southern Credentialing Support Services, L. L. C. v. Hammond Surgical Hospital, L. L. C." 案及 "Feist Publ'ns., Inc. v. Rural Tel. Serv. Co." 案。尤其后者是著名的费斯特案，该

---

〔1〕 参见江苏省南京市中级人民法院（2013）宁知民终字第10号民事判决书（侵害著作权纠纷案）。

案一反美国过去以"额头流汗"原则作为认定著作权保护的基本理念。该案强调了事实本身若不是原创，也就没有资格获得著作权保护。同时，该案还特别指出作品获得独创性的条件是，不仅需要独立完成，还需要具有最低限度的创造性。如果连最低的创造性火花都不具备，即使付出了劳动和投资，也不具备作品的独创性要件。该案将独创性的认定与最低限度的创造性联系起来，对英美法系国家著作权司法实务中关于作品独创性的认定产生了极大影响，对我国近些年的著作权法理论与实务也具有重要影响。根据该案的观点，如果作品表现出最低限度的创造性，就符合作品独创性的要件，有资格获得著作权保护。

笔者认为，这种将独创性认定与最低限度创造性紧密结合起来的主张，在理论上具有合理性。这里的创造性，意味着和已有作品相比，作者对相关主题的外在表达有所进步和发展。当然，创造性具有程度之分。从独创性的标准来看，并不要求具有很高的创造性才能获得著作权保护。费斯特案所要求的只是具有创造性火花，或者说体现出最低限度的创造性、创造力。如果将创造性规定到一定的高度，在实践中就会缺乏可操作性，也不利于创造性程度不同的作品的著作权保护。

当然，如前所述，基于不同类型的作品，在独创性的认定上有所差异，这其实也可以从创造性的方面加以理解。不仅如此，创造性程度不同，作品的独创性程度也不同。更严格地说，创造性程度越高的作品，作品的独创性程度也越高。引入知识产权司法保护中的比例原则，可以认为创造性程度高的作品应给予更加宽泛的保护范围，或者说创造性程度越低，保护的范围也应当相应严格予以控制。在笔者看来，将作品独创性的认定与创造性相联系，与前面所探讨的知识产权哲学中的增加价值理论一脉相承。因为作品具有创造性意味着对社会增加了某种价值，这种价值可以基于不同作品类型而有所差异。

从作品独创性认定中的创造性角度考虑，实际上更能理解著作权法作为社会本位之法在促进文化创新方面的重要作用。因此可以说，费斯特案为人们留下来的启示是深刻的。当然，在著作权司法实践中，针对个案作品独创性的判断如何引入最低限度的创造性判断标准，值得探讨。在著作权司法实践中，需要注意掌握适当的度，以避免不适当地确定著作权保护的权利边界，将不受保护的领域纳入著作权保护或者将应当受到著作权保护的范围排除在著作权保护之外。

如前面所讨论的思想表达二分法，思想本身不受著作权保护。然而，在笔者看来，这并不意味着作品中作者所表达的思想对于著作权保护没有任何意义。仅就这里所探讨的作品独创性而言，作品的外在表达也就是作品思想的表现形式是受著作权保护的部分。就是否受著作权保护而言，作品中所承载的思想，无论是作者独创的思想，还是他人已有的思想，都不在考虑之内。然而，从另一个角度还应当看到的是，思想的独创，通过表达形式更能体现表达的创造性。因此，从这个意义上来说，著作权法中作者所表达的思想与著作权保护并非完全没有任何联系。至于从著作权保护的实际效果来看，越是富有思想性的作品，在作品公开以后越能得到公众的认可，因而也能够更好地实现作品的经济和社会价值，为作者带来更多的利益。回到本案所讨论的作品独创性中引入最低限度创造性判断的考量，如果在作品中作者所表达的思想具有一定的新颖性，也能够在很大程度上支持作品具有最低限度创造性的主张。应当说，从现有研究文献的情况来看，关于作者作品所表达的思想与独创性的关系，以及与作品著作权保护的关系的探讨目前较为少见。希望学界对这些问题加以关注。

2. 音乐作品独创性及相关著作权保护问题

众所周知，音乐是一门古老的艺术。从人类文明历史发展看，在人类社会早期就能找到音乐作品的痕迹。音乐作品的出现，反映了人们对于美好生活的追求。随着社会的发展以及音乐作品创作手段的丰富多彩，各式各样的脍炙人口的音乐作品层出不穷。人们耳熟能详的各种风格的歌曲，就是再普通不过的例子。除此之外，还有交响曲之类的乐曲等。从音乐作品的社会属性来说，它与人类改造自然、征服自然的产物具有某种类同性。音乐作品通过一定形式抒发了人们的思想、情感，并能够通过人们的欣赏引起共鸣，这也是音乐作品所具有的巨大的震撼力和迷人之处。随着社会发展，人们对美好生活追求的层次越发提高，音乐作品创作的形式和内容也更加丰富多彩。可以说，我们生活在一个被音乐作品"包围"的世界中，音乐作品给人们带来的美的享受是无法用语言表达的。尽管不同民族、不同年龄，不同文化背景的人对音乐作品的感受有不同的评价，但社会生活离不开音乐作品，这一点是毫无疑问的。也正是音乐作品在社会生活中的重要作用，催生了音乐作品创作、音乐作品创作和传播人才培养的场所，在当今的音乐行业已形成一个巨大的产业。

以上主要是从音乐作品的社会属性方面，对音乐作品重要性的简要评价。作为智力创造性成果，以及作为文学、艺术和科学领域的作品重要类型之一，音乐作品还具有很强的法律属性。之所以将音乐作品纳入受著作权保护的作品范畴，是因为音乐作品的创作具有独创性，并且对音乐作品的著作权保护能够更好地激励音乐作品创作和传播，促进音乐作品价值的实现，满足人们对追求美好生活的愿望。

根据我国《著作权法实施条例》第 4 条第 3 项规定，音乐作品，是指歌曲、交响乐等能够演唱或者演奏的带词或者不带词的作品。现行《著作权法》第 3 条则将其与戏剧、曲艺、舞蹈、杂技艺术作品并列为一类受著作权保护的作品，同时，其第 25 条和第 42 条分别对包含音乐作品在内的相关作品的法定许可制度作了规定。

毫无疑问，作为人类艺术的一种重要形式，音乐作品在著作权国际保护公约和其他国家著作权法中都是受著作权保护的作品类型之一。以下不妨以美国著作权法中关于音乐作品保护的历史脉络作为考察对象，并结合其司法实务加以探讨。

众所周知，美国是典型的判例法国家。关于音乐作品的著作权保护，也是通过司法实践而不断完善的。从美国著作权法关于音乐作品著作权保护的规定来看，总的趋势是音乐作品著作权保护范围呈现逐渐扩大之势。早在1831 年，美国版权法就规定了音乐作品保护，但当时的保护范围限于活页乐谱本身。显然，这与当时所处时代音乐作品的有限创作形式有关。随着音乐作品创作和传播形式的扩大，特别是随着相关领域的技术发明的出现和应用，音乐作品可以通过更多的乐器演奏等形式予以机械性地再现。这引发了相关音乐作品的著作权侵权纠纷。在相关案例中，法院即认为音乐作曲家无权禁止他人制作钢琴演奏名册，原因是美国 1831 年版权法对音乐作品的保护仅限于音乐作品中的乐谱。[1]

1909 年和 1972 年美国著作权法的修订，对音乐作品的保护具有里程碑性质。例如，在 1909 年的修订版中，美国著作权法明确了基于任何编排或者设

---

〔1〕　White-Smith Music Pub. Co. v. Apollo Co., 209 U. S. 1, 10 - 11, 28 S. Ct. 319, 52 L. Ed. 655 (1908).

置的音乐创作或者旋律，只要作者所表达的思想可以任何记号系统或者形式加以记录，并且能够加以阅读或者复制，就可以受到著作权保护。这样就将音乐作品的著作权保护范围在简单的对于活页乐谱的印刷、再版、出版、复制的基础上予以扩大；1972 年著作权法的修订则将音乐作品的著作权保护扩大到声音的记录，规定声音的记录可以作为独立的音乐作品予以保护。在美国 1976 年著作权法的修订中，对于上述修改的具体适用又作了进一步的细化规定。即音乐作曲家只要向相关部门提交一份录音作为音乐创作的存档副本，该音乐录音即可作为音乐作品受到著作权保护。[1]毫无疑问，美国著作权法对音乐作品著作权保护范围的扩大，与这类作品创作、存储、传播技术的发展有极大关系。这也从一个侧面反映了技术发展与著作权保护之间的互动关系，即一方面著作权保护制度是技术发展的产物，技术发展为著作权保护提供了客观物质条件；另一方面，对作品著作权的保护顺应了技术发展的需要。

就音乐作品而言，同样存在不受著作权保护的公共领域元素与受著作权保护的独创性表达的问题。音乐作品由不同的元素构成，如音符、音阶等。毫无疑问，音符、音阶等元素是创作音乐作品所不可缺少的基本元素，其本身属于公共领域范畴，不受著作权保护。著作权保护的音乐作品，也不是针对这些进入公共领域的音乐作品创作的基本元素，而是由这些元素有机组合而形成的智力表达。这与前面所探讨的涉及文学作品中的基本主题、场景、情节、惯用手段[2]等一样都属于不受著作权保护的公共领域因素，是创作的基本建筑材料。著作权法保护音乐作品的范围是这些元素的有效选择、组合。在美国相关判例中，即有此种观点。例如，在某一案件中，法院指出："不可保护元素的组合有资格获得著作权保护的条件是，这些元素数量众多且其选择与编排足够原始，从而使得这些组合构成了原创作品"。[3]该案的观点表明，在音乐作品中涉及不受著作权保护的元素与受著作权保护的基于公共领域元素的有机排列、组合，在著作权保护中应当注意区分两者的界限，将音乐作品著作权保护的范围限定于上述有机选择、编排所形成的独创性的表达。

音乐作品著作权侵权纠纷案件，与其他作品著作权侵权的判定一样，需

---

〔1〕《美国法典》第 17 编第 407—408 节（1976 年）。

〔2〕 See Apple Computer, Inc. v. Microsoft Corp., 35 F. 3d 1435 （1994）.

〔3〕 Satava v. Lowry, 323 F. 3d 805, 811 (9th Cir. 2003).

要遵循"接触+实质性相似+排除合理怀疑"的原则。[1]其中，实质性相似方面会涉及原被告作品是否具有独创性的问题。这里先就美国发生的典型案例，讨论构成著作权侵权的重要条件之一——接触。

在著作权侵权纠纷案件中，认定被告构成对原告著作权的侵权，尤其是涉及剽窃、抄袭，要有证据证明被告有机会接触原告的涉案作品。这是因为著作权法中的独创性不同于专利法对发明创造新颖性和创造性的要求，其只要求作者创作的作品是其独立完成的，不是剽窃、抄袭或者从他人作品中复制而成的。在客观上，两部独立完整的作品存在雷同性，并非没有可能。由于著作权法并不排除巧合作品的存在，在著作权司法实践中只要被告能够证明其没有接触原告作品的可能，即使两者存在表达上的雷同或者实质性相似，也不能认定其构成对原告作品的著作权侵权。

20世纪60年代晚期及70年代早期，美国Spirit乐队与齐柏林飞艇乐队涉及的相关音乐作品著作权纠纷就反映了接触的可能性在认定著作权侵权中的重要作用。在该案中，齐柏林飞艇乐队在巡演中有时会翻唱Spirit乐队的歌曲《Fresh Garbage》。该案中，尽管Spirit乐队的成员提出证据证明其乐队在1968年丹佛的一场音乐会上，以及1969年亚特兰大国际流行音乐节、西雅图流行音乐节和得克萨斯流行音乐节上都演唱过这首歌，但没有直接证据证明在这些演出期间齐柏林飞艇乐队成员听说过Spirit乐队的演出。由于接触原告作品可能性的证据无从认定，法院难以仅根据实质性相似而认定著作权侵权。值得特别注意的是，以上讨论的案例仅限于接触作品的可能，原告无需证明被告实际接触了其作品。换言之，对原告而言，只要基于日常生活经验法则或者说人们的通常认知，能够证明被告有接触原告作品的可能足矣。以笔者近年代理原告的一起涉及文学作品译作剽窃的著作权纠纷案为例，庭审中笔者向法院指出原告作品公开出版时间远远在被控侵犯著作权的作品之前，从而能够认定被告具有接触原告作品的可能，而无需提供其他相关证据对这一接触作品的可能性加以证明。笔者认为，从证据规则和证据适用的方面看，这其实也体现了相关的效率追求，因为就接触作品的可能性而言，在很多情况下原告无法进行充分的举证。即使能够进行这一举证，也可能会耗费大量的人力物力资源，从而造成效率低下的问题。

---

〔1〕　参见韦贵红：《音乐作品著作权侵权问题案例评析》，载《知识产权》2003年第3期。

在确定被告是否存在接触原告作品的可能以后，音乐作品著作权侵权问题的解决，关键仍在于实质性相似问题。如上所述，由于独创性要件并不排除现实中两部作品的巧合情况，只要两部作品都是独立完成，即可以排除被告对原告作品的著作权侵权的可能。在美国有的著作权侵权纠纷案件中，即有相同的观点。如在一起案件中，法院指出：为证明是否存在复制，不需要广泛地考察两部作品之间的相似之处，也不需要就原告作品中受著作权保护的因素进行考量。只需要考虑有相似之处，且如果这两部作品都是独立创作完成的，人们就不会想到有这种相似之处。[1] 该案的观点进一步表明，著作权保护的是独立完成的具有原创性的智力成果，对这一成果的保护不需要考虑其是否具有新颖性。

独创性无疑也是音乐作品受著作权保护的重要条件。在音乐作品著作权保护方面，独创性仍然要求是独立完成以及具备最低限度的创造性。独立完成既不能是剽窃或抄袭他人的作品，也不能是非法复制他人的作品。美国著作权司法判例即明确指出，独创性包括了不允许复制他人作品的内涵。毫无疑问，复制他人作品没有包括自己的创造性劳动，而是直接将他人作品据为己有，因此不可能具有独创性。尽管美国的判例指出，独创性的门槛很低，但无论如何不能低到复制他人作品的程度：著作权延伸到作者独立创作的部分作品，但不能是对他人作品的复制。[2]

前面还讨论了音乐作品中不受著作权保护的构成音乐作品的元素。这些元素之所以不受著作权保护，是因为它们是创作音乐作品必须使用的基本手段，这一基本手段不能被任何人垄断。在一起案件中，法院即明确指出一个音符不受著作权保护。[3] 该案中，法院认为："一个音符对吸引著作权保护来说作用甚小。"不过，法院进一步指出：尽管单个的音符不受著作权保护，具有一定数量的音符的编排则可以获得著作权保护。法院主张七个音符即足以获得这种保护。对于美国法院的上述观点，笔者认为：之所以具有一定数量的音符的编排可以获得著作权保护，是因为这种音符的编排体现了创作者独具匠心的构思与选择，对不同音符的组合能够形成不同的美妙的音乐，毫无

---

[1] Rentmeester v. Nike, Inc., 883 F. 3d at 1117 (2018).

[2] Swirsky v. Garey, 376 F. 3d at 851.

[3] Swirsky v. Garey, 376 F. 3d at 851.

疑问这符合作品独创性的要件。值得指出的是，音符编排受著作权保护的前提是需要具有一定的音符数量。换言之，如果音符数量过少，则仍然难以形成独创性表达。其实，这也隐藏着具有独创性的作品应当具有最低限度的创造性成分在内。对此在下面进一步进行研究。

无论是音乐作品还是其他各种类型的受著作权保护的作品，作品创作中最低限度的创造性是保证作品独创性符合著作权保护条件的重要内容之一。对此，前述美国著名的费斯特案中有明确的强调。该案中，法院认为富有创造性的作品不仅仅意味着作品不是被复制而成的，而且需要表现出最低限度的创造力。法院还讨论了作品中的原始部分的新颖性问题，认为作品中的原始部分不需要具有新颖性。美国联邦第九巡回上诉法院的示范指令也有相似的观点。该示范指令第 17.13 条指出："作品的'原始'部分不必是新的或者新颖的。"对此，笔者认为，这里所说的原始部分是相对于基本素材而言的。由于任何作品创作都必须利用基本素材，这些创作的基本素材对任何作品而言当然不具备新颖性。从前面对独创性与公共领域关系的角度来看，能作出更好的理解。当然，如果从源头来说，最初的作品的创作素材确实具有新颖性。然而，随着同一类型作品创作的普及，会逐渐形成创作的惯常表达手段，最终也会进入公共领域而可以被任何人在创作中使用。[1]

进言之，包括音乐作品在内的各类作品的独创性需要具备最低限度的创造性成分，可以从以下几方面进一步理解。

其一，独创性劳动是作者独立从事创造性劳动的体现。作者独立创作行为是一种产生智力作品的创造性活动。尽管这一活动离不开对公共领域资源的充分利用，并且在作品创作中纳入该作品的公共领域资源并不受著作权保护，只有基于对该公共资源的有效整合、利用，才能够反映作者的个性化表达，从而在相关领域为社会增加价值。在知识产权法哲学层面，这种增加的社会价值就体现为最低限度的创造性，使得作品具有独创性。

其二，最低限度的创造性也体现和反映了独创性要求的社会本位，以及作品著作权保护促进创新的本质。从本质上来说，著作权法是社会本位之法。这一法律不仅应当充分和有效地保护著作权人合法权益，也应当充分维护社

---

[1]　参见北京市高级人民法院（2011）高民终字第 31 号民事判决书（侵害著作权纠纷案）；北京知识产权法院（2016）京 73 民终 1078 号民事判决书（侵害著作权及不正当竞争纠纷案）。

会公众的利益。由于著作权保护意味着社会公众承担了不得侵害作者著作权的义务，相应地，受著作权保护的作品也应当要对社会具有一定的贡献。这种贡献即体现为作品应当具有一定的创新。这里所指的创新并非意味着作品思想和内容的新颖，而仅指作品的表达具有一定的个性化色彩，且不能和在先公开的作品在形式上具有雷同性。当然，由于包括音乐作品在内的各类型作品的新颖思想也是通过一定的外在形式表达的，尽管著作权法不要求作品思想的新颖性，但表达的新颖性往往也能够在一定程度上反映作品作者思想的新颖性。这正是著作权法旨在促进创新的原因。实际上，从科学文化事业的发展与繁荣的角度来说，以作品的创作与传播为基本形式的文化创意产业的发展，都是以不断推陈出新的各类优秀作品的面世为基本保障的。可以设想一下，如果仅要求包括音乐作品在内的各类作品的独创性只是独立完成而不需要最低限度的创造性，会使得很多质量低劣的不构成受著作权保护的作品也被纳入受著作权保护的范畴。

回到美国著作权法关于音乐作品的著作权的保护，在涉及陪审团指令的相关观点中，强调来自先前的作品或者公共领域的元素不受著作权保护。这一点固然没有问题，在前面也已经作了探讨。基本的原因在于，音乐作品著作权所保护的核心是音乐作品作者为社会所做的增加价值的部分，而来自先前的作品或者公共领域的元素当然不是音乐作品作者为社会所做的增加价值的部分。也应当注意对于上述观点的一种误解。美国相关著作权司法案例文献即指出，它有可能给公众造成一种误导：基本的音乐结构等公共领域元素被以创造性的、原创的方式排列或修改，不能受到著作权保护。笔者认为，这显然应当注意区分音乐作品中不受著作权保护的公共领域元素与在公共领域元素基础之上进行排列整合而形成的具有独创性的作品。

四、《加强知识产权司法保护意见》关于著作权保护的规定

《加强知识产权司法保护意见》在第一部分明确指出，要"妥善处理信息网络技术发展与著作权、相关权利保护的关系，统筹兼顾创作者、传播者、商业经营者和社会公众的利益，协调好激励创作、促进产业发展、保障基本文化权益之间的关系，促进文化创新和业态发展。"该项政策性规定对于如何协调著作权和相关权利保护中的相关利益主体之间的利益关系，实现不同主体之间的利益平衡，同时通过制度构建和设计，促进文化产业发展以及文化

创新与新业态的发展，提供了基本指引和框架，对于我国著作权司法保护中协调不同主体之间的利益关系，确立合理的著作权保护边界，[1]并通过充分有效、适当的著作权的司法保护，促进我国著作权产业的发展和文化创新具有十分重要的意义。

具体而言，对于以上规定，笔者认为以下问题值得深入研究。

（一）如何认识信息技术发展与著作权和相关权利保护的关系

从世界各国著作权制度的历史发展来看，著作权制度的发展与技术特别是传播技术的发展之间具有十分紧密的联系。著作权制度甚至被认为是"印刷出版之子"。特别是在当代，随着信息网络技术的发展，著作权制度面临着深刻的变革。在著作权司法保护中，需要深刻认识信息技术发展与著作权及相关权利保护之间的关系。为此，需要先从著作权制度产生的历史角度考察，理解技术发展与著作权保护之间的互动关系，包括技术发展对著作权制度的发展产生积极变革的重要作用，以及著作权制度出现以后对技术发展产生的独特作用。

从著作权制度历史发展的角度考察，著作权制度是技术发展和商品经济发展的产物。就商品经济而言，其之所以能成为著作权制度产生和发展的重要因素，是因为只有在商品经济条件之下，人们才能萌发关于著作权保护的私权、财产权观念，并且只有在商品经济土壤之中著作权这一财产权利的实现才能具备现实性因素。我国作为四大文明古国之一，曾经留下了灿烂的文化遗产，其中包括很多脍炙人口的优秀作品。然而，我国著作权保护制度的出现比西方最早的著作权保护制度即英国《安娜女王法》晚了两百年，其中十分重要的原因在于封建社会长期实行自给自足的自然经济，缺乏商品经济土壤，一直到清末的半殖民地半封建社会，也并没有改变缺乏商品经济的事实。比较而言，著作权制度之所以首先在西方产生，是基于资本主义自由商品经济的萌芽和发展。彼时即产生了强烈的私权保护观念，为著作权这一无形财产权的价值实现、相关交易提供了客观条件。可以认为，商品经济越发达，特别是进入市场经济环境之中，具有无形财产权属性的著作权的价值

---

〔1〕　See Christopher Buccafusco, "Authorship and the Boundaries of Copyright: Ideas, Expressions, and Functions in Yoga, Choreography, and Other Works", 39 *The Columbia Journal of Law and the Arts* 421 (2016).

越大。

从著作权制度的产生来看，最主要的是传播技术对于著作权制度产生的重要作用。众所周知，我国是四大文明古国之一，我国的四大发明为人类的文明及社会的进步作出了杰出的贡献。其中，活字印刷术的作用尤为突出。活字印刷术的出现使作品的传播速度大为增长。不仅如此，活字印刷术的推广也大大降低了传播作品的成本。在我国活字印刷术之前，欧洲推行的是雕版印刷术。11 世纪，我国宋代毕昇发明的活字印刷术通过德国古登堡传播到欧洲并在欧洲推行，通过活字印刷术，西文的传播速度大大加快。这样一来，印刷传播作品就成为一个有利可图的行业。基于"有利益就有市场"的经济学原理，对最先印刷传播的作品进行盗版印刷的行为即已开始出现。从中西方著作权制度产生的历史来看，两者几乎在同一时期具有相类似的管制措施。就我国而言，相关作者和出版者通过向官府申请出版特许权保护，杜绝未经许可的翻版盗印行为。例如，我国古代的《东都事略》就呈请官府保护：已申上司，不许复版。郑成思教授指出，这甚至可以被认为是我国最早的"著作权保留声明"。就欧洲的英国而言，随着翻版盗印行为的出现，最早的出版者也提出了保护其专有出版权的要求。但是，英国的统治者也很快发现，通过授予出版特许权利、禁止未经许可的出版行为，不仅能够为皇室增加收入，而且可以利用审查的机会禁止"异端邪说"，达到实现所谓一箭双雕的效果。在英国 1709 年颁布的世界上第一部著作权法之前，英国的出版特许权利制度可谓著作权制度的雏形。

考察英国早期著作权制度的产生，还可以发现具有深层次的政治、经济、社会方面的原因。其中饶有趣味的是，各方利益主体都以维护公共利益的名义主张对作者权益给予保护。英国最终通过的第一部著作权法，从其名称即可以领略到该法的意旨是要鼓励学习、促进学问，从而增进公共利益。其之所以被视为世界上第一部著作权法，主要原因在于其在世界上首次确认了作者在涉及作品权益保护的法律保护中的核心地位。从著作权法理论来说，著作权法是以作者为基础和核心，主要围绕作者创作的作品而产生的利益关系进行调整的法律规范的总和。该法在法律中首次明确了作者受保护的核心地位，为后来世界各国著作权制度的产生和发展奠定了坚实基础，并具有深远的影响。特别是后来美国著作权制度对英国著作权制度的承继和发展。

从著作权制度产生的历史来看，无论是英国还是后来其他国家和地区的著作权制度的产生尽管是由经济基础决定的多方面因素的产物，但都离不开技术，特别是传播技术发展的这一基础性条件。在笔者看来，认识这一点对于在当代的信息网络环境下妥善处理著作权保护和技术发展之间的关系，因应技术的发展完善著作权制度，都具有十分重要的基础性作用。

在商品经济土壤中，技术的发展催生了著作权制度的产生。不仅如此，技术发展对著作权制度的发展也具有十分重要的推动作用。考察各国著作权制度发展的历史，可以进一步发现，技术发展对著作权制度的变革与发展有以下方面的重要影响。

第一，技术发展，尤其是传播技术的发展使受著作权保护的客体范围不断增大。

著作权的客体是作品。作品作为作者创作的智力劳动成果，是在一定的物质技术条件下完成的。随着技术的发展，创作作品的形式和手段日益丰富，且技术的发展使作品能够以更加丰富多彩的形式加以存储。从作品的类型来说，文字作品是所有国家著作权法中所重点保护的作品，也是最古老的一种受著作权保护的作品形式。技术的发展则导致各类新型作品层出不穷。例如，随着技术的发展，视听作品得以产生。随着数据产业的发展，数据库已经成为集成和有效利用的形式与重要的平台。将数据库作为汇编作品加以著作权保护成为一种客观的需要。根据《欧盟数据库保护指令》，对于不具备独创性的数据库，可以通过类似邻接权的形式加以保护。再如，在计算机技术发展的早期，硬件的地位很高，计算机软件只是作为辅助的部分。随着计算机技术的迅猛发展，计算机软件的地位日益提高。在法律上如何充分、有效保护计算机软件，成为各国计算机产业发展的重要法律问题。[1]在 1972 年菲律宾率先通过著作权法保护计算机软件以后，随着美国极力主张在国际公约中保护计算机软件，计算机软件已成为各国和国际公约保护的作品类型之一。

近些年来，随着人工智能的发展和变革，更是出现了人工智能生成物是否能作为受著作权保护的客体的法律问题。[2]毫无疑问，人工智能生成物与

---

〔1〕　See Ralph Oman, "Computer Software as Copyrightable Subject Matter: Oracle v. Google, Legislative Intent, and the Scope of Rights in Digital Works", 31 *Harv. J. of L. & Tech.* 639 (2018).

〔2〕　即使纳入著作权保护，也还存在权利限制问题。林秀芹：《人工智能时代著作权合理使用制度的重塑》，载《法学研究》2021 年第 6 期。

传统意义上作者创作的作品具有不同的特点。就其本身来说，实际上具备作品独创性的条件。但由于没有体现作为自然人作者的个性化特点，有观点认为，人工智能生成物不能单纯地视为受著作权保护的作品。[1]如前所述，根据欧盟近年在英国伦敦发布的关于人工智能著作权保护的相关文件，人工智能生成物受著作权保护的重要条件是，在人工智能的生成物中有人的因素干预。如果有人的因素干预，就能成为受著作权保护的客体，没有人的因素干预的则不能成为受著作权保护的作品。从我国近年发生的涉及人工智能生成物的著作权保护纠纷来看，第一起涉及人工智能生成物著作权保护纠纷案[2]中，法院判决书并没有对原告主张受著作权保护的作品是否符合作品著作权保护条件方面（尤其是独创性）进行评判，而是基于公平合理原则认定被告不存在使用的正当理由，判决被告停止使用并赔偿损失。在后来发生的腾讯公司诉某单位涉及人工智能的另外几起著作权保护纠纷案[3]中，一审法院认可腾讯公司主张保护的作品为法人作品的观点，认定被告行为构成了对腾讯公司著作权的侵害。这种将利用人工智能技术产生的作品归结为法人作品的观点值得深入研究。可以预料，随着技术的发展，特别是人工智能由当前的弱人工智能进入强人工智能时代以后，作品的创作和存储形式会有更大的变化，届时如何界定人工智能生成物的作品属性、是否受著作权保护以及其相应的著作权主体等问题，都值得深入探讨。

总的来说，技术的发展和变革使得作品的创作手段和形式变得更多。不仅如此，技术的发展和变革也使得作品的集成与组合变得更加容易，通过对大量现有作品的重新利用而产生的大量的新的作品，不完全等同于过去的演绎作品的概念与范畴。在当前的信息网络和人工智能技术环境下，UGC（用户生成内容）等产品以及"人工智能生成内容（AIGC）"就是值得探讨的著作权保护问题。[4]这些问题在以前可以说从未发生过，对现行著作权法理论、制度构建与司法实践都提出了重要挑战，同样值得进行深入的研究。

---

〔1〕 Zach Naqvi, "Artificial Intelligence, Copyright, and Copyright Infringement", 24 *Marq. Intell. Prop. L. Rev.* 15 (2020).

〔2〕 北京知识产权法院（2019）京 73 民终 2030 号民事判决书。

〔3〕 广东省深圳市南山区人民法院（2019）粤 0305 民初 14004—14007 号民事判决书。

〔4〕 冯晓青、马彪:《数字版权下合理引用制度的价值取向和制度完善——以用户生成内容为研究对象》，载《法律适用》2022 年第 4 期。

第二，技术发展，尤其是传播技术的发展，使著作权保护的权利范围不断扩大。

我国著作权法律制度的历史考察同样表明，技术特别是传播技术的发展，使得著作权保护的权利范围日益扩大。有观点甚至认为，一部著作权制度的发展史，就是权利扩展史。也就是说，在著作权制度的发展中，受保护的著作权的权利范围有不断扩大的趋势。即使是同一种权利，其保护的内容和范围也日益扩大。在著作权制度产生的早期，受保护的著作权基本限于复制权。随着创作和传播作品手段的不断扩大，受保护的著作权的权利类型也不断增加。如考察美国著作权制度的发展历史与司法判例，可以发现最初翻译、改编等演绎行为并不是受法律保护的权利。随着美国判例法的发展，美国逐渐引进了著作权法中的演绎权制度。随着录音录像技术的发展，在著作权法中相应增加了录音和录像的权利。进入信息网络时代以来，作品可以通过数字化的形式予以存储和迅速地传播。这种数字化形式的存储，本身意味着受著作权保护的复制权范围的扩大，作品数字化行为在本质上是复制作品的行为，只是其是在信息网络环境下完成的。其实这也体现和反映了随着技术的发展，原已存在的受著作权保护的某种类型的著作权内涵和范围也在扩大。就信息网络环境下的著作权保护而论，基于在网络空间保护著作权的迫切需要，国际公约如《世界知识产权组织版权条约》（WCT）和《世界知识产权组织表演和录音制品条约》（WPPT）规定了向公众传播权这一全新的权利类型。在我国 2001 年《著作权法》修改中也相应地规定了信息网络传播权。信息网络传播权可以说是在信息网络环境下著作权人最重要的一种受到保护的著作权。当然，基于著作权法同时保护表演者，录音录像制作者，广播电台、电视台等邻接权主体，我国《著作权法》对于信息网络传播权的规定不仅适用于著作权人，而且包括表演者、录音录像制作者。我国现行《著作权法》还专门增加了广播电台、电视台等广播组织的信息网络传播权。

由此可以看出，技术的发展增加了受著作权保护的权利类型。从法理上来说，其中重要的原因在于，技术的发展大大增加了受著作权保护的作品的利用方式，作品传播和实现价值的渠道同步得到丰富。如果不设立新的受著作权保护的权利类型，在新的技术环境下著作权人的合法权益将难以得到充分保护。信息网络传播权的设置，实际上也是信息网络技术发展环境下加强对著作权保护的重要体现。

第三，技术发展使创作作品的手段以及作品的存储、传播和利用方式扩大，也在更大程度上实现了著作权人的权利以及作品的经济和社会价值。

任何作品的创作都需要借助一定的物质技术条件。创作的物质技术条件越好，作者越能创作出丰富多彩的适应社会需要的作品。在人类社会的早期，创作手段非常单一，作品的表现形式和作品类型也非常有限。故现代技术条件下出现的各类作品，可以说在早期是难以想象的。随着技术的发展，特别是传播技术的发展，创作的手段日益丰富，从而也使作品的表现形式以及相应的作品类型变得丰富多彩。例如，现代技术条件下出现的各种科学技术类作品，就需要借助一定的物质技术条件。特别是随着人们耳熟能详的当代信息网络技术的发展，传统的在纸上撰写作品的形式已在很大程度上被计算机替代，作品的存储形式也由传统的通过固定载体存储的形式变化为数字化形式存储。尽管在数字化环境下，作品的性质以及相应的著作权保护原则没有本质变化，作品的传播和利用方式却发生了翻天覆地的变化。在物理环境下，作品的复制和传播存在很多限制。在信息网络环境下，复制则变得极为简单，而且几乎不用付出成本。从经济学的角度来说，其边际成本接近于零。

作品创作的目的在于传播和利用。在信息网络环境下，作品的传播与利用也变得极为便捷和快速。信息网络环境无疑为作者和其他著作权人实现其著作权、更好地实现作品的经济和社会价值提供了广阔的舞台。特别是在当代社会，立足于信息网络环境的电子商务如火如荼，以著作权保护为基础和核心的著作权产业的发展也延伸到了信息网络空间。当前我国正在大力发展的文化创意产业，也日益离不开信息网络环境下市场的开拓与发展。仅以网络环境中的音乐作品为例，近几年来一些知名的音乐集成平台，例如，"腾讯音乐"为音乐爱好者欣赏音乐以及促进音乐作品的传播与利用提供了极大的便利。这些网络平台能够根据用户的爱好和选择，提供个性化、多样化的原创音乐作品，在极大程度上满足音乐爱好者欣赏音乐的需要，更好地通过音乐作品的传播与利用，丰富社会生活，同时也提升了音乐作品的使用价值。不仅如此，腾讯公司还开发了"全民 K 歌"，可以说是和"腾讯音乐"遥相呼应。"全民 K 歌"的创意和平台的运作，是在信息网络环境中对现有音乐作品进行有效开发、利用，更好满足广大人民群众对于文化生活需要的体现。通过这些信息网络平台，音乐作品被传播和利用的概率大为增强。例如，在"全民 K 歌"平台，有的流行歌曲被演唱的次数达到上亿次，这在传统环境下是不可想象的。实际上，还有大量的其他类型的例子可以证明，通过在信息网络环境中开发作品、表演、录音录像制品等受著作权或者相关权保护的客体市场运营平台，不仅成为当前丰富和发展人们社会文化生活的重要形式，而且成为文化创意产业的新业态和新模式。可以预料，随着经济社会与技术的变革，作品的创作、存储、传播和利用方式还会不断发展，从而对著作权人的权利实现与作品的经济价值产生更加深远的影响。

第四，技术发展也使著作权侵权面临着更大的风险，为加强著作权保护提供了客观需要。

技术发展和创新是人类社会发展和进步的根本动力。一部人类发展史，就是技术发展和进步的历史。伟人早已指出，科学技术是第一生产力。从技术发展变革与著作权制度的关系来看，技术本身具有中立性，技术发展对著作权制度的产生和发展具有十分积极的作用。同时，也应当看到，根据哲学上的观点，事物都具有两面性，技术发展同时也使著作权侵权面临更大的风险。这当然也为加强著作权保护提供了客观需要。

技术发展之所以同样会增加著作权侵权的风险，是因为技术发展所导致的作品利用的方式和手段，也可以同样为著作权侵权人所利用。可以认为，技术发展所导致的作品利用方式越多，著作权侵权行为的方式和手段也相应地"水涨船高"。近些年来随着我国著作权法律制度的发展，著作权司法实践中的各类新型疑难案件也层出不穷。这些案件的出现在很大程度上是技术发展所造成的。原因其实很简单，在某种技术出现之前不可能存在相应的作品，就不存在相应的著作权侵权纠纷。例如，在相关信息网络技术出现之前，并不存在通过信息网络传输的形式侵害他人著作权的事例。从现实中发生的大量的著作权侵权纠纷来看，当前我国著作权诉讼案件大量地表现为信息网络环境下的著作权纠纷，特别是著作权侵权纠纷。这类案件存在的原因在于，信息网络技术的发展使得作品可以在信息网络环境中得到充分传播和利用，形形色色的侵权人基于非法目的而在未经著作权人许可的前提下擅自传播和利用其享有著作权的作品。

毫无疑问，技术发展条件下著作权侵权手段的增加，为加强著作权保护提供了客观需要。对著作权保护的加强，实际上是对技术发展的回应。考察国内外近些年来对著作权法律制度的修改和完善，可以看出针对著作权保护实践中的"道高一尺，魔高一丈"现象，著作权法不断通过设计相关权利、扩大权利保护范围、增加权利人保护的手段等方式以更好地实现在信息网络空间中的著作权保护。以我国第三次修改的现行《著作权法》为例，2001年《著作权法》在增加技术措施规定的基础之上，对于技术措施的保护作出了重要修改，一方面使技术保护措施的范围更加宽广，另一方面也基于利益平衡的考虑对技术措施的保护施加了一定的限制。这一修改显然也是为了适应在信息网络环境下更好地利用技术措施的保护手段维护著作权人的合法权益，同时通过对技术措施保护的限制更好地实现著作权人的利益和社会公共利益之间的平衡。当然，技术措施的保护只是信息网络环境下强化著作权保护的制度之一，如何构建和完善信息网络传播权保护制度则是重中之重。[1]对此，笔者将在后文进一步进行探讨。

第五，技术发展不断地推进著作权制度的现代化。

著作权制度的现代化问题，其实也是著作权理论与实务中一个值得关注和研究的重大课题。应当说，对这一重大课题，我国著作权理论与实务界关注不够充分。从法理学的层面来说，法律作为调整一定社会关系的法律规范的总和，离不开对现实问题的解决，特别是需要回应和调整特定经济社会亟需解决的问题。当一定经济社会关系发生变革时，法律也需要作出适当的修改与完善。毫无疑问，其深层次的哲学依据在于经济基础决定上层建筑，上层建筑应当适应经济基础的需要。著作权制度的现代化，本质上是特定时期的著作权法律制度适应特定时期的经济社会与技术发展的需要，也就是与时俱进。如前所述，著作权制度是商品经济和技术发展的产物。著作权制度的现代化受一定时期一个国家或者地区各种经济社会发展因素的影响。无论如何，技术发展影响因素处于十分重要的地位，或者说技术发展不断地推进了著作权制度的现代化。在笔者看来，在知识产权制度日益国际化甚至全球化的背景下，当代著作权制度的现代化是国际化与本土化的有效结合，也是现实需求与长远发展的有效整合。就我国著作权制度的现代化而言，应当立足于我国现实对著作权保护的需求，根据著作权国际保护变革的趋势，放眼未来，构建与我国经济社会发展相适应的、现代化的具有中国特色的著作权法律制度。

---

[1] 参见袁锋：《论信息时代网络著作权信息披露制度的重构——兼论〈信息网络传播权保护条例〉第13条和第25条的修订》，载《华中科技大学学报（社会科学版）》2022年第3期。

(二) 著作权制度及其变革对于技术发展具有十分积极的作用

技术发展与著作权制度之间其实是一种互动关系。一方面，如前面所探讨的，技术发展对著作权制度的产生和发展具有十分重要的影响。另一方面，著作权制度对技术发展也不是被动的，而是能够通过制度的变革和发展主动地适应技术发展的需要。与技术发展对著作权制度的变革具有的影响一脉相承，著作权制度在以下方面体现了对技术发展的回应和适应。

第一，从著作权制度的产生来看，著作权制度作为技术发展的产物，对一定技术条件下产生的作品的法律关系进行调整，适应了技术发展的需要。在著作权制度产生以前，由于技术特别是传播技术的限制，作品的创作形式和传播受到极大限制，不可能产生现代意义上的著作权制度。正是印刷技术特别是活字印刷术的出现，催生了早期的著作权制度。著作权制度一经建立，就通过其自身的制度设计和安排围绕新技术条件下产生的作品的利益关系进行调整。从各国、地区著作权制度的产生和发展历史来看，技术在不断更新和进步，著作权制度也随着社会的发展、变革与时俱进。从早期的机械复制时代，一直到现在的互联网时代，著作权制度始终紧跟技术发展的步伐而不断作出适应性调整。在当代，随着大数据、云计算、人工智能以及相关产业的发展，作品的创作、存储、传播与利用形式也发生了深刻的变革，著作权法律制度也相应地通过不断地修改与完善以适应技术的发展。这可以说是各国和地区著作权制度变革与发展的重要趋势与规律，同时也是著作权制度适应技术变革要求的体现。

第二，著作权制度适应技术发展，体现在著作权法律不断地修改和完善，尤其体现于对著作权客体、主体、内容，著作权利用方式、著作权限制以及著作权侵权行为表现等方面的修改。这些内容与前述技术发展对著作权制度的影响相呼应。以下不妨从著作权制度适应技术发展的角度，简要探讨上述的内容和特点。

1. 著作权客体扩展以适应技术发展的需要

关于技术发展与著作权客体扩张的关系，国内外学者已作过相关研究。笔者也作过专门研究。[1]在笔者看来，技术发展导致著作权客体增加是由于以下原因。

---

[1] 冯晓青:《知识产权法利益平衡理论》，中国政法大学出版社 2006 年版，第 211—250 页。

　　一是技术发展导致创作作品的手段和方式增加，从而使得在新技术发展条件下产生了前所未有的作品形式。例如，在录音录像技术发展以前，不可能存在现代著作权制度意义上的视听作品。在计算机技术产生之前，也不可能存在现代著作权制度所规定的计算机软件这一全新的著作权客体。当然，在新技术条件下出现的某种智力成果是否应当纳入著作权保护的客体，需要基于一定的经济社会环境判定该智力成果是否符合著作权保护客体的条件以及纳入著作权保护的优势与劣势。以计算机软件为例，在计算机软件这一新型智力成果出现以后，对于选择何种知识产权保护模式保护计算机软件，在国际上曾存在很大的争论。最终，以美国为代表的计算机软件产业发达的国家主张通过著作权制度保护计算机软件。当然，计算机软件并非被排除在专利法以及商业秘密等其他类型的法律保护形式之外。只是就其最主要的知识产权保护形式而言，通过著作权法保护是当代各国及国际公约保护的最主要的知识产权保护模式。其原因在于通过著作权保护计算机软件存在相较于其他保护模式的诸多优点。例如，与计算机软件的专利保护相比较，计算机软件的著作权保护不需要对计算机软件的新颖性、创造性和实用性进行评判，而这所谓"三性"的评判实际上存在很大的困难。并且，基于计算机软件专利保护的地域性，在一个国家或者地区获得的计算机软件专利，在其他国家不能当然地获得。尽管计算机软件的著作权保护同样存在地域性问题，但在当前知识产权国际保护的环境之下，基于《伯尔尼公约》以及《与贸易有关的知识产权协议》所确立的著作权自动保护原则，计算机软件的著作权能够在实质上非常便利地在其他国家和地区获得广泛的保护。计算机软件著作权保护与专利保护相比的优势是非常明显的。[1]

　　二是针对在新技术条件下产生的符合著作权客体特征的新型智力成果，著作权法在修改和完善中将其纳入受著作权保护的范围有利于激励新类型作品的创作和传播，也有利于激励对这类新型作品的创作和传播的投资，从而促进相关著作权产业的发展与繁荣。如前所述，著作权法律制度是一种激励创新的机制。从更上位的包括著作权法律制度在内的知识产权法律制度而言，知识产权法律制度本身就是一种激励创新的机制。2020 年 11 月，习近平总书

---

　　〔1〕　参见最高人民法院（2019）最高法知民终 694 号民事判决书（侵害计算机软件著作权纠纷案）。

记在主持中共中央政治局集体学习时就明确指出：保护知识产权就是保护创新。[1]在著作权法律意义上，激励创新很大程度体现为对创作作品的激励。作品的创作作为一种直接产生文学、艺术和科学作品的智力活动，从心理学的角度来说，需要一定的激励与内在的动机。有学者认为创作作品的激励不限于著作权法给予著作权这一专有权利的产权激励，因为创作是人们的一种自发的行为或者是基于某种兴趣与习惯的行为。笔者则认为，尽管创作作品的激励可能存在多种因素，但不可否认的是通过为创作出的作品赋予著作权这一专有权的形式提供的产权激励，其激励效果是其他形式不可替代的。对于新技术条件下产生的新类型的作品，通过赋予作品著作权的形式，不仅能够在很大程度上激发人们的创作热情，而且能够吸引人们在创作这类新作品方面的投资。特别是有的新类型作品的创作要付出巨大的成本并承担风险，如果不给予著作权这一专有权的保护，创作者和投资者将面临连最基本的成本都不能收回的困境。其实，对作品赋予著作权这一专有权利的保护可以从法律经济学、产权经济学等多视角加以理解和认识。近年来，经济学界提出了新结构经济学的观点，即使从新结构经济学的角度，也能够对赋予新型作品以著作权保护的合理性加以理解。

还需要进一步指出，关于新技术条件下出现的新类型作品纳入著作权保护的合理性，可以从促进著作权产业发展的角度加以理解。在笔者看来，技术条件下出现了新型作品，不仅存在其是否受著作权保护的问题，而且关系到新型产业发展的问题。因为技术的发展导致创作和传播作品的形式增多，也会形成相应的消费市场。例如，录音录像技术的发展催生了录音录像制品和视听作品，进而形成了录音录像和电影产业。又如，随着计算机软件技术的发展，当代计算机软件也已经形成了一个巨大的产业。至于当前信息网络技术的发展所形成的互联网产业、互联网经济也是人们耳熟能详的。关于著作权保护与促进相关著作权产业发展的关系，[2]笔者还将在后面进行探讨。这里需要简要指出的是，通过著作权法保护新技术发展条件下的新类型的作品，其合理性和必要性在很大程度上也体现为对这类新型作品所形成的相关产业的发展。从包括我国在内的各国家和地区著作权产业发展的情况来看，

---

〔1〕《习近平：保护知识产权就是保护创新》，载《人民日报海外版》2020年12月2日，第1版。

〔2〕参见熊琦：《互联网产业驱动下的著作权规则变革》，载《中国法学》2013年第6期。

随着经济社会发展，在一个国家和地区的生产总值（GDP）中著作权产业占据的比重越来越高。据统计，美国著作权产业的生产总值超过了钢铁、农业和建筑的总和。近些年来，随着我国经济发展方式改变和产业转型升级，著作权产业在国内生产总值中的比重也日益提高。著作权产业的变革与发展，实际上是以对层出不穷的新类型作品的著作权保护作为基础的。由此可以看出，著作权法对新技术条件下出现的新类型作品的著作权保护，其最终结果有利于相关著作权产业的发展，从而能够更好地满足消费者的需要，造福于人民，更好地促进我国科学文化事业的发展与繁荣。

2. 著作权法在修改和完善时，通过增加新的权利或者扩展既有权利的范围和内容，以适应新技术条件下技术及其相关产业发展的需要

考察著作权法律制度的历史，可以看出，著作权制度的发展史也就是一部权利扩张史。著作权的扩张固然有深层次的经济社会原因，技术发展则是其中的重要因素。从广义上来说，前面所探讨的著作权客体数量的增加，也可以说是著作权的扩张。在狭义上，一般则认为，著作权的扩张体现为著作权法保护的著作权的权利种类的增加，以及既有著作权范围和内容的扩大。著作权的扩张既是对技术发展的回应，也是对特定时期经济社会发展的回应，尤其是通过新设立权利，促进相关文化产业的发展。从著作权法理论来说，研究著作权扩张问题不仅需要对其深层次的原因和正当性进行思考，[1]而且需要从著作权扩张与著作权制度的动态平衡，以及防止著作权不适当扩张而损害公共领域等相关方面的问题进行研究。在笔者看来，著作权扩张可以从著作权法的利益平衡机制方面加以理解。著作权扩张不仅是对技术发展的反映和一定经济社会关系的回应，也是构建动态化的著作权法利益平衡机制所必需的。原因在于，随着社会的发展，包括技术的发展与进步，为了更好地激励创作和传播优秀作品，需要加强对著作权的保护，扩大著作权人对其作品著作权的范围和内容。否则，著作权法就无法适应经济社会的发展，无法在新的技术条件下通过调整围绕作品的利益关系，更好地促进作品的传播和利用。另一方面，基于著作权法利益平衡机制考虑，著作权扩张以后，需要相应地对被扩张的著作权进行限制。从著作权法利益平衡的基本原理而言，在著作权法中权利保护和权利限制始终是一种动态平衡的关系。著作权被扩

---

〔1〕 冯晓青：《著作权扩张及其缘由透视》，载《政法论坛》2006 年第 6 期。

张以后，显然需要对被扩张的著作权增加相应的权利限制的内容，否则这种动态平衡将被打破，社会公众也无法从新技术条件下出现的作品新的利用方式中获益。

这里不妨以 2001 年我国修改《著作权法》时增加的信息网络传播权为例加以说明。信息网络传播权是信息网络时代著作权保护所必需的。在此之前，世界知识产权组织制定与实施了《世界知识产权组织版权条约》以及《世界知识产权组织表演和录音制品条约》。在这两个条约中，分别增加了向公众传播权。由于其主要是对互联网环境下作品和相关权的保护，在著作权理论上又被称为"互联网条约"。毫无疑问，互联网是人类的伟大发明。随着信息网络技术的发展，物理环境下的作品可以通过数字化的形式在网络空间存储、传播和利用。传统的著作权则并不包含这些内容，以至于在 2001 年我国《著作权法》修改时出现的一起著名案例即王某等著名作家诉某数字图书馆公司侵害著作权案〔1〕中，被告抗辩作品数字化的行为并不属于当时的著作权法所保护的内容。尽管我国不是判例法国家，但这一典型案例可能对于 2001 年修改《著作权法》时增加信息网络传播权起到了十分积极的推动作用。毫无疑问，信息网络传播权的增加，是我国著作权制度对信息网络技术发展的积极回应。通过规定这一权利，在著作权司法实践中就可以应对大量的信息网络环境下出现的著作权侵权纠纷。从近些年我国著作权司法实践来看，各级相关人民法院审理了大量涉及信息网络传播权保护的著作权纠纷案件。〔2〕

当然，在涉及信息网络环境下著作权纠纷案件中，对于如何理解和适用信息网络传播权的保护仍然存在一定的争议。〔3〕例如，如何界定信息网络传播行为是涉及侵害信息网络传播权著作权纠纷案件的关键。〔4〕在过去信息网

---

〔1〕　北京市海淀区人民法院（1999）海知初字第 57 号民事判决书（侵害著作权纠纷案）。

〔2〕　参见最高人民法院（2015）民申字第 1295 号民事裁定书（侵害信息网络传播权纠纷案）；河北省高级人民法院（2017）冀民终 677 号民事判决书（著作权权属、侵权纠纷案）；江西省高级人民法院（2017）赣民终 170 号民事调解书（网络侵权责任纠纷案）；黑龙江省高级人民法院（2023）黑民终 528 号民事判决书（侵害作品信息网络传播权纠纷案）；新疆维吾尔自治区高级人民法院（2023）新民终 127 号民事判决书（侵害作品信息网络传播权纠纷案）。

〔3〕　参见孙海龙、赵克：《变与不变：信息网络传播权的动态演进与司法应对》，载《法律适用》2013 年第 11 期；乔生：《我国信息网络传播权司法保护探析》，载《法商研究》2003 年第 5 期。

〔4〕　参见刘银良：《信息网络传播权及其与广播权的界限》，载《法学研究》2017 年第 6 期；刘文杰：《信息网络传播行为的认定》，载《法学研究》2016 年第 3 期。

络技术发展的初期，服务器标准是被广泛接受的侵害信息网络传播权的标准，根据该标准，需要确定被控侵权人是否有提供作品的行为。然而，随着信息网络技术及其相关产业的发展，作品的存储、传播和利用方式进一步发生变革，尤其是后来出现了云服务器。如果固守服务器标准，就无法准确地实现信息网络传播权的保护效果。也正是基于此，在近些年涉及信息网络环境下著作权司法实践中，理论界和实务界提出了其他相关标准，包括用户感知标准、[1]实质呈现标准、实质替代标准、法律标准等。如近些年来关于聚合盗链的著作权侵权行为问题，如何对聚合盗链的行为进行认定，就存在一定争议。对此笔者已作过一定的探讨，在此不予复述。

如上所述，著作权扩张可以从著作权法利益平衡机制的角度加以理解。仍然以这里探讨的信息网络传播权为例。我国《著作权法》在 2001 年修改时尽管增加了信息网络传播权这一新型的权利，但在涉及著作权限制的条款中并未对这一权利的限制进行明确的规定。从前面所讨论的著作权法的基本原理来说，著作权的扩张必然有相应的权利限制，以实现著作权保护的动态性平衡。为此，最高人民法院在 2000 年施行了《关于审理涉及计算机网络著作权纠纷案件适用法律若干问题的解释》，明确了在信息网络环境下信息网络传播权的保护与限制。[2]特别是在 2006 年，国务院颁行了《信息网络传播权保护条例》，对信息网络传播权的保护与限制作了全面规定。在 2012 年的《最高人民法院关于审理侵害信息网络传播权民事纠纷案件适用法律若干问题的规定》中，开宗明义地指出要根据利益平衡原则处理网络环境下的著作权保护问题，并重点对网络服务提供者的著作权侵权责任及其责任豁免作了规定。其将提供网络服务的提供者分为提供内容和提供服务两种基本类型，以此确定相应的著作权侵权责任的条件和相应的限制。在我国 2012 年开始的《著作权法》第三次修改过程中，信息网络传播权的保护也是被高度关注的问题之一。然而，在 2020 年 11 月通过的我国现行《著作权法》中，对于信息网络环境下的信息网络传播权的保护与限制修改之处较少，除增加广播电台、电

---

〔1〕 参见蒋舸：《著作权直接侵权认定中的"用户感知"因素——从复制权到信息网络传播权》，载《环球法律评论》2021 年第 2 期。

〔2〕 该司法解释分别在 2004 年和 2006 年进行了修正。2012 年，最高人民法院发布《关于审理侵害信息网络传播权民事纠纷案件适用法律若干问题的规定》，此前施行的前述修正后的司法解释被废除。

视台的信息网络传播权外，对于其他方面尤其是对这一权利的限制规定很少。当然，基于利益平衡的考虑，这次修改《著作权法》时对于技术措施的保护一方面增加了相关内容，另一方面也对这一技术措施保护的限制作出了明确规定。笔者建议，我国《著作权法》在进一步修改时，应当对信息网络传播权的保护与限制作出更加全面的规定。

3. 著作权法通过规定权利的利用方式，适应技术和相关产业的发展

著作权的利用是著作权法中的重要制度。所谓著作权的利用，是指著作权人自身或者通过许可、转让等方式利用著作权。著作权的利用，对实现著作权的经济社会价值和著作权人的人格利益具有十分重要的意义和作用。在当前我国大力推动知识产权保护和运用的背景下，如何有效地推动著作权的利用，也是著作权法适应技术发展规律、促进著作权产业发展的根本性保障。从我国著作权立法宗旨的角度来说，如何促进作品的有效利用也是其应包含的内容。尽管著作权利用的内容在我国著作权法立法宗旨条款中被涵盖在促进作品传播的范畴中，但是著作权利用在著作权法律制度有效运行中的重要地位是不可忽视的。特别是当前我国知识产权战略的推行，以及文化大发展大繁荣政策的制定与实施都离不开著作权的有效利用。在笔者看来，当前我国著作权法律制度实施存在的主要问题，就是著作权利用渠道不够畅通，利用方式比较单一，利用效果不够理想。相应地，著作权战略实施的关键之一也在于如何有效地加强我国著作权的利用。

应当说，著作权的利用与技术发展具有十分密切的内在联系，这种联系在著作权法上也体现为受著作权法保护的著作权与技术发展之间的联系。换言之，在理论上有多少种利用作品的方式，就可以设立相应的著作权的类型，或者对现有的著作权的权利内容加以扩大。从著作权制度的发展历史来看，之所以认为著作权制度的发展史就是著作权的扩张史，是因为受保护的著作权的类型的扩大是建立在技术发展产生了新的利用作品的方式这一基础之上的。而且，还应当看到，即使是针对同一种受保护的著作权，随着技术的发展，其内涵也在不断丰富之中，这同时也导致利用作品的方式在不断增加。仅以复制权为例，我们知道，复制权是著作权法产生早期受保护的最重要的权利。在著作权制度产生之初，由于技术发展的水平受限，利用作品的方式也受限。就作品的复制而言，早期的复制表现为机械复制。随着技术特别是传播技术的发展，以固定并再现作品为特征的复制，可以通过其他的技术手

段加以实现，如随着录音录像技术的发展，作品可以通过录音录像的形式得以固定；随着信息网络技术的发展，作品则可以通过数字化的形式加以存储和传播。可以预料，未来复制作品的形式还有更多，著作权人通过行使复制权而利用作品的方式也在不断增多。

如前所述，技术的发展也导致相应产业的发展。在技术发展背景下，作品新的利用方式随之产生，特别是能够产生新的衍生作品，进而形成新的著作权产业。互联网环境下作品的创作和传播形式的变化，就是最好的例子之一。在当前的互联网环境下，大量的作品体现为针对已有作品的衍生作品，这种衍生作品不仅表现为传统意义上的演绎作品，而且以同人作品、混剪作品等多种形式存在。当然，这些衍生作品的创作和传播与被使用的原生作品之间，在著作权法上的法律关系存在不同的类型。近些年来，相关著作权纠纷案件也反映了这方面的问题。[1] 无论如何，我们可以发现互联网技术的发展导致了作品的创作和利用的方式发生了变革，并催生了互联网环境下著作权产业的形成。如前面所提到的音乐作品，在传统环境下音乐作品的利用渠道、方式和范围受到极大限制。在互联网环境下，音乐作品则可以通过不同APP 的方式加以利用和传播，极大地扩大了这类作品被利用的范围。音乐作品著作权人和音乐作品平台开发者，则可以相应地通过互联网的技术实现在网络空间的利益，音乐作品的经济和社会价值也得到极大开发和利用。这不仅包括目前仍在著作权保护期限之内的作品，而且包括已经进入公共领域的音乐作品。

当然，在互联网技术发展背景下，音乐作品只是受著作权保护的作品类型之一，其他不同类型的作品在互联网环境下也能够充分得到利用。这里不妨再以网络游戏作为研究对象。一般认为，包括网络游戏在内的游戏具备著作权法中作品的独创性要件，可以受著作权保护。近些年来，我国发生的大量涉及游戏的著作权侵权纠纷案件就是证明。游戏之所以符合著作权法中的独创性要件，是因为在游戏的开发、设计过程中需要在利用不受保护的游戏

---

[1] 参见唐海清、胡灵：《民间文学艺术衍生作品著作权的认定及其权利边界——基于相关司法判例的思考》，载《贵州民族研究》2022 年第 3 期；林秀芹、曾斯平：《论民间文学艺术衍生作品独创性的认定——以赵梦林京剧脸谱系列案为例》，载《湖南社会科学》2013 年第 6 期；重庆市第一中级人民法院（2021）渝 01 民终 6354 号民事判决书（著作权侵权纠纷案）。

元素的基础之上进行个性化的设计，包括对相关素材、主题的选择、美术和音乐的搭配、相关游戏道具、角色的设计等。毫无疑问，网络游戏也属于游戏的范畴之一，只是其通过互联网运行能够在更大的范围内被利用。近些年来发生的涉及网络游戏的著作权侵权纠纷中，人们比较关注的是网络游戏直播画面的法律属性以及相关的侵权责任问题。[1]从受著作权保护的作品的独创性要件来看，网络游戏直播画面具有独创性，因而可以受著作权保护。值得注意的是，网络游戏直播画面和网络游戏画面[2]是两个不同的概念。从当前发生的涉及网络游戏直播画面的著作权侵权纠纷来看，相关的法律问题较为复杂。[3]例如，其涉及网络游戏直播平台开发者和经营者、主播、用户，以及著作权人之间的法律关系。在相关著作权纠纷中，其中最重要的是明确网络游戏直播画面的法律属性、相关的权利主体，以及侵权责任的界定。[4]

总的来说，随着技术的发展，作品利用的方式也在不断增加。这不仅会对著作权的权利类型造成重大影响，而且与相关的著作权产业的转型升级和发展之间具有十分密切的联系。在技术发展背景下，无疑需要充分地利用作品的新的形式，更好地促进作品的传播，以实现作品的经济社会价值。

4. 著作权法通过完善权利限制制度，适应技术和著作权产业的发展

技术发展不仅能够为著作权人带来更多的作品利用方式，更好地实现作品的经济与社会价值，社会公众也有权享受技术发展带来的红利。从人权的角度来讲，《世界人权宣言》即指出，人人有权享受技术发展带来的利益。就技术发展与著作权制度的关系而言，社会公众也有权分享技术发展带来的各种便利。体现在著作权法上，一方面不仅需要随着技术的发展增加受著作权

---

〔1〕　参见蒋华胜：《网络游戏直播画面的著作权侵权判定研究》，载《法律适用》2021 年第 6 期；焦和平：《类型化视角下网络游戏直播画面的著作权归属》，载《法学评论》2019 年第 5 期。

〔2〕　参见广州互联网法院（2018）粤 0192 民初 1 号民事判决书（侵害作品复制权和信息网络传播权纠纷案）。

〔3〕　参见蒋华胜：《网络游戏直播画面的著作权侵权判定研究》，载《法律适用》2021 年第 6 期。

〔4〕　参见湖北省武汉市中级人民法院（2017）鄂 01 民终 4950 号民事判决书（侵害著作权及不正当竞争纠纷案）；上海知识产权法院（2015）沪知民终字第 641 号民事判决书（著作权侵权及不正当竞争纠纷案）。

保护的客体与权利的类型，另一方面也需要通过对权利限制的形式确保社会公众能够分享技术带来的便利。只有这样，才能确保在新的技术发展条件下，实现技术发展与著作权保护之间的动态平衡。

实际上，从著作权法的基本原理来说，对著作权进行限制，不仅是技术发展所产生的结果，而且是保障著作权保护与权利限制、著作权保护所形成的专有领域与公共领域平衡，以及著作权人利益与公共利益平衡及协调所必需的。[1]这里不妨简要进行阐述。

著作权限制是所有国家和地区著作权法的重要内容之一。所谓著作权限制，可以理解为在一定情况和条件下，著作权人以外的他人可以不受著作权人的限制而自由使用享有著作权的作品。一般而言，基于著作权的专有性特征，在未经许可，也没有法律的特别规定的情况下，不得使用他人享有著作权的作品，即使这种使用是基于非商业目的也不例外。当然，在著作权实践中基于商业目的和非商业目的使用享有著作权的作品，在确认行为的性质以及在确认著作权侵权条件下的损害赔偿责任承担方面会有不同的结果。也就是说，基于商业目的，未经许可使用他人享有著作权的作品会构成侵害他人的著作权。[2]当然，这一点也不能绝对化。例如，在美国著作权司法实践中，就合理使用这一最重要的著作权限制而言，并非不能绝对包含基于商业目的的合理使用行为。[3]近些年来，美国著作权理论与司法实务界所探讨的所谓"转换性使用"就值得深入思考与探讨。关于使用行为的目的，特别是是否出于商业目的对于认定相关行为性质的影响，值得进一步探讨。

笔者认为，结合技术发展与著作权制度之间的关系，著作权限制之所以成为著作权法中的重要制度，可以从以下几方面加以理解。

其一，著作权限制是对著作权在新技术条件下被扩张的回应。

如前所述，随着技术的发展，著作权的内容整体上具有扩张的趋向。著作权的扩张有利于在技术发展条件下更好地维护著作权人的合法权益，更好地实现作品的经济社会价值。基于事物的两面性，技术发展不仅有必要扩张

---

〔1〕 冯晓青：《网络环境下的著作权保护、限制及其利益平衡》，载《社会科学》2006 年第 11 期。

〔2〕 参见最高人民法院（2017）最高法民申 2348 号民事裁定书（侵害著作权纠纷案）。

〔3〕 Cariou v. Prince, 714 F. 3d 694, 706 (2d Cir. 2013)；Sony Corp. of Am. v. Universal City Studios, Inc., 464 U. S. 417 (1984).

著作权，而且有必要保障社会公众在技术发展条件下能够获得更多利益。在著作权法的制度安排与设计上，则体现为对著作权的相应限制，如对现有的著作权限制制度进行修改，增加新的著作权限制内容。前面所探讨的信息网络环境下著作权法一方面增加了信息网络传播权这一新型的著作权形式，另一方面基于社会公众分享信息网络技术发展所带来的便利的需要，规定对信息网络传播权的限制，就是体现。2001 年《著作权法》在修改时增加了信息网络传播权，但对这一权利并没有规定任何限制形式。为此，在 2006 年国务院发布的《信息网络传播权保护条例》中，除对信息网络传播权的保护作了系统、完整的规定以外，还专门规定了对这一权利的多方面的限制制度，尤其是信息网络环境下合理使用制度及"避风港"原则[1]的确立，对于社会公众在信息网络环境下自由使用受著作权保护的作品以及网络服务提供者开展正常的信息网络服务，促进信息网络平台的健康发展具有十分重要的意义和作用。信息网络传播权的确立以及对这一权利的限制，无不体现了著作权限制是技术发展条件下对著作权扩张的回应。当然，其他新型权利的扩张以及对被扩张权利的限制也同样如此。

其二，著作权限制是确保著作权人利益与社会公共利益平衡的基本保障机制。

著作权法是典型的涉及著作权人利益和社会公共利益平衡的知识产权法。通过对著作权法理论与实践问题的研究，可以发现利益平衡是包括著作权法在内的所有知识产权法的基本精神。所谓利益平衡，也可以理解为利益均衡，其在知识产权法中体现为通过知识产权制度设计与安排，特别是对权利义务的配置，保障该制度中涉及的各方面主体之间的利益，尤其是知识产权人的利益和社会公众的利益各得其所。以著作权法为例，著作权法是调整作品的创作、传播、利用而产生的社会关系的法律规范的总和。作品创作完成以后，围绕作品产生不同的利益关系就形成了不同的利益主体。基于作品的经济社会价值，不同的利益主体对作品具有不同的利益需求。但总的来说，其尤其体现为著作权人利益和社会公共利益的需求。就著作权人而言，创作作品是一种具有智力创造性的劳动，并且需要付出时间、金钱等相关的物质技术条件等方面的成本，为了鼓励创作，促进科学文化事业的发展，必须对创作作

---

[1]　参见沈伟伟：《技术避风港的实践及法理反思》，载《中外法学》2023 年第 4 期。

品作者的利益进行充分的保障。随着经济社会发展，创作作品的形式日益多样化，著作权法逐渐引入了对作品创作投资进行保护的理念，尽管在当代的著作权法律制度中，作者仍然是最重要的著作权主体，但从保护作者到保护投资者的趋向日益明显。就社会公众而言，为了提高自身素质、学习文化知识，以及进行相应的信息和思想的交流，需要不断获取和利用受著作权保护的作品。在技术发展产生了新的作品以及作品的相应利用方式以后，也需要在新技术条件下便利地使用这些作品。因此，在著作权法中必须充分地保障社会公众利用和传播作品的便利与自由。此外，从作品的社会属性来讲，作品作为作者创作的结果，其不仅是个人劳动的结果，也是社会劳动的产物，因为作品的创作离不开对现有公共资源的利用。作品也只有得到社会公众的充分利用，才能够真正实现作品的经济社会价值。不仅如此，作品被社会公众充分传播、利用也是实现著作权人利益的必要保障。该利益不仅体现为作品的经济价值，而且体现为著作权人因其作品影响力的扩大而获得的更高的荣誉等人格利益。

无论如何，著作权法不仅是确认和保障著作权人合法权益的法律，而且是维护社会公共利益的知识产权法。如何实现著作权人利益和社会公共利益的平衡，始终是著作权法最重要的理论和实践问题之一。著作权限制则是实现这一平衡的根本性的保障。基于这一平衡的动态性，著作权限制制度也需要随着技术的发展而进行不断修改与完善。我国《著作权法》第三次修改中对部分权利以及权利限制的修改，亦可见一斑。例如，技术措施和权利管理信息保护制度的确立以及对其进行相应的限制，就很好地体现了信息网络技术发展下如何实现著作权人利益与社会公共利益的平衡。

其三，著作权限制是保障社会公众享受著作权保护的作品，获取知识、思想和信息，保障社会公众权利的重要制度。

如前所述，受著作权保护的作品既是作者个人劳动的结果，也是社会劳动的产物。就社会公众而言，尽管其对作品的创作完成没有作出贡献，对受著作权保护的作品也不享有著作权法意义上的专有权利，但基于作品的社会属性以及著作权立法宗旨的考虑，著作权人以外的人也有必要充分地接触受著作权保护的作品，从中获得相关的知识、思想和信息，提高自己的文化素质并参与社会文化生活。在相关著作权研究中，有的学者甚至认为在著作权法中存在"使用者的权利"，或者"公众的权利"的观点。[1]笔者则认为，无论是称为使用者的权利或者公众的权利，社会公众对于受著作权保护的作品享有接近并从中获取相关知识、思想和信息的权利与自由。为了保障社会公众获取作品中涉及的相关知识、思想和信息，各国著作权法都通过著作权限制的形式加以规范。例如，前述思想表达二分法原则的适用就保障了作品中被表达的思想不受著作权保护，从而有利于社会公众获取作品中的思想并自由进行交流。[2]又如，通过著作权法中的合理使用制度，可以保障社会公众在一定的情况和条件下不经许可也不需要支付报酬而使用享有著作权的作品。值得注意的是，随着技术的发展，一方面，受著作权法保护的权利不断增加，对著作权保护的力度加强；另一方面，对著作权的限制也在相应地扩大。以我国《著作权法》第三次修改为例，总体上加强了对著作权的保护，但对著作权的限制也同样有所加强。以合理使用为例，现行《著作权法》一改过去封闭式立法规定，转而采取开放式立法规定，即对合理使用的情形增加了第 13 项兜底性的规定："法律、行政法规规定的其他情形"。这样一来，在著作权法中合理使用的行为类型不限于该法中所规定的前面 12 种情形，我国其他法律和行政法规规定的情形也应当适用。毫无疑问，这扩大了合理使用行为的范围。当然，著作权法基于利益平衡的考虑，在增加合理使用类型以后，亦规定合理使用不能损害著作权人对作品的正常使用，也不能损害著作权人享有的其他权利。通过这一著作权限制的限制，旨在实现著作权保护与限制的动态平衡，防止因为著作权的限制而损害著作权人的合法权益。

在技术发展背景下，著作权限制制度所进行的相应的变革，本身也是适应技术发展的要求。从总体上来说，技术发展导致了更多受著作权保护的权利的产生，基于利益平衡的考虑需要对于新增的著作权或者其他相关权利进行限制，否则将无法实现著作权保护与限制的动态平衡。例如，著作权法针对技术措施的保护以及对技术措施相应的限制就是很好的体现。我国《著作权法》在第三次修改中，对技术措施保护制度作了重要调整，一方面明显扩大了技术措施保护的内容，另一方面对技术措施保护的限制也明显加强。具

---

〔1〕 刘银良：《著作权法中的公众使用权》，载《中国社会科学》2020 年第 10 期。

〔2〕 参见广东省高级人民法院（2008）粤高法民三终字第 290 号民事判决书（侵害著作权纠纷案）；四川省高级人民法院（1990）川法民上字第 7 号民事判决书（侵害著作权纠纷案）。

体在制度设计和安排上，体现为对 2006 年颁布的《信息网络传播权保护条例》中涉及的技术措施保护与限制规定的调整。笔者认为，上述修改的原因在于，信息网络技术的发展，导致信息网络空间侵害著作权的行为日益猖獗，著作权侵权行为不仅具有隐秘性，而且还可能具有技术性。为了有效加强信息网络空间的著作权保护，相关著作权国际公约和我国著作权法都规定了技术措施的保护制度，以提高著作权人在网络空间中的著作权保护能力。当然，除技术措施的保护以外，国际公约以及我国《著作权法》还规定了权利管理信息的保护制度。从近些年来我国发生的涉及技术措施保护的纠纷案件来看，我国通过对技术措施的有效保护，有力地保护了网络环境下的著作权。可以预料，在技术迅猛发展的背景下，未来在信息网络空间侵害著作权的手段和形式会更加复杂，技术措施保护的内容和范围也需要与时俱进。另一方面，加强对技术措施的保护，必然会影响社会公众对作品的接触和使用。尤其是在受技术措施保护的作品本来可以按照著作权法规定的合理使用制度正常使用的情况下，如果因技术措施保护而不能正常接触与使用，就无疑会侵害社会公众享有的对作品合理使用的正当权利和自由。在另外一种情况下，受技术措施保护的作品是基于著作权保护期届满等原因而进入公共领域的作品，在这种情况下，禁止社会公众接触这些作品会损害社会公众使用进入公共领域作品的权利和自由。同时，技术措施的保护还涉及公共利益。在有些情况下，基于公共利益的目的需要破解相关技术措施，如基于公务目的、安全测试等原因。为此，技术措施即使增加受保护的内容和范围，也需要同时对这一措施进一步加以限制。我国《著作权法》第三次修改中对技术措施保护的限制就是体现。[1]

5. 著作权法通过完善著作权侵权行为的规定，适应技术和著作权产业发展需要

著作权侵权行为，又称为侵害著作权的行为，或者简称著作权侵权、侵害著作权。在性质上，著作权侵权行为属于民事侵权的范畴。因此，对于著作权侵权行为的构成要件，可以根据民事侵权行为法的相关规定加以界定。

---

[1] 参见广东省深圳市中级人民法院（2018）粤 03 民终 8807 民事判决书（侵害作品信息网络传播权纠纷案）；最高人民法院（2020）最高法知民终 1206 号民事判决书（侵害计算机软件著作权纠纷案）。

不过，需要指出的是，民事侵权行为法关于侵权行为构成要件规定的适用在著作权侵权行为方面具有一定的特殊性。这里不妨进行简单的分析。

就侵害行为本身而言，由于著作权是一种无形财产权，对著作权的侵害与对有形财产的侵害表现形式不同。在有形财产中，侵权形式通常表现为非法占有、毁损等。著作权侵权则通常表现为非法复制发行、剽窃、抄袭、假冒等。在著作权理论与实践中，除直接侵权行为以外，还有所谓间接侵权行为之说。著作权侵权行为还具有相当大的隐秘性，在很多著作权侵权纠纷案件中，甚至具有相当高的专业技术性。著作权侵权行为的上述特征，也使在著作权侵权纠纷案件处理中作为受害人的著作权人往往存在取证难的现象。当然，取证难不仅是著作权侵权纠纷案件的特点，也是其他相关知识产权案件的特点。从损害后果来说，著作权侵权和有形财产侵权相比也具有不同的特点。例如，基于著作权的无形财产权特性，著作权侵权所造成的对权利人的损害往往难以留下直接的证据。这尤其体现在著作权侵权所造成的对被侵权人的经济损失方面。也正是基于此，包括著作权侵权损害赔偿在内的知识产权侵权损害赔偿数额的界定，一直是我国知识产权司法实践中的一个老大难问题。尽管我国著作权法以及相关司法解释对于著作权侵权损害赔偿额的界定都有明确的规定，并提供了相关计算公式，但由于侵害著作权所造成的损失很难通过相关证据加以证明，在涉及大量的著作权纠纷案件中法院都是适用法定赔偿加以解决的。法定赔偿固然能够为法院确定著作权侵权纠纷赔偿提供可确定性的标准，但由于其本身具有较大的灵活性，如何在这一幅度范围之内确定一个公平、合理的著作权侵权损害赔偿额的标准，考验着法官的智慧和经验。在笔者看来，当前我国包括著作权侵权纠纷案件在内的知识产权侵权纠纷案件对于损害赔偿的界定，存在滥用法定赔偿制度的问题。根据大数据调查，很多法院对知识产权侵权损害赔偿额判决适用法定赔偿的比例达到90%以上。当然，法定赔偿适用比例过高有其相关的原因。限于这里所探讨的主题，不予赘述。

关于著作权侵权行为的构成，还需要研究在主观构成要件方面如何适用过错责任原则。一般认为著作权侵权行为作为民事侵权的范畴，适用过错责任原则，而不是无过错责任原则。其中，一种代表性的观点认为应当采用过错推定原则。笔者对此予以赞同。随着技术的发展，著作权侵权行为表现形式多样化，对于侵害著作权的主观过错认定也存在相当复杂的情形。例如，网络服务提供者的著作权侵权责任问题就是当前著作权法研究的重要内容之一。从技术层面来说，提供不同服务的网络服务提供者对于网络空间存在的著作权侵权行为产生的作用不同。单纯提供技术服务的网络服务提供者，对于著作权侵权行为的注意义务程度显然低于提供内容服务的网络服务提供者。换言之，从著作权保护的角度而言，对于在网络空间发生的著作权侵权行为，提供内容服务的网络服务提供者应当比单纯提供技术服务的网络服务提供者承担更高的注意义务。近年来，人们对网络服务提供者或者网络平台对网络版权侵权的过滤义务的探讨，就体现了如何在网络环境下合理分配著作权人和网络服务提供者之间的权利与义务。最高人民法院 2012 年发布的《关于审理侵害信息网络传播权民事纠纷案件适用法律若干问题的规定》，将提供网络服务的提供者分为提供技术的提供者和提供内容的提供者，并对这些不同的网络服务提供者针对在网络平台发生的著作权侵权行为的注意义务和著作权侵权责任作了不同规定，体现了在信息网络环境下如何根据信息网络平台的不同情况确定合理的著作权侵权责任。

随着技术的发展，著作权法有必要进行及时的修改，特别是针对新型的著作权侵权行为加以规定，以适应技术和网络产业的发展。在当代，技术发展对著作权制度的影响，尤其体现为信息网络技术发展对著作权制度的影响。相关问题在前面已作了初步的探讨。这里需要继续对著作权法通过扩大著作权侵权行为的类型和范围以适应信息网络技术的发展方面加以讨论。

在信息网络环境下，无论是从著作权国际公约还是从我国著作权法的修改和完善方面看，一方面增加了信息网络环境下对著作权保护的相关权利，另一方面则规定了相应的侵害著作权或者相关权利的内容。这尤其体现为侵害信息网络传播权的行为，以及破坏技术措施与权利管理信息的行为。从近些年来我国法院审理的大量涉及信息网络环境下著作权侵权纠纷案件的情况来看，侵害信息网络传播权纠纷案件日益增多。[1]当然，这里还应指出，我

---

[1] 参见重庆市高级人民法院（2023）渝民终 74 号、75 号、268 号、88 号民事裁定书（侵害作品信息网络传播权及不正当竞争纠纷系列案）；湖南省高级人民法院（2023）湘知民终 152 号民事判决书（侵害信息网络传播权及不正当竞争纠纷案）；甘肃省嘉峪关市城区人民法院（2023）甘 0271 知民初 35 号民事判决书（侵害作品信息网络传播权纠纷案）；上海市金山区人民法院（2023）沪 0116 民初 6240 号民事调解书（侵害作品信息网络传播权纠纷案）；四川省高级人民法院（2023）川知民终 253 号民事判决书（侵害作品信息网络传播权纠纷案）。

国 2010 年《著作权法》所保护的信息网络传播权不限于著作权人享有，还包括表演者、录音录像制作者。在《著作权法》第三次修改中，还增加了广播电台、电视台所享有的信息网络传播权。由此也可以看出，我国著作权法对信息网络传播权的保护是全方位的。为了加强在信息网络环境下对信息网络传播权的保护，《著作权法》在侵权责任的规定中也规定了侵害信息网络传播权应承担的法律侵权责任。除此之外，《著作权法》还对故意规避或者破坏技术措施以及权利管理信息规定了相应的法律责任。

总的来说，著作权法通过适当扩大著作权侵权行为的类型和范围，以适应技术和著作权产业的发展。前面对技术发展与著作权制度关系的讨论表明，著作权制度作为技术发展和商品经济发展的产物，与技术发展之间具有千丝万缕的联系。著作权制度也将在技术进一步发展的背景下进行变革。技术发展始终是著作权制度变革的动力和重要因素。随着技术发展，著作权制度也能够与时俱进，不断进行现代化改造，以适应特定时代下经济社会与技术发展的需要。

（三）如何处理好相关主体之间的利益关系

著作权法是对围绕作品所产生的社会关系进行调整的法律规范。作品作为受著作权保护的客体，虽然其是作者创作的智力成果，但是作品的传播者、使用者和相关社会公众也都对其存在合法的需求并依据著作权法的规定享有合法的权益。因此，在著作权法中必须妥善地平衡和协调围绕作品所产生的利益关系，而调整作品所产生的利益关系，必须高举利益平衡的旗帜。著作权法律制度是一种利益平衡机制，其不仅在著作权法理论研究中受到高度重视，也在著作权立法和司法实践中得到了充分的体现。[1]

在受著作权保护的作品中，存在不同的利益主体。毫无疑问，基于作品是作者创作的智力劳动成果，作者和其他相关著作权人是最重要的主体。尤其针对作者而言，著作权法是以维护作者权益为核心的知识产权法。在大陆法系国家如法国和德国，甚至将著作权法称为作者权法。

然而，除作者和其他著作权人的利益以外，著作权人为了实现作品的经济社会价值，需要通过作品的传播和商业经营等方式，使其保值增值，发挥作品应有的功能和作用。如果作品不能得到充分的传播和利用，不仅作品的

---

〔1〕 参见贵州省高级人民法院（2019）黔民终 449 号民事判决书（侵害著作权纠纷案）。

经济社会价值难以充分实现，而且著作权人实现其著作权也难以得到保障。从实际情况来看，作者或者其他著作权人受自身各方面条件与能力限制，不可能都通过自身的形式行使著作权，这时则需要通过许可、转让、投资入股、质押融资、证券化等多种手段加以实现。从我国著作权法所保护的权利来说，不仅包括因作品产生的著作权，而且包括因传播作品产生的相关权。因此，受保护的权利除了作者的著作权，还包括表演者、录音录像制作者、广播电台和电视台所享有的相关权。我国《著作权法》对于相关权人所享有的相关权也作了明确规定。一般而言，相关权来自著作权，因此受到著作权的制约。当然，在相关权人和著作权人重合的情况下，则另当别论。例如，舞蹈表演者的即兴表演，同时构成了舞蹈作品的创作和舞蹈作品的表演；即兴表演诗歌，则同时构成了以口述形式表现的诗歌以及对该诗歌的表演。

基于对作品的开发和利用的现实考虑，以及对文化产业发展的需求，在涉及著作权作品的利益主体中，商业经营者也是不可忽视的重要主体。在过去对著作权法理论与实务的研究中，围绕作品产生的利益主体很少出现商业经营者的概念。实际上，随着经济社会发展，人们对于以作品及其相关权客体为对象的文化产品的需求也日益扩大。并且，随着人们物质文化水平的提高，对精神文化产品的需求也日益提高。在受著作权保护的作品产生以后，为了更好地满足人们的物质文化生活需要，就要对已有作品进行开发经营。特别是在当代信息网络环境下，人们越来越习惯于通过信息网络平台获取、分享相关文化产品。在信息网络环境以及网络平台下开发增值性的衍生作品，从而更好地满足人们的精神生活需要，可以说是当前我国著作权和相关文化产业发展中所面临的重大课题。在信息网络环境下，人们不仅是作品的被动接受者和分享者，而且也可以是作者。UGC，就是当前信息网络平台下一种十分普遍的创作模式和商业生态。因此，在网络环境下，针对作品和作品的传播、利用所进行的商业性开发与经营，其内涵已经不限于对已有作品的传播和利用，同时也包括如何提供便捷的创作与传播平台，更好地满足人们的创作以及文化生活的需要。可以认为，在信息网络环境下，商业经营者具有十分独特的地位和作用。

在商业经营者中，网络服务提供者自然是十分重要的主体之一。在现实中，很多作品的存储和传播都来自网络服务提供者所提供的信息网络平台，如果相关作品涉及侵害他人著作权，就很容易涉及网络服务提供者的著作权侵权责任问题。显然，对于网络服务提供者著作权侵权责任的划分，关系到著作权的有效保护和促进信息网络产业的健康发展。基于提供服务的内容不同，商业经营者在著作权侵权责任方面也存在不同的标准。

在围绕作品所产生的利益关系中，社会公众的利益始终是著作权法所关注和需要重点解决的重要问题。著作权法中存在社会公众的利益，是由受著作权保护的作品的社会属性以及著作权法的立法宗旨决定的。从受著作权保护的作品的社会属性来看，作品也是社会劳动的产物，因为作者创作作品时需要利用当代人和先人的成果，包括进入公共领域的、可以自由利用的公共资源。这些公共资源不能因创作作品而纳入受著作权保护的范围。不仅如此，社会公众对于著作权法所保护的作品本身也有合法的需求。基于这种合法需求而产生的相关利益可以被称为公众的利益。毫无疑问，社会公众对于作品的合法需求和相关利益，代表了著作权法中所需要实现的公共利益。缺少对社会公共利益的充分保障，著作权法将难以实现其立法宗旨。实际上，因为在涉及相关作品以外的场合，每一个作者或者其他著作权人也是社会公众的一员，所以可以说社会公众的利益与著作权人的利益息息相关。著作权法充分保障社会公共利益其实具有非常充分的理论和实践依据。因为我国《宪法》第47条对公众的文化权利作了相关规定。从我国《著作权法》的相关规定来看，法律是通过对著作权及相关权进行一系列的限制，进而保证社会公众的利益的。

从以上分析可知，著作权保护的实质是围绕受著作权保护的作品，平衡和协调因作品的创作、传播、利用而产生的社会关系，充分维护著作权人和相关权利主体的合法权益，以激励创作、促进文化创新和产业发展，而绝不仅仅是为保护而保护的法律制度，更不是仅保护作者或者其他著作权人的法律制度，尽管在任何情况下充分、有效保护作者或者其他著作权人的利益，是所有国家和地区著作权法律制度的核心。由此，就不难理解《加强知识产权司法保护意见》明确规定，要"统筹兼顾创作者、传播者、商业经营者和社会公众的利益，协调好激励创作、促进产业发展、保障基本文化权益之间的关系，促进文化创新和业态发展。"

还值得指出的是，为了充分有效地加强著作权和与著作权有关的权利的司法保护，2020年11月16日，最高人民法院印发了《关于加强著作权和与著作权有关的权利保护的意见》（本编以下简称《加强著作权司法保护意见》)。该意见出台的宗旨也很好地体现了加强著作权司法保护的重要价值："切实加强文学、艺术和科学领域的著作权保护，充分发挥著作权审判对文化建设的规范、引导、促进和保障作用，激发全民族文化创新创造活力，推进社会主义精神文明建设，繁荣发展文化事业和文化产业，提升国家文化软实力和国际竞争力，服务经济社会高质量发展"。

（四）协调好激励创作、促进产业发展、保障基本文化权益之间的关系

《加强著作权司法保护意见》第 1 条规定，要"依法加强创作者权益保护，统筹兼顾传播者和社会公众利益，坚持创新在我国现代化建设全局中的核心地位。依法处理好鼓励新兴产业发展与保障权利人合法权益的关系，协调好激励创作和保障人民文化权益之间的关系，发挥好权利受让人和被许可人在促进作品传播方面的重要作用，依法保护著作权和与著作权有关的权利，促进智力成果的创作和传播，发展繁荣社会主义文化和科学事业。"从以上规定也可以看出，如何协调围绕作品和作品的传播而产生的各种利益关系，充分有效地保护相关当事人合法权益，以实现激励创作和保障人民文化权益的同步发展，更好地实现保护著作权与产业发展、文化创新之间的协调，并使著作权和与作品有关权利的保护成为促进我国文化产业发展的根本性保障，具有十分重要的意义。

笔者认为，上述规定的精神，可以从以下三个方面进行理解。

1. 著作权法与激励创作的关系

从著作权法基本原理和理论来说，著作权法不仅是一部典型的利益平衡法律，而且是一个典型的激励机制。著作权法的激励机制尤其体现为激励创作与传播。就激励创作而言，在著作权制度发展之初就得到了认可。笔者认为，著作权法中的激励创作机制是通过以下方式进行的。

第一，著作权法确认了作者作为最基本的和最重要的著作权主体的著作权制度。在一般情况下，作品的著作权属于作者，著作权法有特别规定的除外。这是因为，作品是作者创作的智力劳动成果，没有作品作者的创作就不可能有作品，也就不存在该作品基础之上的著作权。

作者因创作作品而获得著作权，可以从多方面加以理解。例如，根据洛克的财产权劳动学说，人们基于自身投入的劳动而对劳动成果享有所有权。尽管在洛克时代并不存在现代意义上的著作权观念和制度，当代的知识产权学者普遍认为洛克的财产权劳动学说能够更好地适应知识产权的保护需求。

作者因作品创作而获得著作权的合理性还可以从著作权法上的激励理论和人格理论加以理解。从激励理论的角度看，赋予作品作者著作权，可以激发人们进行创作的动力，并使人们投入相关的人财物资源进行创作，最终产生符合著作权保护条件的作品。从著作权法中的人格理论来说，作品是作者人格的体现，作者和作品之间的关系就如同父子关系。基于这一观点，作者的作品享有著作权就顺理成章。在人格理论基础之上发展的所谓父子理论，也能够对此加以说明。

第二，著作权法在赋予作者对作品的著作权的同时规定侵犯著作权行为的法律责任，可以保障作者行使著作权从而收回创作的成本并且获得必要的利益。著作权法赋予作者或者其他著作权人的著作权实质上是一种专有权利。在著作权实践中，其表现为作者或者其他著作权人对于市场份额的控制权，因为未经许可，且没有法律的特别规定，他人不得使用受著作权保护的作品。对这种独占性市场的追求，使得作者或者其他著作权人有动力投入相关的人财物资源进行创作。特别是在现代的物质技术条件下，很多大型作品的创作需要投入大量的人财物资源，数据库、计算机软件的开发就是如此。[1]如果开发的作品没有著作权作为保障，作者和其他相关著作权人将缺乏投资与开发的动力。即使是一般的作品，也不例外。从法理学的角度来说，著作权法为规范人们进行作品的创作、传播和利用提供了基本的预期和指引。著作权法对作品作者著作权的充分保护，特别是对各种侵害行为追究法律责任，不仅为作品的创作提供了基本的保障，而且为作者创作行为的决策和创作的投入提供了预期，事实上使其能够放心地投入时间和精力从事创作活动。

在上述方面，还值得指出的是，由于作者创作作品能够获得著作人身权的保护，作者会因作品的传播而获得必要的人格利益。应当说这一点对于激励作者进行创作也同样重要。这是因为，作者的著作权不仅包括著作财产权，而且包括著作人身权。其中著作人身权的实现，可以通过作品的公开和正常传播与利用形式获得。对很多受著作权保护的作品而言，尽管作者并未获得多大的经济利益，但因为作品的学术或者艺术质量抑或其他方面得到了社会

---

〔1〕 参见最高人民法院（2019）最高法知民终 433 号民事判决书（计算机软件开发合同纠纷案）；最高人民法院（2021）最高法知民终 51 号民事判决书（侵害计算机软件著作权纠纷案）；云南省昆明市中级人民法院（2022）云 01 知民初 10 号民事判决书（侵害计算机软件著作权纠纷案）。

的认可，作者因此获得了较高的荣誉与社会影响力。作者因创作作品而获得的人格方面的利益，无疑也是激励其进行创作的重要动力。应当说这一点在我国著作权制度建立以前，就已体现得相当明显。尽管在著作权制度出现以前，不存在所谓著作人身权和著作财产权之说，但作者因创作作品而获得相关的人格利益是不能否认的。我国古代很多优秀作品流传至今，就作者的创作动机而言，不排除因作品的传播和利用而获得相关人格利益的因素。

如前所述，著作权法是一种典型的激励创新的机制。这种激励创新的机制主要体现为文化创新。在著作权法中，实现激励创作的目的在于通过促进优秀作品的创作，使为广大人民群众所需要的各类型作品不断丰富，满足人民不断增长的精神文化需要，最终实现繁荣科学文化事业的目的。由此可以看出，著作权法中的激励创作机制，对于实现著作权法的立法宗旨具有关键性作用。其深层次的原因则在于，创作是获得受著作权保护作品的前提和基础。没有创作或者创作力度不够，就难以产生社会需要的各类型作品。激励创作，就能够调动各行各业人士进行创作的积极性，从而产出社会需要的各类作品，为文化知识的宝库和知识的增量作出基础性贡献。

进言之，著作权法中激励创作的机制也是一种激励创新的机制。从著作权法的基本原理来说，著作权法是文化创新的促进法。著作权法中的激励创新机制体现为文化创新。这是因为著作权法中激励创作机制的运行可以促使具有独创性的作品不断产生。在笔者看来，著作权法中的独创性本身即意味着创新。著作权保护的是作品的思想表达，而不是思想本身，因而思想缺乏创新的作品也同样可以受著作权保护。但需要进一步认识到，由于思想是通过一定的表达而体现出来的，表达方面的独特性，特别是个性化的表达，也能够在一定程度上体现作者所阐述的某种思想。从知识产权法哲学的层面讲，根据知识产权法中的增加价值理论，具有独创性的作品为社会增加了相应的价值，这种价值或多或少地体现在相关领域的创新与发展上。故可以认为，激励创作的结果是促进了文化相关领域的创新，而文化相关领域的创新恰恰是促进产业发展所必需的。在这里也可以认识到激励创作对于促进产业发展的重要作用。《加强知识产权司法保护意见》也明确指出，要通过协调好激励创作，促进产业发展等之间的关系，促进文化创新和业态的发展。

其实，著作权法本身也存在促进产业发展的意旨和精神。笔者认为，这一点可以从以下方面加以理解。

产业发展在著作权法语境下主要体现为文化产业，或者说著作权相关产业。在当前各国著作权保护环境下，著作权产业已经成为国民经济中的支柱性产业之一。著作权产业是以著作权法律制度的建构和运行作为基本的法律保障的。离开对著作权的有效保护，著作权产业的发展是寸步难行的。著作权产业涉及图书出版、新闻与传播、广播电视电影、游戏、动漫、计算机软件等多个领域。这些领域需要大量的受著作权保护的作品的创作和传播。为了促进相关著作权产业的发展，也需要对创作作品的形式和传播的内容进行改革，以适应新技术条件下广大人民群众对于各类文化产品的需求。著作权法的重要目的是在充分有效保护著作权人的基础之上，通过促进作品的有效传播和利用，实现作品的经济社会价值，更好地满足人民群众对于作品的需要。著作权产业的发展，则是实现著作权法的目的，满足人民的各种文化权利的需要。同时，还必须认识到，著作权产业的发展本身也是实现著作权人合法权益、更好实现作品的经济社会价值的需要，因为著作权产业的发展意味着作品能够得到充分的传播和利用。可以认为，著作权产业越发达，著作权人越能够通过其作品在市场中的交易流通实现其经济社会价值。不仅如此，著作权人还能通过作品的充分利用，更好地实现其人格利益。从这个意义上说，著作权产业的发展也能够更好地鼓励作者创作。著作权产业的发展为作品的传播和利用提供了广阔的舞台与商业化的机会，从而能够使作品的创作者从中获益。

由此可见，著作权法中激励创作与促进产业的目标之间是一种相辅相成的互动关系。一方面，激励创作机制的运用，会促使更多优秀的作品产生，从而为著作权产业发展提供源源不断的精神食粮，为著作权产业的发展提供坚实的保障。另一方面，由于著作权产业的发展能够更好地实现以作者为核心的著作权人的利益，使得作品能够更好地产生其经济社会价值，在很大程度上也能进一步鼓励创作，从而使得激励创作与产业发展之间形成一种良性互动的关系。

还值得进一步探讨的是著作权法保障人们的基本文化权利问题。我国《宪法》第 22 条和第 47 条对于公民应当享有的从事基本文化活动和科技活动的权利和自由作了规定。著作权法通过对著作权的限制等多种形式，确保了上述部分宪法性权利的实施。尤其是通过著作权法中的合理使用制度，广大社会公众能够在一定的条件下以不受著作权人限制，也不需要支付许可费的方式使用受著作权保护的作品。在著作权学界，合理使用有时甚至被称为使用者的权利。当然，从保障广大人民群众的基本文化权利的角度而言，著作权法中的制度安排和设计并不完全限于合理使用制度。例如，著作权法中的思想表达二分法原则、著作权有限保护期制度，以及著作权法中的法定许可制度等，都在一定程度上保障了公民或者相关单位能够自由地使用受著作权保护的作品。无论如何，公民的基本文化权利是著作权法中的一个重要课题，值得著作权学界和实务界认真思考和研究。就著作权法中激励创作、促进产业发展与公民基本文化权利之间的关系而言，笔者认为，激励创作法律机制以及著作权产业的发展，都离不开保障公民的基本文化权利。这不仅是著作权法中的问题，也是一个可以升格为宪法性权利的问题。为此，需要妥善处理著作权保护与权利限制之间的关系，确保对著作权的保护不至于影响公民必要的接近、传播和使用受著作权保护的作品。同时，在著作权产业的政策和制度构建中，也需要充分地维护人民利用著作权保护作品的权利和自由。

2. 著作权法与促进产业发展的关系

从著作权法的基本原理来说，以维护作者权益为核心，是著作权法的基本原则。著作权法通过一系列的制度设计和安排，为以作者为核心的著作权人的利益提供了充分保障。这尤其体现为著作权法规定的各类作品的著作权归属制度、著作权利用制度、著作权侵权责任制度。在某种意义上，我国现行《著作权法》可以称为在所有权意义上的著作权保护法。从我国《著作权法》第 1 条立法政策的规定也可以看出这一点。在著作权实践中，特别是在著作权诉讼中，也是以如何充分有效地保护著作权作为基础和核心的。在我国近些年来制定和实施涉及著作权的相关政策中，更是以有效加强著作权保护作为基本内容。2020 年最高人民法院发布的《加强著作权司法保护意见》就是如此。当然，这里的著作权是从广义上说的，还包括相关权利。为便于阐述，仅以狭义上的著作权为例加以论述。

在当前我国实施国家知识产权战略，大力发展文化创意产业，制定和完善文化大发展大繁荣的政策背景下，著作权法的价值构造和基本精神应包含更加丰富的内容，这尤其体现在充分有效保护著作权的基础之上如何有效地促进以著作权产业为核心的文化产业的发展。这样一来，就提出了我国著作权法如何协调好激励创作与促进产业发展的关系的问题。

　　在笔者看来，认识著作权法与促进文化产业发展的关系，首先必须认识到文化产业发展在我国当代经济社会发展中的重要地位和作用。文化产业作为国家第三产业的重要内容，是支撑国民经济发展的支柱性产业。在当前我国国内生产总值中，文化产业占相当高的比重。文化产业的发展不仅是促进我国国民经济总量增加、促进经济转型升级和社会发展所必需的，而且是不断满足当前我国广大人民群众不断增长的精神文化生活需要所必需的，因为随着社会的发展，人们的基本物质条件满足以后，必然会对精神生活需求提出更高的标准。特别是随着当代信息网络技术的发展，产生了多样化的消费时尚和模式，在客观上也提升了文化产品多样化与文化产品转型升级的要求。

　　在当前，随着经济全球化和世界变革大格局的形成，在包括发达国家在内的一些国家，形成了制造业的空心化问题，包括文化产业发展在内的第三产业的发展则占据越来越重要的地位。就我国来说，尽管我国是制造大国，知识产权密集型产业却尚未充分形成。在当前的国家政策层面，由中国制造向"中国智造"转型升级，不断提高我国产品的技术和品牌含量，是我国经济社会发展的必由之路，也是提高我国产品国际竞争力的保障。当前我国是知识产权大国，但还不是知识产权强国，如何由知识产权大国跃变为知识产权强国，走知识产权强国之路是必须探究的重大课题。2021 年发布的《知识产权强国建设纲要（2021—2035 年）》正体现了党和国家对我国经济社会发展整体战略的把握，体现了党和国家高度重视知识产权战略在我国经济社会发展和国际竞争力发展中的重要作用。

　　就著作权法而言，如前所述，其是支撑著作权产业的最根本的法律制度，而著作权产业在文化产业体系和结构政策中处于中流砥柱的地位。笔者认为，著作权法促进以著作权产业为核心的文化产业的发展是通过以下机制和制度实现的。

　　首先，如前所述，著作权法通过其特有的促进文化创新的激励机制，鼓励作品的创作，从而为文化产业所需要的、人民群众喜闻乐见的作品提供充分的保障。毫无疑问，没有大量的优秀作品，文化产业的发展将会枯竭。著作权法可以说是从源头上以其激励机制促进优秀作品不断地产生。

　　其次，著作权法通过协调著作权人、传播者、使用者、商业经营者的利益关系，促进作品的传播和利用，从而更好地实现作品的经济社会价值，更好地满足人民群众对各类作品的现实需要。[1]在笔者看来，著作权立法宗旨不仅仅是促进作品的创作和传播，还包括对作品的充分利用。从我国 2020 年对《著作权法》第三次修改的情况看，最终通过的现行《著作权法》对于第 1 条并没有作出修改。笔者则认为，尽管现行《著作权法》第 1 条中促进作品的传播可以包括作品的利用，但毕竟作品的利用和传播并非等同的概念。在以著作权产业为核心的文化产业发展中，不仅需要作品的充分传播，更需要对作品的充分利用，因为只有以各种形式充分利用受著作权保护的作品，才能更好地实现作品的经济社会价值。基于此，早在几年前，笔者应国务院原法制办公室的邀请就著作权法的修改提出专家建议，其中就包括应在著作权立法宗旨条款中增加促进作品的利用的内容。

最后，著作权法通过对以著作权产业为核心的文化产业中发生的各类侵害著作权的行为追究侵权的法律责任，有利于净化文化市场的环境，维护文化产业领域的公平竞争，切实维护著作权人、消费者、商业经营者等相关主体的合法权益。前面多次指出，著作权法是一种权利保障机制，是对以作者为核心的著作权人利益保障的知识产权法。同时，著作权法也是利益平衡法律机制，其通过协调围绕作品产生的各种利益关系，并对侵害著作权的行为予以有力打击，促进形成文化产业领域的公平竞争秩序，从而有利于文化产业的发展。

在著作权法中，如何实现著作权保护与促进产业之间的良性互动关系，笔者认为应当从以下方面入手。

首先，在观念层面，应当树立起著作权保护促进产业发展的重要理念和价值观。

从产业政策学的观点来说，包括著作权在内的知识产权法律制度，是为国家产业政策服务的法律制度。尤其是在专利法中，产业政策学是专利保护理论的重要内容。笔者认为，之所以可以从产业政策学的角度构建知识产权保护的理论和知识产权保护制度，是因为知识产权法律保护制度是市场经济的产物，知识产权保护必须立足于商品经济、市场经济一线，必须能够促进产业的发展和变革。特别是在当下经济全球化时代，各国之间围绕科技经济

---

[1] 冯晓青：《著作权法的利益平衡理论研究》，载《湖南大学学报（社会科学版）》2008 年第 6 期。

文化方面的竞争日益激烈，产业转型升级，经济发展方式的改变对于经济社会发展具有越来越重要的作用。就我国来说，当前正在深入实施创新驱动发展战略，我国经济发展模式将由要素经济跃变为创新型经济，过去依靠的粗放型经营模式，有必要逐渐上升为集约化经营模式。当前我国经济社会发展的重要方向，就是不断进行产业转型升级，改变过去粗放型经营的模式，提高我国产品和服务上高科技含量。从知识产权保护的角度来说，需要不断建立和完善知识产权密集型产业，提高知识产权在产品和服务上国内外竞争中的地位和作用。包括著作权在内的知识产权制度对于优化产业结构、促进产业发展方面的重要作用，是通过知识产权特有的法律保障机制、激励创新机制和利益协调机制实现的，而这些机制作用的发挥都离不开知识产权法律制度另一方面的重要机制——市场机制。市场机制是需要充分利用市场规律，通过对知识产权的有效保护，促进知识产权在市场中的充分交易和利用，使受保护的知识产权在市场经济环境之下实现其经济社会价值，使知识产权这一无形资产转化为现实的生产力。

应当看到，在当前，无论是我国知识产权法理论还是知识产权政策和司法实践，对于知识产权法律制度的市场机制重视程度仍然不够。可以认为，离开知识产权法律制度隐含的市场机制，其通常所具有的上述法律保障机制、激励创新机制和利益协调机制，将难以真正发挥作用。

知识产权法律保护制度中的市场机制的内涵非常丰富，在此不予赘述，但有几点需要指出。

一是知识产权法律中的市场机制作用的发挥，需要通过知识产权的有效保护，促进公平竞争，制止不正当竞争，为市场经济秩序提供坚实的法律保障。从这一点出发，也可以理解为何知识产权保护制度与反不正当竞争法律制度，以及反垄断法律制度之间具有十分密切的联系。[1]近年来我国在知识产权滥用的反垄断规制方面制定的相关的政策和规范，就是对通过知识产权保护和构建公平竞争秩序价值目标的回应。例如，2019年1月4日，国务院反垄断委员会印发的《关于知识产权领域的反垄断指南》，就值得研究。

二是在知识产权保护制度中，市场机制的发挥必须充分尊重市场规律。在市场机制中，无论是个人还是单位都是平等的主体。为更好地适应市场经

---

〔1〕　参见焦海涛：《不正当竞争行为法律规制的体系化》，载《比较法研究》2024年第2期。

济规律，知识产权法律制度就需要在相关制度设计方面适应市场机制。例如，在知识产权客体的权属制度方面，充分尊重意思自治原则就是一个十分重要的方面。

三是在知识产权保护制度构建中，市场机制作用的发挥需要以促进产业发展为基准。产业发展是经济社会发展的基本方式。随着经济社会发展，特别是科学技术的进步和创新，任何国家和地区都面临着产业转型升级和经济社会发展方式改变的问题。尤其像我国这样的发展中国家，在建设创新型国家、深入实施创新驱动发展战略的背景下，更面临产业发展的各方面问题。基于知识产权法律保护制度促进创新、促进产业发展方面的功能和作用，在当前我国经济社会发展中需要充分利用包括著作权法在内的知识产权法律制度的功能和特点以促进我国产业转型升级和经济社会发展方式的改变。可以认为，促进产业发展是包括我国著作权法在内的知识产权法律制度的重要价值功能和价值目标。

无论如何，关于著作权法与产业发展的关系，以及著作权保护如何促进产业发展，在这方面我国的研究还非常不够。笔者认为，首先需要在观念和理念层面打破著作权法作为单纯的、绝对的所有权进行保护的框架，引入著作权促进产业发展目标的价值观念。这一研究不仅具有十分重要的理论价值，而且使著作权法找到了一个十分有价值的应用空间。因此，笔者希望知识产权理论和实务界高度关注这些问题。

其次，在我国相关著作权政策，包括著作权司法政策中，应当重视著作权保护对以著作权产业为核心的文化产业发展的重要作用，并在政策中指明制定相关的政策性措施，促进著作权保护以有利于产业发展。

基于著作权法促进产业发展的政策目标，以及著作权保护对于产业发展的重要作用，毫无疑问，在当前我国涉及著作权保护的相关政策中，需要引入促进产业发展的政策性措施。应当看到，近些年来随着我国促进文化大发展大繁荣的国家政策的推行，著作权保护在促进我国产业发展中的作用更加凸显。然而，在整体上，如何通过有效的著作权保护，在我国的著作权保护战略和相关政策制定的构建和实施中，促进我国以著作权产业为核心的文化产业的大发展大繁荣，仍然有很大的讨论空间。《知识产权强国建设纲要（2021—2035 年）》作为国家层面的整体性的保护和运用知识产权的政策，自然也以促进产业发展作为重要的基点和价值目标。仅就著作权保护而言，促进产业发展的相关政策和措施，需要进一步落实和细化。同时，还应指出，在当前信息网络和高新技术发展的背景下，特别是随着大数据、云计算、人工智能、区块链等技术的推广应用，著作权产业的发展和变革与高新技术发展的推进具有千丝万缕的联系。以著作权产业为核心的我国文化产业的发展需要高度重视技术发展带来的变革，以及其未来巨大的发展空间。例如，当前如火如荼的网络游戏产业、音乐产业、电子商务平台的发展就是重要体现。

最后，在进一步修改和完善我国著作权法律制度中应当注意处理好著作权保护和促进产业发展之间的关系，既要做到充分有效地保护以作者为核心的著作权人的利益，也要重视著作权保护如何促进产业的发展，特别是不能因强调著作权保护而损害产业的发展利益。

基于著作权法实现促进产业发展的目标，以及著作权保护对于促进我国产业发展的重要作用，我国《著作权法》在进一步修改和完善中应当充分重视著作权保护如何协调和平衡著作权保护与促进产业发展之间的关系，以有效的制度设计和安排促进产业的发展。

我国《著作权法》在 2020 年进行了第三次修改。在笔者看来，尽管这次修正的内容很多，但在如何通过加强著作权保护，平衡各方面主体的利益关系，特别是著作权人和商业经营者、电子商务平台等市场主体之间的关系，[1]如何构建促进以著作权产业为核心的文化产业发展的基本格局上，仍然存在很多需要完善的空间。例如，在制度理念上，笔者认为著作权法对于促进产业发展的意旨不够明显。以《著作权法》第 1 条立法宗旨规定为例，如前所述，从我国 1990 年颁布新中国第一部《著作权法》到今天，一直没有明确规定促进作品的利用（或者称为运用）在著作权立法中的地位，而是将著作权利用的内容笼统地整合到作品的传播之中，从而没有凸显出促进作品的利用在著作权保护中的独立地位。在当前我国实施文化大发展大繁荣的政策背景下，受著作权保护的作品需要得到充分利用，才能实现这一政策目标。著作权立法中如果不能体现促进作品利用的价值目标，就会使整个著作权法的价值构造和设计中体现促进以著作权产业为核心的文化产业的发展目标大打折扣。

从著作权保护有效地促进我国文化产业的发展的角度来说，著作权法的其他相关规定也存在一定的问题。例如，在我国 2010 年对《著作权法》进行

---

〔1〕　参见王英州：《论电子商务领域知识产权保护的司法介入》，载《法律适用》2021 年第 4 期。

的小范围修改中，仅在第 26 条增加了著作权人可以通过著作权质押的形式利用其著作权。实际上，从著作权产业发展的角度来说，在当前的市场经济土壤中，利用著作权的形式多种多样。笔者注意到，在这次著作权法修改过程中曾有修改草案版本规定了著作权可以充分利用的方式，但很遗憾在最终通过的现行《著作权法》中上述规定被删除。现行《著作权法》对作品利用形式的规定主要体现为转让和许可，而这显然是不够的。当然，著作权法针对著作权的利用不予以明确列举，不等于在实践中不可以实施。例如，关于著作权的投资入股、著作权的信托、著作权的证券化等。无论如何，作为保护著作权、调整围绕作品产生的利益关系的法律规范的基础性法律，为了促进对作品的充分利用，实现著作权保护，促进文化产业发展的价值取向，在著作权法中对于促进作品利用的形式进行全面规范是有必要的。

3. 著作权保护与保障公民基本文化权利之间的关系

如前所述，著作权法可以被认为是保障文化发展的创新促进法。由于著作权保护的客体是作品，而各类作品是广大人民群众学习文化知识，进行知识、信息、思想交流的基本工具，著作权保护与公民的基本文化权利之间就必然具有十分密切的联系。从著作权的内容看，著作权法赋予作者或者其他著作权人所享有的著作权是一种具有专有性、独占性的权利。也就是说，未经著作权人许可，亦没有法律的特别规定，他人不得使用享有著作权的作品。在著作权法的价值构造中，明显确立了受著作权保护的专有权利的权利边界范围。这一权利范围显然与社会公众获取和利用作品的范围和程度形成了此消彼长的关系。如果专有权利的范围过大，就会挤压甚至严重损害社会公众从受著作权保护的作品中获取相关知识、信息和思想的权利与自由。这样一来，就产生了如何在充分有效保护著作权的基础之上，保障公民的基本文化权利的问题。

从我国《宪法》第 22 条和第 47 条规定看，保障公民的基本文化权利，也是一种宪法性权利。著作权法对于公民基本文化权利的保障，实际上是保障我国宪法有效实施的一个重要方面。当然，公民的基本文化权利的内涵也十分丰富。限于研究对象，在此不予详细探讨。然而，必须深刻认识公民的基本文化权利与受著作权保护的作品之间的关联性。在笔者看来，由于公民的基本文化权利的保障离不开对于作品的充分接触、传播和利用，离不开基于对作品的学习、研究而从中获取与交流相关知识、信息和思想，公民基本文化权利的保障需要充分地促进知识、思想与信息的广泛传播和交流。这不仅在相当大程度上依赖于公共教育的发展，同时也有赖于著作权法对公民基本文化权利的保障。结合前面所探讨的内容，著作权法是通过充分地保留公共领域原则，实现对著作权这一专有权利的保护与公共领域保留原则的平衡，从而达到保障公民的基本文化权利的目的。

以下不妨结合国外相关观点进一步研究。

在美国建国早期，詹姆斯·麦迪森（James Madison）就深刻地认识到政府在保障公民学习文化知识权利方面的重要作用。他认为：大众化的政府需要大众化的信息或者信息的获取手段，否则将是一场闹剧或者一场悲剧的序曲，或者两者兼而有之。一个想要进行自我统治的民族，应当用知识的力量武装自己；知识会永远支配无知。[1]除此之外，麦迪森还发表过其他相关的涉及促进知识学习的言论。美国《宪法》第 1 条第 8 款就明确规定，赋予国会制定保护作者和发明者以一定期限的专有权利，旨在促进科学和有用技术的进步，实际上也隐含了对于增进知识学习、促进社会进步的公共利益的考量。

美国学者奈泰尼尔（Netanel）关于著作权与民主市民社会之间关系的论述也给人以启发。他认为，公民社会的维系对于民主是极端重要的。在他所理解的公民社会中，包含公民培养独立的精神、自我导向、社会责任和技能，以及政治意识与相互承认。他认为公民社会的构建需要民众教育支持，而公共教育活动离不开政府的支持与公民的参与。这就要求知识进行广泛传播，公民积极参加社会活动，对公共问题进行讨论，为此他们需要充分地获取知识、思想。[2]奈泰尼尔固然更多的是从增进民主的角度探讨著作权保护问题的，如他从获取知识、参与公共教育的角度探讨公民社会的构建，在其他地方还探讨了著作权的生产性功能，其所包含的著作权法增进知识和学习、保障公民的基本文化权利的观点也体现得非常明显。

毫无疑问，公民基本文化权利的保障，离不开公共教育和公民对于相关

---

〔1〕 "James Madison to W. T. Barry（Aug. 4, 1822）", in 9 *Writings of James Madison* 103, Galliard Hunt ed. , 1910.

〔2〕 Neil Weinstock Netanel, "Copyright and a Democratic Civil Society", 106 *Yale Law Journal* 2（1996）, pp. 343, 344, 348.

知识、信息和思想的获得与交流。这些内容都与公民充分利用受著作权保护的作品之间具有十分密切的联系，著作权法要实现对公民基本文化权利的保障，就必须确保广大社会公众能够充分地获取受著作权保护的作品中的相关知识、信息和思想，并且能够进行自由的交流。否则，著作权法将无法实现其在充分有效保护著作权人的合法权利的基础之上，保障社会公众的相关权利和自由，也无法实现对著作权的保护和社会公共利益之间的平衡。这里实际上也深刻地体现了前面多次探讨的著作权法中社会公众的利益甚至是社会公众的权利。国外学者雷蒙尼默（Raymond Nimmer）即指出："除非获得公民的广泛默许，否则著作权是不可能存在的。"[1]柯海恩（Cohen）则在探讨著作权法相关公共领域问题时指出："作为社会整体，如果我们需要促进艺术文化的进步，著作权学说就应当承认对文化公共空间的获取的权利，而这一程度应比目前更大一些。"[2]她的这一观点表明，著作权法应当为广大公民文化知识获取和传播保留必要的公共空间。在笔者看来，这实际上是以另外一种方式诠释了著作权法对公民的基本文化权利和自由的保障。

以上论述清楚地表明，著作权法需要充分地保障公民的基本文化权益。实际上，无论是著作权国际公约，还是包括我国《著作权法》在内的各国著作权法的规定，不仅重视对著作权的充分有效的保护，而且重视通过著作权的限制等形式，保障社会公众能够便利地获取受著作权保护的作品中的思想、知识和信息，以确保公民的基本文化权益。

著作权法作为一种动态平衡的法律保障机制，随着经济社会和科学技术的发展，这种动态平衡会被打破。特别是在当前我国知识产权从严保护政策导向之下，包括著作权在内的知识产权保护有不断扩张的态势，在这种情况下尤其同时要注重对于公民基本文化权利的保障。

五、新技术发展条件下出现的新型案件的处理

《加强知识产权司法保护意见》明确规定，要"依法妥善审理体育赛事、

---

〔1〕 David L. Lange, "The Intellectual Property Clause in Contemporary Trademark Law: An Appreciation of Two Recent Essays and Some Thoughts About Why We Ought to Care", 59 *Law and Contemporary Problems* 2 (1996), pp. 213, 224.

〔2〕 See Julie E. Cohen, "Copyright, Commodification, and Culture: Locating the Public Domain", in *The Public Domain of Information*, P. Bernt Hugenholtz and Lucie Guibault eds., 2006.

电子竞技传播纠纷等新类型案件，促进新兴业态规范发展。"《加强著作权司法保护意见》在第 5 条也指出，要"高度重视互联网、人工智能、大数据等技术发展新需求，依据著作权法准确界定作品类型，把握好作品的认定标准，依法妥善审理体育赛事直播、网络游戏直播、数据侵权等新类型案件，促进新兴业态规范发展。"[1] 根据上述规定，结合当前信息网络技术发展的现状和未来变革的趋势，笔者认为，在著作权司法保护中以下问题值得深入研究。

（一）著作权法保护如何应对新技术发展的挑战

关于技术发展与著作权保护之间的关系，前面已经作了详细探讨。这里需要进一步思考和分析的是，面对信息网络新技术的发展，著作权司法保护如何积极应对。

以信息网络技术发展为代表的当前新技术发展和变革，不仅对人们的社会生活和工作方式产生了深远的影响，而且深刻地影响着法律制度的变革与发展，当然也包括著作权法律制度在内。其中重要的原因就在于，信息网络技术发展不仅催生了传统著作权保护客体说未论及的新客体，如网络游戏、网络游戏直播画面、体育赛事直播画面、人工智能生成物以及数据集合等，而且出现了传统技术条件下不具备创作作品的形式和平台，如 UGC，并且作品的存储、传播和利用的方式也发生了深刻的变革。这些重要变化不仅会相应地影响作者或者其他著作权人的合法权益，也会深刻地影响作品的传播者、使用者、商业经营者以及相关的信息网络平台的利益。因此，对于这些新出现的客体的保护，不仅事关著作权人合法权益在网络空间的延伸，而且事关广大社会公众的基本文化权利保障以及信息网络产业的健康发展。尽管著作权司法保护是对个案的定分止争，但其实质上是在践行著作权法律制度精神，构建和维护著作权法律制度背后所彰显的公平正义的秩序。

在信息网络环境下，就新出现的各类新型客体的保护而言，著作权的司法保护应当对信息网络技术条件下出现的新型客体的定位和定性进行准确把握，以便于根据以下所探讨的观点，根据不同类型的客体给予相应的法律

---

〔1〕　参见刘维：《论数据获取型不正当竞争事例的规范构成》，载《当代法学》2024 年第 2 期；冯晓青：《数字经济时代数据产权结构及其制度构建》，载《比较法研究》2023 年第 6 期；熊丙万：《论数据权利的标准化》，载《中外法学》2023 年第 5 期。

保护。[1]在相关保护原则方面，笔者认为应当是：既要充分有效地保护信息网络环境下新出现的各类新型客体，以鼓励和保护文化表达的多样性，满足人民群众日益增长的精神文化生活需要，同时也要协调好各种市场主体之间的关系，促进新业态和网络产业的健康发展。上面引述的最高人民法院发布的两个相关司法政策的规定都特别强调应根据著作权法的相关规定，明确新出现的各类客体的性质，并且对相关客体的保护应该有利于新业态和产业的健康发展。其实，这一点隐含了前面笔者探讨过的应当处理好著作权司法保护和产业发展之间的关系。

特别值得注意的是，信息网络技术发展会导致新商业模式的产生。从技术创新学角度来说，技术竞争和发展是一种"破坏性创新"。新商业模式有可能对既有的、现成的商业模式构成破坏，因为它可能使既有的、现成的商业模式不再具有市场价值。对于新商业模式或者新业态的出现，不能"一棍子打死"，而应基于其对经济社会发展和技术进步的作用，根据相关知识产权法律准确地加以判断。无论如何，著作权的司法保护应当积极地促进新业态的发展。从最高人民法院此前发布的关于知识产权审判领域改革创新的司法政策中也可以认识到这一点。对于包括著作权在内的知识产权的司法保护本身也应本着适应技术发展和与时俱进的态度。否则，就可能对新业态、新商业模式的发展造成不利影响。

（二）根据著作权法原理和法律规定的原则，应对新技术条件下出现的各类新型客体

在笔者看来，无论技术包括信息网络技术如何发展，著作权法的基本概念、原理和理论不会发生根本性的变化。这是因为，技术的发展固然在不同的程度上改变了作品的创作模式、存储形式以及传播和利用方式，但作者因创作作品而享有著作权，以及法律需要调整著作权人和社会公共利益之间的关系等基本原理在信息网络空间也没有发生实质变化。基于此，人民法院审理信息网络技术条件下出现的各类新型著作权客体（或者与著作权有关的权利的客体，即相关权客体）的法律纠纷，仍然完全可以根据著作权法原理和著作权相关法律规定的内容与原则加以应对。当然也应看到，信息网络技术

---

[1] 参见北京市高级人民法院（2020）京民再128号民事判决书（侵犯著作权及不正当竞争纠纷案）。

的发展对于著作权法律制度的实施构成了挑战。

如下文将要探讨的，针对信息网络技术条件下出现的新型客体在著作权法中如何定性，存在广泛的争议，不同的定性显然会影响这类客体受法律保护的方向和程度。不仅如此，在信息网络技术条件下出现的新型客体被侵权的情况也存在其特殊性。例如，这类侵权具有高度的隐秘性和快捷性。加之信息网络的无国界性、全球性，侵权的范围更广，侵权造成的后果更加严重。就被侵权的著作权人而言，其维权的难度也大大增加。一方面，著作权人很难及时有效地发现侵权现象；另一方面，即使能够发现侵权，也难以及时固定侵权证据。尽管出于适应信息网络环境下加强著作权保护的需要，很多公司开发了区块链等技术以固定侵权证据，但信息网络技术发展条件下出现的各类著作权侵权纠纷中原告面临的举证难问题[1]并没有得到彻底解决。为此，就著作权司法保护而言，一方面需要总结既有的各类新型案件的审判经验，提炼同类案件的裁判法理，以指导未来同类案件的审理，提高审判效率。另一方面，需要通过完善相关法律法规，包括著作权法在内的知识产权法政策、司法解释，乃至著作权基本法律制度。笔者注意到，最近几年以来，最高人民法院密集发布了大量的涉及包括著作权在内的知识产权方面的司法政策与司法解释，其中大部分是对现有的司法解释的修正。这些修正，旨在保障司法解释能够更好地适应经济社会发展和技术变革的需要，也便于法官更好地适用法律。例如，最高人民法院在 2002 年首次发布了《审理著作权民事案件适用法律解释》。该司法解释在 2020 年作了修正，并已施行。

以下将对信息网络技术发展条件下出现的新型客体的著作权和相关权利的司法保护问题加以探讨。

1. 体育赛事节目直播画面

关于体育赛事节目直播画面，有几个相关的概念需要厘清：体育赛事、体育赛事节目以及体育赛事节目直播画面。就体育赛事而言，其是一个客观事实和信息，本身不存在著作权问题，也不存在被任何人垄断的问题。体育赛事节目，则是以体育赛事这一客观事实和信息作为题材的节目形式。我们平常打开电视或者访问互联网平台，会经常看到各类体育赛事节目。在现

---

〔1〕　Lydia Pallas Loren and R. Anthony Reese, "Proving Infringement: Burdens of Proof in Copyright Infringement Litigation", 23 *Lewis & Clark L. Rev.* 621 (2019).

代技术特别是传播技术的条件下，体育赛事节目的制作和传播，需要投入各方面的人财物，其中包括智力创造性劳动。例如，由广播电台、电视台制作、传播的体育赛事节目，就可以受到广播电台、电视台享有的相关权方面的保护。基于本部分研究的需要，这里主要探讨体育赛事节目直播画面的法律属性，尤其是其是否符合受著作权保护的作品的构成要件，特别是独创性。

所谓体育赛事节目直播画面，是指通过一定的技术手段和设备，并以广播、电视、互联网等形式即时、动态再现体育赛事的画面。从一般意义上受法律保护的角度而言，由于体育赛事节目的制作与传播需要投入相当多的人财物资源，并且制作方还需要与相关资源投入方进行合作，付出较大的成本，体育赛事节目以及体育赛事节目直播方面应当受到法律保护是没有问题的。当前理论与实践中存在争议的是，体育赛事节目直播画面是否具备受到著作权保护作品的构成要件，尤其是作品的独创性要件。近年发生的涉及体育赛事节目直播画面的侵权纠纷案件就值得研究。北京市高级人民法院在2020年底审结的涉及某体育赛事节目直播的著作权侵权纠纷案件即具有典型性。[1]在该案中，法院最终将体育赛事节目直播画面定性为受著作权保护的作品，相应地认定被告的侵权行为是侵害著作权的行为。在认定体育赛事节目直播画面属于受著作权保护的作品时，还需要进一步确认其属于著作权法中何种类型的作品。根据近年发生的相关案件的观点，将其纳入了著作权法中电影作品以及类似摄制电影的方法创作的作品。[2]这个作品在理论上又被称为"类电作品"。在我国现行《著作权法》中，这类作品又被称为视听作品。

对于体育赛事节目直播画面，将其纳入受著作权保护的作品，是考虑到在体育赛事节目直播画面的制作与传播过程中，制作人需要投入智力创造性劳动。例如，机位的布置、安排，慢镜头的选择，对于正在动态进行中的体育赛事表演画面的捕捉和选择。体育赛事节目制作者及相关产业代表极力主张将体育赛事节目直播画面纳入受著作权保护的作品，其原因在于相较于通

---

[1] 北京市高级人民法院（2020）京民再128号民事判决书（侵犯著作权及不正当竞争纠纷案）。

[2] 参见北京市高级人民法院（2018）京民终562号民事判决书（侵害著作权及不正当竞争纠纷案）；天津市第三中级人民法院（2020）津03民终1806号民事判决书（侵害作品信息网络传播权纠纷案）。

过制止不正当竞争的途径保护体育赛事节目直播画面，著作权法意义上的保护更加充分有力。[1]因为反不正当竞争法意义上的保护是针对一种法益的保护，而著作权法意义上的保护是针对一种实体权利的保护。当然，对于体育赛事节目直播画面的著作权保护，也存在反对的观点。如有观点认为，体育赛事节目的制作及相应呈现的画面受到体育赛事本身的限制，体育赛事节目制作者并非像通常创作作品一样可以自由发挥。如在直播足球比赛时，体育赛事节目制作者对于镜头的控制必然是要跟着球运动的方向，因此从著作权法中作品的独创性角度而言，制作者发挥个性的空间十分有限。何况体育赛事节目直播画面可以通过其他的方式获得法律保护。这种观点还认为，体育赛事节目直播画面和网络游戏直播画面尽管都属于直播画面的范畴，但两者在是否为受著作权保护的作品方面很不相同，因为网络游戏直播画面在制作和传播中直播人具有较大的个性化表达空间。关于网络游戏直播画面的著作权保护相关问题，以下将继续进行探讨。

2. 网络游戏及其直播画面

在信息网络技术发展和普及之前，游戏作为一种建立在一定规则之上的娱乐形式，可谓历史悠久，源远流长。随着信息网络技术的发展，网络游戏应运而生。网络游戏作为游戏的重要内容之一，从受著作权或者其他知识产权保护的角度来说，本质上与传统游戏没有区别。然而，由于在信息网络空间游戏的载体、存储以及游戏运行的方式具有独到特色，网络游戏的法律保护也存在复杂性。[2]

关于网络游戏的法律保护，首先需要从著作权保护的角度探讨其是否符合受著作权保护作品的构成要件。《著作权法实施条例》第2条规定，著作权法所称的作品，是指文学、艺术和科学领域内具有独创性并能够以某种有形形式复制的智力成果。现行《著作权法》第3条则对上述规定作了一定的修改，也就是将"以某种有形形式复制"修改为"以一定形式表现"。这显然是扩大了受著作权保护作品的范围，因为根据现行《著作权法》的规定，只

〔1〕参见褚瑞琪、管育鹰：《互联网环境下体育赛事直播画面的著作权保护——兼评"中超赛事转播案"》，载《法律适用（司法案例）》2018年第12期。

〔2〕参见江苏省高级人民法院（2012）苏知刑终字第0003号刑事判决书（侵犯著作权案）；广东省高级人民法院（2018）粤民终137号民事判决书（著作权权属、侵权及不正当竞争纠纷案）；山东省青岛市中级人民法院（2023）鲁02民初504号民事判决书（不正当竞争纠纷案）。

要是在文学、艺术和科学领域内，并能够以一定形式体现，不一定是能用某种有形形式复制的智力成果，都可以受著作权保护。当然，从著作权法的一般原理来说，受到著作权保护的作品应当能够被复制，因为在当前的技术条件下，作品只有能够被复制才能够实现其著作权。不过，法律具有一定的前瞻性。未来随着技术的发展特别是作品传播技术的发展，并不排除以复制方式以外的其他形式表现的受著作权保护的作品出现。

就网络游戏而言，笔者认为其符合受著作权保护作品的条件，特别是独创性要件。原因在于，网络游戏的设计和开发需要投入相当多的智力创造性劳动。例如，网络游戏程序和内容的开发，需要进行各项设计，不仅包括对于道具、设备、人物及人物关系的设计与安排，美术设计、拟音，而且还包括对于整个情节的安排。在早期的游戏中，玩家能够发挥个人想象力空间的程度很有限。随着人们对网络游戏需求层次的提高，网络游戏程序和内容设计也越来越考虑到充分发挥玩家利用特定网络游戏设定的游戏规则[1]和相关的道具与角色选择，这类游戏的个性化表达空间更大。从上述著作权保护作品的条件来说，网络游戏完全符合著作权保护作品的构成要件。网络游戏不仅能够满足广大玩家通过游戏自娱自乐的需求，而且在当今事实上已经形成了一个巨大的产业，也就是网络游戏产业。基于网络游戏的巨大市场，围绕这类作品也产生了很多著作权纠纷案件。例如，《梦幻西游》、[2]《王者荣耀》、[3]《西瓜视频》[4]等涉及网络游戏的著作权侵权纠纷案就是典型的例子。

从这些年来我国涉及网络游戏的著作权侵权及相关不正当竞争案的情况来看，对于网络游戏的著作权保护已经形成共识。存在一定分歧的是，网络游戏在著作权法中究竟属于哪一类作品？一种代表性的观点认为，网络游戏可以归入 2010 年《著作权法》中的电影作品和以类似摄制电影的方法创作的作品。现行《著作权法》已称之为视听作品。从视听作品保护的原理来说，也主要是通过视听的形式，而不是录音的形式加以体现，并且还需要以一定

---

[1] 参见王迁：《电子游戏规则著作权保护之否定》，载《法学》2024 年第 3 期。

[2] 广东省高级人民法院（2018）粤民终 137 号民事判决书（著作权权属、侵权及不正当竞争纠纷案）。

[3] 广州知识产权法院（2020）粤 73 民终 574—589 号民事判决书（著作权侵权及不正当竞争纠纷案）。

[4] 广州知识产权法院（2018）粤 73 民初 2858 号民事判决书（侵害实用新型专利权纠纷案）。

连续的画面形式再现。2010年《著作权法》对类电作品要求"摄制"这一条件。从国外著作权对于视听作品的相关规定来看，则并不需要满足这一条件。实际上，随着技术的发展，视听作品的创作形式也不必限于"摄制"这一条件。笔者认为，就一般意义上的网络游戏作品而言，归入视听作品的类型是合理的。

值得进一步探讨的是，网络游戏直播画面是否同样属于受著作权保护的作品。随着近些年来网络游戏直播技术及相关产业的迅猛发展，网络游戏直播画面的权利归属和相关的法律保护问题日益受到重视。从近些年来发生的涉及网络游戏直播画面的法律纠纷来看，主流观点认为网络游戏直播画面符合受著作权保护的作品的条件，特别是独创性。笔者原则上对于网络游戏直播画面属于著作权客体予以肯定。[1]具体到个案中，则需要根据网络游戏直播所运用的技术手段和直播的具体方式等方面加以综合认定。值得注意的是，从网络游戏直播画面法律纠纷的情况来看，除了主张网络游戏直播画面的作品著作权保护，还存在较多的主张制止不正当竞争行为的情形。实际上，就游戏直播涉及的相关法律问题而言，其涉及不同利益主体之间的法律关系，尤其是网络直播平台与网络游戏开发商、主播和用户之间复杂的法律关系。解决这些不同利益主体之间的法律纠纷，自然需要对他们之间的合同关系进行了解，因为为了促进网络游戏产业的发展，协调不同利益主体之间的关系，法律需要尽量尊重市场经济规则，充分尊重当事人意思自治。只是在相关合同规定违背了法律的强制性规定，有损公共利益或者公序良俗时需要予以干预。

近些年来涉及网络游戏直播方面的法律纠纷，[2]尤其体现于网络游戏直播平台和主播人等主体之间的法律纠纷。其中就主播人而言，其在著作权法中的地位也值得进一步探讨。如有观点主张主播人属于演绎作品作者，还有观点认为，主播人可以享有著作权法中表演者的身份。笔者认为，对于涉及网络游戏及直播画面的相关法律保护问题，应坚持利益平衡的原则，并以保

---

〔1〕　冯晓青：《网络游戏直播画面的作品属性及其相关著作权问题研究》，载《知识产权》2017年第1期。

〔2〕　参见湖北省武汉市中级人民法院（2017）鄂01民终4950号民事判决书（侵害著作权及不正当竞争纠纷案）。

护网络平台中著作权人和相关当事人合法权益，促进网络游戏产业的健康发展为重要宗旨。

最后，还应当指出，网络游戏本身是信息网络技术发展的产物，其必然随着信息网络技术的进一步发展而不断变革与发展。随着人们对精神文化生活需求的不断增长，未来网络游戏也存在转型升级的问题。围绕网络游戏及其相关产业，也必然会出现相应的新型业态和商业模式问题。从著作权法对网络游戏及其产业的保护来说，有一个万变不离其宗的根本法理：一方面，著作权人的合法权益需要在网络游戏及其产业发展中得到更加充分的保护；另一方面，著作权法律制度需要为网络游戏及其相关产业的发展，提供充分的法律保障，并且对于网络游戏及其产业中的著作权保护以不损害网络游戏及其产业的健康发展为前提。

3. 用户生成内容

前面多次指出，信息网络技术的发展对于著作权制度产生了深刻的影响。作品的创作方式、存储和传播方式的变化，以及伴随着的著作权侵权和著作权保护问题就是体现。这里将重点探讨的是用户生成内容（UGC）的著作权法律保护问题，其中也包括所谓"重混作品"的著作权侵权问题。

信息网络技术发展条件下，信息网络空间不仅是存储和传播作品的平台，同时也是创作作品的平台。信息网络技术条件下，人人都可以成为作者。其中用户生成内容就是当前信息网络技术条件下著作权保护中出现的新问题。其关键之处在于用户生成内容是否符合受著作权保护客体的条件，以及这一类特殊作品是否存在侵害他人著作权的问题。

在早些年，人们对曾经出现的所谓"一个馒头的血案"事件记忆犹新。用当今信息网络技术发展的情况来评判，实际上就涉及用户生成内容的著作权侵权问题。从著作权保护的角度来说，用户生成内容如果没有直接利用他人作品特别是他人享有著作权的作品，就难以认定其侵害他人著作权。但在现实中，信息网络环境下的用户生成内容几乎都需要利用已有的作品，而这些作品中很大一部分是享有著作权的作品。这样一来，对于用户生成内容的法律属性，特别是其是否可能构成对在先作品著作权的侵害，就值得关注和探讨。

从现有研究来看，对用户生成内容的定性主要有以下两种观点：一种观点认为其属于演绎作品，因为根据著作权法原理和规定，演绎作品就是在已有作品上进行再创作而形成的作品；另一种观点则认为不能简单将用户生成内容都归于演绎作品的范畴，因为在很多情况下用户生成内容的制作者是将现有作品或者作品的片段作为其创作的素材，而并不是简单地在现有作品基础之上进行再创作。与用户生成内容相关的一个概念是重混作品，也有的学者称之为"混剪作品"。在笔者看来，无论是称之为用户生成内容还是重混作品或者混剪作品，在其利用了受著作权保护的作品的前提之下，讨论这类作品是否构成对被利用作品著作权的侵权，关键在于其是以何种方式利用已有的受著作权保护的作品。其中当然离不开我国著作权法关于合理使用著作权限制制度的规定。根据笔者的观点，如果用户生成内容或者重混作品中确实利用了在先受著作权保护的作品，而且这种使用方式不符合著作权法中关于合理使用的规定，在一般情况下就可以认定为其构成了对在先作品的著作权侵权。

从近些年我国发生的案例来看，[1] 涉及用户生成内容侵害他人著作权的纠纷，是因为这类特殊作品利用了他人受著作权保护的具有独创性的个性化表达，而这种使用不符合著作权法中合理使用的规定。具体来说，主要涉及现行《著作权法》第 24 条第 1 款第 2 项 "为介绍、评论某一作品或者说明某一问题，在作品中适当引用他人已经发表的作品" 的规定。为了促进思想、知识的自由交流和传播、增进学术研究，《伯尔尼公约》和世界各国著作权法都规定适当引用属于合理使用的范畴。在著作权侵权诉讼中，法院需要查明的焦点问题是被告的引用行为是否适当。引用人引用他人享有著作权的作品，不能构成自己作品的主要部分或者实质部分。有时候，引用的部分尽管不是自己作品的主要部分，但是构成实质部分，法院仍然会认为不符合合理使用的条件而构成著作权侵权。这里所讨论的实质部分，笔者认为需要判断引用部分在引用人作品中的实质性价值和作用。如早些年在美国发生的福特出版公司涉及引用作品著作权侵权纠纷案，尽管被引用作品的内容只有区区几百字，但由于构成了作品的实质内容，最终仍然被法院判定为构成侵害著作权。

就用户生成内容而言，有些情况下，如果引用他人作品不符合上述合理使用的规定，就应当认定为构成了对他人著作权的侵害。这里还值得进一步

---

〔1〕　参见上海市第一中级人民法院（2014）沪一中民五（知）初字第 23 号民事判决书（侵害著作权纠纷案）。

探讨的是：引用他人不享有著作权的作品，尤其是著作权保护期限已经届满的作品或者他人放弃著作权的作品，如果同样构成了引用人作品的主要部分或者实质部分，应如何看待这种行为？当然，这里已不限于用户生成内容的引用，还可以针对所有引用他人不享有著作权的作品的问题。对于这一问题，我国著作权法学理论和实务界很少关注。笔者认为，由于被引用的作品已经不存在著作权，作品的使用行为就不构成对他人著作权的侵害。不过，这里所说的著作权仅指著作财产权，因为根据我国《著作权法》的规定，署名权、修改权、保护作品完整权等著作人身权的保护期不受限制。因此，从是否侵犯著作人身权的方面加以评判，在引用他人作品的部分构成引用人作品的主要部分或者实质部分的情况下，则仍然可能构成对在先作品著作人身权的侵害。

关于用户生成内容著作权问题，还值得探讨的是如何通过相关措施和著作权制度的完善，促进用户生成内容这一创作平台的健康发展。对此，笔者提出以下对策。

首先，从用户的角度而言，应当掌握著作权保护的相关知识，明确认识到对他人已有作品的利用可能会涉及著作权侵权问题，因而在利用网络空间创作平台进行创作时，应当注意避免拿来主义，随意剪接、整合、利用他人享有著作权的作品。从现实中发生的涉及用户生成内容的著作权侵权纠纷的情况看，侵权发生的重要原因之一就是创作者对于著作权保护知识的缺乏。

其次，需要建立和完善互联网环境下的作品许可机制。对享有著作权的作品进行许可，是著作权人行使其著作权的重要方式之一。在很多情况下，著作权人因自身条件的限制而不能直接行使著作权，需要通过许可的方式授权他人使用。在笔者看来，著作权人许可使用制度的合理性除可以从著作权制度本身加以理解外，还可以从经济学的角度加以思考。例如，产权经济学认为财产的稀缺性和有用性是构建财产权制度的前提。产权经济学主张通过产权制度的设计，建立起对资源的有效利用机制。就著作权许可使用制度而论，通过对著作权的许可，可以充分有效地利用著作权这一无形资产，发挥受著作权保护的作品的经济和社会价值。在网络环境下，著作权人将其作品置于开放的网络，在未采取技术措施的保护下，他人可以自由地复制和传输；然而，在信息网络空间，他人对享有著作权的作品的传播并不是自由的，很可能会落入著作权人享有的信息网络传播权的保护范围。应当说，在信息网络环境下，对享有著作权作品利用的便利性并不等于这一权利的许可使用渠道也同样便利。在很多情况下，因信息不对称以及交易成本过大等原因，著作权人和作品使用者很难形成有效的沟通渠道，这就可能造成经济学上所说的交易失败的情况出现。就这里所探讨的用户生成内容来说，用户利用现有的信息网络平台，在受著作权保护作品的基础之上创作出新的作品，由于许可机制的不畅通而很难及时获得著作权的许可。为此，笔者考虑可以进一步完善我国信息网络空间的著作权集体管理制度。

著作权集体管理制度无疑是对著作权人难以行使或者不便行使的权利进行有效管理的重要方式。我国从 2001 年修改《著作权法》之日起，就建立了著作权集体管理制度。现行《著作权法》对著作权集体管理制度作出了进一步的完善。然而，值得指出的是，我国现行著作权集体管理制度很少直接涉及信息网络空间的著作权保护问题。应当看到，在信息网络空间著作权集体管理制度的运行存在一些特殊之处。例如，在信息网络空间对作品的利用方式更加特殊。在涉及用户生成内容时，根据著作权法的规定，在很多情况下需要获得作品著作权人的同意。如何根据信息网络发展环境下作品创作和传播的特点，建立和完善我国著作权集体管理制度，值得深入探讨。

最后，适当引进著作权法领域的知识共享模式，完善相关责任追究机制。知识共享（CC），是随着开源运动而出现的利用作品的一种特别许可模式。[1]这种模式在信息网络空间的推广，具有合理性。当前，这一模式在我国的利用并不是很普遍。针对现有著作权的作品而言，著作权人完全可以对其作品在信息网络空间中的传播和利用确定合理的许可模式。这不仅可以有效地解决信息不对称问题，而且有利于享有著作权的作品在网络空间的推广和运用。

此外，针对信息网络空间发生的涉及用户生成内容的著作权侵权问题，从著作权保护的一般原理和相关规则来说，通常的处理方式是只要认定用户生成内容构成对他人著作权的侵害，就会要求停止侵害并赔偿损失。实际上，在相当多的情况下，用户生成内容可能涉嫌侵犯他人著作权，但其本身也具

---

〔1〕　参见最高人民法院（2019）最高法知民终 663 号民事判决书（侵害计算机软件著作权纠纷案）。

有相当大的独创性，并且可能也非常受消费者的欢迎。问题是在通过信息网络平台传播此类作品的情况下，如何才能做到既有效地保护著作权人享有的著作权，也有利于用户生成内容的传播和利用。笔者认为，除正常的就侵权内容主张著作权侵权责任这种模式以外，还可以考虑通过转化为合法许可的形式，在充分保障著作权人合法权益的前提之下，允许其在信息网络平台的继续传播和利用。如近些年来国外开发的针对侵权作品在网络平台利用的处理模式，就值得借鉴和研究。在这种模式下，由于用户生成内容受消费者的欢迎，通过平衡平台经营者、著作权人和用户生成内容制作者之间的利益关系，可以实现这些不同主体之间的多赢局面。因此，这也是可以借鉴与参考的一个模式。

当前，信息网络技术发展迅猛。可以预料，未来用户生成内容会更加方便和快捷。特别是在人工智能环境下，用户生成内容会给传统的创作、传输模式带来革命性的变化。当然，这些变化并不会从根本上改变当代著作权保护的基本原理和规则。关于人工智能生成物的著作权问题，将在下文进行研究。

4. 人工智能生成物

毫无疑问，人工智能是高新技术发展的产物。近些年来，随着各国科技竞争的开展，在人工智能领域的技术竞赛也愈演愈烈。我国在相关的科技发展规划中，对于人工智能技术的发展也给予了高度重视。人工智能技术的发展，必将对人类生活和工作方式产生革命性的影响。从技术发展的水平和程度来说，人工智能的发展也存在一定的阶段性。一般认为，当前各国人工智能发展处于所谓弱人工智能时代。随着人工智能和相关技术的发展，人工智能的发展水平将不断提高，从而逐渐进入强人工智能时代。无论是目前所处的弱人工智能时代，还是未来进入强人工智能时代，人工智能生成物只要涉及现行著作权法所调整的作品问题，就必然存在其是否受著作权保护等相关法律问题。人工智能技术的发展，必然给传统社会中人们通过智力创造性劳动创作作品的模式带来深刻的变革。不仅如此，在人工智能技术发展条件下，作品的传播和利用方式也会迎来深刻的变革。无论如何，人工智能将会对著作权法律制度提出严峻的挑战。

人工智能生成物，涉及所谓"机器创作"的问题。根据现有学者研究的成果，机器创作包括数据输入、机器学习和结果输出三个阶段。这三个不同的阶段都与著作权保护息息相关，其分别涉及机器阅读、机器创作和机器作品的相关问题。在机器阅读阶段，就要用事先设计好的程序、目标和范围，通过对已有作品进行挖掘，充分了解已有作品的情况。这一阶段被定性为著作权法中的合理使用。[1]机器创作阶段则是人工智能生成物的关键阶段。它是基于一定的算法和程序，根据一定的规则旨在获得一定的成果。这种行为是否符合现行著作权制度框架下的创作行为的特点，应当说是当前涉及人工智能生成物著作权保护问题争议最大的焦点之一。吴汉东教授在发表的相关论文中认为，其可以定性为"算法创作"，实际上是"机器作者"与人类作者的共同创作，有别于"人类中心主义"下的创作主体结构。[2]在人工智能生成物出现以后，就获得机器创作成果以后所形成的"机器作品"是否符合著作权法保护的作品要件，尤其是是否具备作品的独创性要件，也是当前人工智能生成物著作权保护问题存在的最大争议之一。从现有成果的情况来看，主流观点认为其符合受著作权保护客体的要件。仍以吴汉东教授的观点为例，他认为输出阶段的"生成内容"，具有作品的思想表现形式和人格主义要素，应受著作权保护。[3]当然，对此也有反对的观点。例如，刘银良教授认为："作品是著作权法的基石，其前提是由自然人作者创作，其特征包括多样性、价值性和稀缺性；它们与作品的可版权性密切相关，决定了著作权制度的必要性与合理性。无论是从著作权法基本目标出发，还是借由作品的前提与特征考察，人工智能作品都不能满足著作权法对于作品的要求，从而难以成为著作权客体。"[4]

　　笔者认为，人工智能技术的发展，必然会对当代的著作权法律制度产生深刻的影响。实际上，从著作权制度的产生和发展历史来看，如前所述，技

---

〔1〕　吴汉东：《人工智能生成作品的著作权法之问》，载《中外法学》2020 年第 3 期；林秀芹：《人工智能时代著作权合理使用制度的重塑》，载《法学研究》2021 年第 6 期。

〔2〕　吴汉东：《人工智能生成作品的著作权法之问》，载《中外法学》2020 年第 3 期；曹博：《人工智能辅助生成内容的著作权法规制》，载《比较法研究》2024 年第 1 期；徐小奔：《论人工智能生成内容的著作权法平等保护》，载《中国法学》2024 年第 1 期。

〔3〕　吴汉东：《人工智能生成作品的著作权法之问》，载《中外法学》2020 年第 3 期；张平：《人工智能生成内容著作权合法性的制度难题及其解决路径》，载《法律科学（西北政法大学学报）》2024 年第 3 期。

〔4〕　刘银良：《论人工智能作品的著作权法地位》，载《政治与法律》2020 年第 3 期。

术发展推进了著作权制度的产生。同时，著作权制度也会适应技术发展而进行变革。就人工智能生成物而言，一概否认其作品属性和不受著作权保护的观点是值得怀疑的。从本质上看，人工智能生成作品的出现，是人类利用技术手段优化创作行为、提高创作效率的体现。人类完全可以利用人工智能作为创作的工具和手段。与此相应地，人类操控人工智能创作作品，并最后生成了形式上符合著作权保护的作品时，尽管作品的形成主要是通过人工智能生成的，但这种作品的形成无论如何也包括了人类的智力创造性成分。因此，不可断然否认人工智能生成作品受著作权保护的属性。当然，未来进入强人工智能时代，情况可能会有进一步的变化。也就是说，会存在由人工智能自动生成、完全自主形成的作品，并不需要人类进行干预。在目前的弱人工智能时代，人工智能生成作品仍然离不开人的控制因素或者干预因素，近年迅猛发展的以 ChatGpt 为代表的生成式人工智能以及前述近年腾讯公司作为原告起诉的涉及人工智能作品的著作权侵权纠纷案就是体现。

笔者近年对人工智能生成物的法律保护开展过合作研究，主张从客观的表现形式看，人工智能具有"创作"作品的能力属于事实判断。但对于由人工智能"创作"的作品能否受到著作权法的二元保护，存在法律价值判断的诸多争议。由"人格-财产"二元体系建构的著作权，决定了著作权法中关于"创作"的本质要求，需要明确"创作"的客体独创性和主体创作意图两项认定要件。[1]

在认定人工智能生成物符合受著作权保护作品条件的前提之下，应如何确认这类作品的性质及著作权归属？从目前研究成果来看，关于人工智能生成物的作品类型存在不同的认识。大致有以下三方面观点。

第一种观点认为，人工智能生成物属于法人作品。其理由是，在人工智能生成物的创作过程中，其是由单位组织并体现单位的意志，最终也是由单位承担责任的，因此这一具有特殊性的作品符合我国《著作权法》关于法人作品的条件。

第二种观点认为，人工智能生成物应当属于职务作品。其理由是，人工智能生成物的创作过程，相当于我国《著作权法》规定的为完成单位任务而

---

[1] 冯晓青、潘柏华：《人工智能"创作"认定及其财产权益保护研究——兼评"首例人工智能生成内容著作权侵权案"》，载《哲学西北大学学报（哲学社会科学版）》2020 年第 2 期。

创作的作品。

第三种观点则认为，人工智能生成物既不属于法人作品，也不属于职务作品，而是属于一般意义上的自由创作的作品。

由于当前我国人工智能发展尚处于弱人工智能阶段，因人工智能生成物产生的著作权纠纷案件目前还非常少。在前述腾讯公司案中，一审法院就是将人工智能生成物认定为由腾讯公司享有著作权的法人作品。法院判决书也是按照我国著作权法关于法人作品的条件进行分析和认定的。例如，涉案人工智能生成物作为体育、财经一类的新闻资讯报道类作品，腾讯公司为创作这类作品组织了专门的团队，投入了相当的人财物资源进行研究开发并提供模板，最终产生的人工智能生成物只不过是腾讯公司借助机器自动创作而形成的。在人工智能生成物的形成过程中，显然存在腾讯公司作为组织者的作用。这既说明在人工智能生成物的形成过程中有人的干预因素，符合人工智能生成物具有人的干预因素的条件，也同时说明涉案人工智能生成物体现了腾讯公司的意志。对于该人工智能生成物最终由腾讯公司承担相应责任，也是毋庸置疑的。也正是基于上述考虑，一审法院将该人工智能生成物认定为由腾讯公司享有全部著作权的法人作品。毫无疑问，在解决了人工智能生成物作为作品的类型以后，其著作权归属的问题就迎刃而解了，因为我国《著作权法》对不同类型作品的著作权归属都作了明确的规定。以这里所探讨的人工智能生成物属于法人作品为例，我国现行《著作权法》就明确规定其著作权属于单位所有。

关于人工智能生成物的著作权问题，还需要提出的一个问题是，人工智能本身是否能够成为其生成物的著作权的主体。从法理学主客体分离的原理以及当前我国民事法律的规定来看，不应认为人工智能本身能够作为其生成物的著作权主体。当然，这一问题还涉及人工智能本身在法律中的地位问题。从目前其他国家关于人工智能法律地位的规定来看，除极少数将人工智能授予"电子人"主体地位以外，并没有见到将人工智能作为法律关系的主体的规定。当然，随着社会的发展，也包括人工智能本身的发展，人工智能技术对社会生活的影响越来越大。知识产权法律作为技术与商品经济发展的产物，未来也需要与时俱进。关于人工智能生成物的作品属性以及相应的著作权归责问题，值得进一步关注。

5. 数据

在当前数字经济时代，面对数据市场的激烈竞争与商业数据作为资产要素的开发利用现状，我国在政策制度层面出台了若干有关商业数据权益保护的具体规范，积极回应数据要素方面的产权保护需求，指导数据要素市场培育与数据产业的未来发展。2021 年 9 月，最高人民法院发布的《关于加强新时代知识产权审判工作 为知识产权强国建设提供有力司法服务和保障的意见》指出：要"加强互联网领域和大数据、人工智能、基因技术等新领域新业态知识产权司法保护，完善算法、商业方法和人工智能产出物知识产权司法保护规则，合理确定新经济新业态主体法律责任，积极回应新技术、新产业、新业态、新模式知识产权保护司法需求。"《推动知识产权高质量发展年度工作指引（2022）》也明确提出了"加快数据产权、人工智能产出物知识产权保护制度研究论证，适应新领域、新业态发展需要"的工作任务。

当前大数据时代，法律调整数据关系、保护数据的必要性日益提升。在将数据作为财产或者财产性利益保护时，赋予其类似于物权类支配权性质的法定财产权是一个重要的立法考量。当然，毕竟数据具有无形性、非消耗性和非排他性等特点，与物权客体属性不同，赋予其对客体排他性的独占权不大现实。在数据财产保护中，知识产权法是赋予其法定权利的重要法律。数据纳入知识产权法保护，可以理解为对数据市场规则的分配机制，尤其是数据控制与数据分享、数据保护与数据限制，其合理性源于数据与知识产权客体诸多共性。当然，将数据纳入知识产权保护对象、以知识产权法保护数据的原因，并非完全限于数据与知识产权客体即信息的共通性。实际上，数据保护制度与知识产权法律制度两者存在相似的立法价值取向，这尤其体现在利益平衡、激励创新、促进公平竞争、提高效率等价值目标上。[1]

数据财产纳入著作权保护，是针对符合作品独创性构成要件的汇编数据保护而言的。我国现行《著作权法》第 15 条规定："汇编若干作品、作品的片段或者不构成作品的数据或者其他材料，对其内容的选择或者编排体现独创性的作品，为汇编作品，其著作权由汇编人享有，但行使著作权时，不得侵犯原作品的著作权。"应当说，我国《著作权法》对数据汇编的著作权保

---

〔1〕 参见冯晓青：《知识产权视野下商业数据保护研究》，载《比较法研究》2022 年第 5 期。

护，是遵循国际公约对于汇编作品著作权保护的体现。在这方面，《伯尔尼公约》第 2 条第 5 款规定了汇编作品的保护。《与贸易有关的知识产权协议》第 10 条第 2 款则进一步明确了构成智力创作的数据或其他材料汇编作品的著作权保护制度。这些规定表明，只要数据汇编中在对内容的选择或者编排方面能够体现出独创性，就可以直接作为汇编作品受著作权保护。在数据财产保护实践中，这体现于各式各样的具有独创性的数据库。近些年来，在我国涉及数据财产的司法实践中，即有一些典型案件，如关于商标数据编排与整理的案件即可见一斑。[1]

　　关于数据财产的著作权保护，还需要注意不具有独创性的数据汇编问题。在数据实践中，大量数据汇编、集合其实是缺乏独创性的。我国《著作权法》对于这类缺乏独创性的数据汇编未作任何规定。这导致在实践中无法根据《著作权法》规定加以保护。当然，从司法实践看，原告可以转而采取制止不正当竞争之诉的形式维护自身基于涉案数据的财产性利益。[2]不过，从国际立法看，其对于不具有独创性的数据库也给予了类似于邻接权的保护。这里不妨以最具代表性的欧盟《数据库保护指令》的规定为例加以探讨。该指令一方面对在数据的选择或编排方面具有独创性的数据库按照汇编作品著作权保护，另一方面对不具有独创性的数据库，赋予了其制作者一项特殊权利（sui generis right）。特殊权利旨在禁止他人擅自摘录或者提取数据库中的实质内容，从而为收回投资并获取利润提供保障。此外，为保障社会公众获取知识、信息的便利，维护公共利益，该指令也规定了对特殊权利的若干限制。当然，欧盟这种立法是否属于成功范例，值得总结分析。此外，国际上关于不具有独创性的数据库保护的立法探讨，还值得一提的是《世界知识产权组织数据库公约（草案）》。该草案第 1 条规定了对于数据库内容的收集、核验、组织等方面进行实质性投入的要求，第 2 条规定了数据库制作者的定义。

---

〔1〕　冯晓青：《数据财产化及其法律规制的理论阐释与构建》，载《政法论丛》2021 年第 4 期。参见浙江省杭州市中级人民法院（2018）浙 01 民终 7312 号民事判决书（商业贿赂不正当竞争纠纷案）；北京知识产权法院（2017）京 73 民终 2102 号民事判决书（侵犯著作权及不正当竞争纠纷案）；北京市第一中级人民法院（2011）一中民终字第 7512 号民事判决书（不正当竞争纠纷案）。

〔2〕　参见北京市高级人民法院（2017）京民终 487 号民事判决书（不正当竞争纠纷案）；北京知识产权法院（2019）京 73 民终 3789 号民事判决书（不正当竞争纠纷案）。

不过，由于其诸多规定对发展中国家不利，最终并没有获得通过。[1] 在大数据时代，随着数字技术发展，具有较重要商业价值而不具有独创性的数据库将日益增多，进而也会引起更多的这类数据库的著作权纠纷。如何在我国现行立法保护框架中，对其采取合适的法律保护方式，值得进一步研究。[2]

总的来说，互联网、人工智能、大数据等技术发展产生的新类型客体的著作权问题，是近些年来我国著作权司法实践中出现的新情况。为应对技术发展产生的新型著作权问题，我国著作权相关法律和政策也在进行修改和完善。现行《著作权法》在一定程度上也涉及对新技术发展的回应，体现了著作权法律制度现代化的要求。当然，在著作权法的制度层面，其对技术发展产生的著作权问题并没有作出非常明确的规定，并且技术仍在不断发展之中，还会产生更多新的问题。因此，为应对互联网、人工智能、大数据等技术发展对著作权法律制度的挑战，除著作权法律本身的完善以外，相关司法政策、司法解释的完善也十分重要。除《加强知识产权司法保护意见》以外，最高人民法院在 2020 年发布的《加强著作权司法保护意见》也作了相应的规定，因此在著作权司法保护方面也需要对这一司法政策高度关注。该司法政策在第 5 条即明确指出，要"高度重视互联网、人工智能、大数据等技术发展新需求，依据著作权法准确界定作品类型，把握好作品的认定标准，依法妥善审理体育赛事直播、网络游戏直播、数据侵权等新类型案件，促进新兴业态规范发展。"应当说，这一规定也是对《加强知识产权司法保护意见》相应规定的回应和具体落实。当然，这一规定本身也具有很强的原则性和指引性。在相关的著作权司法实践中，应当根据个案的情况加以适用。并且，应通过总结同类案件审理的经验，逐步探索出新类型的著作权案件处理的成熟模式。

六、著作权司法保护中诉讼维权模式

基于著作权法是以保护作者或者其他著作权人的合法权益为基础和核心的知识产权法，著作权法可以被称为一部对权利的保护法。也正因如此，在著作权司法保护中，各类型著作权纠纷案件的处理也是围绕如何充分有效地加强对著作权的保护为核心的。当然，基于著作权法的立法宗旨，著作权法

---

〔1〕 马忠法、胡玲：《论数据使用保护的国际知识产权制度》，载《电子知识产权》2021 年第 1 期。
〔2〕 冯晓青：《知识产权视野下商业数据保护研究》，载《比较法研究》2022 年第 5 期。

除需保护作者或者其他著作权人的合法权益外，也需要充分地保障社会公众对于作品的相关权益，以确保对著作权保护和社会公共利益的平衡。无论如何，对著作权人合法权益的充分保护始终是著作权司法保护的根本出发点和核心。从当前我国各级人民法院审结的大量著作权纠纷案件的情况来看，人民法院通过公正地审理各类著作权纠纷案件，及时地维护了著作权人和相关当事人的合法权益。从著作权人的角度来说，著作权的司法保护也就是著作权人通过诉讼的方式维护自身合法权益的手段和保障。从实践中发生的大量著作权纠纷，特别是著作权侵权纠纷的情况来看，为了有效地制止侵权，维护自身合法权益，著作权人采取了多种手段和方式维权。总的来说，这些维权的手段和方式是在合法的范围之内。但也应当指出，正如权利具有合法的边界和范围，受法律保护的权利需要正当行使的法理一样，著作权人通过诉讼的形式维权也需要在法律允许的范围之内。然而，在现实中存在著作权人滥用诉权的情况。著作权人维权的手段也存在不合法的情形，如著作权人滥用技术措施和权利管理信息。还如，近些年来，随着经济社会发展和包括著作权在内的知识产权的重要性日益增强，商业维权现象也日益突出。著作权人进行商业维权本身无可厚非，但现实中也出现了各种不规范乃至不合法的情况。基于这些考虑，著作权司法保护中著作权人的诉讼维权模式值得深入研究。《加强知识产权司法保护意见》即明确指出，要"加强著作权诉讼维权模式问题研究，依法平衡各方利益，防止不正当牟利行为。"

以下将根据理论研究和著作权司法保护中的实际情况，就著作权诉讼维权中存在的问题及解决对策进行探讨。

（一）著作权人通过诉讼维权的重要性

从程序法的角度来说，所谓诉讼，是指人民法院在当事人和其他诉讼参与人的参加下按照法定程序解决纠纷的审判活动。当前我国司法改革的立足点是以审判为中心。诉讼的基本价值在于定分止争，及时有效地解决当事人的纠纷。从解决纠纷的程序和保障来说，"司法最终解决"是解决当事人之间纠纷的"最后的战场"。当然，在当前我国促进和谐社会构建的政策背景下，除了通过诉讼的形式解决纠纷，当事人相互之间的和解以及通过调解组织对案件进行调解，也是解决纠纷的重要方式。在实践中，著作权人和相关当事人采取何种方式解决相互之间出现的著作权纠纷，取决于个案中的实际情况，包括当事人的相互诉求。无论如何，诉讼作为解决著作权纠纷的最终手段，具有其他纠纷解决方式所不具备的优势和特点。其中，最重要的是生效的判决具有强制执行力。当然，通过仲裁的方式解决著作权纠纷，同样具有这一特点。对此笔者将另作探讨。

基于上述考虑，在出现著作权纠纷时，著作权人应当具有通过诉讼的方式解决纠纷的法律意识和基本的法律常识。不仅如此，诉讼维权作为一种解决纠纷的理念，也应当在通常的著作权保护工作中有所体现。例如，作者或者其他著作权人在作品的创作和利用中，应当注意留存相关的证据，便于万一发生著作权纠纷，能够及时主张证据并有效地维权。

（二）著作权诉讼中的不同维权环境、手段与模式

基于作品的不同类型，作品创作、传播和利用的不同环境与方式，著作权人采取的诉讼维权方式可能存在区别。以下将对常见的著作权人诉讼维权的环境、手段和方式进行探讨。

1. 信息网络环境下著作权诉讼维权

如前所述，当代社会是信息网络社会。在信息网络环境下，不仅作品的存储方式可以用数字化形式加以固定，而且作品的创作、传播方式和利用手段也发生了深刻的变化。这些变化显然会深刻地影响信息网络环境下对著作权的保护，包括著作权人通过诉讼形式维权。还值得指出的是，与物理环境相比，在信息网络环境下著作权人的诉讼维权通常不限于对著作权人的直接侵权，而且包括信息网络环境下的各类信息网络平台中的著作权间接侵权问题。[1]

不仅如此，著作权人在信息网络平台中也存在如何充分有效保护其著作权的问题，例如微博和微信公众号发表文章的著作权保护，就值得深入探讨。关于微信公众号的著作权保护，有观点即主张"通过公众号著作权登记制度、著作权集体管理制度、网络实名制度等措施降低公众号的著作权保护成本，以此来防范著作权被侵害风险，提高公众号的著作权保护效率。"[2]还如，在当前信息网络环境下，著作权人维权的难点之一即体现为网络作品在信息网络平台中的保护问题。随着当前信息网络技术和网络平台的迅猛发展，各种

---

〔1〕 参见朱冬：《网络服务提供者间接侵权责任的移植与变异》，载《中外法学》2019年第5期；朱开鑫：《网络著作权间接侵权规则的制度重构》，载《法学家》2019年第6期。

〔2〕 秦杰：《微信公众号著作权维权路径》，载《中国出版》2018年第4期。

自媒体如雨后春笋般出现，"人人都可以成为作者"，特别是有些作者创作精力旺盛，成为"大 V"，这些作者也是著作权保护中的"重灾区"。如何加强信息网络环境下作者的著作权维权，是当前信息网络环境下著作权保护的最重要的内容之一。网络环境下著作权人维权固然存在各种困境，如以个体的力量难以应对广泛的侵权，著作权人获取和固定证据的手段也非常有限，并且著作权人发现其作品被侵权本身也存在一定难度或者存在一定的滞后性，但这些困境的存在并非意味着著作权人束手无策。有观点即主张可以通过民事维权与刑事程序维权"双管齐下"的手段，遏制在当前信息网络环境下愈演愈烈的网络作品被盗版和其他著作权侵权行为。具体措施如："完善网站备案制度、综合运用侵权作品数量、非法经营数额、实际点击次数、注册会员人员四项标准推动刑事程序维权，并将抽查取证的方式运用于民事维权。"[1]不过，笔者认为，对于刑事程序的启动应当慎重，因为根据刑法的谦抑性原则，只有在构成刑法规定的著作权犯罪的条件下才能适用刑事维权模式。[2]

2. 著作权集体管理模式下的权利人维权问题

著作权集体管理模式是当前著作权人（实际上还包括相关权人。为简便论述起见，以下仅针对著作权人而言）行使其难以实现或难以控制的权利的重要方式。从著作权集体管理制度产生历史来看，其发端于 19 世纪中期的欧洲。随着经济社会发展和技术的进步，作品的创作、传播和利用方式日益多样化，著作权集体管理模式也产生了深刻的变化。但无论如何，其基本原理仍然没变，并且著作权集体管理模式运转也具有相对稳定的特点。

从我国著作权立法的情况来看，2001 年《著作权法》第一次修正时，明

〔1〕　余利勇：《网络环境下著作权维权的若干障碍分析》，载《中国版权》2013 年第 5 期。

〔2〕　参见上海市第三中级人民法院（2023）沪 03 刑初 2423 号刑事判决书（侵犯著作权罪案）；广东省深圳市中级人民法院（2023）粤 03 刑终 422 号刑事裁定书（侵犯著作权罪案）；山西省太原市迎泽区人民法院（2023）晋 0106 刑初 116 号刑事判决书（侵犯著作权罪案）；江苏省沭阳县人民法院（2023）苏 1322 刑初 101 号刑事判决书（侵犯著作权罪、销售侵权复制品罪案）；湖北省武汉市江岸区人民法院（2023）鄂 0102 知刑初 13 号刑事判决书（侵犯著作权罪案）；上海市浦东新区人民法院（2022）沪 0115 刑初 1439 号刑事判决书（侵犯著作权罪案）；广东省深圳市中级人民法院（2023）粤 03 刑终 422 号刑事判决书（侵犯著作权罪案）；重庆市渝中区人民法院（2023）渝 0103 刑初 218 号刑事判决书（侵犯著作权罪案）。张燕龙：《著作权法与刑法的衔接》，载《国家检察官学院学报》2023 年第 2 期；刘铁光：《著作权民刑保护之间的法域冲突及其化解》，载《法律科学（西北政法大学学报）》2023 年第 5 期。

确引进了著作权集体管理制度。为了推进我国以著作权集体管理方式维护著作权人的合法权益并有效地传播和利用作品，2004 年国务院根据《著作权法》的规定专门颁行了《著作权集体管理条例》。该条例对于著作权集体管理组织的性质和任务、集体管理的运转模式、相关主体的权利和义务，尤其是著作权使用费的分配等问题都作了明确规定。根据《著作权法》规定，近些年来我国也先后成立了几家著作权集体管理组织，如中国音乐著作权协会是我国第一家著作权集体管理组织。此后又成立了中国文字著作权协会、中国电影著作权协会、中国摄影著作权协会等。我国著作权集体管理组织运行以来，通过依法收取著作权集体管理使用费并合理分配给各种权利人的方式，有效地维护了权利人的合法权利，并促进了作品的传播和利用。但也应当看到，著作权集体管理的运行效率还有待提高，参与著作权集体管理的会员单位有待增加，著作权集体管理组织和使用者的法律关系有待进一步完善。

当前，随着我国文化大发展大繁荣政策的推行，以及以促进知识产权运用为重要目的的国家知识产权战略的深入发展，促进作品的有效传播和利用无不是著作权制度实践中的重大问题。特别是随着信息网络技术的发展，人们更习惯地通过快捷、方便的手段获取并传播和利用作品。然而，很多权利人基于自身条件的限制和作品传播、利用方式的特殊性，很难在正常的情况下通过各种维权手段保护其著作权。从经济效率的角度来说，即使能够实现维权，也会因投入成本过大、收益较低而变得不可行。例如，未经许可擅自传播和利用享有著作权的音乐作品，音乐作品著作权人、表演者或者录制音乐作品的录音录像制作者面对广泛的侵权现象，通过将侵权人逐一告上法庭的方式就不大现实。将音乐作品授权给著作权集体管理组织中国音乐著作权协会，则可以通过著作权集体管理的形式进行维权，大大提高了维权的效率。[1]从另一个角度而言，作品的传播者、使用者需要及时有效地使用享有著作权的作品，但基于我国文化市场不够发达、信息不对称等多方面原因，很难及时使著作权人和作品传播者、使用者就作品的传播和使用进行协商并达成协议。由于著作权是一种法定的权利，未经许可且没有法律的特别规定时，他

---

〔1〕 参见青海省西宁市中级人民法院（2016）青 01 民初 83 号民事判决书（著作权纠纷案）；江苏省无锡高新技术产业开发区人民法院（2015）新知民初字第 0052 号民事判决书（侵害著作权纠纷案）；福建省高级人民法院（2012）闽民终字第 574 号民事判决书。

人不得擅自使用。这样在未采取著作权集体管理模式下，针对相关作品的传播和利用方式就会受到很大的限制。著作权集体管理则通过其特有的运转机制在权利人和作品传播者、使用者之间搭起了信息沟通的桥梁，并且就作品的使用费问题事先作出了相关约定，也减少了协商谈判定价的时间成本。总而言之，无论是从促进作品的传播和利用，还是提高作品的使用效率等方面考虑，著作权集体管理模式具有充分的合理性。

毫无疑问，著作权集体管理的有效开展离不开著作权集体管理法律制度的优化和完善。为了进一步完善我国著作权集体管理制度，我国从 2012 年开始的《著作权法》第三次修改，就对包括著作权集体管理制度在内的诸多著作权制度进行了修改。以下不妨结合现行《著作权法》的相关规定加以探讨。

现行《著作权法》第 8 条对我国著作权集体管理组织的性质、地位，著作权使用费收取的程序，以及著作权集体管理制度的具体制定等问题都作了规定。

第 1 款规定：著作权人和与著作权有关的权利人可以授权著作权集体管理组织行使著作权或者与著作权有关的权利。依法设立的著作权集体管理组织是非营利法人，被授权后可以以自己的名义为著作权人和与著作权有关的权利人主张权利，并可以作为当事人进行涉及著作权或者与著作权有关的权利的诉讼、仲裁、调解活动。

第 2 款规定：著作权集体管理组织根据授权向使用者收取使用费。使用费的收取标准由著作权集体管理组织和使用者代表协商确定，协商不成的，可以向国家著作权主管部门申请裁决，对裁决不服的，可以向人民法院提起诉讼；当事人也可以直接向人民法院提起诉讼。

第 3 款规定：著作权集体管理组织应当将使用费的收取和转付、管理费的提取和使用、使用费的未分配部分等总体情况定期向社会公布，并应当建立权利信息查询系统，供权利人和使用者查询。国家著作权主管部门应当依法对著作权集体管理组织进行监督、管理。

第 4 款规定：著作权集体管理组织的设立方式、权利义务、使用费的收取和分配，以及对其监督和管理等由国务院另行规定。

从以上规定可以看出，我国的著作权集体管理组织是非营利性法人，并且具有信托的性质，因为著作权人和与著作权有关的权利人可以以自己的名义主张权利，还可以当事人的名义参与涉及著作权或者与著作权有关的权利的诉讼、仲裁与调解活动。值得注意的是，和2010年《著作权法》第8条的规定相比，现行《著作权法》增加了可以参与调解活动的内容。笔者认为，鉴于调解是妥善解决著作权纠纷的一种重要方式，这一修改必将有利于著作权集体管理组织充分利用其自身优势调处著作权纠纷。当然，著作权集体管理组织如何参与著作权纠纷的调解，本身也需要建立相关的程序和制度，以提高调处著作权纠纷的效率。

上述第2款规定，明确了使用费标准的确立程序和办法，这有利于著作权集体管理组织高效率地确定著作权使用费，因为在通常的著作权许可使用模式中，许可使用费的支付标准往往是最为重要的内容，也是谈判最耗时的内容。通过由著作权集体管理组织和使用者代表协商确定的形式，无疑大大有利于促成作品的利用。同时，也应当看到，许可使用费的标准，无论是对于著作权人还是使用者来说，都具有重大利害关系。因此，在许可使用费的谈判和确定方面，应当充分地考虑为相关当事人提供法律救济的机会。上述规定为当事人提供司法救济的渠道是可行的。比较而言，2014年国务院法制办公室向全国人民代表大会常务委员会提交的《著作权法（修订草案送审稿）》相应的规定中缺乏这一通过诉讼途径的救济机会，因而是不大合理的。这也是最后通过的现行《著作权法》提出上述修改的重要原因。

上述第3款规定，是这次著作权法修改中新增的内容。该款规定的内容实际上涉及以下三方面：一是对于使用费的收取、管理费的提取和使用，以及使用费中未分配部分等情况或信息向社会公开，不仅有利于使用者对相关费用的情况及时了解，而且有利于接受社会监督；二是通过建立权利信息查询系统，保障信息的公开和透明，更好地落实社会公众的知情权；三是强化对著作权集体管理组织的监督、管理，有利于使著作权集体管理迈向规范化、法治化轨道。从以上三方面内容来看，现行《著作权法》第8条新增第3款的规定具有必要性。

至于上述第4款，是对2010年《著作权法》第8条第2款规定的沿袭。其意义在于为著作权集体管理条例之类的行政法规的制定，提供法律依据。实际上，我国《著作权集体管理条例》就是根据这一规定而制定的。

从《著作权法》以及《著作权集体管理条例》对著作权集体管理制度的规定来看，著作权集体管理组织通过集体管理的形式维护著作权人的合法权益，促进作品的传播和有效利用，这种模式与权利人的个体诉讼维权有重要区别。[1]笔者认为可以归结为以下三方面：①从进行维权的作品范围来看，著作权集体管理模式下的维权限于著作权人难以实现或者难以控制的权利。也就是说，如果著作权人能够自己比较方便地实现自己的权利，就不需要通过著作权集体管理的方式加以实现。一般情况下的个人进行著作权维权，则不限于上述情况。②在著作权诉讼中，著作权集体管理模式下的著作权集体管理组织是以当事人的名义出庭的，这种情况也和个人行使诉权不同，因为个人即便聘请律师出庭，律师也是以代理人的身份出庭，而不可能是以当事人的身份出庭，除非律师是当事人本身。③在著作权诉讼的结果方面，著作权集体管理组织以当事人的名义主张诉讼维权，其获得的胜诉赔偿金并非由其享有，而是要根据著作权集体管理的章程和相关规范，除保留必要的管理费等经费以外，获得的赔偿大部分需要分配给权利人。例如，20世纪末一起发生在上海的涉及著作权集体管理维权的著作权诉讼中，著作权集体管理组织通过著作权诉讼获得的70多万元损害赔偿金，大部分就分配给了被著作权集体管理组织代为行使权利的权利人。[2]

就前面所探讨的我国著作权集体管理制度而言，《著作权法》第三次修改过程中的不同版本草案对集体管理组织的权利义务等问题有不同的规定。最后通过的现行《著作权法》只保留其第8条的规定。实际上，考察这些不同版本的规定，可以发现，立法者曾试图对著作权集体管理组织规定较为广泛的权利。如曾经引起广泛争议的著作权集体管理的延伸管理制度就是一例。还如，关于非会员就同一权利和同一方式主张权利，《著作权法（修订草案送审稿）》第74条规定，"使用者使用权利人难以行使和难以控制的权利，依照与著作权集体管理组织签订的合同向其支付会员的报酬后，非会员权利人就同一权利和同一使用方式提起诉讼的，使用者应当停止使用，并按照相应的著作权集体管理使用费标准赔偿损失。下列情形不适用前款规定：（一）使用者知道非会员权利人作出不得以集体管理方式行使其权利的声明，仍然使用其作品的；（二）非会员权利人通知使用者不得使用其作品，使用者仍然使

---

〔1〕　刘平：《著作权集体管理组织与权利人个体维权诉讼的区别及其解决途径》，载《知识产权》2016年第9期。

〔2〕　李岚：《译者维权的新方式——中国文字著作权协会简介》，载《世界文学》2011年第2期。

用的；（三）使用者履行非会员诉讼裁决停止使用后，再次使用的。"笔者认为，这一条规定存在一定问题：第一，著作权集体管理成为著作权侵权的"挡箭牌"，未经著作权人许可使用的行为，没有被认定为侵害著作权，而只是需要停止使用。基于著作权是一种具有独占性和支配性的专有性的权利，本条的规定无疑对这种独占性的权利未经许可的利用给予了豁免。第二，在上述情况下，著作权人只能按照相关的著作权集体管理使用费的标准获得赔偿，从而完全抹杀了著作权人对其作品使用的议价权。也正是基于上述规定欠缺合理性，最后通过的现行《著作权法》没有采纳前述规定。

在我国著作权集体管理组织的运转中，还有一个重要问题值得探讨，即著作权集体管理组织应当去行政化，否则其实际运转难以符合市场经济规律。近几年来，相关方面的探讨多呈现出类似的主张。例如，有观点认为："在制度层面修改条例、引进竞争机制，实施层面行政权力应退出对著作权集体管理组织的直接控制和干预等对策。"[1]当然，著作权集体管理组织去行政化，并不意味着其不接受行政管理机关的监督。为保障著作权集体管理组织的正常运转，不仅需要加强这方面的制度规范建设，而且需要在实践中强化对著作权集体管理组织的监督。

3. 商业维权模式下的著作权诉讼问题

当前随着我国知识产权法治建设的发展，包括著作权在内的知识产权，在当代经济社会中的地位和作用日益重要。围绕知识产权而产生的诉讼纠纷，也有愈演愈烈之势。近几年来，我国每年发生的知识产权诉讼案件达到几十万件，在这些案件中，著作权诉讼案件占了相当大的比重。著作权诉讼案件数量的飙升，可以从两方面加以分析。一方面，这意味着权利人维权意识的增强，越来越多的著作权人或者相关权人拿起法律武器维护自身合法权益。另一方面，也应当看到，著作权诉讼案件的增多存在多方面的原因。例如，著作权侵权现象屡禁不止。在笔者看来，还有一个值得认真思考和探讨的原因，就是商业维权现象愈演愈烈，甚至存在滥用诉权的现象。如近年发生的某图片著作权纠纷就是很典型的例子。最高人民法院发布的知识产权指导案例也有这方面的典型案件。因此，对于通过商业维权形式的著作权诉讼维权

---

〔1〕 王慧：《我国音乐作品著作权维权困境的制度反思 以著作权集体管理制度为视角》，载《电子知识产权》2015 年第 4 期。

模式，首先需要从理论上对这种维权方式的正当性加以认识。

对于包括著作权商业维权在内的知识产权商业维权模式，笔者的基本观点是：一方面，并不否认通常意义上商业维权的合理性与正当性。另一方面，主张商业维权也有合法正当的边界范围，而不能披着合法维权的外衣，构成滥用诉权、恶意诉讼，否则这种维权方式就应当被给予否定性的评价，不应当获得法律的保护。

就通常意义上在知识产权诉讼领域的商业维权而言，这种维权模式之所以具有合理性与正当性，是因为知识产权作为一种无形财产权，其所保护的知识产品具有非物质性，并且具有向任何地方自然流动的特性。这在客观上就可能使得知识产权人在同一时间或者先后受到同一主体或者不同主体的侵害。知识产权侵权行为具有一定的专业性、技术性和复杂性，并且这类侵权行为的证据难以获得并加以固定。由于知识产权侵权行为的这一特点，如前所述，在知识产权诉讼实践中，权利人取证难、诉讼周期长成为长期困扰我国知识产权司法保护的一个老大难问题。近些年我国进行的第三次《著作权法》修正和第四次《专利法》的修正，国家有关机关在论证修改立法的必要性问题认证时就指出了这一特点。笔者认为，就知识产权人通过诉讼方式维权而言，存在的另一个问题是，知识产权作为一种无形财产权，本身具有较高的专业性，而知识产权的被侵权人往往不具备知识产权法律知识和诉讼经验，因此在通过诉讼维权时，通常需要聘请具有知识产权专门知识的律师和诉讼经验的专业人员。对于单个的知识产权侵权案件而言，知识产权人聘请律师事务所或者知识产权代理公司进行商业维权的必要性有限。然而，对于连续发生的或者广泛的知识产权侵权行为，知识产权人凭借自身的条件往往感觉力不从心。也正是在这种背景下，知识产权诉讼中的商业维权模式应运而生。

通常情况下，通过商业维权的形式所进行的著作权诉讼，对于著作权人和从事商业维权的律师事务所或者中介机构而言都会认可其中的价值。就著作权人而言，面对大量的著作权侵权行为，商业维权能够节省其维权成本，从经济学上讲具有较好的诉讼效益。对于进行商业维权的律师事务所或者政界机构而言，商业维权的系列案件能够为其增加更多的营业收入。可以说，对于同一类型的系列著作权侵权案件，著作权人和从事商业维权的律师事务所或者中介机构都愿意接受这种模式。

从笔者所了解的知识产权方面的商业维权方式来看，所谓商业维权，通常是知识产权人一揽子委托律师事务所或者中介机构就其知识产权被侵权的系列案件集中维权。在商业维权协议中，除知识产权人支付必要的基础费用以外，其他收益则取决于诉讼取得的赔偿金，通常是双方约定一定的分成比例。这种模式对于著作权人而言，也类似于通常意义上的"半风险"著作权诉讼方式，有利于著作权人在不必支付高额费用的前提之下进行维权活动。对于进行维权的律师事务所或者中介机构而言，这种维权模式和获得收益的方式也更容易接受，因为维权机构在维权之初就能获得基础费用，并且因为案件数量较多，且案件基本上属于同一类型案件，在取得少量案件胜诉以后，就能为后面的同类案件胜诉奠定良好的基础。因此，从维权机构的角度来说，能够取得较好的营收。这或许是当前著作权等知识产权领域商业维权模式颇为盛行的原因。

当然，也应看到著作权等知识产权领域通过商业维权形式进行诉讼存在的问题。从现实情况来看，滥用授权，甚至进行恶意诉讼的行为并非罕见。也正是因为在现实中知识产权领域的商业维权存在各式各样的问题，对于知识产权领域的商业维权存在着否定性的观点。例如，有文章指出：著作权商业维权案件的商业逐利性，不仅偏离了知识产权的维权方向，对版权行业健康发展不利，也占用了有限的司法资源。著作权商业维权案件频发的诱因很多，版权交易平台未能及时跟进是一重要因素。[1]

在笔者看来，对于商业维权中的著作权保护，既不能一概否定商业维权的合理性与正当性，也不能对于商业维权中存在的各种问题，特别是滥用诉权、恶意商业维权等严重问题视而不见。在实践中，最重要的是如何区分正常的、正当商业维权和不正当的恶意商业维权之间的界限。正如前面所提到的，《加强知识产权司法保护意见》指出要探讨著作权诉讼维权模式，合理平衡各方面利益关系，防止不正当牟利。该规定尽管没有明确指出商业维权的问题，但根据其所规范的目的，可以推断其应当包含了这方面的内容。过度的商业维权，特别是恶意诉讼、恶意商业维权，显然就存在不正当牟利的问题。关于著作权诉讼中的商业维权问题，笔者认为，值得进一步探讨。

第一，商业维权的类型、性质及成因。

---

[1] 胡卫萍、郑舒敏：《著作权商业维权案件审判引发的版权交易制度完善的思考》，载《成都理工大学学报（社会科学版）》2016年第4期。

　　商业维权的目的，顾名思义，是著作权人或者相关权人通过将案件委托给律师事务所、中介公司等机构，由该机构通过向人民法院提起诉讼等形式进行维权，在有力保护自身权利的同时，获取最大化的经济效益。毫无疑问，无论是权利人还是受委托的机构，维权的目的是获得更多的经济效益。结合近些年我国发生的著作权诉讼中的商业维权情况，可以将其分为以下四种类型。

　　第一种类型是，著作权人或者相关权人基于权利被广泛侵权，持续时间长、侵权范围广、侵权人数多，为了提高维权效率而授权相关机构进行维权。维权的手段以诉讼为主，但同时不排除通过发律师函、警告信等形式迫使涉嫌侵权人和解，达到"不战而屈人之兵"的效果。这种情况，也就是通常的、正当的商业维权。从经济学方面考虑，这种商业维权模式更具有合理性，因为同类型案件托付一家律师事务所或者中介维权机构，能够在很大程度上节省成本，提高办案的效率。反过来说，在著作权人或者相关权人面对在不同地域发生的广泛的、连续的著作权侵权行为时，如果针对每一个案件委托一家维权机构，则不仅需要较多的谈判成本，而且维权机构之间也难以契合，特别是难以及时有效地利用前期维权的成果进行后期维权，因此，从维权效率方面来看，显然不如将案件一揽子委托一家律师事务所或者其他维权机构。

　　第二种类型是，社会上存在的专门成立以商业维权为目的的维权公司、调查公司之类。这种公司和前述律师事务所或者知识产权中介公司不同，其成立和运作的目的就是进行商业维权。从现实中出现的某类公司商业维权的情况来看，这类商业维权公司的运转模式通常是这样的：公司正式成立之后，尽量以较低的价格受让著作权人对其作品享有的著作权，或者通过谈判或者独占许可或者独家许可，并从著作权人那里取得诉权。有的商业维权公司成立不久，即受让了大量的著作权或著作权的独占和独家许可。在这类公司中，一部分员工的主要任务是进行全方位的、全程的侵权调查，一旦发现侵权证据即及时加以固定，并通过和公证机构合作取得公证证据。在当前信息网络技术日益发展的背景下，这类公司更加注重利用区块链等高科技手段发现和固定侵权证据。另一部分员工的主要任务则是进行具体的维权行为，如通过大量发布警告函的形式，要求涉嫌侵权人就侵权问题进行谈判，且通常要求接受赔偿的条件和标准。如果涉嫌侵权人不愿接受赔偿的条件和标准，则以提起著作权侵权诉讼相威胁。

类似这种通过成立商业维权公司进行维权的行为和诉讼活动，在知识产权中的其他领域也并非罕见。例如，在美国得克萨斯州的一家专利公司，就是一家以大量收购他人的专利，并以不断提起专利侵权诉讼，获取专利侵权赔偿而获利的公司。几十年以来，该公司将很多涉嫌侵犯其专利权的公司或者个人告上法庭，并获得了数十亿美元的赔偿。当前，随着专利权这一无形产权交易的活跃，非专利实体（NPE）、专利流氓等现象逐渐出现。应当说，这类公司的成立与运转，与知识产权法律所规定的正常的转让、许可或者其他形式利用知识产权的目的和方式不同。从美国等国家发生的这类情况来看，这类公司造成的负面影响和后果是较为严重的。这种情况尽管在我国还没有充分凸显，但也应当引起高度警惕。

就著作权诉讼方面的维权而言，通过专门成立商业维权公司运作的方式，其正当性和合法性也值得深入探讨。在笔者看来，从一般意义上来讲。这类以商业维权为目的的公司的成立本身无可厚非。但是，正是基于这类公司的趋利性，其有可能在实际运作中违背知识产权保护的宗旨，而构成滥用诉权。其中一个值得警惕的现象是，这类商业维权公司故意引诱他人侵权的行为，就不应当给予正面的肯定。如有的商业维权公司基于公司利益最大化的目的，其不是要尽量减少著作权侵权行为，而是要利用很多单位和个人著作权意识不强的薄弱之处，通过各种手段，特别是通过网络平台发布其享有著作权或者获得独占或独家许可的作品，而对于作品的来源故意不标明任何信息，特别是不标注权利管理信息。这种行为的目的甚至就是要"鼓励"他人未经许可的使用，从而为其主张著作权侵权行为提供大量的案件，进而为其获得维权效益提供更可靠的保障。

第三种类型是，虽然不是通过专门成立商业维权公司进行运作，但著作权人或者相关权人为了获取更多的维权效益，故意通过在信息网络平台等公开场所发布其享有著作权的作品，而在相关作品发布平台有意不提出任何"版权所有"之类的警示。在作品的创作方面，甚至故意选取大众化的为人们所常见的素材。由于在现实生活中，很多单位和个人缺乏著作权基本常识和较高的著作权保护意识，这些单位和个人就有可能不经意地使用这些受著作权保护的作品。通过这种方式进行商业维权，权利人取得的维权效益颇丰。例如，在某涉及图片著作权的商业维权系列案件中，作为原告的著作权人，故意将大量的通常被广泛运用的图片散布于互联网中，很多单位和个人在使用中由于没有发现著作权信息，可能会将其当成进入公共领域的图片而自由使用。即使没有当成进入公共领域的图片，也可能基于侥幸的心理而在未经许可的前提之下使用这些图片。因此，原告遂委托某律师事务所对在网站上使用的这些图片进行相应维权。几年下来，关于这类案件原告发起的诉讼有上千起，而每个图片平均获得的著作权侵权赔偿额也不菲。笔者接受咨询的另外一起涉及商业维权的著作权侵权纠纷案件，情况和这类诉讼案件有类似之处。该案只是原告主张著作权侵权的近六百起案件之一。该案一审法院判决被告赔偿 3 万多元，其法院认定的侵犯著作权的事实只是被告在微信公众号上未经许可转载的原告在网站上发布的涉案图片。如果按照每个图片获得 3 万元赔偿计算，则原告将获得巨额的经济赔偿。当然，在获得的巨额经济赔偿中，进行商业维权的律师事务所也会从中获得一定的比例。著作权人和进行商业维权的律师事务所也会进一步加强合作，因为他们都看到了商业维权的"商机"。但他们没有看到，这会大量增加人民法院的诉累，以及数百家被告被拖进诉讼的漩涡所付出的巨大人力和各方面的成本。这种商业维权模式，有点类似于"钓鱼执法"，其正当性和合法性值得深入思考。同时，对于审理这类商业维权著作权案件的人民法院来说，笔者认为应当高度重视各类案件的商业维权性质，在确定著作权侵权损害赔偿方面，绝不能过高，否则会形成恶性循环。

第四种类型是，恶意诉讼、滥用诉权之类的商业维权。这种类型的商业维权，应当是包括著作权在内的知识产权商业维权中值得高度关注和重视的严重问题，也是属于典型的不具备正当性、合法性和合理性的商业维权模式。[1]从民事诉讼法原理来说，当某个民事主体与他人就相关利益发生冲突时，除了通常的寻求和解、调解以及仲裁的形式解决纠纷以外，通过民事诉讼的途径解决民事纠纷是最普遍的形式。就包括著作权在内的知识产权民事纠纷案件来说也不例外。在民事诉讼法中，这被称为诉权问题。如何保障诉权，毫无疑问是维护我国广大人民的合法权益以及我国法治建设的重要内容。我国当前的司法改革的目标、方向及原则是以审判为中心。在笔者看来，以审判为中心应当充分考虑和保障当事人的诉权。在相当大程度上，当事人享

---

[1] 参见郭德忠：《论版权滥用的法律规制——以禁止版权滥用原则为视角》，载《科技与出版》2020 年第 11 期。

有的诉权作为一种程序性权利，与实体权利同等重要。可以设想一下，如果当事人的诉权得不到保障，甚至投诉无门，其后果会有多么严重。

然而，我们在充分强调当事人享有诉权并且对诉权应当给予充分保障的同时，必须同样重视包括诉权在内的任何权利都不是绝对的，都必须在正当、合法的边界范围之内行使。从我国近些年来司法保护的情况看，总体来说，人民法院通过审判活动，充分有效地维护了当事人合法权益，促进了社会和谐和社会关系的稳定。但也应当看到，除在有的案件中当事人的诉权没有得到充分保障外，还存在当事人滥用诉权甚至进行恶意诉讼的现象。[1]一方当事人滥用诉权，甚至恶意诉讼，其对另外一方当事人造成的后果是非常严重的，对法治的破坏也是非常严重的。因此，对于当事人滥用诉权甚至恶意诉讼的问题，不仅在程序法中应当给予高度重视，由于这种行为也会损害另外一方当事人的诉权和实体权利，在实体法研究中也同样应重视这一问题。

就包括著作权在内的知识产权案件中的当事人滥用诉权甚至恶意诉讼而言，首先应当对于滥用诉权和恶意诉讼的基本内涵与适用条件进行探讨。对此，笔者有以下观点。

知识产权案件中的滥用诉权，是指当事人行使诉权超越了正当、合法的边界范围，不符合其正常情况下通过行使诉权、维护其合法权益的方式。这里不妨通过介绍和研讨一个案例加以说明。在某著作权侵权纠纷系列案中，原告将引用其作品的所有作者及其所在单位告上法庭。如果引用人的作品是学位论文，则将该作者的论文指导老师也一同告上了法庭。我们知道，根据著作权法的规定，对于他人已经发表的享有著作权的作品，其他人出于介绍、评论或者说明某一问题的需要，可以适当引用这一已发表的作品。从引用人角度来说，引用他人作品有利于增强文章的说服力。从阅读引用人作品的读者角度来说，可以获得更多的资料和信息，因此引用可以增加作品的可读性、资料性以及信息量。对于被引用作品的著作权人而言，自己发表的作品被他人引用对于提高该作品著作权人的影响和声誉也具有十分积极的作用。实际上，从图书情报等相关学科的角度来看，作品和相应作者的学术影响，在很大程度上是通过统计、分析作品被引用情况加以确定的。因此，可以说，在

---

[1] 参见浙江省绍兴市柯桥区人民法院（2015）绍柯知初字第 65 号民事判决书（因恶意提起知识产权诉讼损害责任纠纷案）。

正常情况下，无论是引用人还是被引用人以及读者对于作品被他人引用这一事实与现象，应当是持赞同态度的。读者也可以看到，在当前，我国大量的作品尤其是学术性作品都存在大量引用他人作品的情形。仅以我国法学领域的代表性刊物 CLSCI（即中国法学会认定的法学 C 刊中的绝大部分刊物）为例，大量的作品存在引用他人作品大量注释的情况。反过来说，如果学术性作品达不到引用足够数量的他人作品，反而可能会被认为对现有学术成果了解不够充分。

当然，还必须看到，引用他人作品也是具有条件限制的：引用他人作品不能构成引用人作品的主要部分或者实质部分。这是因为，如果引用他人作品过量，就会在实质上构成对他人作品的部分复制行为，这种引用都是没有经过作者或者其他著作权人许可的，过量地引用就涉嫌侵犯他人作品的复制权。如前所述，在笔者近年处理的一起涉嫌基于引用侵害他人著作权的著作权案件中，被告就是因引用过量而被原告认为侵害了其著作权。该案尽管最后以和解方式结案，但也给我们带来了一定的启发和借鉴，即就著作权法中的社会公众使用作品而言，必须在合理的范围内利用，不得损害著作权作品的正常利用，也不得无故损害著作权人享有的合法权益。

回到前述，如果将引用原告作品的所有作者告上法庭，甚至将引用人作者的所在单位，以及该作品如果是学位论文的情况下，也将论文指导老师告上法庭，在笔者看来有滥用诉权之嫌。滥用诉权的直接后果是，将不应当纳入诉讼当事人范围的当事人拖进诉讼的漩涡，导致相关诉讼资源的浪费，大大增加其他相关当事人的诉累。基于此，应坚决反对滥用诉权行为。《最高人民法院关于全面加强知识产权审判工作为建设创新型国家提供司法保障的意见》在"充分发挥知识产权司法保护的职能作用，保障全社会的创造活力和创新能力"之 16 条即指出，要"准确界定知识产权权利人和社会公众的权利界限"，"防止权利人滥用侵权警告和滥用诉权，完善确认不侵权诉讼和滥诉反赔制度。"就人民法院审理涉及各类著作权案件而言，如果认定原告涉及滥用诉权，就应当对个案中原告的实体权利维护慎重把握，以免在客观上造成损害其他当事人合法权益、进一步鼓励滥用诉权行为的后果。如前所述，《加强知识产权司法保护意见》明确提出要加强对著作权诉讼维权模式的研究，合理平衡各方面利益关系，防止不正当牟利。滥用诉权的行为，从主观上来判断，不排除具有不正当牟利的动机和目的。如在上述类似案件中，如果原告针对不同的被告分别提出较高的索赔要求，被告基于息事宁人的态度，就有可能在客观上造成原告不正当牟利的目的实现。

在著作权侵权案件中，滥用诉权行为和恶意诉讼具有一定区别。毫无疑问，恶意诉讼比滥用诉权行为的性质和后果更为严重。恶意诉讼的构成可以从以下方面考虑。

第一，从行为人的主观方面看，恶意诉讼的发起者显然具有主观故意，并且是恶意。这里涉及法律术语中"故意"和"恶意"两个概念之间的关系。笔者认为，恶意显然属于故意的范畴，但在情节和性质上比一般意义上的故意更为严重。无论是从法律还是道德层面评判，恶意意味着行为人应被责难和受到程度很高的否定性评价。恶意尽管是一个主观过错的标准，但可以从行为的客观表现加以认定。在著作权司法实践中，当然需要通过举证的途径确认。例如，在某起涉嫌侵犯著作权纠纷案件中，原告的作品是抄袭他人享有著作权的作品，对此原告心知肚明。然而，在这种情况下，其仍然起诉第三者侵害其著作权，并要求高额赔偿。该原告主观上存在恶意，应当是没有疑问的。

当然，著作权诉讼中的恶意诉讼并非全部来自权利人方面。在有的情况下，被告有可能同样存在恶意诉讼的行为。例如，在另外一起著作权侵权纠纷案件中，原告起诉被告抄袭其享有著作权的作品，要求停止侵权并进行赔偿。原告行为并不存在滥用诉权和恶意诉讼之嫌。然而，被告为了摘掉侵权的帽子，伪造一本出版时间在原告图书出版之前的同类型书，并且该伪造的图书的大部分内容与原告作品相同。被告伪造行为的目的，旨在证明原告的作品抄袭了被告在先的作品。被告伪造作品以后，将该作品作为证据向法院提交并反诉原告侵犯其在先作品的著作权。被告的行为显然是一种投机取巧的行为，最终被审理案件的人民法院发现而给予处罚。这种情况下，被告的行为就属于恶意诉讼。

第二，从行为本身来说，著作权诉讼中的恶意诉讼行为缺乏著作权和相关法律规定的行为的合法基础，不应当受到法律的保护。这种行为不仅在主观上具有可责难性，而且从行为本身来说也不具有合法性。因此，一旦认定当事人存在恶意诉讼行为，法院对其诉讼主张不应当予以保护。

第三，著作权诉讼中的恶意诉讼，在客观上也会造成严重损害后果。这种后果不仅体现为对另一方当事人合法权益的损害，而且体现为对于诉讼秩序的破坏，以及对于社会诚信关系的损害。

从当前我国著作权诉讼的情况来看，总的情况是良性发展的，但也不排除在个别案件中当事人存在恶意诉讼的情况。因此，希望学界和实务界对这一问题加强研究和关注，并提出解决的办法。[1]

4. 诉讼维权的重要手段——诉前临时措施

依法提出采取诉前临时措施，也是我国著作权诉讼中著作权人和其他权利人通过诉讼的途径维权的重要手段。

第一，关于著作权司法保护中诉前临时措施的法律规定及相关司法政策解读。在著作权以及其他知识产权诉讼中，诉前临时措施是指著作权人或者其他知识产权人针对正在实施或者即将实施的侵害其权利的行为，在起诉前向人民法院申请采取责令停止有关行为，以及财产保全、证据保全等措施。诉前临时措施是近些年来我国《著作权法》《专利法》和《商标法》在修改中增补的重要诉讼维权措施。实践证明，该措施对于及时制止正在发生或者即将发生的著作权侵权行为，避免权利人的合法权益受到难以弥补的损害，具有十分重要的意义和作用。以下不妨先考察和了解我国著作权法律和相关司法政策对于诉前临时措施的相关规定。

从著作权法的相关规定看，2010 年第二次修正的我国《著作权法》第 50 条第 1 款规定了诉前禁令措施。[2]具体内容为："著作权人或者与著作权有关的权利人有证据证明他人正在实施或者即将实施侵犯其权利的行为，如不及时制止将会使其合法权益受到难以弥补的损害的，可以在起诉前向人民法院申请采取责令停止有关行为和财产保全的措施。"

该法第 51 条则规定了诉前证据保全措施。具体内容为："为制止侵权行为，在证据可能灭失或者以后难以取得的情况下，著作权人或者与著作权有关的权利人可以在起诉前向人民法院申请保全证据。人民法院接受申请后，必须在四十八小时内作出裁定；裁定采取保全措施的，应当立即开始执行。人民法院可以责令申请人提供担保，申请人不提供担保的，驳回申请。申请

---

〔1〕　参见最高人民法院（2021）最高法民申 6223 号民事裁定书（因恶意提起知识产权诉讼损害责任纠纷案）。

〔2〕　参见张先昌、殷越：《知识产权国际竞争背景下禁诉令制度探索与构建》，载《法律适用》2021 年第 4 期；Hannibal Travis, "Injury, Inequality, and Remedies: Developments in Injunctive Relief and Damages in Intellectual Property Cases", 21 *J. High Tech. L.* 34（2021）.

人在人民法院采取保全措施后十五日内不起诉的，人民法院应当解除保全措施。"

2010 年《著作权法》实施以后，我国《民事诉讼法》也对诉前临时措施作了规定。基于此，上述规定中涉及民事诉讼程序的问题不需要在著作权法中再次作出规定。现行《著作权法》第 56 条和第 57 条的相关规定就体现了上述考虑。

第 56 条 著作权人或者与著作权有关的权利人有证据证明他人正在实施或者即将实施侵犯其权利、妨碍其实现权利的行为，如不及时制止将会使其合法权益受到难以弥补的损害的，可以在起诉前依法向人民法院申请采取财产保全、责令作出一定行为或者禁止作出一定行为等措施。

第 57 条 为制止侵权行为，在证据可能灭失或者以后难以取得的情况下，著作权人或者与著作权有关的权利人可以在起诉前依法向人民法院申请保全证据。

毫无疑问，我国《著作权法》及其他知识产权法律对于诉前临时措施的规定，为著作权人和其他知识产权人通过诉讼的途径及时、有效地维权提供了法律保障。为了使诉前临时措施在司法实践中得以正确实施，近些年来我国相关知识产权政策对诉前临时措施也有相应的规定。以下将对具有代表性的司法政策加以梳理和分析。

《最高人民法院关于全面加强知识产权审判工作为建设创新型国家提供司法保障的意见》是近些年来最高人民法院发布的为加强知识产权审判工作的内容较为全面的司法政策。该司法政策在第三部分"充分发挥知识产权司法保护的职能作用，保障全社会的创造活力和创新能力"，对于如何审理诉前临时措施案件，依法正确适用临时措施，作了明确规定。其具体内容如下：对于诉前临时措施案件，立案部门在进行登记后应当立即移交负责知识产权审判的业务庭，由专业审判人员进行审查，确保在法定期限内作出裁定，并由审判人员协调立即予以执行。依法正确适用临时措施。对于当事人诉前或者诉中提出的临时禁令或者先予执行、财产保全和证据保全等申请，要积极受理、迅速审查、慎重裁定、立即执行。高度重视诉前临时措施的时效性，准确把握采取临时措施的实质性条件，对于临时禁令要在重点审查侵权可能性的同时，考虑诉讼时效〔1〕和损害状况。对于证据保全，在考虑侵权可能性的同时，重点考虑证据风险和申请人的取证能力，科学、合理地确定担保要求。

上述规定明确了人民法院审理诉前临时措施案件的指导性原则。基于这类案件时间的紧迫性，特别是对于即将发生的知识产权侵权纠纷案件，如果权利人在提出临时措施请求以后，不能够及时得到处理，知识产权法律规定的诉前临时措施这一制度就将形同虚设。因此，上述规定特别强调时效性，强调积极受理和迅速审查。同时，鉴于诉前临时措施会对对方当事人利益产生十分重要的影响，基于公平合理和司法公正原则，该司法政策进一步强调应当准确把握采取临时措施的实质性条件，重点审查侵权可能性，并且应当慎重作出裁定。换言之，基于诉前临时措施对于权利人及其他相关当事人具有重大利害关系，对于诉前临时措施的把握，既要保持高效，防止因拖延而耽误对权利人权利的切实维护，使其权益造成难以弥补的损害，也要慎重作出裁定，防止草率适用诉前临时措施，以避免损害对方当事人的合法权益。

国务院在 2008 年 6 月 5 日发布了《国家知识产权战略纲要》以后，最高人民法院为了深入通过司法审判推动我国知识产权战略的实施，发布了《贯彻实施国家知识产权战略意见》。该司法政策的第三部分"依法审理好各类知识产权案件，切实加大知识产权司法保护力度"指出：要"认真审查知识产权诉前临时措施申请，及时慎重裁定，有效制止侵权。""对于商标和著作权侵权案件，尤其是假冒和盗版等显性侵权和故意侵权案件，注意积极采取诉前责令停止侵权措施。适度从严掌握认定侵权可能性的标准，原则上应当达到基本确信的程度"。"对于当事人起诉时或诉讼中提出的临时措施申请，要迅速审查并及时裁定和执行。对于证据保全申请，重点考虑证据风险和申请人的取证能力，及时作出裁定。"〔2〕

上述司法政策很明显是对于前述司法政策关于诉前临时措施制度的延续和发展。通过对比上述规定可以看出，对于诉前临时措施的掌握仍然强调及

---

〔1〕　参见冯刚：《侵害知识产权行为诉讼时效制度特殊规则与疑难问题研究》，载《法律适用（司法案例）》2017 年第 18 期。

〔2〕　参见四川省成都市中级人民法院（2020）川 01 知民初 169 号民事判决书（侵害发明专利权纠纷案）。

时，并且需要从严掌握和慎重裁定。笔者认为，之所以如此，是基于涉及临时措施制度本身的特点和要求。如果权利人提出诉前临时措施申请没有得到人民法院及时受理和及时作出裁定，在实践中这一措施的效果就会大打折扣。同时，毕竟诉前临时措施特别是诉前停止有关行为的措施是一种"先斩后奏"的行为，对于被指控侵权的行为人而言具有重大利害关系。如果对于侵权没有准确的把握，而只是具有一定的可能性就轻率作出适用诉前临时措施的裁定，在后续的侵权诉讼程序中，法院最终认定被告行为不构成知识产权侵权，此时就可能给侵权诉讼的被告的合法利益造成损害。因此，该司法政策进一步强调，应当从严掌握构成侵权可能性的标准，原则上应当达到基本确信的程度。

当然，由于不同类型的知识产权侵权行为在侵权判断的标准和难易程度上具有区别，在适用诉前临时措施方面对于适用标准的掌握也有所区别。[1]例如，上述司法政策提到的属于显性侵权行为的假冒商标[2]和盗版以及其他类型的故意侵权行为，可以积极适用诉前责令停止侵权行为的措施。又如，对于发明专利侵权纠纷而言，由于发明专利侵权的判定具有高度的专业性和技术性，比较而言，在适用诉前责令停止侵权行为方面，应当更加慎重。另外，还需要区分专利侵权中的直接侵权[3]与间接侵权。[4]当然，最终是否适用诉前临时措施，特别是诉前责令停止侵权行为的措施，还需要根据个案的情况加以确定。

第二，著作权诉讼中诉前临时措施适用条件。前面从著作权和相关知识产权的法律规定与政策层面，主要对于著作权诉讼中停止相关行为的诉前临时措施进行了解读。结合著作权法和相关司法解释与政策的规定，对于诉前临时措施的适用应严格掌握其适用条件。笔者认为，主要应当从以下方面加以把握。

---

〔1〕 参见重庆市第一中级人民法院（2021）渝01行保1号民事裁定书（申请诉前停止侵害著作权案）。

〔2〕 参见刘铁光：《论商标保护民刑之间的衔接》，载《环球法律评论》2023年第4期。

〔3〕 Lynda J. Oswald, "The 'Strict Liability' of Direct Patent Infringement", 19 *Vand. J. of Ent. and Tech. L.* 993 (2017).

〔4〕 Charles W. Adams, "Indirect Infringement from a Tort Law Perspective", 42 *U. of Rich. L. Rev.* 635 (2008).

其一，应当有证据证明被控侵权人存在正在实施的著作权侵权行为，或者著作权侵权行为即将发生。存在正在实施的著作权侵权人的侵权，或者侵权即将发生的证据，是被侵权人提起诉前临时措施的前提。一般而言，对于正在实施的著作权侵权行为，获取与提取证据相对而言较为方便。对于还没有但即将发生的著作权侵权行为的证据认定则存在一定的难度。无论属于何种情况，都强调适用诉前临时措施，应当满足情况紧急的要求，与下面的条件相结合，就能够作出基本的判断与认定。

其二，采取诉前临时措施的必要性。根据前面讨论的法条与司法解释的规定，著作权人的合法权益受到难以弥补的损害，是适用诉前临时措施的必要条件。换言之，如果不采取诉前临时措施，而是通过正常的起诉和审判活动，最后由法院作出判决的形式，维护著作权人的合法权益，并不至于使著作权人的合法权益受到难以弥补的损害，就不需要采取这种临时措施。在涉及临时措施的著作权司法实践中，人民法院需要慎重地评判与认定采取与不采取诉前临时措施的相应结果。为此，需要结合前面第一项条件，评判在个案中是否存在情况紧急的场合。

其三，需要综合考虑采取诉前临时措施对著作权人和被控侵权人利益的影响，以及采取措施对于社会公共利益的影响。通过诉前临时措施，责令被控侵权人及时停止相关行为，必然会对著作权人和被控侵权人的利益产生重大影响。就著作权人而言，可以有效地维护自身合法权益，特别是及时、有效制止正在实施的著作权侵权行为或者即将实施的行为能够有立竿见影的效果。因此，在著作权人掌握了足够证据的前提下，只要情况紧急，著作权人可能会乐意采取这种形式维护自身的合法权益。就被控侵权人而言，由于其使用作品的相关行为得到禁止，必然会影响其使用作品的经济效益，甚至对其作品的市场造成重大损失。在作品还没有使用但即将使用的场合，则也可能造成作品市场的潜在利益的丧失。因此，在著作权司法实践中，人民法院应当评判采取措施对于著作权人利益的维护与对被控侵权人利益的损失，如果两者出现利益严重失衡的状态，就需要慎重加以考虑。当然，即使存在这种状态，也不等于必然不能采取诉前临时措施。这是因为，著作权法以保护作者或者其他著作权人的著作权为第一要旨，被控侵权人实施著作权侵权行为或者准备实施这一行为获得非法利益自然不应受到法律的保护。

在著作权保护实践中，由于作品的传播和利用，除涉及著作权人和使用者的利益外，往往还涉及社会公共利益，在适用诉前临时措施时，也需要考虑采取临时措施对于社会公共利益的影响。也就是说，如果采取临时措施会对公共利益产生不良影响，甚至严重损害，就不宜采取这一措施。从美国等国家的知识产权法律对于诉前临时措施的规定来看，也特别强调采取临时措施对双方当事人利益关系的影响，以及是否可能存在对社会公共利益的损害。

第三，著作权人在诉讼维权中，申请采取临时措施的考虑因素。前面是从人民法院的角度，探讨是否应当采取诉前临时措施。诉前临时措施，特别是责令停止相关行为的诉前临时措施是基于著作权人主动申请而启动的。并且，这一措施申请被人民法院批准并实施以后，会对著作权人和被控侵权人的利益产生重要影响。顾名思义，诉前临时措施实施的前提是法院并未最终通过审判活动确定被告是否存在著作权侵权行为或者即将实施的相关行为是否属于著作权侵权行为。对于提起诉前临时措施的著作权人而言，其主动申请诉前临时措施其实是存在一定的风险的，因为根据著作权法和相关司法解释的规定，为了公平合理地保护相关当事人的合法权益，著作权人申请诉前临时措施应当提供担保。一旦申请有误，在后续的著作权诉讼中法院认定被告不构成著作权侵权，著作权人反而应当基于错误的申请行为给被告造成的损失进行赔偿。因此，从著作权人的角度而言，申请采取诉前临时措施，也应当相当慎重，除非确如前面所探讨的情况紧急，著作权人掌握了被控侵权人正在实施侵权或者即将发生侵权事实的证据，并且如不采取这种措施将会使其合法权益受到难以弥补的损害，才有必要申请这种诉前临时措施。否则，若申请有误就需要对被告造成的损失进行赔偿。很多年以前，笔者在接受一起著作权侵权案的专家咨询中，就涉及这种情况。在该案中，著作权人申请了诉前临时措施，申请人民法院颁布临时禁令，及时制止被告相关行为。该案最后经过人民法院的审判程序，确认被告行为并不构成对原告著作权的侵权。判决生效以后，被告反将一军，要求原告对其错误地申请诉前临时措施而给其造成 96 万元人民币的损失予以赔偿。在这种情况下，人民法院如何确定著作权人赔偿损失的法律责任，就值得深入研究。

第四，人民法院如何对待著作权侵权诉讼中的诉前临时措施。诉前临时措施不是人民法院主动实施的，而是基于著作权人主动申请而启动的，人民法院如何对待著作权侵权诉讼中的诉前临时措施，似乎没有探讨的必要。然而，情况并非如此。从笔者对于近些年来我国各级人民法院适用著作权侵权诉讼中的临时措施案件的研究情况来看，在有的案件中确实存在一定问题。其中最重要的是人民法院对这一措施的态度问题。例如，在总体上是应当从宽还是从严的问题上，就可以反映人民法院的不同态度。在有的地区的法院，适用临时措施案件较多，有的数量甚至相当突出。这就可以反映出其从宽的态度。从著作权法和我国近些年来颁布的相关司法解释和司法政策的规定来看，显然不应从宽，而应当采取从严和慎重的态度。当然，笔者不是主张适用诉前临时措施的案件越少越好，而是主张应当本着对当事人负责的精神，认真、全面考虑原告主张的证据和理由，综合考虑各种因素，审慎决断。根据著作权法和相关司法解释与政策的规定，确实有必要在个案中适用诉前临时措施的，则应当"快刀斩乱麻"，果断地予以适用，否则会因延迟而使著作权人的合法权益得不到及时的维护。实际上，在著作权诉讼中，需要充分利用知识产权保护中的利益平衡原理，全面考虑个案中各种要素，合理确定是否应当采取诉前临时措施。[1]

（三）著作权人通过诉讼形式维权的诉讼管辖问题

人民法院的诉讼管辖涉及人民法院对案件审理的职能分工和权限问题。我国相关程序法对不同类型的案件分别规定了不同层级的法院管辖权。例如，就民事案件来说，我国民事诉讼法是人民法院进行民事审判所适用的程序法。包括著作权在内的知识产权民事案件，显然也应当适用民事诉讼法的规定。不过，基于知识产权民事诉讼案件的复杂性，针对知识产权民事诉讼案件的管辖，除民事诉讼法关于民事案件诉讼管辖的基本规定以外，最高人民法院有关司法解释还为诉讼管辖问题专门作了规定。早在 2002 年 10 月 12 日，最高人民法院发布《审理著作权民事案件适用法律解释》，对于著作权民事纠纷案件的诉讼管辖作出了明确的规定。其不仅对于人民法院在审理著作权民事纠纷案件上的分工和权限更加明确，而且对于包括作者或者其他著作权人在内的相关当事人进行著作权民事诉讼活动提出了明确的指引。例如，著作权人可以根据相关司法解释的规定判断其可以选择的受理其案件的法院。对于著作权人所指控的被控侵权人或者另外一方当事人而言，也能据此判断原告提起诉讼的管辖法院是否符合法律的规定，进而决定是否提起管辖权异议。

---

〔1〕 参见重庆市第一中级人民法院（2021）渝 01 行保 1 号民事裁定书（申请诉前停止侵害著作权案）。

值得进一步探讨的是，随着我国审判体制改革的进行以及知识产权诉讼案件出现新情况和新问题，我国人民法院的诉讼管辖制度也在不断变革和完善之中。就著作权民事诉讼管辖制度而言，2020 年最高人民法院即对上述司法解释作出了重要修改。以下不妨从修改对比的角度，根据上述司法解释的规定，立足于著作权人诉讼维权模式，对相关问题进行探讨。

1. 关于人民法院受理著作权民事纠纷案件的范围

关于这一问题，《审理著作权民事案件适用法律解释》（2002 年）作出了明确规定。其第 1 条规定："人民法院受理以下著作权民事纠纷案件：（一）著作权及与著作权有关权益权属、侵权、合同纠纷案件；（二）申请诉前停止侵犯著作权、与著作权有关权益行为，申请诉前财产保全、诉前证据保全案件；（三）其他著作权、与著作权有关权益纠纷案件。"

2020 年修正以后的《审理著作权民事案件适用法律解释》对上述规定作了非常细微的修改。其第 1 条规定："人民法院受理以下著作权民事纠纷案件：（一）著作权及与著作权有关权益权属、侵权、合同纠纷案件；（二）申请诉前停止侵害著作权、与著作权有关权益行为，申请诉前财产保全、诉前证据保全案件；（三）其他著作权、与著作权有关权益纠纷案件。"

从上述规定可以看出，从广义上说我国著作权民事纠纷案件，既包括基于作品的作者或者其他著作权人著作权受到侵害或者发生其他纠纷而产生的民事纠纷，也可以基于表演者、录音录像制作者，广播电台、电视台等作品传播者基于与著作权有关的权利发生的侵权纠纷或者其他相关权纠纷。这是因为，在我国《著作权法》中，著作权和与著作权有关的权利是同时受到保护的。我国的立法名称并没有包括"与著作权有关的权利"，有的国家在立法名称中就同时包括了著作权和邻接权。《俄罗斯联邦著作权和邻接权法》就是如此。不过，以下为方便研究，除非特别指明，一般仅针对著作权而言。

上述规定表明，我国著作权案件通常分为著作权权属纠纷、侵权纠纷与合同纠纷这三大类型。[1] 在当事人涉及的著作权纠纷案的案由中，这三类也是最常见的著作权纠纷案件的案由。不过应当指出，基于在实践中著作权权

---

〔1〕 参见安徽省蚌埠市中级人民法院（2023）皖 03 民终 2469 号民事判决书（著作权权属、侵权纠纷案）；海南自由贸易港知识产权法院（2022）琼 73 民初 73 号民事判决书（著作权权属、侵权纠纷案）。

属纠纷与侵权纠纷存在重叠之处，最高人民法院发布的关于民事纠纷案件案由的规定，是将著作权权属纠纷与侵权纠纷作为一类案由的。近年笔者在以律师身份代理的一起侵犯著作权民事纠纷案件中，立案庭法官明确告知笔者在案由处要写"著作权权属、侵权纠纷"，不要只写"著作权侵权纠纷"。其实，笔者对此事先是知悉的。可能在其他涉及著作权侵权或者权属纠纷案件立案时，有的律师或者当事人只写了"著作权权属纠纷"或者"著作权侵权纠纷"，立案庭的法官为了避免律师或当事人写错而进行提醒。

在笔者看来，之所以这三类纠纷是著作权民事纠纷案件的主要类型，是因为著作权作为一种由作者或者其他著作权人享有的具有独占性的专有权利，他人未经其许可不得以著作权人享有独占权的方式进行使用。著作权以外的人因各种原因，可能并未遵循法律的规定而构成了对著作权的侵害，很容易引发著作权侵权纠纷。从近些年来我国著作权民事纠纷案件的情况来看，著作权侵权纠纷占据了所有著作权民事纠纷案件的半壁河山。同时，作品创作活动具有一定的复杂性。特别是在当前信息网络环境下，作品的创作和传播形式更加多样化。不仅如此，在各类作品的创作中，涉及合作创作、委托创作、职务创作以及相关投资人投资进行创作的情况也非常普遍，围绕作品的创作所产生的著作权的权属很可能容易引起纠纷。因而，在著作权民事纠纷案件中著作权权属纠纷案件也不在少数。

在有的著作权民事诉讼案件中，由于并不享有著作权的一方当事人利用了涉案作品，提出著作权权属纠纷的一方当事人很可能会同时提出著作权侵权之诉。这或许是最高人民法院在关于著作权民事纠纷案件中将著作权权属和侵权纠纷作为同一类案由的内在缘由。可以设想一下，在一个案件同时涉及著作权权属和侵权争议的场合，如果当事人在起诉时只能选择著作权权属纠纷或者著作权侵权纠纷作为案由，就有可能在解决一个案由涉及的案件以后，需要进一步就另外一个案由涉及的同一个案件另外起诉并由人民法院受理以后进行审理。这无疑会增加当事人的诉累和法院的负担。当然，有人可能会指出，即使出现这样的情况，也可以通过合并审理的形式加以解决。尽管如此，上述情况仍然会给当事人增加不少诉累。因此，笔者认为最高人民法院关于案由的上诉规定是总结了我国各级人民法院审理著作权民事纠纷案件审判经验的结果，值得给予肯定。

著作权合同纠纷案件之所以也是著作权民事纠纷案件的重要类型，是因为在现实生活中作者或者其他著作权人行使其著作权，表演者、录音录像制作者和广播组织行使其相关权，通常需要通过和其他相关单位签订合同的形式进行。我国《著作权法》只是就著作权人以及著作权人和相关权人之间的权利义务关系作了框架性规定，在个案中作品的使用、传播和利用涉及的相关权利和义务，则需要通过相关当事人签订合同的形式加以具体化。由于当事人签订合同的内容不完整、当事人对合同的履行条款发生争议以及当事人基于自身利益的考虑而违约等情形存在，现实生活中很容易就作品的创作、传播而产生合同纠纷。[1]基于此，在著作权民事诉讼案件中，合同纠纷也占相当大的比例。

关于著作权诉讼的案件类型，《审理著作权民事案件适用法律解释》2020年修正版对2002年版作了修改。针对第1条而言，笔者发现其中一个细微的变化，也就是将"侵犯著作权"改为"侵害著作权"，其他地方没有改动。从著作权侵权法的原理来说，在著作权理论与实践中人们一般对两者的概念并没有加以区分。但严格来说，两者表达的内涵仍然有所区别。从一般意义上的包括著作权在内的知识产权来说，知识产权作为一种绝对权、支配权，以及对知识产品享有的独占性的专有性权利，与民事法律中的物权具有相类似的性质。针对侵权行为而言，只要被控侵权行为落入了权利人的权利范围，并且这种行为不构成侵权的法律依据缺乏，就可以直接认定这种行为构成了侵害知识产权的行为。也就是说，从是否构成侵害知识产权行为这一点上看，并不需要考虑行为人主观上是否存在过错。对此，郑成思教授以知识产权侵害行为的英文表达进行了说明：英文中关于侵权、侵害有两个术语，前者为tort，后者为infringement。知识产权侵权的英文标准表达应当是"infringement of intellectual property"，而不是"tort of intellectual property"。换言之，对于包括著作权在内的知识产权侵权，侧重于对客观上存在的侵害行为的认定。当然，相关方面的讨论涉及知识产权侵权归责原则等理论、立法和司法实践问题，在此不予赘述。

关于上述司法解释第1条的规定还必须指出另外一个问题，也就是2020

---

[1] 参见广西壮族自治区高级人民法院（2019）桂民终891号民事判决书（委托创作合同纠纷案）；最高人民法院（2020）最高法知民终1954号民事判决书（计算机软件开发合同纠纷案）；陕西省高级人民法院（2017）陕民终712号民事判决书（著作权许可使用合同纠纷案）。

年修正版仍采用了现行《著作权法》第 1 条中的表述 "与著作权有关的权益"。从法理的层面来说，权益和权利是两个不完全相同的概念。基于知识产权的法定性，受知识产权专门法律保护的某种知识产权，应当有明确的法律规定。比较而言，我国反不正当竞争法也与知识产权保护直接相关，其作为行为法，一般公认其针对的是某种法益的保护，这种法益可以理解为值得法律保护的合法利益。现行《著作权法》第 1 条中的 "与著作权有关的权益" 似应包括其他条文中规定的 "与著作权有关的权利"。结合现行《著作权法》其他条款中对 "与著作权有关的权利" 的表述，可知其实际上指的是表演者权、录音录像制作者和广播组织权等邻接权。现行《审理著作权民事案件适用法律解释》第 1 条继续使用 "与著作权有关（的）权益"，能够涵盖更广泛的涉及权属、侵权和合同纠纷案件，而不仅限于这类邻接权纠纷。

2. 关于著作权侵权案件的级别管辖问题

关于著作权诉讼中的案件管辖问题，《审理著作权民事案件适用法律解释》（2020 年修正）第 2 条对于 2002 年版关于著作权民事案件的级别管辖作了修正。以下先就两个版本的规定进行一下对比：

《审理著作权民事案件适用法律解释》（2002 年）第 2 条规定："著作权民事纠纷案件，由中级以上人民法院管辖。各高级人民法院根据本辖区的实际情况，可以确定若干基层人民法院管辖第一审著作权民事纠纷案件。"

《审理著作权民事案件适用法律解释》（2020 年修正）第 2 条规定："著作权民事纠纷案件，由中级以上人民法院管辖。各高级人民法院根据本辖区的实际情况，可以报请最高人民法院批准，由若干基层人民法院管辖第一审著作权民事纠纷案件。"

对比上述规定，可以发现在著作权民事案件的级别管辖方面，一般由中级人民法院作为一审法院。之所以如此，笔者认为是基于前面所探讨的著作权民事纠纷案件本身的专业性和复杂性较强，一般基层人民法院不能胜任。但同时也应当看到，在有的地方，特别是经济发达的地方，部分基层人民法院也具有审理著作权民事纠纷案件的审判能力和水平。因此，在 2002 年上述司法解释第 2 条第 2 款就规定了各高级人民法院所在辖区可以根据实际情况确定由若干基层人民法院管辖第一审著作权民事纠纷案件。在实践中，各高级人民法院的指定，最终需要最高人民法院批准。基于此，2020 年版司法解释增加了上述规定。笔者认为，通过司法解释的形式明确基层人民法院管辖一审著作权民事纠纷案件需要报请最高人民法院批准，有利于从制度上规范我国基层人民法院审理著作权民事纠纷案件的管辖权限，防止任意扩大审理著作权民事纠纷案件的基层人民法院的范围。这一修改，也可以认为是总结司法实践经验的结果。

3. 著作权民事诉讼案件与著作权行政执法的衔接

在我国知识产权保护体系中，通过行政执法手段进行的行政保护[1]与通过向人民法院提起诉讼进行的司法保护，构成了我国知识产权保护体系的核心内容。当然，根据司法最终解决原则，知识产权司法保护仍然是我国知识产权保护中占主导地位的形式。不过，在当前我国现实的国情和知识产权保护环境下，知识产权行政执法仍然具有必要性。从近些年来我国知识产权专门法律的修改和完善的情况可以看出，每次修法的重要目标和特色都是加强对知识产权的保护，其中也包括对知识产权行政执法手段和行政责任的加强，尤其是赋予知识产权相关行政机关查处知识产权侵权假冒行为的行政执法权以及给予行政处罚的力度。[2]例如，2020年我国《著作权法》第三次修改和《专利法》第四次修改，就分别强化了著作权行政部门和管理专利工作的部门行政职权，加大了对侵权假冒行为的处罚力度。

不过也应当看到，随着我国社会主义法治建设的发展，通过行政手段保护知识产权这一私权将逐渐弱化而不是强化，而通过司法保护手段保护知识产权将不断强化而不是弱化。无论如何，在当前我国知识产权保护体制下，知识产权行政执法特别是知识产权行政机关对知识产权侵权假冒行为的查处将在相当长的时间内存在。就著作权侵权纠纷案件而言，著作权人或者相关权人既可以选择通过通常的诉讼途径，要求人民法院判决侵权人停止侵权和赔偿损失，也可以向相关地域著作权行政部门要求查处。根据现行《著作权

---

〔1〕 参见上海市闵行区人民法院（2022）沪0112行初506号行政判决书（行政处罚及行政复议纠纷案）；广东省深圳前海合作区人民法院（2018）粤0391民初3077号民事判决书（侵害商标权纠纷案）；天津市第三中级人民法院（2022）津03行初6号行政判决书（专利行政纠纷案）；山东省青岛市中级人民法院（2022）鲁02知行初5号行政判决书（发明专利侵权纠纷行政裁决案）。

〔2〕 参见上海市闵行区人民法院（2022）沪0112行初506号行政判决书（行政处罚及行政复议纠纷案）；广东省深圳市中级人民法院（2023）粤03行终824号行政裁定书（不履行行政处罚职责纠纷案）；海南省三亚市城郊人民法院（2023）琼0271行初95号行政判决书（行政处罚及行政复议纠纷案）。

法》的规定，对于涉嫌侵害公共利益的侵权行为，侵权人除承担侵害著作权的民事责任以外，还可以承担行政责任甚至刑事责任。

在权利人维权实践中，存在的一个现实问题是如何处理著作权行政机关的行政查处与人民法院通过诉讼的形式维护权利的衔接和协调问题。例如，权利人向著作权行政管理部门请求查处侵害著作权的行为以后，能否再向有管辖权的人民法院提起民事诉讼，同时要求司法保护，追究侵权人侵害著作权的民事责任？笔者认为，从著作权保护原理来说，著作权人可以选择行政处理和司法保护两种途径，其中行政处理的途径，在实践中最终有可能引发为行政诉讼。为了充分有效地维护著作权和相关当事人合法权益，应当允许当事人向著作权行政管理部门申请查处侵权行为以后，继续向人民法院提起民事诉讼，追究侵权人的民事侵权责任。为了指导人民法院审理涉及著作权行政机关查处的著作权侵权纠纷案件，最高人民法院在 2002 年发布的《审理著作权民事案件适用法律解释》第 3 条就对此加以明确。该司法解释在 2020 年进行修正时，对本条基本没有修改。其具体规定为：对著作权行政管理部门查处的侵犯著作权行为，当事人向人民法院提起诉讼追究该行为人民事责任的，人民法院应当受理。人民法院审理已经过著作权行政管理部门处理的侵犯著作权行为的民事纠纷案件，应当对案件事实进行全面审查。

在上述规定中，第 3 条第 1 款确认了人民法院对于已向著作权行政管理部门请求查处的案件拥有管辖权。这样就为著作权行政管理部门查处过的著作权侵权纠纷案件的司法保护，提供了明确的法律适用依据。第 3 条第 2 款则明确了法院如何对待已经过著作权行政管理部门处理过的侵害著作权的民事案件。由于著作权侵权案件的行政查处与著作权民事诉讼所适用的程序不同，当事人在不同的法律程序阶段所提交的证据也可能不同，并且著作权行政管理部门认定的事实不一定全面准确，该款规定人民法院对这类案件的事实应进行全面的审查。换言之，人民法院应当本着"以事实为根据，以法律为准绳"的原则，就在行政查处程序以及司法程序中当事人所提交的证据，以及著作权行政部门在调查取证程序中所认定的事实进行客观全面的审查，而不能当然地就著作权行政管理部门认定的事实全盘接受或者否认。该款规定的目的非常明显，就是要求人民法院在处理这些案件时，应当慎重对待著作权行政管理部门已经查处过的事实，在认真、全面审查的基础之上确定本案的基本事实，以便于为正确适用法律奠定坚实的基础。

当然，就同一案件的著作权行政查处与著作权司法保护的衔接而言，实践中出现的问题并不限于上述管辖权限的问题，还包括著作权行政机关在查处著作权侵权案件并追究侵权行为的行政法律责任以后，如何与著作权民事诉讼中侵权人对被侵权人损害赔偿问题相衔接。现行《著作权法》第 53 条规定了对于同时损害公共利益的著作权侵权行为的行政处罚，第 54 条则规定了著作权侵权的民事赔偿责任，其中包括法定赔偿和惩罚性赔偿。[1]毫无疑问，在一个侵害著作权的案件中，从侵权人因侵权而获得的非法利益来说，其金额总是有限的。由于行政罚款金应当上交国库，而民事赔偿由被侵权人获得，如何在涉及著作权行政管理部门查处侵权案件和在著作权民事诉讼案件中充分有效地维护著作权人的民事赔偿权，在理论上值得进行深入的研讨，在实践中也需要提出对策。总的来说，作为基本原则，著作权法的贯彻实施以维护作者或者其他著作权人的合法利益为第一要务，而著作权人获得损害赔偿则是著作权司法保护的最重要内容之一。在上述类型的案件中，不能因行政机关的行政处罚而使作为被侵权人的著作权人获得赔偿的权利受到影响。

4. 关于著作权侵权案件的地域管辖问题

在著作权侵权案件管辖方面，除前面探讨的级别管辖以外，地域管辖也是著作权诉讼案件最重要的管辖内容之一。从民事诉讼法关于地域管辖的基本原理来说，地域管辖反映了一定地域的人民法院在审理著作权案件方面的权限与分工。地域管辖有利于不同地域的人民法院针对在特定地域发生的著作权侵权行为及时受理案件并进行裁判，有效地维护著作权人、相关权人和其他当事人的合法权益，维护社会关系的稳定。确定地域管辖的基本原则和规则，一方面对人民法院依法受理著作权案件提供了法律依据，对于著作权人、相关权人或者其他相关当事人而言，也为其选择相应的法院管辖、提起著作权诉讼，提供了基本规范和选择依据。

从民事诉讼法的基本原理，以及我国《民事诉讼法》的规定来说，确定地域管辖的基本原则是原告就被告及根据侵权行为实施地确定管辖的法院。前者一般是指被告住所地人民法院管辖。就侵权行为地管辖法院来说，这里

---

[1] 参见北京知识产权法院（2023）京 73 民终 850 号民事判决书（侵害著作权及不正当竞争纠纷案；江西省九江市中级人民法院（2023）赣 04 知民初 12 号民事判决书（著作权权属、侵权纠纷案）。

特别需要强调著作权侵权与一般意义上的有形财产侵权的不同特点：著作权侵权行为地具有广泛性，这一特点也导致根据著作权侵权行为实施地确定诉讼管辖的法院非常之多。之所以出现这种情况，也是基于著作权是一种无形财产权，而受著作权保护的作品作为一种知识产品具有向其他地方自然流动的特点。在信息网络环境下还可以跨越国界而具有向全球流动的特点。

这一特点也可以从著作权保护的作品与作品载体之间的关系加以理解。前面已经指出，作品需要具有一定的载体，这种载体通常是肉眼可见的有形固定物。当然，随着技术的发展，特别是当前信息网络技术的发展，作品的载体具有越来越多样化的特点。例如，随着数字技术的发展，作品可以数字化的形式存储、传播和利用。不过，著作权并不是基于对载体本身的保护，而是对于载体负载的作品的专有权的保护。[1]

从著作权侵权的角度来说，著作权侵权行为指的是他人未经著作权人许可，擅自实施了应当受著作权人享有的专有权利控制的行为。这种行为可以分为直接侵权和间接侵权。其中，前者表现为对著作权的直接侵害，典型的如盗版、非法复制他人享有著作权的作品。由于受著作权保护的作品可以通过复制发行等形式在全球范围内传播和利用，未经著作权人许可而实施的著作权侵权行为就可以在全球范围内的不同地域发生。仅就在我国范围内发生的著作权侵权行为而言，同一部作品可以在不同地域由同一人或者不同人实施侵权行为。从著作权侵权行为地确定管辖的角度来说，既包括实施著作权侵权行为的实施地，也包括实施著作权侵权行为的结果地，尤其体现为侵权复制品的储藏地或者被查封扣押地。

基于上述特点，在发生著作权侵权行为时，著作权人选择管辖的法院具有较大的余地。2002 年最高人民法院发布的《审理著作权民事案件适用法律解释》对著作权侵权的地域管辖法院作了明确规定。其第 4 条规定："因侵犯著作权行为提起的民事诉讼，由著作权法第四十六条、第四十七条所规定侵权行为的实施地、侵权复制品储藏地或者查封扣押地、被告住所地人民法院管辖。前款规定的侵权复制品储藏地，是指大量或者经营性储存、隐匿侵权复制品所在地；查封扣押地，是指海关、版权、工商等行政机关依法查封、

---

[1]　参见上海市普陀区人民法院（2022）沪 0107 民初 6015 号民事判决书（著作权侵权纠纷案）。

扣押侵权复制品所在地。"

值得注意的是，2020 年上述司法解释第 4 条也作了一定的修正。修改以后的规定如下："因侵害著作权行为提起的民事诉讼，由著作权法第四十七条、第四十八条所规定侵权行为的实施地、侵权复制品储藏地或者查封扣押地、被告住所地人民法院管辖。前款规定的侵权复制品储藏地，是指大量或者经常性储存、隐匿侵权复制品所在地；查封扣押地，是指海关、版权等行政机关依法查封、扣押侵权复制品所在地。"

对照以上规定的修改，可以看出对于查封扣押地的定义有所变化。具体体现为将原来的海关、版权、工商等行政机关修改为海关、版权等行政机关。这是因为，当前我国行政组织体制进行了一定范围的改革，原有的工商行政管理机关被整合至市场监督管理部门，因而在列举行政机关时不再列明工商行政管理机关。

关于上述司法解释第 4 条规定，还值得指出的是，将著作权侵权行为的实施地和行政机关查封、扣押侵权复制品所在地人民法院确定为具有管辖权的法院，不仅有利于著作权人根据自身的情况和具体案件的特点在更大范围内选择管辖法院的便利，而且有利于在源头上有力制止和打击著作权侵权行为。因为大量经常性储藏侵权复制品或者隐匿侵权复制品的行为本身尽管不是对著作权的直接侵害，但其是著作权直接侵权行为的源头，只有彻底从侵权源头上铲除著作权侵权复制品的来源，才能最终有效地制止著作权侵权行为。否则，只针对直接侵权行为予以追诉，仍然改变不了侵权复制品向全国各地蔓延的现象。至于赋予查封、扣押侵权复制品的海关、版权等行政机关所在地的人民法院在著作权侵权案件的管辖权，笔者认为这也是基于更好地、及时有效地维护著作权人的合法权益。一般而言，海关、版权等行政机关查处扣押侵权复制品时，需要取得相关的侵权证据。这些方面的侵权证据对于著作权人及时维权具有重要作用。不过，需要指出，在涉及海关、版权等行政机关查处扣押侵犯著作权的侵权复制品的案件中，著作权人同时提出侵害著作权的民事诉讼，需要注意行政机关追究侵犯著作权的行政责任和人民法院追究侵犯著作权的民事责任之间的协调与衔接，防止与避免侵权人在承担行政责任以后，无力再承担对著作权人的民事赔偿责任。关于著作权保护中的行政责任与民事诉讼的衔接问题，值得进一步探讨。

5. 关于权利人对多个侵权实施地法院选择管辖问题

前面已经指出，著作权侵权和有形财产侵权相比具有不同的特点：基于受著作权保护作品的自然流动性，同一作品著作权可能在不同的地区分别受到侵害。也就是说，著作权侵权的行为实施地可能存在于不同地域。在这种情况下，就存在针对同一作品、同一权利人和不同侵权人的诉讼管辖问题。为了确立不同侵权行为实施地法院管辖的基本规则，最高人民法院在 2002 年发布的《审理著作权民事案件适用法律解释》第 5 条作了专门规定："对涉及不同侵权行为实施地的多个被告提起的共同诉讼，原告可以选择其中一个被告的侵权行为实施地人民法院管辖；仅对其中某一被告提起的诉讼，该被告侵权行为实施地的人民法院有管辖权。"

2020 年在修改上述司法解释时，对于上述第 5 条的规定没有作出实质性的修改。但是，在表述的精确性方面，作了一定的调整。修改以后的具体规定如下："对涉及不同侵权行为实施地的多个被告提起的共同诉讼，原告可以选择向其中一个被告的侵权行为实施地人民法院提起诉讼；仅对其中某一被告提起的诉讼，该被告侵权行为实施地的人民法院有管辖权。"

对比上述规定的变化，体现于将"原告可以选择其中一个被告的侵权行为实施地人民法院管辖"，修改为"原告可以选择向其中一个被告的侵权行为实施地人民法院提起诉讼"。笔者认为，这一修改尽管在实质内容方面没有变化，但在表述方面更加精确，因为从当事人的角度来看诉讼管辖制度的目的，是确立原告可以提起诉讼的法院的范围。原告作为被侵权人，可以在享有管辖权的法院提起诉讼，这也是其享有和行使诉权、维护其合法权益的基本前提。这次修改，突出了原告可以提起诉讼的法院，而不是修改前的司法解释所表述的选择法院的管辖。当然，如上所述，从实质内容来说，两者并没有变化。

6. 关于通过著作权集体管理组织维权时的诉讼管辖

在我国以及很多国家著作权集体管理制度运行模式中，著作权人或者相关权人与著作权集体管理组织的关系被定性为信托关系。[1]这种关系和通常

---

〔1〕　参见吉林省高级人民法院（2020）吉民终 31 号民事判决书（侵害作品放映权纠纷案）。司法实践中，还应注意非著作权集体管理组织以著作权集体管理组织名义行使权力的问题。江苏省高级人民法院（2015）苏知民终字第 00100 号民事判决书（侵害作品复制权、表演权纠纷案）。

意义上的著作权人或者相关权人向人民法院提起诉讼，通过委托律师事务所的律师出庭的途径维权不同，后者是通常意义上的委托代理关系，适用我国《民法典》关于委托代理相关制度的规定。我们知道，在法律性质上，信托关系和代理关系具有不同的特点。在我国著作权集体管理制度的运行模式中，之所以应当采取信托模式，而不是通常意义上的代理模式，是因为著作权集体管理组织为充分维护权利人的合法权益，对于著作权人或相关权人不便行使或者难以实现的权利有必要以著作权人或者相关权人的身份进行维权。

基于此，《审理著作权民事案件适用法律解释》（2002年）第6条对于著作权集体管理维权模式下的诉讼管辖问题也作了专门的规定："依法成立的著作权集体管理组织，根据著作权人的书面授权，以自己的名义提起诉讼，人民法院应当受理。"

2020年在对上述司法解释进行修正时，对于第6条的规定则没有改变。

从笔者对我国著作权集体管理制度实施的情况了解来看，近些年来，我国几大著作权集体管理组织通过收取费用并合理分配给权利人，在及时维护权利人的合法权利、促进社会关系的稳定和和谐等方面发挥了重要作用。但也应当看到，我国著作权集体管理组织在通过诉讼维权等形式实现著作权人的权利时也存在一些问题。例如，由于著作权人和著作权集体管理组织形成信托关系的会员、会员单位的数量不够，相应地，通过诉讼途径维护著作权合法权益的诉讼案件不多。不仅如此，通过非诉途径维护权利人合法权益，收取费用分配给权利人，有关情况也不是十分理想。如和西方相应著作权集体管理组织收取费用的金额情况相比，我国著作权集体管理组织在这方面仍有较大的发展空间。当然，著作权集体管理组织和体制完善涉及多方面的问题，在此不予赘述。

（四）关于著作权诉讼中有关证据认定的问题

1. 关于可以作为证据的材料

《审理著作权民事案件适用法律解释》对于著作权诉讼中相关证据和证据认定问题作了规定。以下将在相关规定的基础之上进行研究。

关于可以作为证据的材料，上述2002年司法解释第7条第2款则规定："在作品或者制品上署名的自然人、法人或者其他组织视为著作权、与著作权有关权益的权利人，但有相反证明的除外。"

上述司法解释的2020年修正版第7条则对上述规定作了一定的完善。其第 1 款规定："当事人提供的涉及著作权的底稿、原件、合法出版物、著作权登记证书、认证机构出具的证明、取得权利的合同等，可以作为证据。"第 2 款规定："在作品或者制品上署名的自然人、法人或者非法人组织视为著作权、与著作权有关权益的权利人，但有相反证明的除外。"

对照上述规定，可以发现，修正版优化了第 2 款。关于这一规定，本书前面已有所述及。基于该规定的重要性，以下不妨继续进行探讨。

在著作权及其他知识产权诉讼中，证据是支持当事人提出主张的关键，有专家指出，打官司就是打证据，足见证据在包括著作权在内的知识产权诉讼中的重要地位和作用。为了有效地在知识产权诉讼中正确适用证据规则，最高人民法院在 2020 年还发布了《关于知识产权民事诉讼证据的若干规定》。这里先就《审理著作权民事案件适用法律解释》第 7 条第 1 款规定的合理性进行探讨。

毫无疑问，作品的底稿、原件是最能证明著作权归属和相关法律关系的材料，这也是原始证据的最重要的作用。当然，不同类型作品的底稿和原件的表现形式有不同特点，如美术作品和其他作品不同，作品存在的价值主要体现在作品原件上，而不是复制品。需要特别指出的是，在当代信息网络环境之下，人们更多地借助于计算机进行创作，作品主要也是以数字化形式存储在电脑中，这与传统物理环境下通过手写并留下作品的底稿、原件的形式有很大不同。并且，在数字化环境下，作品的创作日期等信息可以通过技术手段进行修改。也正是基于此，随着信息网络环境下著作权保护的重要性日益加强，人们开发了区块链等相关技术，以便发现证据、固定证据，并在著作权维权中使用。[1]

不过，作为著作权诉讼中认定著作权归属等问题的证据，作品的底稿和原件相对于作品的复制件而言具有更强的证明力。由于作品的复制件可能通过技术手段作假，在著作权和相关知识产权诉讼中，当事人提出这一证据的，对方一般不会予以认可，除非该当事人能够提供与复制件相匹配的作品的底稿或者原件加以证明。从这里也可以看出，为充分维护权利人的合法权益，作者或者其他著作权人以及相关权人应当注意保存创作、传播作品过程中作

---

[1]　参见李永明、赖利娜：《区块链背景下数字版权全链条保护的困境与出路》，载《科技管理研究》2022 年第 10 期。

品的底稿、原件等原始材料，以便未来发生著作权纠纷时作为最有力的证据向人民法院提供。

当然，从权利人和相关当事人提供的证据类型来看，其并不完全限于底稿和作品原件。从实际情况来说，因各种原因，作者或者其他著作权人也可能没有保留作品的底稿或者原件。然而，在现实中之所以发生著作权权属、著作权侵权或合同纠纷，是因为作品通过出版发行等形式公开以后，被著作权人或者他人利用了。因此，在作品的传播、利用过程中涉及的其他相关材料也完全可以作为著作权诉讼中的证据。以下拟就上述司法解释列举的其他类型分别进行讨论。

合法出版物，如某出版社出版的涉案图书，能够记载作品中的作者、出版社、出版时间等诸多版权信息，这些信息当然可以作为证据，因为合法出版物中所记载的信息一般而言是准确的。当然，在特定情况下，有相反证据能够将其推翻的除外。由于在现实中绝大多数合法出版物记载的信息没有错误，在著作权人或者相关当事人提供合法出版物作为证据时，人民法院一般会予以认可，除非著作权人或者相关当事人能够提供相反的合法证据进行排除。

著作权登记证书，是作者或者其他著作权人为了证明其享有著作权，以便发生纠纷时提供其享有著作权的初步证明，而向相关著作权登记机关申请登记，通过审查以后所获得的证书。最高人民法院的相关司法解释明确指出，著作权登记证书可以作为进行著作权行政处理或者向人民法院提起诉讼证明相关著作权归属的初步证明。当然，这里仅将其作为初步证明。在现实中，并不排除获得著作权登记证书的人不是该著作权登记证书涉及作品的真正作者的情况。不过在一般情况下，申请进行著作权登记的人就是作品的作者或者其他著作权人。为了提高证据认定效力，且鉴于在现实中民事证据采用高度盖然性标准，人民法院对著作权登记证书中所涉及的信息一般会予以认可。[1]

认证机构出具的证明，也是著作权诉讼中著作权人或者相关当事人主张权利或者事实的相关证据。笔者认为，这是因为认证机构出具的证明本身具

---

〔1〕 参见最高人民法院（2018）最高法行再79号行政判决书（商标异议复审行政纠纷案），其中关于著作权登记证书的效力认定可参考。

有一定的公信力，这种公信力能够取得证据的效果。当然，在现实中，对方当事人如果能够提供证据证明认证机构出具的证明存在瑕疵甚至弄虚作假，则可以对于其出具证明的全部或者部分证明力加以否定。在著作权司法实践中，法院对于认证机构本身的资质、进行认证的合法程序以及认证的具体事实需要加以判别和认定。也就是说，人民法院应当对认证机构出具的证明本身进行全面审查，而不能当然地全盘接受。

至于取得权利的合同，也毫无疑问地可以作为著作权人或者相关当事人主张权利或者事实的证据。根据我国《著作权法》的规定，在一般情况下创作作品的人为作者，但是著作权法另有规定的除外。以我国现行《著作权法》规定的法人作品、委托作品、特殊性职务作品等为例，在特殊情况下创作作品的自然人，并非当然具有著作权法上的作者或者著作权人的身份。在这些情形下有两种方式来确认著作权的归属，第一种方式是直接根据著作权法关于不同类型作品著作权的法定归属的规定加以确认，第二种方式则是根据创作作品的自然人与另外一方当事人合同约定的方式明确著作权的归属。如依我国现行《著作权法》中委托作品和特殊性职务作品的规定，当事人可以通过合同约定的方式确认著作权的归属。在日后发生著作权纠纷时，当事人可以将该合同作为主张自己权益的证据向人民法院提交。

2. 涉及署名权争议的举证责任规则

《审理著作权民事案件适用法律解释》（2020 年修正）第 7 条第 2 款对作品署名的著作权归属原则作出了规定，具体内容为："在作品或者制品上署名的自然人、法人或者非法人组织视为著作权、与著作权有关权益的权利人，但有相反证明的除外。"

上述规定的法律依据是现行《著作权法》第 12 条第 1 款："在作品上署名的自然人、法人或者非法人组织为作者，且该作品上存在相应权利，但有相反证明的除外。"这一规定在理论上被称为署名推定规则，也可以说是通过署名确认著作权归属的证据规则。[1]

署名权是作者享有的最重要的著作人身权，原因在于，作者在正常情况下是通过署名确认其作者身份的，而取得和享有作者身份对于作者享有完整

---

〔1〕　参见最高人民法院（2010）民提字第 199 号民事判决书（侵害著作权纠纷案）；王迁：《论〈著作权法〉中"署名推定"的适用》，载《法学》2023 年第 5 期。

的著作权、实现著作权人的人格与身份利益具有重要作用。至于在现实生活中有人在发表作品时不愿意署名或者署假名，显然是基于某种特殊的原因或者情况。一般而言，作者愿意通过署名的形式确认其和作品之间的特定人格与身份关系，从而为其获得全部著作权以及后续行使著作权提供根本性保障。

从著作权保护实践来看，作品的作者以署名为基本形式，以不署名或者署假名为特例。同时，对著作权中署名权侵害的案例进行研究可以发现，侵害署名权可以体现为剽窃、抄袭他人作品，也可以体现为在授权发表作品时未尊重著作权人事先确定的署名方式。当然，在著作权司法实践中，对于后者的理解可能存在一定的争议。例如，擅自改动作者署名的顺序是否侵害作者的署名权在司法实践中就存在争议。主张侵害署名权的观点认为，署名的顺序也体现了作者署名权所保护的人格与身份利益。在当下现实生活中，人们更多认可第一作者，如果在作品发表时，他人利用发表作品的便利，擅自改动作者署名的顺序，特别是将第一作者身份挪至第二甚至更靠后的位置，对第一作者的人格和身份利益会造成很大的损害。第二种观点则认为，署名顺序的变化并没有改变特别是没有剥夺作者身份，故不构成对作者署名权的侵害。笔者赞同第一种观点。关于这些不同观点，前面也有所述及，在此不再赘述。

回到现行《著作权法》第 12 条第 1 款的规定以及上述司法解释修改的规定，其关键之处在于为何应适用署名推定规则，即除非有相反的证据证明，否则即认为在作品上署名的人为作者。对此，笔者认为有以下理由。

第一，上述规定是基于著作权实践中的现实考虑。从法理学的角度来说，法律必须面对现实，解决现实问题。实际上，法律规则是对现实生活中问题的回应，离开对现实问题的关注和把握，法律规则和制度就不可能很好地适应现实需要。就作品的创作、传播、利用以及相关的著作权保护实践情况来看，作者通常会在其作品上署名，在作品上署名的人也就是作者。至于侵害署名权的案件中存在的剽窃、抄袭他人作品以自己名义发表等问题，仍然属于少数。

第二，上述规定还体现了著作权制度的效率理念。毫无疑问，从日常生活经验来说，人们直接根据作品上的署名确认该作品作者身份是最简单的事情。也就是说，人们可以通过作品上的署名直接确认其是作品的作者，并且在一般的情况下作品的作者也就是作品的著作权人。基于此，人们也可以更加方便地与该作品的著作权人进行沟通与联系。相反，如果缺乏根据作品的署名直接推定作者这一署名推定规则，人们就需要依据其他相关证据证明作者身份。这显然是不现实而且不必要的。

就上述司法解释规定而言，其和《著作权法》的上述规定相比，具有以下两个特点：一是将相关客体由作品拓展到与著作权有关的权利所保护的制品，这样就使署名推定规则的适用范围由著作权拓展到与著作权有关的权利；二是直接规定在作品或者制品上署名的自然人、法人或者非法人组织为著作权人或者与著作权有关的权利人，而不限于作品作者或者制品的制作者。笔者认为，其原因和前面所提出的一样，即在实践中，一般情况下在作品或者制品上署名的人也就是该作品或者制品的权利人。当然，在现实生活中也存在一些例外的情况，至少有两种类型：第一种类型是他人侵害作者或者制品制作者的署名权，如剽窃、抄袭他人的作品或者制品以及假冒他人署名的作品或者制品；第二种类型是作品作者或者制品制作者身份没有变化，但署名人并非该作品或者制品的著作权人或者与著作权有关的权利人（例如《著作权法》规定的特殊性职务作品，作品上署名的作者只享有署名权，其他著作权由单位享有）。为此，上述司法解释明确规定，有相反证明的除外。在笔者看来，上述司法解释的规定进一步贯彻了著作权保护的效率原则，因为该规定不限于推定署名者的作者身份问题，而且直接推定署名者就是作品或者制品的著作权人或与著作权有关的权利人。现行《著作权法》第 12 条第 1 款对2010 年《著作权法》第 11 条第 4 款的改进也是基于同样的理由。

值得进一步关注和探讨的是，《加强著作权司法保护意见》对署名推定规则作出了更加明确的规定。其第 3 条规定："在作品、表演、录音制品上以通常方式署名的自然人、法人和非法人组织，应当推定为该作品、表演、录音制品的著作权人或者与著作权有关的权利的权利人，但有相反证据足以推翻的除外。对于署名的争议，应当结合作品、表演、录音制品的性质、类型、表现形式以及行业习惯、公众认知习惯等因素，作出综合判断。权利人完成初步举证的，人民法院应当推定当事人主张的著作权或者与著作权有关的权利成立，但是有相反证据足以推翻的除外。"第 4 条规定："适用署名推定规则确定著作权或者与著作权有关的权利归属且被告未提交相反证据的，原告可以不再另行提交权利转让协议或其他书面证据。在诉讼程序中，被告主张其不承担侵权责任的，应当提供证据证明已经取得权利人的许可，或者具有著作权法规定的不经权利人许可而可以使用的情形。"

前面提到，在涉及署名权纠纷时，有可能是因为署名的顺序发生争议。在过去，对这类案件的处理存在不同的观点，这里有必要就最高人民法院《审理著作权民事案件适用法律解释》（2002 年）的相关规定进行探讨。

上述司法解释第 11 条规定：因作品署名顺序发生的纠纷，人民法院按照下列原则处理：有约定的按约定确定署名顺序；没有约定的，可以按照创作作品付出的劳动、作品排列、作者姓氏笔画等确定署名顺序。

2020 年上述司法解释修正时，本条则没有变化。笔者认为，上述规定可以从以下方面加以理解。

第一，因署名顺序争议而产生署名权纠纷时，首先应当考察当事人之间是否对署名的顺序有约定，如果有约定，则按照约定的标准。这一规定也是考虑到在合作作品创作实践中，当事人之间一般会就署名顺序达成协议，之所以发生争议，也是因为其中一方当事人违背了关于署名顺序的约定，在未与对方当事人协商并征得其同意的前提下，擅自改动署名顺序。这种情况实际上也是违约行为，只是因为这种违约行为也同时构成了侵害署名权的行为，所以形成了责任竞合。不过，也应当指出，在合作作品创作实践中，当事人之间就署名顺序达成的协议很可能是口头的，而不是书面的。因此，人民法院在审理这类案件时如何认定和查明相关证据值得探讨。

第二，在作品署名的顺序没有约定的情况下，需要考虑创作作品付出的劳动、作品排列和作者姓氏笔画等因素确定作者的署名顺序。对此，笔者认为，在涉及作者署名顺序的著作权纠纷中，如果当事人之间没有就署名的顺序进行约定或者约定不明，首先应当考虑相关当事人在创作合作作品时所付出的劳动。依据现行《著作权法实施条例》的规定以及一般的原则，合作作品中的任何一位合作作者都应当投入了直接产生该作品的智力劳动，没有参加创作作品的人不能成为合作作品作者。当然，在著作权法理论方面，关于合作作品作者的构成要件和标准也存在不同观点。例如，在 20 世纪 90 年代前后关于合作作品著作权保护的探讨中，一种观点主张对于合作作品的诞生作出了实质性贡献的人才能成为合作作品的合作作者。还有一种观点提出了更抽象的标准，即为合作作品的诞生增加价值的人为合作作品作者。当时中国政法大学教授张佩霖所主张的观点就有一定的代表性。在笔者看来，无论是主张实质性贡献说，还是增加价值说，都只不过是以另外一种方式诠释作品的作者应当是创作作品的人。

当然，在著作权保护实践中，不同类型作品的创作形式和方式不一样。就文字作品而言，执笔完成作品的人显然是作者。但就合作作品的情况来说，执笔完成人以外的人并非不能成为合作作者。例如，就作品的整体构思、内容构架、风格定位提供建议和意见，提出实质性的观点和思想，以及对执笔人完成的基础稿进行加工、润色、补充、完善，也应当属于合作作品创作的范畴。不过应指出，就特定的作品而言，无论执笔人以外的人付出多少为该作品增加价值的劳动，都不能成为该作品的合作作者。这种情况最典型的体现就是导师指导学生撰写学位论文。基于学位论文的特定的人格属性，作品的作者只能是该学位论文的撰写人和申请人（申请人和撰写人当然是同一人）。然而，这类作品的创作、完善过程和其他自由撰写的作品相比，还有一个不同的特点，即必须全程接受导师的指导。尽管在这类作品的创作、修改、定稿过程中，导师并不能为学位论文进行实质性撰写，但其在选题、内容框架结构、基本观点、思路、方法、文字表达等涉及论文质量的方方面面都需要进行把关，并提出实质性的意见和建议，最终目的是通过学位申请者的具体撰写，使该文章满足学位论文的质量和标准。特别是在当前教育部等部门对于研究生、博士生学位论文质量问题加强重视的背景下，导师为所指导学生的学位论文撰写付出的心血会更多，因为相关政策强调，导师是研究生、博士生学位论文的第一责任人，一旦该学位论文匿名评审或者答辩以后的抽检出现问题，对该学位论文的作者和导师都会产生影响。因此，针对这种特定身份关系的论文，需要特别对待。

从著作权实践案例来看，在没有约定署名顺序的前提下，如果根据案件的事实，不能确定各合作作者付出相关创作性劳动的情况，其对于该作品诞生的贡献度的大小也难以衡量，就需要再考虑其他相关情况。上述司法解释明确了可以考虑作品排名以及作者的姓氏笔画的顺序。笔者认为，这也是对现实问题的回应，因为很多作品在合作创作的情况下存在合理的或者自然的排序，这一排序的惯常做法即可以确定署名顺序。如果这种情况也难以确定，则可以再考虑日常生活中的惯常做法，即按照作者的姓氏笔画顺序排列。

作品署名权的纠纷，是围绕作品署名的争议而产生的。除了最高人民法院在2002年发布并在2020年修正的《审理著作权民事案件适用法律解释》

的相关规定，前面提到的《加强著作权司法保护意见》对这一问题也有明确规定。以下将结合这一规定继续探讨。

《加强著作权司法保护意见》第3条确认了著作权司法解释所规定的署名推定规则，即"在作品、表演、录音制品上以通常方式署名的自然人、法人和非法人组织，应当推定为该作品、表演、录音制品的著作权人或者与著作权有关的权利的权利人，但有相反证据足以推翻的除外。"这一规定和上述著作权司法解释的规定相比，实质内容没有变化，但将司法解释中所说的"制品"明确为录音制品，并且同时增加了表演。笔者认为，增加将在表演上以通常方式署名的自然人、法人和非法人组织推定为该表演的与著作权有关的权利人（享有表演者权的人），有利于有效解决表演者权保护中的署名权纠纷。我国《著作权法》明确规定了表演者享有对其表演表明表演者身份和禁止歪曲、篡改表演形象的表演者人身权以及表演者财产权。将署名推定规则扩大到表演者署名权的保护，有利于确立解决涉及表演者署名权纠纷的证据规则，从而可以有效、及时地解决表演者署名权纠纷。

值得注意的是，如前面所指出的，上述两部司法解释均直接根据通常的署名确认著作权人或者与著作权有关的权利人的身份，而不是按照2010年《著作权法》规定的作者身份。笔者认为，对此可以从以下几方面加以认识。

第一，上述两份司法解释隐含了在通常情况下在作品或者制品上署名的人就是该作品或者制品的权利人的意思。这里暗含着著作权法的一个重要法理：就作品的创作、作者及著作权归属的关系而言，由于著作权来源于作品，没有作品就没有著作权，而受著作权保护的作品是由作者创作完成的，在一般情况下创作作品的作者就是该作品的著作权人。对此，我国现行《著作权法》也作出了明文规定，即除非著作权法另有规定，否则著作权属于作者。

第二，将在作品、表演或者录音制品中以通常方式署名的人推定为该作品、表演或者录音制品的著作权人或者与著作权有关的权利人，而不是首先确认其作者、表演者或者制作者身份，隐含着司法解释在确定相关证据和事实方面的效率考虑。这里还隐含着一种更深刻的我国包括著作权在内的知识产权司法保护的法理问题：知识产权司法保护的效率。对于这一问题，我国知识产权理论与实务界都缺乏足够的认识，即使是从有关知识产权保护的司法解释的层面来说，也是强调严格执法和公正司法。当然，在实质性规定方面，相关政策和规定在客观上也有追求司法保护效率的特点。从纯粹法理学的层面来讲，应当实现公平和效率的均衡与统一，缺乏效率的知识产权司法保护，在本质上很难做到实现实质的公平和正义。上述规定之所以被认为隐含了对著作权保护效率的考虑，是因为其省去了其中的一道中间环节，直接根据作品、表演或者录音制品上的署名确认了相关主体的权利人身份。

回到上述《加强著作权司法保护意见》第3条，其进一步明确了对于署名争议应当考虑的因素和事实："对于署名的争议，应当结合作品、表演、录音制品的性质、类型、表现形式以及行业习惯、公众认知习惯等因素，作出综合判断。"对此，笔者认为，上述规定比较全面地考虑到了作品、表演和录音制品署名的实际情况。一方面，其考虑到了作品、表演和录音制品本身的特点，包括其具有的性质、类型和表现形式。从实际情况来看，不同类型的作品因创作和作品所依附的有形载体的不同特点而在署名的方式上存在一定的区别，在处理署名权纠纷时应当考虑这些不同特点。另一方面，无论是作品、表演还是录音制品，以通常的方式署名都是为了表明权利人的特定身份，而这种身份是通过公开作品、表演或者录音制品的方式被社会公众接受的，故作品、表演或者录音制品所在行业的习惯以及相关公众的认知习惯乃至心理特征都是可以考虑的因素。由此可见，上述规定很好地体现了司法解释对于具体的法律制度的理解和适用，能够为人民法院法官审理具体的著作权等案件提供重要的理论指引和具有操作性的方法。

关于署名权争议，《加强著作权司法保护意见》第3条还进一步规定："权利人完成初步举证的，人民法院应当推定当事人主张的著作权或者与著作权有关的权利成立，但是有相反证据足以推翻的除外。"笔者认为，该规定的合理性在于，一方面，这一规定体现了简约举证程序、提高证据审查效率的考量，因为就权利人举证而言，只要其能够提供其是涉案作品、表演或者录音制品的署名人，就可以完成初步举证。另一方面，在诉讼中，法院对权利人和相关当事人应当平等对待，在证据规则的建构方面也应如此。从诉讼证据原理来说，无论是权利人还是有关当事人，其提供证据的目的都是证明自己的主张或者反驳对方的主张，从而实现自己的诉讼目的。基于此，对于一方提出相关证据，另外一方如果能够提供相反的证据将其推翻，则应当认可另外一方提出的证据的效力。这实际上也体现了在证据规则的构建及证据认定方面对相关当事人之间利益平衡的考虑，要求在证据规则构建和证据认定时应当不偏不倚，公平对待各方当事人。

　　此外，《加强著作权司法保护意见》第 4 条进一步规定了署名推定规则的相关问题。具体内容为："适用署名推定规则确定著作权或者与著作权有关的权利归属且被告未提交相反证据的，原告可以不再另行提交权利转让协议或其他书面证据。在诉讼程序中，被告主张其不承担侵权责任的，应当提供证据证明已经取得权利人的许可，或者具有著作权法规定的不经权利人许可而可以使用的情形。"

　　上述规定涉及两方面内容。一方面内容是，在被告未提交相反证据的前提下，直接按照通常的署名推定规则确定著作权或者与著作权有关的权利归属，原告不需要再另行提交权利转让协议或者其他的书面证据。笔者认为这一点同样体现了上面所提到的在确认证据方面的效率考虑。因为如果在上述情况下还需要原告提交权利转让协议或者其他书面证据，在有的情况下原告无法提交，即使能够提供权利转让协议或者其他书面证据，其本身也存在对相关证据进行审查和认定的问题，而这显然又会增加审查证据的时间，因此使审查证据的效率大打折扣。另一方面内容其实是对于著作权侵权法原理的简要表述，因为构成侵害著作权或者与著作权有关权利的行为，应当是既没有取得权利人的许可，也没有在著作权法上作出特别豁免规定的行为。基于这一原理，在著作权侵权诉讼程序中，作为被告的被控侵权人显然应当提供其取得了权利人许可或者不需要取得其许可、可以直接根据法律的规定有权使用涉案作品、表演或者录音制品等的证明。这一规定是对于著作权侵权法原理的表述，一般而言在著作权司法解释中没有必要出现，因为包括著作权在内的知识产权相关司法解释是便于法律适用而作出的具有可操作性的规定。当然，上述规定是以最高人民法院通过的著作权保护的司法政策的形式出现的，所以仍然是有必要的。

　　3. 涉及出版者、制作者、发行者、出租者的著作权侵权纠纷案件中的举证责任问题

　　在著作权和与著作权有关的权利的保护实践中，权利人基于自身条件的限制而在很多情况下需要授权他人行使其权利，如许可他人出版发行其作品。在实践中，图书一类作品的著作权人需要通过和图书出版者签订出版合同的形式出版其图书，如果该出版社出版的图书存在侵害他人著作权或者其他权利的问题，除了该图书作品的作者或者其他著作权人需要承担著作权侵权责任，图书出版者是否应当承担侵害著作权的法律责任是需要探讨的问题。而

制作录像制品以及发行、出租他人享有著作权的作品或者享有录音录像制作者权的录音录像制品，在很多情况下也是通过权利人许可他人的方式进行的。如果制作、发行或者出租的作品或者录音录像制品涉嫌侵害他人著作权或者与著作权有关的权利，同样也存在制作者、发行者或者出租者是否构成侵权的问题。

针对上述问题，2010 年《著作权法》第 53 条规定："复制品的出版者、制作者不能证明其出版、制作有合法授权的，复制品的发行者或者电影作品或者以类似摄制电影的方法创作的作品、计算机软件、录音录像制品的复制品的出租者不能证明其发行、出租的复制品有合法来源的，应当承担法律责任。"

2020 年修改以后的《著作权法》第 59 条则对上述规定作出了一定的修正，具体规定如下："复制品的出版者、制作者不能证明其出版、制作有合法授权的，复制品的发行者或者视听作品、计算机软件、录音录像制品的复制品的出租者不能证明其发行、出租的复制品有合法来源的，应当承担法律责任。在诉讼程序中，被诉侵权人主张其不承担侵权责任的，应当提供证据证明已经取得权利人的许可，或者具有本法规定的不经权利人许可而可以使用的情形。"

对照以上规定可以看出，现行《著作权法》第 59 条第 1 款将 2010 年《著作权法》第 53 条中的"电影作品或者以类似摄制电影的方法创作的作品"的表述修改为视听作品，除此之外还增加了第 2 款。从笔者对该款的研究来看，其实际上是将著作权侵权认定的基本法理或者原则通过司法解释的形式加以明确。换言之，著作权侵权行为应当是未取得著作权人的许可，也不属于法律特别规定不需要取得许可的行为。当然，这也是在著作权司法实践中，尤其是在人民法院审理著作权侵权纠纷案件中所遵循的基本思路。因此，即使不增补这一规定，也不会对人民法院认定著作权侵权的基本原则和方法有任何影响。不过，鉴于审理和解决著作权侵权案件的需要，对著作权侵权认定的基本原则加以明确也十分重要。

以上 2010 年《著作权法》第 53 条以及现行《著作权法》第 59 条的规定，实际上涉及出版者、制作者、发行者、出租者在著作权侵权纠纷案件中的举证责任问题。也就是说，这些相关主体为避免承担著作权侵权责任，应当就其出版、制作、发行、出租的标的具有合法来源进行举证。然而，上述条款并没有对此作出明确规定。为了增强在著作权司法实践中适用该条的可操作性，2002 年最高人民法院颁布施行的《审理著作权民事案件适用法律解释》第 19 条对此作出了相应的规定。具体内容如下："出版者、制作者应当对其出版、制作有合法授权承担举证责任，发行者、出租者应当对其发行或者出租的复制品有合法来源承担举证责任。举证不能的，依据著作权法第四十六条、第四十七条的相应规定承担法律责任。"

在 2002 年上述司法解释实施以后，《著作权法》在 2010 年作出了小范围修正，增加了涉及著作权质押的第 26 条，因此在条文序号上有所变化。《审理著作权民事案件适用法律解释》（2020 年修正）基于法条序号的变化，对上述规定作了相应的调整。其第 19 条具体规定如下："出版者、制作者应当对其出版、制作有合法授权承担举证责任，发行者、出租者应当对其发行或者出租的复制品有合法来源承担举证责任。举证不能的，依据著作权法第四十七条、第四十八条的相应规定承担法律责任。"

需要进一步探讨的是，在实践中涉及出版物侵害他人著作权的纠纷较多，在这类案件中，除认定出版物的作者或者其他著作权人侵害他人著作权外，还存在出版者是否应当对其出版的侵权出版物承担侵害著作权的法律责任问题。对此，《审理著作权民事案件适用法律解释》（2002 年）第 20 条作了专门规定："出版物侵犯他人著作权的，出版者应当根据其过错、侵权程度及损害后果等承担民事赔偿责任。出版者对其出版行为的授权、稿件来源和署名、所编辑出版物的内容等未尽到合理注意义务的，依据著作权法第四十八条的规定，承担赔偿责任。出版者尽了合理注意义务，著作权人也无证据证明出版者应当知道其出版涉及侵权的，依据民法通则第一百一十七条第一款的规定，出版者承担停止侵权、返还其侵权所得利润的民事责任。出版者所尽合理注意义务情况，由出版者承担举证责任。"

《审理著作权民事案件适用法律解释》（2020 年修正）第 20 条对于上述规定没有作出实质性修改，而只是就其中涉及的相关条文序号和适用法律作了调整。具体内容如下："出版物侵害他人著作权的，出版者应当根据其过错、侵权程度及损害后果等承担赔偿损失的责任。出版者对其出版行为的授权、稿件来源和署名、所编辑出版物的内容等未尽到合理注意义务的，依据著作权法第四十九条的规定，承担赔偿损失的责任。出版者应对其已尽合理注意义务承担举证责任。"

对于上述条款的规定，笔者认为以下问题值得探讨。

第一，出版者对其出版的侵害他人著作权的作品承担著作权侵权赔偿责任的前提是存在损害后果并且出版者存在主观过错。从包括著作权在内的知识产权侵权损害赔偿的法律规定和司法实践的惯常做法来看，侵害著作权承担损害赔偿责任的构成要件之一是侵害人主观上存在过错。[1]换言之，如果当事人能够证明其主观上不存在过错，则能免于承担侵害著作权的损害赔偿责任。[2]从这个意义上来说，一般民事侵权的侵权归责原则实际上主要是针对侵权赔偿责任而言的。对此，我国民法学者史尚宽先生等人出版的著作有相应观点。就这里所探讨的出版者出版侵害他人著作权的作品是否承担著作权侵权赔偿责任而言，其关键在于查明出版者是否存在主观上的过错。

第二，根据上述司法解释的规定，认定出版者是否存在主观上的过错，要考察其是否尽到合理的注意义务，具体内容包括对出版行为的授权、稿件来源和署名以及所编辑出版的内容进行审查。例如，在一起涉及出版者是否承担侵害著作权的责任的著作权纠纷案件中，涉案侵权图书中有一幅照片，该照片首次发表于特定历史时期。照片著作权人主张涉案图书作者未经其许可，在涉案图书中使用了该照片，因此构成侵害其著作权。该案焦点问题之一则是出版社出版该图书是否侵害该照片著作权人的著作权。当然，和一般著作权侵权案件相比，该案还有其特殊之处，主要是因为照片公开于特定历史时期，如何确认照片的作者身份及相应著作权归属也是本案的焦点问题之一。不过，法院仍需要重点查明出版涉案图书的出版社是否存在主观上的过错。

第三，出版者为了避免著作权侵权责任，特别是侵害著作权的损害赔偿责任，需要就其尽到合理注意义务进行举证。换言之，出版者如果不能就其尽到了合理注意义务提供证据加以证明，人民法院可以认定出版者应当承担侵害著作权的损害赔偿法律责任。

4. 著作权侵权损害赔偿的认定问题

从著作权法基本原理、我国《著作权法》的规定以及著作权司法实践的

---

〔1〕　参见北京市第一中级人民法院（1993）中民知初字第 2911 号民事判决书（侵害著作权纠纷案）；吉林省高级人民法院（2015）吉民三知终字第 66 号民事判决书（著作权权属、侵权纠纷案）。

〔2〕　参见张春艳：《论著作权侵权损害赔偿额确定中举证责任的分配》，载《河南师范大学学报（哲学社会科学版）》2011 年第 6 期。

情况来看，当著作权人或者与著作权有关的权利人认为其合法权益受到侵害时，可以向人民法院提起侵权诉讼，要求人民法院判决被告停止侵权，并赔偿损失。其中，赔偿损失是承担侵害著作权的民事责任最为重要的形式之一。著作权侵权人对其侵害著作权给被侵权人所造成的损失应当予以赔偿，这也是著作权侵权行为法的基本原理。赔偿损失对于权利人以及著作权法的有效实施都具有十分重要的意义。从权利人的角度来说，著作权侵权人给其造成了经济上的损失，或者尽管没有造成直接损失，但会使其在正常情况下行使著作权的可得利益丧失，使作品利用的现实的或者潜在的市场机会受到挤压。这种情况是由侵权人造成的，理应由侵权人"买单"。如果著作权侵权行为发生后，著作权人不能获得充分的赔偿，这无疑会使其遭受的经济损失不能获得弥补，会严重地挫伤著作权人从事作品创作的积极性，对于潜在的作者来说也会造成不良影响。对于作品创作中的投资方来说，这同样会带来负面影响。简言之，著作权侵权行为造成的损害后果，如果不能得到充分的赔偿，会严重地损害著作权人、潜在的作者和作品创作的投资人的利益。就著作权法的目的来说，著作权法以保护作品的作者或者其他著作权人的利益为第一要务，同时在充分有效保护著作权的基础之上，著作权法还有促进优秀作品的传播和利用从而繁荣我国科学文化事业的立法宗旨。从这里也可以理解，在著作权司法实践中，著作权人最关注的是能否获得足够的损害赔偿，人民法院审理著作权侵权纠纷案件，最重要的也是如何确立合理的损害赔偿。研究近些年来国内外发生的大量著作权侵权纠纷案件可以看出，几乎所有的著作权纠纷案件中，作为被侵权人的原告都主张了侵权损害赔偿。[1]

然而，正如前面多次提出的那样，著作权是一种无形财产权，著作权被侵害所造成的损害后果很难得到精确的评估。实际上，不仅是著作权，包括著作权在内的其他知识产权侵权损害赔偿的界定也一直是困扰我国人民法院审理知识产权侵权纠纷案件的关键问题之一。

关于著作权侵权损害赔偿的界定，我国 2010 年《著作权法》和相关司法解释都有明确的规定。其中，2010 年《著作权法》第 49 条规定："侵犯著作权或者与著作权有关的权利的，侵权人应当按照权利人的实际损失给予赔偿；

---

[1] 参见浙江省高级人民法院（2020）浙民终 301 号民事判决书（著作权权属、侵权纠纷案）；北京互联网法院（2020）京 0491 民初 2853 号民事判决书（侵害作品信息网络传播权纠纷案）。

实际损失难以计算的，可以按照侵权人的违法所得给予赔偿。赔偿数额还应当包括权利人为制止侵权行为所支付的合理开支。权利人的实际损失或者侵权人的违法所得不能确定的，由人民法院根据侵权行为的情节，判决给予五十万元以下的赔偿。"

近些年来，随着我国经济社会的发展，著作权保护在促进我国经济社会与文化发展方面的地位日益提高。同时，随着信息网络技术的发展，一方面著作权人可以在信息网络空间更高程度地实现其著作权，另一方面也使得著作权侵权行为在信息网络空间蔓延，并使著作权侵权行为更具隐秘性、便利性和难以控制性。在这种新的形势下，上述规定存在的局限性越来越明显。从近些年我国著作权司法保护的实际情况来看，上述规定至少存在以下几方面的问题。

第一，基于著作权侵权行为的复杂性、专业性，著作权人很难提供其因被侵权受到经济损失的证据。2010 年《著作权法》规定侵权人首先应当按照给权利人造成的实际损失予以赔偿，在实践中大多数著作权人都很难提供这种证据。

第二，著作权侵权行为所造成的后果越来越严重，2010 年《著作权法》规定的法定赔偿最高额只有 50 万元，不足以有力遏制越来越猖獗的著作权侵权行为。

第三，在著作权保护实践中存在着一些主观故意明显甚至具有恶意、情节恶劣的侵害著作权的行为，对于这类严重侵害著作权的行为，2010 年《著作权法》没有建立著作权侵权的惩罚性赔偿制度，难以通过著作权侵权损害赔偿制度进行有力遏制。此外，在著作权司法保护实践中，同样基于著作权的无形性以及著作权侵权的隐秘性、专业性，作为被侵权人的著作权人很难及时发现、固定和有效地提交证据。为了充分地保护著作权人的合法权利，著作权法有必要在证据规则方面为著作权人提供便利，而 2010 年《著作权法》则缺乏这方面的规定。

也正是因为 2010 年《著作权法》的上述规定不足以对我国著作权司法保护实践中出现的种种问题进行有效解决，我国《著作权法》在第三次修改过程中对于侵犯著作权的损害赔偿制度的改革和优化一直是修法的重点内容之一。2020 年 11 月 11 日第三次修改以后的现行《著作权法》对我国著作权侵权损害赔偿制度进行了重要改革，其第 54 条规定："侵犯著作权或者与著作权有关的权利的，侵权人应当按照权利人因此受到的实际损失或者侵权人的违法所得给予赔偿；权利人的实际损失或者侵权人的违法所得难以计算的，可以参照该权利使用费给予赔偿。对故意侵犯著作权或者与著作权有关的权利，情节严重的，可以在按照上述方法确定数额的一倍以上五倍以下给予赔偿。权利人的实际损失、侵权人的违法所得、权利使用费难以计算的，由人民法院根据侵权行为的情节，判决给予五百元以上五百万元以下的赔偿。赔偿数额还应当包括权利人为制止侵权行为所支付的合理开支。人民法院为确定赔偿数额，在权利人已经尽了必要举证责任，而与侵权行为相关的账簿、资料等主要由侵权人掌握的，可以责令侵权人提供与侵权行为相关的账簿、资料等；侵权人不提供，或者提供虚假的账簿、资料等的，人民法院可以参考权利人的主张和提供的证据确定赔偿数额。人民法院审理著作权纠纷案件，应权利人请求，对侵权复制品，除特殊情况外，责令销毁；对主要用于制造侵权复制品的材料、工具、设备等，责令销毁，且不予补偿；或者在特殊情况下，责令禁止前述材料、工具、设备等进入商业渠道，且不予补偿。"

上述规定对 2010 年《著作权法》关于著作权侵权损害赔偿制度作了重要改革。对比以上规定可以有如下发现。

第一，在著作权侵权界定方面明确规定按照权利人因侵权受到的实际损失或者侵权人的违法所得给予赔偿，这样就给著作权人主张著作权侵权损害赔偿提供了更大的选择余地。当然，2010 年《著作权法》也规定了侵权人违法所得这一界定方式，但是在立法条文的表述方面则存在一定的问题。修改以后的现行《著作权法》的规定更加合理。

第二，大大提高了侵害著作权的法定赔偿标准，即由 2010 年《著作权法》规定的 50 万元以下改为 500 元以上、500 万元以下。由于在著作权司法保护实践中，绝大多数案件人民法院都适用了侵权损害的法定赔偿标准，上述法定标准的提升，必然会大大提高我国著作权损害赔偿的力度，从而能够大大提高我国对著作权的保护水平。

第三，在著作权法律制度中首次引进了著作权侵权的惩罚性赔偿制度。[1]这一新增规定有力打击了情节严重的故意侵害著作权的行为，其实施必将

---

〔1〕 参见刘银良：《知识产权惩罚性赔偿的类型化适用与风险避免——基于国际知识产权规则的视角》，载《法学研究》2022 年第 1 期。

有力地遏制在现实中出现的存在主观故意且情节恶劣的著作权侵权行为。

第四，修改以后的现行《著作权法》还借鉴了 2013 年修改后的《商标法》的规定，引进了类似于欧美文书令的规定。这一证据制度的改革有利于著作权人主张其权益。

如前所述，包括著作权在内的知识产权侵权损害赔偿的界定是困扰当前我国知识产权司法实践的一个难点问题。尽管我国著作权法以及相关司法解释对于侵害著作权损害赔偿的界定有明确规定，但由于著作权的无形性以及侵害著作权行为的隐秘性、专业性和复杂性，侵害著作权的损害赔偿的界定存在很大的困难。为此，近些年来，我国涉及著作权保护的相关司法政策对于侵权损害赔偿界定也给予了极大的关注。以下将以一部重要的司法解释为例进行探讨。

最高人民法院《关于当前经济形势下知识产权审判服务大局若干问题的意见》第四部分"完善知识产权诉讼制度，着力改善贸易和投资环境，积极推动对外开放水平的提高"第 16 条中明确规定了"增强损害赔偿的补偿、惩罚和威慑效果，降低维权成本，提高侵权代价。"其具体内容为："在确定损害赔偿时要善用证据规则，全面、客观地审核计算赔偿数额的证据，充分运用逻辑推理和日常生活经验，对有关证据的真实性、合法性和证明力进行综合审查判断，采取优势证据标准认定损害赔偿事实。积极引导当事人选用侵权受损或者侵权获利方法计算赔偿，尽可能避免简单适用法定赔偿方法。对于难以证明侵权受损或侵权获利的具体数额，但有证据证明前述数额明显超过法定赔偿最高限额的，应当综合全案的证据情况，在法定最高限额以上合理确定赔偿额。除法律另有规定外，在适用法定赔偿时，合理的维权成本应另行计赔。适用法定赔偿时要尽可能细化和具体说明各种实际考虑的酌定因素，[1]使最终得出的赔偿结果合理可信。根据权利人的主张和被告无正当理由拒不提供所持证据的行为推定侵权获利的数额，要有合理的根据或者理由，所确定的数额要合情合理，具有充分的说服力。注意参照许可费计算赔偿时的可比性，充分考虑正常许可与侵权实施在实施方式、时间和规模等方面的区别，并体现侵权赔偿金适当高于正常许可费的精神。注意发挥审计、会计

---

〔1〕　参见最高人民法院（2022）最高法民终 312 号民事判决书（侵害商标权及不正当竞争纠纷案）（有证据证明侵权获利高于法定最高赔偿额的认定及酌定考虑因素）。

等专业人员辅助确定损害赔偿的作用，引导当事人借助专业人员帮助计算、说明和质证。积极探索知识产权损害赔偿专业评估问题，在条件成熟时适当引入由专业机构进行专门评估的损害赔偿认定机制。"

对于以上政策性规定，笔者认为以下问题值得思考。

第一，包括著作权在内的知识产权侵权损害赔偿的界定，应当重视证据规则和证据的充分利用。在著作权侵权纠纷案件中，当事人双方提供的证据既是确认被控侵权人是否构成著作权侵权的关键，也是确定侵权人造成的被侵权人的损失的重要依据。然而，如前面所多次指出的，包括著作权在内的知识产权侵权纠纷案件中证据的采集、固定和获得存在相当大的困难。针对著作权侵权损害赔偿而言，无论是被侵权人因被侵权而受到的实际损失还是侵权人获得的非法利润的界定都难以通过证据加以证明。为此，前述司法政策强调，要对所提交的证据进行全面、客观的审查，同时运用逻辑推理、日常生活经验法则以及优势证据规则等进行全面衡量。无疑，这些政策性规定为当事人以及人民法院通过证据确认著作权侵权纠纷案件中的侵权损害赔偿提供了重要指引。

第二，在确定著作权侵权损害赔偿的方法和标准方面，根据现行《著作权法》和司法解释的规定，被侵权人因被侵权所产生的损失以及侵权人因侵权所获得的非法利润是通常的界定著作权侵权损害赔偿的计算方法和标准。同时，基于在著作权侵权诉讼中上述两种标准证据难以获得，以致审理案件的人民法院大量适用法定赔偿的这一不正常的现象，该司法政策强调尽量避免简单地适用法定赔偿的方法。笔者认为强调这一点十分重要。从近些年来我国审结的大量著作权侵权纠纷案件的情况来看，大量的实证研究表明，绝大多数著作权侵权纠纷案是按照法定赔偿规定确定赔偿标准的。由于法定赔偿本身只是一个最高限额的标准，在实行法定赔偿标准时，如果不能根据个案进行详细分析，而只是基于抽象的标准确定一个赔偿额，这种对著作权侵权损害赔偿的界定很难符合客观实际情况。在2010年《著作权法》规定的法定赔偿额较低的情况下，人民法院大量适用了法定赔偿标准，导致我国著作权侵权纠纷案件中，对于被侵权人的赔偿标准整体上偏低。在过去关于著作权侵权损害赔偿的大量学术研究中，人们可能更多关注的是法院判决赔偿额低的问题，进而主张应当提高著作权侵权损害赔偿额，但较少对于赔偿额过低的真正原因进行深入全面的研究。

在笔者看来，过去我国对著作权侵权的法定赔偿标准较低，而在实践中又大量地适用法定赔偿标准，因此著作权侵权损害赔偿判决的损害赔偿金额较低还有一个原因：从过去侵害著作权的纠纷案件来看，法定赔偿最高额 50 万元也并非一个很小的数目，但审理案件的人民法院法官可能基于著作权的无形性对侵犯著作权造成被侵权人在未来期待的可得利益关注不够，而更多关注侵权行为造成的直接的、现实的损害，而这种直接的、现实的损害又很难由被侵权人提供证据加以证明，因此法院只好判决一个较低的赔偿金额。

当然，关于著作权侵权的法定赔偿标准，现行《著作权法》将其大幅提高，即由 2010 年《著作权法》规定的 50 万元以下提高到 500 元以上、500 万元以下。法定赔偿标准的提高显然大大提高了我国著作权保护水平。然而，对此也不能过于乐观。这是因为，法定赔偿适用的前提是被侵权人因被侵权所产生的实际损失以及侵权人因侵权所获得的非法利润都难以通过证据加以证明。在这种情况下，由于法定赔偿的数额范围极大，如何在法定赔偿确定的数额范围之内根据个案确定一个科学、合理的侵权损害赔偿金额，无疑会考验法官的智慧和经验。[1] 目前，如何有效实施法定赔偿的新标准还值得深入研究和探讨。在笔者看来，实施新标准应防止滥用自由裁量权，结合个案的具体情况，综合考虑多种因素，确定一个合理的著作权侵权损害赔偿金额。

第三，对于法定赔偿而言，如果著作权人能够提供证据证明其受到的实际经济损失明显超过法定赔偿的最高额，人民法院就可以按照超过法定赔偿最高额的标准确定具体的赔偿额。

对此，法院需要审慎地依据案件中的相关证据和事实确定赔偿额，即"要有合理的根据或者理由，所确定的数额要合情合理，具有充分的说服力"，否则很难令侵权一方当事人接受。这种情况在知识产权学术研究和司法实践中也被称为"酌定赔偿"。之所以提出酌定赔偿，也是为了充分保护著作权人享有的合法权益，有效地遏制著作权侵权行为。[2]

在著作权侵权损害赔偿的界定方面，无论是根据被侵权人因被侵权所产

---

〔1〕 参见重庆市高级人民法院（2019）渝民终 840 号民事判决书（侵害著作权纠纷案）。

〔2〕 参见北京市高级人民法院（2015）高民（知）终字第 1039 号民事判决书（侵害著作权纠纷案）；重庆市高级人民法院（2017）渝民终 401 号民事判决书（侵害计算机软件著作权纠纷案）。

生的实际损失还是侵权人因侵权而获得的非法利润，以及在前两者都无法确定的前提之下适用法定赔偿的标准，都是为了给予被侵权人合理的赔偿。在有的案件中，尽管被侵权人无法提供其实际损失或者侵权人非法所得的充分证据，但如果能够根据其他相关证据证明其受到的实际损失或者被告非法所得超过甚至远远超过法定赔偿额的最高限度，按照高于法定赔偿最高额的标准确定损害赔偿额也是合理的。当然，这里的关键所在仍然是证据审查问题。在笔者看来，可以结合个案中相关当事人所在特定行业的利润，被侵权人正常情况下的利润，在侵权发生以后被侵权人的实际利润下降情况，侵权人实施侵权行为的地域、范围、规模，以及侵权人实施侵权以前的实际利润和实施侵权以后的实际利润等因素综合考虑。还需要注意的一个问题是，被侵权人某一时段利润的下降可能存在多方面原因，而不完全取决于侵权人的侵权行为，甚至在有些情况下，当侵权行为发生以后，被侵权人的实际利润比以往还要高。其原因在于，企业的生产经营活动受到多方面因素的影响，如企业生产经营战略、国家政策法律环境的变化、市场上存在合法替代品的情况、企业经营策略等，在有些情况下，即使不发生侵权行为，著作权人在特定时段的利润也存在下降的情况。还有一种情况是，侵权人实施侵权行为的地域和范围与著作权人没有任何交集，侵权人没有直接挤占被侵权人的市场。总的来说，在无法确定被侵权人因被侵权所产生的实际损失以及侵权人因侵权所获得的非法利润的前提下适用高于法定赔偿标准的赔偿额时，应当对当事人提供的相关证据进行全面的审查和认定，充分考虑著作权的市场价值，[1]著作权侵权行为对于被侵权人造成的损害尤其是市场替代情况，以及侵权人主观过错和实施侵权的具体情节等因素。

第四，在适用法定赔偿标准时，当事人为维权而支出的合理费用应当另行计算。我国现行《著作权法》及著作权相关司法解释都明确规定，被侵权人为制止侵权而支出的合理费用应当另行计算。在适用法定赔偿标准时同样如此。这里也存在对于合理费用如何理解与适用的问题。从著作权人维权的实际情况来看，著作权人为维护自身权益需要收集、固定证据，进行公证，

---

〔1〕 参见吴汉东：《知识产权损害赔偿的市场价值分析：理论、规则与方法》，载《法学评论》2018年第1期；吴汉东：《知识产权损害赔偿的市场价值基础与司法裁判规则》，载《中外法学》2016年第6期。

为调查侵权情况出差而支出必要的差旅费。不仅如此，基于著作权侵权纠纷案件的专业性、复杂性，在大多数著作权侵权纠纷案件中，作为被侵权人的著作权人或者与著作权有关的权利人通常需要聘请律师为其提供专业的法律服务。因此，被侵权人还需要支出律师费用。由于著作权侵权案件的复杂性，被侵权人支出的律师费用往往不菲。特别是对于重大、疑难、复杂的著作权侵权纠纷案件，当事人和律师往往乐于采取半风险的收费方式。在著作权人胜诉以后，其需要支付一笔较高的律师费用。这笔费用少则几万元，多则几十万元甚至上百万元以上。因此，在实践中容易发生争议的是如何合理补偿著作权人为维护自身权益所支出的律师费用。如上所述，现行法律和司法解释规定的是合理的费用，在笔者看来，这笔费用应当包括律师费用。然而，律师费用中的风险收益部分不宜都由侵权人"买单"，而应当根据正常的收费情况确定一个合理的标准。在近些年来我国知识产权司法实践中，有的法院在个别案件中将风险部分判决完全由被告方承担，笔者认为这是不合理的。在涉及半风险办案的情况下，笔者认为被侵权人为维权所支出的基础费用应当由败诉方承担，至于半风险部分则不宜全部由侵权人承担，而应当合理分摊。在有时存在的全风险办案的情况下，情况则更加特殊。由于这种情况下被侵权人获得胜诉所支出的律师费非常高，显然不宜将这笔费用判决全部由侵权人承担，而应当根据个案的情况确定合理的金额。

第五，法院基于权利人的主张，在侵权人无正当理由拒不提供证据而推定侵权人的非法利润时，依据上述司法政策的规定，要有合理的根据与理由，确定的数额要合情合理并有充分的说服力。对于上述推定侵权人的侵权获利的情况，在我国其他知识产权专门法律中有专门规定。在2020年《专利法》和《著作权法》修改时，其也分别借鉴了《商标法》的规定，增加了出现上述情况适用推定侵权获利赔偿的规定。笔者认为，之所以规定这种推定侵权数额进行赔偿，是法律为了采取优势证据，通过建构这种证据规则，迫使侵权人加以配合，否则将使其承担不利的法律后果。该规则的价值取向在于促进当事人积极举证，特别是促使侵权人配合举证，以便人民法院查明案件事实，正确适用法律。但上述规定是在被侵权人无法提出充分证据的前提之下进行的一种推定，因此在适用时应当注意严格把握，对于推定出来的侵权数额的合理性进行充分论证，防止明显不合理的情况出现。

第六，在被侵权人因被侵权所产生的实际损失、侵权人因侵权获得的利润都无法提供充分的证据加以证明的情况下，依据现行《著作权法》和著作权法司法解释的规定，赔偿额可以参照被侵权人在通常情况下实施许可获得的许可费用加以计算。[1]在有的情况下，被侵权人与第三方进行许可交易所签订的许可合同中确定的许可费用也可以作为确定著作权侵权损害赔偿的参照。当然，由于著作权侵权行为已经实际发生，这种情况和正常通过许可而进行的使用性质不同。根据上述司法政策的规定，应当比对著作权侵权行为发生以后以及正常的实施许可的情况，包括两者在实施方式、时间、范围上的区别。以实施方式为例，在实践中，著作权许可使用方式有独占许可、排他许可和普通许可等，这些不同的许可方式所对应的许可费用也不相同。一般来说，独占许可的许可费用最高，排他许可的许可费用次之，普通许可的许可费用最低。参照著作权许可费用计算著作权侵权损害赔偿额，不能仅限于某许可费用，而应当高于该许可费用，否则将无法体现著作权侵权损害赔偿制度对于侵权人的侵权行为的制裁功能。此外，鉴于根据许可费用计算著作权侵权损害赔偿额也是一个具有专业性的问题，上述司法政策规定可以由外部的审计、会计等专业机构进行辅助，引导当事人在专业人员的帮助下进行计算、说明和质证。

第七，建立和完善我国知识产权侵权损害赔偿的评估机制。笔者主张，有必要加强对我国知识产权侵权损害赔偿评估制度的研究，适时建立我国的知识产权侵权损害赔偿评估制度以及相关的评估公司。应当说，这一方面在国外已经有丰富的经验，可以为我国建立和完善知识产权侵权损害赔偿评估机制提供借鉴。在相关知识产权损害赔偿评估机构的构建和完善方面，应当注意吸收和培养既懂知识产权又懂经济学的专业人士。如美国的国家经济研究协会（NERA）经济咨询公司中就有很多具有经济学博士学位的知识产权专业人士，承接了大量法院委托的涉及知识产权侵权损害赔偿评估的案件。在我国知识产权中介服务中，这方面的服务还较为少见。可以预料，随着我国知识产权事业的发展，我国知识产权中介服务也需要不断升级转型。其中，提供知识产权侵权损害赔偿评估服务的中介服务机构发展前景广阔。

---

[1] 参见杨涛：《知识产权许可费赔偿方法的功能、价值准则与体系重构》，载《中国法学》2021年第5期。

下 编

典型案例评析

网络环境下作者、报刊社和网络数据库平台利益平衡机制之重构

——老教授告知网著作权侵权纠纷案的思考

知网，全称为中国知网，是在当前信息网络环境下，人们便捷地查找、使用已在纸质版报刊上发表的文章最重要的网络平台。基于知网收录文章的全面性，在人们进行相关学术研究时，其已经成为不可缺少的工具。就如同人们平常在网络平台查找某个基本信息离不开百度之类的信息网络平台一样，知网本身尽管是企业化经营，却也存在着促进知识与信息传播、学术研究、民族文化素质提高等重大的公共利益。

也正是因为这一数据库平台的特殊性，近年发生的老教授告知网著作权侵权纠纷案引起了社会的广泛关注。笔者近年在新浪微博"冯晓青知识产权"发布的关于该案件的简要点评，短时间内就有近 20 万人次阅读，这从一个侧面也体现了社会各界对于该案的关注度。该案也给人们带来很多值得思考的问题。以下笔者将对其中涉及的主要问题进行探讨。

一、知网收录纸质版报刊发表论文的合法边界

知网作为一个重要的数据库网站，其运营的基本形式是将纸质版报刊发表的文章特别是论文经过数字化处理，上传到知网数据库中，供相关机构和个人下载、浏览等。从我国著作权法的规定看，知网收录纸质版报刊发表论文的合法性，主要取决于其是否取得著作权人的信息网络传播权许可。对于这一问题，不能作简单化处理，而应当考虑知网从建立到发展过程中我国著作权保护的相关实践情况。从当前的情况来看，作为最重要的著作权主体的作者，其无论是在纸质版杂志还是在报纸发表文章，都不会单独与知网达成协议，授权知网通过信息网络传播形式使用其数字化作品。这从经济学的交

易成本理论来说也不现实，因为当前纸质版报刊发表的论文具有海量性，作者基于其个人时间精力等方面的考虑，也无力单独与知网就其作品信息网络传播权进行协商。知网本身面对海量的作者以及数量巨大的纸质版报刊社，同样无法通过逐一协商的形式，取得作品在知网数据库中使用的信息网络传播权。也正是基于这一情况，通常是报刊社在其征稿启事或者格式合同中明确约定：在该报刊社发表作者文章以后，该报刊社即享有在知网等网络数据库中通过复制、信息网络传播等形式使用该作品的数字化版本的权利。并且通常还特别指出，报刊社支付给作者的稿费是一次性的，包含了通过信息网络传播形式的著作权使用费。从纸质版报刊社的角度来说，其相当于通过征稿启事或者格式合同从作者那里取得了该作品数字化版本的信息网络传播权，作者已经提前授权其纸质版发表的作品通过数字化形式在知网之类的网络数据库中进行传播。同时，纸质版报刊社与知网之间本身也存在涉及权利许可与利益分配的协议。从公开的渠道一般很难找到这类协议。

根据笔者的猜测，无非一方面，纸质版报刊社授权知网通过信息网络传播形式使用纸质版报刊发表的作品，而其授权的权利基础则来自报刊社与作者之间的格式合同，甚至只有报刊社单方面的征稿启事所载明的条款，作者在该报刊社发表文章以后其作品的信息网络传播权自动转让或者许可给该报刊社；另一方面，报刊社会与知网之类的数据库平台就通过信息网络传播的形式获得的利益如何进行分配加以约定，如根据文章的下载量、被引用情况等指标考虑。

从著作权法关于信息网络传播权保护的规定来看，上述涉及作者、报刊社与知网之类的数据库平台就作品信息网络传播权的归属与行使的模式，其实质在于：知网等数据库平台是否能够直接根据报刊社与作者之间的格式合同甚至仅根据报刊社的征稿启事取得对该作品的信息网络传播权。如果答案是肯定的，知网等数据库平台当然不存在侵害信息网络传播权等著作权的问题。其中，也涉及如何理解报刊社与作者之间的格式合同约定信息网络传播权条款的法律效力问题，以及报刊社单方面的征稿启事中涉及的对作者作品的信息网络传播权处理的问题。

关于知网收录报刊社发表的纸质版文章是否具有合法性问题，还需要考虑到在早期由于信息网络传播技术还未成熟，作者与报刊社之间也相应地不存在关于信息网络传播权的约定。在这种情况下，知网未经作者授权，将报刊社发表的纸质版论文数字化，并在知网数据库平台进行信息网络传播，就存在著作权侵权的风险。毫无疑问，此时知网等数据库平台不能主张其已从报刊社获得了关于纸质版论文数字化形式传播的信息网络传播权。也正是因为这种情况，近年来发生了许多相关著作权侵权纠纷案件。本书所探讨的中南财经政法大学退休老教授告知网著作权侵权纠纷案也具有同样的背景。

二、法院判决知网构成著作权侵权并承担较大的损害赔偿的缘由

在该案中，法院判决知网构成著作权侵权的原因在于，老教授并未授权知网通过信息网络传播的形式使用其过去在报刊社发表的一百多篇纸质版论文。同时，法院还认为，即使报刊社与作者约定了信息网络传播权的问题，也不能当然地认为知网从作者那里获取了报刊上发表的纸质版论文的信息网络传播权。这可能也是基于合同相对性等因素。具体而言，在我国信息网络技术发展之前，报刊社与作者之间不可能就信息网络传播形式使用作品进行约定，相关的征稿启事中也不可能存在对信息网络传播权如何处置的条款。在这种情况下，知网未经作者授权收入作者论文，在其数据库中进行信息网络传播的行为，就存在侵害信息网络传播权的风险。在我国信息网络技术发展过程中，随着知网等数据库平台的兴起，报刊社在涉及作者投稿的征稿启事或者格式合同中，逐渐增加了针对信息网络传播行为的内容。特别重要的是，明确了作者授予报刊社通过知网等信息网络平台传播在报刊社发表的纸质版论文的权利，并且明确告知一次性稿费包括了在未来信息网络平台传播的收入。当然，在该案中，法院仍然认为知网并不能因此而取得作者的信息网络传播权使用许可。

在笔者看来，这一方面涉及对报刊社单方面的征稿启事法律性质的认识，另一方面也涉及作者在通过信息网络平台投稿时，必须接受报刊社单方面的格式合同约定的授予信息网络传播权以及一次性稿费的内容是否合法的问题。就前者而言，征稿启事并不是作者与报刊社之间签订的合同，而只是报刊社单方面的要约邀请，连合同成立中的要约这一要件都达不到。因此，不能根据征稿启事明确的内容而主张作者授予了报刊社信息网络传播权以及接受一次性获得稿费的安排。至于后者，在理论和实践中可能存在一定的争议。不过，问题的关键在于：即使是按照合同相对性原理，能否充分地否认作者授予信息网络传播权的合法性。这种具有格式合同性质的约定，由于其单方面

剥夺了作者在报刊社纸质媒体上发表作品的信息网络传播权，与我国民事法律合同制度中的格式合同不能够单方面排除当事人享有的法定权利的基本原理相悖。因此，从格式合同的相关原理来说，报刊社是通过投稿程序变相地、强制性约定作者必须同意将其在该报刊社发表作品的信息网络传播权转让或者许可给报刊社选定的诸如知网之类的数据库平台。值得注意的是，在当下，报刊社特别是杂志社普遍采用了通过信息网络平台投稿的形式，并且基本上采取的是同一模式的信息网络投稿平台，其中涉及信息网络传播以及一次性支付稿费等对作者具有重大利害关系的约定也大同小异。也就是说，上述模式似乎成为我国当前广大报刊社所公认的通行的模式和"事实标准"。然而，这种模式和"事实标准"很可能会损害作者对其在报刊社所发表文章进一步可以行使的信息网络传播权以及相应的获得报酬权。

在当前作者发表文章处于"卖方市场"的背景下，针对上述格式合同，作者只能"忍气吞声"。这是因为，根据投稿系统的安排，如果作者不接受格式合同，就不能完成下一步的投稿程序，即作者无法在该报刊社投稿。对于作者心仪的报刊社来说，显然，作者宁愿放弃信息网络传播权以及相应的获得报酬权，也仍然希望在该报刊上发表作品。除这里涉及的信息网络传播权外，值得注意的是，报刊社与作者之间的格式合同通常还会就在信息网络平台进一步传播其作品的稿费问题进行回应，即作者的文章在该报刊社发表以后，报刊社一次性支付稿费，该稿费包括了在信息平台使用的著作权使用费。这种情况从形式上看尊重和保障了著作权人的获得报酬权，实质是以合理合法的形式掩盖了报刊社试图以所谓一次性稿费摆脱后来通过信息网络传播该作品而应当进一步支付著作权使用费问题。

在笔者看来，也正是基于上述一些方面的考虑，法院不仅认定知网侵害老教授作品的信息网络传播权，而且判决给予较高数额的赔偿。其中赔偿由两部分构成，一部分是知网侵害著作权给老教授造成的损失，另一部分是老教授维权的合理费用。

三、法院判决以后知网如何处理老教授在知网上传播的论文

在该案法院判决以后，知网即很快将老教授的作品下架。本来，老教授告知网侵害信息网络传播权这一案件就引起了社会的广泛关注，知网的这一行为进一步将其推向舆论的风口浪尖，最后不得不通过公开道歉的形式加以

紧急处理。毫无疑问，这一行为也体现了知网已正确认识到不能通过简单地下架著作权侵权纠纷案件中权利人作品的方式解决后续的问题，而应当与老教授协商如何妥善处理其作品在知网数据库平台的进一步使用问题。在此，以下相关问题值得进一步思考与探讨。

第一，在法院认定被告侵害信息网络传播权以后，知网将涉嫌侵权作品下架的合理性。

从著作权侵权的一般原理来说，在法院认定被告侵害信息网络传播权的前提下，著作权人当然有权要求停止侵害、消除影响。其中，停止侵害的重要方式，是将侵权作品踢出相关市场，或者采取技术措施予以屏蔽。如近些年来，我国各级人民法院审理了大量的涉及信息网络平台侵害信息网络传播权的著作权侵权纠纷案件。在大量的案件中，人民法院在认定被告构成侵权的基础之上，也会支持原告主张的删除或屏蔽侵权链接等主张。不过，在有些案件中，也需要对这一法律责任形式进行一定限制，以维护公共利益乃至国家利益，同时避免原被告之间利益的严重失衡。对此，最高人民法院发布的《关于审理侵犯专利权纠纷案件应用法律若干问题的解释（二）》有明确的规定。在笔者看来，本案属于老教授与知网这一数据库平台之间的个案和法律纠纷，但由于知网承载了传播知识信息、增进学术研究等方面的重大公共利益，将法院认定侵权的作品直接在知网数据库下架的行为在形式上似乎为制止侵权的最佳方式，实际上，由于在当今信息网络环境下人们获取报刊社纸质版作品的基本来源为知网这一类数据库平台，老教授一百多篇论文在知网下架则意味着其他任何人难以通过便捷简单的方式获取这些论文加以学习与研究。如果有更多的相关案件，在法院认定被告侵害著作权的前提下，知网都采取类似的措施，就不但不利于用户比较方便地获取与使用这些作品，最终还会造成知网收录作品的不完整，无论是对知网平台本身还是社会公众来说都是弊大于利的事情。

第二，对于涉嫌侵害原告信息网络传播权的作品，如何处理才是较为合理的方式？

毫无疑问，如前所述，在一般情况下，当法院认定被告著作权侵权成立时，一旦判决生效，就应当执行停止侵权的措施。例如，停止复制发行侵权作品，将侵权产品踢出市场。在网络环境下，则可以体现为删除、屏蔽侵权链接。[1]然而，该案存在一定的特殊性。这是因为，作品在知网之类的网络数据库中传播，不仅对于作者的利益具有直接影响，对于社会公众接触和使用该作品也具有重要影响。因为在当前信息网络时代，就报刊社发表的作品而言，人们越来越习惯于通过知网之类的数据库网络查找、下载和利用，一般不会到图书馆或者资料室去找报刊社发表的论文原件，因为这样不仅费时费力，而且很可能因图书馆收藏不全而无法找到，在经济上缺乏效率。从心理学的角度来说，人们有一种所谓"路径依赖"心理。在人们习惯于用数据库查找论文并下载供自己学习和研究以后，突然无法根据这一已经习惯的数据库获取相关资料，就会感到无所适从。此外，还值得指出的是，在败诉以后，简单地下架作者的论文，对于知网一类数据库本身也不利，因为这会使相关收录作品不完整。如果类似的纠纷案件更多，可以设想一下情况会变得更糟。

为了避免法院认定被告侵害信息网络传播权以后，被告简单地下架作者论文，以致对社会公众获取相关知识和信息造成影响，笔者认为最理想的办法是在协商一致的基础之上，将原来未授权在数据库中的作品转化成合法许可使用。这样一来，既尊重和维护了作者享有的信息网络传播权等著作权，也能够使作者的作品继续在该数据库中存在和使用。这种情况对作者和数据库平台都是一种最佳的结果。从这里也可以看出，就包括著作权侵权纠纷在内的知识产权侵权纠纷案件全面的、最终的解决而言，停止使用可以根据个案的情况灵活掌握，而不必在任何情况下都"一棒子打死"，这样就可以取得最佳的经济社会效益，并实现法律效果和社会效果的统一。同时还可以得到以下启发：对于知识产权纠纷案件的最终解决，诉讼尽管作为最重要的主导形式，但其最终服务于有效地化解纠纷的目的，因而也应当重视调解方式在诉讼程序中的充分适用。根据笔者参与处理的大量著作权纠纷案件的经验，起初被告拒不配合的情况下，"以打促和"，不失为一种行之有效的手段。本案的解决其实也可以按照这一思路，该案件后续的处理情况也体现了这一思路。

四、如何建构知网、著作权人及报刊社之类作品传播者的利益平衡机制

老教授告知网案尽管属于个案，但由于知网这一类特殊的数据库平台不

---

[1] Jane C. Ginsburg, Luke Ali Budiardjo, "Liability for Providing Hyperlinks to Copyright-Infringing Content: International and Comparative Law Perspectives", 41 *The Columbia Journal of Law and the Arts* 153 (2018).

仅承载着其所有人的利益，而且还承载着传播知识与信息、促进学术和文化发展的社会公共利益，对于未经许可在该数据库平台传播的作品的最终处理，不是简单地停止侵权和赔偿损失的问题。在很多人看来，老教授告知网侵害信息网络传播权这一案件，主要焦点问题在于知网未经许可使用了老教授的论文，侵害了老教授的信息网络传播权等著作权，应当承担相应的停止侵权和赔偿损失的法律责任。笔者认为，这一点固然没有问题，但是如果从更高的层面考虑如何解决未经许可使用他人作品的问题，可以发现：问题的根源并不在于知网未经许可使用他人作品，而在于报刊社单方面的格式化条款是否涉嫌侵害作者享有的信息网络传播权和收益权（获得报酬权）等权利。这一点尽管已经是当前的一个普遍现象，却没有引起社会的广泛关注。即使在引起社会广泛关注的本案中，人们也很少从这方面加以思考并提出相关对策。

老教授告知网著作权侵权纠纷案表面上仅涉及原被告相互之间的利益关系，但在深入研究如何解决这类纠纷案件时，还应当考虑发表老教授文章的报刊社。只有这样，才能全面地考虑作者、作品传播者和作品使用者的利益关系，建构公平合理的利益平衡机制。其中涉及以下几个方面的法律关系，需要妥善处理：

首先，涉及作者和报刊社之间就在报刊社发表作品的法律关系。从著作权法的角度来说，发表权是著作权人享有的一种十分重要的著作人身权。作者作为最重要的著作权人将其作品向报刊社投稿，报刊社经过一定的审稿程序发表作品，这实际上是作者行使发表权，或者说是作者许可报刊社以发表的形式使用和传播其作品的法律行为。由此可见，在这一法律关系中，作者应当处于主导地位，其中报刊社是被许可人。然而，在当前的作品发表问题上，已经形成了由报刊社主导的所谓卖方市场。由于作品能否在某报刊社发表的最终决定权在报刊社，报刊社俨然成了其与作者的法律关系中处于主导地位的一方。基于多方面原因，作者在中文社会科学引文索引（CSSCI）一类的核心刊物发表作品的需求日益增长，在客观上也使得作者在这类刊物发表的难度越来越大。在这种背景下，报刊社在客观上逐渐取得一种优越地位。这种情况必然会影响作者和报刊社商定作品发表的相关条件，尤其体现为报刊社对作者的相关权利进行单方面的限制。

在当前信息网络时代，作品除了在报刊社的纸质版媒体上发表，其进一步传播和使用离不开信息网络平台。尽管当前一些报刊社都有自己的微信公众号或者类似的公开的信息网络平台，作者也可以在该微信网络平台查询甚至下载相关作品，但基于各方面条件限制，读者在很多情况下不能下载完整的全文，发表文章的相关社会反响也无从体现，如文章被其他刊物文章引用的情况。比较而言，知网等数据库平台则基于其收录文章数量和技术方面的巨大优势，能够为社会公众提供全面的信息服务。也正是因此，作品在报刊社的纸质版媒体发表以后，进一步在知网之类的数据库平台上传和传播具有更加重要的意义和价值。报刊社也基于自身利益考量，希望其发表的作品通过知网等数据库平台进一步获得相关经济利益，也同时有利于通过知网等数据库平台扩大该报刊社的社会影响。这样一来，报刊社就存在限制作者作品发表以后在知网等数据库平台进行信息网络传播的权利的动机。这也就是为何在当前作者向报刊社投稿时，报刊社通过网络投稿系统通常以格式条款的形式要求作者在该报刊社发表文章的同时，将该文章在知网之类的数据库平台进行信息网络传播以及获得相应利益的权利转让或者许可给该报刊社。通过这一格式化条款，作者作品在该报刊上发表以后，其进一步通过信息网络传播在知网之类的数据库平台使用时，报刊社希望作者不能对知网之类的数据库平台再行使信息网络传播权。

实际上，报刊社的深层目的是由其取代作者行使信息网络传播权，并通过行使信息网络传播权获得利益。假设报刊社与作者的格式条款具有合法性和正当性，报刊社代替作者行使信息网络传播权并因行使这一权利而获得收益分成，在利润分成的基础之上将一部分收益返回给作者，在一定程度上尚可接受这一格式条款排除作者信息网络传播权的合理性。然而，实践中的情况并非如此，因为报刊社与作者的投稿协议中通常还会单方面约定：作者作品在该报刊社发表以后，报刊社一次性支付稿费，该稿费包括了通过知网之类的信息网络平台以复制、信息网络传播等方式利用该作品的所有使用费。就作者的收益权而言，这无异于一次性买断。由于该一次性稿费通常较低，并且事实上报刊社并没有考虑在知网之类的信息网络平台获得收益分摊给作者的情况，这所谓的一次性稿酬实际上和只支付在报刊社发表作品的一次付酬无异。

从作者和报刊社就作品发表的相关法律关系看，问题的实质在于：报刊社基于采用文章的优势地位，在作者通过网络平台投稿时，通过单方面的格式条款变相强制性地剥夺了作者作品的信息网络传播权和通过信息网络传播行为获得收益的权利。在当前作品发表形成了越来越明显的卖方市场的背景下，这种情况应当说具有普遍性。然而，这种普遍性并不意味着合理性。就作者在报刊上发表文章的事宜，报刊社需要重新思考和建构与作者公平合理的法律关系，否则就会为作者与知网之类的信息网络平台就作品信息网络传播行为产生争议埋下隐患。同时，报刊社在投稿程序中设置的格式条款，单方面剥夺作者享有的信息网络传播权以及相应的收益权，其是否具有正当性和合理性也值得关注和思考。

其次，涉及报刊社与知网这一类网络数据库就纸质版作品通过信息网络传播的法律关系。报刊社将其纸质版媒体上发表的文章在知网之类的数据库平台传播，当然也需要签订合作协议。这种合作协议最重要的有以下两个问题：一是报刊社授予知网信息网络传播权；二是在报刊社发表的作品，通过知网之类的数据库平台传播获得的收益在报刊社和这类数据库之间进行收益分成。关于第一个问题，报刊社无疑会向知网之类的数据库平台提供其与作者之间就发表作品的格式条款。如上所述，该格式条款会明确指出：作者在发表作品时，将作品的信息网络传播权转让或者许可给该报刊社。[1]这恐怕也是当前报刊社非常有底气地将其所发表作品一揽子授予知网之类的数据库平台进行信息网络传播的重要原因。就第二个问题，这种利益分成本身的合理性不应怀疑。问题的关键在于报刊社事先通过作者与其达成的格式条款，排除了作者就通过信息网络传播其作品获得的收益进行分成的权利。

从以上分析可以看出，从报刊社与知网之类的数据库平台通过信息网络传播的形式使用作者在报刊社纸质版媒体上发表文章的情况来看，仅从商业化运作的角度理解，可以认为是报刊社和知网之类的数据库平台通过合作的形式共同利用作者的作品获得利益。在这一合作模式中，创作作品的作者反而成为局外人，不能获得任何经济利益，甚至连作者自己下载所发表的文章也要付费。[2]不仅如此，著作权法规定的作者或者其他著作权人享有的信息网络传播权本身也被架空。从某种意义上来说，这一合作模式忽视了作者享有

---

〔1〕　在实践中更多的是转让，而不是普通许可，更不会是排他许可、独占许可，因为从法律上来说即使获得独占许可，报刊社在未取得作者同意的前提下，也无权单方面进行分许可。

〔2〕　当然，知网通过作者注册系统为作者提供免费下载自己作品的做法在一定程度上削减了这一不合理情况。

的著作权以及相应的通过行使著作权而获得的必要利益。可以认为，近些年来公开的涉及作者与知网之类的数据库平台的相关著作权侵权诉讼之所以发生，根源也在于此。令人遗憾的是，这一情况并没有引起社会的关注。

最后，涉及作者与知网之类的数据库平台之间的法律关系。这一法律关系和报刊社与知网之类的数据库平台之间的法律关系有些类似，主要是作者作品在知网之类的数据库平台传播并获得收益的分成问题。如果将问题作简单化分析，不考虑报刊社与作者就作品信息网络传播权进行约定的现实情况，则可以认为知网之类的数据库平台传播作者在纸质版媒体上发表的论文，应当经过作者的许可授权。现在问题的关键则在于，并不是作者与知网之类的数据库平台直接打交道，也就是作者与知网之类的数据库平台并没有进行任何形式的协商与谈判，所以也谈不上签订协议的事情。如前所述，基于成本和便利的考虑，知网也不可能与千千万万作者逐一进行协商。当然，也有人可能指出，这一谈判协商工作可以由著作权集体管理组织完成。不过基于作品的海量性以及作者的复杂情况，将这一事情交由著作权集体管理组织完成也不现实，更不用说当前我国著作权集体管理的整体运行水平和效率有待大幅度提高。目前的普遍情况是由报刊社"代"作者行使信息网络传播权。从经济学上的效率观来说，这一模式具有程序简约、效率高等特点，而其本身也存在合理性，因为依靠作者和知网之类数据库平台直接协商谈判不现实。

还有一个重要问题，是报刊社与知网之类的数据库平台就作品通过信息网络传播而获得的收益进行分成的问题。实践中，知网通过传播在报刊上发表作品获得的各种收益如何分成，公开的资料很少予以报道。这当然也可以视为经营者的商业秘密范畴，因而无需在这里进行深度挖掘和讨论。但需要高度重视和注意的是，这种收益分成排除了作者的参与，也就是作者不能从作品的信息网络传播中获取进一步的收益。从报刊社的角度来说，其会指出：报刊社与作者的投稿协议已经明确，该报刊社纸质版媒体发表文章时已经向作者一次性支付稿酬，这一稿酬包括了未来通过信息网络传播形式使用作品的收益（分成）。实际上，正如前面所指出的，由于在通常情况下报刊社支付给作者的报酬较低，这种所谓一次性付酬仅具有形式上的意义，并非真正考虑了未来作品通过信息网络传播获得收益的情况。从当前信息网络技术发展的情况来看，作品在知网等数据库平台使用的情况及效益，完全可以通过技术手段加以计量。实际上，在纸质版作品发表以后，报刊社通过与知网之类的数据库平台的合作，能够获得的收益分成都是可精确计量的。

从以上分析可以看出，作者告知网侵害信息网络传播权案件，所反映的最根本的问题是，作者在纸质版媒体上发表作品的信息网络传播权和相应的收益权被报刊社与作者的投稿协议中的格式条款提前"处理"了，而并非简单的知网未经作者许可进行信息网络传播以及并未支付报酬的问题。当然，在老教授告知网侵害信息网络传播权这类案件中，针对信息网络技术成熟之前的作品，由于作者和报刊社并未就作品的信息网络传播权以及相应的利益分成作出约定，数据库单方面收录作品并进行信息网络传播是否缺乏正当行使权利的法律基础，答案是显而易见的。

五、结论

老教授告知网侵害信息网络传播权和收益权这一案件，看似是一个普通民事侵权纠纷案件，但由于知网也肩负着传播知识与信息、促进学术交流的重大社会公共利益，以及这类案件作者的海量性，该案件引起了社会的广泛关注。通过研究这一案件背后的信息网络传播权许可机制以及对作者收益权的处理办法，特别是作者与报刊社之间就作品发表以后信息网络传播权的处理方式，可以清楚地看到问题的根源在于报刊社通过与作者之间的格式条款提前对信息网络传播权和相应的收益权进行了安排，这种处理方式是否正当、合理是问题的关键所在。从根本上来说，针对作者的作品在纸质媒体上发表以后，进一步的信息网络传播和获得收益的行为，需要在作者、报刊社以及知网之类的数据库平台之间建立一种公平、合理的利益平衡机制。该平衡机制既要充分、有效地保护作者的著作权，包括基于信息网络传播行为的信息网络传播权以及收益权，也要有利于作品在信息网络平台的传播和利用。因此，就老教授告知网侵害信息网络传播权和收益权等类似案件而言，既需要尊重作者的著作权，也不能对数据库平台课以过重的负担，以免影响传播知识与信息、促进学术研究和交流的社会公共利益。在信息网络时代，如何重构作者、作品传播者和作品使用者的利益平衡关系，值得进一步研究。

维护商标专用权保护与自由竞争的平衡：青花椒案的启示

2022 年初，四川省高级人民法院二审的青花椒注册商标侵权纠纷案落下帷幕。[1]在当前数量日益增多的注册商标侵权纠纷案件中，能够有机会获得直播并且当庭判决的案件可谓寥寥无几。该案二审受到社会的广泛关注不仅是因为直播并当庭判决，还因为该案所体现的商标权保护的基本原理、裁判法理，以及在当前知识产权人委托律师事务所或者中介公司进行商业维权的现象日益普遍甚至近乎疯狂的背景下能够正本清源，对实现商标法中商标权人的利益和社会公共利益的平衡，划清注册商标专用权、禁止权以及公众自由竞争权的界限，实现知识产权法中利益平衡机制以及知识产权立法宗旨都具有十分重要的影响和作用。

对于青花椒注册商标维权事件以及系列诉讼案，笔者也给予了足够的关注。鉴于这一案件的典型意义，笔者在此进一步进行总结和思考。笔者认为，从青花椒注册商标侵权纠纷案，可以得到如下启示。

一、注册商标专用权保护的基本定位：在充分有效保护注册商标专用权的基础之上，捍卫同行生产经营者自由竞争的权利

商标法属于知识产权法的范畴，无疑以充分有效保护商标权人对其注册商标享有的专用权作为基本目的。然而，商标法并不是仅保护商标权人权益的法律。在商标法中，还需要捍卫同行生产经营者自由竞争的权利。我国《商标法》第 1 条立法宗旨以及其他相关条款虽未明确在相同或者类似商品上

---

[1] 四川省高级人民法院（2021）川知民终 2152 号民事判决书（侵害商标权纠纷案）。

的同行生产经营者自由竞争的权利，但从商标法立法宗旨以及商标法价值构造中的利益平衡机制等方面，可以充分地认为确保自由竞争也是商标法的重要价值取向。这一点在最高人民法院的相关司法政策中也有充分体现，在国外相关立法和司法实践中更是体现得淋漓尽致。例如，美国1946年《兰哈姆法》关于商标立法宗旨的规定就明确指出，保护商标权和保护社会公众都是商标立法的重要目的。在相同或者类似商品上进行生产经营的同行生产经营者作为社会公众的一员进行自由竞争的权利也包含在其中。

在青花椒案中，同行生产经营者的自由竞争权利主要体现为在其经营的鱼火锅等川菜中，以青花椒作为原料自由使用，并向消费者告知。即使不是川菜，在其他菜肴中也可以将青花椒作为原料使用，这一自由竞争的行为并不因青花椒被人申请注册为商标而被禁止。

二、引入公共领域保留原则：在充分有效保护注册商标专用权的基础之上，捍卫公共领域

公共领域最初并非知识产权法中的概念，其较早见于政治哲学等领域。随着社会发展，这一概念逐渐被引入包括知识产权法在内的法律领域。在包括商标法在内的知识产权法中存在广泛的公共领域。所谓公共领域，一般可以理解为在知识产权法中不受知识产权人的权利控制、限制，而可以被任何人自由使用的客体，或者可以被任何人自由使用的行为。

公共领域保留，实际上是知识产权法中的一个根本性的原则。只不过当下随着知识产权严保护政策导向的不断强化，在谈到知识产权保护时人们更多的是从如何加强知识产权保护的方面进行思考。这一点固然没有任何问题，而且加强知识产权保护确实是我国知识产权制度有效运行的根本，只是需要进一步全面认识知识产权保护的基本构架和制度理念，因为加强知识产权保护与公共领域保留原则并不矛盾，两者是对立统一和相辅相成的关系。实际上，从知识产权保护制度设计和安排来说，具有专有性的知识产权有一定的保护期限，其最终会进入公共领域。知识产权制度运行中充分尊重公共领域保留原则，应当说与对知识产权的保护同样重要。在美国知识产权立法和司法实践中，就存在著名的"3P"原则，其中之一就是公共领域保留。尽管在我国知识产权立法中并没有出现公共领域或者公共领域保留的表述，但在我国知识产权司法实践中，人民法院也逐渐认识到公共领域保留的极端重要性。笔者近几年主持国家社科基金重大项目"创新驱动发展战略下知识产权公共领域问题研究"，在对大量相关案例的研究基础之上就得出了这一结论。值得注意的是，对于知识产权法中的公共领域保留，无论是在我国知识产权立法还是知识产权理论研究与司法实践中，整体上仍然关注不够。国外关于知识产权公共领域的研究，将司法实践中侵占公共领域的现象称为"二次圈地运动"，提出应当重视公共领域保留，捍卫社会公众自由创作和创造，以及自由使用公共资源的权利。

在知识产权法上，公共领域保留原则的落实在很大程度上体现为公共资源的自由使用。以商标权保护为例，我国《商标法》第 59 条第 1 款明确规定，注册商标中含有的本商品的通用名称、图形、型号，或者直接表示商品的质量、主要原料、[1]功能、用途、重量、数量及其他特点，或者含有的地名，[2]注册商标专用权人无权禁止他人正当使用。[3]这一规定实际上体现了商标立法对社会公众自由使用公共资源的保障。就青花椒案而言，公共领域保留、公共资源的自由使用毫无疑问主要体现为青花椒这一表示某种原料的公共资源，不应当被任何人垄断，而应当被公众自由使用，特别是不能因被他人注册为商标就禁止其他任何人以任何方式使用"青花椒"这三个字，否则就是侵害公共领域。

三、追求商标权保护中的利益平衡：实现注册商标所有人利益与社会公共利益平衡

作为知识产权法的范畴，商标法同样是一种利益平衡机制。在商标法中存在不同的利益主体，尤其体现为注册商标所有人的利益、社会公众的利益和竞争者的利益等。可以将商标法中的利益结构归纳为商标所有人的利益与社会公共利益。从商标立法宗旨以及商标法律平衡机制的角度来看，对商标专用权的保护必须立足于注册商标所有人利益与社会公共利益之间的有效平

---

〔1〕 参见最高人民法院（2022）最高法民再 238 号民事判决书（侵害商标权纠纷案）（商标权人不得禁止他人对商品原料名称的正当使用）。

〔2〕 参见湖北省高级人民法院（2023）鄂知民终 695 号民事判决书（侵害商标权纠纷案）。

〔3〕 参见上海知识产权法院（2023）沪 73 民终 285 号民事判决书（侵害商标权纠纷案）。

衡，而不能仅限于对注册商标专用权的保护。[1]从商标法中的利益平衡机制来看，在充分有效保护注册商标专用权基础之上，为实现社会公众的利益，需要对商标权予以适当限制。这种限制就体现为一定情况下他人在相同或者类似商品或者服务上使用与注册商标相同或者近似的商标标识，只要不容易造成消费者混淆误认，该行为就具有合法性。

青花椒案尽管是个案，但个案解决会极大地影响广大社会公众的利益，尤其是同行生产经营者的利益。例如，仅在四川成都以青花椒作原料的餐饮企业就有三四百家。可以设想一下，如果二审维持成都市中级人民法院一审认定被告构成侵权的判决，不仅在成都的几百家以青花椒作原料的餐饮企业不能将青花椒使用在鱼火锅之类的餐饮服务和宣传上，全国数千家类似企业都不能使用，也就是原告在将青花椒这一公共资源注册商标以后可以在全国的餐饮行业中禁止他人以青花椒作为原料向消费者告知。毫无疑问，这不仅会严重侵害上面所讨论的社会公众自由竞争的权利，也会造成商标权人利益和社会公共利益的严重失衡，在法律上也是极不公平的。本案一审判决显然没有考虑到这种情况，因而是不适当的。

四、在个案中清晰地划分注册商标专用权与禁用权的合法边界：防止商标权人滥用权利（包括滥用诉权）而损害社会公众合法权益

前面谈到了商标法中商标权利益和社会公共利益的平衡机制。为实现这一利益平衡，必须清晰划分注册商标专用权和禁用权的合法边界，尤其是需要预防和控制商标权人滥用权利。[2]从与知识产权有关的竞争法的角度来说，包括商标权滥用在内的知识产权滥用，是竞争法规制的对象。[3]如前所述，我国《反垄断法》第68条就对知识产权人行使权利构成排除、限制竞争的知识产权滥用行为作了规定。在商标侵权纠纷案件中，商标权的滥用在很大程

---

[1]　参见四川省高级人民法院（2009）川民终字第155号民事判决书（侵犯商标专用权纠纷案）；广州知识产权法院（2019）粤73民终6944号民事判决书（商标侵权及不正当竞争纠纷）。

[2]　参见宋健：《商标权滥用的司法规制》，载《知识产权》2018年第10期；山东省高级人民法院（2022）鲁民终2199号民事判决书（侵害商标权纠纷案）；湖南省长沙市中级人民法院（2023）湘01行终623号行政判决书（市场监督管理局行政处罚一案）。

[3]　参见湖南省长沙市中级人民法院（2023）湘01司惩4号决定书（侵害商标权及不正当竞争纠纷司法惩戒案）。

度上体现为滥用诉权。例如，当下包括商标权案件在内的知识产权商业维权现象日益增多，不排除有的案件中存在知识产权滥用的现象。[1]被媒体曝光并且被国家知识产权局和最高人民法院等相关部门关注的逍遥镇胡辣汤和潼关肉夹馍事件，就反映了这方面的严重问题。当然，笔者并非一律反对商业维权现象，只是强调商业维权应当正当、合法。在现实中广泛存在原告委托某家律师事务所或者中介公司在明知或者应知被告并不构成侵害知识产权的情况下发警告函，并采用软硬兼施的手段逼迫被控侵权人就范，甚至将矛头指向大量销售门店。这些商业维权案件动辄数以百计甚至以千计。我国近几年来知识产权案件特别是知识产权侵权纠纷案件数量飙升，在某种程度上与这种过度的商业维权不无关系。

就本案而言，同行经营者在原料意义上使用青花椒进行自由竞争，注册商标所有人所委托的律师事务所应当知道这一行为的正当性和合法性。在商标司法实践中如何防止权利滥用，包括滥用诉权，确实值得认真思考和总结。

五、个案中明确被控侵权人使用行为的性质：厘清属于商标性使用还是属于对相同或近似商标标识本身的正当使用

从商标法基本原理和商标立法规定来说，商标侵权行为显然是一种商标性使用行为。[2]根据我国《商标法》第48条的规定，商标使用行为属于一种用于识别商品或服务来源的行为。[3]基于此，在商标侵权纠纷案件中，对于被控侵权人的使用行为是否构成商标侵权，应区分其行为是属于商标性使用还是属于对商标标识本身的正当使用。[4]商标标识的正当使用，体现为商标标识

---

〔1〕 相关案件如最高人民法院指导案例82号"歌力思案"，最高人民法院（2014）民提字第24号民事判决书（侵害商标权纠纷案）。

〔2〕 参见江西省高级人民法院（2023）赣民终463号民事判决书（侵害商标权及不正当竞争纠纷案）。

〔3〕 参见最高人民法院（2023）最高法行再10号行政判决书（"撤三"案件中商标使用行为的认定）。

〔4〕 参见万迪：《侵害商标权纠纷案件中商标性使用与正当使用的界定——从"草莓音乐节案"说起》，载《法律适用（司法案例）》2017年第24期；黄砚丽：《商标性使用是认定构成商标侵权的前提和基础》，载《法律适用（司法案例）》2017年第22期。

的说明性使用〔1〕、商标标识的描述性使用〔2〕以及商标标识的指示性使用〔3〕等。我国《商标法》对于商标标识的指示性使用权利限制制度没有规定，有待以后进一步通过修改立法的形式加以完善。

就本案而言，二审法院之所以认为被控侵权人的行为属于对商品标识的正当使用，〔4〕是基于在该案中被告使用青花椒字样是将其作为鱼火锅之类的调料，符合我国《商标法》第 59 条第 1 款的规定，具有正当使用的法律依据和基础。

六、科学合理地适用商标侵权的判定标准：以容易导致消费者混淆、误认作为最关键的因素，而并非仅限于在相同或者类似商品服务上使用相同或者近似标识

我国《商标法》在 2013 年修改时，在其第 57 条第 2 项明确规定，构成商标侵权，不仅需要满足在相同或者类似商品上使用相同或近似商标〔5〕的条件，而且应当容易导致消费者混淆。在商标法原理中，这被称为认定商标侵权的混淆标准。混淆包括直接混淆与间接混淆，也可以称为直接混淆与关联关系混淆或者联想性混淆。将容易导致消费者混淆误认作为商标侵权判断的根本性标准，既符合商标侵权判断的基本法理，也与国内外商标立法与司法实践〔6〕相吻合。然而，值得注意的是，在很多商标侵权纠纷案件中，人民法院在商品侵权判定中有忽视混淆可能性认定的倾向。从笔者以知识产权专家身份参与处理大量重大、疑难、复杂、前沿性的商标侵权纠纷案件，以及对众多商标侵权纠纷案件判决书的研究来看，令人遗憾的是，有很多判决书只

---

〔1〕　参见青海省高级人民法院（2020）青知民终 20 号民事判决书（侵害商标权纠纷案）；Holzapfels Compositions Co. v. Rahtjen's American Composition Co., 22 S. Ct. 6 (1901).

〔2〕　Deborah R. Gerhardt, "A Masterclass in Trademark's Descriptive Fair Use Defense", 52 *Akron Law Review* 739 (2018).

〔3〕　See Howe Scale Co. of 1886 v. Wyckoff, Seamans & Benedict, 198 U. S. 118 (1905).

〔4〕　参见四川省高级人民法院（2023）川知民终 432 号民事判决书（侵害商标权纠纷案）。

〔5〕　参见甘肃省高级人民法院（2022）甘知民终 82 号民事判决书（侵害商标权纠纷案）；云南省高级人民法院（2022）云民终 1990 号民事判决书（侵害商标权纠纷案）。

〔6〕　参见宁夏回族自治区银川市中级人民法院（2023）宁 01 知民终 8 号民事判决书（侵害商标权及不正当竞争纠纷案）。

是强调被告是在相同或者类似商品上使用相同或者近似的商标，对于该行为是否容易导致消费者混淆并没有进行任何阐述，即使有阐述也通常都是三言两语、一笔带过。

以本案的一审判决书为例，法院只是简单地描述了被告使用青花椒的字样具有突出使用的情况，就直接简单地下结论，即容易导致消费者混淆。在司法实践中还存在这样一个问题：并没有真正从消费者的立场和眼光出发，特别是基于消费者的一般认知能力和水平，在个案中认定是否容易导致消费者混淆。本案二审对该案被控侵权人的行为是否容易导致消费者混淆进行了详细分析，既合乎情理，也合乎法理与法律的规定。例如，二审法院判决指出：被告在使用青花椒字样的同时也使用了自己的注册商标，该注册商标显然是为了识别本餐馆与其他餐馆的同行经营者；在川菜的经营者和消费者中，青花椒作为鱼火锅之类的川菜的调味品是一种惯常的认知，被控侵权人使用"青花椒鱼火锅"以及在招牌门店上使用"青花椒"字样，不会轻易改变消费者的这种认知。笔者认为，该案二审法院的观点很好地体现了法律应当面向现实、解决现实问题，法律的实施同样应当基于日常生活经验法则，而不能过于机械地理解、错误适用法条。包括鱼火锅等在内的川菜中使用青花椒作为原料，其并不仅限于成都以及四川省其他地区，在全国范围内川菜中的调料包含青花椒之类的花椒也是一个常识。

七、被控侵权人使用标识的方式、范围与特点：标识使用大小特别是标识本身的突出使用并不当然地等同于商标侵权意义上的突出使用

毫无疑问，商标侵权是针对被控侵权人在相同或者类似商品或服务上使用相同或者近似标识的行为。也正是基于此，在商标侵权纠纷案件中，作为注册商标所有人的原告通常会指出被控侵权人使用与其注册商标相同或者近似标识行为的违法性，在很多情况下还会指责被控侵权人"突出使用"。然而，通过对笔者以律师身份代理的商标侵权案件和近些年大量典型商标侵权纠纷案件判决的研究来看，针对被控侵权人使用标识的方式、范围，对于被控侵权人使用相同或者近似标识是否构成商标侵权意义上的突出使用存在很多误解，其中最突出的又是将被控侵权人使用标识的大小简单、粗暴地等同于商标侵权意义上的突出使用，对于被控侵权人使用的主观目的、该标识与

其他相关文字或图形等组合尤其是其产生的整体效果（该字体的突出使用，在主观上是否具有"搭便车""傍名牌"的不正当目的，客观上是否容易引起消费者混淆，特别是是否容易引起消费者将该被突出使用的文字或者图形视为原告的注册商标）却缺乏深入的分析，或者一笔带过。该案一审成都市中级人民法院的判决就存在上述问题，即将被告使用青花椒鱼火锅标识直接认定为突出使用了与原告注册商标相同的青花椒三个字，进而简单直白地认定容易引起消费者混淆并构成商标侵权。

必须强调指出，上述第七点虽放在最后讨论，但并非不重要。实际上，在有些典型案件中存在的问题就是：法院认定被控侵权人在相同或者近似的商标上使用的标识较大，从而简单地认定构成了侵害注册商标权意义上的突出使用。这种简单化的做法，不仅与我国商标权保护的基本法理相悖，也不符合我国商标立法和司法实践的现实和要旨，因而应当予以改正。

近些年来我国发生的一些商标侵权纠纷案件的原告或者人民法院将被控侵权人使用与原告注册商标相同或近似的标识字体或者图形较大的行为，简单地视为容易引起消费者混淆并构成商标侵权，其存在的主要问题是机械地认定被控侵权人使用的标识与原告注册商标标识的相同或者近似，而没有特别重视被控侵权人使用的标识的特定含义、特定场景和特定目的，特别是没有很好地结合以下几方面的现实情况：

一是被控侵权人使用的标识以及特定的商品或者服务相结合的情况。例如，在青花椒案中，被控侵权人是将青花椒三个字直接与鱼火锅或者鱼等直接相关联。对消费者而言，消费者对于被控侵权人使用的与原告注册商标相同或者近似标识所产生的整体印象与效果，显然不能孤立地割断该标识与特定商品或者服务之间产生的特定联系及其整体效果。这是因为，从商标权保护原理来说，正如前面所指出的，商标权真正值得保护的内在机理在于特定商标或者服务与特定商品或者服务之间的特定联系，而不仅仅是这种标识本身。我国《商标法》也明确规定注册商标专用权以核准注册的商标和核定使用的商品为限。在讨论注册商标侵权是否成立时，必然需要结合商标和商品或者服务，而不是孤立地抽出商标标识本身。结合商标权保护的"联系说"，真正关注的也不是孤立的商标标识和商品或者服务的类别，而是两者结合所产生的识别商品或者服务来源的效果。在一些商标侵权纠纷案件中，由于法院将被控侵权人所使用的相关商标标识与商品或者服务进行割裂，没有进一步认定标识与商品或者服务相结合产生的后果，从而容易认定错误。

二是被控侵权人使用的标识与其他标识相互结合的情况。在很多商标侵权纠纷案件中，被控侵权人使用的标识不仅包含了与原告注册商标相同或者近似的标识，而且包含了其他相关文字、图形、符号等要素，尽管该标识中与原告注册商标相同或者近似的部分较为突出，但如果该标识与被控侵权人使用的其他标识相结合产生的整体效果并不容易引起消费者混淆，显然也不能简单地将这种标识放大的行为等同于商标侵权意义上的突出使用行为。

三是被控侵权人除使用与原告注册商标相同或者近似的标识外，还使用了自己的注册商标标识，甚至在有的案件中被控侵权人的注册商标知名度较高，有的还曾经被认定为驰名商标。针对被控侵权人使用与原告注册商标相同或者近似的标识较大这种所谓突出使用的情况，如果该标识的使用是与其自身注册商标置于相近的位置，消费者不仅能看到被控侵权人使用的涉案标识，而且能够一目了然地看到被控侵权人自身的注册商标，在这种情况下，从商标识别商品或者服务来源以及被控侵权人使用与原告注册商标相同或者近似标识的行为是否容易引起消费者混淆、误认的情况来看，一般可以认为消费者会凭借被控侵权人同时使用的注册商标识别被告的商品或服务来源，而不会将被告的商品或服务与原告的混同。当然，在特定的场合，若被控侵权人涉案商品或者服务上使用的注册商标知名度极低，而原告注册商标在涉案商品或者服务上的知名度极高，也不完全排除存在混淆可能性的情况。不过，即使是这种情况，也需要结合被控侵权人使用的目的、方式和范围，以及所使用的标识是否具有其他特定的含义加以判断，如在青花椒、金银花等相关商标侵权纠纷案中，被控侵权人使用的标识本身具有公共资源的属性。至于在很多情况下，原告注册商标在涉案商品或者服务类上知名度很低，而被告在同样的商品或者服务类别上知名度很高，从是否容易引起消费者混淆而言也应当加以否定。

值得注意的是，在青花椒案中，二审法院之所以认定被告不构成侵害注册商标专用权，其中的理由就是被控侵权人除使用青花椒鱼火锅字样，还在周边醒目的位置使用其注册商标。[1]笔者十年前参与处理的一起侵害注册商

---

[1] 广东省高级人民法院（2008）粤高法民三终字第 345 号民事判决书（侵犯商标专用权纠纷案）。

标专用权纠纷案件也存在同样的情况，在该案中，被告在与原告注册商标相同的商品类别（手表）上除使用与涉案标识相同或者近似的四瓣花的图案外，还在涉案商品的醒目位置使用了其注册商标，并且该注册商标在国内外相关商品中也具有很高的知名度。该案一审广东省某中级人民法院仍然判决被告构成商标侵权。在笔者接手二审案件的处理后，从公共资源保留以及被告使用涉案标识与其注册商标相结合产生的整体效果等方面进行了充分论证，向二审广东省高级人民法院指出该行为并不构成侵害注册商标专用权。最终笔者的意见被法院采纳，二审法院改判被告不构成侵害原告注册商标专用权。据悉该案后来被遴选为重点案件予以公布。

又如，在薰衣草注册商标侵权纠纷案件[1]中，也存在同样的情况。该案被控侵权人除在相同或者类似商品上使用与原告注册商标相同或者近似的标识以外，还使用了自己的注册商标"心相印"，并且该注册商标曾经被认定为驰名商标。在该案中，一方面基于薰衣草是作为造纸的一种原料或者香味，另一方面基于被控侵权人同时使用了自己具有较高知名度的注册商标，一审法院和二审法院都认定被告并不构成商标侵权。当然，还应当指出，笔者并非主张被控侵权人在使用了与原告注册商标相同或者近似的商标标识的前提下只要同时使用了自己的注册商标就不构成商标侵权，而是强调被控侵权人在同时使用自己的注册商标，甚至自己的注册商标较知名的情况下，更难以造成消费者混淆。

四是被控侵权人使用的标识与消费者认知相结合的情况。从商标保护的基本原理来说，商标作为区分不同生产经营者商品或者服务来源的具有显著性的标识，其功能和作用在于方便消费者节省搜寻成本，认牌购物。结合消费者心理学，被控侵权人使用的标识是否容易导致消费者混淆，不能孤立地看其使用的标识字体大小，特别是该标识是否本身存在突出使用的情况，而必须结合消费者认知。[2]通俗地说，消费者看到被控侵权人使用的与原告注册商标相同或近似的标识以后会产生什么样的感觉？如果该消费者很可能会

---

[1]　北京市高级人民法院（2007）高民终字第968号民事判决书（侵犯商标专用权纠纷案）。

[2]　参见北京知识产权法院（2015）京知民终字第113号民事判决书（侵犯商标专有使用权及不正当竞争纠纷案）；江苏省高级人民法院（2011）苏知终字第0024号民事判决书（侵犯商标专用权纠纷案）。

将被告的商品或服务混同于原告的商品或者服务，就会存在混淆之虞，结合个案的其他情况可以认定被告构成侵害注册商标专用权。反之，如果该消费者一般不会将被告商品或者服务与原告的商品或者服务相混同，结合个案的其他情况，如本书所探讨的被告是否还使用了其他相关标识，尤其是被告是否使用了自己的注册商标、被告在相关商品或者服务上使用的标识是否在一般消费者看来具有特定的含义、被告使用相关标识的目的，也同样可以认定被告并不构成侵害原告的注册商标专用权。在此，必须立足于日常生活经验法则，引入现实中一般消费者的认知能力和水平的考量，综合评判被控侵权人的行为是否容易引起消费者混淆。

著作权司法实践中翻译作品剽窃认定研究

　　翻译作品，简称"译作"，是相对于原作而言的一类作品。在著作权法中的作品分类上，翻译作品与改编作品、注释作品等一起被称为"演绎作品"。世界各国家和地区由于发展历史不同，产生了不同种类的语言文字。即使是同一国家或地区，也因民族不同而存在不同类型的语言文字。随着各国家和地区之间文化交流与合作的日益频繁，翻译作品应运而生。基于翻译作品的独创性及其承载的特定文化含义，这类作品在著作权国际保护公约和各国家和地区著作权法中都被纳入著作权客体范畴。我国《著作权法》也不例外。近些年来，随着我国人民物质文化生活水平的提升，对于翻译作品特别是优秀的翻译作品的需求日益增长。与此同时，在著作权司法实践中，翻译作品著作权侵权纠纷案件数量也呈增长之势，这尤其体现于翻译作品剽窃案件。由于原被告作品来自同一原作，即使是合法翻译的被告翻译作品，其与原告翻译作品构成"实质性相似"也具有一定的必然性。加之原版语言障碍，著作权司法实践中如何认定翻译作品剽窃，成为困扰人民法院的一个难题。笔者不揣疏浅，立足于著作权法基本原理和理论，就著作权司法实践中翻译作品剽窃认定问题进行初步探讨。

一、翻译作品的概念及其受著作权保护的正当性

　　翻译作品，顾名思义，是指将一种语言文字翻译成另一种语言文字的作品。基于人类语言文字的多样性，以及不同民族、国家和地区之间进行跨文化交流的必要性和重要性，在很多情况下不同民族、国家和地区语言文字需要翻译成另一个民族、国家或地区的语言文字，以便于其他民族、国家或地区人民能够阅读和理解。可以认为，在世界文化交流与合作中，翻译作品占据重要地位。原因其实很简单，因为没有翻译作品，其他民族、国家或地区

的人民就会因语言文字障碍而无法沟通、认识与交流。翻译作品俨然在不同民族、国家与地区之间架起了一座"互联互通"的桥梁，对于增进世界范围内的文化传播、交流与合作具有十分重要的意义。随着未来世界各民族、国家和地区之间文化交流与合作的进一步深入，翻译作品的重要性将进一步提升。

在当代著作权国际保护公约及各国家和地区著作权法中，翻译作品毫无例外地都是受著作权保护的客体之一。笔者认为，从著作权法的角度看，翻译作品受著作权保护的原因在于翻译是一种创作行为，翻译作品是基于创作行为而产生的智力成果，符合受著作权保护作品的条件。

第一，翻译实质上是用另外一种语言文字进行再创作。根据我国《著作权法实施条例》第3条之规定，著作权法所称创作，是指直接产生文学、艺术和科学作品的智力活动。为他人创作进行组织工作，提供咨询意见、物质条件，或者进行其他辅助工作，均不视为创作。毫无疑问，创作系产生作品的前提，没有创作就没有作品。翻译并不是简单地将一种语言文字转化为另一种语言文字，而是包含了译者的创造性智力劳动。翻译遵循的基本要求是"信、达、雅"，具有较高水平的翻译无不需要在语言和专业上具有很深的造诣。翻译行为的智力创造性，已得到社会公认。

第二，翻译作品符合受著作权保护作品的特征和构成要件。在我国2010年《著作权法》修正前，作品被定义为"文学、艺术和自然科学、社会科学、工程技术等作品"。2020年第三次修正的现行《著作权法》第3条中则规定："本法所称的作品，是指文学、艺术和科学领域内具有独创性并能以一定形式表现的智力成果"。就翻译作品而言，"与原作相比，除语言不同外，在表达方式、用词习惯、语法结构、语言风格等方面也不同。由于翻译作品包含了翻译者对原作的理解，需要用另一种语言重新体现原作的构思、情感与表达，这也要具备专门的知识与技能，译作也是一种创造性的智力成果"。[1]翻译作品符合受著作权保护的条件，尤其体现于具有独创性，能够体现翻译作品者即译者的个性化表达。鉴于这一问题在翻译作品剽窃认定中的重要性，后文将在多处进行探讨。也正是基于翻译作品所具有的独创性，以及保护这类作品对于促进文化事业发展与繁荣的重要性，早在1908年的《保护文学和艺术作品伯尔尼公约》修订会议上就确认了翻译作品应得到与原作同等但不损害原作

---

〔1〕 冯晓青：《著作权法》（第二版），法律出版社2022年版，第132—133页。

者权利的保护。我国现行《著作权法》第12条则规定："改编、翻译、注释、整理已有作品而产生的作品，其著作权由改编、翻译、注释、整理人享有，但行使著作权时不得侵犯原作品的著作权。"根据该规定，翻译作品作为演绎作品的一种，其著作权由翻译人享有，只是行使著作权时不得侵犯原作品的著作权。该规定不仅表明翻译作品是受到著作权保护的作品，而且明确了其行使著作权的基本原则。

二、翻译作品的独创性界定：以"个性化表达"为内核

如前所述，根据现行《著作权法》第3条之规定，独创性是作品受著作权保护的关键要件，缺乏独创性则不能取得受著作权保护作品的资格。所谓独创性，可以理解为作品必须是作者通过自己的独立构思，运用自己的技能技巧，发挥自己的聪明才智，独立完成的智力劳动成果，而不是从他人那里剽窃、抄袭过来的。[1]独创性意味着作者在创作过程中投入了创造性智力劳动。[2]在笔者看来，独创性要件之所以重要，主要是基于以下原因。

第一，基于著作权法旨在实现的表达多样性的需要。著作权法以促进表达多样性为重要目标，以便于为人们提供丰富多彩的文化产品，满足人们的不同文化生活需要。独创性则要求作品是作者智力劳动的产物，不得剽窃、抄袭他人成果，这就必然有助于实现同一思想的多种表达，在促进思想自由传播和交流时，增进表达多样性。

第二，基于著作权法促进文化创新的需要。著作权法具有重要的促进文化创新的立法价值取向和目标，也是实现文化创新的基本法律。为此，受著作权保护的作品显然要在思想表达方面具有自身特色，不能剽窃、抄袭他人的成果。从著作权法的哲学层面看，作品受著作权保护，要求为社会"增加价值"，只有增加某种价值，作品也才值得被赋予专有权利而受著作权保护。[3]作品所实现的增加价值，就具体体现为作品的独创性，体现了作者为社会文化发展提供的"增量利益"。

---

[1]　冯晓青：《著作权法》（第二版），法律出版社2022年版，第51—55页。

[2]　Justin Hughes, "Restating Copyright Law's Originality Requirement", 44 *The Columbia Journal of Law and the Arts* 383（2021）.

[3]　冯晓青：《知识产权法哲学》，中国人民公安大学出版社2003年版，第30—32页。

第三，基于著作权法中实现利益平衡的需要。利益平衡是著作权法的基本精神，其要求实现著作权人利益和社会公共利益之间的平衡。作为社会公众容忍作品所获得的专有权利的代价，作品必须具有独创性，否则将造成著作权人利益与社会公众之间利益失衡。毫无疑问，翻译作品作为受著作权保护作品的范畴，也应具有独创性，而不能剽窃、抄袭他人作品。

关于包括翻译作品在内的作品独创性，需要继续探讨的是：在著作权司法实践中，如何认定作品的独创性？对此，可以结合国内外司法实践的观点和学理上的认识加以研究。从作品独创性的固有含义看，作品独创性强调作品是作者独立完成的，或者说是独立创作的，而不是出自其他作者。当然，这里主要是从独创性的反面即剽窃、抄袭、非法复制他人作品的角度加以明确的。如后面将要重点阐述的，剽窃、抄袭的作品不具有独创性。不仅如此，该行为还因侵害他人作品著作权而应当承担著作权侵权责任。但需要明确的是，作者独立创作完成，并不完全是指作品限于一个主体完成，因为独创性并不排除合作创作的存在。同时，基于作品的承继性和社会性，作品创作也离不开对他人成果的参考、借鉴，以及对公共领域资源的利用。因此，对独创性的理解不能绝对化。

从著作权司法实践看，关于作品独创性的认定，英美国家早期较为重视为作品的诞生所付出的投资与辛劳。例如，在英国判例中发展出"劳动、技能、判断"等标准。[1]在美国，则发展了著名的"额头出汗"原则。只是美国联邦最高法院费斯特案判决提高了作品独创性的标准，即除须独立创作完成外，还要求具有最低限度的创造性。[2]在大陆法系国家，尤其是德国，则提出了所谓"创造性高度"问题。不过，随着两大法系逐渐融合，关于作品的独创性标准也出现一定的相互靠拢的现象。在司法实践中，则特别强调创作的独立性和源于作者自身。[3]

在关于作品独创性的认定中，值得注意的是："个性化表达"是作品独创性的实质内涵。与德国的独创性"创造性高度"标准相似，法国对独创性也

---

〔1〕 Ladbroke v. William Hill［1964］1 W. L. R. 273. 万琦：《论英国版权法上的独创性》，载《知识产权》2017 年第 11 期。

〔2〕 Feist Publications, Inc. v. Rural Tel. Service Co., 499 U. S. 345（1991）.

〔3〕 Case C-5/08 Infopaq Int. v. Danske Dagblades Forening［2009］ECR I-6569.

提出了颇具个性化色彩的反映"作者个性"标准。国外学者即明确指出，法国著作权法"对独创的衡量是主观性的：独创性是创作努力产生的个性的标记"。[1]独创性要求反映作者个性，这与法国著作权法中坚持作品是作者个性的体现以及著作权的人格属性有一定关系。这种观点对于明确独创性体现于作者作品的"个性化表达"也具有重要的启发意义，对于著作权司法实践中认定原告受著作权保护的范围以及被告是否以非独创性方式非法占有了原告独创性部分，具有十分重要的意义和作用。个性化表达本身揭示了作品和作者之间的特定联系，这种联系具有不可替代性。从作品的人格属性考虑，作品中的个性化表达也正是作品人格属性的写照。特别是针对像翻译作品一样的作品，在著作权侵权诉讼中，如下所述，由于原被告作品来自同一原作，如何认定被告与原告作品相比构成著作权侵权意义上的实质性相似，准确认定涉案作品中的"个性化表达"具有关键意义。[2]基于此，有必要进一步探讨独创性认定中的个性化表达问题。

笔者认为，基于思想表达二分法原理，尽管作品中表达的思想本身对于作品的价值十分重要，但著作权保护的并不是思想本身，而是思想的表达。这种思想的独创性表达，体现于作品的具体表现形式。作品作为智力创作成果，是作者思想和情感的外在表征，是用富有个性化的语言、文字、符号、图形等反映作者对特定问题的认识、见解、审美态度和哲学观念等。特别是独创性来自作者的独立创作，是在创作作品的过程中逐渐形成的。作品是作者脑力劳动的结晶，最终离不开独立创作。创作则是一种主观见之于客观的活动，尽管不同类型的作品对独创性的要求也不同，如有些作品对已有资料、素材或事实的依赖性较强，不同作者依据这些相近的创作素材所完成的作品具有一定的相似性，这类作品的独创性程度更多地体现在作品的材料选择、编排等方面。但无论如何，只要是独立创作完成的，就都具有独创性。《最高人民法院关于审理著作权民事纠纷案件适用法律若干问题的解释》（2020年修正）第15条即规定："由不同作者就同一题材创作的作品，作品的表达系独立完成并且有创作性的，应当认定作者各自享有独立著作权。"该司法解释

---

〔1〕　[法] 克洛德·科隆贝：《世界各国著作权和邻接权的基本原则——比较法研究》，高凌瀚译，上海外语教育出版社、联合国教科文组织1995年版，第6页。

〔2〕　参见北京知识产权法院（2019）京73民终2484号民事判决书（著作权权属、侵权纠纷案）。

强调了独创性认定中必须包含"独立完成"和"创作性"要件。其中，独立完成意味着不能剽窃、抄袭他人在先的成果；创作性要求是直接产生文学、艺术和科学作品的智力活动，而不是辅助创作行为。对此，司法实践中早有实例。例如，在再审申请人马某与被申请人某文化广播影视新闻出版局、唐某著作权权属、侵害著作权纠纷案[1]中，最高人民法院认为，作品独创性不体现于思想或观点之中。独创性应体现于由作者独立完成且不同于现有的表达。

在作品独创性的构成中，除强调"独立完成"外，还应当认为包含了作者的"个性化表达"。也就是说，作品的独创性应当包括作品必须反映作者一定的个性内容，属于作者个性化表达。换言之，独创性本质上就是作者创作的作品中的个性化表达；非个性化表达则不属于独创性范畴，如作品中引用的不受著作权保护的法律条文、判决书中的表达。有学者即提到，当代德国学者重视区分作品中的有个性特征和属于公有领域的因素，只有前者是受著作权保护的。[2]独创性之所以等同于作者作品个性化表达，是因为：既然作品是作者自己独立创作完成的，就应当有自己不同于其他作品的独到的地方，即富有个性的文字、表达风格、行文方式、思想、情感、审美态度等。个性是在结果上能够反映出的智力活动最基本的特征，因此个性描述的是智力创作成果的最低创造性程度。[3]进一步说，作品是显示作者个性的智力创作成果，这是独创性在作品中蕴含的更深一层含义。作品的个性使不同的智力创作成果存在一定的差异，这种差异是作为智力创作成果的作品在作品创造性的量的规定上必然呈现的特征，是智力创作成果经个性化后出现的必然性。著作权保护的目的，即保护带有个性的智力创作成果，保障作者从对其作品的利用中得到适当的份额，正是以个性的标志来体现的。从此处讨论也可以发现，"个性化表达"彰显了作品中作者的创造性成分。这与美国费斯特案以及我国部分学者强调的"最低限度的创造性"具有异曲同工之妙。在此意义上，个性化表达体现了作者创作作品对社会的实质性贡献，尽管不同类型作品的贡献程度不一。

---

〔1〕 最高人民法院（2015）民申字第 1665 号民事裁定书（著作权权属及侵害著作权纠纷案），载《最高人民法院知识产权案件年度报告（2015 年）》。

〔2〕 韦之：《著作权法原理》，北京大学出版社 1998 年版，第 20 页。

〔3〕 金渝林：《论作品的独创性》，载《法学研究》1995 年第 4 期。

　　实际上，在国内外著作权司法实践中，从反映作者个性或者个性化表达方面解释作品独创性的本质并非罕见。例如，法国最高法院将独创性解释为"表现在作者所创作作品上的反映作者个性的标记"。[1]在我国著作权司法实践中，对作品独创性要件中"个性化表达"也给予了充分肯定。例如，在周某与王某侵害著作权案中，法院指出："在创作过程和结果中均能显现作者的个性化元素，因此，独创的法律含义就是个性化的创作行为，而独创性就是作品表达中呈现出与同等创作人（实际的或者拟制的）有区别的、专属于特定作者的个性化表达。学术研究虽然在行为自由度上与文学、艺术实践不同，要遵循基本的科学思维和方法，但由于自然人的个性有异，但凡独立之研究都不可避免地带入研究者的个性化元素，在创作学术论著时更会让其中的个性化特征得以表现出来……"[2]有论者称史学实际上是史学家自己描述的历史，这一观点道出了独立与个性贯穿于史学研究的过程中，因此独立创作的学术成果中必然充满了个性化的表达。又如，在一起摄影作品案件中，法院指出："独创性是指表达的独创性，即独创性存在于有作者个性，有作者的取舍、安排的表达形式或者表达方式之中。如果仅仅独立完成，即使在完成过程中付出了艰辛的劳动，没有体现作者的取舍、安排，也不具有独创性。本院认为，对于摄影作品来讲，独创性衡量标准应该是作品具有一定程度的个性、创造性，作品体现了作者某种程度的取舍、选择、安排、设计，就认为具有独创性。"[3]

　　由上述可见，认定独创性，关键在于作品中作者的个性化表达。对于剽窃一类著作权侵权案件而言，关键在于认定被告作品与原告作品表达相同或者实质性相似之处是否属于原告个性化表达范畴。如果属于原告个性化表达范畴，则构成剽窃一类著作权侵权；如果不属于原告个性化表达范畴（如原告作品中进入公共领域的表达、有限表达），则不属于剽窃一类著作权侵权。正如有学者指出："绝大多数作品充满着个性化的细节，只要没有抄袭，通常不会与现有作品雷同。这说明，作品的可替代性很大。"[4]

〔1〕　J. A. L. Sterling, *World Copyright Law*, London Sweet & Maxwell, 1998, p. 255. 引自李自柱：《作品独创性的实证分析与路径选择》，载《版权理论与实务》2021年第6期。

〔2〕　云南省昆明市中级人民法院（2015）昆知民初字第117号民事判决书（侵害著作权纠纷案）。

〔3〕　云南省高级人民法院（2015）云高民三终字第30号民事判决书（侵害著作权纠纷案）。

〔4〕　崔国斌：《著作权法：原理与案例》，北京大学出版社2014年版，第70页。

就本书所探讨的翻译作品而言，其独创性中的"个性化表达"尤其体现于译者凭借自己的外语功底与特定译本所涉及的专业造诣，在对原作表达的思想和内容进行充分理解和把握的前提下，以自己富有特色的翻译风格、选词和用词、语言风格、对句式处理的技巧和经验，以及对原作注释的处理、根据读者需要增加具有特色的"译注"等进行翻译，能够充分体现译者的个性化特征以及翻译作品的个性化表达特色。这些个性化特征与个性化表达特色实际上是相对于同一原作，其他译者不会采取相同或者相似的表达。其原因则在于，原作中的表达不属于惯常的表达，而是具有多种译法，甚至仅是一个地名之类的名词、术语，如果不是国家规定的标准化表达，翻译也不可能完全局限于一种方式。尤其是探险类等虚构的小说，很多人名、地名、名词术语都是臆造的，不同译本翻译的结果应当不一。在不存在剽窃的场合，就会因具有个性化表达特色而具有独创性。正如有观点指出："翻译作品的表达空间也因译者专业背景、对外文和母语的熟练应用程度、翻译经验、个性特质而有较大不同。"[1]

三、著作权司法实践中翻译作品剽窃的界定

翻译作品作为我国受著作权保护的作品类型之一，在著作权司法实践中也常常受剽窃行为之害。认定这类行为的存在，同样需要引入实质性相似加接触并排除合理怀疑的方式。然而，由于在著作权司法实践中原被告翻译作品源于同一原作，两者所表达的思想和内容相同，并且在都遵循或者基本遵循原著的前提下，即使被告并未剽窃原告的在先翻译作品，两者在形式上构成"实质性相似"的可能性也很大。因此，这类作品的剽窃认定具有一定的复杂性和困难。如何破解这一困境，是著作权司法实践中需要着重研究的问题。以下拟在对一般意义上认定剽窃[2]以及实质性相似加接触的相关原理进行探讨的基础上，充分引入前述独创性界定中的"个性化表达"因素，探究翻译作品剽窃认定的策略和方法。

（一）剽窃的法律概念及其与抄袭的关系

剽窃，通常与"抄袭"混用。在我国 1990 年颁布的《著作权法》第 46

---

〔1〕 李云龙：《基于实质性相似的侵权主张与证据支持——对外国文学翻译作品侵权问题的分析》，载《知识产权》2014 年第 2 期。

〔2〕 Andrew M. Carter, "The Case for Plagiarism", 9 *UC Irvine Law Review* 531（2019）.

条中，即将"剽窃、抄袭他人作品"纳入既可以承担民事责任，也可以承担行政责任的著作权侵权行为。从 2001 年《著作权法》开始到现行《著作权法》，则仅使用"剽窃"的概念，并且剽窃行为仅限于承担侵害著作权的民事责任，不再追究行政责任。当然，这并不意味着剽窃行为损害后果有所减轻，而是立法者基于综合考量所作出的修改。

剽窃现象并非现代人的"专利"，在古代即已存在。唐柳宗元《辩文子》即云："其浑而类者少，窃取他书以合之者多。凡孟、管辈数家，皆见剽窃"。鉴于剽窃这类侵害著作权的行为较为常见，我国《著作权法》明确将其纳入著作权侵权行为。但是，立法一直未对其基本内涵作出界定。对此，需要在辨析剽窃与抄袭之间的关系基础上，认识剽窃的基本内涵及其与独创性认定之间的关系。

从剽窃的一般含义看，通常认为是不正当地占有他人作品，通过有意不表明来源的形式向社会公开，使社会公众以为其不正当占有他人的部分是剽窃者所独创的。剽窃行为本质上是对他人无形财产的盗窃行为，与对有形财产的盗窃没有实质性差异，只是其行为更加隐秘，除被剽窃者外其行为更加难以被发现，属于较为典型的欺世盗名的恶劣行为。相关文献和学者对剽窃的界定也体现了非法窃取他人成果而视为自己的成果的内涵。例如，《韦氏高阶英语词典》指出，剽窃是"用他人的文字或思想而没有注明出处"。[1]有学者认为，"将他人作品当作自己作品"是剽窃的核心含义。[2]在我国著作权司法实践中，也有类似的观点。例如，司法观点认为：剽窃是"未经著作权人同意，将他人的作品的全部或部分以自己的名义发表，使公众误认为其本人就是作者的行为。"[3]简单地说，剽窃是通过隐秘手段，非法占有他人智力成果的违法行为。[4]

在现实中，人们一般将剽窃和抄袭视为同义语。上述我国 1990 年颁布的《著作权法》的规定就是体现。在我国知识产权学术界和相关文件中，对此也

---

〔1〕　梅里亚姆-韦伯斯特公司：《韦氏高阶英语词典》，中国大百科全书出版社 2009 年版，第 1230 页。

〔2〕　王国柱：《论著作权法对剽窃侵权的独立规制》，载《法商研究》2020 年第 3 期。

〔3〕　河南省高级人民法院（2007）豫法民三终字第 02 号民事判决书（侵害著作权纠纷案）。

〔4〕　Brenda D. Gibson, "The Indelible Mark of Plagiarism: Why Is It So Difficult to Make It Stop?" 41 *U. A. L. R. L. Rev.* 1 (2018).

有体现。例如，郑成思教授指出：剽窃"仅指照抄他人作品，或照抄他人作品的实质部分，而署以自己名字的侵权行为，即侵犯他人署名权与复制权的行为"。[1]《国家版权局版权管理司关于如何认定抄袭行为给青岛市版权局的答复》则指出："著作权法所称抄袭、剽窃，是同一概念，指将他人作品或者作品的片段窃为己有。"[2]在笔者看来，剽窃与抄袭具有相同本质，都是非法窃取他人作品或者作品片段的行为。一般来说，不需要对两者加以区分。当然，严格地说，两者仍然有不同的侧重点。其中，抄袭可以视为剽窃的基本形式和手段。但如果涉及对在先作品中的思想的非法窃取，则使用剽窃用语更能揭示行为的性质。不过，基于剽窃与抄袭的本质属性相同以及便于阐述的目的，本书在论述相关行为和著作权侵权责任时对两者也不加以区分。

基于上述观点，剽窃行为具有欺诈性。[3]不仅如此，剽窃行为还是一种违背学术道德和诚实信用原则的行为。这是因为，"未经他人同意将他人独创性的智力成果放在自己的作品中，且不标明出处，会让读者产生来源的混淆"。[4]这种行为尽管在我国现行《著作权法》中仅追究民事侵权责任，但其对于著作权法治造成的破坏性和危害性不容低估。还需要指出的是，正如后文将要继续探讨的，剽窃行为本质上是行为人不正当地窃取了他人作品中的独创性表达或者具有独创性的"个性化表达"。[5]

从司法实践中发生的涉及作品剽窃的著作权侵权案件情况来看，剽窃行为可谓五花八门，但大体上可以分为低级剽窃和高级剽窃等形式。就前者而言，如"照葫芦画瓢"式的近乎复制性质的剽窃就是一种简单粗暴的低级剽窃；就后者而言，剽窃者为了避免被识破，往往采取偷梁换柱、乔装打

---

〔1〕 郑成思：《版权法》（上），中国人民大学出版社 2009 年版，第 269 页。

〔2〕 权司［1999〕第 6 号。

〔3〕 美国法律经济学家波斯纳即将剽窃视为一种欺诈性的复制行为。［美］理查德·波斯纳：《论剽窃》，沈明译，北京大学出版社 2010 年版，第 125 页。不过应当指出，剽窃行为与非法复制行为两者仍然存在一定的区别。这从笔者对剽窃行为类型的界分即可见一斑。

〔4〕 袁杏桃：《剽窃行为认定及规制》，载《中国出版》2014 年第 19 期。

〔5〕 从广义上讲，剽窃行为还涉及对他人在先作品表达的思想的窃取，如窃取他人未发表作品的核心观点和思想，在自己创作的作品中体现的行为。其限于对思想的窃取，对于在先未发表作品的著作权人而言其损害后果也十分严重。因为就未发表作品而言，作品所表达的核心观点和思想，尤其是创新的观点和思想，是其作品价值的真正内核。限于篇幅，对于上述情况笔者将另行探讨。

扮、调换顺序和结构、替换同义语或近义词，改变语法，以及对注释甚至标题重新包装等"高明"的手段，但仍然改变不了窃取他人作品或者作品片段的本质属性。同时，在有些案件中，上述高级剽窃和低级剽窃行为都同时存在，具有综合性特征。特别是就本书探讨的翻译作品而言，更具有特殊性，其中"中翻中"行为尤为恶劣和令人不齿。对此，后文将继续进行探讨。

（二）司法实践中实质性相似加接触标准的适用

1. 实质性相似加接触标准的适用前提：思想与表达二分法原则

一般来说，认定作品剽窃的基本方法是，比对被告作品和原告作品是否构成实质性相似，并同时查明被告是否有机会接触到在先的原告作品。这也就是通常所说的实质性相似加接触标准。这里的实质性相似，既可以体现为全部作品的实质性相似，也可以体现为部分作品的实质性相似，前者称为全部抄袭，后者称为部分抄袭。

实质性相似加接触作为认定作品剽窃的基本标准，在司法实践中也得到了广泛运用。[1]在适用该标准时，需要基于思想表达二分法原则剥离不受著作权保护的作品中表达的思想。这里的思想是指公开发表的作品所表达的思想，对于作品中的思想的吸收不能视为剽窃。但如前所述，将他人未发表作品所表达的思想据为己有而不加以说明，这种情况下对思想的占用也属于剽窃的范畴，只是并非本书主要探讨的内容。同时，实质性相似对比的是原告作品的独创性表达部分，即个性化表达部分。在司法实践中，需要甄别原告作品个性化表达部分与不受著作权保护的公共领域部分，因为公共领域部分是任何人都可以自由利用的公共资源和公共财产，不能为任何人所垄断。[2]正如有学者指出："实质性相似的判断应协调思想表达二分法等原则，依据作品的独创性和作品属性来选择测试方法；比对的范围仅限于原告作品的独创性部分，相似程度的高低与独创性高低成反比。"[3]

进言之，"探讨两部作品是否实质性相似，首先要明确区分作品中的思想

---

〔1〕　山东省高级人民法院（2012）鲁民三终字第 33 号民事判决书（侵害著作权纠纷案）。

〔2〕　参见北京市高级人民法院（2015）高民（知）终字第 1039 号民事判决书（侵害著作权纠纷案）。

〔3〕　梁志文：《版权法上实质性相似的判断》，载《法学家》2015 年第 6 期。

与表达，因此，思想表达二分法是作品实质性相似的前提性判断。"[1]这里的二分法，实际上也是一些国家著作权法和涉及著作权保护的国际公约所明确规定的著作权法中的根本性原则。例如，《美国版权法》规定：版权保护不能延伸到任何想法、程序、过程、系统、操作方法、概念、原则或发现。[2]世界贸易组织《与贸易有关的知识产权协议》第9条第2款和《世界知识产权组织版权条约》（WCT）第2条对此也作了规定。著作权司法实践同样体现了对思想与表达二分法原则的肯定。例如，在"Harper & Row Publishers, Inc. v. Nation Enterprises"案[3]中，法院明确指出"著作权仅保护作者的表达，而不保护其思想"。在"Nichols v. Universal Pictures Corp."案[4]中，法院划分了受著作权保护的表达和不受著作权保护的思想之间的界限。在更早的著名的"Baker v. Selden"案[5]中，法院则指出：著作权是基于书本，但不能包括其表达的内容。应当说，思想与表达二分法原则经过国内外长时间的研究与发展，在确立著作权保护边界、确认著作权侵权问题上，一直具有基础性质的重要意义。对于包括翻译作品在内的作品剽窃行为的认定也不例外，即在认定作品剽窃时，应当排除不受著作权保护的思想和属于思想范畴的内容。正因如此，该原则也得到了国内外学者的普遍肯定。例如，有观点认为，思想如此重要，以致其只能停留在公共领域。[6]还有学者认为，著作权并不保护非原创材料以及没有被固定的思想。[7]

2. 翻译作品剽窃认定中实质性相似对比的具体方法："个性化表达"概念运用的重要性及其适用

在涉及作品剽窃认定的著作权侵权案件中，进行实质性相似对比除了适用思想与表达二分法原则将原告作品中表达的思想从实质性相似比对中加以

---

[1] 郑万青、丁媛：《作品"实质性相似"的判断与认定——从"琼瑶诉于正"谈起》，载《中国出版》2017年第21期。

[2] 17 U. S. C. § 102 (b) (2000).

[3] 471 U. S. 539 (1985).

[4] 45 F. 2d 119, 121 (2d Cir. 1930). Fendler v. Morosco, 171 N. E. 56 (N. Y. 1930).

[5] 101 U. S. 99, 103 (1879).

[6] Jessica Litman, "The Public Domain", 39 *Emory Law Journal* 965 (1990).

[7] Edward Samuels, "The Public Domain in Copyright Law", 41 *Journal of the Copyright Society of the USA* 137, 164–65 (1993).

排除，在长期的司法实践中形成了较为成熟的对比方法，并通过理论上的不断探讨而不断完善。具有代表性的对比方法有整体对比法、"抽取—过滤—对比"法等。其中，前者侧重于从整体上认定被告作品和原告作品的雷同，如作品的语言表达风格、主题和情节、基本内容雷同，选用素材相同，使得不同读者在先后阅读原被告作品后产生混淆。后者是基于思想和公共领域资源不受著作权保护的原理，将不受著作权保护部分排除后对比剩下的部分。

然而，值得指出的是，对于翻译作品而言，通常的实质性相似对比会遇到困境。如后面将重点探讨的，主要原因在于基于同一原作的原被告翻译作品之间具有"实质性相似"的可能性极大。为此，需要在通常的著作权法保护原理和实质性相似判定的基础上，进一步甄别什么样的"实质性相似"才构成著作权侵权意义上的实质性相似。为此，借助于前述作品独创性表达中的内核——"个性化表达"这一概念，并基于原被告翻译作品中的个性化表达进行对比，则能够解决这一困境。以下拟先对翻译作品剽窃认定时实质性相似判断中的个性化表达的具体对比问题进行探讨，然后理清具体对比的思路和范式。

如前所述，作品独创性是对受著作权保护作品的法定要求。在著作权侵权纠纷案件尤其是剽窃著作权侵权纠纷案件中，认定被告作品是否侵权，关键是判定是否存在实质性相似。在排除巧合的情况下（如同一地点同一时间不同摄影作者拍摄的相似的黄山日出照片），在后作品构成与在先作品实质性相似时，即可判定著作权侵权行为成立。这是因为，实质性相似表明，被告作品占有了原告作品具有独创性的表达或者说原告作品具有的个性化表达，其作品并非自己独立完成，而是剽窃抄袭他人在先作品。由此可见，独创性既是作品受著作权保护的先决条件和法定要求，也是司法实践中人民法院根据实质性相似标准判定被告著作权侵权的基础和根本原因。基于实质性相似与独创性的内在联系，以及前述独创性认定之关键在于"个性化表达"，在翻译作品剽窃著作权侵权案件中，对于被告翻译作品是否构成与原告翻译作品著作权侵权意义上的实质性相似，相应地体现为"在先翻译作品个性化表达是否在在后翻译作品中重现"。在翻译作品剽窃著作权侵权纠纷案中，由于原被告翻译作品是基于同一语言的同一原作，认定在后翻译作品是否剽窃在先翻译作品，关键是看在先翻译作品的个性化表达与在后翻译作品是否相同或者相似。也就是说，在比对时特别要强调的是原告翻译作品中受著作权法保护的独创性部分限于其个性化表达的范畴。原告翻译作品中个性化表达在被告作品中重现的，都属于剽窃、抄袭的部分。认定被告翻译作品是否非法占有了原告翻译作品以个性化特征体现的独创性表达，则可以从很多方面加以论证和查明。

翻译作品也具有高度的独创性。对于同一原作的翻译，完全可以有不同的表达方式。原告作品针对原作翻译具有个性化的表达，就是其值得特别给予法律保护的范围。所谓个性化表达，是指原告翻译作品对原作品特有的表达形式，如文字的选取方式和独到之处、特定主题独特的表达方式、语言艺术、以中文读者能够更好理解的方式对原文的描述，以及诸如对原文注释的处理等多种形式。至于原告翻译作品中的译注，则完全属于原告翻译作品独立享有的著作权，更属于原告个性化表达的范畴，无须再讨论。

个性化表达是相对于惯常的表达形式而言的。根据知识产权司法保护的比例原则，[1]越是个性化的表达，其具有的独创性程度越高，其创新价值和对社会贡献的程度越大，因而也应当获得更大的著作权保护范围。在涉及翻译作品剽窃的著作权侵权纠纷案中，法官认定的困难就在于：如何甄别被告作品的表达哪些属于其独自翻译、哪些属于剽窃原告作品的个性化表达，以及哪些属于独自翻译或者剽窃个性化表达以外的惯常表达？对此，必须通过个案进行分析。总的原则和思路是：通过逐一比对被告的翻译作品和原告的翻译作品，首先看原告的翻译（文字表达）是属于惯常的表达，还是其具有独特性的个性化表达，即他人通常不会采用的表达形式。

原告翻译作品个性化表达实际上是译者通过对原著的阅读和理解，运用自己的语言功底和翻译技巧对原著的用语、表达采取富有自身特色的、难以被在后的译者以相同或者相似的表达方式重现的文字表达。笔者之所以主张原告个性化表达在在后翻译作品中出现相同或者类似表达，作为判定被告翻译作品剽窃的重要证据和依据，也是因为从著作权法保护原理和立法精神来说，这些表达更具有独创性或者说原创性，尤其值得受到著作权法保护。如果这些内容在被告作品中出现相同或者相似的表达，毫无疑问应当认定剽窃行为存在。进言之，这些个性化表达不是通常的表达形式，不存在表达有限甚至唯一的情形。根据前述著作权法的基本原理，著作权法保护的是思想的

---

〔1〕 最高人民法院发布实施的《中国知识产权司法保护纲要（2016—2020）》。

表达，而不是思想本身，这在大量司法案例中也有体现。如果表达极为有限（甚至唯一），就不能认为被告翻译作品相应部分构成剽窃。这当然也是为了维护被告自由表达的权利和公共领域。但是，由于个性化表达是译者原创的语言表达，按常理来说并不会存在被告与原告翻译作品表达雷同的"巧合"。何况著作权侵权民事诉讼实行高度盖然性证据规则，原告翻译作品的个性化表达部分如果在被告作品中屡屡出现，则法院应当毫无疑问地认定被告剽窃原告的这些个性化表达。[1]

基于上述观点，如果在被告翻译作品中出现与原告翻译作品中个性化表达相同或者相似的表达，则毫无疑问地应认定存在剽窃。笔者在研究国内外有关判例的基础上，以下归纳总结司法实践中判断被告翻译作品中与原告翻译作品个性化表达部分相同或者相似的表达的规则。

第一，大量具有个性化表达特征的单句在被告翻译作品中重现（相同或者实质性相似），可以证明被告有剽窃行为。这里的个性化表达特征，是指原告独立翻译的、具有自身特色的表达，而不是惯常表达。在针对同一原作的翻译作品中，由于表达的思想和内容相同，有些句子本身存在表达方式有限的特征，如"甲说：我 7 点半起床"，无论谁翻译，只要是忠实于原文，都难免雷同。但必须指出：也正是考虑到了翻译作品剽窃和一般作品剽窃抄袭的特殊性，特别需要强调"个性化表达"标准。在涉及翻译作品剽窃的著作权侵权纠纷案中，原告在提交著作权侵权对比表时，需要基于原告翻译作品大量个性化表达在被告翻译作品中重现这一情况，得到法院的认可。这是因为，原告翻译作品中使用的很多句子，包括用词选择、修辞手法、行文处理方式以及语法，都能体现原告作为译者的翻译技巧、功底和水平，是其个性化表达的充分体现，不能被他人窃取。

第二，原告翻译作品句子和由句子组成的段落中，一些独特性的用语、术语、名称、名词[2]在被告作品中被重现，能够作为被告剽窃的重要证据和事实。原因是：这些术语、用语不像那些惯常表达的术语、用语，原告翻译具有独到特色，被告不应当与原告的一样或者几乎一样，即实质性相似。在

---

〔1〕　北京市高级人民法院（2015）高民（知）终字第 1039 号民事判决书（侵害著作权纠纷案）。

〔2〕　这些用语从日常生活经验法则看，不可能只有非常有限的表达方式。

著作权司法实践中，如果原告能够提出对比证据证明确实存在大量的这样的情况，就能很好地证明被告剽窃了原告翻译作品。

第三，原告翻译作品中很多句子具有独特的处理方式和行文风格，在被告翻译作品中也被再现。针对原作，中文翻译有多种行文处理方式，在长期的翻译实践中，原告凭借其翻译技巧，能够形成自身独特的翻译艺术和技巧，具体体现为很多句子具有独特的处理方式和行文风格，在同一原作的不同翻译作品中不应当相同或者实质性相似。如果出现了很多这样的情况，也应当作为被告翻译作品剽窃的事实依据之一。

第四，原告译注在被告翻译作品中重现，可以证明被告剽窃抄袭原告翻译作品。译注，是译者完全具有独创性劳动的产物，具有独立的著作权。被告没有理由和原告译注相同或者实质性相似。在涉及翻译作品剽窃的著作权侵权纠纷案件中，如果存在大量译注相同或者实质性相似，则被告难辞其咎。不仅如此，由于译注是原告为便于中文读者了解原著而自主在某一特定地方增加的注释，如果被告对同一个地方增加"译注"，就难以用"巧合"作出解释。在译注本身的文字表达相同或者相似的情况下，即可据此认定被告剽窃了原告翻译作品。在这种情况下，翻译作品形式意义上的实质性相似也就是著作权侵权意义上的实质性相似。

第五，原告翻译作品中对原著中注释（原注）的翻译或者处理方式在被告翻译作品中重现，可以证明被告剽窃了原告翻译作品。在著作权司法实践中，原告翻译作品对原注的解决方式通常也会有其自身特色，如有些在原作正文中的夹注改为页下注释，或者相反。本来，作为处理原注的方式，上述两种做法不能被原告垄断。但是，如果被告翻译作品对原注的处理方式与原告翻译作品的处理方式大量雷同，则难以用巧合加以解释，而只能解释为剽窃行为存在。

3. 翻译作品剽窃认定的突破：从"形式意义上"实质性相似到"著作权侵权意义上"实质性相似——"个性化表达"的甄别与比较

在翻译作品剽窃认定中的实质性相似判定中，由于原被告翻译作品均来源于同一原作，在双方作品都忠于或者大致忠于原作的前提下，不仅原被告作品所表达的思想和内容相同，在表达方面本身也会存在"实质性相似"。特别是在采用"整体对比法"的场合，两部翻译作品构成实质性相似具有必然性。这无疑加大了认定翻译作品剽窃的难度。正如有观点所指出："在有关外国文学翻译作品侵权纠纷中，被侵权者除从整体上主张被控侵权作品构成对原告作品的抄袭之外，还须具体指明涉嫌抄袭之处，即原告要主张被告在独创性的语言表达上构成对原告作品的抄袭……证明这些方面存在的抄袭非常艰难，翻译家王干卿曾表示，为证明他翻译的《爱的教育》被中国对外翻译出版公司抄袭出版，他觉得比他翻译那本书还费劲儿。"[1]也正是基于此，在有的涉及翻译作品剽窃的著作权侵权纠纷案件中，被指控剽窃的被告甚至"振振有词"地说"两者都译自同一原作，被告作品不可能不和原告作品雷同"。在涉嫌剽窃的翻译作品著作权侵权纠纷案件中，原被告翻译作品均来自同一原作，[2]在两者均忠实于或者基本忠实于原作的情况下，两者在形式上构成"实质性相似"是很常见的。因此，笔者称之为"形式意义上的'实质性相似'"。但是，这种"形式意义上"的实质性相似绝不是在后翻译作品作者剽窃在先翻译作品的挡箭牌。原因在于，如前所述，著作权侵权意义上的实质性相似，强调原告作品中个性化表达在被告作品中重现。就翻译作品剽窃认定而言，在"形式意义上的'实质性相似'"基础上，结合原告翻译作品句子中的个性化表达加以甄别，就能实现从形式意义上的"实质性相似"到著作权侵权意义上的"实质性相似"的转化。也就是说，形式意义上的"实质性相似"＋原告翻译作品句子（段落）具有个性化的表达＋被告翻译作品中再现了这一个性化表达＝著作权侵权。由此可见，针对翻译作品剽窃认定，前述个性化表达作为作品中独创性的外在表征和本质特征，既令合法的翻译作品在形式上实质性相似，也能进一步基于个性化表达特征甄别是否构成著作权侵权意义上的实质性相似。

　　为便于理解本书前述基于个性化表达认定翻译作品剽窃的观点和对策，以下不妨举两个例子，以见一斑。

　　在某一涉及翻译作品剽窃的著作权侵权纠纷案件中[3]，原告翻译作品其中一句话是"这宝贵的茀密翁草，在新西兰的两座岛上，无论是海边、江边、河边还是湖边"。对比被告针对同一原作的相应原文的翻译，其区别在于：

---

　　[1]　李云龙：《基于实质性相似的侵权主张与证据支持——对外国文学翻译作品侵权问题的分析》，载《知识产权》2014年第2期。

　　[2]　至于是否为不同版本，从认定实质性相似角度看，一般并无实质性影响，因为最终比对的是翻译作品之间是否实质性相似，而不必要求完全相同。

　　[3]　北京知识产权法院（2020）京73民终3021号民事判决书（著作权权属、侵权纠纷案）。

"这宝贵的"换成"这种宝贵的"，其他表达一样。两者构成形式意义上的实质性相似是毫无疑问的。两者表达几乎完全相同，尤其是汉语的"无论……还是"。但这还不足以毫无疑问地推论出被告翻译作品的此句表达构成了剽窃，因为上述汉语表达的模式较为常见，不能被原告垄断。为此，需要进一步查明原告上述句子中是否还存在属于一般情况下根本不可能雷同的个性化表达术语？原告上述句子中的"茀密翁草"即属于其个性化表达术语，因为在植物学上查不到这种表达，完全是原告用自己富有个性化的语言方式进行的表达。被告同一句子在形式上构成实质性相似，加上这一个性化表达的相同，被告翻译作品中该句子是否构成著作权侵权意义上的实质性相似不言自明。

在该案中，原告翻译作品另一句话为"一小时后，邓肯号贴着丹巴顿的巉岩在行驶；又过了两小时，它进入克莱德湾了。"对比被告针对同一原作的相应原文的翻译，其区别在于："后"改为"过后"，"贴着"改为"已经贴着"，"两小时"改为"两个小时"，"进入"改为"便驶入"，其他相同。上述句子，原被告翻译作品构成形式上的实质性相似是很明显的。如果不是翻译作品，可以直接认定被告的该句子构成剽窃。但由于是翻译作品，被告和原告翻译的内容来自同一原作，表达的内容应当一样，因而单凭上述形式上的实质性相似，尚不足以毫无疑问地得出被告的句子构成剽窃的结论。根据前面论述的认定翻译作品剽窃的原则和思路，需要进一步查实原告此句中是否存在富有特色的个性化表达。研究原告上述句子可以发现，且不说其翻译语言表达风格，以下两个术语即具有个性化表达特征：一是"丹巴顿"，二是"巉岩"。前者实际上是地名。当然，地名本身作为公共领域资源，地名的译法不能被任何人垄断。但是，在处理个案时，也要看当时特定的情况。例如，在我国，在国家统一的地名翻译标准实施前，对于外国地名没有统一的翻译，小说之类作品中的虚构地名、人名的翻译更是如此。本案原告翻译作品中的"丹巴顿"就是如此，其并不是唯一或者有限的对应中文表达，故应当认为是原告翻译作品中的个性化表达。如果被告在后的翻译作品与原告翻译作品也一样，就很难用地名不受保护或者巧合加以合理解释。就后者而言，"巉岩"中这个"巉"一般人不认识，不同译者翻译与此完全相同的可能性几乎为零。因此，其同样属于原告翻译作品中的个性化表达。被告翻译作品中上述句子则完全重现了这两个个性化表达术语，该句子本身与原告翻译作品对应的句子构成了形式上的实质性相似，是否构成著作权侵权意义上的实质性相似，则应当不难判断。

可以再设想一下，如果上述情况具有几百甚至上千例，在被告翻译作品与原告翻译作品构成形式上实质性相似的前提下，原告大量句子中的个性化表达在被告相应句子中完全重现，是否能够确凿无疑地认定被告翻译作品构成著作权侵权，这也应当不难得出结论。

（三）司法实践中关于翻译作品剽窃认定的其他问题

翻译作品是对原作以另一种语言表达的演绎作品。在司法实践中，针对翻译作品剽窃认定，是否需要比对原作也是值得探究的一个问题。在有的涉及这类作品剽窃的著作权侵权案件中，被告即提出了比对原作的问题，并认为由于法院没有对原作进行鉴定（包括原被告使用的原作版本是否相同及其版本具体情况）或者没有安排翻译公司翻译原作而无法进行侵权对比。对此，笔者认为：需要正确看待对比、参考原作在认定翻译作品剽窃时的地位和作用，不能反客为主，漠视原被告翻译作品之间的对比，将重心转到与原作对比上来。当然，适当参看原作也不是毫无意义。相反，在可能的情况下，参考甚至对比原作对于查明案件具有积极作用。根据笔者办理涉及翻译作品剽窃著作权侵权纠纷案件的心得和体会，参考和对比原作至少具有以下意义和作用。

第一，对比原作可以了解原被告翻译作品忠实于原作的情况。从翻译的基本要求来说，需要忠实于原作。如果经对比，发现被告作品为了规避剽窃指控而遮人耳目，故意随意增删原作，就可以作为辅助因素认定剽窃事实。

第二，对比原作，可以发现原告翻译作品中是否存在通常不应当发生的错误，但在被告翻译作品中完全重现。这种情况，可以作为被告剽窃原告翻译作品的铁证。原告翻译作品中不应当犯的"错误"，很"巧合"地在被告作品中再现，这种"连错误都照抄"的行为，即可证明被告剽窃。在涉及剽窃的著作权侵权纠纷案件中，有的原告为了防止潜在的侵权人侵权，甚至在不经意的地方故意设置多次错误"陷阱"，一旦这些错误之处也被照抄不误，即可以向法院提交令人信服的被告侵权证据。现实中这种"连错误都相同"的情况，不可能用巧合作为合理解释，因为现实中这种巧合的概率几乎为零。

第三，对比原作可以对原告对原注的处理方式、新增注释、语言表达技巧进行了解，并有利于查明原告翻译作品中使用的具有个性化表达特征的用词和术语。基于译本读者的需要，原告翻译作品很可能会对原注进行新的处理，如将夹注改为页下注、将页下注改为夹注，甚至译者自己新增注释。对比原作后，能清晰地了解到原被告翻译作品对于原注处理方式是否相同或者基本相同。如果被告翻译作品对原注处理方式与原告翻译作品惊人的相同，则可以作为剽窃的补强证据。此外，语言表达技巧与诸多个性化表达术语，经过比对原作，也可以进一步确证被告剽窃的事实。

第四，对比原作，甚至还可以发现被告翻译作品存在的更大的"猫腻"——"中翻中"现象。所谓"中翻中"现象，是指被告所谓"翻译作品"不是或者基本不是根据原作进行的翻译，而是直接选取原作比较优秀的译本，对该译本的每句话直接进行改动，如大量的名词、形容词替换，顺序调整、句式变化（如主动句改为被动句或者相反），总之是采取乔装打扮、偷梁换柱、移花接木等拙劣方式直接以在先中文译本为基础进行改动。有研究者研究近些年来关于外国文学作品翻译剽窃问题时，也发现了上述情况，即"改写既有译本译语的'中翻中'。侵权者以外国文学名著的一个优秀译本为底本，针对每个段落的每个语句，尽可能地用其他中文说法变换原译本的译语，其常见变换手法是替换近义词、增减词、调整语序、改变句式、删减内容。"[1]应当说，"中翻中"现象性质更为恶劣，较之于通常在翻译原作过程中剽窃部分他人在先翻译作品，其危害更为严重。因此，一旦认定属于这种情况，即应当予以严惩。这种现象，通过对比原作能够发现。例如，有的案件中，对比原作发现，凡是被告和原告翻译作品不同之处，都偏离了原作，说明被告根本没有看原作。

但是，笔者还必须指出，尽管在查明被告翻译作品剽窃事实时，对比原作具有上述重要作用，但不能无限夸大，将对比原作上升到替代原被告翻译作品对比的地步，甚至认为不对比原作就无法进行侵权对比，从而无法查明案件事实。实际上，无论对比原作具有多大作用，在涉及翻译作品剽窃认定时，依然只不过是作为辅助证据，在诉讼证据上属于"补强证据"的范畴。

―――――――――

[1] 李云龙：《基于实质性相似的侵权主张与证据支持——对外国文学翻译作品侵权问题的分析》，载《知识产权》2014年第2期。该文还提到了其他涉及翻译作品剽窃的情况，如"抄袭多个译本。侵权者一般会搜集某一外国文学名著的多个优秀译本，然后针对其中的每个段落，分别从不同的译本中抄袭一句或数句，不由自己翻译，而全用他人现成译语拼凑成书。"

换言之，不能因为在处理翻译作品剽窃案件时没有对比原作（尤其是法院没有对比原作），就否认译本之间对比的正当性和合理性。原因其实很简单：翻译作品剽窃案件需要解决的仍然是被告翻译作品是否占有了原告翻译作品中的诸多个性化表达，这完全可以直接根据原告提供的侵权对比表加以甄别。只不过辅之以原作对比，更能看出被告翻译作品是否剽窃原告翻译作品以及具体的情形。当然，从原告的角度来说，在可能的情况下，对比原作能够将证据工作做得更扎实，也能更清楚地揭露剽窃行为的表现和隐藏的更多问题。因此，笔者认为作为原告的当事人在可能情况下还是可以将对比原作作为辅助证据的。对于人民法院来说，则应当慎重对待原作对比及相关的翻译和鉴定工作，在能够凭借原告提供的证据加以判定的情况下，一般无需专门进行原作对比工作，否则不仅工作量极大、不利一方当事人可能不予认可，而且最终仍然需要回到原被告翻译作品实质性相似对比上来而使得案件久拖不决。

四、结论

著作权法的存在是为了解决特定的经济问题，即基于平衡地提供激励手段，促进创造性作品的诞生。[1] 激励创作，促进表达多样性，繁荣文化生活，也是著作权法的重要立法目的。为此，受著作权保护的作品需要满足独创性要件，独创性要件的根本则在于作者的个性化表达。翻译作品基于翻译的创作特性而受到著作权保护，在这类作品剽窃案件的处理中，由于原被告翻译作品与原作的共通性，形式意义上的实质性相似在所难免。为此，需要进一步查实原告独创性作品中具有个性化表达特征的部分，逐一进行甄别和对比，最终实现从形式意义上的实质性相似过渡到著作权侵权意义上的实质性相似，从而彻底打破翻译作品剽窃认定中"实质性相似难以避免"的藩篱。在翻译作品剽窃著作权侵权纠纷案件处理中，还需要慎重对待原作对比问题，将其作为剽窃证据认定的辅助因素和补强证据考虑，而不能以原作对比替代原被告翻译作品著作权侵权意义上的实质性相似对比。只有这样，才能真正查明被告翻译作品是否构成对原告翻译作品的剽窃。

---

〔1〕　Christopher Buccafusco and David Fagundes, "The Moral Psychology of Copyright Infringement", 100 *Minnesota Law Review* 6 (2016), p. 2433.